KB132703

내일은

김현석 지음

플러터 Flutter

기초 입문편

김앤북
KIM&BOOK

초판1쇄 인쇄 2023년 9월 6일
초판1쇄 발행 2023년 9월 13일
지은이 김현석
기획 김응태, 정다운
디자인 서제호, 서진희, 조아현
판매영업 조재훈, 김승규, 문지영

발행처 ㈜아이비김영
펴낸이 김석철
등록번호 제22-3190호
주소 (06728) 서울 서초구 서운로 32, 우진빌딩 5층
전화 (대표전화) 1661-7022
팩스 02)3456-8073

ISBN 978-89-6512-622-5 13000
정가 35,000원

잘못된 책은 바꿔드립니다.

프로그래밍과 앱 개발의 세계는 끊임없이 급속한 발전을 이루며 새로운 기술과 도구가 빛을 발하고 있습니다. Dart와 플러터는 이러한 변화 속에서 빠르게 인기를 얻고 있는 도구로, 모바일 앱 개발자들에게 새로운 기회와 가능성을 제공합니다. 이 책은 Dart 언어와 플러터 프레임워크를 처음 접하는 독자들을 위한 가이드로서, 깊이 있는 학습 자료를 제공하고자 작성되었습니다. 본 책에서는 Dart 언어의 기본 개념부터 플러터를 이용한 고급 앱 개발에 이르기까지 다양한 범위를 다룹니다. 각 장은 깊이 있는 이론 설명과 함께 실제 앱 구현을 돕는 예제 코드가 포함되어 있어, 독자분들이 실질적인 기술과 경험을 쌓을 수 있도록 도와드립니다.

코딩 분야에서는 딱 정해진 정답이 존재하지 않습니다. 여러가지 해결 방법 중에서도 각자의 상황과 요구에 맞는 최적의 해결책을 선택하는 능력이 중요합니다. 이러한 관점에서 이 책은 독자분들이 여러 갈래의 길 중 높은 점수를 얻을 수 있는 길을 선택할 수 있도록 도와드리는 안내서 역할을 맡고자 합니다. 본 책을 통해 독자분들은 다양한 문제 해결 방법에 대해 배우고, 자신감을 가지고 도전하는 것을 두려워하지 않게 될 것입니다. 베르나르 베르베르는 "우리의 뇌는 항상 달리고 싶은 본능이 있는 말 한 마리와 같다."라는 말을 남겼습니다. 목적지나 경쟁을 잊고 달리기의 행위에 초점을 맞추다 보면 뇌는 창조의 즐거움을 발견합니다. 이러한 마음가짐으로 꾸준히 학습에 몰입한다면, 독자분들이 넓은 지식과 경험을 통해 독특한 독창성과 역량을 키울 수 있게 될 것입니다.

책을 작성하는 동안 저자로서의 주요 목표는 성공적인 앱 개발자로 성장하는 데 필요한 지식과 기술을 제공하는 친근한 가이드를 만드는 것이었습니다. 이 책을 완독한 독자분들이 Dart와 플러터를 활용하여 최고의 앱을 개발하는 데 필요한 모든 기술을 배울 수 있기를 바랍니다. 그리고 독자분들의 플러터 여정이 즐겁고 성공적이길 진심으로 기원합니다.

저자 김현석

GUIDE

<내일은 시리즈>란?

'내일(Tomorrow)의 내일(My Career)을 위해!'라는 중의적인 의미를 담은, 김앤북 출판사의 '취업 실무&자격증 시리즈' 도서입니다.

<내일은 플러터> 이렇게 만들었습니다.

1. 휴대 편의성 증진

무겁고 두꺼운 도서, 들고 다니기 힘들고 불편하시죠? 〈내일은 플러터〉는 1권, 2권으로 분권하여 가볍게 들고 다닐 수 있도록 하였습니다.

2. 한 권으로 입문부터 실전까지 완성

입문용 도서와 실무용 도서를 따로 찾아 다니며 구매하시지는 않으셨나요? 이제 〈내일은 플러터〉의 기초 입문편과 응용 실전편으로 입문부터 실전까지 마스터 하세요!

3. 코딩은 몸으로 익혀야 진짜 공부

눈으로만 읽고서 공부를 다했다고 착각하고 있지는 않으신가요? 코딩은 수학과 같아서 직접 손으로 입력하며 연습해야 진짜 학습 효과가 있습니다. 직접 연습해 볼 수 있는 여러 구성을 체험해 보세요.

4. 코딩 중 발생할 수 있는 각종 에러 해결법 제시

분명히 배운대로 코딩을 진행 중인데 자꾸 에러가 발생할 때마다 스트레스 받으시죠? 에러가 왜 발생하며, 에러를 어떻게 해결해야 하는지 그 방법을 정리해드렸습니다.

5. 실무 마스터를 위한 프로젝트 완성하기

분명 책을 읽고 다 이해했다고 생각했는데, 막상 실무에서 적용해 보려고 하니 무엇부터 시작해야 하고 어떻게 마무리해야 하는지 혼란스러우시다고요? 이를 위해 프로젝트를 처음부터 끝까지 진행해 보는 구성을 제시하였습니다.

혜택 안내

1. 예제 부록 다운로드(PC)

김앤북(www.kimnbook.co.kr) 사이트 접속
〉 상단 카테고리 중 '자료실'의 자료 다운로드 클릭
〉 도서명 '내일은 플러터' 클릭
〉 첨부파일 다운로드

2. 무료강의(PC/모바일)

유튜브에서 '김앤북' 검색

학습 계획표

계획을 세우고 공부한다면 의지가 더 불타오를 거예요! 중간에 포기하지 말고 끝까지 완주하시길 바랍니다. 김앤북이
여러분의 플러터 마스터를 응원합니다.

날짜	목차	학습 내용
/		
/		
/		
/		
/		
/		
/		
/		
/		
/		
/		
/		
/		
/		
/		
/		
/		
/		

도서 구성

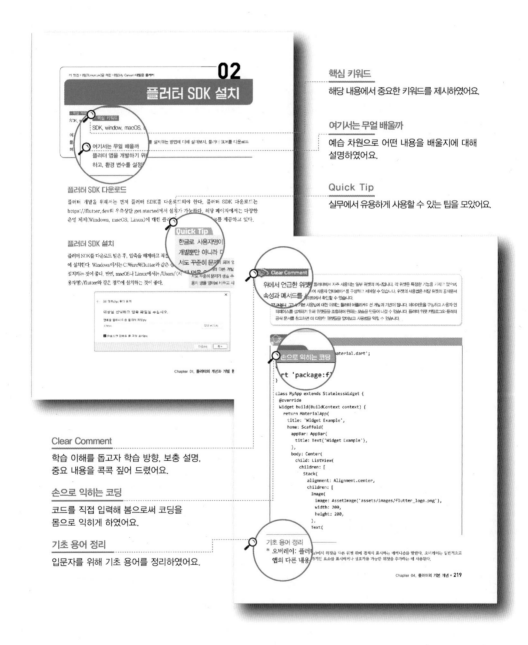

핵심 키워드

해당 내용에서 중요한 키워드를 제시하였어요.

여기서는 무얼 배울까

예습 차원으로 어떤 내용을 배울지에 대해 설명하였어요.

Quick Tip

실무에서 유용하게 사용할 수 있는 팁을 모았어요.

Clear Comment

학습 이해를 돕고자 학습 방향, 보충 설명, 중요 내용을 콕콕 짚어 드렸어요.

손으로 익히는 코딩

코드를 직접 입력해 봄으로써 코딩을 몸으로 익히게 하였어요.

기초 용어 정리

입문자를 위해 기초 용어를 정리하였어요.

더 멋진 내일(Tomorrow)을 위한 내일(My Career)

내 일 은 플 러 터

더 알아보기

심화적인 내용을 추가로 수록하였어요.

에러에서 배우기

코딩 중 에러가 발생했을 때 당황하지 않도록
다양한 에러에 대해 정리하였어요.

챕터 요약 정리

챕터에서 학습한 내용을 장기 기억할 수 있도록
복습하게 하였어요.

연습문제

이론 설명을 제대로 이해했는지 점검할 수 있도록
다양한 문제를 수록하였어요.

01

내일은 플러터

플러터의 개념과 개발 환경 설정

01

플러터란

✓ 핵심 키워드
플러터, 안드로이드, iOS

여기서는 무얼 배울까

플러터를 설치하고 코드를 보기 전에 플러터에 대한 개요를 배우게 된다. 플러터는 구글에서 개발한 오픈 소스 프레임워크로, 안드로이드 및 iOS 모바일 앱을 만들 수 있다. 이 절에서는 플러터가 무엇인지, 왜 사용하는지, 그리고 플러터를 사용하여 개발할 때 필요한 도구와 환경을 소개한다.

플러터란

플러터(Flutter)는 구글에서 개발한 모바일 앱* SDK로, 안드로이드와 iOS 모두에서 작동하는 하이브리드 앱 개발 도구이다. 플러터는 Dart 언어를 사용하여 개발된다. 플러터는 위젯을 기반으로 UI를 구성하는데, 위젯은 특정 플랫폼에 종속되지 않기 때문에 안드로이드와 iOS 모두에서 같은 디자인을 사용할 수 있다. 이를 통해 높은 생산성과 일관된 UI를 가진 것이 특징이다.

플러터의 특징

● 크로스 플랫폼 개발: 플러터는 하나의 코드베이스로 iOS와 Android 모두에서 동작하는 앱을 개발할 수 있다.

● UI**: 플러터는 Material Design과 Cupertino Design을 지원하며, 이를 이용하여 편리하게 보기 좋은 UI를 구현할 수 있다.

● 생산성: 플러터는 Hot Reload 기능을 지원하여 코드를 수정할 때마다 앱을 즉시 새로 고침하여 수정 결과를 확인할 수 있다. 이로 인해 개발 생산성이 높아진다.

기초 용어 정리

* SDK: Software Development Kit의 약자로 안드로이드 앱을 개발하기 위한 도구 모음이다.
** UI: User Interface 사용자 인터페이스의 약자로 우리가 볼 수 있는 화면 내에 그림이나 디자인 등의 모든 것을 얘기한다.

- 성능: 플러터는 모바일 앱의 성능을 최적화하기 위해 C/C++ 엔진인 Skia를 사용한다. 또한, 네이티브 컴포넌트*에 접근하여 더욱 빠른 성능을 제공한다.

- 위젯: 플러터는 다양한 위젯을 제공하며, 이를 조합하여 여러 디자인을 구현할 수 있다.

- 상태 관리: 플러터는 상태 관리를 위해 Provider, BLoC 등의 패턴을 지원하며, 이를 이용하여 복잡한 앱의 상태를 효과적으로 관리할 수 있다.

- 배포: 플러터는 Google Play Store, Apple App Store 등의 앱 스토어에 쉽게 배포할 수 있다.

플러터의 장단점

장점

- 하나의 코드로 iOS와 Android 모두 지원할 수 있어 크로스 플랫폼 개발이 용이하다.

- 다양한 위젯과 레이아웃을 제공해 UI 구현이 간편하다.

- 플러터는 내장된 빠른 개발 사이클을 가지고 있어서, 소프트웨어를 빠르게 개발하고 배포할 수 있다.

- 다양한 개발 도구와 호환되며, 디버깅**이 쉽다.

- 모바일 애플리케이션 개발에 있어 좋은 성능을 보여 준다.

단점

- 크로스 플랫폼의 특성상, 특정 플랫폼에 최적화된 애니메이션 및 UI요소는 구현하기 어렵다.

- 플러터 앱의 크기가 다른 프레임워크에 비해 상대적으로 크다.

기초 용어 정리

* 네이티브 컴포넌트: 모바일 플랫폼(Android 또는 iOS)에서 제공하는 기본적인 UI 요소를 말한다. 각 플랫폼에서 제공되는 네이티브 컴포넌트는 해당 플랫폼의 UI 디자인 가이드라인을 따르며, 사용자 인터페이스를 구성하는 데 사용된다.
** 디버깅(Debugging): 컴퓨터 프로그램의 오류를 찾아 수정하는 과정을 말한다.

플러터 개발에 필요한 도구들

Dart	플러터 개발에 필요한 언어로, C++과 Java의 문법을 혼합한 새로운 문법을 사용한다.
플러터 SDK	플러터 앱을 개발하는 데 필요한 모든 도구와 라이브러리가 포함된 소프트웨어 개발 키트이다.
Android Studio 또는 Visual Studio Code	플러터 개발을 위한 IDE로, Android Studio는 안드로이드 앱 개발 전용 IDE이며, Visual Studio Code는 다양한 언어와 플랫폼에 대한 개발 환경을 제공하는 IDE이다.
플러터 plug-in	Android Studio 또는 Visual Studio Code에서 플러터 앱 개발을 위한 확장 프로그램으로, 플러터 SDK의 기능들을 IDE에서 쉽게 사용할 수 있게 한다.
플러터 packages	다양한 기능들을 제공하는 다른 개발자들이 만든 라이브러리들을 모아놓은 패키지 매니저이다.
Xcode	macOS에서 iOS 앱을 개발하는 IDE로, iOS 앱 개발을 위해 필요하다.

Clear Comment

IDE에 대해서는 03에서 자세히 설명할 예정입니다.

02

플러터 SDK 설치

✓ 핵심 키워드

SDK, window, macOS, Linux

여기서는 무얼 배울까

플러터 앱을 개발하기 위해 필요한 플러터 SDK를 설치하는 방법에 대해 살펴보자. 플러터 SDK를 다운로드하고, 환경 변수를 설정한다.

플러터 SDK 다운로드

플러터 개발을 위해서는 먼저 플러터 SDK를 다운로드해야 한다. 플러터 SDK 다운로드는 https://flutter.dev의 우측상단 get started에서 설치가 가능하다. 해당 페이지에서는 다양한 운영 체제(Windows, macOS, Linux)에 대한 플러터 SDK 다운로드 링크를 제공하고 있다.

플러터 SDK 설치

플러터 SDK를 다운로드 받은 후, 압축을 해제하고 적절한 위치에 설치한다. Windows에서는 C:₩src₩flutter와 같은 경로에 설치하는 것이 좋다. 반면, macOS나 Linux에서는 /Users/〈사용자명〉/flutter와 같은 경로에 설치하는 것이 좋다.

Quick Tip

한글로 사용자명이 되어 있다면 플러터 개발뿐만 아니라 다른 개발 작업 과정에서도 꾸준히 문제가 생길 수 있습니다. 사용자 명을 영어로 바꾸고 시작해 봅시다.

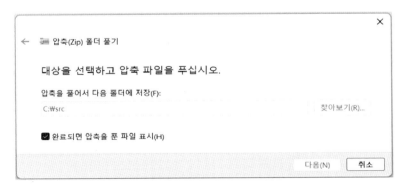

플러터 명령어를 사용할 수 있도록 환경 변수 설정

플러터 SDK 설치가 완료되면, 환경 변수 설정을 통해 플러터 명령어를 사용할 수 있도록 해야한다. 각 운영 체제에 따라 환경 변수 설정 방법이 다르므로, 해당 운영 체제에 맞는 방법으로 설정한다.

Windows

● 내 PC에서 마우스 오른쪽 버튼 클릭 〉 속성 〉 고급 시스템 설정 〉 환경 변수 클릭

● 시스템 변수 목록 중 Path를 선택하고, 편집 버튼을 클릭

● 새로운 경로 C:₩src₩flutter₩bin을 추가하고 확인 버튼을 클릭

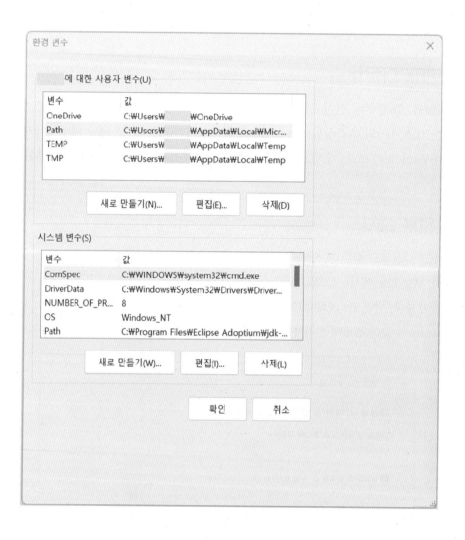

macOS

터미널을 실행하고, 아래 명령어를 실행한다.

- 터미널의 이름이 zsh인 경우

터미널 명령
```
touch ~/.zshrc
open ~/.zshrc
```

- 터미널의 이름이 bash인 경우

터미널 명령
```
touch ~/.bash_profile
open ~/.bash_profile
```

실행된 텍스트 편집기에 flutter 폴더 경로를 넣고 저장한다.

터미널 명령
```
export PATH="$PATH: [flutter_sdk_path]/bin"
```

터미널의 이름이 bash인 경우 "I"를 눌러 insert 모드로 변경해 주고 위 코드를 작성한다. 그리고 "ESC"를 눌러 insert 모드를 종료하고 :wq를 입력하여 저장 후 편집기를 나온다.

Quick Tip

flutter_sdk_path는 플러터 SDK 설치 경로를 의미합니다. 일반적으로 Program Files나 Local과 같은 기본 경로에 설치하는 것이 좋습니다.

Visual Studio 설치

Visual Studio 설치는 https://visualstudio.microsoft.com/downloads의 사이트에서 진행한다. Visual Studio Installer를 다운로드 받고, C++를 사용한 데스크톱 개발을 설치해 준다. 이후 Visual Studio에 대한 경로를 설정해 주어야 한다.

- 컴퓨터에서 "시스템 환경 변수 편집"을 검색한다.

- "환경 변수" 버튼을 클릭한다.

- "시스템 변수" 중 "Path"를 찾아 편집한다.

- Visual Studio의 설치 경로를 추가한다.(보통은 C:₩Program Files (x86)₩Microsoft Visual Studio₩2019₩Community₩MSBuild₩Current₩Bin)

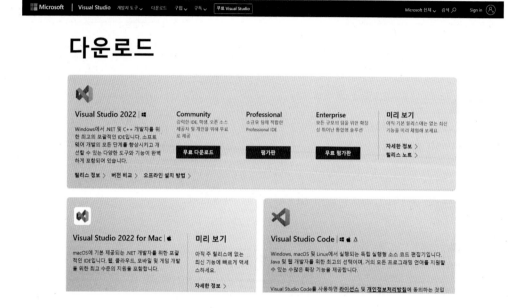

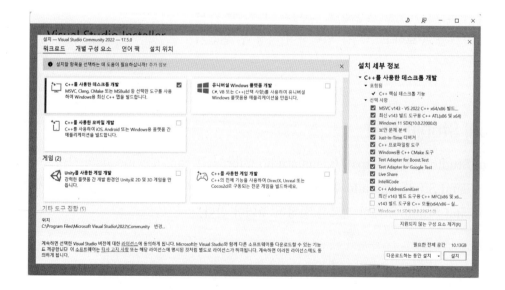

플러터 SDK 설치 확인

이제 플러터 SDK를 설치 후 제대로 설치되어 있는지 확인해 보자. 터미널 또는 명령 프롬프트에서 다음 명령어를 입력한다.

터미널 명령
```
Flutter doctor
```

명령어를 입력하면 플러터 SDK의 설치 상태와 개발에 필요한 추가 구성 요소를 검사한다. 만약 누락된 구성 요소가 있을 경우에는 해당 구성 요소를 설치해야 한다. 이상 없이 모든 구성 요소가 설치되어 있다면, 플러터 SDK가 제대로 설치되어 있는 것이다.

위와 같은 방법으로 플러터 SDK를 제대로 설치했는지 확인할 수 있다. 만약 이후에 플러터 SDK의 업그레이드나 업데이트가 필요한 경우, 다음과 같은 명령어를 입력해 업데이트할 수 있다. 단, Window 버전 문제 발생 시 Flutter channel master 명령어를 먼저 입력하고 아래 명령어를 입력한다.

터미널 명령
```
Flutter upgrade
```

위 명령어를 실행하면 최신 버전으로 플러터 SDK가 업데이트된다.

03

개발 도구 설치

✓ 핵심 키워드

개발도구, IDE

여기서는 무얼 배울까

플러터 개발을 하기 위해 안드로이드 스튜디오를 설치한다. 이후 함께 제공된 기본 개발 도구들과 플러터 SDK, 안드로이드 스튜디오 플러그인을 설치하는 법을 배운다. 설치 이후에는 플러터 어플리케이션을 만들 수 있다.

개발 도구란

개발 도구란 앱을 개발하는 데 사용되는 모든 소프트웨어를 말한다. 앱 개발에 필요한 여러 개발 도구는 다음과 같다.

- 통합 개발 환경(IDE): 코드 작성, 디버깅, 프로젝트 관리 등 개발 전반적인 작업을 수행하는 도구
- 코드 에디터: 코드 작성을 위한 간단한 텍스트 에디터
- 시뮬레이터 또는 에뮬레이터: 앱을 실행하고 테스트할 수 있는 가상 환경
- 개발자 도구: 앱의 성능을 분석하고 디버깅할 수 있는 도구

필요한 개발 도구

플러터 앱 개발을 위해서는 다음과 같은 개발 도구를 설치해야 한다.

통합 개발 환경(IDE)	Android Studio 또는 Visual Studio Code
플러터 SDK	플러터 프레임워크 및 필요한 도구와 라이브러리를 포함하는 패키지
Android SDK	안드로이드 앱 개발에 필요한 도구와 라이브러리를 포함하는 패키지
Xcode	iOS 앱 개발에 필요한 도구와 라이브러리를 포함하는 패키지
시뮬레이터 또는 에뮬레이터	개발 중인 앱을 실행하고 테스트할 수 있는 가상 환경
개발자 도구	앱의 성능을 분석하고 디버깅할 수 있는 도구

통합 개발 환경(IDE) 설치

플러터를 개발하기 위해서는 Android Studio, Visual Studio Code 등과 같은 개발 도구를 설치해야 한다. 가장 많이 사용되는 개발 도구는 Android Studio이다. Android Studio를 설치하기 위해서는 우선 JDK(Java Development Kit)를 설치해야 한다. JDK는 Java 언어로 작성된 프로그램을 개발하고 실행하기 위해 필요한 도구 모음이다.

JDK 설치

JDK 설치는 Oracle JDK와 OpenJDK가 있다. Oracle JDK는 오라클에서 제공하는 자바 개발 키트이며, Oracle JDK는 유료로 제공되기 때문에 상용 애플리케이션을 개발하거나 서버에 설치하는 경우 유료 라이센스가 필요하다. 반면에 OpenJDK는 오픈 소스 기반의 JDK이다. OpenJDK는 무료로 사용할 수 있으며, 다양한 운영 체제와 플랫폼에서 사용할 수 있다. 또한 OpenJDK는 다양한 커뮤니티에 의해 개발되고 유지되기 때문에 Oracle JDK보다 더 빠르게 업그레이드 및 보안 패치를 제공한다. 따라서 우리는 OpenJDK를 설치하여 사용해 볼 것이다. OpenJDK를 설치하기 위해서는 먼저 ADOPTIUM 사이트(https://adoptopenjdk.net/)에서 OpenJDK 다운로드를 받아야 한다. 다운로드 페이지에서 OS와 버전을 선택한 뒤 다운로드를 진행한다.

설치 후에는 환경 변수를 설정해야 한다.

● Windows: 시스템 변수에서 새 변수를 추가하고, 변수 이름을 JAVA_HOME으로, 변수 값
은 JDK 설치 경로로 설정한다. 이후 Path 변수에도 JDK 설치 경로를 추가해 주어야 한다.

● macOS: 아래의 명령어를 입력한다.

터미널 명령
```
java -version
```

Java version이 안 나오는 경우 환경변수 설정을 해 주어야 한다.

● 터미널의 이름이 zsh인 경우

터미널 명령
```
touch ~/.zshrc
open ~/.zshrc
```

● 터미널의 이름이 bash인 경우

```
touch ~/.bash_profile
open ~/.bash_profile
```

실행된 텍스트 편집기에 JDK 폴더 경로를 넣고 저장한다.

```
export JAVA_HOME=/Library/Java/JavaVirtualMachines/[jdk.jdk]/Contents/Home
export PATH=${PATH}:/Library/Java/VirtualMachines/[jdk.jdk]/Contents/Home
```

터미널의 이름이 bash인 경우 "I"를 눌러 insert 모드로 변경해 주고 위 코드를 작성해 준 뒤 "ESC"를 눌러 insert 모드를 종료하고 :wq를 입력하여 저장 후 편집기를 나온다.

> **🔍 더 알아보기**
>
> jdk.jdk
> 설치한 jdk 파일의 이름을 적어 주면 된다. 설치한 경로에 들어가 확인할 수 있다. 예를 들어, jdk1.8.0_222.jdk 같은 이름이 될 수 있다.

안드로이드 스튜디오 설치

① 통합 개발 환경(IDE) 설치 과정

플러터에서 IDE로 안드로이드 스튜디오(Android Studio), 비주얼 스튜디오 코드(Visual Studio Code), IntelliJ IDEA 등을 사용할 수 있다. 우리는 Android Studio를 설치해 보자. 안드로이드 스튜디오를 설치하는 방법은 아래와 같다.

② 안드로이드 스튜디오 다운로드 및 설치

안드로이드 스튜디오를 다운로드하려면, 공식 홈페이지(https://developer.android.com/studio)에서 다운로드 링크를 찾아 설치 파일을 다운로드한다.

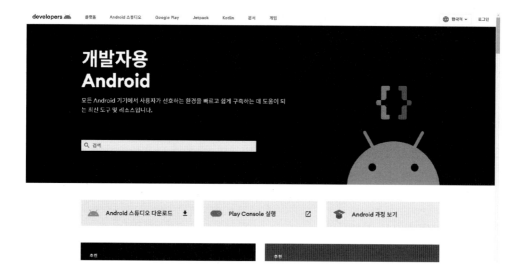

에뮬레이터(AVD)

에뮬레이터는 모바일 기기의 역할을 하는 가상 기기이다. 안드로이드 스튜디오와 함께 제공되는 에뮬레이터는 Android Virtual Device(AVD)라는 이름으로 알려져 있다. AVD는 안드로이드 스튜디오에서 자동으로 생성할 수 있으며, 안드로이드 버전, 디바이스 타입 등을 선택할 수 있다. 또한, 디바이스 스킨, 메모리 크기, 해상도 등을 직접 지정할 수도 있다.

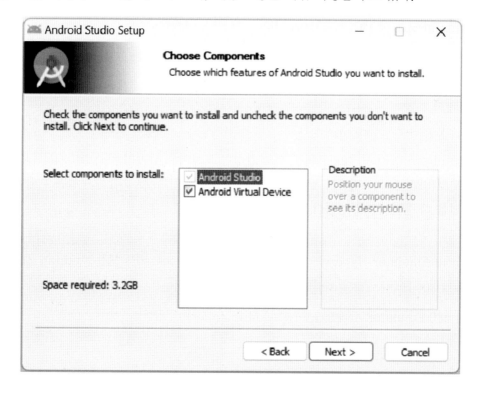

마지막으로, 개발 도구 설치를 완료한 후에는 안드로이드 SDK를 설치해야 한다. 안드로이드 SDK는 안드로이드 애플리케이션 개발에 필요한 모든 라이브러리와 툴을 제공한다. 플러터 개발을 위해서는 안드로이드 SDK와 그에 해당하는 라이브러리 및 툴도 함께 설치해야 한다.

플러터 SDK 설치

안드로이드 스튜디오를 설치하면 자동으로 최신 버전의 SDK를 다운로드하게 된다. 하지만 필요한 경우 수동으로 SDK를 다운로드하여 설치해야 한다. SDK 설치는 다음과 같이 진행된다.

● 안드로이드 스튜디오를 실행한다.

● Configure → SDK Manager 또는 More actions를 클릭한다.

● SDK Platforms 탭에서 필요한 안드로이드 버전을 선택한다.(플러터를 위해 최소한 Android 4.1(API 16) 이상이 필요하다.)

● SDK Tools 탭에서 필요한 도구를 선택하여 설치한다. 필요한 도구들은 다음과 같다. 목록에 없을 시 생략해도 무방하다.
　- Android SDK Build-Tools
　- Android Emulator
　- Android SDK Platform-Tools
　- Android SDK Tools
　- Android SDK Platform

AVD

AVD는 Android Virtual Device의 약자로 가상 안드로이드 디바이스다. AVD를 사용하기 위해서는 먼저 SDK Tools 탭에서 필요한 도구를 설치해야 한다. 필요한 도구들은 다음과 같다. 목록에 없을 시 생략해도 무방하다.

● Android Emulator Hypervisor Driver for AMD Processors 또는 Android Emulator Hypervisor Driver for Intel Processors

● Intel x86 Emulator Accelerator(HAXM installer)

또한, 테스트를 위해 AVD를 사용하고 싶다면 설정을 해 주어야 한다. AVD 설정은 다음과 같이 진행된다.

- 안드로이드 스튜디오를 실행한다.

- Configure → AVD Manager를 클릭한다.

- Create Virtual Device를 클릭한다.

- 원하는 디바이스를 선택한다.

- 시스템 이미지를 다운로드하고 선택한다.

- AVD 이름을 입력하고 Finish를 클릭한다.

04

에디터 설정

에디터, 플러그인

여기서는 무얼 배울까

플러터 개발을 하기 위한 마지막 준비를 하는 과정으로, 플러터 개발을 하기 위해 플러터와 다트 플러그인을 설치한다. 안드로이드 스튜디오를 편리하게 사용하기 위해 다양한 에디터 설정에 대해 배운다.

안드로이드 스튜디오에서 플러터 프로젝트를 만들 때, 플러터 SDK와 Dart SDK를 사용하도록 설정해야 한다. 이를 위해서는 안드로이드 스튜디오의 설정에서 플러그인과 SDK를 설치해야 한다.

안드로이드 스튜디오 플러그인 설치

- 안드로이드 스튜디오를 실행한다.

- 메뉴 바에서 "Preferences" 또는 "Settings"(Windows, Linux)을 선택한다.

- "Plugins"을 검색하여 플러그인 화면으로 이동한다.

- "Flutter" 플러그인을 검색하고, "Install" 버튼을 클릭하여 플러그인을 설치한다.

- 설치가 완료되면 안드로이드 스튜디오를 재시작한다.

디버깅 도구는 코드 오류를 찾아 수정하는 데 필요한 도구이다. 안드로이드 스튜디오에서는 디버깅 도구로 디버그(Debug) 모드를 사용한다. 디버그 모드는 코드 실행 중에 오류가 발생하면 자동으로 중지하고 오류를 보고해 주는 기능을 제공한다. 디버그 모드를 사용하면 코드를 더 빠르고 효과적으로 수정할 수 있다.

다트 플러그인

플러그인을 설치하는 동안, "Dart" 플러그인도 함께 설치할 것인지 묻는 창이 뜬다. "Yes"를 선택하고, 설치를 진행한다. "Plugins" 창에서 "Installed" 탭을 선택한 후, "Flutter"와 "Dart" 플러그인이 설치되어 있는지 확인한다.

개발 환경 설정

● 단축키 설정: 안드로이드 스튜디오에서는 단축키를 설정할 수 있다. 자주 사용하는 기능이나 단축키를 사용하면 작업 효율을 높일 수 있다. 단축키 설정은 Preferences 〉 Keymap에서 할 수 있다.

● 플러그인 사용: 안드로이드 스튜디오에는 다양한 플러그인이 있다. 예를 들어, 플러터 Intl 플러그인을 사용하면 언어 파일에서 쉽게 번역할 수 있다. 이 외에도, Dart Data Class Generator 플러그인을 사용하면 간편하게 데이터 클래스*를 생성할 수 있다.

● 폰트 변경: 작업 환경을 더 편리하게 만들기 위해 폰트를 변경할 수 있다. Preferences 〉 Editor 〉 Font에서 원하는 폰트를 선택하면 된다.

● 테마 변경: 플러터 앱 개발을 위한 테마도 변경할 수 있다. 안드로이드 스튜디오에서 기본적으로 제공하는 테마 외에도, Material Theme UI 플러그인을 사용하면 다양한 테마를 사용할 수 있다.

기초 용어 정리

* 데이터 클래스: 데이터를 저장하기 위한 클래스다. 클래스에 대해서는 챕터 3에서 배운다.

- Git 사용: Git을 사용하면 코드 버전 관리와 협업이 편리해진다. 안드로이드 스튜디오에서는 Version Control 탭에서 Git을 사용할 수 있다.

- 코드 스타일 설정: 코드 스타일을 일관성 있게 유지하면 가독성을 높이고 코드 유지보수가 편리해진다. 안드로이드 스튜디오에서는 Preferences 〉 Editor 〉 Code Style에서 코드 스타일을 설정할 수 있다.

이와 같은 설정을 활용하여, 개발 환경을 원하는 대로 변경하여 더욱 편리하게 만들 수 있다.

> **Clear Comment**
>
> Git은 소스 코드 버전 관리 시스템 중 하나로, 소스 코드의 변경된 내용을 확인할 수 있습니다. 여러 명이 함께하는 작업에서 코드를 관리하고, 합칠 수 있어 효율적으로 프로그램을 만들 수 있도록 도와줍니다.

05

프로젝트 생성

✓ 핵심 키워드

안드로이드 스튜디오, 에뮬레이터

여기서는 무얼 배울까

안드로이드 스튜디오 내에서 새 프로젝트 생성 시 플러터 앱 개발 환경에 적합한 설정을 하는 방법과 애뮬레이터 실행 방법에 대해 배운다.

플러터 앱을 개발하기 위해서는 먼저 안드로이드 스튜디오에서 새 프로젝트를 생성해야 한다. 이번에는 안드로이드 스튜디오를 사용하여 앱을 개발할 예정이므로, 새 프로젝트 생성 시에 플러터 앱 개발 환경에 적합한 설정을 선택해야 한다. 이제 프로젝트를 만들어 보자.

안드로이드 스튜디오 실행 및 프로젝트 생성 창 열기

먼저, 안드로이드 스튜디오를 실행한다. 실행 후에는 "Welcome to Android Studio" 창이 열린다. 이 창에서 "New Project" 혹은 "Create New Project"를 클릭하면 새로운 프로젝트 생성 창이 열린다.

프로젝트 구성 설정

"Phone and Tablet"을 선택한 후에는 앱의 기본적인 구성을 선택하는 화면이 나타난다. "No Activity"를 선택하여 앱의 기본 구성을 나중에 직접 설정할 수 있도록 한다.

프로젝트 이름 및 위치 설정

Flutter Application 템플릿 혹은 New Flutter Project를 선택하고, 프로젝트의 이름을 입력한다. 프로젝트 이름에는 공백이 들어가면 안 되며, 대소문자를 구별하여 원하는 이름을 설정하면 된다. 프로젝트를 저장할 위치를 선택한 후, "Next" 버튼을 클릭한다. 디렉토리 경로에 공백이나 언더바(_)를 제외한 특수문자는 사용하지 않는 것을 권장한다.

프로젝트 구성 세부 설정

다음 화면에서는 프로젝트의 세부 구성을 설정할 수 있다. 이 과정에서는 플러터 앱 개발에 필요한 정보를 입력해야 한다.

패키지 이름	새 프로젝트의 고유 식별자인 패키지 이름을 설정한다. 패키지 이름은 일반적으로 회사 도메인 이름을 역순으로 배치하여 사용한다. 예를 들어, 회사 도메인이 example.com이라면 패키지 이름은 com.example.myapp과 같은 형식으로 지정한다.
프로젝트 형식	새 프로젝트의 형식은 기본 템플릿 중에서 Blank를 선택하면 된다. Blank 템플릿은 아무런 코드도 포함하지 않으므로 사용자가 직접 앱의 기능을 추가해야 한다.
Language	새 프로젝트의 기본 언어를 선택한다. Flutter는 Dart 언어를 사용하므로 기본값으로 Dart가 선택된다.

프로젝트 생성 완료

위의 과정을 모두 마치면 "Finish" 버튼을 클릭하여 프로젝트 생성을 완료한다. 프로젝트 생성이 완료되면 프로젝트 파일이 저장된 위치로 이동하여 프로젝트를 확인해 보자.

생성한 프로젝트 열기

안드로이드 스튜디오를 실행한 후, "Open an existing Android Studio project" 옵션을 선택한다. 프로젝트가 저장된 경로를 선택하고, 해당 폴더 안에 있는 android 폴더를 선택한다.

플러터 SDK 경로 설정

프로젝트를 열면 플러터 SDK가 제대로 설정되어 있지 않아, 오류 메시지가 뜰 수 있다. 이 경우, 안드로이드 스튜디오의 설정에서 플러터 SDK 경로를 설정해 주어야 한다. 설정 방법은 다음과 같다.

- "File" 메뉴에서 "Settings"를 선택한다.
- "Languages & Frameworks" 〉 "Flutter" 항목으로 이동한다.
- "Flutter SDK path" 옆에 있는 "…" 버튼을 클릭한다.
- 플러터 SDK가 설치된 경로를 선택한다.
- "Apply" 버튼을 눌러서 변경 내용을 저장한다.

에뮬레이터 실행

안드로이드 스튜디오에서 에뮬레이터를 실행하고, 프로젝트를 실행해 보면 플러터 앱을 실행할 수 있다. 실행 아이콘 클릭 혹은 "Run" 메뉴에서 "Run 'main.dart'"를 선택하거나, 단축키인 "Shift + F10"을 눌러서 앱을 실행한다. 실행할 때, 에뮬레이터가 없다는 메시지가 뜰 경우, 안드로이드 스튜디오에서 에뮬레이터를 생성해야 한다. 에뮬레이터 생성 방법은 "Tools" 〉 "AVD Manager"에서 "Create Virtual Device" 버튼을 눌러서 새로운 에뮬레이터를 생성하면 된다.

1. 플러터란

플러터는 구글에서 개발한 오픈 소스 프레임워크로, 단일 코드베이스로 안드로이드 및 iOS 애플리케이션을 개발할 수 있게 해 주는 크로스 플랫폼 개발 도구이다. 플러터를 사용하면 Dart 언어를 기반으로 UI를 빠르게 구축하고, 강력한 성능과 네이티브 수준의 사용자 경험을 제공하는 애플리케이션을 만들 수 있다.

2. 플러터 SDK 설치

플러터 SDK는 플러터 애플리케이션을 개발하기 위해 필요한 도구와 라이브러리가 포함된 소프트웨어 개발 키트이다. 플러터 SDK를 설치하면 개발 환경을 구성할 수 있으며, 플러터 애플리케이션을 개발하기 위한 다양한 도구와 패키지에 접근할 수 있다.

3. 개발 도구 설치

플러터 개발을 위해 안드로이드 스튜디오 또는 비주얼 스튜디오 코드와 같은 개발 도구를 설치해야 한다. 안드로이드 스튜디오는 안드로이드 애플리케이션 개발에 사용되는 강력한 통합 개발 환경이며, 비주얼 스튜디오 코드는 가벼운 텍스트 편집기로서 플러터 애플리케이션 개발에 필요한 확장 기능을 제공한다.

4. 에디터 설정

설치한 개발 도구를 플러터 개발에 적합하게 설정해야 한다. 이 설정에는 플러터 및 Dart 플러그인 설치, 에디터 확장 기능 설치, SDK 경로 설정 등이 포함될 수 있다. 이를 통해 개발 도구가 플러터 애플리케이션 개발을 지원하고 필요한 도구와 기능을 제공할 수 있게 된다.

5. 프로젝트 생성

플러터 개발을 시작하려면 새로운 플러터 프로젝트를 생성해야 한다. 프로젝트 생성은 명령행 도구인 Flutter CLI를 사용하거나 개발 도구의 GUI를 통해 수행할 수 있다. 프로젝트 생성 시에는 프로젝트 이름, 패키지 이름, 플랫폼 설정 등의 정보를 입력하고, 프로젝트 디렉터리가 생성되며 초기 플러터 코드와 구조가 구성된다.

02

내 일 은 플 러 터

Dart 언어 기본

01

Dart 언어 소개

✓핵심 키워드

Dart, 객체 지향 프로그래밍

여기서는 무얼 배울까

컴퓨터의 기본 작동 원리와 어플리케이션을 개발할 때 사용하는 언어에 대해 배우게 된다. 플러터를 통해 어플리케이션을 개발하기 위해서는 Dart 언어를 사용하는데, 이 Dart 언어의 기본적인 소개를 먼저 살펴본다.

Dart 언어를 배우기 이전에 컴퓨터에 대해서 알아보자. 컴퓨터는 0과 1밖에 사용하지 못하고, 덧셈밖에 못하는 단순한 기계일 뿐이다. 그것이 여러분들이 코딩에 대해 공부하고 코드를 효율적으로 잘 짜야 하는 이유다. 그런데 우리는 컴퓨터로 영화도 보고, 게임도 하는 등 다양한 것들을 할 수가 있을까? 그것은 컴퓨터의 연산 속도가 이유다. 0과 1 밖에 사용하지 못하고, 덧셈 밖에 못하는 단점을 엄청 빠른 연산 속도로 상쇄하는 것이다.

컴퓨터가 0과 1을 사용하는 이유는 최초의 컴퓨터 애니악에서 시작된다. 애니악은 굉장히 큰 컴퓨터이며 몸에 전구를 달고 있는데, 이 전구가 켜지면 1, 꺼지면 0인 처리방식을 사용하여 현재까지도 컴퓨터가 2진법을 고수하게 되었다. 우리가 고급언어(Dart, C, JAVA 등)라고 얘기하는 프로그래밍 언어를 통해서 컴퓨터에게 명령을 내릴 수 있다. 하지만 컴퓨터는 1과 0 밖에 사용하지 못하는데 어떻게 이런 일이 가능할까? 컴퓨터에는 2진법인 기계어와 우리가 사용하는 고급언어 사이의 다리 역할을 하며, 하드웨어와 밀접한 저수준 작업에 사용되는 어셈블리어라는 것도 존재한다. 이러한 조건 속에서 컴파일러*를 통해 고급언어를 어셈블리어로, 어셈블리어를 기계어로 변환시켜 우리가 컴퓨터에게 명령을 내릴 수 있는 것이다.

기초 용어 정리

* 컴파일러: 컴파일러는 번역기라고 할 수 있는데, 우리가 작성한 고급언어를 기계어로 번역해 주는 것이라고 할 수 있다. 또한 주어진 소스 코드를 분석하고, 문법적인 오류를 검사하는 역할을 한다.

Dart 언어란

Dart 언어는 구글이 개발한 객체 지향 프로그래밍 언어다. 자바스크립트와 같은 웹 프론트엔드* 개발에서 사용되는 것이 일반적이지만, 서버 사이드 개발에서도 사용할 수 있다. Dart는 안정성, 확장성, 성능, 코드 가독성, 개발 생산성 등 다양한 측면에서 우수한 기능을 제공한다.

Dart는 C, C++, Java, JavaScript, Python 등 다양한 프로그래밍 언어에서 영감을 받아 탄생했다. 이 언어는 정적 타이핑과 동적 타이핑이 모두 가능하며, 컴파일러를 통해 빠른 실행 속도를 제공한다. Dart는 강력한 타입 추론 시스템과 함께 사용할 수 있어 개발자가 안전하게 코드를 작성할 수 있다.

> **Clear Comment**
>
> 정적 타이핑(Static Typing)과 동적 타이핑(Dynamic Typing)은 프로그래밍 언어에서 변수와 식의 타입을 어떻게 처리하는지에 대한 개념입니다.
>
> 정적 타이핑은 변수와 식의 타입을 컴파일 시점에 결정하고, 타입이 고정되어 있는 언어입니다. 프로그래머가 변수를 선언할 때 변수의 타입을 명시하거나, 컴파일러가 변수의 타입을 추론하여 결정합니다. 변수의 타입이 한번 결정되면 실행 중에 타입이 변경되지 않습니다. 컴파일러가 타입 체크를 수행하여 타입 관련 오류를 사전에 찾아내고, 코드의 안정성과 예측 가능성을 높일 수 있습니다.
>
> 동적 타이핑은 변수와 식의 타입을 실행 시점에 결정하며, 타입이 유연하게 변할 수 있는 언어입니다. 변수를 선언할 때 타입을 명시하지 않거나, 타입 추론이나 동적 바인딩을 통해 실행 중에 타입이 결정됩니다. 변수의 타입이 실행 중에 변경될 수 있으며, 타입 체크가 런타임에 이루어집니다. 개발자에게 유연성과 편의성을 제공하지만, 실행 중에 타입 오류가 발생할 가능성이 높을 수 있습니다.
>
> 지금은 변수, 타입 등의 용어 때문에 이해가 잘 안 될 수 있지만, 이후에 코드와 함께 다뤄보면서 익숙해질 것이니 가볍게 이해하고 넘어가면 됩니다.

객체 지향 언어란

객체(Object)란 소프트웨어 세계에서 실제로 존재하는 것을 모델링한 것이다. 즉, 객체는 실제 세계의 사물이나 개념을 프로그램적으로 모델링하여 데이터와 기능을 하나로 묶어서 표현한 것이다.

기초 용어 정리

* 프론트엔드: 프론트엔드는 소프트웨어 개발에서 사용자 인터페이스(UI)를 구축하고 제공하는 부분을 의미한다. 일반적으로 웹 개발에서는 웹 사이트 또는 웹 애플리케이션의 사용자 인터페이스를 개발하는 영역을 가리키는 용어로 사용된다.

Dart를 사용하는 이유

첫째, 클라이언트 측과 서버 측에서 모두 사용할 수 있기 때문에 플랫폼 간 개발이 가능하다. 이러한 특징은 다양한 종류의 애플리케이션을 개발할 수 있는 기반이 된다. 또한 Flutter와 같은 프레임워크에서 사용되어 크로스 플랫폼 개발을 할 수 있는데, 이는 하나의 코드베이스에서 iOS와 Android, 웹, 데스크탑 등 다양한 플랫폼에서 애플리케이션을 개발할 수 있다는 것을 의미한다.

둘째, 대부분의 주요 IDE(Integrated Development Environment)와 텍스트 에디터에서 지원되며, 그중에서도 Visual Studio Code를 사용하면 편리하게 사용할 수 있다. Dart는 쉽게 배울 수 있는 문법을 제공하며, 개발 생산성을 향상시키는 다양한 기능도 제공한다. 이러한 특징들은 Dart 언어가 높은 생산성과 안정성을 제공하며, 개발자들이 프로젝트를 보다 쉽고 빠르게 완료할 수 있도록 도와준다.

셋째, 빠른 실행 속도와 개발자 친화적인 기능을 모두 갖추고 있다. 또한 자바스크립트를 대체할 수 있는 언어로 각광받고 있으며, Flutter 프레임워크에서 기본 언어로 사용되어, Flutter 앱 개발에 필수적인 언어다.

02

변수와 데이터 타입

변수, 데이터 타입, 식별자, 선언, 주석

여기서는 무얼 배울까

우리는 컴퓨터를 사용할때 특정 값을 저장하기 위해서 변수를 사용한다. 변수에는 데이터 타입이 있으며, 이 데이터 타입은 저장한 값을 관리하고 찾는 것이 용이하기 위해 정리정돈을 하는 용도라고 생각하면 좋다. 이러한 역할을 하는 변수와 데이터 타입에 대해서 알아보고 변수를 어떻게 사용하는지 살펴보자.

변수란

변수란 수학에서 쓰이는 수식에 따라서 변하는 값을 뜻한다. 컴퓨터에서도 똑같이 변하는 수라고 해석하는 것이 변수를 이해하기 쉽다. 컴퓨터가 데이터를 사용하기 위해 특정 값을 저장해 두기 위한 공간이 필요하다. 이러한 공간을 변수라고 부르며 값을 저장하는 메모리 공간을 말한다. 그 값은 다른 값으로 대체가 가능하며 다른 값들과 연산을 하는 것이 용이하게 돕는다.

자료형(데이터 타입)

Dart 언어에서 변수를 사용하기 위해서는 해당 변수의 데이터 타입을 지정해 줘야 한다. 데이터의 종류에 따라 다른 메모리 공간에 값을 저장하여 데이터를 효율적으로 관리, 사용하기 위함이라고 생각하면 이해하기 쉽다. 변수의 데이터 타입은 변수가 가지는 값의 종류에 따라 결정된다. Dart 언어에서 지원하는 데이터 타입은 다음과 같다.

숫자형 데이터 타입	• 정수형: int • 실수형: double
문자형 데이터 타입	문자열: String

컴퓨터는 문자열과 식별자*를 구분하지 못하기 때문에, String 언어를 사용할 때 반드시 큰따옴표("")로 묶어서 컴퓨터에게 문자열이라는 것을 알려 줘야 한다. 컴퓨터가 단순한 기계라고 했던 것을 잊지 말자. Dart에서는 문자열 안에서 특정한 의미를 가지는 특수문자들을 사용할 수 있다.

'\n' [줄 바꿈 문자(New Line)]	문자열 안에서 이 특수문자를 사용하면 새로운 줄로 이동하여 텍스트를 출력한다.	데이터 타입들을 사용하지 않고 'var'만 사용해야지라고 편리하게 생각한다면 문제가 발생합니다. 'var' 키워드를 사용하여 변수를 선언할때는 반드시 처음부터 값을 지정해 주어야 합니다. 그렇지 않으면 컴파일러가 변수의 타입을 추론할 수 없으므로 컴파일 오류가 발생하거나 변수의 타입이 자동으로 할당된 이후 같은 변수에 다른 타입의 값을 할당할 수 없는 문제가 생깁니다. 따라서, 모든 데이터 타입을 숙달하는 것이 중요하며, 'var' 키워드의 유연성은 코드의 가독성과 유지보수성을 저하시킬 수 있으므로 가능한 한 변수의 데이터 타입을 명시하여 사용하는 것이 좋습니다.
'\t'[탭 문자(Tab)]	문자열 안에서 이 특수문자를 사용하면 수평 탭 간격만큼 공간을 띄운다.	
'\\'[역슬래시(Backslash)]	문자열 안에서 역슬래시 자체를 출력하고자 할 때 사용한다.	
'$'[달러 기호(Dollar Sign)]	문자열 안에서 이 특수문자를 사용하면 변수를 참조하여 변수의 값을 문자열에 포함시킬 수 있다. 이를 문자열 보간**(String Interpolation)이라고 한다.	
'\'', '\'''[따옴표]	문자열 안에서 따옴표를 포함시키고자 할 때, 반드시 역슬래시('\')를 앞에 붙여 주어야 한다.	
불리언 데이터 타입	true, false를 값으로 가지며, 초기 컴퓨터에서 이진법으로만 연산을 하던 것이 현재에 이르러 불리언 타입으로 발전하여 다양하게 사용되고 있다. 따라서 앞으로 개발을 하면서 중요한 역할을 할 것이다. * 참/거짓: bool	
'var'	이 경우는 컴파일러가 변수의 타입을 추론하여 자동으로 할당한다. 따라서 직접 변수의 타입을 지정하지 않아도 된다.	

변수 선언

변수에 값을 대입하는 것을 변수 선언이라고 하며, 자료형 변수명;의 형태로 이루어져 있다. 컴퓨터에서 변수의 선언 방법은 다음과 같다.

기초 용어 정리

* 식별자(Identifier): 변수, 함수, 파일 등을 구분하기 위해 사용하는 이름이다.

** 보간: 프로그래밍 언어에서 문자열 안에 변수나 표현식을 삽입하는 방법이다. 일반적으로 문자열을 구성할 때 변수나 값을 문자열에 결합하기 위해 사용된다.

```
// 숫자형 변수의 선언
int num1;
double num2;

// 문자열 변수의 선언
String str1;

// 불리언 변수의 선언
bool flag1;
```

또한, 변수 선언과 초기화*를 함께 사용할 수 있으며, 자료형 변수명 = 값;의 형태로 이루어져 있다. 변수 선언 이후 초기화를 하지 않으면 변수에는 쓰레기 값이 할당되어 있다. 쓰레기 값이란 컴퓨터가 메모리 특정 위치에 변수 자리를 지정을 해두는데 거기에 들어 있는 이상한 값을 말한다. 따라서 변수를 사용하기 위해서는 반드시 초기화를 해 주어야 한다. 컴퓨터에서 변수의 초기화 방법은 다음과 같다.

```
// 숫자형 변수의 선언
int num1 = 10;
int num2;
num2 = 20;
double num2 = 3.14;

// 문자열 변수의 선언
String str1 = "Hello, world!";

// 불리언 변수의 선언
bool flag1 = true;

var name = 'John';  // name 변수의 타입은 String으로 추론된다.
var age = 30;       // age 변수의 타입은 int로 추론된다.
```

변수를 선언하고 나면 항상 뒤에 세미콜론(;)을 붙여 주어 컴퓨터에게 코드의 작성을 알려 주어야 한다. 변수의 이름은 알파벳, 숫자, 언더바(_)를 사용하여 만들어 줄 수 있으며, 첫 글자는 반

기초 용어 정리

* 초기화: 프로그래밍에서 변수를 선언할 때, 해당 변수에 값을 처음으로 할당하는 것을 "초기화(initialization)"라고 한다. 초기값을 설정하지 않으면 변수는 해당 데이터 타입에 맞는 기본값(default value)으로 초기화되지만, 초기화 하지 않은 변수를 사용하면 예기치 않은 결과를 초래할 수 있다.

드시 알파벳이나 언더바( )로 시작해야 한다. 그러나 언더바로 시작하는 변수 이름은 특별한 의미를 가질 수 있으므로 권장되지 않는다. 컴퓨터는 대/소문자를 구분하기 때문에, 'num'과 'Num' 두 개의 변수를 서로 다른 변수로 구분한다. 따라서 이를 구분하여 작성해 주어야 한다. 또한 같은 이름의 변수를 중복하여 선언하는 것을 피해야 한다.

위의 코드에서 변수 num1는 int 형이며, 값으로 20을 가지고 있다. 변수 num2는 double 형으로 값으로 3.14를 가지고 있다. 변수 str1은 String 형이며, 값으로 "Hello, world!"를 가지고 있다. 변수 flag1은 bool 형이며, 값으로 true를 가지고 있다. 마지막으로, 변수 name은 String 형이며 'John'이라는 값을, 변수 age는 int 형이며 30의 값을 가지고 있는 것을 알 수 있다.

변수 값 변경

Dart 언어에서는 변수의 값이 변경될 수 있다. 따라서 변수의 값은 변수 이름을 사용하여 언제든지 변경할 수 있다.

```dart
int age = 20;
int money;
String name = "John Doe";
bool isStudent = true;
var var1 = 14.159;

age = 25; // age 변수의 값이 25로 변경된다.
money = 10000; // money 변수의 값이 쓰레기 값에서 10000으로 변경된다.
name = "Jane Doe"; // name 변수의 값이 "Jane Doe"로 변경된다.
isStudent = false; // isStudent 변수의 값이 false로 변경된다.
var1 = 3.14; // var1 변수의 값이 3.14로 변경된다.
```

위의 코드에서는 변수의 값이 각각 25, "Jane Doe", false, 3.14로 변경되었다.

주석

주석(Comment)은 프로그래밍 코드에서 사람이 이해할 수 있는 설명이나 메모를 작성하는 데 사용되는 문장이다. 주석은 컴파일러 또는 인터프리터*에 의해 무시되기 때문에 프로그램 실행에 영향을 주지 않는다. 주석은 다음과 같이 두 가지 주요 유형이 있다.

● 라인 주석(Line comments): 라인 주석은 // 기호를 사용하여 작성되며, 해당 라인에 대한 주석을 표시한다. 주로 코드의 일부를 설명하거나 임시적으로 코드를 비활성화하는 용도로 사용된다.

```
// 이 줄은 변수를 선언한다.
int age = 30;
```

● 블록 주석(Block comments): 블록 주석은 /*와 */ 사이에 작성되며, 여러 줄에 걸친 주석을 표시하는 데 사용된다. 일반적으로 코드나 함수, 클래스 등에 대한 상세한 설명이나 문서화를 작성하는 데 사용된다.

Quick Tip

주석은 코드와 함께 작성되어 가독성을 높이고, 다른 개발자나 본인이 나중에 코드를 이해하거나 유지보수할 때 도움이 됩니다. 명확하고 간결한 주석을 작성하여 코드의 의도와 기능을 확실하게 전달할 수 있도록 노력해야 합니다.

```
/*
이 부분은
여러 줄에 걸친
주석입니다.
*/
```

기초 용어 정리

* 인터프리터: 프로그래밍 언어 코드를 한 줄씩 읽어들이고, 그때마다 해당 코드를 즉시 실행하는 컴퓨터 프로그램 또는 환경이다. 이는 프로그램을 실행하기 위해 전체 코드를 한 번에 컴파일하는 대신, 코드를 한 줄씩 읽고 실행하는 방식을 사용한다.

03

연산자

✓ 핵심 키워드
연산자, 비교, 대입, 반환, 조건

여기서는 무얼 배울까

컴퓨터에서 값을 연산하는 방법에 대해서 배워본다. 우리가 알고 있는 수학의 연산자와 비슷한 점이 많지만, 혼동하기 쉬운 것들이 있으니 주의해서 구별해야 한다. 이러한 점들을 유의하며 간단한 코드와 함께 Dart에서 제공하는 다양한 연산자들에 대하여 알아보자.

연산자란

연산자는 하나 이상의 값을 가지고 연산을 수행하는 기호나 단어로, 프로그래밍에서 데이터를 처리하거나 비교할 때 사용되며 매우 중요한 역할을 한다. Dart 언어에서는 다양한 연산자들이 제공된다. 연산자는 특정한 동작을 수행하는 기호나 키워드를 의미하며, 다양한 유형으로 분류할 수 있다. 연산자의 종류는 다음과 같다.

산술 연산자

산술 연산자는 숫자형 데이터의 덧셈, 뺄셈, 곱셈, 나눗셈 등의 수학적 연산을 수행한다. 덧셈은 + 연산자, 뺄셈은 − 연산자, 곱셈은 * 연산자, 나눗셈은 / 연산자가 사용된다. 또한 나눗셈에서 ~/ 연산자는 정수 나눗셈 연산자로, 소수점 이하 값을 버린 몫을 반환하며 나머지는 % 연산자를 사용하여 반환할 수 있다.

```
int a = 5;
int b = 2;

// 산술 연산자 사용
```

```
int sum = a + b; // 7
int sub = a - b; // 3
int mul = a * b; // 10
double div = a / b; // 2.5
int integerDiv = a ~/ b; // 2
int remainder = a % b; // 1

// 문자열과의 결합
String str1 = "Hello";
String str2 = "world";
String sentence = str1 + " " + str2; // "Hello world"
```

이러한 연산자는 숫자 데이터 타입(int, double)뿐만 아니라, 문자열과의 결합도 가능하다. 문자열과 숫자를 더하는 경우, 문자열이 우선되어 숫자는 문자열로 변환된다.

대입 연산자

대입 연산자는 값을 변수에 할당하는 연산을 수행한다. = 연산자가 일반적으로 사용되며, 값을 할당하려는 변수 왼쪽에 위치하고 할당하려는 값을 오른쪽에 위치한다. 예를 들어, int a = 10에서 = 연산자는 10이라는 값을 변수 a에 할당한다.

Quick Tip

오른쪽의 값을 왼쪽 변수에 할당한다라는 개념이 중요합니다. 처음에는 수학의 = 연산자를 같다라고 해석하여 혼동하기 쉽습니다. 예를 들어, int c = a; 코드의 경우 'c에 a를 할당한다.'라고 해석하는 것보다는 a의 값, 즉 'c에 5를 할당한다.'라고 이해하는 것이 좋습니다. 다음으로 int sum = a + b;를 보고 a+b의 연산을 먼저 진행하여 'sum에 7을 할당한다.'라고 이해한다면 대입 연산자에 대한 이해를 쉽게 할 수 있습니다.

```
int a = 5;
int b = 2;

int c = a; // 5
int sum = a + b; // 7
```

비교 연산자

비교 연산자는 두 개의 값을 비교하고, 두 값이 서로 같은
지 큰지 작은지 등의 결과를 반환한다. 따라서 비교 연산
자에서 반환되는 값은 데이터 타입에서 배웠던 불리언 타
입이라고 할 수 있다. 이를 통하면, 연산결과가 맞는지 틀
린지에 대해 확인할 수 있다. 비교 연산자의 종류는 다음과 같다.

Quick Tip

비교 연산자도 대입 연산자와 비슷하게
변수가 나오더라도 값끼리 비교가 일어난
다라고 해석하는 것이 좋습니다.

동등 비교 연산자(==)	두 개의 값이 서로 같은지를 비교한다. 만약 같으면 true를 반환하고, 다르면 false를 반환한다.
부등 비교 연산자(!=)	두 개의 값이 서로 다른지를 비교한다. 만약 다르면 true를 반환하고, 같으면 false를 반환한다.
대소 비교 연산자 (<, >, <=, >=)	두 개의 값을 대소 비교한다. 작은지, 큰지, 작거나 같은지, 크거나 같은지를 비교하여 결과를 반환한다.

```
int a = 1;
int b = 3;

3 == 3 // true
a == b // false

3 != 3 // false
a != b // true

3 > 1 // true
a > b // false

1 < 3 // true
b < a // false

3 >= 3 // true
b >= a // true

1 <= 3 // true
b <= b // true
```

논리 연산자

논리 연산자는 불리언 데이터의 논리적 연산을 수행한다.

Quick Tip

앞서 배웠던 동등 비교 연산자(==)에 ! 연산자가 합쳐져서 부등 비교 연산자(!=)로 바뀌는 과정을 '같다'에서 '같지 않다'로, 즉 반대의 결과값을 반환하는 것으로 함께 이해하면 좋습니다.

- &&(논리 곱, and): 양쪽 피연산자가 모두 참(true)일 경우에만 참을 반환한다.

- ||(논리 합, or): 양쪽 피연산자 중 하나 이상이 참일 경우 참을 반환한다.

- !(논리 부정, not): 피연산자가 참이면 거짓(false)을, 거짓이면 참을 반환한다.

```
bool a = true;
bool b = false;

a && b; // false
a || b; // true
!a; // false
!(a && b) || b; // true
```

위 코드에서는 논리 곱 연산자를 사용하여 a && b를 계산하면 false가 반환된다. 왜냐하면 a는 참이고 b는 거짓이기 때문에, 양쪽 피연산자가 모두 참일 경우에만 참이 되는 논리 곱 연산자의 특성에 따라 false가 반환된다. 마찬가지로 논리 합 연산자 a || b는 양쪽 피연산자 중 하나 이상이 참이므로 true를 반환하고, 논리 부정 연산자 !a는 a가 참이므로 거짓인 false를 반환한다. 마지막으로, 여러 개의 연산자를 함께 사용할 수 있다. a && b의 결괏값은 false이지만, ! 연산자를 만나 true로 바뀌고, true || b 이기 때문에 true를 반환한다고 할 수 있다.

Clear Comment

비교 연산자와 논리 연산자를 배웠으니, 함께 사용할 때 많이 실수하는 코드를 알아보겠습니다. 만약, 변수 a가 1보다 크고 10보다 작다라는 것을 나타내라고 한다면 수학에서 배운대로 1 〈 a 〈 10이라고 작성할 것입니다. 하지만 컴퓨터는 사람과 다르게 문제를 한번에 받아들일 수 없어 연산을 차례대로 진행합니다. 즉, 1 〈 a를 먼저 진행하고 이후에 〈 10을 진행하고, 1 〈 a를 진행하게 되었을 경우 반환되는 값은 참 또는 거짓이 됩니다. 이후 연산이 (참 또는 거짓) 〈 10으로 진행되니 올바른 표현이라고 볼 수 없습니다. 따라서, 컴퓨터에서 "1 〈 a 〈 10"이라는 표현은 사용할 수 없으며, 대신에 "1 〈 a && a 〈 10"이라는 논리 연산을 사용해야 합니다.

증감 연산자

증감 연산자는 변수의 값을 증가시키거나 감소시킬 때 사용한다. 변수 a를 선언하고, a의 크기를 증가시킨다고 생각해 보자. 이를 코드로 나타내면 다음과 같다.

```
int a = 5;
a = a + 3; // 8
a = a - 2; // 6
```

양변에 a가 있어 혼동된다면, 앞서 대입 연산자 개념에 대해 다시 한번 생각해 보자. 대입 연산자는 오른쪽의 값을 왼쪽 변수에 대입해 주는 역할이다. 즉, a + 3은 8, a − 2는 6으로 값으로만 생각한다면 어렵지 않다. 위와 같은 방법으로 변수의 크기를 증가시킬 수 있다. 하지만 이를 줄여서 간단하게 사용할 수 있다. 바로 += 연산자와 −= 연산자를 사용하는 것이다. 두 연산자를 사용하면 코드를 간단하고 가독성이 좋게 만들어 혼동을 줄여줄 수 있다.

```
int a = 5;
a += 3; // 8
a -= 2; // 6
```

그렇다면 자기 자신을 얼만큼 증가시키고, 감소시키는 것이 가장 많이 사용될지 생각해 보자. 당연히 하나씩 카운트하는 것이 가장 많이 사용될 것이다. 따라서, +=1, −=1도 줄여서 사용되는 증감 연산자가 존재한다. 증감 연산자는 ++와 −−를 사용하여 표현한다.

Quick Tip

사람들이 자주 사용하는 말을 줄임말로 바꿔서 쓰는 것처럼 자기 자신의 값을 증가, 감소시키는 연산을 줄여서 사용하는 것이라고 생각하면 편합니다. 또한 줄임말과 같다면 자주 사용하기 때문에 +=와 −= 연산자에 익숙해지는 것이 좋습니다.

```
int i = 1;
++i; // 전위 증가 연산자, i의 값을 2로 증가시킨다.
i++; // 후위 증가 연산자, i의 값을 3으로 증가시킨다.
--i; // 전위 감소 연산자, i의 값을 2로 감소시킨다.
i--; // 후위 감소 연산자, i의 값을 1로 감소시킨다.
```

변수를 하나씩 증가시키거나 감소시키는 경우에는 +=1, −=1 대신 ++, −−를 사용하는 것이 더 간편하고 가독성이 좋다. 하지만 전위와 후위에 대해 구별을 할 수 있어야 한다. 전위 증가, 감소 연산자는 코드를 실행하기 전에 값을 미리 증가, 감소시키고 코드를 실행한다. 후위 증가, 감소 연산자는 코드를 실행하고 난 뒤에 값을 증가, 감소시킨다. 정확히 구별하기 위해 다시 한번 코드를 살펴보자.

```
int i = 1;
int j;
j = ++i; // 전위 증가 연산자이므로 i의 값을 2로 증가시킨 뒤에 j에 대입한다.
j = i++; // 후위 증가 연산자이므로 j에 2를 대입한 뒤 i의 값을 3으로 증가시킨다.
j = --i; // 전위 감소 연산자이므로 i의 값을 2로 감소시킨 뒤에 j에 대입한다.
j = i--; // 후위 감소 연산자이므로 j에 2를 대입한 뒤 i의 값을 1로 감소시킨다.
```

위와 같이 전위, 후위 연산자에 대해 언제 증가, 감소가 되는지 정확히 구별하자.

삼항 연산자

삼항 연산자는 조건식에 따라서 다른 값을 반환하는 연산자로, (조건식) ? 값1: 값2와 같은 형태로 사용된다. 조건식은 참(true) 또는 거짓(false) 값을 가지는 표현식이며, 값1은 조건식이 참일 경우 반환할 값이고, 값2는 조건식이 거짓일 경우 반환할 값이다.

```
int a = -1;
int b = 2;
int small = (a < b) ? a : b
String result = (small > 0) ? "양수" : (small == 0) ? "0" : "음수";
```

첫 번째로 변수 small의 값은 조건식 a 〈 b가 참이기 때문에 값 −1인 a가 반환되어 small에 대입된다. 두 번째는 중첩된 삼항 연산자가 사용되어 small이 0보다 작은 경우에도 다시 한 번 삼항 연산자를 사용하여 값을 반환하고 있다. small 〉 0은 거짓이기 때문에 (small == 0) ? "0" : "음수"; 값이 반환되는데, small은 0이 아니기 때문에 결과적으로 result에 "음수"가 대입된다.

04

제어문

입출력, if-else, for 문, while문

여기서는 무얼 배울까

우리는 제어문을 써서 컴퓨터를 더 유용하게 사용할 수 있다. 이 과정에서 코드의 흐름을 파악하는 것이 가장 중요한데, 그렇기 위해서는 컴퓨터처럼 생각하는 것이 도움이 될 수 있다. 항상 정해진 조건에 따라, 즉 왼쪽에서 오른쪽, 위에서 아래 순서대로 실행된다는 것을 기억하고 살펴보자.

제어문이란

제어문은 프로그램에서 실행 흐름을 제어하는 구문이다. 주어진 조건에 따라서 다른 코드 블럭을 실행하거나 실행을 중지하고 다른 코드로 이동할 수 있도록 한다. 조건문은 주어진 조건식의 참, 거짓 여부에 따라서 실행할 코드 블럭을 선택한다. 제어문은 프로그램의 실행 흐름을 명확하게 제어할 수 있기 때문에, 프로그래밍에서 매우 중요한 역할을 한다. 따라서 적절한 제어문을 사용해서 실행 흐름을 효율적으로 제어할 수 있도록 연습하는 것이 중요하다.

입출력

제어문에 들어가기 앞서 Dart에서 입력과 출력을 하는 방법에 대해 알아보자. 입력(Input)은 프로그램이 외부에서 데이터를 받아들이는 것을 말하고, 출력(Output)은 프로그램이 처리한 결과를 외부로 보내는 것을 말한다. Dart에서는 콘솔(Console) 환경에서 표준 입력(stdin)과 표준 출력(stdout)을 제공한다.

출력

Dart에서 표준 출력을 하기 위해서는 dart:io 라이브러리의 stdout 객체를 사용한다. stdout.write() 메서드를 사용하면 문자열을 출력할 수 있다. 예를 들어, 다음과 같이 코드를 작성하면 Hello,

World!를 출력할 수 있다.

```dart
import 'dart:io';

void main() {
  stdout.write('Hello, World!');
}
```

위 코드에서 stdout.write()는 인자로 전달된 문자열을 출력한다. 이 값은 화면에 출력되는 것뿐 아니라, 파일이나 네트워크 등의 다른 장치로 출력될 수도 있다.

입력

Dart에서 표준 입력을 받기 위해서는 dart:io 라이브러리의 stdin 객체를 사용한다. stdin.readLineSync() 메서드를 사용하면 사용자로부터 한 줄을 입력받을 수 있다. 예를 들어, 다음과 같이 코드를 작성하면 사용자로부터 문자열을 입력받을 수 있다.

```dart
import 'dart:io';

void main() {
  print('이름을 입력하세요:');
  String name = stdin.readLineSync();
  print('안녕하세요, $name님!');
}
```

위 코드에서 stdin.readLineSync()는 사용자가 입력한 문자열을 반환한다. 이 값은 String 타입으로 name 변수에 저장되고, $name님!에서 $name 부분은 문자열 보간(interpolation)을 사용하여 출력된다. 위와 같이 dart:io 라이브러리를 사용하면 콘솔 환경에서 입출력을 처리할 수 있다. 하지만 Dart에서는 웹 애플리케이션 등 다른 환경에서도 입출력을 처리할 수 있는 다양한 방법을 제공한다.

조건문

조건문은 프로그램의 흐름을 제어하는 데 사용되는 구문이다. 주어진 조건이 참(True)일 경우에만 특정 코드 블록을 실행시키거나, 거짓(False)일 경우에 다른 코드 블록을 실행시키는 등의 제어가 가능하다.

if 문

if 문은 주어진 조건이 참인 경우에만 특정 코드 블록을 실행시키는 구문이다. if 문은 다음과 같은 형태를 갖는다.

코·드·소·개

```
if (조건식) {
  // 조건식이 참일 때 실행할 코드
}
```

조건식이 참일 경우, 중괄호 안의 코드 블록이 실행된다. 조건식이 거짓일 경우, 코드 블록은 실행되지 않는다. if 문에서는 else 구문을 추가하여 조건식이 거짓일 경우 실행될 코드 블록을 추가할 수 있다.

코·드·소·개

```
if (조건식) {
  // 조건식이 참일 때 실행할 코드
} else {
  // 조건식이 거짓일 때 실행할 코드
}
```

또한, if 문은 중첩해서 사용할 수 있으며, 첫 조건식이 거짓일 경우 두 번째에도 조건식을 포함한 코드 블록을 추가할 수 있다. 이는 else와 if를 함께 사용하여 간결하게 작성할 수 있다.

코·드·소·개

```
if (조건식1) {
  // 조건식이 참일 때 실행할 코드
} else {
  if (조건식2) {
    // 조건식1이 거짓, 조건식2가 참일 때 실행할 코드
  } else {
```

```
    if (조건식3) {
      // 조건식1,2가 모두 거짓, 조건식3가 참일 때 실행할 코드
    } else {
      if (조건식4) {
        // 조건식1,2,3이 모두 거짓, 조건식4가 참일 때 실행할 코드
      } else {
        // 조건식1,2,3,4가 모두 거짓일 때 실행할 코드
      }
    }
  }
}

if (조건식1) {
  // 조건식이 참일 때 실행할 코드
} else if (조건식2) {
  // 조건식1이 거짓, 조건식2가 참일 때 실행할 코드
} else if (조건식3) {
  // 조건식1,2가 모두 거짓, 조건식3가 참일 때 실행할 코드
} else if (조건식4) {
  // 조건식1,2,3이 모두 거짓, 조건식4가 참일 때 실행할 코드
} else {
  // 조건식1,2,3,4가 모두 거짓일 때 실행할 코드
}
```

두 개의 if 문을 보고 else if를 사용하는 이유에 대해 생각해 보자. else if는 코드를 훨씬 간결하게 만들어 주어 가독성과 유지보수성을 높임으로써 코드를 작성하는 데에 문제를 발생시킬 확률을 낮춰줄 것이다. 하지만 두 개의 if 문을 모두 원활하게 해석하여 논리적 흐름을 파악하는 것이 코드를 짜는 것에 도움을 줄 것이다. 상황에 따라서 if 문 내부에 여러 개의 if 문이 사용되거나 if-else 문을 사용하지 않는 것이 더 나은 선택이 되는 경우도 있기 때문이다.

손으로 익히는 코딩

```dart
import 'dart:io';

void main() {
  stdout.write('숫자를 입력하세요: ');
  String input = stdin.readLineSync()!;
  int? number = int.tryParse(input) ?? -1;
```

```
  if (number > 0) {
    if (number % 2 == 0) {
      print('$number는 양수이면서 짝수입니다.');
    } else {
      print('$number는 양수이면서 홀수입니다.');
    }
  } else if (number < 0) {
    if (number % 2 == 0) {
      print('$number는 음수이면서 짝수입니다.');
    } else {
      print('$number는 음수이면서 홀수입니다.');
    }
  } else {
    print('입력한 숫자는 0입니다.');
  }
}
```

위 코드에서는 중첩된 if 문을 사용하여 숫자의 부호와 홀/짝 여부에 따라 다른 메시지를 출력한다. 입력된 숫자가 양수인 경우 첫 번째 조건문이 실행되고, 음수인 경우 두 번째 조건문이 실행된다. 그리고 숫자가 0인 경우 세 번째 조건문이 실행된다. 양수 또는 음수일 때 추가적으로 숫자가 홀수인지 짝수인지를 확인하여 출력한다.

stdin.readLineSync()!;에서 !는 Dart에서 "null 비활성화(non-null assertion)" 연산자로 사용된다. 이 연산자는 변수 뒤에 붙여 null 값을 허용하지 않음을 나타낸다. 일반적으로 변수 뒤에 !를 붙여 사용할 때는 해당 변수가 null이 아님을 개발자가 명시적으로 보증하는 것이다. 이는 변수가 null인 경우에도 런타임 예외를 발생시키지 않고 그대로 사용하겠다는 의미다. 따라서 변수의 null 여부를 개발자가 확인해야 하며, null인 경우 예기치 않은 동작이 발생할 수 있다.

stdin.readLineSync() 메서드의 반환 값은 nullable한 String? 타입이므로, ! 연산자를 사용하여 null이 아님을 보증하고 사용하는 것이다. 하지만 입력이 null일 경우 런타임 예외가 발생할 수 있으므로 주의가 필요하다. 올바른 사용을 위해서는 입력 값의 유효성을 검사하거나 예외 처리를 함께 고려해야 한다.

int.tryParse() 메서드는 입력을 정수로 변환하려고 시도하고, 변환에 성공하면 해당 정수를 반환하고 변환에 실패하면 null을 반환한다. 하지만 int.tryParse() ?? 뒤에 값을 적어 놓으면 변환에 실패했을 경우 들어갈 값을 지정해 줄 수 있다. 위 코드 같은 경우 변환에 실패했을 시 number에 −1이 대입된다.

이 코드는 중첩된 if 문을 사용하여 다양한 조건을 처리하는 방법을 보여 준다. 각각의 경우에 대한 조건을 계층적으로 처리함으로써 다양한 상황에 대한 처리를 할 수 있다.

switch 문

switch 문은 조건에 따라 다른 동작을 수행하는 제어문이다. 일반적으로 switch 문은 특정 변수의 값을 비교하고, 해당 값과 일치하는 경우에 해당하는 코드 블록을 실행한다. switch 문의 기본 구조는 다음과 같다.

코·드·소·개

```
switch (변수) {
  case 값1:
    // 값1과 일치하는 경우 실행할 코드
    break;
  case 값2:
    // 값2와 일치하는 경우 실행할 코드
    break;
  case 값3:
    // 값3과 일치하는 경우 실행할 코드
    break;
  // 추가적인 case 문 가능
  default:
    // 모든 case에 해당하지 않는 경우 실행할 코드
    break;
}
```

- switch 키워드로 switch 문을 시작한다.

- 괄호 안에는 비교할 변수를 입력한다.

- 각각의 case 문은 변수의 값과 비교된다. 일치하는 경우 해당하는 코드 블록이 실행된다.

- Break 문을 사용하여 현재 case의 실행을 종료하고 switch 문을 빠져나온다. break 문이 없으면 다음 case 문으로 이동하여 실행된다.

- default 문은 모든 case에 해당하지 않는 경우 실행된다. if 문의 else와 같은 역할이다. default 문은 선택적이며, 필요에 따라 사용할 수 있다.

아래는 간단한 코드다.

```
void main() {
  String animal = 'lion';

  switch (animal) {
    case 'lion':
      print('사자입니다.');
      break;
    case 'tiger':
      print('호랑이입니다.');
      break;
    case 'elephant':
      print('코끼리입니다.');
      break;
    case 'giraffe':
      print('기린입니다.');
      break;
    case 'cat':
      print('고양이입니다.');
      break;
    default:
      print('알 수 없는 동물입니다.');
      break;
  }
}
```

위의 코드에서 animal 변수의 값에 따라 다른 동물을 출력한다. animal이 'lion'인 경우 '사자입니다.'가 출력되고, animal이 'tiger'인 경우 '호랑이입니다.'가 출력된다. animal이 'elephant'인 경우 '코끼리입니다.'가 출력되고, animal이 'giraffe'인 경우 '기린입니다.'가 출력된다. animal의 값이 'lion', 'tiger', 'elephant', 'giraffe'가 아닌 경우 '알 수 없는 동물입니다.'가 출력된다.

실행 결과

사자입니다.

switch 문은 대체로 if 문으로 대부분 가능해 보인다. 그렇다면 굳이 switch 문이 존재하는 이유가 무엇일까?

- 가독성: switch 문은 여러 개의 if-else 문을 사용하는 것보다 가독성이 높을 수 있다. 하나의 변수에 대한 여러 가지 경우의 수를 처리할 때 switch 문은 해당 변수의 값을 보다 명시적으로 처리하며 코드가 간결해진다. 또한 코드가 길어지면 길어질수록 수많은 if 문 속에서 switch 문을 사용한다면 가독성이 높아질 것이다.

- 구조화된 로직: switch 문은 구조화된 로직을 나타내는 데 유용하다. 여러 가지 선택사항이 있고, 각 선택사항에 대해 서로 다른 동작을 수행해야 할 때 switch 문은 코드를 더 구조화된 형태로 표현할 수 있다.

- 성능: switch 문은 몇 가지 경우에서 if-else 문보다 성능이 우수할 수 있다. switch 문은 보통 컴파일러나 인터프리터에 의해 최적화되어 효율적으로 분기 처리될 수 있다.

switch 문은 동적인 값에 대한 다양한 분기 로직을 구현할 수 있는 유용한 제어문이다. 다양한 조건에 따라 동작을 변경하고자 할 때 switch 문을 활용할 수 있다.

에러에서 배우기

- 변수 초기화 에러
  selectedTable 변수가 초기화되지 않은 상태에서 사용되는 경우 변수 초기화 오류가 발생할 수 있다. selectedTable 변수는 초기값을 설정해야 한다.

- 반복문 조건 에러
  반복문의 조건식을 잘못 작성하는 경우 반복문 조건 오류가 발생할 수 있다. 예를 들어, for 반복문에서 selectedTable 대신 start 변수를 사용해야 하는데 잘못 입력한 경우 등이 있다.

- 출력 형식 에러
  출력문을 잘못 작성하거나, 변수나 문자열의 형식을 정확하게 지정하지 않는 경우 출력 형식 오류가 발생할 수 있다. 예를 들어, $ 기호를 잘못 사용하거나, 변수 또는 문자열을 올바른 형식으로 변환하지 않은 경우 등이 있다.

- 논리 에러
  코드의 논리적인 흐름을 잘못 구성하는 경우 논리 오류가 발생할 수 있다. 예를 들어, selectedTable 값에 따라 반복문의 시작 값과 증가 값이 잘못 설정된 경우 등이 있다.

- 기타 일반적인 문법 에러
  중괄호({})의 누락, 괄호(())의 불균형, 변수 이름의 오타, 세미콜론(;)의 누락 등과 같은 기본적인 문법 오류가 발생할 수 있다.

반복문

반복문은 동일한 작업을 여러번 수행해야 할 때 사용되는 제어문이다. 일반적으로 반복문은 조건식과 실행 블록으로 구성되며, 조건식이 참인 동안 실행 블록을 반복해서 실행한다.

for 반복문

for 반복문은 지정된 횟수만큼 반복하는 데 주로 사용된다. 다음은 for 반복문의 기본 구문이다.

```
─ 코·드·소·개 ─

for (①초기화; ②조건식; ③증감식) {
  // 반복해서 실행할 코드
}
```

초기화 부분에는 변수 선언과 함께 값을 초기회히여 for 문 내부에서 사용할 수 있도록 해 주며, 어니부터 시작할지 정해 주는 처음을 담당하는 부분이라고 생각하자. 두 번째는 조건식이 들어간다. 조건에 따라 반복문이 종료될 수 있도록 도와주며, 언제까지 코드를 실행할지 정해 주는 마지막을 담당하는 부분이라고 생각하자. 이 부분이 제대로 작성되지 않으면 반복문이 끝나지 않는 무한루프에 빠지게 되니 주의하자. 증감식은 증감연산자가 들어가며, 변수를 증가, 감소시켜 조건식에 만족하지 않도록 도와주며, 어떻게 코드를 실행해서 처음(①초기화)에서 마지막(②조건식)으로 도달을 어떻게 진행할지 정해 주어 반복문이 정확히 몇 번 실행될지 도와주는 중간을 담당하는 부분이라고 생각하면 된다. 또 초기화 부분과 증감식 부분은 모두 생략하거나 여러 개를 작성하는 것이 가능하다. 하지만 생략할 경우에는 세미콜론(;)을 생략하는 것이 아니라, 빈칸으로 남겨야 한다. 세미콜론을 생략하면 문법 오류가 발생한다.

```
var i = 0;
for (; i < 10;) {
  print(i);
  i++;
}

for (i < 10) {   // 잘못된 문법
  print(i);
  i++;
}

for (int a = 1, b = 2, c =30; a < b || a < c; a+=3, b+=2, c-- ) {
  print(I)
}
```

초기화와 증감식 부분에 여러 개를 작성하려면 콤마 연산자(,)를 사용하여야 하며, 조건식은 콤마 연산자 대신 조건 연산자를 사용한다.

while 반복문

while 반복문은 조건식이 참인 동안 반복하는 데 주로 사용된다. 조건식이 거짓이면 반복문을 실행하지 않는다. 다음은 while 반복문의 기본 구문이다.

```
코·드·소·개

while (조건식) {
    // 반복해서 실행할 코드
}
```

do-while 반복문

do-while 반복문은 while 반복문과 유사하지만, 반복문의 실행 블록을 먼저 실행한 다음에 조건식을 평가한다. 따라서 do-while 반복문은 조건식이 거짓이더라도 실행 블록을 적어도 한번은 실행한다. 다음은 do-while 반복문의 기본 구문이다.

```
코·드·소·개

do {
    // 반복해서 실행할 코드
} while (조건식);
```

반복문은 코드의 중복을 줄여 주고, 일정한 패턴을 가진 작업을 반복해서 처리할 수 있다. 컴퓨터의 가장 큰 장점인 연산 속도가 빠르다는 것을 이용하여 사람이 할 때 오래 걸리는 작업을 굉장히 빠르게 처리할 수 있다. 하지만 반복문을 남발하면 코드의 가독성이 떨어질 수 있으므로, 적절하게 사용해야 한다.

조건문과 반복문

조건문과 반복문은 서로 중첩해서 사용할 수 있다. 조건문은 if-else 문에서 중첩하여 사용하는 것을 다뤄 봤으니 중첩 반복문에 대해 알아보자.

```
for (초기화; 조건식; 증감식) {
  while (조건식) {
    // 반복해서 실행할 코드
  }
}
```

위 코드와 같이 반복문을 중첩해서 사용할 수 있다. 반복문 안에 반복문이 있으면 여러 번 실행하는 코드가 다시 한번 여러 번 실행된다라는 것을 이해하고, 코드의 흐름을 정확하게 파악할 수 있어야 한다. 또한 조건문과 반복문을 함께 사용하는 경우에는 반복문 안에서 조건문을 사용하여 반복을 계속할지 중지할지를 결정할 수 있다. 이렇게 함으로써 특정한 조건이 충족되는 경우에만 반복을 계속할 수 있으며, 불필요한 반복을 줄일 수 있다. 예를 들어, 1부터 100까지의 숫자 중에서 짝수만 출력하고 싶다고 가정해 보자. 이때 조건문과 반복문을 함께 사용하여 다음과 같은 코드를 작성할 수 있다.

```
for (int i = 1; i <= 100; i++) {
  if (i % 2 == 0) {
    print(i);
  }
}
```

위 코드에서는 for 반복문을 사용하여 1부터 100까지의 숫자를 반복하면서, if 조건문을 사용하여 현재 숫자가 짝수인지를 검사하고, 짝수인 경우에만 print 함수를 사용하여 해당 숫자를 출력하도록 한다. 이렇게 함으로써 반복문과 조건문을 함께 사용하여 원하는 작업을 수행할 수 있다.

손으로 익히는 코딩

```
void main() {
  for (var i = 2; i <= 9; i++) {
    print('=== $i 단 ===');
    for (var j = 1; j <= 9; j++) {
      var result = i * j;
      print('$i x $j = $result');
    }
    print('------------------');
  }
}
```

위의 코드는 2부터 9까지의 숫자에 대한 구구단을 출력한다. 바깥쪽의 for 루프는 구구단의 곱셈을 계산할 숫자를 나타내는 i를 2부터 9까지 반복한다. 안쪽의 for 루프는 각 숫자에 대한 구구단을 계산하여 출력한다. 결과는 print 함수를 사용하여 출력되며, 출력 형식은 $i x $j = $result와 같이 문자열 보간을 이용하여 구성된다. 위의 코드를 실행하면 각 단을 나타내는 헤더와 단 사이에 구분선이 추가된 구구단이 콘솔에 출력된다. 예를 들어, 2단부터 9단까지의 구구단 결과가 다음과 같이 출력된다.

실행 결과

```
=== 2 단 ===
2 x 1 = 2
2 x 2 = 4
2 x 3 = 6
...
2 x 9 = 18
-----------------
=== 3 단 ===
3 x 1 = 3
3 x 2 = 6
3 x 3 = 9
...
3 x 9 = 27
-----------------
...
=== 9 단 ===
9 x 1 = 9
9 x 2 = 18
9 x 3 = 27
...
9 x 9 = 81
-----------------
```

각 단의 헤더는 === $i 단 === 형식으로 출력되고, 단 사이에는 ----------------- 구분선이 추가되어 가독성이 높아진다.

- 구문 오류

  코드에서 세미콜론(;)을 잘못 사용하거나 누락하는 경우, 구문 오류가 발생한다. 세미콜론은 문장의 끝을 나타내는 구분 기호로 사용되며, 각 문장은 세미콜론으로 종료되어야 한다.

- 변수 선언 오류

  코드에서 변수를 선언하지 않거나, 변수를 중복해서 선언하는 경우 변수 선언 오류가 발생한다. 변수를 사용하기 전에 정확하게 선언해야 한다.

- 타입 불일치 오류

  코드에서 변수에 잘못된 데이터 타입을 할당하거나, 서로 다른 데이터 타입 간의 연산을 시도하는 경우 타입 불일치 오류가 발생한다. 변수와 값을 할당할 때 데이터 타입을 일치시켜야 한다.

- 사용자 입력 에러

  사용자가 숫자 대신 문자열을 입력하는 경우 int.tryParse() 함수는 null을 반환하므로 number 변수는 null이 된다. 이 경우 null 값을 참조하여 null 에러가 발생할 수 있다.

- 런타임 에러

  입력된 문자열이 정수로 파싱될 수 없는 경우 int.tryParse()는 null을 반환한다. 그러나 코드에서 null일 경우 −1을 할당했기 때문에 이 경우 런타임 에러는 발생하지 않는다.

05

함수

✓ **핵심 키워드**

함수, 매개변수, 반환값, 지역변수, 전역변수

여기서는 무얼 배울까

함수의 개념과 구조, 매개변수(Parameter)와 인수(Argument), 반환값(Return Value), 그리고 함수의 종류와 호출 방법 등에 대해 배울 수 있다. 함수는 프로그래밍에서 매우 중요한 개념 중 하나로, 반복적으로 사용되는 코드를 재사용하기 위해 사용된다. 프로그램을 개발할 때, 어떠한 코드를 함수로 만들지 생각하면서 살펴보자.

함수

함수(Function)는 입력 값을 받아서 출력 값을 내놓는 일련의 과정을 수행하는 코드 블록을 말한다. 즉, 특정한 기능을 수행하는 코드를 함수로 묶어서 필요할 때마다 호출하여 사용할 수 있다. 함수는 코드의 재사용성을 높여 주고, 코드의 가독성과 유지보수성을 높여 준다. 함수를 사용하여 비슷한 코드들을 중복해서 작성하지 않고, 모듈화된 코드를 작성할 수 있다. 함수는 다음과 같은 형식으로 선언된다.

코·드·소·개

```
반환_타입 함수_이름(매개변수_목록) {
  함수_내용;
  return 반환_값;
}
```

● 반환 타입: 함수가 반환하는 값의 데이터 타입을 나타낸다.

● 함수 이름: 함수를 호출하기 위한 이름을 나타낸다.

● 매개변수: 함수에 전달되는 입력 값이다. 필수적이지 않으며, 없을 경우 괄호 안을 비워둘 수 있다.

● 함수 내용: 함수가 수행하는 코드 블록이다.

● 반환 값: 함수가 종료될 때 반환하는 값이다. 반환 값이 없을 경우 void*를 사용한다.

함수에서 반환 값이 없을 경우, 해당 함수의 반환형으로 void를 지정한다. 이렇게 선언된 함수는 값을 반환하지 않는다. 즉, 반환값이 없는 함수를 만들 때 void를 사용한다. 여기서 반환_타입은 함수가 반환하는 값의 데이터 타입이다. 만약 반환값이 없다면, void를 사용한다. 함수_이름은 함수의 이름을 정의한다. 매개변수_목록은 함수에 입력되는 값들의 이름과 데이터 타입을 지정한다. 함수의 내용은 중괄호 {} 안에 정의하며, return을 사용해 함수가 반환할 값을 지정한다.

Dart에서 함수는 일급 객체(First-class object)이다. 일급 객체란, 함수가 변수에 할당될 수 있고, 다른 함수의 매개변수로 전달될 수 있으며, 함수에서 반환될 수 있는 객체를 말한다. 이러한 특성으로 인해 Dart에서는 함수형 프로그래밍이 가능하다. 함수를 호출할 때는 함수 이름 뒤에 괄호 ()를 붙인다. 만약 함수에 매개변수가 필요하다면, 괄호 안에 매개변수를 지정한다. 예를 들어, 다음과 같이 sum 함수를 호출할 수 있다.

```
int sum(int a, int b) {
  return a + b;
}

void main() {
  int result = sum(3, 4);
  print(result);
}
```

이 코드에서는 sum 함수를 정의하고, main 함수에서 sum 함수를 호출한다. sum 함수는 두 개의 정수형 매개변수 a와 b를 입력받아 그 합을 반환한다. main 함수에서는 sum 함수를 호출하고, 반환된 값을 result 변수에 저장하고 출력한다.

실행 결과

```
7
```

함수를 간결하게 정의하는 또 다른 방법은 화살표 함수(arrow function)를 사용하는 것이다. 화살표 함수는 다음과 같이 => 기호를 사용해 정의한다.

기초 용어 정리
* void: "빈 값"을 의미하는 예약어다.

```
반환_타입 함수_이름(매개변수_목록) => 반환_값;
```

위의 sum 함수를 화살표 함수로 정의하면 다음과 같다.

```
int sum(int a, int b) => a + b;
```

이렇게 간결하게 함수를 정의할 수 있다. 함수의 내용이 한 줄일 때는 중괄호 {}를 생략할 수 있으며, return 문도 생략할 수 있다.

지역변수

지역변수는 함수나 코드 블록 내에서 선언된 변수로, 해당 함수나 코드 블록 내에서만 사용 가능하다. 다른 함수나 코드 블록에서는 사용할 수 없다. 이러한 특징은 변수의 유효범위(scope)라고도 한다. 함수나 코드 블록이 종료되면 해당 변수는 소멸되며, 다시 사용할 수 없다.

주로 함수 내에서 사용되며, 함수 내부에서 임시적으로 값을 저장하거나, 특정한 연산을 수행할 때 사용된다. 함수가 실행될 때마다 새로운 지역변수가 생성되기 때문에, 다른 함수나 코드 블록에서 동일한 변수 이름을 사용해도 서로 영향을 미치지 않는다.

선언한 위치에 따라 초기값이 자동으로 할당되지 않을 수 있다. 초기값이 없는 지역변수는 사용하기 전에 반드시 값을 할당해 주어야 한다. 이를 초기화(initialization)라고 한다.

다른 변수와 마찬가지로 데이터 타입을 지정해 주어야 한다. 데이터 타입에 따라 해당 변수가 저장할 수 있는 값의 종류와 범위가 결정된다. 예를 들어, 정수형 데이터 타입을 사용한다면 지역변수는 정수형 데이터만 저장할 수 있다.

지역변수의 장점은 변수의 유효범위가 함수 내로 한정되어 있어서, 변수 이름의 중복을 피할 수 있고, 변수의 값이 다른 함수나 코드 블록에서 변경될 가능성이 적다는 점이다. 이러한 장점들은 코드의 가독성과 유지보수성을 높이는 데 기여한다.

```
void main() {
  int num1 = 10; // 지역변수 num1 선언 및 초기화
  double num2 = 3.14; // 지역변수 num2 선언 및 초기화
```

```
  print(num1);
  print(num2);
}

void func() {
  // num1, num2 변수에 접근 불가능
}
```

지역변수 num1과 num2는 main 함수 내에서만 유효하며, 다른 함수에서는 사용할 수 없다.

실행 결과

```
10
3.14
```

전역변수

전역변수(Global Variable)는 프로그램 전체에서 접근 가능한 변수로서, 어느 곳에서나 값을 읽거나 쓸 수 있다는 특징을 가지고 있다. 전역변수는 프로그램 내에서 공유되어 사용되며, 프로그램이 종료될 때까지 유지된다.

함수 외부에서 선언되며, 함수 내부에서는 함수 인자를 포함하여 어떤 곳에서든지 참조할 수 있다. 전역변수는 함수 내부에서 값을 변경하더라도 함수 호출이 종료된 후에도 그 값을 유지한다. 또한 자동으로 초기화되므로 초기화하지 않아도 사용할 수 있다.

전역변수의 장점으로는 여러 함수에서 공유할 필요가 있는 값이 있을 때, 모든 함수에서 전달하지 않고 전역변수를 사용하면 코드가 간결해지고 유지보수가 쉬워진다. 하지만 전역변수를 남용하면 코드가 복잡해지고 의도하지 않은 값의 변경이 발생할 수 있으므로, 전역변수 사용은 신중히 결정해야 한다.

예시로는 사용자 정보, 설정값, 시스템 설정 등이 있다. 예를 들어, 다음과 같이 전역변수를 사용하여 사용자 정보를 저장할 수 있다. 전역변수는 함수 외부에서 선언되며, 함수 내에서는 선언하지 않고도 접근이 가능하다. 이를테면, 다음과 같이 전역변수 globalVar를 선언한 후, 함수 test() 내부에서 globalVar를 사용할 수 있다.

```dart
int globalVar = 10; // 전역변수

void test() {
  print(globalVar); // 전역변수 사용
}

void main() {
  test();
}
```

전역변수를 사용하면 여러 함수에서 동일한 값을 공유할 수 있어 편리하다. 그러나 프로그램이 복잡해지면서 전역변수를 남발하면 디버깅이 어려워질 수 있고, 여러 함수에서 함께 사용되기 때문에 변수 값의 예기치 않은 변경이 일어날 가능성도 있다. 따라서 전역변수를 사용할 때에는 변수의 스코프(scope)와 생명주기(lifetime)를 꼼꼼히 고려해야 한다.

손으로 익히는 코딩

```dart
import 'dart:io';

int selectedTable = 0;

void printMultiplicationTable(int start, int value) {
  for (var i = start; i <= selectedTable; i+=value) {
    print('=== $i 단 ===');
    for (var j = 1; j <= 9; j++) {
      var result = i * j;
      print('$i x $j = $result');
    }
    print('------------------');
  }
}

void printOptions() {
  print('1. 홀수단 출력');
  print('2. 짝수단 출력');
  print('3. 입력한 단까지 출력');
  print('4. 종료');
```

```dart
    print('원하는 작업 번호를 입력하세요: ');
  }

  void handleUserInput(int input) {
    if (input == 1) {
        selectedTable = 9;
        printMultiplicationTable(3, 2);
    } else if (input == 2) {
        selectedTable = 8;
        printMultiplicationTable(2, 2);
    } else if (input == 3) {
      print('출력할 단을 입력하세요: ');
      selectedTable = int.parse(stdin.readLineSync()!);
      printMultiplicationTable(2, 1);
    } else if (input == 4) {
      print('프로그램을 종료합니다.');
      exit(0);
    } else {
      print('잘못된 입력입니다. 다시 입력해 주세요.');
    }
  }

  void main() {
    while (true) {
      printOptions();
      var input = int.parse(stdin.readLineSync()!);
      handleUserInput(input);
      print('');
    }
  }
```

위의 코드를 실행하면 사용자로부터 작업 번호를 입력받아 해당 작업을 수행한다. '1'을 입력하면 홀수단(3단, 5단, 7단, 9단)이 출력되고, '2'를 입력하면 짝수단(2단, 4단, 6단, 8단)이 출력된다. '3'을 입력하면 출력할 단을 추가로 입력받아 해당 단까지 출력되며, '4'를 입력하면 프로그램이 종료된다. Dart에서 exit(0)은 현재 실행 중인 Dart 프로세스를 강제로 종료하는 함수다. Dart 언어는 dart:io 라이브러리에서 exit() 함수를 제공한다. 일반적으로 0이라는 종료 코드는 프로그램이 정상적으로 종료되었음을 나타내고, 그 외의 값은 프로그램이 비정상적으로 종료되었음을 나타낸다. 종료 코드는 운영체제 또는 다른 프로그램이 이 종료 코드를 읽고 처리할 수 있도록 도움을 줄 수 있다. 입력과 출력이 반복되는 구조로 설계되어 있어 사용자가 원하는 작업을 반복해서 선택할 수 있다.

에러에서 배우기

- 함수 호출 에러
  존재하지 않는 함수를 호출하거나, 함수의 이름을 잘못 입력하는 경우 함수 호출 오류가 발생할 수 있다. 함수 이름을 정확하게 입력하고, 호출하는 곳에서 함수의 인자와 반환 값을 올바르게 처리해야 한다.

- 무한 루프 에러
  반복문이나 재귀 함수에서 탈출 조건을 정확하게 설정하지 않아 무한히 반복되는 루프가 발생할 수 있다. 이 경우 프로그램이 정지하지 않고 지속적으로 실행되므로 주의해야 한다.

06

더 멋진 내일(Tomorrow)을 위한 내일(My Career) **내일은 플러터**

리스트

✓ 핵심 키워드

함수, 매개변수, 반환값, 지역변수, 전역변수

여기서는 무얼 배울까

함수의 개념과 구조, 매개변수(Parameter)와 인수(Argument), 반환값(Return Value), 그리고 함수의 종류와 호출 방법 등에 대해 배울 수 있다. 함수는 프로그래밍에서 매우 중요한 개념 중 하나로, 반복적으로 사용되는 코드를 재사용하기 위해 사용된다. 프로그램을 개발할 때, 어떠한 코드를 함수로 만들지 생각하면서 살펴보자.

리스트란

우리가 특정 값들을 여러 개를 사용한다면 변수를 여러 개 만들어야 한다. 만약, 값이 100개가 필요하다면 어떨까? 아니면 1,000개 혹은 그 이상이라면 우리는 변수를 만들다가 포기해 버릴지 모른다. 이럴 때 우리는 리스트를 이용하여 문제를 해결할 수 있다. 리스트(List)는 Dart에서 가장 일반적으로 사용되는 데이터 구조 중 하나이자, 여러 개의 항목을 순서대로 저장하는 컬렉션이다. 각 항목은 인덱스를 통해 접근할 수 있다. 또한 동적으로 크기가 조정될 수 있으며, 같은 리스트에 서로 다른 데이터 유형의 항목을 포함할 수 있다. 예를 들어, 숫자, 문자열, 객체 등을 한 리스트에 함께 저장할 수 있다.

리스트 생성과 길이

리스트 생성

리스트는 대괄호([])를 사용하여 생성하며, 각 항목은 쉼표(,)로 구분된다. 리스트의 각 항목은 값을 나타내며, 인덱스를 통해 개별 항목에 접근할 수 있다. 기본적인 리스트 생성 코드는 다음과 같다.

```
List<int> numbers = [1, 2, 3, 4, 5];
List<String> fruits = ['apple', 'banana', 'orange'];
List<dynamic> mixed = [1, 'two', true];
```

위의 코드에서 numbers는 정수형 항목을 저장하는 리스트이고, fruits는 문자열 항목을 저장하는 리스트다. mixed는 다양한 데이터 유형의 항목을 저장하는 리스트로, dynamic 유형을 사용하여 어떤 유형의 항목이든 저장할 수 있다.

리스트는 데이터를 저장하고 관리하는 데 유용한 기능을 제공한다. 리스트에 항목을 추가하거나 제거하고, 요소에 접근하거나 수정하는 등 다양한 작업을 할 수 있다. 다른 리스트 생성 코드도 살펴보자.

```
// 빈 리스트 생성
List<int> numbers = [];
// 다양한 데이터 유형의 항목을 가진 리스트 생성
List<dynamic> mixed = [1, 'two', true];
```

위의 코드에서 numbers는 빈 리스트를 생성한다. 초기 항목이 없으므로 대괄호 안에 아무 항목도 포함되어 있지 않다. mixed는 다양한 데이터 유형의 항목을 가진 리스트를 생성한다. 대괄호 안에 정수형, 문자열, 부울(Boolean) 값이 포함되어 있다. dynamic 유형을 사용하여 어떤 유형의 항목이든 저장할 수 있다.

리스트 길이 확인

Dart에서 리스트의 길이(요소의 개수)를 확인하는 방법은 length 속성을 사용하는 것이다. length 속성은 리스트에 포함된 요소의 개수를 반환한다. 아래는 리스트의 길이를 확인하는 코드다.

```
List<int> numbers = [1, 2, 3, 4, 5];
int length = numbers.length;
print(length); // 5
```

위의 코드에서 numbers 리스트는 5개의 요소를 가지고 있으므로 length 속성은 5를 반환한다.

```
5
```

리스트의 길이를 확인하여 리스트가 비어 있는지 여부를 판단할 수도 있다.

```
List<String> fruits = [];
bool isEmpty = fruits.length == 0;
print(isEmpty); // true
```

위의 코드에서 fruits 리스트는 비어 있으므로 length 속성은 0을 반환한다. 따라서 length 속성과 비교하여 리스트가 비어 있는지를 확인할 수 있다.

리스트에 요소 추가하기

Dart에서 리스트에 요소를 추가하는 방법은 다양하다. 리스트의 끝에 요소를 추가하려면 add() 메서드를 사용하면 된다. 다음은 리스트에 요소를 추가하는 코드다.

```
List<String> languages = ['C', 'Python', 'Java'];

languages.add('C#');
languages.add('Dart');

print(languages);
```

위의 코드에서 add() 메서드를 사용하여 languages 리스트에 'C#'와 'Dart' 요소를 순서대로 추가했다. add() 메서드를 호출하면 리스트의 끝에 새로운 요소가 추가된다.

```
['C', 'Python', 'Java', 'C#', 'Dart']
```

리스트에 한 번에 여러 요소를 추가하려면 addAll() 메서드를 사용할 수도 있다. addAll() 메서드는 다른 리스트나 Iterable(반복 가능한 객체)에서 요소를 가져와 현재 리스트에 추가한다. 다음은 addAll() 메서드를 사용하여 요소를 추가하는 코드다.

```dart
List<String> languages = ['C++', 'Swift'];

languages.addAll(['Ruby', 'Kotlin', 'Go']);

print(languages);
```

위의 코드에서 addAll() 메서드를 사용하여 languages 리스트에 ['Ruby', 'Kotlin', 'Go'] 리스트의 모든 요소를 추가했다.

실행 결과
```
['C++', 'Swift', 'Ruby', 'Kotlin', 'Go']
```

리스트의 특정 위치에 요소를 추가하려면 insert() 메서드를 사용할 수 있다. insert() 메서드는 인덱스와 값을 받아 해당 인덱스에 요소를 추가한다. 다음은 insert() 메서드를 사용하여 요소를 추가하는 코드다.

```dart
List<String> languages = ['JavaScript', 'Python', 'Java', 'Dart'];

languages.insert(2, 'C#');

print(languages);
```

위의 코드에서 insert() 메서드를 사용하여 languages 리스트의 인덱스 2 위치에 'C#'을 추가했다. 요소를 추가할 때는 리스트의 길이를 초과하는 인덱스를 지정하면 에러가 발생하므로 주의해야 한다.

실행 결과
```
['JavaScript', 'Python', 'C#', 'Java', 'Go']
```

리스트 요소

접근하기

Dart에서 리스트의 요소에 접근하는 방법은 인덱스를 사용하는 것이다. 리스트의 각 요소는 0 부터 시작하는 인덱스를 가지고 있으며, 해당 인덱스를 사용하여 요소에 접근할 수 있다. 예를 들어, 다음은 언어 리스트에서 특정 인덱스의 요소에 접근하는 코드이다:

```
List<String> languages = ['Dart', 'Python', 'Java', 'C#', 'Go'];

String firstLanguage = languages[0];
print(firstLanguage);

String thirdLanguage = languages[2];
print(thirdLanguage);
```

위의 코드에서 languages 리스트에서 인덱스 0에 해당하는 요소는 'Dart'이고, 인덱스 2에 해당하는 요소는 'Java'다. 해당 인덱스를 사용하여 각 요소에 접근할 수 있다.

실행 결과
```
Dart
Java
```

변경하기

Dart에서 리스트의 특정 위치에 있는 요소를 수정하려면 인덱스를 사용하여 접근하고 값을 할당하면 된다. 리스트의 인덱스는 0부터 시작한다라는 것을 주의해야 한다. 아래는 리스트의 요소를 수정하는 코드다.

Quick Tip

리스트의 요소를 수정할 때는 주의해야 할 점이 있습니다. 만약 인덱스가 리스트의 범위를 벗어나는 경우에는 RangeError가 발생합니다. 따라서 요소를 수정하기 전에 인덱스가 유효한지 확인하는 것이 좋습니다. 또한 리스트는 수정 가능한 (mutable) 객체이므로 필요에 따라 언제든지 요소를 수정할 수 있습니다.

```
List<String> fruits = ['apple', 'banana', 'cherry'];
fruits[1] = 'grape';
print(fruits);
```

위의 코드에서 fruits 리스트의 인덱스 1에 있는 요소 'banana'를 'grape'로 수정하였다. 리스트를 출력하면 수정된 결과를 확인할 수 있다.

```
['apple', 'grape', 'cherry']
```

제거하기

Dart에서 리스트에서 특정 요소를 제거하려면 remove() 메서드나 removeAt() 메서드를 사용할 수 있다. remove() 메서드를 사용하면 값을 기반으로 요소를 제거할 수 있다. 이 메서드는 리스트에서 해당 값을 가진 첫 번째 요소를 제거한다.

리스트에서 요소를 제거할 때는 제거할 요소가 실제로 존재하는지 확인하는 것이 좋습니다. 요소가 존재하지 않는 경우에는 제거를 시도하더라도 아무런 동작이 수행되지 않습니다.

```dart
List<String> fruits = ['apple', 'banana', 'cherry'];
fruits.remove('banana');
print(fruits); // ['apple', 'cherry']
```

위의 코드에서 'banana'를 가진 첫 번째 요소가 제거되었다.

```
['apple', 'cherry']
```

removeAt() 메서드를 사용하여 인덱스를 기반으로 요소를 제거할 수 있다. 이 메서드는 리스트에서 주어진 인덱스에 있는 요소를 제거한다.

```dart
List<String> fruits = ['apple', 'banana', 'cherry'];
fruits.removeAt(1);
print(fruits);
```

위의 코드에서 인덱스 1에 있는 요소인 'banana'가 제거되었다.

```
['apple', 'cherry']
```

리스트의 복사와 합치기

리스트의 복사

Dart에서 리스트를 복사하려면 List.from() 생성자를 사용하거나 toList() 메서드를 사용할 수 있다.

● List.from() 생성자를 사용한 복사

```
List<int> numbers = [1, 2, 3];
List<int> copiedNumbers = List.from(numbers);
```

● toList() 메서드를 사용한 복사

```
List<int> numbers = [1, 2, 3];
List<int> copiedNumbers = numbers.toList();
```

위의 코드에서 numbers 리스트를 복사하여 copiedNumbers 리스트에 저장하였다. 이제 copiedNumbers 리스트는 numbers 리스트와 동일한 요소를 가지고 있다.

리스트의 합치기

Dart에서 리스트를 합치려면 + 연산자를 사용하거나 addAll() 메서드를 사용할 수 있다.

● + 연산자를 사용한 합치기

```
List<String> fruits1 = ['apple', 'banana'];
List<String> fruits2 = ['cherry', 'orange'];
List<String> combinedList = fruits1 + fruits2;
```

● addAll() 메서드를 사용한 합치기

```
List<String> fruits1 = ['apple', 'banana'];
List<String> fruits2 = ['cherry', 'orange'];
fruits1.addAll(fruits2);
```

위의 코드에서 fruits1 리스트와 fruits2 리스트를 합쳐서 combinedList 리스트에 저장하였다. combinedList 리스트는 fruits1 리스트와 fruits2 리스트의 모든 요소를 포함하게 된다.

리스트의 복사와 합치기는 기존 리스트의 변경 없이 새로운 리스트를 생성하므로 주의해야 한다.

리스트 반복문 활용하기

Dart에서는 다양한 반복문을 활용하여 리스트의 요소를 순회하고 처리할 수 있다. 주요한 반복문으로는 for-in 루프와 forEach() 메서드가 있다.

1차원 리스트

① For-in 루프를 사용한 리스트 요소 순회

```
List<String> fruits = ['apple', 'banana', 'cherry'];

for (String fruit in fruits) {
  print(fruit);
}
```

위의 코드에서 for-in 루프를 사용하여 fruits 리스트의 각 요소를 순회하고 출력한다.

② forEach() 메서드를 사용한 리스트 요소 순회

```
List<String> fruits = ['apple', 'banana', 'cherry'];

fruits.forEach((fruit) {
  print(fruit);
});
```

위의 코드에서 forEach() 메서드를 사용하여 fruits 리스트의 각 요소를 순회하고 출력한다. forEach() 메서드는 리스트의 각 요소에 대해 주어진 콜백 함수를 실행한다.

반복문을 사용하여 리스트의 요소를 순회하면서 원하는 작업을 수행할 수 있다. 리스트의 길이에 따라 반복이 실행되며, 리스트의 모든 요소에 대해 순차적으로 작업을 수행할 수 있다.

2차원 리스트

2차원 리스트는 리스트 안에 또 다른 리스트를 요소로 갖는 리스트다. 각각의 내부 리스트는 행 (row)이라고 생각할 수 있고, 전체 리스트는 행들을 모아놓은 표나 행렬 형태로 이해할 수 있다. 이를 통해 행과 열의 개념을 가진 데이터를 표현하고 처리할 수 있다. 2차원 리스트를 생성하려 면 각 행을 나타내는 리스트들을 모아서 새로운 리스트를 만들면 된다. 예를 들어, 다음은 2×3 크기의 2차원 리스트를 생성하는 방법이다.

```
List<List<int>> twoDimensionalList = [
  [1, 2, 3],
  [4, 5, 6]
];
```

위의 코드에서 twoDimensionalList는 2개의 행으로 구성되고, 각 행은 3개의 정수를 요소로 갖는다. 이를 통해 2차원 리스트의 값을 접근하려면 행과 열의 인덱스를 사용한다. 예를 들어, twoDimensionalList의 1행 2열의 값을 접근하려면 twoDimensionalList[0][1]와 같이 인덱 스를 사용한다. 여기서도 인덱스는 0부터 시작한다는 것을 주의하자. 2차원 리스트를 사용하면 행렬, 게임 보드, 다차원 데이터 구조 등 다양한 상황에서 데이터를 표현하고 조작할 수 있다. 아 래는 2차원 리스트의 코드이다.

```
void main() {
  List<List<String>> map = [
    ['*', '*', '*', '*', '*'],
    ['*', ' ', ' ', ' ', '*'],
    ['*', ' ', 'P', ' ', '*'],
    ['*', ' ', ' ', ' ', '*'],
    ['*', '*', '*', '*', '*'],
  ];

  // 게임 맵을 출력한다.
  for (int i = 0; i < map.length; i++) {
    for (int j = 0; j < map[i].length; j++) {
      stdout.write(map[i][j]);
    }
    stdout.write('\n'); // 행 사이에 공백 추가
  }
}
```

위의 코드는 5×5 크기의 맵을 2차원 리스트로 표현하는 코드이다. 각 요소는 문자열로 표시되며, '*'은 벽을 나타내고, ' '은 빈 공간을 나타내고, 'P'는 플레이어를 나타낸다. 이를 출력하면 맵이 표시된다.

```
* * * * *
*       *
*   P   *
*       *
* * * * *
```

이 코드에서는 2차원 리스트를 활용하여 게임 맵을 표현하고 출력하는 방법을 보여 주고 있다. 게임 맵에서 요소에 접근할 때는 [i][j]와 같은 인덱스를 사용하여 해당 위치의 값을 가져오거나 수정할 수 있다.

다차원 리스트

다차원 리스트는 2차원 이상의 차원을 가지는 리스트를 말한다. 2차원 리스트는 행과 열로 이루어져 있지만, 다차원 리스트는 그 이상의 차원을 가질 수 있다. 예를 들어, 3차원 리스트는 행, 열, 그리고 높이를 가지는 리스트로 생각할 수 있다.

다차원 리스트는 각 차원마다 해당하는 인덱스를 사용하여 요소에 접근할 수 있다. 예를 들어, 3차원 리스트의 경우 [i][j][k]와 같이 인덱스를 사용하여 특정 위치에 있는 요소에 접근할 수 있다. 여기서 i, j, k는 각각 첫 번째, 두 번째, 세 번째 차원의 인덱스를 나타낸다.

다차원 리스트는 다양한 상황에서 사용될 수 있다. 예를 들어, 게임에서 3D 맵이나 3D 객체의 좌표를 저장하기 위해 3차원 리스트를 사용할 수 있다. 또는 다차원 데이터 구조, 이미지 처리, 과학 및 엔지니어링 계산 등 다양한 분야에서 데이터를 표현하고 다루는 데 활용될 수 있다.

맵

다트(Dart)에서 Map은 키-값(key-value) 쌍으로 이루어진 컬렉션(collections) 데이터 타입
으로 리스트 다음으로 사용해 볼 자료구조이다. 각 키(key)는 고유한(unique) 값으로 설정되어
있으며, 키와 연결된 값(value)을 얻거나 설정할 수 있다. Map은 중괄호({})를 이용하여 생성하
며 다음과 같은 방법으로 초기화할 수 있다.

```
Map<String, int> map1 = {'apple': 1, 'banana': 2, 'orange': 3}; // 키와 값을
직접 지정
Map<String, int> map2 = {}; // 빈 Map 생성
Map<String, int> map3 = new Map(); // `new` 키워드를 이용한 빈 Map 생성
```

위 예시 코드에서 Map〈String, int〉은 문자열을 키(key)로, 정수를 값(value)으로 가지는
Map을 의미한다. Map의 값은 다른 값으로 구성되어 있을 수 있으며, Map은 중첩될 수 있다.
다음은 Map의 간단한 사용 예시다.

```
void main() {
  var fruits = {'apple': {'color': 'red', 'price': 1000}, 'banana':
{'color': 'yellow', 'price': 500}};
  print(fruits['apple']['color']); // 'red' 출력
  print(fruits['banana']['price']); // 500 출력
}
```

위 코드에서 fruits 변수는 중첩된 Map으로 이루어져 있다. fruits['apple']['color']는 fruits
Map에서 apple이라는 키(key)를 찾고, 다시 그 값(value)에서 color라는 키(key)를 찾아 그 값
을 반환한다. 결과적으로 'red'가 출력된다. Map은 다양한 메서드를 제공하며, 이를 이용하여
Map의 값을 추가하거나 삭제하는 등의 작업이 가능하다. 예를 들어, Map에 특정 키-값
(key-value) 쌍을 추가하는 방법은 다음과 같다.

```
void main() {
  var map = {'apple': 1, 'orange': 2};
  map['banana'] = 3; // 새로운 키-값(key-value) 추가
  print(map); // {apple: 1, orange: 2, banana: 3} 출력
}
```

```dart
void main() {
  // 과일 판매 기록 리스트
  List<String> salesRecords = [];

  // 과일 판매 함수
  void sellFruit(String fruit, int quantity) {
    // 판매 기록 추가
    String record = '판매: $quantity 개의 $fruit';
    salesRecords.add(record);

    // 판매 정보 출력
    print(record);
  }

  // 과일 재고 체크 함수
  void checkInventory(List<String> inventory) {
    print('현재 재고:');
    for (String fruit in inventory) {
      print(fruit);
    }
  }

  // 초기 재고
  List<String> inventory = ['apple', 'banana', 'orange'];

  // 과일 판매
  sellFruit('apple', 5);
  sellFruit('banana', 3);
  sellFruit('orange', 2);

  // 재고 체크
  checkInventory(inventory);

  // 과일 추가
  inventory.add('kiwi');
  inventory.add('grape');

  // 과일 판매
  sellFruit('kiwi', 4);
  sellFruit('grape', 2);
```

```
  // 재고 체크
  checkInventory(inventory);

  // 판매 기록 출력
  print('판매 기록:');
  for (String record in salesRecords) {
    print(record);
  }
}
```

위의 코드는 과일 판매와 재고 관리를 위한 프로그램이다. 과일을 판매하면 판매 기록이 저장되고, 재고를 확인할 수 있다. 재고에 새로운 과일을 추가하고 판매를 진행하는 등 다양한 동작을 수행한다. 이를 통해 리스트를 활용하여 데이터를 관리하고 수정하는 방법을 익힐 수 있다.

에러에서 배우기

• 변수 미선언 에러
  코드에서 salesRecords와 inventory 리스트가 초기화되기 전에 사용되는 경우 변수 미선언 오류가 발생할 수 있다. 이 경우 변수를 미리 선언하고 초기화해야 한다.

• 타입 불일치 에러
  sellFruit 함수의 매개변수 quantity는 정수 타입으로 선언되었지만, 문자열이나 다른 타입의 값이 전달될 경우 타입 불일치 오류가 발생할 수 있다. 이를 방지하기 위해 매개변수의 타입을 정확히 맞추어야 한다.

• null 안전성 에러
  코드에서 salesRecords 리스트를 초기화할 때 빈 리스트로 선언하였기 때문에 null 체크를 하지 않아도 되지만, checkInventory 함수에서 inventory 리스트가 null 인지 확인하지 않고 사용할 경우 null 참조 오류가 발생할 수 있다. 이 경우 null 체크를 추가하여 오류를 방지해야 한다.

• 인덱스 범위 초과 에러
  checkInventory 함수에서 inventory 리스트의 인덱스 범위를 초과하여 접근하는 경우 인덱스 범위 초과 오류가 발생할 수 있다. 이를 방지하기 위해 반복문을 사용할 때 인덱스 값을 정확하게 설정해야 한다.

06

연습문제

1. 조건문

다음과 같은 정수 A, B, C가 있다고 할 때, 서로의 크기를 비교하여 'A가 가장 작다.'라는 출력
을 총 3가지 방법으로 해 보자.

```
int A = 10;
int B = 20;
int C = 30;
```

2. 반복문

별과 공백(' ')을 조건문과 반복문을 조합하여 다양한 모양을 만들어 보자.

```
1번
*
**
***
****
*****

2번
    *
   **
  ***
 ****
*****

3번
*****
```

```
****
***
**
*
```

4번
```
*****
 ****
  ***
   **
    *
```

5번
```
    **
   ****
  ******
 ********
*********
 ********
  ******
   ****
    **
```

3. switch 문

아래의 if문을 switch 문으로 변경해 보자.

```
String sports = 'soccer';

if (sports == 'soccer') {
  print('축구입니다.');
} else if (sports == 'basketball') {
  print('농구입니다.');
} else if (sports == 'baseball') {
  print('야구입니다.');
} else if (sports == 'tennis') {
  print('테니스입니다.');
} else {
  print('기타 스포츠입니다.');
}
```

4. 리스트

리스트를 하나 만들고 리스트 안에 원하는 값이 있는지 없는지 판별하는 코드를 만들어 보자.

```
List<int> numbers = [5, 10, 15, 20, 25, 30];

print('원하는 값 $target은 리스트의 인덱스 $index에 위치해 있습니다.');
print('원하는 값 $target을 찾을 수 없습니다.');
```

5. 함수

TIC TAC TOE 게임을 만들어 보자. TIC TAC TOE는 3×3판에서 두 명이 번갈아가면 O와 X를 써서 가로, 세로, 대각선에 3개가 놓이면 이기는 게임이다. 빈칸은 네모('ㅁ'), 플레이어는 O와 X를 써서 진행해 보자. 친구와 대결하기, 컴퓨터와 대결하기 다양하게 만들어 볼 수 있다.

연습문제에 풀이에 앞서 반드시 풀이와 같을 필요가 없다. 풀이와 다르다고 틀린 것이 아니고 항상 다양한 방법이 있다는 것을 염두에 두는 것이 좋다.

1. 조건문

논리연산자, 중첩 반복문, if-else 3가지 방법으로 문제를 풀어 보았다.

```
int A = 10;
int B = 20;
int C = 30;

// 1번
if (A < B && A < C) {
  print('A가 가장 작다.');
} else {
  print('A가 가장 작지 않다.');
}

// 2번
if (A < B) {
  if (A < C) {
    print('A가 가장 작다.');
  }
} else {
  print('A가 B보다 작지 않다.');
}

// 3번
if (A >= B) {
  print('A가 B보다 크거나 같다.');
}
else if (A >= C) {
  print('A가 C보다 크거나 같다.');
}
else {
  print('A가 가장 작다.');
}
```

2. 반복문

```
// 1번
for (int i = 1; i <= 5; i++) {
  for (int j = 1; j <= i; j++) {
    stdout.write('*');
  }
  stdout.write(' ');
}

// 2번
for (int i = 1; i <= 5; i++) {
  for (int j = 5; j > i; j--) {
    stdout.write(' ');
  }
  for (int k = 1; k <= i; k++) {
    stdout.write('*');
  }
  stdout.write(' ');
}

// 3번
for (int i = 5; i >= 1; i--) {
  for (int j = 1; j <= i; j++) {
    stdout.write('*');
  }
  stdout.write(' ');
}

// 4번
for (int i = 5; i >= 1; i--) {
  for (int j = 5; j > i; j--) {
    stdout.write(' ');
  }
  for (int k = 1; k <= i; k++) {
    stdout.write('*');
  }
  stdout.write(' ');
}
// 5번
for( int i = 1; i <= 9; i++){
  if( i <= 5 ){
    for( int j = 5; j > i; j—){
```

```
      stdout.write(' ');
   }
   for( int k = 1; k <= 2 * i; k++){
     stdout.write('*');
   }
   stdout.write('\n');
  } else {
   for( int j = 1; j <= i - 5; j++){
     stdout.write(' ');
   }
   for( int k = 1; k <= 20 - 2 * i; k++){
     stdout.write('*');
   }
   stdout.write('\n');
  }
}
```

3. switch 문

```
String sports = 'soccer';

switch (sports) {
  case 'soccer':
    print('축구입니다.');
    break;
  case 'basketball':
    print('농구입니다.');
    break;
  case 'baseball':
    print('야구입니다.');
    break;
  case 'tennis':
    print('테니스입니다.');
    break;
  default:
    print('기타 스포츠입니다.');
    break;
}
```

4. 리스트

(1) 정답 예시 1

```dart
void main() {
  List<int> numbers = [10, 20, 30, 40, 50];
  int target = 30;
  bool found = false;
  int index;

  for (int i = 0; i < numbers.length; i++) {
    if (numbers[i] == target) {
      found = true;
      index = i;
      break;
    }
  }

  if (found) {
    print('원하는 값 $target은 리스트에 있습니다. 인덱스: $index');
  } else {
    print('원하는 값 $target은 리스트에 없습니다.');
  }
}
```

위의 코드에서는 numbers라는 정수형 리스트에서 target값인 30을 찾기 위해 반복문을 사용하고 있다. 반복문을 통해 리스트의 각 요소를 확인하면서 target값과 비교하여 일치하는 값이 있는지 확인한다. 일치하는 값이 있다면 found 변수를 true로 설정하고, 해당 값의 인덱스를 index 변수에 저장한다. 반복문이 종료된 후에 found 변수를 확인하여 원하는 값이 리스트에 있는지 없는지를 출력한다. 위의 코드를 실행하면 "원하는 값 30은 리스트에 있다. 인덱스: 2"라는 결과가 출력된다.

(2) 정답 예시 2

```dart
int findValue(List<int> list, int target) {
  for (int i = 0; i < list.length; i++) {
    if (list[i] == target) {
      return i; // 일치하는 값의 인덱스 반환
    }
  }
```

```
    return -1; // 일치하는 값이 없을 경우 -1 반환
}

void main() {
  List<int> numbers = [5, 10, 15, 20, 25, 30];
  int target = 15;

  int index = findValue(numbers, target);
  if (index != -1) {
    print('원하는 값 $target은 리스트의 인덱스 $index에 위치해 있습니다.');
  } else {
    print('원하는 값 $target을 찾을 수 없습니다.');
  }
}
```

위의 코드에서는 findValue 함수를 정의하여 리스트에서 원하는 값을 찾는다. 함수는 리스트와 타겟 값이 매개변수로 주어지며, 반복문을 사용하여 리스트의 요소를 하나씩 확인한다. if문을 사용하여 현재 요소가 타겟 값과 일치하는지 검사하고, 일치하는 값이 있을 경우 해당 인덱스를 반환한다.

main 함수에서는 numbers 리스트와 target 변수를 정의한 후 findValue 함수를 호출하여 원하는 값을 찾는다. 반환된 인덱스를 확인하여 해당하는 메시지를 출력한다. 예를 들어, 위의 코드에서는 리스트에서 15를 찾고 있으므로 "원하는 값 15는 리스트의 인덱스 2에 위치해 있습니다."라는 메시지가 출력된다.

5. TIC TAC TOE 만들기

(1) 사용자 간 대결

```
void main() {
  List<List<String>> board = List.generate(3, (_) => List.filled(3, ' '));

  bool isPlayer1Turn = true;
  bool gameOver = false;
  String winner = '';

  while (!gameOver) {
    printBoard(board);

    String currentPlayer = isPlayer1Turn ? '플레이어 1 (X)' : '플레이어 2 (O)';
```

```dart
      print('$currentPlayer 차례입니다. 행과 열을 입력하세요 (0-2 사이의 숫자를 공백으
로 구분):');

      String input = stdin.readLineSync()!;
      List<String> coordinates = input.split(' ');

      if (coordinates.length != 2) {
        print('잘못된 입력입니다. 다시 입력해 주세요.');
        continue;
      }

      int row = int.tryParse(coordinates[0]) ?? -1;
      int col = int.tryParse(coordinates[1]) ?? -1;

      if (row < 0 || row > 2 || col < 0 || col > 2) {
        print('잘못된 좌표입니다. 다시 입력해 주세요.');
        continue;
      }

      if (board[row][col] != ' ') {
        print('이미 선택된 셀입니다. 다시 입력해 주세요.');
        continue;
      }

      board[row][col] = isPlayer1Turn ? 'X' : 'O';

      if (checkGameOver(board)) {
        gameOver = true;
        winner = currentPlayer;
      }

      isPlayer1Turn = !isPlayer1Turn;
  }

  printBoard(board);

  if (winner.isNotEmpty) {
    print('승자: $winner');
  } else {
    print('무승부입니다!');
  }
}
```

```
void printBoard(List<List<String>> board) {
  print('---------');
  for (int i = 0; i < 3; i++) {
    print('| ${board[i][0]} | ${board[i][1]} | ${board[i][2]} |');
    print('---------');
  }
}


bool checkGameOver(List<List<String>> board) {
  // 가로 체크
  for (int row = 0; row < 3; row++) {
    if (board[row][0] != ' ' && board[row][0] == board[row][1] &&
    board[row][0] == board[row][2]) {
      return true;
    }
  }

  // 세로 체크
  for (int col = 0; col < 3; col++) {
    if (board[0][col] != ' ' && board[0][col] == board[1][col] &&
    board[0][col] == board[2][col]) {
      return true;
    }
  }

  // 대각선 체크
  if (board[0][0] != ' ' && board[0][0] == board[1][1] && board[0][0] ==
  board[2][2]) {
    return true;
  }
  if (board[0][2] != ' ' && board[0][2] == board[1][1] && board[0][2] ==
  board[2][0]) {
    return true;
  }

  // 무승부 체크
  for (int row = 0; row < 3; row++) {
    for (int col = 0; col < 3; col++) {
      if (board[row][col] == ' ') {
        return false; // 아직 빈 칸이 남아 있음
      }
    }
  }
```

```dart
    return true; // 모든 칸이 채워져서 무승부
}
```

(2) 컴퓨터와의 대결

```dart
import 'dart:math';
import 'dart:io';

void main() {
  List<List<String>> board = List.generate(3, (_) => List.filled(3, ' '));

  bool isPlayer1Turn = true;
  bool gameOver = false;
  String winner = '';

  while (!gameOver) {
    printBoard(board);

    String currentPlayer = isPlayer1Turn ? '플레이어 1 (X)' : '컴퓨터 (O)';

    if (isPlayer1Turn) {
      print('$currentPlayer 차례입니다. 행과 열을 입력하세요 (0-2 사이의 숫자를
      공백으로 구분):');

      String input = stdin.readLineSync()!;
      List<String> coordinates = input.split(' ');

      if (coordinates.length != 2) {
        print('잘못된 입력입니다. 다시 입력해 주세요.');
        continue;
      }

      int row = int.tryParse(coordinates[0]) ?? -1;
      int col = int.tryParse(coordinates[1]) ?? -1;

      if (row < 0 || row > 2 || col < 0 || col > 2) {
        print('잘못된 좌표입니다. 다시 입력해 주세요.');
        continue;
      }

      if (board[row][col] != ' ') {
```

```
        print('이미 선택된 셀입니다. 다시 입력해 주세요.');
        continue;
      }

      board[row][col] = 'X';
    } else {
      print('$currentPlayer 차례입니다.');
      Random random = Random();

  while (true) {
        int row = random.nextInt(3);
        int col = random.nextInt(3);

        if (board[row][col] == ' ') {
          board[row][col] = 'O';
          break;
        }
      }

      board[row][col] = 'O';
    }

    if (checkGameOver(board)) {
      gameOver = true;
      winner = currentPlayer;
    }

    isPlayer1Turn = !isPlayer1Turn;
  }

  printBoard(board);

  if (winner.isNotEmpty) {
    print('승자: $winner');
  } else {
    print('무승부입니다!');
  }
}

void printBoard(List<List<String>> board) {
  print('---------');
  for (int i = 0; i < 3; i++) {
    print('| ${board[i][0]} | ${board[i][1]} | ${board[i][2]} |');
```

```dart
    print('---------');
  }
}

bool checkGameOver(List<List<String>> board) {
  // 가로 체크
  for (int row = 0; row < 3; row++) {
    if (board[row][0] != ' ' && board[row][0] == board[row][1] &&
    board[row][0] == board[row][2]) {
      return true;
    }
  }
  // 세로 체크
  for (int col = 0; col < 3; col++) {
    if (board[0][col] != ' ' && board[0][col] == board[1][col] &&
    board[0][col] == board[2][col]) {
      return true;
    }
  }

  // 대각선 체크
  if (board[0][0] != ' ' && board[0][0] == board[1][1] && board[0][0] ==
  board[2][2]) {
    return true;
  }

  if (board[0][2] != ' ' && board[0][2] == board[1][1] && board[0][2] ==
  board[2][0]) {
    return true;
  }

  // 무승부 체크
  for (int row = 0; row < 3; row++) {
    for (int col = 0; col < 3; col++) {
      if (board[row][col] == ' ') {
        return false; // 아직 빈 칸이 남아 있다.
      }
    }
  }

  return true; // 모든 칸이 채워져서 무승부
}
```

1. Dart 언어 소개

Dart 언어는 Google에서 개발된 언어로, 모바일 앱 및 웹 애플리케이션 개발에 사용된다. 다양한 플랫폼에서 실행될 수 있으며, JIT(Just-in-Time) 컴파일러와 AOT(Ahead of Time) 컴파일러를 지원한다.

2. 변수와 데이터 타입

변수는 값을 저장하기 위해 사용되며, 데이터 타입은 변수가 저장할 수 있는 값의 종류를 정의한다. Dart에서는 var 키워드를 사용하여 변수를 선언할 수 있으며, 다양한 데이터 타입을 제공한다.

3. 연산자

연산자는 값을 조작하고 계산하는 데 사용된다. Dart에서는 산술 연산자, 비교 연산자, 논리 연산자, 할당 연산자 등 다양한 연산자를 지원한다.

4. 제어문

제어문은 프로그램의 흐름을 제어하는 데 사용된다. Dart에서는 if-else 문, switch-case 문, for 문, while 문 등 다양한 제어문을 제공한다.

5. 함수

함수는 재사용 가능한 코드 블록으로, 특정 작업을 수행하고 값을 반환할 수 있다. Dart에서는 함수를 선언하고 호출하는 방법을 배웠으며, 매개변수와 반환값을 활용하는 방법도 학습했다.

6. 리스트

리스트는 여러 개의 값을 순서대로 저장하는 자료구조이다. Dart에서는 리스트를 선언하고 초기화하며, 원소를 추가하고 제거하는 방법을 배웠다. 또한 인덱스를 사용하여 리스트의 원소에 접근하는 방법도 학습했다.

CHAPTER

03

내 일 은 플 러 터

객체지향프로그래밍

01

클래스와 객체

클래스, 인스턴스 변수, 메서드

여기서는 무얼 배울까

객체지향 프로그래밍에서 클래스를 구성하는 주요 요소들을 학습한다. 클래스 선언, 인스턴스 변수, 메서드, 생성자, 상속, 오버라이딩, 캡슐화, 접근 제어 지시자 등 각 요소의 역할과 기능을 이해하고, 이를 통해 객체지향 프로그래밍의 핵심 개념과 원리를 파악할 수 있다. 클래스의 구성 요소를 이해함으로써 객체지향적인 코드를 작성하고 활용할 수 있는 기반을 마련할 수 있다.

클래스

클래스와 객체는 객체 지향 프로그래밍에서 핵심 개념 중 하나다. Dart에서 클래스는 객체를 만들기 위한 설계도 역할을 하며, 객체는 클래스(설계도)를 바탕으로 만들어진 것이다. 클래스는 속성(멤버 변수)과 메서드(멤버 함수)로 구성된다. 속성은 클래스의 상태를 나타내고, 메서드는 클래스가 수행할 수 있는 동작을 정의한다. 예를 들어, 자동차 클래스에서는 속성으로 차종, 연식, 색상 등이 있을 수 있고, 메서드로 시동 켜기, 가속하기, 브레이크 밟기 등이 있을 수 있다. 객체는 클래스를 기반으로 생성된 구체적인 인스턴스*다. 즉, 클래스는 객체를 만들기 위한 설계도이며, 객체는 클래스를 바탕으로 만들어진 실제적인 존재다. 객체는 독립적으로 존재할 수도 있지만, 클래스 내부에 중첩되어 사용될 수도 있다.

클래스 선언은 일반적으로 다음과 같은 구문을 따른다.

기초 용어 정리

* 인스턴스: 실제 데이터를 가지고 만들어진 개별적 요소, 즉 실체화된 것을 뜻한다.

```
[접근 제어자] class 클래스명 {

  // 속성(멤버 변수) 선언
  데이터_타입 변수명1;
  데이터_타입 변수명2;
  ...

  // 생성자 선언
  클래스명(매개변수1, 매개변수2, ...) {
    // 생성자의 초기화 코드
  }

  // 메서드(멤버 함수) 선언
  반환_데이터_타입 메서드명1(매개변수1, 매개변수2, ...) {
    // 메서드의 실행 코드
  }

  반환_데이터_타입 메서드명2(매개변수1, 매개변수2, ...) {
    // 메서드의 실행 코드
  }

  ...
}
```

클래스 선언은 class 키워드로 시작하며, 클래스명을 지정한다. 중괄호({}) 내에는 클래스의 속성, 생성자, 메서드 등을 선언한다. 클래스 속성에는 대개 해당 클래스가 가지는 데이터를 저장하기 위한 변수들이 선언된다. 생성자는 객체를 초기화하기 위해 사용되며, 클래스의 인스턴스를 만들기 위해 호출된다. 메서드는 클래스 안에서 정의된 함수로, 클래스가 가지는 동작을 수행한다.

클래스 안에는 다양한 멤버 변수와 메서드를 선언할 수 있다. 멤버 변수는 클래스가 가지는 속성(상태)을 나타내며, 멤버 함수는 클래스가 수행하는 동작(기능)을 나타낸다. 이러한 멤버 변수와 메서드는 접근 제어자를 이용하여 외부에서 접근하는 것을 제한할 수 있다.

클래스는 객체를 생성하기 위한 청사진이기 때문에, 클래스의 인스턴스를 생성하는 것이 일반적이다. 이를 위해서는 new 키워드를 사용하여 클래스의 생성자를 호출해야 한다. 예를 들어, 다음과 같이 Person 클래스를 정의하고 인스턴스를 생성할 수 있다.

```
class Person {
  // 멤버 변수
  String name = "Kim";
  int age = 20;

  // 생성자
  Person(String name, int age) {
    this.name = name;
    this.age = age;
  }

  // 메서드
  void sayHello() {
    print("Hello, my name is $name and I'm $age years old.");
  }
}

void main() {
  Person person = new Person("John", 18); // 객체 생성
  person.sayHello();
}
```

위의 코드에서 Person 클래스는 이름을 저장하는 인스턴스 변수 name과 name 값을 출력하는 sayHello 메서드를 가지고 있다. Person 클래스의 생성자는 name을 인자로 받아 해당 인스턴스 변수를 초기화하는 역할을 한다. main 함수에서는 Person 클래스의 인스턴스를 생성하고 sayHello 메서드를 호출하여 이름을 출력한다.

실행 결과
```
Hello, my name is John and I'm 18 years old.
```

지금까지 클래스 선언에 대해서 알아보았다. 내부에 나오는 인스턴스 변수, 메서드, 생성자 등은 추가적으로 설명할 것이다. 클래스 선언의 형태만 이해하고, 추가적으로 알아보자.

인스턴스 변수

인스턴스 변수는 클래스의 멤버 변수로서, 클래스의 각 인스턴스(객체)마다 개별적인 값을 가지는 변수다. 각각의 객체가 서로 다른 값을 가질 수 있으며, 해당 클래스의 모든 메서드에서 사용

할 수 있다. 클래스 내부에서 선언되며, 주로 객체의 상태를 나타내는 속성을 저장한다. 객체가 생성되면 인스턴스 변수는 해당 객체에 할당되고, 객체의 수명 동안 유지된다.

인스턴스 변수는 클래스의 객체에 따라 값이 달라질 수 있기 때문에, 객체마다 독립적으로 값을 유지한다. 이를 통해 각 객체는 자신만의 상태를 가지고 있을 수 있다. 인스턴스 변수는 클래스 내의 모든 메서드에서 사용할 수 있으므로, 객체의 상태를 변경하거나 조회하는 등 다양한 동작을 수행하는 데 활용된다. 쉽게 말해 해당 클래스가 가지는 속성을 나타내는 변수라고 할 수 있다. 인스턴스 변수의 형태는 다음과 같다.

┌─ 코·드·소·개 ─

[접근 제어자] 데이터_타입 변수명;

접근 제어자 (Access Modifier)	인스턴스 변수에 대한 접근 권한을 설정한다. 일반적으로 public, protected, private, 또는 기본(default) 접근 제어자를 사용한다. 이를 통해 변수의 가시성과 접근 범위를 조절할 수 있다.
데이터 타입	인스턴스 변수의 데이터 타입을 지정한다. 변수가 저장할 수 있는 값의 유형을 나타낸다. 예를 들어, int, String, boolean 등의 기본 데이터 타입 또는 사용자 정의 클래스 타입을 사용할 수 있다.
변수명	인스턴스 변수의 이름을 지정한다. 관례상 소문자로 시작하고, 카멜 표기법(Camel Case)을 따른다.

🔎 더 알아보기

표기법

표기법은 프로그래밍에서 변수, 함수, 상수, 클래스 등의 이름을 작성할 때 사용되는 규칙이나 패턴을 의미한다. 표기법은 코드의 가독성과 일관성을 유지하며, 개발자들 사이에서의 코드 이해와 협업을 용이하게 한다. 다양한 표기법이 존재하며, 일반적으로 많이 사용되는 표기법 몇 가지를 알아보겠다.

• 카멜 표기법(Camel Case): 카멜 표기법은 각 단어의 첫 글자를 대문자로 작성하고, 단어들을 연결할 때 첫 번째 단어는 소문자로 작성한다. (예, myVariable, calculateSum, getUserData)
• 파스칼 표기법(Pascal Case): 파스칼 표기법은 각 단어의 첫 글자를 대문자로 작성하고, 단어들을 연결할 때 모든 단어의 첫 글자를 대문자로 작성한다. (예, UserModel, CalculateAverage, GetUserData)
• 스네이크 표기법(Snake Case): 스네이크 표기법은 단어들을 모두 소문자로 작성하고, 단어들을 밑줄(_)로 연결한다. (예, my_variable, calculate_sum, get_user_data)
• 케밥 표기법(Kebab Case): 케밥 표기법은 단어들을 모두 소문자로 작성하고, 단어들을 하이픈(-)으로 연결한다. (예, my-variable, calculate-sum, get-user-data)

이 외에도 여러 가지 표기법이 존재하며, 팀이나 프로젝트에서 사용하는 표기법을 따르는 것이 중요하다. 일관성 있는 표기법은 코드의 가독성을 향상시키고, 협업 시에도 코드를 이해하고 유지보수하기 쉽게 만들어 준다.

인스턴스 변수는 클래스 내부에서 다음과 같이 선언된다.

```
class 클래스명 {
  데이터_타입 변수명1;
  데이터_타입 변수명2;
  ...
}
```

아래는 인스턴스 변수의 코드다.

```
class Car {
  String brand; // 인스턴스 변수
  int price; // 인스턴스 변수
}
```

위 코드에서 brand와 price는 객체의 속성으로써, 각 객체마다 서로 다른 값을 가질 수 있다. 예를 들어, 다음은 Car 클래스를 사용하여 두 개의 객체를 생성하고, 각 객체의 brand와 price를 설정한 후 출력하는 코드다.

```
void main() {
  Car car1 = Car();
  car1.brand = 'Tesla';
  car1.price = 50000;

  Car car2 = Car();
  car2.brand = 'BMW';
  car2.price = 40000;

  print('Car 1: ${car1.brand}, ${car1.price} dollars');
  print('Car 2: ${car2.brand}, ${car2.price} dollars');
}
```

위 코드를 실행하면 다음과 같은 출력 결과가 나타난다.

실행 결과
```
Car 1: Tesla, 50000 dollars
Car 2: BMW, 40000 dollars
```

위 코드에서 Car 클래스의 인스턴스 변수 brand와 price는 각 객체마다 서로 다른 값을 가지며, 해당 값은 객체 생성 후에도 유지된다. 인스턴스 변수의 주요 특징은 다음과 같다.

● 인스턴스 변수는 객체마다 독립적인 값을 가질 수 있다.
● 인스턴스 변수는 클래스의 모든 메서드에서 사용할 수 있다.
● 인스턴스 변수는 객체 생성 시에 메모리에 할당되며, 객체의 수명 동안 유지된다.
● 인스턴스 변수는 객체의 상태를 나타내고 객체 간에 데이터를 공유할 수 있다.

> **Clear Comment**
>
> 인스턴스 변수를 적절하게 활용하여 클래스의 객체들이 각기 다른 상태를 가지고 독립적으로 동작할 수 있도록 설계할 수 있습니다. 이를 통해 객체 지향 프로그래밍의 핵심 개념 중 하나인 캡슐화와 정보 은닉을 구현할 수 있습니다.

메서드

메서드(Method)

객체(Object)의 행동(Action)을 나타내는 함수(Function)이다. 메서드는 클래스의 객체에 의해 호출되어 실행된다. 클래스는 메서드를 사용하여 특정 동작을 정의하고, 해당 동작을 여러 번 호출할 수 있다. 메서드는 클래스의 기능과 동작을 구현하는 데 사용된다.

메서드는 클래스 내부에 작성되며, 다른 함수와 마찬가지로 이름, 매개변수, 반환 값 등을 가질 수 있다. 객체가 가지고 있는 데이터를 변경하거나, 객체의 상태를 변경하는 등의 작업을 수행할 수 있다. 다른 함수와 마찬가지로, 메서드는 호출될 때 실행되며 클래스에서 선언된 데이터나 다른 메서드에 접근할 수 있다. 또한 메서드는 객체가 생성될 때마다 새로운 인스턴스를 생성하여 각 인스턴스마다 다른 값을 가질 수 있다.

메서드는 객체지향 프로그래밍에서 매우 중요한 개념 중 하나이며, 객체가 가지는 동작을 구현할 수 있도록 한다. 메서드를 사용하여 객체의 행동을 정의하고, 이를 통해 객체 간의 상호작용을 구현할 수 있다. 메서드의 형식은 다음과 같다.

```
returnType methodName(parameters) {
  // method body
}
```

여기서 returnType은 메서드가 반환하는 값의 타입을 나타내며, methodName은 메서드의 이름을 나타낸다. parameters는 메서드에 전달되는 인수의 목록이다. 메서드의 구현은 중괄호 내에서 정의된다.

● 메서드는 클래스 외부에서 호출된다. 이를 위해 메서드는 클래스의 인스턴스를 통해 호출된다. 예를 들어, Car라는 자동차 클래스를 만들고, 이를 활용하여 car 객체를 만들었을 때, car.accelerate()와 같이 자동차 객체의 accelerate 메서드를 호출할 수 있다.

● 메서드는 다른 메서드를 호출할 수도 있다. 이를 통해 복잡한 작업을 수행하는 메서드를 구현할 수 있다. 예를 들어, 자동차 클래스의 start 메서드는 시동을 켜는 작업을 수행할 수 있다. 이 메서드는 내부적으로 ignitionOn 메서드를 호출하여 시동 장치를 켤 수 있다.

● 메서드는 인스턴스 변수를 조작할 수도 있다. 예를 들어, 자동차 클래스의 accelerate 메서드는 속도를 증가시키는 데 사용되는 speed 인스턴스 변수를 조작할 수 있다.

아래는 메서드의 코드다.

```
class Calculator {
  int add(int a, int b) {
    return a + b;
  }

  void printMessage(String message) {
    print(message);
  }
}

void main() {
  Calculator calculator = Calculator();
  int result = calculator.add(5, 3);
  print('결과: $result');
```

```
    calculator.printMessage('메서드 예제입니다.');
}
```

위의 코드에서 Calculator 클래스는 add와 printMessage라는 두 개의 메서드를 가지고 있다. add 메서드는 두 개의 정수를 입력받아야 하며 두 개의 정수를 더한 뒤 값을 반환해 준다. printMessage는 전달받은 문자열을 바로 출력해 준다. 출력 결과는 다음과 같다.

실행 결과

결과: 8
메서드 예제입니다.

late 연산자

late 연산자는 Dart 언어에서 변수를 선언할 때 사용되며, 변수의 초기화를 나중으로 미루고자 할 때 활용된다. 이를 통해 변수를 선언할 때 반드시 초기 값을 할당하지 않아도 되고, 변수를 사용하기 전에 초기화할 수 있다. late 연산자를 사용하는 변수는 다음과 같은 특징을 가진다.

● late 연산자를 사용하여 선언된 변수는 선언 시점에 초기 값을 할당하지 않아도 된다. 대신, 변수를 사용하기 전에 반드시 초기화해야 한다.

● late 연산자를 사용하는 변수는 Non-nullable 타입으로 선언된다. 즉, 해당 변수는 null을 허용하지 않는 타입으로 간주된다.

● late 변수를 초기화하기 전에 사용하면, 변수가 초기화되지 않았다는 예외가 발생한다.

```
late String name;

void main() {
  print(name); // 컴파일 오류: 변수를 초기화하지 않는다.

  name = 'John Doe'; // 변수 초기화

  print(name); // "John Doe" 출력
}
```

위 코드에서 name 변수는 late 연산자를 사용하여 선언되
었다. 초기화를 나중에 할 수 있기 때문에 변수를 선언할
때 초기값을 할당하지 않았다. 하지만 변수를 사용하기 전
에 반드시 초기화해야 한다. 초기화 이전에 변수를 사용하
면 컴파일 오류가 발생한다.

손으로 익히는 코딩

```
class MenuItem {
  String name;
  double price;

  MenuItem(this.name, this.price);
}

class Cafe {
  late List<MenuItem> menu;

  Cafe() {
    menu = [
      MenuItem("아메리카노", 3.5),
      MenuItem("카페라떼", 4.0),
      MenuItem("카푸치노", 4.5),
      MenuItem("에스프레소", 3.0),
      MenuItem("프라푸치노", 5.0),
    ];
  }

  void displayMenu() {
    print("메뉴:");
    for (var item in menu) {
      print("${item.name} - \$$${item.price}");
    }
  }

  double placeOrder(String itemName, int quantity) {
    for (var item in menu) {
      if (item.name == itemName) {
        double totalPrice = item.price * quantity;
        print("주문한 메뉴: $itemName");
```

```
        print("수량: $quantity");
        print("총 가격: \$$totalPrice");
        return totalPrice;
      }
    }
    print("존재하지 않는 메뉴입니다.");
    return 0.0;
  }
}
void main() {
  Cafe cafe = Cafe();

  print("카페 메뉴를 확인하세요.");
  cafe.displayMenu();

  String itemName = "카페라떼";
  int quantity = 2;

  double totalPrice = cafe.placeOrder(itemName, quantity);
  print("결제 금액: \$$totalPrice");
}
```

위의 코드를 통해 카페에서의 주문 및 결제 시나리오를 구현하였다.

- MenuItem 클래스는 메뉴 항목을 나타내고, Cafe 클래스는 카페를 나타낸다. Cafe 클래스에는 menu라는 메뉴 목록이 있다.

- displayMenu() 메서드는 카페의 메뉴를 출력하는 역할을 한다.

- placeOrder() 메서드는 주문을 처리하고 결제 금액을 반환한다. 주어진 itemName과 일치하는 메뉴를 찾아 수량과 총 가격을 출력한다.

- main() 함수에서는 Cafe 클래스의 객체를 생성한 후, 메뉴를 확인하고 placeOrder() 메서드를 호출하여 주문을 처리한다. 결제 금액을 출력한다.

- 변수 초기화 에러

  MenuItem 클래스에서 name과 price를 초기화하는 생성자가 정의되어 있지만, 해당 클래스를 사용하는 Cafe 클래스에서 menu 리스트를 late 키워드로 선언하고 있다. late 키워드를 사용하면 변수를 선언할 땐 초기화하지 않아도 되지만 사용하기 전에는 반드시 초기화해야 한다. 만약 menu를 선언할 때 초기값을 주지 않고 사용하면 LateInitializationError가 발생할 수 있는데, 이를 해결하기 위해서 menu 리스트를 선언할 때 빈 리스트로 초기화하거나 또는 late 키워드를 제거하고 변수를 선언하는 동시에 초기값을 주면 된다.

- 메뉴 찾기 에러

  placeOrder 메서드에서 주어진 itemName과 일치하는 메뉴를 menu 리스트에서 찾는다. 그러나 itemName과 일치하는 메뉴가 없는 경우를 처리하지 않는데, 이 경우에선 for 루프가 모두 실행된 후에도 일치하는 메뉴를 찾지 못하면 "존재하지 않는 메뉴입니다."라는 메시지를 출력하고 return 0.0을 통해 0.0을 반환한다. 이 경우, 일치하는 메뉴를 찾지 못했을 때의 특정 예외 처리를 추가하여 오류를 방지할 수 있다.

- 객체 생성 에러

  MenuItem 클래스와 Cafe 클래스에서 객체를 생성하고 있다. 만약 해당 클래스가 정의되어 있지 않거나 클래스 이름이 오타가 나면 객체 생성 오류가 발생할 수 있다. 따라서 클래스 이름을 정확하게 작성하고 해당 클래스가 정의되어 있는지 확인해야 한다.

- 메서드 호출 에러

  Cafe 클래스의 displayMenu 메서드와 placeOrder 메서드는 해당 클래스의 객체를 통해 호출되어야 한다. 이 경우 객체가 생성되지 않은 상태에서 메서드를 호출하면 오류가 발생하는데 따라서 Cafe 클래스의 객체를 생성한 후에 해당 객체를 통해 메서드를 호출해야 한다.

- 출력 형식 에러

  displayMenu 메서드와 placeOrder 메서드에서 출력할 때 $ 기호를 사용하여 가격을 표시하고 있다. 하지만 문자열 내에서 $는 특수 문자로 해석되므로 출력 형식이 잘못될 수 있는데, 이를 해결하기 위해서는 $ 기호 앞에 백슬래시 \를 추가하여 이스케이프 처리를 해 주어야 한다. 예를 들어, print(\$${item.price})와 같이 출력 형식을 수정할 수 있다.

cascade 연산자

cascade 연산자는 다트에서 객체의 연속적인 작업을 처리하기 위해 사용되는 특수한 연산자다. ".." 이중 점 기호로 표시되며, 객체의 메서드나 속성에 연속적으로 접근하거나 설정하는 작업을 한 줄로 표현할 수 있게 해 준다. cascade 연산자를 사용하면 동일한 객체에 대해 여러 개의 작업을 연속적으로 수행할 수 있다. 이를 통해 코드를 더 간결하고 가독성이 높은 형태로 작성할 수 있다. cascade 연산자는 코드를 작성할 때 객체의 일련의 작업을 한 줄로 표현할 수 있어서 코드의 가독성을 향상시키는 데 도움이 된다.

cascade 연산자는 객체를 변경 가능한 상태로 유지하면서 연속적인 작업을 수행하는 데 유용합니다. 주로 객체의 속성을 설정하거나 메서드를 호출하는 작업에서 많이 사용됩니다.

- 객체 초기화: 객체를 생성하고 여러 개의 속성을 초기화해야 할 때, Cascade 연산자를 사용하여 여러 속성을 연속적으로 설정할 수 있다. 이를 통해 중복 코드를 피하고 가독성을 높일 수 있다.

```
var person = Person()
  ..name = 'John'
  ..age = 30
  ..address = '123 Main St';
```

- 메서드 체이닝: 객체의 메서드를 연속적으로 호출해야 하는 경우, Cascade 연산자를 사용하여 메서드 체이닝을 구현할 수 있다. 이를 통해 여러 단계의 작업을 간단하게 표현할 수 있다.

- 객체 수정: 기존 객체의 속성을 수정하거나 업데이트해야 할 때, Cascade 연산자를 사용하여 여러 속성을 일괄적으로 수정할 수 있다.

```
person
  ..name = 'Jane'
  ..age = 25;
```

Chapter 03. 객체지향프로그래밍 • **107**

```
class Product {
  String name;
  int quantity;

  Product(this.name, this.quantity);

  void printDetails() {
    print('Product: $name, Quantity: $quantity');
  }
}

class Order {
  List<Product> products = [];

  Order addProduct(String name, int quantity) {
    var product = Product(name, quantity);
    products.add(product);
    return this;
  }

  void printOrderDetails() {
    print('Order Details:');
    for (var product in products) {
      product.printDetails();
    }
  }
}

void main() {
  var order = Order()
    ..addProduct('Apple', 2)
    ..addProduct('Banana', 3)
    ..addProduct('Orange', 1);

  order.printOrderDetails();
}
```

위의 코드에서는 Order 클래스에서 addProduct 메서드를 호출하여 제품을 주문에 추가하고, cascade 연산자 ..를 사용하여 메서드 체이닝을 구현한다. 이를 통해 각각의 addProduct 호출은 Order 객체에 대해 수행되고, 연속적으로 호출된다. 마지막으로 printOrderDetails 메서드를 호출하여 주문 세부 정보를 출력한다.

Quick Tip

Cascade 연산자를 사용하면 동일한 객체에 대해 여러 작업을 수행할 때 편리하게 코드를 작성할 수 있습니다. 코드의 가독성과 유지 보수성을 향상시키는 데 도움이 됩니다.

실행 결과

```
Order Details:
Product: Apple, Quantity: 2
Product: Banana, Quantity: 3
Product: Orange, Quantity: 1
```

🗄️ 에러에서 배우기

- 객체 초기화 시 사용 에러
  Cascade 연산자(..)는 객체 초기화에서는 사용할 수 없다. 따라서 var order = Order().. addProduct('Apple', 2)..addProduct('Banana', 3)..addProduct('Orange', 1);과 같이 객체 초기화와 Cascade 연산자를 함께 사용하면 컴파일 오류가 발생한다. 그러므로 객체 초기화 시에는 Cascade 연산자 대신 다른 방법을 사용해야 한다.

- Cascade 연산자의 반환 타입 에러
  Cascade 연산자를 사용하여 addProduct() 메서드를 호출할 때, 해당 메서드가 Order 객체를 반환하도록 정의되어 있어야 한다. 만약 addProduct() 메서드가 void를 반환하도록 정의되어 있다면, .. 연산자를 사용할 수 없다.

Chapter 03. 객체지향프로그래밍 • **109**

02

생성자

생성자, 인스턴스, this 키워드

여기서는 무얼 배울까

클래스의 인스턴스를 생성하고 초기화하는 역할을 하는 생성자에 대해 학습한다. 생성자를 통해 객체를 초기화하고 필요한 값들을 설정하는 방법을 배우며, 다양한 생성자의 선택적 매개변수를 통해 다양한 초기화 방식을 제공할 수 있다. 또한 생성자를 통해 객체의 상태를 안정적으로 유지하고 초기화 과정을 효율적으로 관리할 수 있는 기술을 습득할 수 있다.

기본 생성자(Default Constructor)

생성자란 객체를 초기화하는 특별한 메서드로, 객체가 생성될 때 자동으로 호출된다. 클래스 이름과 동일한 이름을 가지며, 매개변수를 가지지 않거나 선택적인 매개변수를 가질 수 있다.

기본 생성자(Default Constructor)는 클래스의 인스턴스를 생성할 때 매개변수 없이 호출되는 특별한 유형의 생성자다. 클래스 내에 명시적으로 생성자를 작성하지 않으면 컴파일러는 자동으로 기본 생성자를 추가한다. 기본 생성자는 매개변수를 받지 않고, 일반적으로 클래스의 인스턴스 변수들을 초기화하는 역할을 수행한다.

기본 생성자는 매개변수가 없으며, 클래스 이름 뒤에 괄호'()'를 붙여 선언한다. 즉, 아래와 같이 생략해도 기본 생성자가 자동으로 생성된다.

코 · 드 · 소 · 개

```
class MyClass {
  // 아무런 생성자가 없는 경우, 컴파일러가 아래와 같은 기본 생성자를 자동으로 생성한다.
  // MyClass() {}
}
```

위의 코드에서 MyClass는 기본 생성자를 가지고 있다. 생성자의 로직은 중괄호 '{}' 안에 작성된다. 이곳에서는 객체의 초기화 작업이나 다른 초기 설정을 수행할 수 있다. 기본 생성자는 클래스 이름과 동일한 이름을 가지며, 반환 타입을 지정하지 않는다. 생성자 내에서는 클래스의 인스턴스 변수를 초기화하거나, 초기 작업을 수행할 수 있다.

```
MyClass myObject = MyClass(); // 기본 생성자로 객체 생성
```

기본 생성자는 클래스의 인스턴스를 생성할 때 호출된다. 위의 코드와 같이 추가적으로 작성하지 않아도 기본 생성자는 생략해서 진행 가능하다. 따라서 클래스의 인스턴스를 생성할 때, 인스턴스 변수의 초기값을 지정해야 하는 경우, 매개변수가 있는 생성자를 정의하거나, 기본 생성자에서 인스턴스 변수의 초기값을 설정할 수 있다.

```
class Person {
  String name;
  int age;

  // 기본 생성자
  Person() {
    name = 'Unknown';
    age = 0;
    print('Person 객체가 생성되었습니다.');
  }
}
```

위의 코드에서 Person 클래스에 기본 생성자를 정의하였다. 이제 Person 클래스로부터 객체를 생성하면, 기본 생성자가 자동으로 호출되며, 이 생성자는 name과 age를 각각 "Unknown"과 0으로 초기화하며 "Person 객체가 생성되었습니다."라는 메시지가 출력된다.

Quick Tip

만약 클래스에서 생성자를 직접 정의한 경우, 기본 생성자는 자동으로 생성되지 않습니다. 따라서 클래스에서 생성자를 정의하고자 하는 경우에는 기본 생성자를 명시적으로 정의해야 합니다.

```
void main() {
  var person = Person();
}
```

실행 결과

```
Person 객체가 생성되었습니다.
```

매개변수가 있는 생성자(Parameterized Constructor)

매개변수가 있는 생성자(Parameterized Constructor)는 클래스의 인스턴스를 생성할 때 인자를 받아와서 초기화하는 생성자다. 매개변수가 있는 생성자를 정의함으로써 객체 생성 시 초기값을 전달하고자 할 때 사용된다. 매개변수가 있는 생성자를 사용하면 객체를 생성하는 동시에 초기값을 설정할 수 있다. 매개변수가 있는 생성자를 선언할 때는 다음과 같이 작성한다.

```
class Person {
  late String name;
  late int age;

  Person(String name, int age) {
    this.name = name;
    this.age = age;
  }
}
```

위 코드에서 Person 클래스는 name과 age라는 인스턴스 변수를 가지며, 매개변수로 name과 age를 전달받아 객체를 초기화하는 생성자를 가지고 있다. 생성자 내부에서는 this 키워드를 사용하여 인스턴스 변수에 접근할 수 있다. 이를 통해 생성자의 매개변수와 인스턴스 변수의 이름이 같을 때 혼란을 방지할 수 있다. 예를 들어, 위 코드에서 this.name과 this.age는 인스턴스 변수를 가리킨다. 매개변수가 있는 생성자는 다음과 같이 인스턴스를 생성할 때 사용할 수 있다.

```
void main() {
  var person = Person('Alice', 30);
  print(person.name);
  print(person.age);
}
```

위 코드에서 Person 클래스의 매개변수가 있는 생성자를 사용하여 person이라는 객체를 생성하고, 이후 name과 age 인스턴스 변수에 접근하여 값을 출력하는 코드다.

실행 결과
```
Alice
30
```

```dart
import 'dart:math';

class Player {
  String name;
  late int score;

  Player(this.name) {
    score = 0;
  }

  void rollDice() {
    Random random = Random();
    score = random.nextInt(6) + 1;
  }
}

void main() {
  Player player1 = Player("Player 1");
  Player player2 = Player("Player 2");

  for (int i = 0; i < 3; i++) {
    player1.rollDice();
    player2.rollDice();

    print("${player1.name}의 주사위: ${player1.score}");
    print("${player2.name}의 주사위: ${player2.score}");

    if (player1.score > player2.score) {
      print("${player1.name}이 이겼습니다!");
    } else if (player2.score > player1.score) {
      print("${player2.name}이 이겼습니다!");
    } else {
      print("무승부입니다!");
    }

    print("--------------------");
  }
}
```

위의 코드에서 Player 클래스는 플레이어를 나타낸다. 각 플레이어는 이름(name)과 주사위 숫자(score)를 가지고 있다. Player 클래스의 생성자는 이름을 인자로 받아 객체를 초기화한다. 생성자에서는 주사위 숫자를 0으로 초기화한다.

위 코드에서 사용된 Random 클래스는 dart:math 라이브러리에 포함되어 있는 클래스다. 이 클래스는 난수 생성을 위해 사용된다. Random 클래스는 다양한 난수 생성 메서드를 제공한다. 한편 nextInt() 메서드를 사용하여 1에서 6 사이의 랜덤한 숫자를 생성했다. nextInt() 메서드는 인자로 최댓값을 받아 그 범위 내에서 랜덤한 정수를 반환한다.

Random 클래스는 시드(seed) 값을 기반으로 난수를 생성한다. 시드는 랜덤한 값을 생성하기 위한 출발점으로 사용되는 값으로, 같은 시드를 가진 Random 객체는 항상 같은 순서의 난수를 생성한다. 코드에서는 별도로 시드를 설정하지 않았으므로, 시스템 시간을 기반으로 시드가 자동으로 설정된다.

Random 클래스는 다른 난수 생성 메서드와 함께 nextBool(), nextDouble(), nextFloat() 등의 메서드도 제공한다. 이를 사용하여 다양한 형태의 난수를 생성할 수 있다. 주의할 점은, Random 클래스는 무작위성을 보장하지 않는다는 것이다. 시드 값을 기반으로 난수를 생성하기 때문에, 시드 값을 알면 난수를 예측할 수 있다. 만약 보안과 관련된 목적으로 난수가 필요하다면, Random.secure() 생성자를 사용하여 보안 난수 생성기를 사용할 수 있다. 따라서 rollDice() 메서드는 주사위를 굴린 후 Random 클래스를 사용하여 1에서 6 사이의 랜덤한 숫자를 생성하고, 이를 score 속성에 저장한다. main() 함수에서는 두 명의 플레이어를 생성한다. 각 플레이어는 Player 클래스의 객체로 표현된다.

이제 3회의 게임을 진행한다. 각 회마다 플레이어들이 주사위를 굴린다. 각 플레이어의 주사위 숫자를 출력하고, 더 높은 숫자를 가진 플레이어가 이기는지, 비기는지를 판단하여 결과를 출력한다. 게임이 진행될 때마다 결과를 구분하기 위해 구분선을 출력한다.

이 코드에서는 클래스와 객체를 사용하여 게임을 구현하였다. 각 플레이어는 객체로 표현되고, 객체의 속성과 메서드를 활용하여 게임을 진행하고 결과를 출력한다.

🖥️ 에러에서 배우기

- 라이브러리 import 에러
  dart:math 라이브러리를 import하지 않았거나 잘못된 형식으로 import한 경우, 해당 라이브러리에 관련된 오류가 발생할 수 있다.

- 생성자 선언 에러
  클래스 내에 생성자를 정의하지 않았거나, 생성자의 형식이 잘못되었을 경우 컴파일 오류가 발생한다. 생성자의 이름과 클래스 이름은 동일해야 하며, 매개변수의 개수와 형식이 일치해야 한다.

- 매개변수 에러

  생성자에 전달되는 매개변수의 개수나 형식이 잘못된 경우 컴파일 오류가 발생한다. 매개변수의 개수나 형식은 생성자 정의 부분과 호출 부분에서 일치해야 한다.

- 초기화 에러

  생성자에서 인스턴스 변수의 초기화 과정에서 예외가 발생하는 경우, 초기화 오류가 발생할 수 있다. 예를 들어, 생성자 내에서 발생할 수 있는 오류로는 널(null) 참조 오류, 형 변환 오류, 예외 발생 등이 있다.

명명된 생성자(Named Constructor)

명명된 생성자(Named Constructor)는 클래스 내에 추가적인 생성자를 정의하는 방법이다. 명명된 생성자는 기본 생성자 외에도 클래스의 다양한 초기화 방법을 제공하고, 인스턴스를 생성하는 다양한 방식을 지원한다. 이를 통해 유연한 객체 생성을 가능하게 한다.

명명된 생성자는 클래스 이름 뒤에 마침표 '.'와 생성자의 이름을 붙여서 선언한다. 일반적으로 클래스 내에서 정적 메서드 형태로 구현되며, 생성자의 로직을 중괄호 '{}' 안에 작성한다.

코·드·소·개

```
class MyClass {
  MyClass.namedConstructor()
    : // 생성자 로직
}
```

위의 코드에서 MyClass는 namedConstructor라는 명명된 생성자를 가지고 있다. 명명된 생성자는 기본 생성자와는 다른 이름을 가지며, 생성자의 로직은 콜론(:) 뒤에 작성된다.

명명된 생성자는 클래스 내의 다른 메서드나 속성과 마찬가지로 접근 제어자를 사용하여 접근 범위를 지정할 수 있다. 예를 들어, 생성자를 public으로 선언하려면 MyClass.named Constructor() 대신 MyClass.publicNamedConstructor()과 같이 사용할 수 있다. 아래 코드 소개에서 MyClass.namedConstructor()는 명명된 생성자를 호출하여 myObject라는 이름의 MyClass 인스턴스를 생성한다.

코·드·소·개

```
MyClass myObject = MyClass.namedConstructor(); // 명명된 생성자로 객체 생성
```

손으로 익히는 코딩

```
class Rectangle {
  double width;
  double height;

  Rectangle(this.width, this.height); // 기본 생성자

  Rectangle.square(double side)
      : width = side,
        height = side; // 명명된 생성자

  Rectangle.trapezoid(double upper, double lower, double height)
      : width = (upper + lower) / 2,
        this.height = height; // 명명된 생성자

  double getArea() {
    return width * height;
  }
}

void main() {
  Rectangle rect1 = Rectangle(10, 20); // 기본 생성자를 통한 객체 생성
  Rectangle rect2 = Rectangle.square(15); // 명명된 생성자를 통한 객체 생성
  Rectangle rect3 = Rectangle.trapezoid(30, 40, 10); // 명명된 생성자를 통한 객
  체 생성

  print(rect1.getArea()); // 출력: 200.0
  print(rect2.getArea()); // 출력: 225.0
  print(rect3.getArea()); // 출력: 350.0
}
```

위의 코드에서 Rectangle 클래스는 width와 height 속성을 가지며, 기본 생성자와 명명된 생성자를 정의하고 있다.

- 기본 생성자: Rectangle(this.width, this.height)는 객체를 생성할 때 width와 height 값을 매개변수로 전달받아 속성을 초기화한다.

- 명명된 생성자 1: Rectangle.square(double side)는 정사각형을 나타내는 객체를 생성하는 데 사용된다. side 매개변수를 전달받아 width와 height를 모두 side로 초기화한다.

- 명명된 생성자 2: Rectangle.fromSize(Size size)는 Size 객체를 받아 해당 크기를 가지는 객체를 생성한다. size 매개변수의 폭과 높이를 각각 width와 height로 초기화한다.

이 코드에서 main() 함수에서는 다양한 방법으로 Rectangle 객체를 생성하고, area 속성을 출력한다. 기본 생성자와 명명된 생성자를 통해 다양한 초기화 방식을 사용할 수 있다.

명명된 생성자는 클래스에 따라 필요한 만큼 많이 정의할 수 있으며, 각 생성자는 고유한 이름을 가져야 합니다. 이를 통해 다양한 인스턴스 생성 방식을 제공하고 코드의 가독성과 유지 보수성을 향상시킬 수 있습니다.

🐛 에러에서 배우기

- **중복된 생성자 시그니처 에러**
  명명된 생성자를 정의할 때, 다른 생성자와 시그니처가 중복되지 않도록 주의해야 한다. 시그니처는 매개변수의 개수와 타입으로 결정되며, 중복된 시그니처가 있다면 컴파일 오류가 발생한다.

- **필요한 인수의 누락 에러**
  명명된 생성자를 사용하여 객체를 생성할 때, 필요한 인수가 누락되지 않도록 주의해야 한다. 필요한 인수가 누락된 경우, 컴파일 오류가 발생하거나 예상치 못한 동작이 발생할 수 있다.

- **초기화 순서와 의존성 에러**
  명명된 생성자를 사용하여 인스턴스 변수를 초기화할 때, 의존성이 있는 변수들의 초기화 순서를 올바르게 고려해야 한다. 변수 초기화 순서가 잘못되면 예기치 않은 동작이 발생할 수 있다.

- **명명된 생성자 호출 에러**
  명명된 생성자를 호출할 때, 올바른 생성자를 선택하여 호출해야 한다. 생성자 호출 시 생성자의 이름과 인수를 정확하게 매칭시켜야 하는데, 그렇지 않으면 컴파일 오류가 발생한다.

Chapter 03. 객체지향프로그래밍 • **117**

팩토리 생성자(Factory Constructor)

팩토리 생성자(Factory Constructor)는 객체를 생성하기 위한 특별한 타입의 생성자다. 팩토리 생성자는 생성된 객체의 유형이나 생성 방식을 동적으로 결정하고 조정할 수 있는 기능을 제공한다. 이를 통해 객체 생성에 대한 제어권을 가질 수 있으며, 유연하고 다양한 객체 생성 패턴을 구현할 수 있다.

팩토리 생성자는 factory 키워드를 사용하여 선언되며, 클래스 내에 정적 메서드 형태로 구현된다. 팩토리 생성자는 객체를 생성하고 반환하는 로직을 구현하는데, new 키워드를 사용하여 새로운 객체를 생성하거나 다른 생성자를 호출하는 방식으로 동작한다.

```
코·드·소·개

class MyClass {
  factory MyClass.factoryConstructor() {
    // 객체 생성 및 반환 로직
  }
}
```

위의 코드에서 MyClass는 factoryConstructor라는 팩토리 생성자를 가지고 있다. 팩토리 생성자는 factory 키워드로 선언되며, 생성자의 로직은 중괄호 {} 안에 작성된다.

팩토리 생성자는 일반적인 생성자와 다른 점이 있다. 일반적인 생성자는 클래스의 새로운 인스턴스를 반환하지만, 팩토리 생성자는 객체를 생성하고 반환하는 동작에 추가적인 로직을 수행할 수 있다. 이를 통해 객체 생성 시의 특수한 조건을 처리하거나, 캐싱*된 객체를 반환하는 등의 작업을 수행할 수 있다.

팩토리 생성자는 new 키워드를 사용하여 객체를 생성하거나, 다른 생성자를 호출할 수 있다. 이를 통해 객체 생성 로직을 유연하게 구현할 수 있다. 예를 들어, 특정 조건에 따라 다른 클래스의 인스턴스를 반환하거나, 싱글톤 객체를 반환하는 등의 패턴을 구현할 수 있다. 아래 코드 소개에서 MyClass.factoryConstructor()는 팩토리 생성자를 호출하여 myObject라는 이름의 MyClass 인스턴스를 생성한다.

기초 용어 정리
* 캐싱: 데이터나 계산 결과를 임시로 저장하여 빠른 액세스를 가능하게 하는 메커니즘이다. 시스템의 성능 향상, 데이터 액세스 속도 개선, 네트워크 트래픽 감소 등 다양한 이점을 제공한다. 단, 데이터의 갱신이 필요한 경우에는 캐시를 갱신하거나 캐시 무효화를 수행해야 한다.

```
MyClass myObject = MyClass.factoryConstructor(); // 팩토리 생성자로 객체 생성
```

손으로 익히는 코딩

```dart
import 'dart:math' as math;

class Point {
  late double x;
  late double y;

  Point(this.x, this.y);

  factory Point.fromPolar(double distance, double angle) {
    final x = distance * math.cos(angle);
    final y = distance * math.sin(angle);
    return Point(x, y);
  }

  @override
  String toString() => '($x, $y)';
}

void main() {
  Point cartesian = Point(2, 3);
  Point polar = Point.fromPolar(5, Math.pi / 4);

  print(cartesian);
  print(polar);
}
```

실행 결과

```
(2.0, 3.0)
(3.5355339059327378, 3.5355339059327373)
```

위의 코드에서 Point 클래스는 x와 y 좌표를 가지며, 일반 생성자와 팩토리 생성자를 정의하고 있다.

- 일반 생성자: Point(this.x, this.y)는 x와 y 값을 매개변수로 전달받아 객체를 초기화한다.

- 팩토리 생성자: factory Point.fromPolar(double distance, double angle)는 극 좌표 형식으로 distance와 angle 값을 받아 직교 좌표 형식으로 변환하여 객체를 생성한다. fromPolar 메서드 내에서는 distance와 angle을 기반으로 x와 y 값을 계산하여 새로운 Point 객체를 반환한다.

main() 함수에서는 일반 생성자와 팩토리 생성자를 사용하여 Point 객체를 생성하고 출력한다. 일반 생성자를 사용한 cartesian 객체는 직교 좌표 형식으로 생성되었고, 팩토리 생성자를 사용한 polar 객체는 극 좌표 형식을 직교 좌표 형식으로 변환하여 생성되었다.

Clear Comment

팩토리 생성자를 사용하면 객체 생성 과정에서 추가적인 로직을 수행할 수 있습니다. 예를 들어, 객체를 캐싱하거나 객체 풀링을 구현하는 등의 작업을 팩토리 생성자 내에서 처리할 수 있습니다. 이를 통해 객체 생성과 관련된 복잡한 로직을 캡슐화하고 코드의 가독성과 유지보수성을 높일 수 있습니다.

팩토리 생성자를 활용하려면 객체 클래스와 생성자에 대한 이해가 필요합니다. 또한 반복문, 조건문, 리스트 등의 다양한 제어 구문을 활용하여 원하는 로직을 구현할 수도 있습니다. 그러나 팩토리 생성자 자체는 언어적인 기능으로 제공되는 것이므로, 기본적인 객체 클래스와 생성자의 이해만으로도 활용할 수 있습니다.

팩토리 생성자는 객체 생성과 관련된 로직을 자유롭게 구현할 수 있는 장점이 있습니다. 이를 통해 객체 생성 시에 동적인 결정 로직을 구현하거나, 객체의 재사용을 촉진하는 등의 기능을 제공할 수 있습니다.

에러에서 배우기

유효한 인스턴스를 생성하지 못하는 에러
팩토리 생성자는 특정 조건에 따라 유효한 인스턴스를 생성하거나 생성하지 않을 수 있다. 이러한 조건을 충족하지 못하거나 잘못된 인수가 전달된 경우, 팩토리 생성자에서 예외를 throw하거나 null과 같은 유효하지 않은 객체를 반환할 수 있다. 이 경우엔 팩토리 생성자의 사용자는 반환된 객체가 유효한지 확인해야 한다.

03

상속

상속, extends 키워드, 부모 클래스(Superclass), 계층, super 키워드

여기서는 무얼 배울까

객체지향 프로그래밍의 핵심 개념인 상속에 대해 학습한다. 클래스 간의 계층적인 관계를 구성하여 코드의 재사용성을 높이고, 코드의 구조를 계층적으로 조직화하는 방법을 배운다. 상속의 개념과 특징, 상속 관계의 형성 방법 등을 배우고, 상속을 통해 확장성과 유연성을 가진 프로그램을 개발하는 방법을 익힐 수 있다.

부모 클래스 선언

부모 클래스는 상속을 통해 자식 클래스에게 멤버 변수와 메서드를 상속해 주는 클래스다. 상속 (inheritance)은 객체 지향 프로그래밍에서 클래스 간의 관계를 나타내는 중요한 개념 중 하나다. 이때 상속을 받는 클래스를 자식 클래스(child class) 또는 파생 클래스(derived class), 상속을 해 주는 클래스를 부모 클래스(parent class) 또는 기반 클래스(base class)라고 한다.

● 부모 클래스는 자식 클래스가 공통적으로 가지는 필드와 메서드를 정의할 때 사용한다. 이때 부모 클래스는 자식 클래스에게 필드와 메서드를 물려 주기 위해 사용된다.

● 부모 클래스를 선언할 때는 자식 클래스가 상속받을 필드와 메서드를 미리 정의한다. 부모 클래스에서 선언된 필드와 메서드는 자식 클래스에서 자동으로 상속되기 때문이다.

● 부모 클래스는 자식 클래스에게 공통된 코드나 기능을 제공하는 역할을 한다. 이를 통해 코드의 중복을 피하고 유지보수를 용이하게 한다.

● 부모 클래스는 다른 클래스에서도 상속받을 수 있으며, 이를 통해 상속 계층 구조를 만들 수 있다.

부모 클래스는 다음과 같은 형식으로 선언된다.

```
class ParentClass {
    // 멤버 변수
    // 메서드
}
```

부모 클래스는 앞서 배웠던 일반 클래스 선언과 다른 것이 없어 보인다. 부모클래스에서 중요한
것은 멤버 변수와 메서드 등을 자식 클래스에게 제공하는 역할을 하는 것이다. 또한 부모클래스
도 다른 부모클래스의 자식클래스가 될 수 있다. 다음은 부모 클래스의 간단한 코드다.

```
class Animal {
  String name;
  int age;

  void eat() {
    print('The animal is eating.');
  }

  void sleep() {
    print('The animal is sleeping.');
  }
}
```

위의 코드에서는 Animal 클래스가 부모 클래스다. name과 age는 멤버 변수이며, eat()과 sleep()
은 메서드다. 이 클래스는 자식 클래스에서 상속받을 멤버 변수와 메서드를 정의하고 있다.

자식 클래스 선언

자식 클래스란 부모 클래스를 상속받아 새로운 클래스를 만드는 것을 말한다. 자식 클래스는 부
모 클래스의 속성과 메서드를 물려받아 사용할 수 있다. 자식 클래스는 extends 키워드를 사용
하여 부모 클래스를 상속받는다. 단, Dart에서 자식 클래스는 부모 클래스 하나만 상속받을 수
있다.

자식 클래스에서 부모 클래스의 속성과 기능을 사용하려면 super 키워드를 사용하여 부모 클래
스의 생성자와 메서드에 접근할 수 있다. 이렇게 부모 클래스의 생성자를 호출하면 부모 클래스
의 인스턴스 변수들이 초기화되고, 부모 클래스의 메서드를 호출하면 부모 클래스의 메서드가

실행된다.

자식 클래스에서는 부모 클래스에서 상속받은 속성과 기능을 그대로 사용하면서 새로운 속성과 기능을 추가할 수 있다. 이렇게 자식 클래스에서 새로 추가된 속성과 메서드를 사용하려면 해당 클래스의 인스턴스를 생성하고 접근할 수 있다. 자식 클래스는 다음과 같은 형식으로 선언된다.

```
class ChildClass extends ParentClass {
  // 자식 클래스의 속성과 메서드
}
```

여기서 ChildClass는 자식 클래스의 이름을 나타내며 extends 키워드를 사용하여 부모 클래스인 ParentClass를 상속받는다.

Clear Comment

자식 클래스는 부모 클래스의 속성과 메서드를 상속받기 때문에, 부모 클래스에 선언된 모든 public 및 protected 속성과 메서드를 사용할 수 있습니다. 자식 클래스는 부모 클래스를 상속받는 것 외에도, 부모 클래스의 생성자를 호출할 수도 있습니다. 이때 사용하는 키워드가 super입니다.

```
class ChildClass extends ParentClass {
  // 자식 클래스의 속성과 메서드

  ChildClass() : super() {
    // 부모 클래스의 생성자 호출
    // 자식 클래스의 생성자 동작 추가
  }
}
```

위 코드 소개에서 ChildClass의 생성자는 super()를 사용하여 부모 클래스의 기본 생성자를 호출하고 있다. 만약 부모 클래스의 매개변수가 있는 생성자를 호출해야 하는 경우에는 super() 대신 해당 매개변수를 전달하여 호출하면 된다. 코드를 통해 상속이 어떻게 동작하는지 살펴보자. 예를 들어, 우리가 "동물" 클래스를 만들고 그 클래스를 상속하는 "고양이" 클래스와 "개" 클래스를 만든다고 가정한다. 먼저 "동물" 클래스를 선언한다. 이 클래스는 "name"과 "age"라는 두 인스턴스 변수를 가지며, "showName"과 "showAge"라는 두 메서드를 가지고 있다.

```
class Animal {
  String name;
  int age;

  Animal(this.name, this.age);

  void showName() {
    print('이 동물의 이름은 $name입니다.');
  }

  void showAge() {
    print('이 동물의 나이는 $age살입니다.');
  }
}
```

그리고 이제 "고양이" 클래스와 "개" 클래스를 선언하면시 "동물" 클래스를 상속받도록 한다.

```
class Cat extends Animal {
  Cat(String name, int age) : super(name, age);

  void meow() {
    print('야옹~');
  }
}

class Dog extends Animal {
  Dog(String name, int age) : super(name, age);

  void bark() {
    print('멍멍!');
  }
}
```

위 코드에서 "Cat" 클래스와 "Dog" 클래스가 "Animal" 클래스를 상속받도록 선언하였다. 그리고 각각 "meow"와 "bark"라는 메서드를 추가했다. 이제 "Cat" 클래스와 "Dog" 클래스를 사용해 보겠다.

```
void main() {
  var kitty = Cat('나비', 2);
  kitty.showName();
  kitty.showAge();
  kitty.meow();

  var puppy = Dog('멍멍이', 3);
  puppy.showName();
  puppy.showAge();
  puppy.bark();
}
```

위 코드에서는 "Cat" 클래스와 "Dog" 클래스의 객체를 생성하고 각각의 메서드를 호출한다. 그리고 "Cat" 클래스는 "Animal" 클래스를 상속받았으므로 "Animal" 클래스의 메서드인 "showName"과 "showAge"도 사용할 수 있다.

실행 결과

```
이 동물의 이름은 나비입니다.
이 동물의 나이는 2살입니다.
야옹~
이 동물의 이름은 멍멍이입니다.
이 동물의 나이는 3살입니다.
멍멍!
```

즉, 상속을 이용하면 기존의 클래스를 확장하여 새로운 클래스를 만들 수 있다. 부모 클래스의 멤버 변수와 메서드를 자식 클래스에서 사용할 수 있으므로 코드의 재사용성을 높이고 중복을 피할 수 있다.

Mixin

Dart에서 mixin은 클래스를 정의하는 데 사용되는 일종의 코드 재사용 기법이다. mixin은 상속을 통해 클래스에 함께 가져올 수 있는 기능을 정의한다. 다른 일반 클래스와 달리, mixin은 다른 클래스를 상속받을 수 없고 별도로 인스턴스화될 수 없으므로, 직접적으로 생성자(constructor)를 가질 수 없다. 또한 다중 상속(multiple inheritance)과 같은 문제를 발생시키지 않으면서 기능을 조합할 수 있는 유용한 방법이다. mixin은 상속과 비슷한 개념이지만, 복수 개의 클래스에서 재사용될 수 있다는 차이점이 있으며, mixin을 다른 클래스에 상속받을 때에는 extends 대신 with 키워드를 사용한다. 다음은 mixin을 이용한 상속의 예시다.

```dart
mixin MyMixin {
  void doSomething() {
    print('Do something from MyMixin');
  }
}

class MyClass with MyMixin {
  void myMethod() {
    doSomething();
    print('My method from MyClass.');
  }
}
```

위 코드에서는 MyMixin이라는 mixin을 선언하고 있다. 이 mixin은 doSomething()이라는 메서드를 가지고 있다. 이후에 MyClass라는 클래스가 with 키워드를 사용하여 MyMixin을 상속받는다. 이렇게 하면 MyMixin에 선언된 doSomething() 메서드를 사용할 수 있다. MyClass는 MyMixin이 가지고 있는 메서드를 활용하여 자신만의 myMethod()을 만들어 사용하고 있다. 이처럼 mixin을 이용하여 클래스의 기능을 확장할 수 있다. mixin을 사용하면 코드의 재사용성을 높일 수 있고, 작은 기능들을 모아 간단한 클래스로 구현할 수 있다.

손으로 익히는 코딩

```
class Nation {
  String name;
  int population;

  Nation(this.name, this.population);

  void displayInfo() {
    print('나라: $name');
    print('인구: $population 명');
  }
}

class Korea extends Nation {
  String language;

  Korea(String name, int population, this.language)
      : super(name, population);

  void displayKoreanCulture() {
    print('한국어로 대화합니다.');
    print('한복을 입습니다.');
    // 여기에 한국의 문화에 관련된 동작을 추가할 수 있다.
  }
}

class UK extends Nation {
  String language;

  UK(String name, int population, this.language)
      : super(name, population);

  void displayUKCulture() {
    print('영어로 대화합니다.');
    print('양복을 입습니다.');
    // 여기에 영국의 문화에 관련된 동작을 추가할 수 있다.
  }
}

class Japan extends Nation {
  String language;
```

```dart
  Japan(String name, int population, this.language)
      : super(name, population);

  void displayJapanCulture() {
    print('일본어로 대화합니다.');
    print('기모노를 입습니다.');
    // 여기에 일본의 문화에 관련된 동작을 추가할 수 있다.
  }
}

void main() {
  var korea = Korea('대한민국', 51780579, '한국어');
  var uk = UK('영국', 67886011, '영어');
  var japan = Japan('일본', 126150000, '일본어');

  korea.displayInfo();
  korea.displayKoreanCulture();

  uk.displayInfo();
  uk.displayUKCulture();

  japan.displayInfo();
  japan.displayJapanCulture();
}
```

실행 결과

```
국가: 대한민국
인구: 51780579명
언어: 한국어

한국어로 대화합니다.
한복을 입습니다.

국가: 영국
인구: 67886011명
언어: 영어

영어로 대화합니다.
양복을 입습니다.
```

```
국가: 일본
인구: 126150000명
언어: 일본어

일본어로 대화합니다.
기모노를 입습니다.
```

위 결과는 각각 Korea, UK, Japan 객체의 정보와 해당 나라의 문화를 출력한 것이다. Korea 객체는 한국어로 대화하고 한복을 입는다. UK 객체는 영어로 대화하고 양복을 입는다. Japan 객체는 일본어로 대화하고 기모노를 입는다.

에러에서 배우기

- 부모 클래스의 생성자 호출 누락 에러

  Korea, UK, Japan 클래스에서 각각 부모 클래스인 Nation의 생성자를 호출해야 한다. 부모 클래스의 생성자를 호출하지 않으면 부모 클래스의 필드를 초기화할 수 없으므로 컴파일 오류가 발생한다. 각 클래스에서 super 키워드를 사용하여 부모 클래스의 생성자를 명시적으로 호출해야 한다.

- 부모 클래스 필드 초기화 누락

  Korea, UK, Japan 클래스에서는 부모 클래스인 Nation의 필드를 초기화해야 한다. 이를 위해 super 키워드를 사용하여 부모 클래스의 생성자를 호출하면서 필드 값을 전달해야 한다. 필드 초기화를 누락하면 해당 필드의 값은 기본값(null 또는 0)으로 설정되므로 의도하지 않은 동작이 발생할 수 있다.

04

오버라이딩

오버라이딩, @Override 어노테이션

여기서는 무얼 배울까

상속 관계에 있는 클래스들 사이에서 메서드의 재정의에 대해 학습한다. 오버라이딩은 부모 클래스에서 이미 정의된 메서드를 자식 클래스에서 동일한 이름으로 다시 정의하는 것을 의미한다. 이를 통해 자식 클래스는 부모 클래스의 메서드를 상속받으며, 자신의 독특한 동작을 수행할 수 있다.

메서드 오버라이딩

메서드 오버라이딩(method overriding)은 자식 클래스에서 부모 클래스의 메서드를 재정의하여 사용하는 기능이다. 부모 클래스에서 정의된 메서드를 자식 클래스에서 새로운 메서드로 재정의하면, 자식 클래스 객체에서는 부모 클래스의 메서드 대신 자식 클래스의 메서드가 호출되는 것을 말한다.

메서드 오버라이딩은 자식 클래스가 부모 클래스의 메서드를 재정의하여 자신의 동작을 구현할 수 있게 해 준다. 이를 통해 다형성(polymorphism)을 실현할 수 있으며, 부모 클래스 타입으로 선언된 객체가 실행 시점에 실제로 어떤 클래스의 메서드를 호출할지는 객체의 타입에 따라 결정된다.

> **Clear Comment**
>
> 명명된 생성자는 다양한 초기화 방법을 제공하므로 객체 생성에 유연성을 부여합니다. 예를 들어, 인수를 받아 초기화하는 생성자, 특정 상황에 맞는 인스턴스를 생성하는 팩토리 생성자 등을 명명된 생성자로 정의할 수 있습니다.

메서드 오버라이딩을 사용하면 부모 클래스의 메서드를 수정하지 않고도 자식 클래스에서 해당 메서드의 기능을 변경할 수 있다. 예를 들어, 부모 클래스에서 정의된 printInfo() 메서드가 있다고 가정해 보면, 자식 클래스에서는 이 메서드를 재정의하여 자식 클래스의 정보를 출력할 수 있다.

메서드 오버라이딩을 하기 위해서는 부모 클래스의 메서드와 동일한 이름, 매개변수, 반환형을 가진 메서드를 자식 클래스에서 선언해야 한다. 그리고 메서드 앞에 @override 어노테이션을 추가하여 오버라이딩하는 메서드임을 표시해야 한다. 메서드 오버라이딩은 다음과 같은 규칙을 따른다.

● 오버라이딩할 메서드는 접근 지정자와 반환 유형, 이름, 매개변수의 개수와 유형이 부모 클래스의 메서드와 일치해야 한다.

● 자식 클래스에서 재정의한 메서드의 접근 지정자는 부모 클래스의 메서드보다 더 높은 접근 지정자로 변경할 수 있다.

● 메서드를 재정의할 때, 부모 클래스의 메서드보다 더 큰 예외를 발생시킬 수 없다. 따라서 자식 클래스에서 재정의한 메서드는 부모 클래스의 메서드에서 발생할 수 있는 모든 예외를 던질 수 있다. 하지만 더 작은 예외를 던지는 것은 허용된다.

● 자식 클래스에서 부모 클래스의 메서드를 호출할 때는 super 키워드를 사용한다.

아래는 자식 클래스에서 메서드 오버라이딩을 하는 간단한 코드다.

```
class Animal {
  void makeSound() {
    print("동물이 울음소리를 낸다.");
  }
}

class Cat extends Animal {
  @override
  void makeSound() {
    print("야옹~");
  }
}
```

위 코드에서 Animal 클래스에는 makeSound() 메서드가 있다. Cat 클래스는 Animal 클래스를 상속받았으며, makeSound() 메서드를 오버라이딩하여 새로운 기능을 추가했다. 이제 아래의 코드를 실행하면 메서드 오버라이딩의 결과를 확인할 수 있다.

```
void main() {
  Animal animal = Animal();
  animal.makeSound();

  Cat cat = Cat();
  cat.makeSound();
}
```

위의 코드에서 makeSound() 메서드를 호출하는데, animal 객체는 Animal 클래스의 인스턴스이므로 부모 클래스인 Animal의 makeSound() 메서드가 호출되어 "동물이 소리를 낸다."가 출력된다. 반면에 cat객체는 Cat클래스의 인스턴스이므로 자식 클래스인 Cat의 makeSound() 메서드가 호출되어 "야옹~"이 출력된다.

실행 결과

```
동물이 소리를 낸다.
야옹~
```

이처럼 메서드 오버라이딩을 통해 부모 클래스의 동일한 이름의 메서드를 자식 클래스에서 다시 정의함으로써, 객체의 타입에 따라 실행 시점에 어떤 메서드가 호출될지 결정된다. 이는 다형성의 한 예시로 볼 수 있다.

손으로 익히는 코딩

```
class Movie {
  String title;
  int duration;

  Movie(this.title, this.duration);

  void playMovie() {
    print('영화 "${title}"을 재생합니다. 총 ${duration}분의 상영 시간입니다.');
  }

  void displayGenre() {
    print('장르: 알 수 없음');
  }
}
```

```
class SFMovie extends Movie {
  SFMovie(String title, int duration) : super(title, duration);

  @override
  void displayGenre() {
    print('장르: SF');
  }
}

class ComedyMovie extends Movie {
  ComedyMovie(String title, int duration) : super(title, duration);

  @override
  void displayGenre() {
    print('장르: 코미디');
  }
}

void main() {
  Movie movie = Movie('기생충', 132);
  SFMovie sfMovie= SFMovie('인터스텔라', 169);
  ComedyMovie comedyMovie = ComedyMovie('써니', 124);

  movie.playMovie();
  movie.displayGenre();
  sfMovie.playMovie();
  sfMovie.displayGenre();
  comedyMovie.playMovie();
  comedyMovie.displayGenre();
}
```

위 코드에서 Movie 클래스는 title과 duration이라는 속성과 playMovie()와 displayGenre()라는 메서드를 가지고 있다. SFMovie 클래스와 ComedyMovie 클래스에서는 Movie 클래스의 속성과 메서드를 상속받고, displayGenre() 메서드를 오버라이딩하여 각각의 장르를 추가했다.

main() 함수에서는 Movie 객체, SFMovie 객체, ComedyMovie 객체를 생성하고 각각의 메서드를 호출하여 결과를 확인한다. 실행 결과로는 부모 클래스의 메서드와 속성을 상속받은 자식 클래스에서 장르를 특정 값으로 출력하는 것을 확인할 수 있다.

영화 "기생충"을 재생합니다. 총 132분의 상영 시간입니다.
장르: 알 수 없음
영화 "인터스텔라"을 재생합니다. 총 169분의 상영 시간입니다.
장르: SF
영화 "써니"을 재생합니다. 총 124분의 상영 시간입니다.
장르: 코미디

에러에서 배우기

오버라이딩 메서드의 @override 누락 에러
SFMovie와 ComedyMovie 클래스에서는 displayGenre 메서드를 오버라이딩하고 있다. 오버라이딩한 메서드는 부모 클래스의 동일한 시그니처(매개변수, 반환 타입)를 가져야 하며, @override 어노테이션을 추가하여 오버라이딩이 의도된 것임을 명시해야 한다. 이를 누락하면 컴파일 경고가 발생할 수 있다.

05
캡슐화

✓ 핵심 키워드

정보은닉, 접근 제어 지시자, Getter, Setter, Static, 상수

여기서는 무얼 배울까

정보의 은닉과 접근 제어를 통해 객체의 내부 구현을 외부로부터 감추는 개념을 학습한다. 캡슐화는 객체 지향 프로그래밍의 핵심 원칙 중 하나로, 데이터와 해당 데이터를 다루는 메서드를 하나의 단위로 묶어 캡슐화된 객체를 생성하고, 외부로부터의 직접적인 접근을 제한함으로써 객체의 무결성과 보안을 보장한다.

캡슐화(Encapsulation)는 객체 지향 프로그래밍에서 사용되는 개념으로, 객체의 상태를 보호하기 위해 데이터와 기능(메서드)을 하나로 묶는 것을 말한다. 이를 통해 외부에서 객체의 내부 구현에 직접적으로 접근하는 것을 제한함으로써 객체의 무결성(integrity)을 유지하고, 객체의 사용 방법을 간소화할 수 있다.

캡슐화는 객체의 내부 상태를 외부에서 직접적으로 수정할 수 없도록 하고, 오로지 객체가 제공하는 메서드를 통해서만 상태를 변경할 수 있도록 제한한다. 이를 통해 객체의 내부 구조가 변경되어도 외부 코드는 그대로 사용할 수 있으며, 객체의 내부 구현 방식을 숨길 수 있다.

캡슐화를 구현하기 위해선, 클래스 내부의 변수나 메서드에 접근할 수 있는 접근 제한자(Access Modifier)를 이용해 접근 범위를 제한하는 것이 중요하다. Java에서는 접근 제한자로 public, protected, default, private 4가지를 제공한다. public은 모든 코드에서 접근이 가능하며, private은 해당 클래스 내부에서만 접근 가능하다. protected는 동일 패키지 내에서는 모두 접근이 가능하지만, 외부 패키지에서는 상속을 받은 클래스 내부에서만 접근이 가능하다. 마지막으로 default는 동일 패키지 내에서만 접근이 가능한 제한자다. 캡슐화를 통해 객체의 무결성을 보호하고 객체의 사용 방법을 간소화할 수 있기 때문에, 객체 지향 프로그래밍에서 매우 중요한 개념 중 하나다.

정보 은닉

정보 은닉(information hiding)은 객체지향 프로그래밍에서 가장 기본적인 개념 중 하나다. 정보 은닉이란, 객체의 특정 데이터나 구현 방법을 외부에 감추는 것을 말한다. 이는 객체의 캡슐화에 깊은 관련이 있다. 객체 내부의 상태를 외부에서 직접 접근하지 못하도록 제한하여 객체의 내부 상태를 보호하고, 외부에서 불필요한 접근을 막아 안정성을 높이는 데 도움이 된다.

정보 은닉은 객체 내부의 데이터나 구현 방법을 외부에서 알 수 없도록 감추어진 정보를 오직 객체 자신만이 알 수 있도록 보호하고, 객체의 내부 구조가 외부에 드러나지 않도록 하는 것이다. 정보 은닉을 사용하면 객체의 내부에 저장된 데이터를 외부에서 직접적으로 접근할 수 없게 되며, 객체의 데이터가 일관성을 유지하도록 보호하는 것도 가능하다. 또한 객체의 내부 구현 방법을 외부에 노출하지 않으므로, 객체의 구현 방법이 바뀌더라도 외부 코드는 전혀 영향을 받지 않는다.

접근 제어 지시자

정보 은닉을 구현하기 위해서는 접근 제한자(Access Modifier)를 사용한다. 접근 제한자는 클래스, 변수, 메서드 등의 멤버에 대한 접근 권한을 제어하는 키워드다. Dart에서는 다음과 같은 네 가지의 접근 제한자가 있다. 이를 이용하여 멤버 변수와 메서드에 대한 접근 범위를 제한할 수 있다.

private	해당 멤버에 대한 접근을 클래스 내부에서만 허용한다.
default	해당 멤버에 대한 접근을 같은 패키지 내에서만 허용한다.
protected	해당 멤버에 대한 접근을 같은 패키지 내에서와 상속받은 자식 클래스에서만 허용한다.
public	해당 멤버에 대한 접근을 모든 곳에서 허용한다.

정보은닉을 구현하기 위해 일반적으로 클래스의 인스턴스 변수는 private 접근 제어 지시자로 선언된다. 이렇게 선언된 인스턴스 변수는 클래스 내부에서만 직접 접근할 수 있으며, 외부에서는 접근할 수 없다. 클래스 외부에서 인스턴스 변수에 접근하려면 해당 변수에 접근할 수 있는 public 메서드를 제공해야 한다. 이러한 메서드를 getter와 setter 메서드라고도 부른다. getter 메서드는 인스턴스 변수의 값을 반환하고, setter 메서드는 인스턴스 변수의 값을 변경

하는 역할을 한다. 이렇게 getter와 setter 메서드를 통해 인스턴스 변수에 접근하면 정보은닉이 유지되면서 외부에서도 필요한 데이터에 접근할 수 있게 된다. 아래는 예시 코드다.

```
class BankAccount {
  String _accountNumber; // private 멤버 변수
  int _balance; // private 멤버 변수

  BankAccount(this._accountNumber, this._balance);

  String int balance => _balance;

  set balance(int value) => _balance = value;

  void deposit(int amount) {
    if (amount < 0) {
      throw ArgumentError('Invalid amount.');
    }
    _balance += amount;
  }

  void withdraw(int amount) {
    if (amount < 0 || amount > _balance) {
      throw ArgumentError('Invalid amount or insufficient balance.');
    }
    _balance -= amount;
  }
}
```

위의 코드에서 accountNumber와 balance는 private으로 선언되어 있다. 이는 외부에서 객체의 내부 데이터에 직접적으로 접근하지 못하도록 하기 위한 것이다. 대신 getBalance, deposit, withdraw와 같은 public 메서드를 제공하여, 외부에서는 이를 통해 객체에 접근할 수 있도록 한다. 이렇게 하면 객체의 내부 데이터에 대한 직접적인 접근을 제한하고, 안정성을 유지할 수 있다.

따라서 정보 은닉을 위해서는 클래스의 멤버 변수에 private 접근 제한자를 사용하여 외부에서 직접 접근하지 못하도록 한다. 이후 public으로 선언된 getter/setter 메서드를 통해 멤버 변수에 접근하도록 한다. 이를 통해 객체의 내부 상태를 보호하고, 객체가 스스로 자신의 상태를 관리할 수 있도록 한다.

```dart
class Restaurant {
  String _name;
  int _seatingCapacity;
  List<String> _menu;

  Restaurant(this._name, this._seatingCapacity, this._menu);

  String get name => _name;

  set name(String value) => _name = value;

  int get seatingCapacity => _seatingCapacity;

  set seatingCapacity(int value) => _seatingCapacity = value;

  List<String> get menu => _menu;

  set menu(List<String> value) => _menu = value;

  void displayRestaurantInfo() {
    print('식당 이름: $_name');
    print('좌석 수: $_seatingCapacity');
  }

  void displayMenu() {
    print('메뉴:');
    for (String item in _menu) {
      print(item);
    }
  }
}

class Customer {
  String _name;
  int _partySize;

  Customer(this._name, this._partySize);

  String get name => _name;
```

```dart
  set name(String value) => _name = value;

  int get partySize => _partySize;

  set partySize(int value) => _partySize = value;

  void displayCustomerInfo() {
    print('고객 이름: $_name');
    print('파티 규모: $_partySize 명');
  }

  void makeReservation(Restaurant restaurant) {
    if (restaurant.seatingCapacity >= _partySize) {
      print('예약이 완료되었습니다.');
    } else {
      print('죄송합니다. 좌석 수가 부족하여 예약을 할 수 없습니다.');
    }
  }
}

void main() {
  Restaurant restaurant = Restaurant('맛있는 식당', 50, ['피자', '스테이크', '파스타']);
  Customer customer = Customer('홍길동', 5);

  restaurant.displayRestaurantInfo();
  restaurant.displayMenu();

  customer.displayCustomerInfo();
  customer.makeReservation(restaurant);
}
```

위의 코드에서 Restaurant 클래스와 Customer 클래스에 getter와 setter 메서드가 추가되었다. 이를 통해 _name, _seatingCapacity, _menu 등의 프라이빗 변수에 간접적으로 접근할수 있게 되었다. 각 getter와 setter 메서드는 프라이빗 변수에 접근하고 값을 설정하거나 반환한다.

식당 이름: 맛있는 식당
좌석 수: 50
메뉴:
피자
스테이크
파스타
고객 이름: 홍길동
파티 규모: 5 명
예약이 완료되었습니다.

에러에서 배우기

getter와 setter 정의 관련 에러
get과 set 키워드를 사용하여 변수에 대한 게터와 세터를 정의하고 있다. 그러나 현재 코드에서는 게터와 세터가 변수 이름과 충돌하고 있는데, 이를 해결하려면 변수의 이름을 변경하거나 게터와 세터의 이름을 변경해야 한다. 게터와 세터의 이름은 get과 set 키워드 다음에 오는 식별자를 수정하여 변경할 수 있다.

정적(Static) 멤버와 상수(Constants)

정적 멤버는 클래스 수준에서 공유되는 멤버로서, 인스턴스 생성 없이 직접 클래스 이름을 통해 접근할 수 있다. 정적 멤버는 클래스의 모든 인스턴스가 공유하는 속성이나 동작을 정의하는 데 사용된다.

정적 변수(Static Variables)

클래스 수준에서 공유되는 변수로서, 해당 클래스의 모든 인스턴스가 공유한다. 정적 변수는 static 키워드를 사용하여 선언되며, 클래스 이름을 통해 접근할 수 있다.

```
class Counter {
  static int count = 0;

  Counter() {
    count++;
  }
}
```

```
void main() {
  print(Counter.count); // 출력: 0

  Counter();
  Counter();

  print(Counter.count); // 출력: 2
}
```

위의 코드에서 count는 Counter 클래스의 정적 변수로서, 클래스의 모든 인스턴스가 공유한다. 인스턴스가 생성될 때마다 count 값이 증가하므로, Counter.count를 통해 현재까지 생성된 인스턴스 수를 확인할 수 있다.

정적 메서드(Static Methods)

클래스 수준에서 호출되는 메서드로서, 인스턴스 없이 직접 클래스 이름을 통해 호출할 수 있다. 정적 메서드는 주로 유틸리티 메서드나 공통 동작을 구현하는 데 사용된다.

```
class MathUtils {
  static int sum(int a, int b) {
    return a + b;
  }
}

void main() {
  int result = MathUtils.sum(5, 3);
  print(result); // 출력: 8
}
```

위의 코드에서 sum은 MathUtils 클래스의 정적 메서드로서, 인스턴스 생성 없이 직접 MathUtils.sum() 형태로 호출할 수 있다. 정적 메서드는 주로 유틸리티 함수나 공통된 계산을 수행하는 데 사용된다. 정적 멤버는 인스턴스에 종속되지 않으므로, 클래스의 상태를 변경하지 않고도 접근할 수 있다. 이를 통해 전역적인 데이터를 관리하거나 공통 기능을 재사용할 수 있다.

상수(Constants)

상수는 변하지 않는 값을 나타내는 식별자로서, 한번 할당되면 재할당할 수 없다. Dart에서는 final 키워드를 사용하여 상수를 선언한다. 다음은 Dart에서 상수를 선언하는 방법이다.

```
final int age = 30;
```

상수는 컴파일 타임에 결정되며, 런타임 중에는 변경되지 않는다. 상수는 주로 프로그램에서 고정된 값을 사용하는 경우에 활용된다. 예를 들어, 수학적인 상수(π, e 등)나 프로그램 설정, 상수 키 값 등을 상수로 선언할 수 있다.

```
class Constants {
  static const double pi = 3.14159265;
  static const String appName = 'MyApp';
}

void main() {
  print(Constants.pi);        // 출력: 3.14159265
  print(Constants.appName);  // 출력: MyApp
}
```

위의 코드에서 pi와 appName은 Constants 클래스의 정적 상수로서, 클래스 이름을 통해 직접 접근할 수 있다. 이러한 정적 상수는 프로그램 전체에서 공유되는 값을 나타내는 데 사용될 수 있다.

Quick Tip

정적 멤버와 상수는 클래스의 인스턴스에 종속되지 않고 클래스 자체에 속해 있으므로, 클래스 이름을 통해 직접 접근할 수 있습니다. 이를 통해 코드의 모듈성과 가독성을 개선할 수 있습니다.

06

다형성

다형성, 오버로딩, 선택적 매개변수, 명명된 매개변수

여기서는 무얼 배울까

한 가지 타입이 다양한 형태로 동작할 수 있는 개념을 학습한다. 다형성은 객체 지향 프로그래밍의 핵심 개념 중 하나로, 부모 클래스의 타입으로 여러 자식 클래스의 객체를 참조하거나 인터페이스를 통해 다양한 구현체를 사용할 수 있다. 다형성의 개념과 원리, 다형성을 활용한 코드의 장점과 유의사항을 학습하여 객체 지향 프로그래밍의 강력한 기능을 이해할 수 있다.

다형성 개념

다형성(Polymorphism)은 객체지향 프로그래밍에서 중요한 개념 중 하나로, 같은 타입이지만 서로 다른 구현을 가지는 객체들을 이용할 수 있는 방식을 말한다. 이를 통해 하나의 코드가 여러 가지 타입에 대해 작동할 수 있도록 만들어 준다. 다형성은 같은 타입의 객체가 다양한 형태로 나타날 수 있다는 아이디어에서 출발한다. 이는 상속, 추상화, 인터페이스 등을 통해 구현된다. 다형성을 이용하면 코드의 재사용성과 유연성이 증가하며, 코드의 가독성을 높일 수 있다.

다형성은 두 가지 형태로 나눌 수 있다. 하나는 메서드 오버라이딩(Overriding)이고, 다른 하나는 메서드 오버로딩(Overloading)이다. 앞서 배웠던 메서드 오버라이딩은 상속 관계에서 부모 클래스가 가지고 있는 메서드를 자식 클래스에서 동일한 이름과 매개변수를 가진 메서드를 정의하여 부모 클래스의 메서드를 대체하는 것이다. 이때 자식 클래스에서 정의한 메서드가 호출된다. 메서드 오버로딩은 같은 이름의 메서드를 매개변수의 개수, 타입, 순서 등의 차이를 이용하여 여러 개 정의하는 것이다. 메서드 이름은 같지만, 매개변수의 개수나 타입이 다르기 때문에 호출 시에 인자를 전달하는 방법에 따라서 메서드가 선택되어 호출된다. 다만, 다트 언어에는 오버로딩(Overloading)이라는 개념이 없다. 다트에서는 같은 이름의 함수를 여러 개 정의하여 다양한 매개변수를 처리하는 대신, 선택적 매개변수와 명명된 매개변수를 활용할 수 있다.

선택적 매개변수와 명명된 매개변수를 활용하여 함수의 다양한 호출 방식과 다양한 매개변수 조합을 처리할 수 있다. 다트에서는 이러한 기능을 활용하여 오버로딩의 대부분의 필요성을 충족시킬 수 있다. 또한 다형성을 이용하여 하나의 코드를 여러 객체에 대해 재사용할 수 있기 때문에 개발 시간과 비용을 줄일 수 있다.

선택적 매개변수(Optional Parameters)

선택적 매개변수는 매개변수를 필수로 요구하지 않고, 선택적으로 사용할 수 있는 매개변수다. 선택적 매개변수를 사용하면 함수 또는 메서드를 호출할 때 일부 매개변수에 대한 값을 생략할 수 있으며, 기본값이 자동으로 할당된다.

다트에서는 선택적 매개변수를 정의하기 위해 중괄호 '{}'를 사용한다. 중괄호 안에 있는 매개변수는 선택적으로 전달할 수 있으며, 중괄호를 생략하면 필수 매개변수가 된다. 선택적 매개변수는 매개변수 이름 뒤에 등호 '='와 함께 기본값을 지정하여 선언할 수 있다. 아래는 선택적 매개변수를 사용한 코드다.

```
void greet(String name, {String? greeting = 'Hello', int count = 1}) {
  for (int i = 0; i < count; i++) {
    print('$greeting, $name!');
  }
}

void main() {
  greet('Alice'); // Hello, Alice!
  greet('Bob', greeting: 'Hi'); // Hi, Bob!
  greet('Charlie', count: 3); // Hello, Charlie! Hello, Charlie! Hello,
  Charlie!
}
```

위 코드에서 greet 함수는 name 매개변수는 필수로 전달되어야 하지만, greeting과 count는 선택적으로 전달할 수 있다. 기본값으로 Hello와 1이 할당되어 있으며, 함수 호출 시 중괄호 '{}'를 사용하여 선택적 매개변수에 값을 전달할 수 있다. 함수를 호출할 때 선택적 매개변수를 생략하면 기본값이 사용된다.

```
class Person {
  String name;
  int age;
  String gender;
  String occupation;

  Person(this.name, this.age, {this.gender = 'Female', this.occupation =
  'Jobless'});

  void displayInfo() {
    print('Name: $name');
    print('Age: $age');
    print('Gender: $gender');
    print('Occupation: $occupation');
  }
}

void main() {
  // 선택적 매개변수를 사용하여 인스턴스 생성
  var person1 = Person('John', 30, gender: 'Male', occupation: 'Engineer');
  person1.displayInfo();

  print('');

  // 선택적 매개변수를 생략하여 인스턴스 생성
  var person2 = Person('Sarah', 25);
  person2.displayInfo();
}
```

위의 코드에서는 'Person' 클래스의 생성자에서 선택적 매개변수인 'gender'와 'occupation'을 중괄호 '{}'로 감싸고 있다. 이렇게 하면 인스턴스 생성 시에 해당 매개변수를 생략할 수 있다. 첫 번째 인스턴스인 'person1'은 모든 매개변수를 전달하고, 두 번째 인스턴스인 'person2'는 선택적 매개변수를 생략하여 기본값이 설정된다.

Quick Tip

선택적 매개변수를 사용하면 함수의 유연성이 향상되며, 호출하는 쪽에서 필요한 매개변수만 전달할 수 있습니다. 이는 코드의 가독성과 유지보수성을 높이는 데 도움이 됩니다.

```
Name: John
Age: 30
Gender: Male
Occupation: Engineer

Name: Sarah
Age: 25
Gender: Female
Occupation: Jobless
```

에러에서 배우기

선택적 매개변수의 기본값 설정 에러
Person 클래스의 생성자에서 gender와 occupation 매개변수를 선택적으로 지정하고 있다. 그러나 선택적 매개변수의 기본값을 설정할 때, 중괄호({})를 사용하여 기본값을 정의해야 한다. 현재 코드에서는 기본값을 설정하기 위해 등호(=)를 사용하고 있는데 이로 인해 컴파일 오류가 발생할 수 있으며, 기본값이 제대로 설정되지 않을 수 있다. 따라서 선택적 매개변수의 기본값을 설정할 때는 중괄호({})를 사용해야 한다.

명명된 매개변수 (Named Parameters)

명명된 매개변수는 함수나 메서드의 매개변수를 전달할 때 매개변수의 이름과 함께 값을 명시적으로 지정하는 방식이다. 명명된 매개변수를 사용하면 매개변수의 순서에 구애받지 않고 명시적으로 매개변수를 전달할 수 있다. 다트에서는 중괄호 '{}' 내에 매개변수 이름과 함께 값을 할당하여 명명된 매개변수를 사용할 수 있다. 명명된 매개변수를 사용하면 매개변수의 위치에 상관없이 원하는 매개변수에 값을 할당할 수 있으며, 필요한 매개변수만 선택하여 전달할 수 있다. 아래는 명명된 매개변수를 사용한 코드다.

```
void printOrder({String? customer, List<String>? items, double? total}) {
  print('Customer: $customer');
  print('Items: $items');
  print('Total: $total');
}

void main() {
  printOrder(
    customer: 'Alice',
```

```
    items: ['Apple', 'Banana'],
    total: 25.0,
  );
}
```

위 코드에서 printOrder 함수는 customer, items, total이라는 명명된 매개변수를 가지고 있다. 함수 호출 시 중괄호 '{}'를 사용하여 매개변수 이름과 함께 값을 전달한다. 매개변수의 순서는 중요하지 않으며, 필요한 매개변수만 선택하여 전달할 수 있다.

손으로 익히는 코딩

```
class Snack {
  String? name;
  String? type;
  int? calories;

  Snack({this.name, this.type, this.calories});

  void displayInfo() {
    print('Snack: $name');
    print('Type: $type');
    print('Calories: $calories');
  }
}

void main() {
  // 명명된 매개변수를 사용하여 인스턴스 생성
  var cookies = Snack(name: '쿠키', type: '과자', calories: 150);
  cookies.displayInfo();

  // 명명된 매개변수의 일부만 전달하여 인스턴스 생성
  var chips = Snack(name: '감자칩', type: '과자');
  chips.calories = 120;
  chips.displayInfo();

  // 명명된 매개변수를 생략하여 인스턴스 생성 (기본값이 적용된다.)
  var fruit = Snack();
  fruit.name = '과일';
  fruit.type = '건강간식';
  fruit.calories = 60;
```

```
    fruit.displayInfo();
}
```

위의 코드에서 '간식' 클래스는 간식의 이름, 종류, 칼로리
를 나타내는 속성을 가지고 있다. 생성자에는 명명된 매개
변수를 사용하여 각 속성을 전달할 수 있다. 'cookies' 인
스턴스는 모든 속성을 전달하고, 'chips' 인스턴스는 일부
속성만 전달하여 나머지는 기본값이 적용된다. 'fruit' 인
스턴스는 명명된 매개변수를 생략하여 모든 속성에 기본

Quick Tip

다형성을 사용하면 코드의 유연성이 향상
되고, 객체 간의 관계를 더 유연하게 구성
할 수 있습니다. 다형성은 객체 지향 프로
그래밍의 핵심 원리 중 하나로, 코드의 가
독성과 재사용성을 높이는 데 도움을 줍
니다.

값이 적용된다. 각 인스턴스의 정보를 출력하기 위해 'displayInfo' 메서드를 사용하였다. 이를
통해 명명된 매개변수를 사용하여 생성자에 값을 전달하고, 생성된 인스턴스의 속성을 확인할
수 있다.

에러에서 배우기

명명된 매개변수의 부분 전달 에러
코드에서 cookies와 chips 객체를 생성할 때, 명명된 매개변수를 사용하여 값을 전달하고 있다. 그러나 chips 객체의 경
우 calories 매개변수를 따로 전달하지 않고, 나중에 값을 할당하고 있다. 이 경우 calories 변수가 null일 수 있으므로 출
력 시 Null Safety 관련 에러가 발생할 수 있다. 명명된 매개변수를 사용할 때는 모든 필수 매개변수를 전달해야 하며, 나
중에 값을 할당하는 경우에도 해당 매개변수가 null일 수 있는지 확인해야 한다.

07

추상 클래스와 인터페이스

✓ 핵심 키워드
추상클래스, 추상메서드, 인터페이스, 구현(Implementation)

여기서는 무얼 배울까

추상클래스는 일부 구현을 갖고 있는 추상 메서드를 포함하는 클래스로, 상속을 통해 다른 클래스에서 구체적인 구현을 완성시킬 수 있다. 인터페이스는 일련의 메서드 시그니처만을 정의하는 데 사용되며, 클래스들 간의 계약과 같은 역할을 한다. 추상클래스와 인터페이스의 정의와 사용 방법, 차이점을 학습하여 코드의 유연성과 재사용성을 더욱 높일 수 있다. 또한, 추상클래스와 인터페이스를 활용하여 다양한 타입들 간의 관계를 구성하고, 다형성을 더욱 확장할 수 있는 방법을 배우게 된다.

추상 클래스

추상 클래스(Abstract Class)는 인스턴스를 생성할 수 없는 클래스로, 다른 클래스에 상속을 해주기 위한 용도로 만들어진 클래스다. 추상 클래스는 하나 이상의 추상 메서드(Abstract Method)를 포함하고 있으며, 추상 메서드는 메서드의 시그니처(이름, 매개변수, 반환타입)만을 선언하고 메서드의 구현은 하위 클래스에서 담당하도록 하는 메서드다. 특징은 다음과 같다.

● 추상 클래스는 인스턴스화할 수 없다.

● 추상 클래스는 일반적인 메서드와 변수를 가질 수 있다.

● 추상 클래스는 하나 이상의 추상 메서드를 가질 수 있다.

● 추상 클래스는 자식 클래스에서 추상 메서드를 반드시 구현하도록 강제한다.

추상 클래스 내부에서 선언된 추상 메서드는 메서드 선언 시에 "abstract" 키워드를 사용하여 표시하며, 추상 클래스 내부에서 구현된 메서드는 일반적인 메서드와 동일하게 선언한다. 추상 클래스는 하위 클래스에서 상속을 받아 사용하기 때문에, 추상 클래스 내부의 추상 메서드는 하위 클래스에서 반드시 오버라이딩(재정의)을 해야 한다. 이를 통해 상속받은 하위 클래스는 추상 클래스가 가진 추상 메서드를 반드시 구현하게 되므로, 하위 클래스의 일관성과 안정성을 보장할 수 있다. 일반적으로 다음과 같은 상황에서 사용된다.

● 여러 클래스에서 공통으로 사용하는 메서드를 미리 추상 메서드로 정의해 놓고, 상속받은 클래스에서 구현하여 사용하는 경우

● 특정한 클래스를 상속받아 구현해야 하는 경우, 해당 클래스를 추상 클래스로 정의하여 강제적으로 구현하도록 하는 경우

추상 클래스는 인스턴스를 생성할 수 없기 때문에, 추상 클래스를 직접적으로 사용할 수 없고 하위 클래스에서 상속받아 사용해야 한다. 추상 클래스를 상속받은 하위 클래스는 추상 메서드를 반드시 구현해야 하기 때문에, 추상 클래스를 상속받은 하위 클래스에서는 반드시 해당 메서드를 구현해야 한다.

추상 클래스는 다른 클래스에서 공통으로 사용되는 메서드를 구현하고, 자식 클래스에서 구현해야 하는 메서드를 추상 메서드로 선언할 수 있다. 추상 클래스를 사용하면 다른 클래스에서 공통으로 사용되는 메서드를 한 곳에서 구현할 수 있어 코드의 재사용성이 높아진다. 예를 들어, 동물(Animal) 추상 클래스가 있다고 가정해 보겠다. 이 추상 클래스는 makeSound()라는 추상 메서드를 가지고 있다. 이 추상 클래스를 상속받아 고양이(Cat) 클래스와 개(Dog) 클래스를 구현하면, 각 동물이 makeSound() 메서드를 구현해야 한다는 강제성을 가지게 된다. 이렇게 하면, 각 동물의 울음 소리를 다르게 구현할 수 있으며, 코드의 재사용성이 높아진다.

```
abstract class Animal {
  void makeSound();
}

class Cat extends Animal {
  @override
  void makeSound() {
    print('Meow');
  }
}

class Dog extends Animal {
  @override
  void makeSound() {
```

```
    print('Bark');
  }
}
```

위 코드에서, Animal 추상 클래스는 makeSound() 메서드를 추상 메서드로 선언하고 있다. Cat 클래스와 Dog 클래스는 Animal 클래스를 상속받아 makeSound() 메서드를 구현하고 있다. 이렇게 함으로써, Cat 클래스와 Dog 클래스는 각각 고유한 울음 소리를 가지게 되며, 코드의 재사용성이 높아지는 효과를 볼 수 있다.

인터페이스

인터페이스(Interface)는 클래스와 마찬가지로 Dart에서 객체 지향 프로그래밍을 구현하는 데에 있어 중요한 요소 중 하나다. 인터페이스는 클래스와 달리 구현된 메서드나 변수가 없으며, 오로지 추상적인 메서드와 상수만을 가질 수 있다. 인터페이스는 프렌차이즈 계약서라고 생각하면 편하다. 프렌차이즈 업소를 개장한다고 할 때, 프렌차이즈 업체의 상호명, 메뉴, 레시피 등은 계약서에 따라 업소에서 필수로 따라 줘야 한다. 마찬가지로 인터페이스에서 지정한 메서드, 변수 등을 할당받은 클래스에 필수로 구현해야 한다.

인터페이스는 클래스와 마찬가지로 데이터 타입의 한 종류이며, 메서드 시그니처(Method Signature)를 정의하는 데 주로 사용된다. 메서드 시그니처는 메서드의 이름, 매개변수의 타입과 개수, 리턴 타입으로 이루어져 있다. 인터페이스는 추상 클래스와 마찬가지로 추상적인 개념을 나타내는 것이지만, 추상 클래스와는 다른 특징을 가지고 있다. 그것은 추상 메서드(Abstract Method)만 선언할 수 있다는 것이다. 추상 메서드는 메서드 시그니처만 정의하고, 구현부는 작성하지 않는다. 대신, 인터페이스를 구현하는 클래스에서 추상 메서드를 반드시 구현해야 한다. 인터페이스는 클래스가 가져야 할 기능을 정의하는 일종의 계약(contract)으로 볼 수 있다. 클래스는 인터페이스를 구현(Implement)함으로써 인터페이스에서 정의한 기능을 반드시 구현해야 한다.

인터페이스는 다중 상속이 가능하다. 하나의 클래스가 여러 개의 인터페이스를 구현할 수 있다. 또한, 인터페이스는 다형성을 지원한다. 여러 클래스가 같은 인터페이스를 구현함으로써, 같은 동작을 수행할 수 있도록 해 준다. 인터페이스를 구현한 클래스는 인터페이스 타입으로 변수를 선언할 수 있으므로, 코드의 유연성을 높일 수 있다. 인터페이스의 특징을 정리하면 다음과 같다.

- 추상 메서드(Abstract Method): 인터페이스는 추상 메서드만을 가질 수 있다. 추상 메서드는 구현부가 없이 선언만 되어 있으며, 인터페이스를 구현하는 클래스에서 반드시 이 메서드를 구현해야 한다.

- 다중 상속(Multiple Inheritance): 인터페이스는 클래스와 달리 다중 상속이 가능하다. 즉, 한 클래스는 여러 개의 인터페이스를 구현할 수 있다. 이를 통해 다양한 인터페이스의 기능을 동시에 구현할 수 있다.

- 계약(Contract): 인터페이스는 클래스와의 계약(Contract)이다. 인터페이스는 클래스가 가져야 할 기능을 정의하고, 해당 인터페이스를 구현하는 클래스는 이러한 기능을 반드시 구현해야 한다. 이를 통해 클래스 간의 통일된 규약을 제공하고, 코드의 일관성과 유지 보수성을 높일 수 있다.

인터페이스는 다음과 같은 형태로 정의된다.

코·드·소·개

```
abstract class 인터페이스명 {
    // 상수 정의
    // 추상 메서드 선언
    // 디폴트 메서드 정의
    // 정적 메서드 정의
    // 중첩 인터페이스 정의
}
```

인터페이스는 클래스와는 달리 멤버 변수를 가질 수 없으며, 대신 상수(Constant)를 정의할 수 있다. 또한, 인터페이스는 추상 메서드 외에도 디폴트 메서드(Default Method)와 정적 메서드(Static Method)를 가질 수 있다. 디폴트 메서드는 인터페이스에서 기본적인 구현을 제공하며, 구현체 클래스에서 이를 재정의할 수 있다. 정적 메서드는 인스턴스 생성 없이 인터페이스명으로 직접 호출할 수 있는 메서드다.

인터페이스를 사용하면 다형성과 유연성을 높일 수 있다. 클래스들이 동일한 인터페이스를 구현하여 같은 동작을 수행할 수 있도록 하여 코드의 재사용성을 높일 수 있다. 또한, 인터페이스를 활용하면 각각 다른 클래스들이 동일한 인터페이스를 구현하더라도 해당 인터페이스의 메서드를 호출하여 일관된 방식으로 사용할 수 있다. 인터페이스는 다음과 같은 장점을 가지고 있다.

- 코드의 일관성: 인터페이스를 사용하면 다양한 클래스들이 동일한 인터페이스를 구현하므로, 해당 인터페이스의 메서드를 호출하는 코드는 일관된 방식으로 작성된다. 이로써 코드의 가독성과 유지 보수성이 향상된다.

- 유연성과 확장성: 인터페이스는 클래스의 기능을 정의하는 것이기 때문에, 해당 인터페이스를 구현하는 클래스는 필요에 따라 독자적으로 구현을 변경하거나 새로운 기능을 추가할 수 있다. 이를 통해 시스템의 유연성과 확장성을 높일 수 있다.

- 표준화와 협업: 인터페이스는 여러 클래스 간의 공통된 기능을 표준화하여 정의한다. 이를 통해 개발자들은 동일한 인터페이스를 바탕으로 협업하고, 코드를 재사용하며, 개발 시간을 단축시킬 수 있다.

인터페이스는 클래스와 마찬가지로 다른 클래스에서 implements 키워드를 사용하여 구현할 수 있다. 인터페이스를 구현하는 클래스는 인터페이스에 정의된 모든 추상 메서드를 구현해야 한다.

> ▌코·드·소·개 ◤

```
class 클래스명 implements 인터페이스명 {
  // 인터페이스에 정의된 메서드 구현
}
```

인터페이스는 다형성(polymorphism)의 핵심 개념 중 하나이며, 객체 지향 프로그래밍에서 중요한 개념이다. 인터페이스를 활용하면 코드의 유연성과 재사용성을 높일 수 있다. 아래는 인터페이스의 코드다.

```
abstract class MyInterface {
  // 상수 선언
  static const int MAX_COUNT = 100;

  // 추상 메서드 선언
  void doSomething();
}
```

위의 코드에서 public static final로 선언된 변수 MAX_COUNT는 인터페이스에서 선언되는 상수다. 또한, public으로 선언된 doSomething() 메서드는 추상 메서드로, 선언만 되어 있으며 구현이 없는 메서드다. 이렇게 선언된 인터페이스를 클래스에서 구현할 때는 implements 키워드를 사용한다.

```
class MyClass implements MyInterface {
  @override
  void doSomething() {
    // doSomething() 메서드의 구현
  }
}
```

위의 코드에서 MyClass 클래스가 MyInterface 인터페이스를 구현하도록 선언되었다. 이때 doSomething() 메서드는 반드시 구현되어야 하며, @Override 어노테이션을 사용하여 인터페이스에서 선언된 메서드를 구현하고 있음을 나타낸다.

추상클래스

```
abstract class Shape {
  String color;

  Shape(this.color);

  double getArea();

  void display() {
    print('This is a $color shape.');
  }
}

class Circle extends Shape {
  double radius;

  Circle(String color, this.radius) : super(color);

  @override
  double getArea() {
    return 3.14159265 * radius * radius;
  }
}

class Rectangle extends Shape {
  double width;
  double height;
```

```
Rectangle(String color, this.width, this.height) : super(color);

  @override
  double getArea() {
    return width * height;
  }
}
```

위의 코드에서 'Shape' 클래스는 추상 클래스로 선언되어 있다. 이 클래스는 추상 메서드인 'getArea()'를 선언하고, 일반 메서드인 'display()'를 구현하고 있다. 또한 인스턴스 변수 'color'를 가지고 있다. 'Shape' 클래스는 상속받는 하위 클래스에서 'getArea()' 메서드를 구체화하도록 요구하고, 'display()' 메서드를 상속받은 하위 클래스에서는 재정의할 수 있다.

'Circle' 클래스와 'Rectangle' 클래스는 'Shape' 클래스를 상속받아 구현된 예시다. 각각의 클래스에서는 'getArea()' 메서드를 오버라이딩하여 도형의 면적을 계산하고, 'Shape' 클래스에서 구현된 'display()' 메서드를 상속받아 도형의 색상을 출력한다. 이렇게 추상 클래스를 활용하여 공통된 동작을 구현하고, 하위 클래스에서는 특화된 동작을 구현함으로써 유연성과 재사용성을 높일 수 있다.

인터페이스

```
abstract class Animal {
  void makeSound();
  void move();
}

class Dog implements Animal {
  @override
  void makeSound() {
    print("멍멍!");
  }

  @override
  void move() {
    print("걷기");
  }
}

class Bird implements Animal {
```

```
  @override
  void makeSound() {
    print("짹짹!");
  }

  @override
  void move() {
    print("날기");
  }
}

void main() {
  Animal dog = Dog();
  dog.makeSound(); // 출력: 멍멍!
  dog.move(); // 출력: 걷기

  Animal bird = Bird();
  bird.makeSound(); // 출력: 짹짹!
  bird.move(); // 출력: 날기
}
```

위의 코드에서 Animal은 추상 클래스로서 makeSound() 와 move()라는 메서드를 가지고 있다. 이는 모든 동물이 가지는 공통된 특징이다. Dog 클래스와 Bird 클래스는 Animal 클래스를 구현하고 있으며, 각각 makeSound() 와 move() 메서드를 구체적으로 구현한다. 이를 통해

Animal 인터페이스를 구현하는 다양한 동물 클래스를 생성할 수 있고, 각각의 동물은 makeSound()와 move() 메서드를 가지며 공통된 동작을 수행할 수 있다. 이러한 인터페이스를 이용하면 다형성을 구현하고 유연한 코드를 작성할 수 있다.

```dart
import 'dart:io';

abstract class Animal {
  String name;
  int age;

  Animal(this.name, this.age);

  void eat() {
    print('$name($age세)이(가) 먹이를 먹습니다.');
  }

  void sleep() {
    print('$name($age세)이(가) 자고 있습니다.');
  }
  void makeSound();
}

class Lion extends Animal {
  Lion(String name, int age) : super(name, age);

  @override
  void makeSound() {
    print('$name($age세)이(가) 으르렁 소리를 내면서 사자의 특징을 보입니다.');
  }
}

class Elephant extends Animal {
  Elephant(String name, int age) : super(name, age);
  @override
  void makeSound() {
    print('$name($age세)이(가) 코끼리의 특이한 소리를 내면서 코끼리의 특징을 보입니
    다.');
  }
}

class Penguin extends Animal {
  Penguin(String name, int age) : super(name, age);
  @override
  void makeSound() {
```

```dart
    print('$name($age세)이(가) 펭귄의 귀여운 울음소리를 내면서 펭귄의 특징을 보입니
    다.');
  }
}

void printOptions() {
  print('1. 사자');
  print('2. 코끼리');
  print('3. 펭귄');
  print('4. 종료');
  print('원하는 동물의 번호를 입력하세요: ');
}

void handleUserInput(int input) {
  if (input == 1) {
    var lion = Lion('사자', 5);
    lion.eat();
    lion.makeSound();
    lion.sleep();
  } else if (input == 2) {
    var elephant = Elephant('코끼리', 10);
    elephant.eat();
    elephant.makeSound();
    elephant.sleep();
  } else if (input == 3) {
    var penguin = Penguin('펭귄', 3);
    penguin.eat();
    penguin.makeSound();
    penguin.sleep();
  } else if (input == 4) {
    print('프로그램을 종료합니다.');
    exit(0);
  } else {
    print('잘못된 입력입니다. 다시 입력해 주세요.');
  }
}

void main() {
  while (true) {
    printOptions();
    var input = int.parse(stdin.readLineSync()!);
```

```
    print('\n');

    handleUserInput(input);

    print('\n');
  }
}
```

위 코드에서는 printOptions() 함수를 사용하여 사용자에게 동물 선택 옵션을 출력하고, handleUserInput() 함수를 사용하여 사용자의 입력에 따라 동물 객체를 생성하고 동작을 수행한다. 각 동물 클래스는 Animal 추상 클래스를 상속받고, makeSound() 메서드를 구현하여 동물의 특징을 출력한다. 사용자가 종료를 선택할 때까지 프로그램은 반복하여 동작한다.

에러에서 배우기

종료 관련 에러

handleUserInput() 함수에서 종료 옵션을 선택할 경우 exit(0)을 호출하여 프로그램을 종료하고 있다. 하지만 dart:io 라이브러리가 import되어 있지 않거나 사용 중인 플랫폼에서 exit() 함수를 지원하지 않는 경우, 해당 코드에서 에러가 발생할 수 있다. 이 경우에는 종료 방법을 다른 방식으로 구현해야 한다.

1. 클래스와 객체

게임 캐릭터의 레벨과 경험치를 관리하는 클래스를 만들어 본다.

● 클래스를 생성합니다. 이 클래스는 캐릭터의 레벨과 경험치를 속성으로 가지고 있다.

● 클래스에는 캐릭터의 레벨을 증가시키는 levelUp 메서드와 경험치를 증가시키는 getExperience 메서드를 구현한다.

● levelUp 메서드는 현재 레벨을 증가시키고 경험치를 초기화한다. getExperience 메서드는 경험치를 증가시키고, 일정 경험치 이상이 되면 레벨을 증가시킨다.

● 클래스의 객체를 생성하여 게임 캐릭터의 레벨과 경험치를 관리한다.

main 코드는 다음과 같다.

```
void main() {
  Character character = Character();

  character.getExperience(50);
  character.getExperience(30);
  character.getExperience(40);
}
```

실행 결과

```
50의 경험치를 획득하였습니다.
30의 경험치를 획득하였습니다.
40의 경험치를 획득하였습니다.
Level Up! 현재 레벨1: 2
```

위의 코드에서는 경험치가 100 이상이 되면 레벨 업이 되도록 설정했다. 따라서 50, 30, 40의 경험치를 획득한 후 레벨이 2로 업그레이드되었다.

2. 생성자

몬스터를 나타내는 Monster 클래스를 생성하고, 생성자를 통해 몬스터의 이름과 체력을 초기화한다. 몬스터의 이름과 체력을 출력하는 printInfo 메서드를 구현한다. 몬스터가 공격을 하는 attack 메서드를 구현한다.

- Monster 클래스를 생성한다.

- Monster 클래스에는 이름(name)과 체력(health)이라는 속성을 가지고 있다.

- 생성자를 통해 이름과 체력을 초기화한다.

- printInfo 메서드를 구현하여 이름과 체력을 출력한다.

- attack 메서드를 구현하여 어떤 몬스터가 공격을 하는지 출력한다.

main 코드는 다음과 같다.

```
void main() {
  Monster monster1 = Monster("슬라임", 50);
  Monster monster2 = Monster("고블린", 80);

  monster1.printInfo();
  monster1.attack();
  monster2.printInfo();
  monster2.attack();
}
```

실행 결과

```
이름 : 슬라임, 체력 : 50
슬라임이(가) 공격을 시전합니다!
이름 : 고블린, 체력 : 80
고블린이(가) 공격을 시전합니다!
```

3. 상속

게임 캐릭터(Character)와 직업(Job)을 각각 나타내는 클래스를 생성한다. Character 클래스는 기본적인 속성과 메서드를 갖고 있으며, Job 클래스는 특정 직업에 대한 속성과 메서드를 추가하여 Character 클래스를 상속받는다.

- 1번 문제에서 만들었던 Character 클래스에 체력(health) 속성을 추가한다.
- Character 클래스에 공격(attack) 메서드를 구현한다. 이 메서드는 "캐릭터가 공격한다!"를 출력한다.
- Job 클래스를 생성한다. Job 클래스는 Character 클래스를 상속받아야 한다.
- Job 클래스에 직업(job) 속성을 추가한다.
- Job 클래스에 정보 출력(printJobInfo) 메서드를 직업 정보를 출력한다.
- Job 클래스에 특정 직업에 따른 스킬 사용(skill) 메서드를 구현한다. 각 직업마다 다른 스킬을 사용할 수 있도록 구현한다.

main 코드는 다음과 같다.

```
void main() {
  Character character = Character();
  character.printInfo();
  character.attack();
  character.getExperience(50);
  character.getExperience(60);
  character.printInfo();

  Job warrior = Job(10, 150, 0, "전사");
  warrior.printJobInfo();
  warrior.attack();
  warrior.useSkill();
  warrior.getExperience(80);
}
```

실행 결과

```
현재 레벨 : 1
현재 경험치 : 0
체력 : 100
```

캐릭터가 공격하였습니다!
50의 경험치를 획득하였습니다.
60의 경험치를 획득하였습니다.
레벨업! 현재 레벨: 2, 체력이 올랐습니다. 현재 체력 : 120
현재 레벨 : 2
현재 경험치 : 10
체력 : 120
직업 이름 : 전사
현재 레벨 : 1
현재 경험치 : 0
체력 : 100
캐릭터가 공격하였습니다!
전사의 스킬 사용!
80의 경험치를 획득하였습니다.

4. 오버라이딩

앞서 작성했던 Character, Job, Monster 클래스를 활용하기 위해 공통된 부모 클래스인 Unit 클래스를 만들어 본다. Unit 클래스에는 기본적으로 이름(name), 레벨(level), 체력(health)의 속성을 가지고 있으며, printInfo 메서드와 attack() 메서드를 가지고 Character 클래스와 Monster 클래스에게 상속해 주면 된다. Character 클래스와 Monster 클래스의 속성을 수정해 주고(Monster 클래스에 공격력을 나타내는 power 속성을 추가), printInfo 메서드를 오버라이딩하는 것으로 바꿔 주자. 또한, 3번에서 작성했던 Job 클래스에 printInfo 메서드를 printInfo 메서드로 오버라이딩하여 수정한다. attack 메서드를 오버라이딩하여 추가해 본다. main 코드는 다음과 같다.

실행 결과
```
이름: 초보자
레벨: 1
체력: 100
현재 경험치: 0
초보자이(가) 공격을 시전합니다!
50의 경험치를 획득하였습니다.
이름: 초보자
레벨: 1
체력: 100
현재 경험치: 50
-----------------------
이름: 장군
레벨: 1
```

```
체력: 150
현재 경험치: 0
직업 이름: 전사
전사이(가) 공격을 시전하였습니다!
80의 경험치를 획득하였습니다.
이름: 장군
레벨: 1
체력: 150
현재 경험치: 80
직업 이름: 전사
전사의 스킬 사용!
------------------------
이름: 드래곤
레벨: 10
체력: 500
공격력: 100
드래곤이(가) 100의 힘으로 공격을 시전합니다!
```

5. 캡슐화

Unit 클래스의 속성을 캡슐화하여 안전하게 접근할 수 있는 클래스를 구현해 보자. 유닛에 공격력 속성을 추가하고, 그에 따라 몬스터에 있는 속성을 공격력 대신 타입으로 수정한다.

● Unit 클래스의 변수를 private로 수정한다.

● Unit 클래스의 변수를 사용할 수 있도록 getter와 setter를 추가한다.

● Unit 클래스에 공격력 속성을 추가한다.

● 몬스터의 속성을 공격력 대신 타입으로 수정한다.

● main 코드와 출력결과는 4번 문제와 같다.

6. 다형성

게임에서 플레이어와 몬스터가 전투하는 상황을 모델링하는 프로그램을 작성한다.

● 전투를 하기 위해 Unit 클래스의 attack 메서드에 누가 누구를 공격하는지 알 수 있도록 수정한다.

● Unit 클래스에서 데미지를 입을 수 있도록 takeDamage 메서드를 추가한다.

- 전투 시나리오를 구현하기 위해 플레이어(Character)와 몬스터(Monster)의 객체를 생성한다.

- 전투가 종료됐을 때, 플레이어가 사망하면 결과를 출력한다.

```
void main() {
  Character character = Character("초보자", 1, 100, 0);
  Job warrior = Job("장군", 1, 150, 0, "전사");
  Monster monster = Monster("드래곤", 10, 500, 100, "Fire");

  character.printInfo();
  character.attack(monster);
  character.getExperience(50);
  character.printInfo();

  print("----------------------");

  warrior.printInfo();
  warrior.attack(monster);
  warrior.getExperience(80);
  warrior.printInfo();
  warrior.useSkill();

  print("----------------------");

  monster.printInfo();
  monster.attack(character);
}
```

실행 결과

이름: 초보자
레벨: 1
체력: 100
공격력: 10
현재 경험치: 0
초보자이(가) 드래곤을(를) 공격합니다!
50의 경험치를 획득하였습니다.
이름: 초보자
레벨: 1
체력: 100
공격력: 10

```
현재 경험치: 50
-----------------------
이름: 장군
레벨: 1
체력: 150
공격력: 10
현재 경험치: 0
직업: 전사
장군이(가) 드래곤을(를) 공격합니다!
80의 경험치를 획득하였습니다.
이름: 장군
레벨: 1
체력: 150
공격력: 10
현재 경험치: 80
직업: 전사
전사의 스킬을 사용합니다!
-----------------------
이름: 드래곤
레벨: 10
체력: 480
공격력: 100
몬스터 타입: Fire
드래곤이(가) 초보자을(를) 공격합니다!
초보자이(가) 사망했습니다!
```

7. 추상클래스와 인터페이스

추상클래스와 인터페이스를 추가하여 최종적으로 프로그램을 완성시켜 보자.

● Unit 추상 클래스를 생성한다. 이 클래스는 Character와 Monster 클래스에서 공통으로 사용될 속성과 메서드를 포함한다.

● Character와 Monster 클래스를 추상 클래스인 Unit을 상속받도록 수정한다.

● SkillUser 인터페이스를 생성하여 스킬 사용 가능한 유닛을 정의한다.

● Job 클래스를 수정하여 SkillUser 인터페이스를 구현하도록 한다. calculateDamage 메소드를 활용하여 몬스터의 타입별로 데미지의 변화를 주어 useSkill 메소드에서 사용할 수 있게 추가해 보자.

● 몬스터 사망시 결과를 출력하고, onDeath() 메소드를 사용하여 경험치를 획득할 수 있도록 바꿔 보자.

```
void main() {
  Character character = Character("초보자", 1, 100, 0);
  Job warrior = Warrior("장군", 1, 150, 0, "전사");
  Monster slime = Monster("슬라임", 1, 50, 20, "Water");
  Monster dragon = Monster("드래곤", 10, 500, 100, "Fire");

  character.printInfo();
  character.attack(slime);
  character.printInfo();

  print("----------------------");

  warrior.printInfo();
  warrior.attack(slime);
  warrior.useSkill(slime);
  warrior.printInfo();

  print("----------------------");

  dragon.printInfo();
  dragon.attack(character);
  dragon.attack(warrior);

  print("----------------------");

  warrior.printInfo();
  warrior.attack(dragon);
  warrior.useSkill(dragon);
  warrior.printInfo();
}
```

```
이름: 초보자
레벨: 1
체력: 100
공격력: 10
현재 경험치: 0
초보자이(가) 슬라임에게 10의 피해를 입힙니다.
이름: 초보자
레벨: 1
체력: 100
공격력: 10
현재 경험치: 0
-----------------------
이름: 장군
레벨: 1
체력: 150
공격력: 10
현재 경험치: 0
직업: 전사
장군이(가) 슬라임에게 10의 피해를 입힙니다.
전사의 스킬 사용! 슬라임에게 40의 데미지를 입힙니다.
슬라임을(를) 처치하여 경험치를 획득합니다!
100의 경험치를 획득하였습니다.
레벨업! 현재 레벨: 2, 최대 체력이 증가하였습니다. 현재 체력: 160
이름: 장군
레벨: 2
체력: 160
공격력: 10
현재 경험치: 0
직업: 전사
-----------------------
이름: 드래곤
레벨: 10
체력: 500
공격력: 100
몬스터 타입: Fire
드래곤이(가) 초보자을(를) 공격합니다!
초보자이(가) 사망했습니다!
드래곤이(가) 장군을(를) 공격합니다!
-----------------------
```

이름: 장군
레벨: 2
체력: 60
공격력: 10
현재 경험치: 0
직업: 전사
장군이(가) 드래곤에게 10의 피해를 입힙니다.
전사의 스킬 사용! 드래곤에게 0의 데미지를 입힙니다.
이름: 장군
레벨: 2
체력: 60
공격력: 10
현재 경험치: 0
직업: 전사

1. 클래스와 객체

```
class Character {
  int level;
  int experience;

  Character({this.level = 1, this.experience = 0});

  void levelUp() {
    level++;
    experience -= 100;
    print("Level Up! 현재 레벨: $level");
  }

  void getExperience(int exp) {
    experience += exp;
    print("$exp의 경험치를 획득하였습니다.");
    if (experience >= 100) {
      levelUp();
    }
  }
}

void main() {
  Character character = Character();

  character.getExperience(50);
  character.getExperience(30);
  character.getExperience(40);
}
```

이 코드는 Character 클래스를 정의하고, levelUp() 메서드와 getExperience() 메서드를 구현하여 게임 캐릭터의 레벨과 경험치를 관리한다. main() 함수에서는 Character 객체를 생성한후, getExperience() 메서드를 호출하여 경험치를 획득하는 상황을 시뮬레이션한다.

2. 생성자

```
class Monster {
  String name;
  int health;

  Monster(this.name, this.health);

  void printInfo() {
    print("이름 : $name, 체력 : $health");
  }

  void attack() {
    print("$name이(가) 공격을 시전합니다!");
  }
}

void main() {
  Monster monster1 = Monster("슬라임", 50);
  Monster monster2 = Monster("고블린", 80);

  monster1.printInfo();
  monster1.attack();
  monster2.printInfo();
  monster2.attack();
}
```

위의 코드에서는 Monster 클래스를 정의하고, 생성자를 통해 이름과 체력을 설정한다. main()
함수에서는 Monster 객체를 생성하고, printInfo() 메서드를 호출하여 몬스터를 소개하고,
attack() 메서드를 호출하여 몬스터의 공격을 시뮬레이션한다.

3. 상속

```
class Character {
  late int level;
  late int experience;
  late int health;

  Character({this.level = 1, this.experience = 0, this.health = 100});
```

```dart
  void printInfo() {
    print("현재 레벨 : $level");
    print("현재 경험치 : $experience");
    print("체력 : $health");
  }

  void levelUp() {
    level++;
    experience -= 100;
    health += 10 * level;
    print("레벨업! 현재 레벨: $level, 체력이 올랐습니다. 현재 체력 : $health");
  }

  void attack() {
    print("캐릭터가 공격하였습니다!");
  }

  void getExperience(int exp) {
    experience += exp;
    print("$exp의 경험치를 획득하였습니다.");
    if (experience >= 100) {
      levelUp();
    }
  }
}

class Job extends Character {
  String jobTitle;

  Job(int level, int health, int experience, this.jobTitle)
      : super();

  void printJobInfo() {
    print("직업 이름 : $jobTitle");
    printInfo();
  }

  void useSkill() {
    print("$jobTitle의 스킬 사용!");
  }
}
```

```
void main() {
  Character character = Character();
  character.printInfo();
  character.attack();
  character.getExperience(50);
  character.getExperience(60);
  character.printInfo();

  Job warrior = Job(10, 150, 0, "전사");
  warrior.printJobInfo();
  warrior.attack();
  warrior.useSkill();
  warrior.getExperience(80);
}
```

4. 오버라이딩

```
class Unit {
  String name;
  int level;
  int health;

  Unit({this.name = "Unkonwn", this.level = 1, this.health = 100});

  void printInfo() {
    print("이름: $name");
    print("레벨: $level");
    print("체력: $health");
  }

  void attack() {
    print("$name이(가) 공격을 시전합니다!");
  }
}

class Character extends Unit {
  int experience;

  Character(String name, int level, int health, this.experience)
      : super(name: name, level: level, health: health);

  @override
```

```dart
  void printInfo() {
    super.printInfo();
    print("현재 경험치: $experience");
  }

  void levelUp() {
    level++;
    experience -= 100;
    health += 10*level;
    print("레벨업! 현재 레벨: $level, 체력이 올랐습니다. 현재 체력: $health");
  }

  void getExperience(int exp) {
    experience += exp;
    print("$exp의 경험치를 획득하였습니다.");
    if (experience >= 100) {
      levelUp();
    }
  }
}

class Job extends Character {
  String jobTitle;

  Job(String name, int level, int health, int experience, this.jobTitle)
      : super(name, level, health, experience);

  @override
  void printInfo() {
    super.printInfo();
    print("직업 이름: $jobTitle");
  }

  @override
  void attack() {
    print("$jobTitle이(가) 공격을 시전하였습니다!");
  }

  void useSkill() {
    print("$jobTitle의 스킬 사용!");
  }
}
```

```
class Monster extends Unit {
  int power;

  Monster(String name, int level, int health, this.power)
      : super(name: name, level: level, health: health);

  @override
  void printInfo() {
    super.printInfo();
    print("공격력: $power");
  }

  @override
  void attack() {
    print("$name이(가) $power의 힘으로 공격을 시전합니다!");
  }
}

void main() {
  Character character = Character("초보자", 1, 100, 0);
  Job warrior = Job("장군", 1, 150, 0, "전사");
  Monster monster = Monster("드래곤", 10, 500, 100);

  character.printInfo();
  character.attack();
  character.getExperience(50);
  character.printInfo();

  print("----------------------");

  warrior.printInfo();
  warrior.attack();
  warrior.getExperience(80);
  warrior.printInfo();
  warrior.useSkill();

  print("----------------------");

  monster.printInfo();
  monster.attack();
}
```

5. 캡슐화

```
class Unit {
  late String _name; // 캡슐화를 위해 변수 이름 앞에 '_'를 붙입니다.
  late int _level;
  late int _health;

  Unit({String name = "Unknown", int level = 1, int health = 100}) {
    _name = name;
    _level = level;
    _health = health;
  }

  String get name => _name; // getter 메서드를 사용하여 name 변수에 접근합니다.
  int get level => _level; // getter 메서드를 사용하여 level 변수에 접근합니다.
  int get health => _health; // getter 메서드를 사용하여 health 변수에 접근합니다.

  set name(String name) {
    _name = name;
  }

  set level(int level) {
    _level = level;
  }

  set health(int health) {
    _health = health;
  }

  void printInfo() {
    print("이름: $_name");
    print("레벨: $_level");
    print("체력: $_health");
  }

  void attack() {
    print("$_name이(가) 공격을 시전합니다!");
  }
}


class Character extends Unit {
  int experience;
```

```dart
  Character(String name, int level, int health, this.experience)
      : super(name: name, level: level, health: health);
  @override
  void printInfo() {
    super.printInfo();
    print("현재 경험치: $experience");
  }

  void levelUp() {
    level++;
    experience -= 100;
    health += 10*level;
    print("레벨업! 현재 레벨: $level, 체력이 올랐습니다. 현재 체력: $health");
  }

  void getExperience(int exp) {
    experience += exp;
    print("$exp의 경험치를 획득하였습니다.");
    if (experience >= 100) {
      levelUp();
    }
  }
}

class Job extends Character {
  String jobTitle;

  Job(String name, int level, int health, int experience, this.jobTitle)
      : super(name, level, health, experience);

  @override
  void printInfo() {
    super.printInfo();
    print("직업 이름: $jobTitle");
  }

  @override
  void attack() {
    print("$jobTitle이(가) 공격을 시전하였습니다!");
  }

  void useSkill() {
```

```dart
    print("$jobTitle의 스킬 사용!");
  }
}

class Monster extends Unit {
  int power;

  Monster(String name, int level, int health, this.power)
      : super(name: name, level: level, health: health);

  @override
  void printInfo() {
    super.printInfo();
    print("공격력: $power");
  }

  @override
  void attack() {
    print("$name이(가) $power의 힘으로 공격을 시전합니다!");
  }
}

void main() {
  Character character = Character("초보자", 1, 100, 0);
  Job warrior = Job("장군", 1, 150, 0, "전사");
  Monster monster = Monster("드래곤", 10, 500, 100);

  character.printInfo();
  character.attack();
  character.getExperience(50);
  character.printInfo();

  print("-----------------------");

  warrior.printInfo();
  warrior.attack();
  warrior.getExperience(80);
  warrior.printInfo();
  warrior.useSkill();

  print("-----------------------");

  monster.printInfo();
```

```
    monster.attack();
}
```

6. 다형성

```
class Unit {
  late String _name; // 캡슐화를 위해 변수 이름 앞에 '_'를 붙입니다.
  late int _level;
  late int _health;
  late int _power;

  Unit({String name = "Unknown", int level = 1, int health = 100, int power
  = 10}) {
    _name = name;
    _level = level;
    _health = health;
    _power = power;
  }

  String get name => _name;
  int get level => _level;
  int get health => _health;
  int get power => _power;

  set name(String name) {
    _name = name;
  }

  set level(int level) {
    _level = level;
  }

  set health(int health) {
    _health = health;
  }

  set power(int power) {
    _power = power;
  }

  void printInfo() {
    print("이름: $name");
```

```dart
    print("레벨: $level");
    print("체력: $health");
    print("공격력: $power");
  }

  void attack(Unit target) {
    print("$name이(가) ${target.name}을(를) 공격합니다!");
    target.takeDamage(power);
  }

  void takeDamage(int damage) {
    _health -= damage;
    if (_health <= 0) {
      _health = 0;
      onDeath();
    }
  }
  void onDeath() {
    print("$name이(가) 사망했습니다!");
  }
}


class Character extends Unit {
  late int _experience;

  Character(String name, int level, int health, int experience)
    : super(name: name, level: level, health: health) {
      _experience = experience;
    }

  int get experience => _experience;

  void printInfo() {
    super.printInfo();
    print("현재 경험치: $experience");
  }

  void levelUp() {
    _level++;
    _health += 10;
    print("레벨업! 현재 레벨: $_level, 최대 체력이 증가하였습니다. 현재 체력: $_health");
  }
```

```dart
  void getExperience(int exp) {
    _experience += exp;
    print("$exp의 경험치를 획득하였습니다.");

    if (_experience >= 100) {
      levelUp();
      _experience -= 100; // 경험치 초기화
    }
  }
}

class Job extends Character {
  late String _jobTitle;

  Job(String name, int level, int health, int experience, String jobTitle)
    : super(name, level, health, experience) {
      _jobTitle = jobTitle;
    }

  String get jobTitle => _jobTitle;

  void printInfo() {
    super.printInfo();
    print("직업: $jobTitle");
  }


  void useSkill() {
    print("$jobTitle의 스킬을 사용합니다!");
  }
}

class Monster extends Unit {
  late String _type;

  Monster(String name, int level, int health, int power, String type)
    : super(name: name, level: level, health: health, power: power) {
      _type = type;
    }

  String get type => _type;
```

```
    set type(String type) {
      _type = type;
    }

    @override
    void printInfo() {
      super.printInfo();
      print("몬스터 타입: $type");
    }
  }

void main() {
  Character character = Character("초보자", 1, 100, 0);
  Job warrior = Job("장군", 1, 150, 0, "전사");
  Monster monster = Monster("드래곤", 10, 500, 100, "Fire");

  character.printInfo();
  character.attack(monster);
  character.getExperience(50);
  character.printInfo();

  print("----------------------");

  warrior.printInfo();
  warrior.attack(monster);
  warrior.getExperience(80);
  warrior.printInfo();
  warrior.useSkill();

  print("----------------------");

  monster.printInfo();
  monster.attack(character);
}
```

7. 추상클래스와 인터페이스

```
abstract class Unit {
  late String _name; // 캡슐화를 위해 변수 이름 앞에 '_'를 붙입니다.
  late int _level;
  late int _health;
  late int _power;
```

```dart
Unit({String name = "Unknown", int level = 1, int health = 100, int power = 10}) {
  _name = name;
  _level = level;
  _health = health;
  _power = power;
}

String get name => _name;
int get level => _level;
int get health => _health;
int get power => _power;

set name(String name) {
  _name = name;
}

set level(int level) {
  _level = level;
}

set health(int health) {
  _health = health;
}

set power(int power) {
  _power = power;
}

void printInfo() {
  print("이름: $name");
  print("레벨: $level");
  print("체력: $health");
  print("공격력: $power");
}

void attack(Unit target) {
  print("$name이(가) ${target.name}을(를) 공격합니다!");
  target.takeDamage(power);
}
void takeDamage(int damage) {
  _health -= damage;
  if (_health <= 0) {
```

```dart
      _health = 0;
      onDeath();
    }
  }
  void onDeath() {}
}


class Character extends Unit {
  late int _experience;

  Character(String name, int level, int health, int experience)
    : super(name: name, level: level, health: health) {
      _experience = experience;
    }

  int get experience => _experience;

  void printInfo() {
    super.printInfo();
    print("현재 경험치: $experience");
  }

  void levelUp() {
    _level++;
    _health += 10;
    print("레벨업! 현재 레벨: $_level, 최대 체력이 증가하였습니다. 현재 체력: $_health");
  }

  void getExperience(int exp) {
    _experience += exp;
    print("$exp의 경험치를 획득하였습니다.");

    if (_experience >= 100) {
      levelUp();
      _experience -= 100; // 경험치 초기화
    }
  }

  @override
  void attack(Unit target) {
    print("$name이(가) ${target.name}에게 $power의 피해를 입힙니다.");
    target.takeDamage(power);
```

```dart
      if (target.health <= 0) {
        print("${target.name}을(를) 처치하여 경험치를 획득합니다!");
        getExperience(100);
      }
    }

    @override
    void onDeath() {
      super.onDeath();
      print("$name이(가) 사망했습니다!");
    }
}

abstract class Job extends Character {
  late String _jobTitle;

  Job(String name, int level, int health, int experience, String jobTitle)
    : super(name, level, health, experience) {
      _jobTitle = jobTitle;
    }

  String get jobTitle => _jobTitle;

  void printInfo();
  void useSkill(Unit target);
  int calculateDamage(Unit target);
}

class Warrior extends Job {
  late int skillDamage;

  Warrior(String name, int level, int health, int experience, String jobTitle)
      : super(name, level, health, experience, jobTitle) {
    _jobTitle = jobTitle;
    skillDamage = 20;
  }
  String get jobTitle => _jobTitle;
  void printInfo() {
    super.printInfo();
    print("직업: $jobTitle");
  }
}
```

```dart
  @override
  void useSkill(Unit target) {
    int damage = calculateDamage(target);
    if (target is Monster) {
      Monster monster = target;
      print("$jobTitle의 스킬 사용! ${monster.name}에게 $damage의 데미지를 입힙니다.");
      target.takeDamage(damage);
    }

    if (target.health <= 0) {
      print("${target.name}을(를) 처치하여 경험치를 획득합니다!");
      getExperience(100);
    }
  }

  @override
  int calculateDamage(Unit target) {
    if (target is Monster) {
      Monster monster = target;
      if (monster.type == "Fire") {
        return skillDamage - 20;
      }
      if (monster.type == "Water") {
        return skillDamage + 20;
      }
    }
    return skillDamage;
  }
}

class Monster extends Unit {
  late String _type;

  Monster(String name, int level, int health, int power, String type)
    : super(name: name, level: level, health: health, power: power) {
      _type = type;
    }

  String get type => _type;

  set type(String type) {
    _type = type;
  }
```

```dart
  @override
  void printInfo() {
    super.printInfo();
    print("몬스터 타입: $type");
  }
}

void main() {
  Character character = Character("초보자", 1, 100, 0);
  Job warrior = Warrior("장군", 1, 150, 0, "전사");
  Monster slime = Monster("슬라임", 1, 50, 20, "Water");
  Monster dragon = Monster("드래곤", 10, 500, 100, "Fire");

  character.printInfo();
  character.attack(slime);
  character.printInfo();

  print("-----------------------");

  warrior.printInfo();
  warrior.attack(slime);
  warrior.useSkill(slime);
  warrior.printInfo();

  print("-----------------------");

  dragon.printInfo();
  dragon.attack(character);
  dragon.attack(warrior);

  print("-----------------------");

  warrior.printInfo();
  warrior.attack(dragon);
  warrior.useSkill(dragon);
  warrior.printInfo();
}
```

1. 클래스와 객체

   클래스는 객체를 생성하기 위한 설계도이며, 객체는 클래스의 인스턴스이다. 클래스는 속성(멤버 변수)과 동작(메서드)을 가지며, 객체는 이러한 속성과 동작을 실제로 가지게 된다.

2. 생성자

   생성자는 클래스의 인스턴스를 초기화하기 위해 사용된다. 객체를 생성할 때 호출되며, 초기값을 설정하거나 필요한 작업을 수행하는 역할을 한다.

3. 상속

   상속은 기존 클래스를 확장하여 새로운 클래스를 생성하는 개념이다. 상속을 통해 기존 클래스의 속성과 동작을 재사용하고 확장할 수 있다.

4. 오버라이딩

   오버라이딩은 상위 클래스의 메서드를 하위 클래스에서 재정의하는 것을 말한다. 하위 클래스는 상위 클래스의 메서드를 동일한 이름으로 재정의하고 자신에게 맞게 구현할 수 있다.

5. 캡슐화

   캡슐화는 데이터와 그 데이터를 다루는 메서드를 하나로 묶어 정보를 은닉하고 외부에서의 접근을 제어하는 것이다. 객체의 내부 구현을 외부에 감추고 필요한 기능만을 제공한다.

6. 다형성

   다형성은 동일한 이름의 메서드가 다양한 형태로 동작하는 것을 말한다. 상위 클래스 타입으로 하위 클래스의 객체를 참조할 수 있고, 실행 시에 실제 객체의 타입에 따라 적절한 메서드가 호출된다.

7. 추상 클래스와 인터페이스

   추상 클래스는 일부 메서드를 구현하지 않고 선언만 하는 클래스이다. 하위 클래스에서 이를 구체화하여 사용한다. 인터페이스는 메서드의 선언만을 갖는 틀로, 다른 클래스에서 해당 인터페이스를 구현하여 필요한 메서드를 정의한다.

04

내
일
은

플
러
터

플러터의 기본 개념

01

위젯과 레이아웃

✓핵심 키워드

위젯, 레이아웃, 플러터 앱, 구성 요소, UI

여기서는 무얼 배울까

이번 챕터에서는 플러터의 기본 개념을 배울 예정이다. 위젯의 종류와 특징, 위젯 트리의 구조, 레이아웃 위젯의 사용 방법 등을 학습하여 플러터 앱을 구축하는 기초를 다지게 된다. 위젯에 대해 학습하여 플러터 앱의 구성 요소와 UI 요소를 이해하고, 레이아웃을 다루는 방법을 배운다. 위젯과 레이아웃을 조합하여 반응형 UI를 유연하게 구성하는 기초를 다지는 것이 목표다.

위젯(Widget)의 개념

위젯은 플러터 애플리케이션의 사용자 인터페이스를 구성하는 기본 단위다. 플러터에서 모든 것은 위젯으로 구성되며, 버튼, 텍스트, 이미지 등 모든 UI 요소는 위젯 형태로 표현되고 위젯이라고 할 수 있다. 위젯은 화면에 표시되는 구성 요소를 나타내며, 사용자와 상호작용하거나 정보를 표시하는 역할을 한다. 위젯은 두 가지 종류로 나눌 수 있다.

StatelessWidget	한 번 생성된 후에는 변경되지 않는 정적인 UI 요소다. 이러한 위젯은 다시 그려질 필요가 없으며, 화면에 한 번 그려지면 그 상태가 유지된다. 예를 들어, 텍스트나 아이콘 등이 Stateless 위젯에 해당한다. 만약 위젯을 다시 그릴 필요가 있다면 새로운 인스턴스를 생성하게 된다.
StatefulWidget	동적인 UI 요소로, 사용자의 입력이나 애플리케이션의 상태 변화에 따라 변경될 수 있다. StatefulWidget은 상태를 가지고 있으며, 사용자 입력이나 애플리케이션의 상태 변화에 따라 UI를 업데이트할 수 있다. 상태(State)란 위젯 내부에서 변경 가능한 데이터를 의미하며, 이러한 상태의 변화에 따라 UI가 다시 그려진다. 예를 들어, 버튼의 활성화 상태가 변하는 것, 입력란 값 변경 등과 같은 사용자 입력 처리에 대한 상태를 관리할 수 있다.

이렇게 각각 특징이 다른 위젯을 통해 화면을 구성하고 이들을 조합함으로써, 다양한 UI 요소들을 만들어 낼 수 있다. 우리가 앞서 다뤘던 객체 개념과 같이 위젯은 계층 구조로 구성되어 있으며, 부모 위젯과 자식 위젯의 관계를 가지고 있다. 부모 위젯은 자식 위젯을 갖고, 자식 위젯은 부모 위젯에 의해 배치되고 관리된다. 이러한 위젯의 계층 구조를 이용하여 복잡한 UI를 구성하

고 조합할 수 있다.

위젯은 레이아웃을 정의하고 구성하기 위해 사용된다. 레이아웃은 위젯의 배치와 크기를 결정하는 역할을 한다. 예를 들어, 컨테이너 위젯을 사용하여 위젯을 정렬하고, 행과 열을 나타내는 로우와 컬럼 위젯을 사용하여 위젯을 배치할 수 있다.

```dart
import 'package:flutter/material.dart';

class MyApp extends StatelessWidget {
  @override
  Widget build(BuildContext context) {
    return MaterialApp(
      title: 'My App',
      home: Scaffold(
        appBar: AppBar(
          title: Text('My App'),
        ),
        body: Center(
          child: Text(
            'Hello, Flutter!',
            style: TextStyle(fontSize: 20),
          ),
        ),
      ),
    );
  }
}

void main() {
  runApp(MyApp());
}
```

위의 코드는 간단한 앱의 뼈대를 생성하는 Flutter 코드다. 여기서 MyApp 클래스는 Stateless Widget을 상속받아 앱의 루트 위젯을 정의하고 있다. MyApp 위젯은 build 메서드를 오버라이드하여 앱의 UI를 생성한다. 앱의 UI는 MaterialApp 위젯으로 시작하며, MaterialApp은 앱의 최상위 위젯으로 사용되며, 앱의 전체적인 구성을 설정한다. title 속성을 통해 앱의 제목을 지정한다. 그리고 home 속성에는 Scaffold 위젯이 할당된다. Scaffold 위젯은 기본적인 앱 레이아웃 구조를 제공하며, appBar 속성에는 앱 바를 구성하는 AppBar 위젯을 지정한다. 마지막으로 body 속성에는 중앙에 배치된 텍스트를 표시하는 Center 위젯과 Text 위젯이 구성된다.

위의 코드에서 Widget은 Flutter 앱의 기본 구성 요소다. 위젯은 UI의 일부를 나타내며, UI 요소를 구성하고 배치하는 데 사용된다. build 메서드를 통해 위젯의 구조와 스타일을 정의하고, 위젯을 조합하여 복잡한 UI를 작성할 수 있다. 이 코드에서는 StatelessWidget을 사용하였으며, 상태가 없는 정적인 위젯을 나타낸다. 즉, 한 번 생성되면 그 상태가 변경되지 않는다. 위젯은 화면에 그려지는 UI를 생성하는 역할을 하며, 사용자와 상호작용할 때마다 재생성되지 않는다.

이 코드를 실행하면 앱의 제목이 있는 앱 바와 "Hello, Flutter!"라는 텍스트가 중앙에 표시되는 간단한 화면이 생성된다. 이를 통해 위젯이 UI 구성의 기본 단위라는 것을 이해할 수 있다.

> **Clear Comment**
>
> 위젯은 플러터에서 화면을 구성하는 핵심 개념이며, 위젯을 조합하고 계층 구조로 배치함으로써 다양한 UI를 생성할 수 있습니다. 위젯은 플러터의 강력한 기능 중 하나로, UI를 쉽게 구성하고 관리할 수 있는 유연성을 제공합니다.

위젯 트리와 위젯 계층 구조

플러터에서 위젯은 계층 구조로 구성되어 있다. 이를 위젯 트리 또는 위젯 계층 구조라고 한다. 위젯 트리는 애플리케이션의 사용자 인터페이스를 구성하는 모든 위젯들이 부모와 자식 관계로 연결된 구조를 나타낸다.

- 위젯 트리: 애플리케이션 화면의 레이아웃을 구성하는 위젯들의 계층 구조를 표현한다. 최상위에는 앱 자체를 나타내는 루트 위젯이 위치하고, 그 아래로 다양한 자식 위젯들이 포함될 수 있다. 각 위젯은 부모 위젯에 의해 배치되고, 자식 위젯들을 가질 수 있다.

- 위젯 간 관계: 플러터 애플리케이션의 사용자 인터페이스를 구성하는 모든 위젯들이 계층 구조로 연결된 구조를 말한다. 최상위에 있는 루트 위젯은 앱의 전체 화면을 나타내며, 그 아래에 다양한 레이아웃 위젯과 컨텐츠 위젯들이 계층적으로 배치된다. 이러한 계층 구조는 부모-자식 관계로 이루어져 있으며, 각 위젯은 부모 위젯에 의해 배치되고 관리된다. 부모 위젯은 자식 위젯의 크기, 위치, 스타일 등을 설정할 수 있으며, 자식 위젯들은 부모 위젯에 의해 배치되고 그에 따라 화면에 표시된다. 부모-자식 관계를 통해 위젯들은 상하관계에 따라 계층적으로 배치되며, 각 위젯은 자신의 부모와 관련하여 크기와 위치를 결정한다.

- 위젯 계층 구조: UI를 구성하는 요소들을 효율적으로 조직화하고 관리할 수 있게 해 준다. 부모 위젯은 여러 개의 자식 위젯들을 포함하고, 각 위젯은 자신의 부모와 관련하여 크기와 위치를 결정한다. 또한, 각 자식 위젯은 다시 자신의 자식 위젯들을 가질 수 있다. 이러한 계층

구조를 통해 위젯들을 조합하여 복잡한 UI를 구성할 수 있다. 이를 통해 복잡한 UI를 구성하고, 위젯들을 재사용하고 조합하여 다양한 화면을 구성할 수 있다.

```
MaterialApp(
  home: Scaffold(
    body: Center(
      child: Text('Hello, world!'),
    ),
  ),
)
```

위 코드는 플러터에서 가장 기본적인 위젯 트리다. MaterialApp 위젯은 앱의 최상위 위젯이며, Scaffold 위젯은 앱의 기본 레이아웃을 제공한다. Center 위젯은 텍스트 위젯을 화면 중앙에 배치한다. 위젯 트리는 위젯을 계층 구조로 구성한 것이다. MaterialApp 위젯은 Scaffold 위젯의 부모 위젯이며, Scaffold 위젯은 Center 위젯의 부모 위젯이다. Center 위젯은 Text 위젯의 부모 위젯이다. 위젯 계층 구조는 위젯 트리의 계층 구조를 시각적으로 표현한 것이다. 위젯 계층 구조는 위젯 트리를 이해하고 관리하는 데 도움이 된다.

Clear Comment

위젯 트리와 위젯 계층 구조는 플러터에서 UI를 구성하는 핵심 개념이며, 효율적으로 위젯을 배치하고 관리함으로써 다양한 애플리케이션 화면을 구현할 수 있습니다. 이를 통해 유연하고 확장 가능한 UI를 개발할 수 있습니다.

손으로 익히는 코딩

```
import 'package:flutter/material.dart';

void main() {
  runApp(MyApp());
}

class MyApp extends StatelessWidget {
  @override
  Widget build(BuildContext context) {
    return MaterialApp(
      home: Scaffold(
        appBar: AppBar(
          title: Text('위젯 계층 구조 샘플'),
```

```
          ),
        body: Center(
          child: Column(
            mainAxisAlignment: MainAxisAlignment.center,
            children: [
              Text('첫 번째 텍스트'),
              Row(
                mainAxisAlignment: MainAxisAlignment.spaceEvenly,
                children: [
                  Expanded(
                    child: Container(
                      color: Colors.red,
                      child: Text('왼쪽 박스'),
                    ),
                  ),
                  Expanded(
                    child: Container(
                      color: Colors.blue,
                      child: Text('오른쪽 박스'),
                    ),
                  ),
                ],
              ),
              Text('세 번째 텍스트'),
            ],
          ),
        ),
      ),
    );
  }
}
```

이 코드에서의 위젯 트리와 위젯 계층 구조는 다음과 같다.

● 최상위 루트 위젯인 MyApp은 MaterialApp을 반환한다.

● MaterialApp의 home 속성으로 Scaffold 위젯이 설정되어 있다.

● Scaffold 위젯에는 appBar와 body가 포함되어 있다.

● body에는 가운데 정렬된 Center 위젯이 있고, 이 내부에는 Column 위젯이 포함되어 있다.

- Column 위젯의 자식으로는 '첫 번째 텍스트', Row 위젯, 그리고 '세 번째 텍스트'가 포함되어 있다.

- Row 위젯은 두 개의 Expanded 위젯을 가로로 나열하고 있으며, 각 Expanded 위젯은 하나의 컨테이너를 포함한다. 이 컨테이너들은 각각 다른 색상의 배경과 텍스트를 가지며 '왼쪽 박스'와 '오른쪽 박스'라는 텍스트로 구분된다.

> **Clear Comment**
>
> 이 코드를 통해 플러터의 위젯 트리와 계층 구조에 집중하여 이해하는 것이 좋습니다. Row & Column 위젯은 다음 내용에서 확인할 수 있습니다. 이를 바탕으로 화면 및 위젯 구성을 보다 잘 처리할 수 있습니다.

에러에서 배우기

- 패키지 import 에러
  import 'package:flutter/material.dart'; 구문에서 flutter/material.dart 패키지가 존재하지 않거나 프로젝트의 종속성에 추가되지 않았을 경우 오류가 발생할 수 있다. 해당 패키지가 정확히 설치되어 있는지 확인해야 한다.

- runApp() 함수에 인스턴스 전달 에러
  runApp() 함수는 애플리케이션의 최상위 위젯을 인스턴스화하고 실행하는 역할을 한다. runApp(MyApp()); 구문에서 MyApp 클래스의 인스턴스를 전달해야 하는데, 만약 MyApp 클래스가 정의되지 않았거나 올바르게 참조되지 않은 경우 오류가 발생할 수 있다.

- StatelessWidget을 상속한 클래스 에러
  MyApp 클래스가 StatelessWidget을 상속하여 위젯으로 동작해야 한다. 만약 MyApp 클래스가 StatelessWidget을 상속하지 않았거나 build 메서드를 오버라이딩하지 않은 경우 오류가 발생할 수 있다.

- MaterialApp 위젯 구성 에러
  MaterialApp 위젯은 애플리케이션의 루트 위젯으로 사용된다. MaterialApp 위젯을 구성할 때 home 속성에 Scaffold 위젯이 제공되어야 한다. 만약 home 속성이 누락되었거나 Scaffold 위젯이 정의되지 않았을 경우 오류가 발생할 수 있다.

- AppBar 위젯 구성 에러
  AppBar 위젯은 앱 바를 나타내는 역할을 한다. AppBar 위젯을 구성할 때 title 속성에 Text 위젯이 제공되어야 한다. 만약 title 속성이 누락되었거나 Text 위젯이 정의되지 않았을 경우 오류가 발생할 수 있다.

- Column, Row 위젯 구성 에러
  Column과 Row 위젯은 자식 위젯을 배열하여 세로 또는 가로로 정렬하는 역할을 한다. 자식 위젯이 정의되지 않았거나, mainAxisAlignment 속성 등의 구성이 잘못되었을 경우 오류가 발생할 수 있다.

- Expanded 위젯 구성 에러

  Expanded 위젯은 자식 위젯이 가용 가능한 공간을 확장하도록 도와준다. Expanded 위젯은 반드시 Column 또는 Row의 자식으로 사용되어야 하는데, Expanded 위젯이 제대로 구성되지 않았을 경우 오류가 발생할 수 있다.

- Text 위젯 구성 에러

  Text 위젯은 텍스트를 표시하는 역할을 한다. Text 위젯을 구성할땐 텍스트 내용이 제공되어야 하는데, 만약 텍스트 내용이 누락되었을 경우 오류가 발생할 수 있다.

컨테이너 위젯과 레이아웃 위젯

컨테이너 위젯은 레이아웃 위젯의 일종으로, 자식 위젯을 포함할 수 있는 박스 형태의 위젯이다. 컨테이너 위젯은 자식 위젯을 조절하는 데에 유용하며, 여러 속성을 설정하여 크기, 색상, 여백 등을 세어할 수 있다. 레이아웃 위셋은 위젯을 배치하고 정렬하는 데 사용된다. 플러터에서는 다양한 레이아웃 위젯이 제공되며, 각각 다른 방식으로 위젯들을 배치하고 관리할 수 있다. 컨테이너 위젯의 일부 속성은 다음과 같다.

width, height	컨테이너의 너비와 높이를 설정한다.
color	컨테이너의 배경색을 설정한다.
padding	컨테이너의 내부 여백(padding)을 설정한다.
margin	컨테이너의 외부 여백(margin)을 설정한다.

```
Container(
  width: 200,
  height: 200,
  color: Colors.blue,
  padding: EdgeInsets.all(16),
  margin: EdgeInsets.all(8),
  child: Text('Hello, Flutter!'),
)
```

위 코드는 너비와 높이가 200픽셀인 파란색 컨테이너를 생성한다. 내부에는 16픽셀의 여백을 가진 텍스트 위젯이 들어간다. 또한 외부에는 8픽셀의 여백이 설정된다.

```
Center(
  child: Container(
    width: 200,
    height: 200,
    color: Colors.blue,
    padding: EdgeInsets.all(16),
    margin: EdgeInsets.all(8),
    child: Text(
      'Hello, Flutter!',
      style: TextStyle(
        fontSize: 20,
        color: Colors.white,
      ),
    ),
  ),
)
```

위 코드는 Container 위젯과 레이아웃 위젯 중 하나인 Center 위젯을 함께 사용하였다. Center 위젯을 사용하여 Container 위젯을 화면 가운데에 정렬한다. Container 위젯은 너비와 높이를 200로 설정하고, 배경색을 파란색으로 지정한다. 또한 내부 여백(padding)은 16, 외부 여백(margin)은 8로 설정되어 있다. Container 위젯의 자식으로는 텍스트 위젯이 포함되어 있으며, 텍스트는 흰색으로 표시되고 크기는 20으로 설정되어 있다. 이 코드를 실

Quick Tip

레이아웃 위젯과 컨테이너 위젯은 플러터에서 자주 사용되는 기본적인 위젯들 중 일부입니다. 이들을 적절히 활용하여 화면을 구성하고 위젯들을 배치할 수 있습니다. 더 복잡한 레이아웃을 원하는 경우, 다른 레이아웃 위젯들을 적용하거나 레이아웃 위젯들을 중첩하여 사용할 수 있습니다.

행하면 화면 가운데에 파란색 박스가 나타나고, 그 안에 "Hello, Flutter!"라는 텍스트가 표시된다. 박스의 크기와 여백은 Container 위젯의 설정에 따라 결정된다.

제약 조건(Constraints)

플러터에서 위젯을 배치하고 정렬하기 위해 제약 조건(constraints) 개념을 사용한다. 컨스트레인트는 위젯의 크기와 위치에 대한 제약을 정의하는 데 사용되며, 제약 조건은 이러한 컨스트레인트를 표현하는 객체다. 제약 조건은 주로 레이아웃 위젯에서 사용된다. 예를 들어, 컨테이너의 크기와 위치를 정의하는 데에 제약 조건이 사용된다. 제약 조건은 컨테이너의 너비와 높이, 컨테이너의 경계와 다른 위젯 간의 간격 등을 설정할 수 있다. 플러터에서는 제약 조건을 설정하

기 위해 다양한 클래스와 속성들이 제공된다. 일반적으로 사용되는 클래스는 다음과 같다.

BoxConstraints	컨테이너의 크기를 정의하는 제약 조건 클래스다. 너비와 높이에 대한 최소/최대 값, 가로/세로 비율 등을 설정할 수 있다.
MainAxisAlignment, CrossAxisAlignment	위젯들을 수평 및 수직 방향으로 정렬하기 위한 제약 조건 클래스다. MainAxisAlignment는 가로 방향 정렬을, CrossAxisAlignment는 세로 방향 정렬을 설정한다.

```
Container(
  width: 200,
  height: 200,
  color: Colors.blue,
  child: Column(
    mainAxisAlignment: MainAxisAlignment.center,
    crossAxisAlignment: CrossAxisAlignment.center,
    children: [
      Text('Hello'),
      Text('Flutter'),
    ],
  ),
)
```

위 코드에서는 가로로 정렬된 텍스트 위젯들을 포함하는 파란색 컨테이너를 생성한다. 컨테이너의 크기는 200픽셀로 고정되어 있으며, 텍스트 위젯들은 가로 및 세로 방향으로 중앙에 정렬된다. 이러한 정렬은 MainAxisAlignment와 CrossAxisAlignment 제약 조건을 사용하여 설정된다.

Quick Tip

컨스트레인트와 제약 조건은 플러터에서 레이아웃을 관리하고 위젯들을 유연하게 배치하는 데에 중요한 개념입니다. 이를 활용하여 다양한 레이아웃을 구성할 수 있습니다.

위젯 종류와 기본 사용법

플러터에서는 다양한 종류의 위젯이 제공되며, 각각의 위젯은 특정한 기능이나 레이아웃 요소를 구현하기 위해 사용된다. 여기에서 몇 가지 주요한 위젯 종류와 그들의 기본 사용법에 대해 알아보자.

위젯을 사용하는 기본적인 방법

위젯을 생성하고 속성을 설정한다.

• 내일은 플러터

```
Widget myWidget = Container(
  width: 200,
  height: 100,
  color: Colors.blue,
  child: Text('Hello, Flutter!'),
);
```

필요한 경우 위젯에 자식 위젯을 추가한다.

```
Widget myWidget = Container(
  // ...
  child: Column(
    children: [
      Text('First'),
      Text('Second'),
    ],
  ),
);
```

생성한 위젯을 화면에 렌더링한다.

```
void main() {
  runApp(
    MaterialApp(
      home: Scaffold(
        body: myWidget,
      ),
    ),
  );
}
```

Container 위젯

Container 위젯은 다른 위젯을 포함하고 정렬하며, 크기와 스타일을 설정하는 데 사용된다. 주로 레이아웃을 구성하는 데 사용되며, 자식 위젯들을 배치하고 스타일을 적용할 수 있다. 이를 통해 위젯을 그룹화하고 위치, 크기 및 스타일을 조정할 수 있다.

```
Container(
  width: 200,
  height: 200,
  color: Colors.blue,
  child: Text(
    'Container',
    style: TextStyle(
      fontSize: 20,
      color: Colors.white,
    ),
  ),
)
```

위의 코드는 Container 위젯을 생성한다. 이 Container 위젯은 다음과 같은 속성을 가지고 있다.

- width: Container의 너비를 200으로 설정한다.

- height: Container의 높이를 200으로 설정한다.

- color: Container의 배경색을 파란색(Colors.blue)으로 설정한다.

- child: Container 내부에 포함되는 자식 위젯으로, Text 위젯을 사용한다. 텍스트 내용은 "Container"이며, 텍스트 스타일로는 글자 크기를 20으로 설정하고, 글자 색상을 흰색 (Colors.white)으로 설정한다.

이 코드는 화면에 파란색의 사각형이 표시되고, 사각형 안에 "Container"라는 텍스트가 흰색으로 표시된다. Container 위젯은 주어진 너비와 높이에 따라 크기가 설정되며, 배경색과 자식 위젯을 포함할 수 있는 박스 형태의 위젯이다.

```
import 'package:flutter/material.dart';

void main() {
  runApp(MyApp());
}

class MyApp extends StatelessWidget {
  @override
  Widget build(BuildContext context) {
    return MaterialApp(
```

```
        title: 'Container Widget Example',
        theme: ThemeData(
          primarySwatch: Colors.blue,
        ),
        home: Scaffold(
          appBar: AppBar(
            title: Text('Container Widget Example'),
          ),
          body: Center(
            child: Container(
              width: 200,
              height: 200,
              color: Colors.red,
            ),
          ),
        ),
      );
    }
  }
```

위 코드는 MyApp이라는 StatelessWidget을 정의하고, MaterialApp을 통해 앱의 기본 설정과 테마를 지정한다. Scaffold를 사용하여 앱의 기본 구조를 구성하고, AppBar를 추가하여 상단에 앱 바를 표시한다. 그리고 중앙에 Container 위젯을 배치한다. Container 위젯은 자식 위젯을 감싸고, 크기 및 스타일을 설정할 수 있는 위젯이다. 위 코드에서는 Container의 width와 height 속성을 200으로 설정하여 200×200 크기의 사각형을 만들고, color 속성을 사용하여 빨간색 배경을 지정한다.

이 코드를 실행하면 앱 바에 "Container Widget Example"라는 제목이 표시되고, 화면 중앙에 크기가 200×200인 빨간색 사각형이 표시된다. 사각형 안에는 흰색 텍스트 "Hello, Flutter!"가 표시된다. Container 위젯은 다양한 스타일 및 레이아웃을 구현하는 데 사용될 수 있다. 필요에 따라 크기, 색상, 여백 등을 설정하여 UI 요소를 디자인할 수 있다.

Text 위젯

Text 위젯은 텍스트를 표시하는 데 사용된다. style 속성을 통해 텍스트 스타일, 정렬, 줄 간격 등을 설정하여 텍스트를 커스터마이즈할 수 있다.

```
Text(
  'Hello, Flutter!',
  style: TextStyle(
    fontSize: 20,
    fontWeight: FontWeight.bold,
    color: Colors.blue,
  ),
)

import 'package:flutter/material.dart';

void main() {
  runApp(MyApp());
}

class MyApp extends StatelessWidget {
  @override
  Widget build(BuildContext context) {
    return MaterialApp(
      title: 'Text Widget Example',
      theme: ThemeData(
        primarySwatch: Colors.blue,
      ),
      home: Scaffold(
        appBar: AppBar(
          title: Text('Text Widget Example'),
        ),
        body: Center(
          child: Text(
            'Hello, Flutter!',
            style: TextStyle(
              fontSize: 24,
              fontWeight: FontWeight.bold,
              color: Colors.red,
            ),
          ),
        ),
      ),
    );
  }
}
```

위의 코드는 Text 위젯을 사용하여 "Hello, Flutter!"라는 텍스트를 화면 가운데에 표시하는 간단한 앱이다. Text 위젯의 style 속성을 사용하여 텍스트의 스타일을 지정할 수 있다. 여기서는 폰트 크기를 24로, 글자 굵기를 bold로, 글자 색상을 빨강으로 지정했다.

위 코드를 실행하면 "Hello, Flutter!"라는 텍스트가 앱의 가운데에 표시된다. 이와 같이 Text 위젯을 사용하여 다양한 스타일의 텍스트를 표시할 수 있다.

Image 위젯

Image 위젯은 이미지를 표시하는 데 사용된다. 이미지 소스, 크기 조정, 캐싱 등을 설정하여 이미지를 표시하고 처리할 수 있다. 일반적으로 Flutter 프로젝트에서 이미지를 사용하기 위해서는 다음과 같은 단계를 따른다.

① assets 폴더 생성

프로젝트의 루트 디렉토리에 assets 폴더를 생성한다.(assets 폴더가 이미 존재한다면 이 단계를 건너뛸 수 있다.)

② 이미지 파일 추가

assets 폴더 내에 images라는 폴더를 생성하고, 그 안에 flutter_logo.png와 같은 이미지 파일을 추가한다. 이때, 이미지 파일의 경로는 assets/images/flutter_logo.png가 된다.

③ pubspec.yaml 파일 수정

프로젝트의 pubspec.yaml 파일을 열고, flutter 섹션 내에 assets 항목을 추가한다.

```
flutter:
  assets:
    - assets/images/flutter_logo.png
```

이렇게 assets/images/flutter_logo.png를 pubspec.yaml 파일에 추가함으로써 Flutter는 해당 이미지 파일을 앱에서 사용할 수 있도록 인식하게 된다.

④ 이미지 사용

위의 코드에서처럼 AssetImage('assets/images/flutter_logo.png')로 이미지를 로드하여 사용할 수 있다. 이미지는 프로젝트의 루트 디렉토리에서부터 상대적인 경로로 지정되며, assets 폴더 이후의 경로를 사용하여 이미지를 찾는다. 이와 같이 설정을 완료하면, 해당 이미지를 사용할 수 있게 된다.

```
Image(
  image: AssetImage('assets/images/flutter_logo.png'),
  width: 100,
  height: 100,
)
```

위의 코드에서 이미지는 assets/images/flutter_logo.png 경로에서 로드되며, 가로 및 세로 크기가 100픽셀로 설정되어 화면에 표시된다.

```
import 'package:flutter/material.dart';

void main() {
  runApp(MyApp());
}

class MyApp extends StatelessWidget {
  @override
  Widget build(BuildContext context) {
    return MaterialApp(
      title: 'Image Widget Example',
      theme: ThemeData(
        primarySwatch: Colors.blue,
      ),
      home: Scaffold(
        appBar: AppBar(
          title: Text('Image Widget Example'),
        ),
        body: Center(
          child: Image.network(
            'https://example.com/image.jpg',
            width: 200,
            height: 200,
          ),
        ),
      ),
    );
  }
}
```

위 코드에서는 Image.network 생성자를 사용하여 네트워크에서 이미지를 가져온다. Image. network는 주어진 URL에서 이미지를 로드하여 표시하는 플러터의 기본 이미지 위젯이다.

width와 height 속성을 사용하여 이미지의 크기를 지정할 수 있다. 실제 사용할 이미지 URL 은 'https://example.com/image.jpg' 부분을 원하는 이미지의 URL로 대체해야 한다.

위 코드를 실행하면 지정된 URL에서 이미지를 로드하여 앱의 가운데에 표시한다. 이미지의 크 기는 width와 height 속성을 사용하여 200×200으로 지정되어 있다. 이와 같이 Image 위젯을 사용하여 네트워크에서 이미지를 로드하거나 앱의 로컬 리소스에서 이미지를 표시할 수 있다.

Button 위젯

Button 위젯은 사용자의 상호 작용을 처리하는 데 사용된다. 터치나 클릭 이벤트를 감지하고 처 리할 수 있으며, 텍스트나 아이콘과 함께 사용자에게 버튼을 제공한다.

```
ElevatedButton(
  onPressed: () {
    // 버튼이 눌렸을 때 수행할 동작
  },
  child: Text('ElevatedButton'),
)
```

```
TextButton(
  onPressed: () {
    // 버튼이 눌렸을 때 수행할 동작
  },
  child: Text('TextButton'),
)
```

```
OutlinedButton(
  onPressed: () {
    // 버튼이 눌렸을 때 수행할 동작
  },
  child: Text('OutlinedButton'),
)
```

```
IconButton(
  onPressed: () {
    // 아이콘 버튼이 눌렸을 때 수행할 동작
  },
  icon: Icon(Icons.favorite),
)
```

위 코드에서 onPressed 콜백 함수*는 각 버튼이 눌렸을 때 실행될 동작을 정의한다. child 속성을 통해 버튼 내부에 표시될 텍스트나 아이콘을 설정할 수 있다. 버튼의 스타일과 모양은 테마 설정이나 위젯 속성을 통해 조정할 수 있다.

Quick Tip

이 외에도 Flutter에서는 많은 버튼 위젯이 제공되며, 공식 문서(https://flutter.dev/docs)를 참고하여 자세한 사용법과 속성을 확인할 수 있습니다.

```dart
import 'package:flutter/material.dart';

void main() {
  runApp(MyApp());
}

class MyApp extends StatelessWidget {
  @override
  Widget build(BuildContext context) {
    return MaterialApp(
      title: 'Button Widget Example',
      theme: ThemeData(
        primarySwatch: Colors.blue,
      ),
      home: Scaffold(
        appBar: AppBar(
          title: Text('Button Widget Example'),
        ),
        body: Center(
          child: ElevatedButton(
            onPressed: () {
              // 버튼이 클릭되었을 때 실행되는 코드
              print('Button clicked!');
            },
            child: Text('Click Me'),
          ),
        ),
      ),
    );
  }
}
```

기초 용어 정리

* 콜백 함수: 특정 이벤트가 발생했을 때 호출되는 함수다. 예를 들어, 사용자가 버튼을 클릭하거나 화면을 스크롤할 때 콜백 함수가 실행되어 원하는 동작을 수행할 수 있다.

위 코드에서는 ElevatedButton 위젯을 사용하여 클릭 가능한 버튼을 생성한다. onPressed 속성에는 버튼이 클릭되었을 때 실행되는 코드 블록이 작성된다. 여기서는 간단히 콘솔에 'Button clicked!'를 출력하는 코드가 포함되어 있다. child 속성에는 버튼 내부에 표시될 위젯이 들어간다. 위 코드에서는 Text 위젯을 사용하여 'Click Me'라는 텍스트를 버튼에 표시하고 있다.

위 코드를 실행하면 'Click Me'라는 텍스트를 가진 버튼이 앱의 가운데에 표시된다. 버튼을 클릭하면 'Button clicked!'가 콘솔에 출력된다.

ListView 위젯

ListView 위젯은 스크롤 가능한 목록을 표시하는 데 사용된다. 다양한 방식으로 목록을 구성하고 항목들을 동적으로 로드하거나 업데이트할 수 있다.

```
ListView(
  children: <Widget>[
    ListTile(title: Text('Item 1')),
    ListTile(title: Text('Item 2')),
    ListTile(title: Text('Item 3')),
  ],
)

import 'package:flutter/material.dart';

void main() {
  runApp(MyApp());
}

class MyApp extends StatelessWidget {
  @override
  Widget build(BuildContext context) {
    return MaterialApp(
      title: 'ListView Widget Example',
      theme: ThemeData(
        primarySwatch: Colors.blue,
      ),
      home: Scaffold(
        appBar: AppBar(
          title: Text('ListView Widget Example'),
        ),
        body: ListView(
          children: <Widget>[
```

```
        ListTile(
          leading: Icon(Icons.person),
          title: Text('John Doe'),
          subtitle: Text('Software Engineer'),
        ),
        ListTile(
          leading: Icon(Icons.person),
          title: Text('Jane Smith'),
          subtitle: Text('Product Manager'),
        ),
        ListTile(
          leading: Icon(Icons.person),
          title: Text('Mike Johnson'),
          subtitle: Text('UX Designer'),
        ),
      ],
    ),
   ),
  );
 }
}
```

위 코드에서는 ListView 위젯을 사용하여 세 개의 ListTile 위젯을 가진 목록을 생성한다. 각 ListTile은 아이콘, 제목, 부제목으로 구성되어 있다. ListView 위젯의 children 속성에는 표시할 위젯들을 리스트로 전달한다. 위 코드에서는 세 개의 ListTile을 ListView의 children에 포함시켜 세 개의 항목이 표시되도록 하였다. 각 ListTile은 leading 속성에 아이콘 위젯을 설정하고, title 속성에 제목 텍스트를 설정하며, subtitle 속성에 부제목 텍스트를 설정한다.

위 코드를 실행하면 세 개의 리스트 항목이 스크롤 가능한 형태로 표시된다. 각 항목은 아이콘, 제목, 부제목으로 구성되어 있으며, 스크롤하여 모든 항목을 볼 수 있다.

ListView 위젯은 다양한 속성과 기능을 가지고 있어 목록을 유연하게 구성할 수 있다. 예를 들어, ListView.builder를 사용하여 동적으로 항목을 생성하거나, ListView.separated를 사용하여 항목 사이에 구분선을 추가할 수도 있다. Column과 Row 위젯은 위젯들을 세로 또는 가로로 배치하는 데 사용된다. 다른 위젯들을 자식으로 가질 수 있고, 크기 및 정렬을 설정하여 레이아웃을 조정할 수 있다.

Column 위젯

```
Column(
  mainAxisAlignment: MainAxisAlignment.center,
  children: <Widget>[
    Text('Title'),
    SizedBox(height: 10),
    Text('Subtitle'),
    SizedBox(height: 20),
    ElevatedButton(
      child: Text('Button'),
      onPressed: () {
        // 버튼 클릭 이벤트 처리
      },
    ),
  ],
)
```

위의 코드는 Column 위젯을 생성한다. Column은 세로 방향으로 위젯을 배치하는 레이아웃 위젯이다. 이 코드에서는 다음과 같은 구성 요소들이 포함된다.

- mainAxisAlignment: Column 안의 위젯들을 수직 방향으로 정렬하는 방식을 설정한다. 이 코드에서는 MainAxisAlignment.center를 사용하여 위젯들을 세로 방향의 중앙에 정렬하였다.
- children: Column 내부에 포함되는 자식 위젯들의 리스트다. 이 코드에서는 다양한 위젯들을 포함하는 리스트를 사용한다.

```
import 'package:flutter/material.dart';

void main() {
  runApp(MyApp());
}

class MyApp extends StatelessWidget {
  @override
  Widget build(BuildContext context) {
    return MaterialApp(
      title: 'Column Widget Example',
      theme: ThemeData(
```

```
        primarySwatch: Colors.blue,
      ),
    home: Scaffold(
      appBar: AppBar(
        title: Text('Column Widget Example'),
      ),
      body: Container(
        mainAxisAlignment: MainAxisAlignment.center,
        crossAxisAlignment: CrossAxisAlignment.center,
        children: <Widget>[
          Text('First Item'),
          Text('Second Item'),
          Text('Third Item'),
        ],
      ),
    ),
  );
  }
}
```

위 코드에서는 Column 위젯을 사용하여 세 개의 Text 위젯을 세로로 배열하고 있다.
mainAxisAlignment 속성은 세로 방향의 정렬을 설정하며, crossAxisAlignment 속성은 가로
방향의 정렬을 설정한다. 여기서는 mainAxisAlignment을 MainAxisAlignment.center로 설
정하여 세로 방향으로 중앙 정렬하고, crossAxisAlignment를 CrossAxisAlignment.center로
설정하여 가로 방향으로 중앙 정렬하였다.

Row 위젯

```
Row(
  mainAxisAlignment: MainAxisAlignment.spaceBetween,
  children: <Widget>[
    Text('Item 1'),
    Text('Item 2'),
    Text('Item 3'),
  ],
)
```

이 코드는 위젯 트리에서 Row 위젯을 생성하고, 위젯들을 가로 방향으로 배치한다. "Item 1", "Item
2", "Item 3"은 각각 텍스트로 표시되고, 위젯들 사이에는 동일한 간격이 있다. MainAxisAlignment.

spaceBetween를 사용하여 위젯들이 가로 방향으로 동일한 간격으로 배치되므로, 첫 번째 위젯은 왼쪽에, 세 번째 위젯은 오른쪽에 배치되고 중간에 두 번째 위젯이 위치한다.

```dart
import 'package:flutter/material.dart';

void main() {
  runApp(MyApp());
}

class MyApp extends StatelessWidget {
  @override
  Widget build(BuildContext context) {
    return MaterialApp(
      title: 'Row Widget Example',
      theme: ThemeData(
        primarySwatch: Colors.blue,
      ),
      home: Scaffold(
        appBar: AppBar(
          title: Text('Row Widget Example'),
        ),
        body: Container(
          mainAxisAlignment: MainAxisAlignment.center,
          crossAxisAlignment: CrossAxisAlignment.center,
          children: <Widget>[
            Text('First Item'),
            Text('Second Item'),
            Text('Third Item'),
          ],
        ),
      ),
    );
  }
}
```

위 코드에서는 Row 위젯을 사용하여 세 개의 Text 위젯을 가로로 배열하고 있다. mainAxisAlignment 속성은 가로 방향의 정렬을 설정하며, crossAxisAlignment 속성은 세로 방향의 정렬을 설정한다. 여기서는 mainAxisAlignment을 MainAxisAlignment.center로 설정하여 가로 방향으로 중앙 정렬하고, crossAxisAlignment를 CrossAxisAlignment.center로 설정하여 세로 방향으로 중앙 정렬하였다.

위 코드를 실행하면 세 개의 Text 위젯이 세로로 또는 가로로 정렬되어 화면에 표시된다. Column은 세로 방향으로, Row는 가로 방향으로 위젯을 배열하는 데 사용된다. 각 위젯의 정렬은 mainAxisAlignment 및 crossAxisAlignment 속성을 통해 조정할 수 있다.

Stack 위젯

Stack 위젯은 위젯들을 겹쳐서 배치하는 데 사용된다. Z축을 기준으로 위젯들을 정렬하고 겹치게 할 수 있으며, 각 위젯의 위치와 크기를 설정하여 복잡한 레이아웃을 구성할 수 있다.

```
Stack(
  children: <Widget>[
    Container(
      color: Colors.yellow,
      width: 200,
      height: 200,
    ),
    Positioned(
      top: 50,
      left: 50,
      child: Container(
        color: Colors.red,
        width: 100,
        height: 100,
      ),
    ),
    Positioned(
      top: 100,
      left: 100,
      child: Container(
        color: Colors.blue,
        width: 100,
        height: 100,
      ),
    ),
  ],
)
```

위의 코드는 Stack 위젯을 생성한다. Stack은 위셋들을 겹쳐서 배치하는 레이아웃 위젯이다. 이 코드에서는 다음과 같은 구성 요소들이 포함된다.

- children: Stack 안에 포함되는 자식 위젯들의 리스트다. 이 코드에서는 세 개의 Container 위젯이 포함된 리스트를 사용한다. children 리스트의 구성 요소들은 다음과 같다.

- Container 위젯: 배경색이 노란색인 정사각형의 컨테이너다. 너비와 높이가 각각 200이다.

- Positioned 위젯 1: 상위 Stack 위젯 내에서의 위치를 지정하기 위해 사용된다. top: 50, left: 50을 설정하여 상위 Stack 위젯의 좌측 상단으로부터 50만큼 아래로 이동하고 50만큼 오른쪽으로 이동한다. 이 위치에는 배경색이 빨간색인 정사각형의 컨테이너가 있다. 너비와 높이가 각각 100이다.

- Positioned 위젯 2: 위의 Positioned 위젯과 마찬가지로 상위 Stack 위젯 내에서의 위치를 지정한다. top: 100, left: 100을 설정하여 상위 Stack 위젯을 좌측 상단으로부터 100만큼 아래로 이동하고 100만큼 오른쪽으로 이동한다. 이 위치에는 배경색이 파란색인 정사각형의 컨테이너가 있다. 너비와 높이가 각각 100이다.

이 코드는 위젯 트리에서 Stack 위젯을 생성하고, Container 위젯들을 겹쳐서 배치한다. 가장 아래에는 배경색이 노란색인 정사각형의 컨테이너가 위치하고, 그 위에는 빨간색과 파란색의 정사각형 컨테이너가 겹쳐져 있다. Positioned 위젯을 사용하여 빨간색과 파란색의 컨테이너의 위치를 정의하고, Stack 위젯 내에서의 상대적인 위치를 설정한다.

```dart
import 'package:flutter/material.dart';

void main() {
  runApp(MyApp());
}

class MyApp extends StatelessWidget {
  @override
  Widget build(BuildContext context) {
    return MaterialApp(
      title: 'Stack Widget Example',
      theme: ThemeData(
        primarySwatch: Colors.blue,
      ),
      home: Scaffold(
        appBar: AppBar(
          title: Text('Stack Widget Example'),
        ),
        body: Stack(
```

```
          children: <Widget>[
            Container(
              color: Colors.yellow,
              width: 200,
              height: 200,
            ),
            Positioned(
              top: 50,
              left: 50,
              child: Container(
                color: Colors.red,
                width: 100,
                height: 100,
              ),
            ),
            Positioned(
              top: 100,
              left: 100,
              child: Container(
                color: Colors.blue,
                width: 100,
                height: 100,
              ),
            ),
          ],
        ),
      ),
    );
  }
}
```

위의 코드에서는 Stack 위젯을 사용하여 세 개의 Container 위젯을 겹쳐서 표시하고 있다.
Container 위젯은 각각 다른 색상과 크기를 가지고 있다. Stack 위젯의 children 속성에는 겹쳐질 위젯들을 배열한다. Positioned 위젯을 사용하여 각각의 위젯의 위치를 지정하고 있다.

위 코드를 실행하면 노란색 Container가 가장 아래에 표시되고, 빨간색 Container가 그 위에, 파란색 Container가 가장 위에 겹쳐서 표시된다. Positioned 위젯을 사용하여 각각의 위젯의 위치를 조정하였기 때문에 원하는 위치에 위젯이 표시된다.

Stack 위젯은 주로 오버레이* UI나 겹쳐진 UI 요소를 구현할 때 사용된다. 위젯들을 자유롭게 조합하여 다양한 디자인을 만들 수 있다.

위에서 언급한 위젯들은 플러터에서 자주 사용되는 일부 위젯의 예시입니다. 각 위젯은 특정한 기능을 가지고 있으며, 속성과 메서드를 사용하여 사용자 인터페이스를 구성하고 제어할 수 있습니다. 위젯의 사용법은 해당 위젯의 공식문서나 플러터 공식 웹사이트에서 확인할 수 있습니다.

위젯의 종류와 기본 사용법에 대한 이해는 플러터 애플리케이션 개발의 기반이 됩니다. 레이아웃을 구성하고 사용자 인터페이스를 설계하기 위해 위젯들을 조합하여 원하는 모습을 만들어 나갈 수 있습니다. 플러터 위젯 카탈로그와 플러터 공식 문서를 참고하면 더 다양한 위젯들을 알아보고 사용법을 익힐 수 있습니다.

손으로 익히는 코딩

```dart
import 'package:flutter/material.dart';

void main() {
  runApp(MyApp());
}

class MyApp extends StatelessWidget {
  @override
  Widget build(BuildContext context) {
    return MaterialApp(
      title: 'Widget Example',
      home: Scaffold(
        appBar: AppBar(
          title: Text('Widget Example'),
        ),
        body: Center(
          child: ListView(
            children: [
              Stack(
                alignment: Alignment.center,
                children: [
                  Image(
                    image: AssetImage('assets/images/flutter_logo.png'),
                    width: 200,
                    height: 200,
                  ),
                  Text(
```

기초 용어 정리

* 오버레이: 플러터(Flutter)에서 위젯을 다른 위젯 위에 겹쳐서 표시하는 메커니즘을 말한다. 오버레이는 일반적으로 앱의 다른 내용 위에 부가적인 요소를 표시하거나 상호작용 가능한 위젯을 추가하는 데 사용된다.

```
                  'Welcome to Flutter',
                  style: TextStyle(
                    fontSize: 24,
                    color: Colors.white,
                  ),
                ),
              ],
            ),
            SizedBox(height: 20),
            Row(
              mainAxisAlignment: MainAxisAlignment.center,
              children: [
                ElevatedButton(
                  child: Text('Button 1'),
                  onPressed: () {
                    // 버튼 1 클릭 이벤트 처리
                  },
                ),
                SizedBox(width: 10),
                ElevatedButton(
                  child: Text('Button 2'),
                  onPressed: () {
                    // 버튼 2 클릭 이벤트 처리
                  },
                ),
              ],
            ),
            SizedBox(height: 20),
            Column(
              children: [
                Text('Item 1'),
                SizedBox(height: 10),
                Text('Item 2'),
                SizedBox(height: 10),
                Text('Item 3'),
              ],
            ),
          ],
        ),
      ),
    ),
```

```
    );
  }
}
```

위의 코드는 각 위젯을 조합하여 화면에 다양한 컴포넌트를 보여 준다. Stack 위젯은 이미지와 텍스트를 겹쳐서 표시하며, Row 위젯은 두 개의 버튼을 가로로 나란히 표시한다. Column 위젯은 여러 개의 텍스트를 세로로 표시하며, ListView 위젯을 사용하여 모든 위젯들을 하나의 스크롤 가능한 목록으로 묶는다.

에러에서 배우기

- ListView 위젯 구성 에러
  ListView 위젯은 여러 개의 자식 위젯을 스크롤 가능한 목록으로 구성한다. ListView 위젯을 구성할 때 자식 위젯들이 제공되어야 한다. 만약 자식 위젯들이 누락되었거나 잘못된 형식으로 구성되었을 경우 오류가 발생할 수 있다.

- Stack 위젯 구성 에러
  Stack 위젯은 자식 위젯들을 겹쳐서 표시하는 역할을 한다. Stack 위젯을 구성할 때 자식 위젯들이 제공되어야 한다. 만약 자식 위젯들이 누락되었거나 잘못된 형식으로 구성되었을 경우 오류가 발생할 수 있다.

- Image 위젯 구성 에러
  Image 위젯은 이미지를 표시하는 역할을 한다. Image 위젯을 구성할 때 image 속성에 이미지 리소스가 제공되어야 한다. 만약 이미지 리소스가 잘못된 경로를 가리키거나 해당 이미지가 없을 경우 오류가 발생할 수 있다.

- ElevatedButton 위젯 구성 에러
  ElevatedButton 위젯은 눌려지거나 클릭 가능한 버튼을 나타낸다. ElevatedButton 위젯을 구성할 때 onPressed 속성에 버튼 클릭 이벤트를 처리할 함수를 제공해야 한다. child 속성에는 버튼에 표시될 텍스트 위젯을 제공해야 한다. 이 속성들이 누락되거나 잘못된 형식으로 구성되었을 경우 오류가 발생할 수 있다.

- SizedBox 위젯 구성 에러
  SizedBox 위젯은 고정된 크기의 공간을 나타내는 역할을 한다. SizedBox 위젯을 구성할 때 height나 width 속성에 적절한 값을 제공해야 한다. 만약 height나 width 속성이 누락되었거나 잘못된 형식으로 구성되었을 경우 오류가 발생할 수 있다.

02
상태관리

상태관리, 데이터 관리, UI 상호작용, 상태관리 패턴

여기서는 무얼 배울까

상태관리에서는 플러터 앱의 상태를 효율적으로 관리하는 방법에 대해 배우게 된다. 상태관리는 앱의 데이터를 저장하고 업데이트하며 UI와의 상호작용을 조율하는 중요한 개념으로, 이를 통해 앱의 상태를 체계적으로 관리함으로써 효율적이고 유지보수가 용이한 앱을 개발할 수 있다.

상태 관리의 개념과 필요성

상태 관리는 애플리케이션의 데이터와 사용자 인터페이스의 상태를 관리하는 것을 의미한다. 플러터 애플리케이션에서 상태는 사용자의 입력, 데이터의 변경, 화면 전환 등과 같은 다양한 요소에 의해 변할 수 있다. 이러한 상태의 변화를 효율적으로 관리하고 업데이트하는 것이 상태 관리의 주요 목표다. 상태 관리는 다음과 같은 몇 가지 이유로 필요하다.

● 데이터의 중앙 집중화: 애플리케이션에서 사용되는 데이터는 여러 위젯 및 화면 간에 공유되어야 한다. 상태 관리를 통해 데이터를 중앙 집중화하고 공유함으로써 데이터의 일관성을 유지할 수 있다.

● UI 업데이트 관리: 상태가 변경될 때마다 UI를 업데이트해야 한다. 상태 관리를 통해 상태의 변경을 감지하고 UI를 적절하게 업데이트할 수 있다.

● 복잡한 상태 전이 관리: 상태 관리는 복잡한 상태 전이를 관리하는 데에도 도움이 된다. 예를 들어, 로그인 상태에 따라 다른 화면을 표시해야 할 경우 상태 관리를 통해 적절한 화면을 제어할 수 있다.

● 애플리케이션의 확장성과 유지 보수성: 상태 관리를 효율적으로 구현하면 애플리케이션의 확장성과 유지 보수성을 향상시킬 수 있다. 상태 관리 패턴과 라이브러리를 사용하면 코드의 구조를 명확하게 유지하고 다른 개발자들과 협업할 때도 유리하다.

로컬 상태 관리와 StatefulWidget

로컬 상태 관리는 특정 위젯 내에서만 사용되는 상태를 관리하는 것을 의미한다. 플러터에서 가장 일반적인 방법은 StatefulWidget을 사용하여 로컬 상태를 관리하는 것이다. StatefulWidget은 상태가 있는 위젯으로, 상태를 변경할 수 있고 변경된 상태에 따라 UI를 업데이트할 수 있다. StatefulWidget은 StatefulWidget 클래스와 State 클래스 두 가지로 구성된다. StatefulWidget 클래스는 불변한 위젯을 생성하고, 변경 가능한 상태 객체(State 객체)를 생성한다. 상태 객체는 StatefulWidget과 연결되어 해당 위젯의 상태를 관리한다. 또한 StatefulWidget을 통해 생성된 위젯의 수명 주기 동안 유지되며, 상태의 변경을 추적하고 UI를 업데이트하는 역할을 한다. StatefulWidget을 사용하여 로컬 상태를 관리하는 기본적인 패턴은 다음과 같다.

● StatefulWidget 클래스를 상속하는 위젯 클래스를 생성한다.

● createState() 메서드를 오버라이드하여 해당 위젯과 연결된 상태 객체를 생성한다.

● 상태 객체(State 객체)를 사용하여 상태를 관리하고, UI를 업데이트하는 로직을 작성한다.

예를 들어, 카운터 앱을 만들기 위해 StatefulWidget을 사용할 수 있다. 아래는 간단한 카운터 앱의 코드다.

```
import 'package:flutter/material.dart';

void main() {
  runApp(MyApp());
}

class MyApp extends StatelessWidget {
  @override
  Widget build(BuildContext context) {
```

```dart
      return MaterialApp(
        title: 'StatefulWidget Example',
        theme: ThemeData(
          primarySwatch: Colors.blue,
        ),
        home: MyHomePage(),
      );
    }
  }

class MyHomePage extends StatefulWidget {
  @override
  _MyHomePageState createState() => _MyHomePageState();
}

class _MyHomePageState extends State<MyHomePage> {
  int _counter = 0;

  void _incrementCounter() {
    setState(() {
      _counter++;
    });
  }

  @override
  Widget build(BuildContext context) {
    return Scaffold(
      appBar: AppBar(
        title: Text('StatefulWidget Example'),
      ),
      body: Center(
        child: Column(
          mainAxisAlignment: MainAxisAlignment.center,
          children: <Widget>[
            Text(
              'Counter:',
              style: TextStyle(fontSize: 24),
            ),
            Text(
              '$_counter',
              style: TextStyle(fontSize: 48, fontWeight: FontWeight.bold),
            ),
```

```
        ],
      ),
    ),
    floatingActionButton: FloatingActionButton(
      onPressed: _incrementCounter,
      tooltip: 'Increment',
      child: Icon(Icons.add),
    ),
  );
  }
}
```

위 코드에서는 StatefulWidget을 상속하는 MyHomePage 클래스를 정의하고, _MyHomePage
State 클래스를 그 상태 관리용으로 정의한다. _MyHomePageState 클래스는 _counter라는
정수 변수를 가지고 있으며, _incrementCounter 메서드를 통해 _counter 값을 증가시킨다.

MyHomePage 클래스의 build 메서드에서는 Scaffold를 사용하여 앱의 기본 구조를 구성하고,
AppBar를 추가하여 상단에 앱 바를 표시한다. Center 위젯과 Column 위젯을 사용하여 화면 중앙
에 컨텐츠를 배치한다. Column 안에는 텍스트 위젯들이 있으며, 첫 번째 텍스트는 "Counter:"를
표시하고 두 번째 텍스트는 현재 _counter 값을 표시한다. 또한 floatingActionButton을 사용하
여 누를 때마다 _incrementCounter 메서드를 호출하는 FloatingActionButton을 추가한다.

이 코드를 실행하면 앱 바에 "StatefulWidget Example"라는 제목이 표시되고, 화면 중앙에 "Counter:"
와 _counter 값이 표시된다. '+' 버튼을 누를 때마다 _counter 값이 증가한다.

> 손으로 익히는 코딩

```
import 'package:flutter/material.dart';

void main() {
  runApp(MyApp());
}

class MyApp extends StatelessWidget {
  @override
  Widget build(BuildContext context) {
    return MaterialApp(
      title: 'Counter App',
      theme: ThemeData(
```

```dart
        primarySwatch: Colors.blue,
      ),
      home: CounterPage(),
    );
  }
}

class CounterPage extends StatefulWidget {
  @override
  _CounterPageState createState() => _CounterPageState();
}

class _CounterPageState extends State<CounterPage> {
  int _counter = 0;
  bool _isCounterVisible = true;
  Color _counterColor = Colors.black;

  void _incrementCounter() {
    setState(() {
      _counter++;
    });
  }

  void _resetCounter() {
    setState(() {
      _counter = 0;
    });
  }
  void _toggleCounterVisibility() {
    setState(() {
      _isCounterVisible = !_isCounterVisible;
    });
  }

  void _changeCounterColor() {
    setState(() {
      _counterColor = Colors.purple;
    });
  }

  @override
```

```
Widget build(BuildContext context) {
  return Scaffold(
    appBar: AppBar(
      title: Text('Counter App'),
    ),
    body: Center(
      child: Column(
        mainAxisAlignment: MainAxisAlignment.center,
        children: <Widget>[
          if (_isCounterVisible)
            Text(
              'Counter:',
              style: TextStyle(fontSize: 24),
            ),
          if (_isCounterVisible)
            Text(
              '$_counter',
              style: TextStyle(
                fontSize: 48,
                fontWeight: FontWeight.bold,
                color: _counterColor,
              ),
            ),

          SizedBox(height: 16),
          ElevatedButton(
            onPressed: _incrementCounter,
            child: Text('Increment'),
          ),
          SizedBox(height: 16),
          ElevatedButton(
            onPressed: _resetCounter,
            child: Text('Reset'),
          ),
          SizedBox(height: 16),
          ElevatedButton(
            onPressed: _toggleCounterVisibility,
            child: Text(_isCounterVisible ? 'Hide' : 'Show'),
          ),
          SizedBox(height: 16),
          ElevatedButton(
```

```
            onPressed: _changeCounterColor,
            child: Text('Change Color'),
          ),
        ],
      ),
    ),
  );
  }
}
```

위 코드에서는 _isCounterVisible 변수를 사용하여 카운터와 관련된 위젯의 가시성을 제어한다. if 문을 사용하여 _isCounterVisible 값에 따라 해당 위젯을 표시하거나 숨긴다. 또한 _counterColor 변수를 사용하여 카운터의 색상을 변경한다. _changeCounterColor 메서드를 호출하면 _counterColor 변수가 Colors.purple로 변경되어 카운터의 색상이 변경된다.

이 코드를 실행하면 앱 바에 "Counter App"라는 제목이 표시되고, 중앙에 현재 카운터 값이 표시된다. 버튼을 터치하여 숫자를 증가시키거나 초기화할 수 있으며, 숨기기/보이기 버튼을 토글하여 카운터와 버튼을 숨기거나 보여줄 수 있다. 또한, "Change Color" 버튼을 클릭하여 카운터의 색상을 변경할 수 있다.

에러에서 배우기

- CounterPage StatefulWidget 클래스 에러
  CounterPage 클래스가 StatefulWidget을 상속하여 상태를 가지는 위젯으로 동작해야 한다. createState 메서드를 오버라이딩하여 해당 페이지의 상태 클래스 _CounterPageState를 반환해야 하는데, 만약 createState 메서드가 누락되었거나 잘못 구현되었을 경우 오류가 발생할 수 있다.

- _CounterPageState 상태 클래스 에러
  _CounterPageState 클래스는 State를 상속하여 CounterPage의 상태를 관리하는 역할을 한다. 상태 클래스에서 카운터 변수, 가시성 변수, 색상 변수 등을 정의하고, 해당 변수들을 업데이트하는 메서드들을 구현해야 하는데, 코드에서 _incrementCounter, _resetCounter, _toggleCounterVisibility, _changeCounterColor 메서드가 정의되지 않았거나 잘못 구현되었을 경우 오류가 발생할 수 있다.

03

애니메이션과 모션

애니메이션, 모션, 컨트롤러, 리스너, 트윈(Tween)

여기서는 무얼 배울까

애니메이션과 모션에서는 앱에 생동감을 불어넣고 사용자 경험을 향상시킬 수 있는 동적이고 매끄러운 움직임의 구현 방법을 배우게 된다. 주요 학습 내용으로는 애니메이션 기본 원리, 애니메이션 컨트롤, 트윈 애니메이션, 히어로 애니메이션 등이 있다. 이러한 것들을 활용하여 사용자 인터랙션*에 반응하는 동적인 UI 요소를 구현할 수 있다.

애니메이션의 개념과 사용법

애니메이션은 플러터에서 움직임과 변화를 부드럽게 보여 주는 효과를 구현하는 기술이다. 애니메이션을 사용하면 사용자 인터페이스(UI) 요소가 부드럽게 움직이고 변화하는 모션을 가질 수 있다. 플러터는 다양한 애니메이션 기능과 클래스를 제공하여 애니메이션을 구현할 수 있도록 도와준다. 애니메이션을 구현하는 기본적인 단계는 다음과 같다.

● 애니메이션 컨트롤러(AnimationController) 생성: 애니메이션을 제어하고 시간에 따라 값을 변경하는 데 사용된다. 애니메이션 컨트롤러는 Animation 클래스와 함께 사용된다.

● 애니메이션 생성: 애니메이션 컨트롤러와 연결된 애니메이션 객체(Animation)를 생성한다. 애니메이션 객체는 애니메이션의 시작 값과 종료 값, 애니메이션의 지속 시간 등을 설정한다.

● 애니메이션 리스너(AnimationListener) 등록: 애니메이션의 상태 변화에 따라 필요한 작업을 수행할 수 있는 리스너를 등록한다. 예를 들어, 애니메이션이 시작되거나 완료될 때 특정 동작을 수행하도록 설정할 수 있다.

기초 용어 정리

* 인터랙션: 상호 작용이나 응답이 발생하는 것을 말한다. 사용자가 애플리케이션, 웹 사이트, 디바이스 등과 소통하며 입력을 제공하고, 시스템은 해당 입력에 응답하여 결과를 표시하거나 동작을 수행한다.

● 애니메이션 실행: 애니메이션 컨트롤러를 사용하여
   애니메이션을 실행한다. 이때, 애니메이션 컨트롤러
   는 애니메이션의 시작과 종료, 애니메이션의 진행 속
   도 등을 제어한다.

플러터에서는 다양한 애니메이션 관련 클래스와 위젯이 제공된다. 몇 가지 주요한 애니메이
션 관련 클래스와 위젯은 다음과 같다.

AnimationController	애니메이션을 제어하고 시간에 따라 값을 변경하는 데 사용되는 클래스다.
Animation	애니메이션의 시작 값과 종료 값, 지속 시간 등을 설정하는 클래스다.
Tween	애니메이션의 시작 값과 종료 값 사이에서 보간(interpolation)을 수행하는 클래스다.
AnimatedContainer	컨테이너의 속성이 변경될 때 부드러운 애니메이션을 적용하는 위젯이다.
AnimatedOpacity	투명도가 변경될 때 부드러운 애니메이션을 적용히는 위젯이다.
AnimatedBuilder	커스텀 애니메이션을 구현하기 위해 위젯 트리 내에서 애니메이션을 빌드하는 위젯이다.
AnimatedCrossFade	두 개의 자식 위젯 사이의 부드러운 페이드 애니메이션을 제공하는 위젯이다.
Hero	두 개의 화면 사이에서 위젯이 부드럽게 전환되는 히어로 애니메이션을 제공하는 위젯이다.
AnimatedList	동적으로 아이템을 추가, 삭제, 변경할 때 애니메이션 효과를 적용하는 위젯이다.
PageView	여러 페이지를 스와이프하거나 애니메이션으로 전환할 수 있는 위젯이다.

```
import 'package:flutter/material.dart';

void main() {
  runApp(MyApp());
}

class MyApp extends StatefulWidget {
  @override
  _MyAppState createState() => _MyAppState();
}

class _MyAppState extends State<MyApp> {
  double _width = 100.0;
  double _height = 100.0;

  @override
```

```
void initState() {
  super.initState();
  // 2초마다 애니메이션을 실행한다.
  Future.delayed(Duration(seconds: 2), () {
    setState(() {
      _width = 200.0;
      _height = 200.0;
    });
  });
}

@override
Widget build(BuildContext context) {
  return MaterialApp(
    title: 'Animation Example',
    home: Scaffold(
      appBar: AppBar(
        title: Text('Animation Example'),
      ),
      body: Center(
        child: AnimatedContainer(
          width: _width,
          height: _height,
          duration: Duration(seconds: 1),
          curve: Curves.easeInOut,
          color: Colors.blue,
        ),
      ),
    ),
  );
}
}
```

위 코드는 initState() 메서드에서 Future.delayed를 사용하여 2초 후에 setState를 호출하여 _width와 _height 값을 변경한다. 이로 인해 AnimatedContainer가 애니메이션을 수행하며 크기가 변화한다. 이 코드는 짧고 간단하게 크기 애니메이션을 구현한 것이며, 애니메이션 효과를 보여 준다. 시작 후 2초 후에 컨테이너의 크기가 변경되면서 애니메이션이 발생한다.

```dart
import 'package:flutter/material.dart';

void main() {
  runApp(MyApp());
}

class MyApp extends StatefulWidget {
  @override
  _MyAppState createState() => _MyAppState();
}

class _MyAppState extends State<MyApp> with SingleTickerProviderStateMixin {
  late AnimationController _animationController;
  late Animation<double> _animation;

  @override
  void initState() {
    super.initState();

    // AnimationController 초기화
    _animationController = AnimationController(
      duration: const Duration(seconds: 2),
      vsync: this,
    );

    // Tween을 사용한 애니메이션 정의
    _animation = Tween<double>(begin: 0, end: 1).animate(_animationController);

    // 애니메이션 시작
    _animationController.forward();
  }

  @override
  void dispose() {
    _animationController.dispose();
    super.dispose();
  }

  @override
  Widget build(BuildContext context) {
```

```
    return MaterialApp(
      title: 'Animation Example',
      theme: ThemeData(
        primarySwatch: Colors.blue,
      ),
      home: Scaffold(
        appBar: AppBar(
          title: Text('Animation Example'),
        ),
        body: Center(
          child: AnimatedBuilder(
            animation: _animation,
            builder: (BuildContext context, Widget? child) {
              return Opacity(
                opacity: _animation.value,
                child: Container(
                  width: 200,
                  height: 200,
                  color: Colors.red,
                ),
              );
            },
          ),
        ),
      ),
    );
  }
}
```

위의 코드는 애니메이션 컨트롤러를 사용하여 Opacity 위젯의 투명도를 조정하여 애니메이션 효과를 구현한다. AnimationController를 초기화하고 Tween을 사용하여 애니메이션의 시작과 종료 값을 정의한다. AnimatedBuilder를 사용하여 애니메이션의 변화에 따라 UI를 업데이트한다. 이 코드에서는 Opacity 위젯을 사용하여 투명도를 조정하지만, 다른 위젯을 사용하여 위치, 크기 등을 조정하는 애니메이션도 가능하다.

dispose() 메서드는 StatefulWidget이나 StatelessWidget의 상태가 제거될 때 호출되는 메서드다. 주

로 리소스 해제나 정리 작업을 수행하는 데 사용된다. 또한 super.dispose()는 부모 클래스의 dispose() 메서드를 호출하는 역할을 한다. StatelessWidget을 사용하는 경우에는 super.dispose()를 호출해야 한다. 하지만 StatefulWidget을 사용하는 경우에는 super.dispose()를 호출하지 않아도 된다. dispose() 메서드는 위젯이 제거될 때 필요한 정리 작업을 수행하기 위해 사용되며, 리소스의 해제, 리스너 등록 해제 등과 같은 작업을 여기에서 처리할 수 있다.

builder 매개변수는 AnimatedBuilder 위젯에서 사용되는 콜백 함수다. 이 콜백 함수는 애니메이션의 현재 값에 따라 위젯을 빌드하는 역할을 한다. builder 콜백 함수는 두 개의 매개변수를 가지고 있다.

BuildContext context	위젯 트리의 현재 컨텍스트를 나타내는 매개변수다. 주로 테마, 로케일, 미디어 쿼리 등의 정보에 접근할 때 사용된다.
Widget? child	AnimatedBuilder 위젯의 자식 위젯이다. 이 자식 위젯은 애니메이션에 의해 변화하는 부분이 아닌, 고정된 부분이다.

builder 콜백 함수는 애니메이션의 현재 값에 따라 새로운 위젯을 반환해야 한다. 이 새로운 위젯은 애니메이션 값에 따라 업데이트되는 부분을 포함하고 있어야 한다. builder 콜백 함수는 애니메이션의 현재 값이 변경될 때마다 호출되며, 이를 통해 애니메이션의 프레임마다 새로운 위젯을 생성하여 애니메이션 효과를 구현할 수 있다. 일반적으로 AnimatedBuilder 위젯은 애니메이션 값을 받아 UI에 반영하는 위젯을 반환하는 람다 함수 형태로 사용된다. 이렇게 함으로써 애니메이션의 현재 값에 따라 위젯이 동적으로 변화하도록 할 수 있다.

위의 코드는 간단한 애니메이션 효과를 보여 주는 것이며, 플러터에서는 다양한 애니메이션 효과를 구현할 수 있다. Animation과 AnimationController를 활용하여 원하는 애니메이션을 만들고, AnimatedBuilder를 사용하여 UI를 업데이트하는 방식으로 다양한 애니메이션 효과를 구현할 수 있다.

에러에서 배우기

- AnimationController 초기화 에러
  _animationController 객체를 초기화할 때 duration 속성에 const Duration(seconds: 2)와 같이 적절한 Duration 값을 제공해야 한다. 또한, vsync 속성에는 this를 사용하여 SingleTickerProviderStateMixin을 현재 클래스에 mixin 해야 하는데, 이를 통해 애니메이션 컨트롤러가 화면 갱신 주기와 동기화된다.

- 애니메이션 정의 에러
  _animation 객체는 begin 및 end 값으로 Tween<double>(begin: 0, end: 1)을 사용하여 초기화된다. 이를 통해 0부터 1까지의 애니메이션을 생성할 수 있는데, 애니메이션의 시작과 끝 값을 애플리케이션 요구에 맞게 조정해야 한다.

- 애니메이션 시작 에러

  _animationController.forward()를 호출하여 애니메이션을 시작해야 한다. 이 메서드를 호출하지 않으면 애니메이션이 실행되지 않으므로 initState() 메서드 내부에서 호출해야 한다.

- AnimatedBuilder 위젯 구성 에러

  AnimatedBuilder 위젯은 _animation을 애니메이션으로 사용하고, 빌더 함수를 통해 위젯 트리를 리빌드해야 한다. 그러므로 빌더 함수의 BuildContext context 및 Widget? child 매개변수를 사용하여 애니메이션을 적용할 위젯 트리를 반환해야 한다.

- Opacity 위젯 구성 에러

  Opacity 위젯은 자식 위젯의 투명도를 조절한다. _animation.value를 opacity 속성에 제공하여 애니메이션 값을 설정해야 하는데, 이를 통해 애니메이션에 따라 컨테이너가 서서히 나타나거나 사라진다.

- Container 위젯 구성 에러

  Container 위젯은 너비 width와 높이 height 속성을 제공해야 한다. 이를 통해 컨테이너의 크기를 지정할 수 있으며, color 속성에 원하는 색상을 지정해야 한다.

애니메이션 컨트롤러와 트위닝 애니메이션

애니메이션 컨트롤러(Animation Controller)는 애니메이션의 진행 상태를 제어하는 역할을 한다. 컨트롤러를 사용하여 애니메이션을 시작하거나 정지시키고, 애니메이션의 속도를 조절하거나 반복 여부를 설정할 수 있다. 트위닝 애니메이션(Tweening Animation)은 애니메이션의 시작과 끝 사이의 보간된 값을 계산하여 중간 상태의 애니메이션을 생성하는 기법이다. 이를 위해 플러터에서는 Tween 클래스를 제공한다. Tween 클래스는 시작 값과 끝 값 사이의 보간된 값을 생성하며, 이를 애니메이션 컨트롤러에 연결하여 애니메이션의 시간에 따라 값을 보간하고 업데이트한다.

애니메이션 컨트롤러와 트위닝 애니메이션을 함께 사용하면 특정 속성의 애니메이션을 부드럽게 전환하거나 원하는 대로 조절할 수 있다. 예를 들어, 위치 값의 애니메이션을 트위닝 애니메이션과 함께 사용하면 시작 위치와 끝 위치 사이를 자연스럽게 이동하는 애니메이션을 구현할 수 있다. 이를 통해 사용자 인터페이스에 다양한 동적인 효과를 부여할 수 있다. 예를 들어, AnimatedContainer 위젯을 사용하여 컨테이너의 속성이 변경될 때 애니메이션 효과를 부여할 수 있다. 애니메이션 컨트롤러와 애니메이션 객체를 설정한 다음, 필요한 속성을 변경하면 AnimatedContainer 위젯은 자동으로 애니메이션을 적용하여 부드러운 효과를 보여 준다.

```dart
import 'package:flutter/material.dart';

void main() {
  runApp(MyApp());
}

class MyApp extends StatelessWidget {
  @override
  Widget build(BuildContext context) {
    return MaterialApp(
      home: Scaffold(
        appBar: AppBar(
          title: Text('My Widget'),
        ),
        body: MyWidget(),
      ),
    );
  }
}

class MyWidget extends StatefulWidget {
  @override
  _MyWidgetState createState() => _MyWidgetState();
}

class _MyWidgetState extends State<MyWidget>
    with SingleTickerProviderStateMixin {
  late AnimationController _animationController;
  late Animation<double> _animation;

  @override
  void initState() {
    super.initState();
    _animationController = AnimationController(
      duration: const Duration(seconds: 1),
      vsync: this,
    );
    _animation = Tween<double>(begin: 0, end: 1).animate(_animationController);
  }
```

```dart
  @override
  void dispose() {
    _animationController.dispose();
    super.dispose();
  }

  @override
  Widget build(BuildContext context) {
    return GestureDetector(
      onTap: () {
        if (_animationController.status != AnimationStatus.forward) {
          _animationController.reset();
          Future.delayed(const Duration(milliseconds: 5000), () {
            _animationController.forward();
          });

        }
      },
      child: AnimatedBuilder(
        animation: _animationController,
        builder: (context, child) {
          return AnimatedContainer(
            duration: const Duration(seconds: 1),
            width: _animation.value * 50+50,
            height: _animation.value * 50+50,
            color: Colors.blue,
          );
        },
      ),
    );
  }
}
```

위의 코드에서는 MyWidget이라는 StatefulWidget을 정의하고, AnimatedContainer를 사용하여 애니메이션을 적용한다. _animationController를 생성하고 _animation을 설정한 다음, AnimatedContainer의 속성인 width와 height에 애니메이션 값을 적용하였다. _animation에 설정한 Tween의 시작값과 끝값이 _animation.value의 값을 정해 준다. 마지막으로, onTap 이벤트를 통해 애니메이션

Quick Tip

이와 같은 방식으로 다양한 애니메이션 효과를 부여할 수 있으며, 플러터는 다양한 애니메이션 관련 클래스와 위젯을 제공하여 애니메이션의 구현과 제어를 쉽게 할 수 있도록 도와줍니다. 애니메이션을 사용하여 사용자 인터페이스를 생동감 있게 만들고 사용자 경험을 향상시킬 수 있습니다.

이 시작되며, Future.delayed를 통해 5초를 기다린 후 다시 애니메이션이 실행된다.

애니메이션 위젯과 애니메이션 빌더

애니메이션 위젯과 애니메이션 빌더는 플러터에서 애니메이션을 쉽게 구현하고 관리할 수 있도록 도와주는 도구다.

애니메이션 위젯(Animation Widget)

특정 위젯이나 일부 위젯에 애니메이션을 적용할 수 있는 위젯이다. 예를 들어, AnimatedContainer, AnimatedOpacity, AnimatedPositioned 등의 애니메이션 위젯을 사용하면 해당 위젯의 속성을 애니메이션화하여 부드럽게 변화시킬 수 있다. 이를 위해 애니메이션 컨트롤러와 트위닝 애니메이션을 사용하여 애니메이션을 제어하고 업데이트한다.

```
import 'package:flutter/material.dart';

void main() => runApp(MyApp());

class MyApp extends StatefulWidget {
  @override
  _MyAppState createState() => _MyAppState();
}

class _MyAppState extends State<MyApp> {
```

```
  bool _isExpanded = false;

  void _toggleContainer() {
    setState(() {
      _isExpanded = !_isExpanded;
    });
  }

  @override
  Widget build(BuildContext context) {
    return MaterialApp(
      home: Scaffold(
        appBar: AppBar(
          title: Text('AnimatedContainer Example'),
        ),
        body: Center(
          child: GestureDetector(
            onTap: _toggleContainer,
            child: AnimatedContainer(
              duration: Duration(seconds: 1),
              width: _isExpanded ? 200.0 : 100.0,
              height: _isExpanded ? 200.0 : 100.0,
              color: _isExpanded ? Colors.blue : Colors.red,
            ),
          ),
        ),
      ),
    );
  }
}
```

위 코드에서는 AnimatedContainer 위젯을 사용하여 컨테이너의 크기와 색상이 애니메이션으로 변경된다. duration 속성을 사용하여 애니메이션의 지속 시간을 설정할 수 있으며, 상태에 따라 컨테이너의 너비, 높이 및 색상이 변경된다.

애니메이션 빌더(Animation Builder)

트위닝 애니메이션을 보다 유연하게 구성하기 위한 도구다. Tween 클래스와 함께 사용되며, 애니메이션의 시작과 끝 값을 정의하고, 중간 상태의 애니메이션 값을 반환하는 함수를 정의할 수 있다. 이를 통해 사용자 정의된 애니메이션 로직을 작성하고, 보간된 값을 애니메이션 위젯에 전달하여 애니메이션을 적용할 수 있다.

```dart
import 'package:flutter/material.dart';

void main() => runApp(MyApp());

class MyApp extends StatefulWidget {
  @override
  _MyAppState createState() => _MyAppState();
}

class _MyAppState extends State<MyApp> with SingleTickerProviderStateMixin {
  late AnimationController _animationController;
  late Animation<double> _animation;

  @override
  void initState() {
    super.initState();
    _animationController = AnimationController(
      duration: Duration(seconds: 2),
      vsync: this,
    )..repeat(reverse: true);

    _animation = Tween<double>(begin: 1.0, end: 2.0).animate
    (_animationController);
  }
  @override
  void dispose() {
    _animationController.dispose();
    super.dispose();
  }

  @override
  Widget build(BuildContext context) {
    return MaterialApp(
      home: Scaffold(
        appBar: AppBar(
          title: Text('AnimatedBuilder Example'),
        ),
        body: Center(
```

```
            child: AnimatedBuilder(
              animation: _animationController,
              builder: (context, child) {
                return Transform.scale(
                  scale: _animation.value,
                  child: Image.asset(
                    'assets/images/flutter_logo.png',
                    width: 200,
                    height: 200,
                  ),
                );
              },
            ),
          ),
        ),
      );
    }
  }
```

위 코드에서는 AnimatedBuilder 위젯을 사용하여 Transform.scale을 애니메이션화한다. 애
니메이션 컨트롤러와 애니메이션을 정의한 후, AnimatedBuilder 위젯을 사용하여 애니메이션
값을 받아와서 활용할 수 있다. 이 코드에서는 이미지의 크기를 애니메이션으로 변경하고 있다.

손으로 익히는 코딩

```
import 'package:flutter/material.dart';

void main() => runApp(MyApp());

class MyApp extends StatefulWidget {
  @override
  _MyAppState createState() => _MyAppState();
}

class _MyAppState extends State<MyApp> with SingleTickerProviderStateMixin {
  bool _isImageVisible = true;
  bool _isTextVisible = true;
  late AnimationController _animationController;
```

```dart
  late Animation<double> _animation;

  @override
  void initState() {
    super.initState();
    _animationController = AnimationController(
      duration: Duration(seconds: 1),
      vsync: this,
    );

    _animation = Tween<double>(begin: 0.0, end: 1.0).animate(_animationController);
  }

  @override
  void dispose() {
    _animationController.dispose();
    super.dispose();
  }

  void _toggleContent() {
    setState(() {
      _isImageVisible = !_isImageVisible;
      _isTextVisible = !_isTextVisible;
      if (_isImageVisible || _isTextVisible) {
        _animationController.forward();
      } else {
        _animationController.reverse();
      }
    });
  }

  @override
  Widget build(BuildContext context) {
    return MaterialApp(
      home: Scaffold(
        appBar: AppBar(
          title: Text('AnimatedContainer and AnimatedBuilder Example'),
        ),
        body: Center(
          child: GestureDetector(
            onTap: _toggleContent,
```

```
            child: AnimatedBuilder(
              animation: _animationController,
              builder: (context, child) {
                return Column(
                  mainAxisAlignment: MainAxisAlignment.center,
                  children: [
                    AnimatedContainer(
                      duration: Duration(milliseconds: 500),
                      width: _isImageVisible ? 200.0 : 0.0,
                      height: _isImageVisible ? 200.0 : 0.0,
                      decoration: BoxDecoration(
                        image: DecorationImage(
                          image: AssetImage('assets/image.png'),
                          fit: BoxFit.cover,
                        ),
                      ),
                    ),
                    Opacity(
                      opacity: _isTextVisible ? _animation.value : 0.0,
                      child: Text(
                        'Hello, Flutter!',
                        style: TextStyle(
                          fontSize: 24,
                          fontWeight: FontWeight.bold,
                          color: Colors.blue,
                        ),
                      ),
                    ),
                  ],
                );
              },
            ),
          ),
        ),
      ),
    );
  }
}
```

위 코드에서는 AnimatedContainer를 사용하여 이미지를 애니메이션화하고, AnimatedBuilder를 사용하여 텍스트의 투명도를 애니메이션화하고 있다. 버튼을 클릭할 때마다 이미지와 텍스트가 나타났다가 사라지는 애니메이션 효과를 볼 수 있다.

04

네비게이션

✓ **핵심 키워드**

네비게이션, 라우팅, 라우트, 네비게이션 스택, 네비게이션 애니메이션

여기서는 무얼 배울까

네비게이션에서는 플러터 앱의 다양한 화면 간 전환과 이동을 다루는데, 이를 시행하기 위한 개념인 라우터와 라우트를 주로 배우며, 사용자가 앱 내에서 자유롭게 이동할 수 있는 경로를 구성하는 방법을 익힐 것이다. 또한, 네비게이션 애니메이션을 적용하여 부드럽고 시각적으로 매끄러운 전환 효과를 구현하는 방법도 배우게 된다.

네비게이션의 개념

네비게이션은 사용자가 앱 내에서 다양한 화면 사이를 이동하는 것을 의미한다. 사용자는 앱을 탐색하고 원하는 컨텐츠를 찾기 위해 다른 화면으로 이동하거나 이전 화면으로 돌아갈 수 있어야 한다. 따라서 네비게이션 기능은 앱의 사용성과 사용자 경험을 향상시키는 핵심적인 요소다. 네비게이션의 필요성은 다음과 같은 이유로 설명된다.

● 화면 간 전환: 앱은 여러 개의 화면으로 구성된다. 네비게이션을 통해 사용자는 메뉴, 버튼, 링크 등을 통해 다른 화면으로 이동할 수 있다. 예를 들어, 앱의 메인 화면에서 세부 정보를 보여 주는 화면으로 전환하거나, 설정 화면으로 이동하는 등의 작업이 가능하다.

● 계층적 구조: 앱은 종종 계층적인 구조를 가지며, 여러 수준의 화면이 존재한다. 네비게이션은 이러한 계층 구조를 효과적으로 관리하고 탐색할 수 있도록 도와준다. 예를 들어, 카테고리 목록 화면에서 세부 항목 목록 화면으로 이동하고, 그 다음에는 항목의 세부 정보를 보여 주는 화면으로 이동하는 등의 계층적인 네비게이션을 구현할 수 있다.

● 뒤로 가기 기능: 사용자는 이전 화면으로 돌아갈 수 있는 뒤로 가기 기능을 제공받아야 한다. 네비게이션을 통해 사용자는 이전 화면으로 쉽게 되돌아갈 수 있으며, 일관된 사용자 경험을 제공할 수 있다.

● 데이터 전달: 화면 간에 데이터를 전달해야 할 때도 네비게이션을 활용한다. 예를 들어, 이전 화면에서 선택한 항목에 대한 정보를 다음 화면으로 전달하여 해당 항목에 대한 세부 정보를 표시하는 등의 데이터 전달이 가능하다.

네비게이션은 사용자가 앱을 효율적으로 이용하고 탐색할 수 있도록 도와주는 핵심 개념이다. 플러터에서는 다양한 네비게이션 기법과 라우트 매니저를 제공하여 앱의 네비게이션 구현을 지원한다. 대표적인 네비게이션 형식들은 다음과 같다.

● 네비게이션 바(Navigation Bar): 화면 상단에 위치하는 네비게이션 바는 일반적으로 앱의 로고, 제목, 메뉴 버튼 등을 포함하고 있다. 사용자는 네비게이션 바를 통해 다른 화면으로 이동하거나 메뉴를 열 수 있다.

● 탐색 메뉴(Navigation Menu): 네비게이션 바나 앱의 특정 부분에서 제공되는 탐색 메뉴는 사용자가 특정 화면으로 이동할 수 있는 목록을 제공한다. 일반적으로 목록은 아이콘과 텍스트로 구성되어 있으며, 사용자는 해당 목록을 터치하여 원하는 화면으로 이동할 수 있다.

● 탭 바(Tab Bar): 탭 바는 하단에 위치하며, 여러 개의 탭으로 구성된다. 각 탭은 다른 화면을 나타내고, 사용자는 탭을 선택하여 해당 화면으로 이동할 수 있다. 탭 바는 앱의 여러 섹션 또는 기능을 나누어 주는 데 사용된다.

● 슬라이딩 메뉴(Sliding Menu): 슬라이딩 메뉴는 왼쪽이나 오른쪽에서 화면으로 나타나는 메뉴다. 사용자는 화면을 슬라이드하여 메뉴를 열고, 메뉴에서 제공되는 항목을 선택하여 다른 화면으로 이동할 수 있다.

● 버튼 또는 링크: 화면 내에서 버튼이나 링크를 통해 다른 화면으로 이동할 수도 있다. 버튼이나 링크는 사용자에게 명확한 목적지를 제공하고, 특정 액션을 수행할 수 있도록 도와준다.

> **Clear Comment**
> 이러한 구성 요소들은 앱의 네비게이션을 보다 유연하고 직관적으로 만들어 줍니다. 앱의 특성과 사용자 경험을 고려하여 적절한 네비게이션 양식을 선택하고 구현할 수 있습니다.

라우팅과 라우트 매니저

라우팅은 플러터 앱에서 화면 간의 전환과 관련된 기능을 제공하는 개념이다. 앱이 여러 개의 화면으로 구성되어 있을 때, 라우팅을 통해 사용자는 원하는 화면으로 이동하거나 이전 화면으로 돌아갈 수 있다. 라우팅을 구현하기 위해 플러터는 라우트 매니저(Route Manager)를 제공한다.

라우트 매니저는 앱의 화면 전환과 관련된 로직을 처리하고, 화면 간의 관계를 관리하는 역할을 한다. 라우트 매니저는 일종의 중개자 역할을 수행하며, 사용자의 요청에 따라 적절한 라우트를 선택하고 해당 화면을 표시한다. 라우트 매니저를 사용하여 라우팅을 구현할 때는 다음과 같은 개념을 이해해야 한다.

● 라우트(Route): 라우트는 앱의 각 화면을 대표하는 개념이다. 예를 들어, 앱의 메인 화면, 설정 화면, 상세 정보 화면 등이 각각 하나의 라우트가 될 수 있다.

● 라우트 테이블(Route Table): 라우트 테이블은 사용 가능한 모든 라우트와 그에 대응하는 화면을 관리하는 데이터 구조다. 라우트 테이블에는 각 라우트에 대한 식별자나 경로, 화면 위젯 등의 정보가 포함된다.

● 네비게이터(Navigator): 네비게이터는 라우트 매니저와 실제 화면을 연결하는 역할을 한다. 네비게이터는 라우트 테이블을 참조하여 요청된 라우트를 식별하고 해당 화면 위젯을 표시한다. 또한, 뒤로 가기와 같은 화면 전환 동작을 처리한다.

● 라우트 전환: 사용자가 다른 화면으로 이동하려는 경우, 라우트 전환을 통해 해당 화면으로 네비게이터가 이동한다. 일반적으로는 사용자의 요청에 따라 특정 라우트를 식별하여 해당 화면을 표시한다.

라우트 매니저와 관련된 개념을 이해하고 적절히 활용하면 플러터 앱에서 간편하고 일관된 네비게이션 구현이 가능하다. 플러터는 여러 가지 라우트 매니저를 제공하며, 필요에 따라 선택하여 앱 개발에 사용 할 수 있다. 몇 가지 중요한 라우트 매니저를 살펴보자.

● MaterialApp과 Navigator: MaterialApp은 앱의 전체 라우트 테이블을 관리하는 역할을 한다. 라우트 테이블에는 앱 내에서 사용 가능한 모든 라우트와 해당하는 위젯이 등록된다. Navigator는 MaterialApp에 의해 생성되는 내장 네비게이터로, 라우트 매니저의 역할을 수행한다. Navigator는 MaterialApp이 관리하는 라우트 테이블을 참조하여 요청된 라우트를 식별하고 해당하는 화면 위젯을 표시한다.

- MaterialPageRoute: MaterialApp의 내장 네비게이터에 의해 사용되는 일반적인 라우트 매니저다. MaterialPageRoute는 단순한 화면 전환을 구현할 때 사용된다. 사용자의 요청에 따라 새로운 화면을 네비게이터 스택*에 푸시하거나 이전 화면으로 팝하는 동작을 처리한다. MaterialPageRoute는 자동으로 애니메이션 효과를 제공하며, 앱의 테마에 따라 애니메이션 스타일이 결정된다.

- Named Routes: 플러터에서는 이름으로 라우트를 식별하는 Named Routes를 사용할 수 있다. MaterialApp의 routes 속성을 사용하여 라우트 테이블에 이름과 해당하는 위젯을 등록한다. 사용자는 Navigator를 사용하여 특정 이름의 라우트를 호출하여 해당 화면으로 전환할 수 있다. Named Routes를 사용하면 경로 대신 이름을 사용하여 화면 전환을 수행할수 있으므로 코드의 가독성과 유지 보수성이 향상된다.

- 푸시 알림 라우팅: 플러터는 푸시 알림을 통해 앱이 백그라운드에서 실행 중일 때도 특정 화면으로 이동하는 기능을 제공한다. 푸시 알림을 수신하면 사용자가 푸시 알림을 탭했을 때, 특정 라우트로 자동으로 전환된다. 이를 푸시 알림 라우팅이라고 한다. 푸시 알림 라우팅을 구현하기 위해선, 푸시 알림 메시지를 수신하고 해당하는 라우트로 이동하는 로직을 작성해야 한다.

> **◐ 더 알아보기**
>
> 스택(Stack)
>
> 스택은 후입선출(LIFO, Last-In-First-Out) 구조를 가지며, 네비게이터 스택도 마찬가지다. 스택에 화면을 푸시하면 해당 화면이 스택의 맨 위에 추가되고, 팝하면 스택의 맨 위에 있는 화면이 제거된다. 이를 통해 이전 화면으로 되돌아가거나 새로운 화면을 표시하는 등의 화면 전환을 관리할 수 있다.

```
import 'package:flutter/material.dart';

void main() {
  runApp(MyApp());
}

class MyApp extends StatelessWidget {
  @override
  Widget build(BuildContext context) {
```

기초 용어 정리

* 네비게이터 스택: 앱에서 화면 전환과 관련된 작업을 처리하는 데 사용되는 데이터 구조이다. 이 스택은 화면을 추가하고 제거하는 방식으로 동작하며, 현재 화면의 상태와 이전 화면들의 상태를 관리한다.

```
      return MaterialApp(
        initialRoute: '/',
        routes: {
          '/': (context) => HomePage(),
          '/details': (context) => DetailsPage(),
        },
      );
    }
}

class HomePage extends StatelessWidget {
  @override
  Widget build(BuildContext context) {
    return Scaffold(
      appBar: AppBar(
        title: Text('Home'),
      ),
      body: Center(
        child: Column(
          mainAxisAlignment: MainAxisAlignment.center,
          children: [
            ElevatedButton(
              child: Text('Go to Details Page'),
              onPressed: () {
                Navigator.pushNamed(context, '/details', arguments: {'id':
                123}));
              },
            ),
          ],
        ),
      ),
    );
  }
}

class DetailsPage extends StatelessWidget {
  @override
  Widget build(BuildContext context) {
    final arguments = ModalRoute.of(context)?.settings.arguments as Map<String,
    dynamic>?;

    final id = arguments?['id'];
```

```
    return Scaffold(
      appBar: AppBar(
        title: Text('Details Page'),
      ),
      body: Center(
        child: Text('ID: $id'),
      ),
    );
  }
}
```

위 코드에서는 routes 맵을 사용하여 각 경로에 대한 위젯을 설정했다. '/' 경로는 HomePage 위젯을 나타내고 '/details' 경로는 DetailsPage 위젯을 나타낸다. HomePage에서는 버튼을 누르면 Navigator.pushNamed()를 호출하여 '/details' 경로로 이동하고, 동시에 arguments 매개변수를 통해 파라미터를 전달한다. DetailsPage에서는 ModalRoute.of(context). settings.arguments를 통해 전달된 파라미터에 접근할 수 있다. 이 코드에서는 'id'라는 키로 전달된 값을 출력한다. 이렇게 구성된 코드에서는 Navigator를 통해 경로를 지정하여 페이지 전환을 수행하고, ModalRoute를 통해 전달된 파라미터에 접근할 수 있다.

손으로 익히는 코딩

```
import 'package:flutter/material.dart';

void main() {
  runApp(MyApp());
}

class MyApp extends StatelessWidget {
  @override
  Widget build(BuildContext context) {
    return MaterialApp(
      title: 'Route Example',
      theme: ThemeData(
        primarySwatch: Colors.blue,
      ),
      home: HomePage(),
```

```dart
      routes: {
        '/page1': (context) => Page1(),
        '/page2': (context) => Page2(),
      },
    );
  }
}

class HomePage extends StatelessWidget {
  @override
  Widget build(BuildContext context) {
    return Scaffold(
      appBar: AppBar(
        title: Text('Home'),
      ),
      body: Center(
        child: Column(
          mainAxisAlignment: MainAxisAlignment.center,
          children: [
            ElevatedButton(
              child: Text('Go to Page 1'),
              onPressed: () {
                Navigator.pushNamed(context, '/page1');
              },
            ),
            ElevatedButton(
              child: Text('Go to Page 2'),
              onPressed: () {
                Navigator.pushNamed(context, '/page2');
              },
            ),
          ],
        ),
      ),
    );
  }
}

class Page1 extends StatelessWidget {
  @override
  Widget build(BuildContext context) {
```

```dart
    return Scaffold(
      appBar: AppBar(
        title: Text('Page 1'),
      ),
      body: Center(
        child: ElevatedButton(
          child: Text('Go back'),
          onPressed: () {
            Navigator.pop(context);
          },
        ),
      ),
    );
  }
}

class Page2 extends StatelessWidget {
  @override
  Widget build(BuildContext context) {
    return Scaffold(
      appBar: AppBar(
        title: Text('Page 2'),
      ),
      body: Center(
        child: ElevatedButton(
          child: Text('Go back'),
          onPressed: () {
            Navigator.pop(context);
          },
        ),
      ),
    );
  }
}
```

위 코드에서는 MaterialApp 위젯의 routes 속성을 사용하여 각 페이지에 대한 경로를 설정한다. HomePage에서는 두 개의 버튼을 눌러 각 페이지로 이동할 수 있다. Navigator.pushNamed() 메서드를 사용하여 해당 경로의 페이지로 이동하며, Navigator.pop() 메서드를 사용하여 이전 페이지로 돌아간다. routes 속성으로 지정된

경로와 페이지 위젯은 MaterialApp 내에서 자동으로 관리되며, Navigator를 통해 페이지 전환을 처리한다.

에러에서 배우기

- Navigator.pushNamed() 함수 호출 에러
  Navigator.pushNamed() 함수 호출 시 등록된 라우트 이름에 대응하는 페이지로 전환하는데, 해당 라우트 이름이 등록되어 있지 않을 경우 에러가 발생할 수 있다. 따라서 routes 속성에 등록된 라우트 이름에 대응하는 페이지가 정확히 구현되어 있는지 확인해야 한다.

- Navigator.pop() 함수 호출 에러
  Navigator.pop() 함수는 이전 페이지로 돌아가는 데 사용된다. 그러나 현재 페이지가 스택에 없는 경우 에러가 발생할 수 있다. 따라서 페이지 전환 시 현재 페이지가 스택에 쌓여 있는지 확인해야 한다.

네비게이션 위젯과 라우팅 설정

라우팅 설정은 앱에서 사용할 라우트들을 정의하고 구성하는 과정이다. 라우팅 설정을 통해 앱의 네비게이션 흐름을 결정할 수 있다. 일반적으로 라우팅 설정은 MaterialApp의 routes 매개변수를 사용하여 정의된다. routes 매개변수에는 이름과 해당하는 위젯을 매핑한 맵(Map) 형태로 라우트들을 등록할 수 있다. 이를 통해 각 라우트에 대한 이름을 설정하고 해당하는 위젯을 연결한다. 예를 들어, 다음과 같이 MaterialApp의 routes 매개변수를 사용하여 라우트를 설정할 수 있다.

```
routes: {
  '/': (context) => HomePage(),
  '/details': (context) => DetailsPage(),
  '/settings': (context) => SettingsPage(),
},
```

위의 코드에서 '/', '/details', '/settings'는 각각 라우트의 이름이고, 오른쪽에 해당하는 위젯을 등록하여 매핑한다. 이렇게 설정된 라우트들은 Navigator를 사용하여 화면 전환을 할 때 이름으로 호출할 수 있다.

```dart
import 'package:flutter/material.dart';

void main() {
  runApp(MyApp());
}

class MyApp extends StatelessWidget {
  @override
  Widget build(BuildContext context) {
    return MaterialApp(
      title: 'Navigation Example',
      theme: ThemeData(
        primarySwatch: Colors.blue,
      ),
      home: HomePage(),
    );
  }
}

class HomePage extends StatelessWidget {
  @override
  Widget build(BuildContext context) {
    return Scaffold(
      appBar: AppBar(
        title: Text('Navigation Example'),
      ),
      body: Center(
        child: ElevatedButton(
          child: Text('Go to Details'),
          onPressed: () {
            Navigator.push(
              context,
              MaterialPageRoute(builder: (context) => DetailsPage()),
            );
          },
        ),
      ),
    );
```

```
    }
  }

class DetailsPage extends StatelessWidget {
  @override
  Widget build(BuildContext context) {
    return Scaffold(
      appBar: AppBar(
        title: Text('Details Page'),
      ),
      body: Center(
        child: ElevatedButton(
          child: Text('Go Back'),
          onPressed: () {
            Navigator.pop(context);
          },
        ),
      ),
    );
  }
}
```

위 코드는 HomePage에서 ElevatedButton을 누르면 Navigator.push를 사용하여 DetailsPage
로 전환된다. DetailsPage에서는 다시 ElevatedButton을 누르면 Navigator.pop을 사용하여 이
전 페이지로 돌아간다. 이 간단한 코드에서는 MaterialApp의 home 속성을 사용하여 첫 번째
페이지인 HomePage를 설정한다. HomePage에서는 버튼을 클릭하면 Navigator.push를 사
용하여 새로운 페이지인 DetailsPage로 이동한다. DetailsPage에서 다시 버튼을 클릭하면
Navigator.pop을 사용하여 이전 페이지로 돌아간다.

이 코드를 실행하면 HomePage에서 버튼을 클릭하면 DetailsPage로 전환되고, DetailsPage
에서 다시 버튼을 클릭하면 HomePage로 돌아가는 것을 확인할 수 있다. 이를 통해 간단한 라
우팅 및 페이지 전환 기능을 구현하는 방법을 이해할 수 있다.

손으로 익히는 코딩

```
import 'package:flutter/material.dart';

void main() {
  runApp(MyApp());
```

```dart
}

class MyApp extends StatelessWidget {
  @override
  Widget build(BuildContext context) {
    return MaterialApp(
      title: 'Navigation Example',
      theme: ThemeData(
        primarySwatch: Colors.blue,
      ),
      routes: {
        '/': (context) => HomePage(),
        '/page1': (context) => Page1(),
        '/page2': (context) => Page2(),
        '/page3': (context) => Page3(),
      },
    );
  }
}

class HomePage extends StatefulWidget {
  @override
  _HomePageState createState() => _HomePageState();
}

class _HomePageState extends State<HomePage> {
  int _currentIndex = 0;

  final List<Widget> _pages = [
    Page1(),
    Page2(),
    Page3(),
  ];

  @override
  Widget build(BuildContext context) {
    return Scaffold(
      appBar: AppBar(
        title: Text('Navigation Example'),
      ),
      body: IndexedStack(
```

```dart
        index: _currentIndex,
        children: _pages,
      ),
      bottomNavigationBar: BottomNavigationBar(
        currentIndex: _currentIndex,
        onTap: (index) {
          setState(() {
            _currentIndex = index;
          });
        },
        items: [
          BottomNavigationBarItem(
            icon: Icon(Icons.home),
            label: 'Home',
          ),
          BottomNavigationBarItem(
            icon: Icon(Icons.mail),
            label: 'Page 1',
          ),
          BottomNavigationBarItem(
            icon: Icon(Icons.person),
            label: 'Page 2',
          ),
        ],
      ),
    );
  }
}

class Page1 extends StatelessWidget {
  @override
  Widget build(BuildContext context) {
    return Scaffold(
      appBar: AppBar(
        title: Text('Page 1'),
      ),
      body: Center(
        child: Text('Page 1'),
      ),
    );
  }
```

```
  }

class Page2 extends StatelessWidget {
  @override
  Widget build(BuildContext context) {
    return Scaffold(
      appBar: AppBar(
        title: Text('Page 2'),
      ),
      body: Center(
        child: Text('Page 2'),
      ),
    );
  }
}

class Page3 extends StatelessWidget {
  @override
  Widget build(BuildContext context) {
    return Scaffold(
      appBar: AppBar(
        title: Text('Page 3'),
      ),
      body: Center(
        child: Text('Page 3'),
      ),
    );
  }
}
```

위 코드에서는 MaterialApp의 routes 속성을 사용하여 경로와 해당 경로에 대한 위젯을 설정한다.
각 경로는 문자열과 해당 경로에 대한 위젯을 매핑한 것이다. HomePage는 StatefulWidget으로
구현되어 있고, _currentIndex 변수를 사용하여 현재 선택된 탭을 추적한다. IndexedStack 위
젯을 사용하여 _currentIndex에 따라 보여줄 페이지를 변경한다. 하단의 BottomNavigationBar
는 탭을 선택할 수 있는 네비게이션 바를 표시한다. 사용자가 탭을 선택하면 _currentIndex가
업데이트되고, 이에 따라 _pages 리스트에서 해당 인덱스의 페이지가 보여진다. 각 페이지
(Page1, Page2, Page3)는 Scaffold를 사용하여 기본적인 앱 레이아웃을 생성하고, appBar와
body에 해당 페이지의 제목과 내용을 나타내는 위젯을 배치한다. 이 코드를 실행하면 하단에 세
개의 탭이 있고, 탭을 선택할 때마다 해당 페이지가 나타난다. 이를 통해 네비게이션 위젯과 라우

팅 설정을 함께 사용하여 페이지 전환을 구현하는 방법을 확인할 수 있다.

```dart
import 'package:flutter/material.dart';

void main() => runApp(MyApp());

class MyApp extends StatelessWidget {
  @override
  Widget build(BuildContext context) {
    return MaterialApp(
      title: 'BottomNavigationBar Example',
      theme: ThemeData(
        primarySwatch: Colors.blue,
      ),
      home: HomePage(),
    );
  }
}

class HomePage extends StatefulWidget {
  @override
  _HomePageState createState() => _HomePageState();
}

class _HomePageState extends State<HomePage> {
  int _currentIndex = 0;

  final List<Widget> _pages = [
    Page1(),
    Page2(),
    Page3(),
  ];

  @override
  Widget build(BuildContext context) {
    return Scaffold(
      appBar: AppBar(
        title: Text('BottomNavigationBar Example'),
      ),
      body: _pages[_currentIndex],
```

```dart
      bottomNavigationBar: BottomNavigationBar(
        currentIndex: _currentIndex,
        onTap: (index) {
          setState(() {
            _currentIndex = index;
          });
        },
        items: [
          BottomNavigationBarItem(
            icon: Icon(Icons.home),
            label: 'Home',
          ),
          BottomNavigationBarItem(
            icon: Icon(Icons.mail),
            label: 'Page 1',
          ),
          BottomNavigationBarItem(
            icon: Icon(Icons.person),
            label: 'Page 2',
          ),
        ],
      ),
    );
  }
}

class Page1 extends StatelessWidget {
  @override
  Widget build(BuildContext context) {
    return Center(
      child: Text(
        'Page 1',
        style: TextStyle(fontSize: 24),
      ),
    );
  }
}

class Page2 extends StatelessWidget {
  @override
  Widget build(BuildContext context) {
```

```dart
      return Center(
        child: Text(
          'Page 2',
          style: TextStyle(fontSize: 24),
        ),
      );
    }
  }

class Page3 extends StatelessWidget {
  @override
  Widget build(BuildContext context) {
    return Center(
      child: Text(
        'Page 3',
        style: TextStyle(fontSize: 24),
      ),
    );
  }
}
```

이 코드는 MaterialApp을 사용하여 앱을 구성하고, BottomNavigationBar를 활용하여 화면 전환을 구현한다. HomePage 위젯에서는 BottomNavigationBar의 현재 선택된 아이템 인덱스를 상태로 관리하고, 해당 인덱스에 맞는 페이지를 표시한다. BottomNavigationBar의 onTap 콜백을 통해 아이템을 탭할 때마다 인덱스가 업데이트되고, setState를 호출하여 화면을 다시 그린다.

위 코드를 실행하면 홈 화면이 보이며, BottomNavigationBar의 아이템을 탭하면 해당 페이지로 전환된다. 'Home' 아이템은 홈 화면을 표시하고, 'Page 1'과 'Page 2' 아이템은 각각 Page1과 Page2 위젯을 표시한다. 참고로 이 코드에서 사용된 Page1, Page2, Page3 위젯은 간단한 페이지를 나타내는 StatelessWidget이다. 각 페이지의 내용을 변경하거나 새로운 페이지를 추가하여 필요에 맞게 구성할 수 있다.

Clear Comment

라우트 설정을 통해 네비게이션 위젯을 구성하고, 적절한 라우트들을 등록하여 앱의 네비게이션 흐름을 관리할 수 있습니다.

- IndexedStack 위젯 구성 에러

  IndexedStack의 index 속성은 자식 위젯들의 인덱스 값을 가리키는데, 이 값이 자식 위젯 리스트의 인덱스 범위를 초
  과하는 경우 에러가 발생할 수 있다. 예를 들어, 자식 위젯 리스트가 3개의 위젯을 가지고 있는데 index 속성의 값이
  3 이상인 경우 에러가 발생한다. 또한 IndexedStack의 자식 위젯 리스트에서 동일한 위젯이 중복으로 등록되는 경우
  에러가 발생할 수 있다. IndexedStack은 겹쳐진 위젯들 중 하나만을 보여 주기 때문에, 중복된 위젯이 있다면 어떤 위
  젯을 선택해야 할지 모호하게 되어 에러가 발생한다.

- BottomNavigationBar 위젯 구성 에러

  BottomNavigationBar의 onTap 속성은 아이템을 선택했을 때 호출되는 콜백 함수를 지정하는데, 이 콜백 함수가 정의
  되지 않은 경우 에러가 발생한다. onTap 속성에 정확한 콜백 함수를 할당해야 하고, BottomNavigationBar의 items 속
  성은 BottomNavigationBarItem 위젯들의 리스트를 받는다. 이 리스트에 유효한 BottomNavigationBarItem 위젯들이
  올바르게 구성되어 있어야 하고 각 BottomNavigationBarItem은 icon과 label을 가져야 한다. 또한 currentIndex 값 범
  위 초과와 BottomNavigationBarItem 개수 불일치하는 경우에도 에러가 발생한다.

- 라우트 등록 에러

  routes 속성에 등록된 경로에 해당하는 페이지 클래스가 정의되지 않은 경우, 즉 해당 경로에 맵핑되는 Widget이 구
  현되지 않은 경우 에러가 발생한다. 해당 경로에 대응하는 페이지 클래스를 구현해야 하며, routes 속성에 등록된 경
  로에 맵핑되는 위젯이 예상한 형식과 다른 경우 에러가 발생할 수 있다. 예를 들어, 경로에는 Stateless 위젯이 등록되
  어야 하는데 StatefulWidget이 등록되었을 경우 등의 상황이다.

페이지 전환과 파라미터 전달

플러터에서 페이지 전환은 Navigator를 사용하여 수행된다. 페이지 전환을 할 때 파라미터를
전달해야 하는 경우가 많은데, 이를 위해 다양한 방법을 사용할 수 있다. 가장 일반적인 방법은
아래와 같다.

Named Routes(이름 있는 라우트)

MaterialApp의 routes 매개변수를 사용하여 각 페이지에 이름을 지정하고 해당 페이지의 위젯
을 등록한다. 이때 Navigator.pushNamed() 메서드를 사용하여 이름을 기반으로 페이지 전환
을 수행할 수 있다. 전환된 페이지에서는 ModalRoute.of(context).settings.arguments를 통
해 전달된 파라미터에 접근할 수 있다.

```
// 라우트 설정
routes: {
  '/': (context) => HomePage(),
  '/details': (context) => DetailsPage(),
},

// 페이지 전환
Navigator.pushNamed(context, '/details', arguments: {'id': 123});

// 전환된 페이지에서 파라미터 접근
var arguments = ModalRoute.of(context).settings.arguments;
var id = arguments['id'];
```

Constructor Arguments(생성자 인자)

페이지의 생성자를 통해 파라미터를 전달하는 방법이다. 페이지의 생성자를 정의하고 필요한
파라미터를 받아온 뒤 페이지 전환 시 해당 파라미터를 넘겨준다.

```
// 페이지 클래스 정의
class DetailsPage extends StatelessWidget {
  final int id;

  DetailsPage({required this.id});

  // ...
}

// 페이지 전환
Navigator.push(context, MaterialPageRoute(
  builder: (context) => DetailsPage(id: 123),
));
```

Provider 패턴

Provider 패턴을 사용하여 전역 상태 관리를 할 수 있다. Provider를 통해 상태를 관리하고, 페
이지 전환 시 해당 상태를 Provider를 통해 공유하여 다른 페이지에서 접근할 수 있다.

```
// Provider를 통해 상태 공유
class MyProvider extends ChangeNotifier {
  int id = 0;

  void setId(int value) {
    id = value;
    notifyListeners();
  }
}

// Provider 사용 및 페이지 전환
Provider.of<MyProvider>(context, listen: false).setId(123);
Navigator.push(context, MaterialPageRoute(builder: (context) => DetailsPage()));
```

Provider.of는 현재 BuildContext를 사용하여 가장 가까운 상위 위젯에서 제공된 MyProvider 인스턴스를 찾는다. 이때 listen 매개변수를 false로 설정하여 변경 사항을 리스닝하지 않고 값을 가져온다. Provider.of 메서드의 listen 매개변수는 변경 사항을 수신할 때 리스닝 여부를 제어하는 데 사용된다. 이 매개변수는 기본값으로 true로 설정되어 있으며, true로 설정하면 Provider로부터 제공되는 값이 변경될 때마다 해당 위젯이 다시 렌더링된다. 즉, 값이 변경되면 해당 위젯이 업데이트된다. 그러나 listen을 false로 설정하면 현재 값을 한 번 가져온 후에는 변경 사항을 수신하지 않는다. 이렇게 설정하면 해당 위젯이 한 번만 렌더링되며, 값의 변경에 반응하지 않는다. 따라서 Provider.of⟨MyProvider⟩(context, listen: false)는 MyProvider 타입의 인스턴스를 가져올 때 변경 사항을 리스닝하지 않고 가져오는 것을 의미한다. 이를 통해 값을 설정하거나 메서드를 호출하고자 할 때 리렌더링을 방지할 수 있다.

setId(123)는 MyProvider 인스턴스의 setId 메서드를 호출하여 해당 인스턴스의 ID를 123으로 설정하는 역할을 한다. 이는 MyProvider 클래스 내부에서 정의된 메서드로, 인스턴스의 상태를 변경하거나 업데이트할 때 사용될 수 있다. 따라서 Provider.of⟨MyProvider⟩(context, listen: false).setId(123)는 MyProvider 클래스의 인스턴스를 가져온 후에 해당 인스턴스의 ID를 123으로 설정하는 것을 의미한다. 이를 통해 MyProvider의 상태를 업데이트할 수 있다.

> **Clear Comment**
> 위의 방법들은 페이지 전환 시 파라미터를 전달하는 일반적인 방법입니다. 선택할 방법은 개발자의 선호도와 앱의 구조에 따라 다를 수 있으며, 편리한 방법을 선택하여 페이지 전환과 파라미터 전달을 수행할 수 있습니다.

```
import 'package:flutter/material.dart';

void main() {
  runApp(MyApp());
}

class MyApp extends StatelessWidget {
  @override
  Widget build(BuildContext context) {
    return MaterialApp(
      title: 'Todo App',
      initialRoute: '/',
      routes: {
        '/': (context) => TodoListPage(),
        '/add': (context) => AddTodoPage(),
      },
    );
  }
}

class TodoListPage extends StatelessWidget {
  @override
  Widget build(BuildContext context) {
    return Scaffold(
      appBar: AppBar(
        title: Text('Todo List'),
      ),
      body: Center(
        child: Column(
          mainAxisAlignment: MainAxisAlignment.center,
          children: [
            Text('Todo List'),
            ElevatedButton(
              onPressed: () {
                Navigator.pushNamed(context, '/add');
              },
              child: Text('Add Todo'),
            ),
          ],
        ),
```

```dart
        ),
      );
    }
  }

  class AddTodoPage extends StatelessWidget {
    @override
    Widget build(BuildContext context) {
      return Scaffold(
        appBar: AppBar(
          title: Text('Add Todo'),
        ),
        body: Center(
          child: Column(
            mainAxisAlignment: MainAxisAlignment.center,
            children: [
              Text('Add Todo'),
              ElevatedButton(
                onPressed: () {
                  Navigator.pop(context, 'New Todo');
                },
                child: Text('Save'),
              ),
            ],
          ),
        ),
      );
    }
  }
```

이 코드에서는 MaterialApp의 routes 매개변수를 사용하여 각 페이지에 이름을 지정하고 해당 페이지의 위젯을 등록한다. TodoListPage는 할일 목록을 보여 주는 페이지이며, AddTodoPage는 할 일을 추가하는 페이지다. TodoListPage에서는 'Add Todo' 버튼을 누를 때 Navigator.pushNamed() 메서드를 사용하여 '/add' 라우트로 페이지 전환을 수행한다. AddTodoPage에서는 'Save' 버튼을 누를 때 Navigator.pop() 메서드를 사용하여 이전 페이지로 돌아가면서 'New Todo'라는 파라미터를 전달한다. 이렇게 페이지 전환과 파라미터 전달을 구현하면 할 일 목록 페이지와 할 일 추가 페이지 간의 상호작용을 구현할 수 있다. 이 코드를 기반으로 더 많은 기능을 추가하거나 수정하여 다양한 앱을 구현해 보도록 하자.

routes 속성 구성 에러

routes 속성은 경로와 해당 경로에 매핑되는 페이지 위젯 클래스를 포함하는 맵(Map)이다. 따라서 경로에는 문자열을 사용해야 하고, 페이지 클래스는 해당 경로에 대한 위젯을 반환하는 함수여야 한다. 경로 또는 페이지 클래스가 잘못된 경우, routes 속성 구성 에러가 발생하며, routes 속성에서 경로를 정의할 때 슬래시('/')를 '/home', '/settings'와 같이 사용하여 경로를 정의해야 한다. 슬래시('/')를 잘못 사용하거나 생략하는 경우, routes 속성 구성 에러가 발생한다.

네비게이션 애니메이션

플러터에서는 네비게이션 애니메이션을 적용하여 페이지 전환 시 부드럽고 시각적으로 매끄러운 전환 효과를 제공할 수 있다. 네비게이션 애니메이션을 구현하는 방법에는 여러 가지가 있다.

페이지 전환 애니메이션 설정

MaterialPageRoute의 생성자에서 transitionDuration, reverseTransitionDuration, transitions Builder 등의 매개변수를 사용하여 페이지 전환 애니메이션을 설정할 수 있다. 예를 들어, SlideTransition을 사용하여 페이지가 좌우로 슬라이드되는 애니메이션을 적용할 수 있다.

```
Navigator.push(
  context,
  PageRouteBuilder(
    transitionDuration: Duration(milliseconds: 500),
    reverseTransitionDuration: Duration(milliseconds: 300),
    pageBuilder: (context, animation, secondaryAnimation) {
      return DetailsPage();
    },
    transitionsBuilder: (context, animation, secondaryAnimation, child) {
      var begin = Offset(1.0, 0.0);
      var end = Offset.zero;
      var curve = Curves.ease;

      var tween = Tween(begin: begin, end: end).chain(CurveTween(curve: curve));

      return SlideTransition(
```

```
        position: animation.drive(tween),
        child: child,
      );
    },
  ),
);
```

Hero 애니메이션

Hero 위젯을 사용하여 페이지 전환 시 특정 위젯의 애니메이션을 적용할 수 있다. 일반적으로
이미지나 아이콘 등의 요소를 Hero로 감싸고, 전환되는 페이지에서 동일한 Hero를 사용하여
애니메이션을 적용한다. 이를 통해 요소가 화면 전환 중에도 자연스럽게 이동하는 효과를 줄 수
있다.

```
// 전환되는 페이지에서의 Hero 애니메이션
Hero(
  tag: 'imageHero',
  child: Image.asset('assets/image.jpg'),
)

// 페이지 전환 시 Hero 애니메이션 적용
Navigator.push(
  context,
  MaterialPageRoute(
    builder: (context) => DetailsPage(),
  ),
);
```

외부 패키지 사용

플러터에서는 다양한 외부 패키지를 사용하여 네비게이션 애니메이션을 더욱 다양하게 구현할
수 있다. 예를 들어, page_transition 패키지는 페이지 전환 시 슬라이드, 회전, 페이드 등 다양
한 애니메이션 효과를 제공한다. 해당 패키지를 사용하여 원하는 애니메이션을 구현할 수 있다.

이러한 경우에는 먼저 pubspec.yaml 파일을 열어서 page_transition 패키지가 제대로 추가되
었는지 확인해야 한다. pubspec.yaml 파일에 다음과 같이 page_transition 패키지를 추가해
야 한다.

```
dependencies:
  page_transition: ^1.1.7
```

이후 터미널 또는 명령 프롬프트에서 flutter pub get 명령을 실행하여 패키지를 다운로드하고 프로젝트에 추가한다.

```
import 'package:page_transition/page_transition.dart';

Navigator.push(
  context,
  PageTransition(
    type: PageTransitionType.fade,
    child: DetailsPage(),
  ),
);
```

위의 방법들을 사용하여 네비게이션 애니메이션을 구현할 수 있으며, 앱의 디자인과 사용자 경험을 더욱 향상시킬 수 있다. 애니메이션은 사용자에게 시각적으로 매력적인 경험을 제공하며, 전환 과정을 부드럽게 만들어 앱의 전체적인 사용자 만족도를 높일 수 있다.

네비게이션 애니메이션을 사용할 때 주의해야 사항

● 애니메이션의 적절한 사용: 너무 많은 애니메이션을 사용하면 사용자가 혼란스러워할 수 있다. 따라서 앱의 전반적인 UI/UX와 일관성을 유지하면서 필요한 부분에 애니메이션을 적용하는 것이 중요하다.

● 성능 고려: 애니메이션은 화면을 매 프레임마다 업데이트해야 하므로 성능에 영향을 줄 수 있다. 따라서 너무 많은 애니메이션을 동시에 실행하거나 복잡한 애니메이션을 사용할 때는 성능 이슈를 고려해야 한다.

● 사용자 경험 우선: 애니메이션은 사용자 경험을 향상시키기 위해 사용되어야 한다. 애니메이션은 사용자가 어떤 동작을 수행하는지 이해하고 예측할 수 있도록 도와야 한다. 따라서 사용자의 혼동을 최소화하고 자연스러운 애니메이션을 제공해야 한다.

● 플랫폼 가이드라인 준수: 애니메이션은 플랫폼 가이드라인을 준수하여 일관된 사용자 경험을 제공해야 한다. 플러터는 Material Design과 Cupertino Design을 지원하므로 각 플랫폼에 맞는 애니메이션 가이드라인을 따라야 한다.

기본 네비게이션 애니메이션을 커스텀하여 큐브 형태로 전환되는 애니메이션 생성

먼저 pubspec.yaml 파일에 page_transition 패키지를 추가한다.

```
dependencies:
  flutter:
    sdk: flutter
  page: ^2.0.3
```

다음으로 앱에 두 개의 페이지를 만든 후, 첫 번째 페이지에서 버튼을 눌렀을 때 두 번째 페이지로 이동하는 데 큐브 애니메이션을 적용한다.

```
import 'package:flutter/material.dart';

class HomePage extends StatelessWidget {
  @override
  Widget build(BuildContext context) {
    return Scaffold(
      appBar: AppBar(title: Text('Home Page')),
      body: Center(
        child: ElevatedButton(
          onPressed: () {
            Navigator.push(
              context,
              PageTransition(
                type: PageTransitionType.rotateCubeEntrance,
                child: SecondPage(),
              ),
            );
          },
          child: Text('Go to Second Page'),
        ),
      ),
    );
  }
}

class SecondPage extends StatelessWidget {
  @override
  Widget build(BuildContext context) {
```

```
    return Scaffold(
      appBar: AppBar(title: Text('Second Page')),
      body: Center(
        child: Text('This is the Second Page', style: TextStyle(fontSize: 24)),
      ),
    );
  }
}
```

main.dart의 MyApp에 초기 라우트로 `HomePage를 등록한다.

```
import 'package:flutter/material.dart';

void main() {
  runApp(MyApp());
}

class MyApp extends StatelessWidget {
  @override
  Widget build(BuildContext context) {
    return MaterialApp(
      title: 'Cube Transition Example',
      theme: ThemeData(
        primarySwatch: Colors.blue,
      ),
      home: HomePage(),
    );
  }
}
```

이 코드에서는 HomePage의 'Go to Second Page' 버튼을 누르면 큐브 형태로 전환되는 애니메 이션이므로 SecondPage로 이동한다. 이를 위해 page_transition 패키지의 PageTransition 위젯을 사용하고, .rotateCubeEntrance 속성을 애니메이션 타입으로 설정했다.

```dart
import 'package:flutter/material.dart';

void main() {
  runApp(MaterialApp(
    home: HomePage(),
    routes: {
      '/detail': (context) => DetailPage(),
    },
  ));
}

class HomePage extends StatelessWidget {
  @override
  Widget build(BuildContext context) {
    return Scaffold(
      appBar: AppBar(
        title: Text('Hero Animation'),
      ),
      body: Center(
        child: GestureDetector(
          onTap: () {
            Navigator.pushNamed(context, '/detail');
          },
          child: Hero(
            tag: 'imageHero',
            child: Image.network(
              'https://via.placeholder.com/300',
              width: 150,
              height: 150,
            ),
          ),
        ),
      ),
    );
  }
}

class DetailPage extends StatelessWidget {
  @override
  Widget build(BuildContext context) {
```

```
    return Scaffold(
      appBar: AppBar(
        title: Text('Detail Page'),
      ),
      body: Center(
        child: GestureDetector(
          onTap: () {
            Navigator.pop(context);
          },
          child: Hero(
            tag: 'imageHero',
            child: Image.network(
              'https://via.placeholder.com/500',
              width: 300,
              height: 300,
            ),
          ),
        ),
      ),
    );
  }
}
```

이 코드는 홈 페이지에 이미지가 있고, 해당 이미지를 탭하면 디테일 페이지로 전환된다. 이때 Hero 위젯을 사용하여 이미지가 부드럽게 전환되는 애니메이션 효과를 제공한다. 이미지 위젯에는 고유한 태그(tag)를 부여하여 애니메이션 전환 시 해당 태그를 사용하여 애니메이션을 연결한다.

위 코드를 실행하면 홈 페이지에 작은 이미지가 표시되고, 이미지를 탭하면 디테일 페이지로 전환되면서 이미지가 확대되고 원활한 애니메이션 효과를 보여 준다. 이 코드를 통해 Hero 애니메이션을 플러터에서 어떻게 구현하는지 확인하고, 네비게이션 전환 시 시각적으로 매끄럽고 흥미로운 애니메이션을 구현할 수 있다.

Clear Comment

네비게이션 애니메이션은 플러터 앱의 사용자 경험을 향상시키는 데 중요한 역할을 합니다. 애니메이션을 적절히 활용한다면 사용자에게 매끄러운 전환과 시각적으로 매력적인 앱 경험을 제공할 수 있습니다.

- Hero 위젯 구성 에러

  Hero 위젯은 애니메이션 전환 시에 공유할 태그(tag)를 지정하여 사용한다. 이 태그는 애니메이션의 시작점과 도착점을 식별하는 데 사용되며, 위의 코드에서는 tag 속성에 'imageHero'라는 문자열을 지정하고 있다. 이는 애니메이션을 공유하는 두 개의 Hero 위젯이 동일한 태그를 가져야 함을 의미한다. 예를 들어, 첫 번째 Hero 위젯이 애니메이션을 시작하는 위치에 있고, 두 번째 Hero 위젯이 애니메이션의 도착 위치에 있을 때, 동일한 'imageHero' 태그를 사용해야 한다. 이를 통해 애니메이션이 올바르게 동작한다.

- Image.network() 메서드 에러

  Image.network() 메서드는 웹상의 이미지를 로드하여 표시하는 데 사용된다. 위의 코드에서는 'https://via.placeholder.com/300'와 'https://via.placeholder.com/500'이라는 두 개의 이미지 URL을 사용하고 있는데, 이 URL은 임시 이미지를 제공하는 사이트인 Placeholder.com에서 제공되는 URL이다. 이 URL은 임시 이미지를 표시하기 위한 것이므로 해당 URL을 사용하면 이미지를 정상적으로 로드하여 표시할 수 있으나 실제 애플리케이션에서는 실제 이미지 URL을 사용해야 한다. 따라서 실제 이미지 URL을 사용하여 Image.network() 메서드를 호출하고, 필요에 따라 이미지 크기를 조정해야 한다.

연습문제

1. 위젯과 레이아웃

다양한 요리 레시피를 제공하는 앱을 만들어 보자. 위젯과 계층 구조를 사용하여 레시피 목록, 각 레시피의 세부 정보, 재료 목록, 단계별 설명 등을 구성해 본다.

- 가장 먼저 Recipe 클래스를 정의한다. 이 클래스는 각 레시피의 정보를 담고 있다. 제목(title), 이미지 URL(imageUrl), 재료 목록(ingredients), 요리 순서(instructions) 속성을 가지고 있다.

- recipes 리스트를 정의한다. 이 리스트는 여러 레시피 객체를 담고 있다. 코드에서는 두 개의 레시피가 포함되어 있지만, 필요에 따라 추가적인 레시피를 추가할 수 있다.

- RecipeListScreen 위젯을 정의한다. 이 위젯은 앱의 홈 화면으로 레시피 목록을 보여 준다. 위젯은 Scaffold 위젯으로 구성되어 있으며, appBar에는 '레시피 목록'이라는 제목이 표시된다. 레시피 목록은 ListView.builder를 사용하여 동적으로 생성되며, 각 레시피는 ListTile로 표시된다. 레시피를 탭하면 해당 레시피의 상세 화면으로 이동한다.

- RecipeDetailScreen 위젯을 정의한다. 이 위젯은 레시피의 상세 정보를 보여 준다. Scaffold 위젯으로 구성되며, appBar에는 선택한 레시피의 제목이 표시된다. 상세 정보는 Column을 사용하여 위젯을 세로로 배열하고, 이미지, 재료 목록, 조리 방법을 순서대로 표시한다.

- main() 함수에서 앱을 실행하는 RecipeApp 위젯을 호출한다. RecipeApp은 MaterialApp 위젯으로 앱을 래핑하며, 앱의 제목은 "레시피 앱"으로 설정된다. theme 속성은 앱의 기본 테마를 설정하는 데 사용된다. home 속성은 앱이 시작될 때 보여줄 화면인 RecipeListScreen을 설정한다.

2. 상태관리

카운트 게임 앱을 만들어 보자. 이 앱은 사용자가 시작 버튼을 누르고 Count 점수를 100까지 도달하도록 버튼을 클릭하는 게임이다. 점수는 버튼을 클릭했을 때, 1씩 증가하며 점수 구간 별로 점수가 감소한다. 상태 관리를 효과적으로 적용하기 위해 다음과 같은 기능을 포함시킬 수 있다.

● main 함수: 앱을 실행하는 엔트리 포인트이다. runApp 함수를 호출하여 CountApp 위젯을 실행한다.

● CountApp 위젯: StatefulWidget을 상속받아 구현한다. CountAppState 객체를 생성하여 반환한다.

● _CountAppState 클래스: State를 상속받아 구현한다. count, timer, isGameClear 변수를 선언하여 상태를 관리한다. incrementCounter 함수는 count 값을 증가시키고, 100 이상이 되면 timer를 취소하고 isGameClear를 true로 설정한다. startCount 함수는 timer가 없을 때만 실행되며, 1초마나 count를 감소시키고 100 이상이 되면 timer를 취소하고 isGameClear를 true로 설정한다. resetCount 함수는 count, timer, isGameClear를 초기화한다. getDecrement 함수는 count에 따라 감소 값을 반환한다. build 메서드에서는 Scaffold를 반환하여 화면을 구성한다. isGameClear 상태에 따라 텍스트와 버튼이 표시되며, floatingActionButton은 isGameClear가 false일 때만 표시된다.

● MaterialApp은 전체 앱의 루트 위젯이다. title과 home 속성을 설정하여 앱의 제목과 홈 화면을 지정한다.

● Scaffold 위젯은 앱의 기본 레이아웃을 제공한다. appBar 속성은 앱 바를 설정하고, body 속성은 화면의 내용을 설정한다. 여기서는 Column을 사용하여 화면 중앙에 위젯들을 수직으로 정렬한다.

● 상태에 따라 표시되는 텍스트와 버튼을 Column 위젯에 추가한다. ElevatedButton은 클릭 이벤트에 맞는 함수를 호출하도록 설정한다.

● floatingActionButton은 게임이 클리어되지 않았을 때만 표시되며, 클릭 이벤트는 increment Counter 함수를 호출한다.

```
import 'dart:async';
```

import 'dart:async';은 Dart의 비동기 작업을 위한 Future와 Timer와 같은 클래스를 사용할 수 있도록 해 주는 라이브러리를 가져오는 역할을 한다. Timer는 주어진 시간 간격에 따라 반복적인 작업을 실행하기 위해 사용된다. 예를 들어, 일정 시간마다 특정 코드 블록을 실행하거나, 지정된 지연 시간 후에 작업을 실행하는 데 사용될 수 있다.

```
void startCount() {
  if (timer == null) {
    timer = Timer.periodic(Duration(seconds: 1), (Timer t) {
      setState(() {
        count -= getDecrement(count);
        if (count >= 100) {
          timer?.cancel();
          isGameClear = true;
        }
      });
      print('Count: $count, Decrement: ${getDecrement(count)}');
    });
  }
}
```

함수 내부에서는 timer가 null인 경우에만 타이머를 생성하고 작업을 수행한다. Timer.periodic 함수를 사용하여 1초마다 실행되는 작업을 설정한다. 작업 내부에서는 setState 함수를 호출하여 상태를 업데이트한다. count 변수에는 getDecrement 함수를 사용하여 감소 값을 빼 주고, 만약 count가 100 이상이 되면 게임을 클리어 상태로 변경한다. 또한 print 함수를 사용하여 현재 count 값과 감소 값(getDecrement(count))을 출력한다.

3. 애니메이션과 모션

제품 목록을 표시하고 제품 선택 시 상세 정보를 보여 주는 쇼핑 앱을 개발해 보자. 제품 목록에서 제품 카드를 탭하면 화면 전환 애니메이션이 발생하고, 제품 상세 정보로 전환된다. 부드러운 모션과 전환 효과를 추가하여 사용자 경험을 향상시킬 수 있다.

● main 함수: 앱을 실행하는 엔트리 포인트이다. runApp 함수를 호출하여 ShoppingApp 위젯을 실행한다.

● ShoppingApp 위젯: MaterialApp을 반환하는 build 메서드를 구현한다. MaterialApp은 전체 앱의 루트 위젯이며, 앱의 제목과 테마 설정을 포함한다. 또한 home 속성을 통해 ProductListScreen 위젯을 홈 화면으로 설정한다.

- ProductListScreen 위젯: StatelessWidget을 상속받아 구현되었다. products 리스트에 상품 데이터를 정의한다. build 메서드에서는 Scaffold 위젯을 반환하며, 앱 바 제목은 '제품 목록'으로 설정된다. body에는 ListView.builder를 사용하여 상품 목록을 동적으로 생성한다. 각 상품을 탭할 때 해당 상품의 상세 정보를 보여 주기 위해 GestureDetector로 래핑한다.

- ProductCard 위젯: StatelessWidget을 상속받아 구현되었다. product 인스턴스를 받아와서 카드 형태로 상품 정보를 표시한다. Card와 ListTile 위젯을 사용하여 이미지, 제목, 설명을 표시한다.

- ProductDetailScreen 위젯: StatelessWidget을 상속받아 구현되었다. product 인스턴스를 받아 와서 해당 상품의 상세 정보를 표시하는 화면이다. Scaffold 위젯을 사용하여 앱 바 제목을 '제품 상세 정보'로 설정하고, Column을 사용하여 이미지, 제목, 설명, 가격을 표시한다.

- Product 클래스: 상품의 이름, 설명, 가격, 이미지 등을 저장하는 데이터 모델 클래스이다.

4. 네비게이션

여러 도시의 정보를 알 수 있는 여행 가이드 앱을 개발해 보자. 앱의 네비게이션을 위한 라우팅을 설정한다. 홈 화면에서 도시를 선택하면 해당 도시의 상세 정보 화면으로 이동하게 한다. 도시 상세 정보 화면에서 관광지를 선택하면 해당 관광지의 상세 정보 화면으로 이동하게 한다.

- main 함수: 앱의 진입점으로 TravelGuideApp을 실행한다.

- TravelGuideApp: MaterialApp 위젯을 반환하여 앱의 기본 구성을 설정한다. 초기 경로, 테마 설정 및 라우트 맵을 정의한다.

- HomeScreen: Scaffold를 사용하여 도시 목록 화면을 구성한다. ListView와 ListTile 위젯을 사용하여 도시 목록을 표시하고, 탭 이벤트를 처리하여 해당 도시의 상세 정보 화면으로 이동한다.

- CityDetailScreen: 선택한 도시의 이름을 받아온 후, 해당 도시의 상세 정보를 표시하는 화면을 구성한다. ListView와 ListTile 위젯을 사용하여 관광지 목록을 표시하고, 탭 이벤트를 처리하여 해당 관광지의 상세 정보 화면으로 이동한다. if 문을 사용하여 서울 도시일 때만 추가적인 관광지를 표시한다.

- AttractionDetailScreen: 선택한 관광지의 이름을 받아온 후, 해당 관광지의 상세 정보를 표시하는 화면을 구성한다. AppBar와 Text 위젯을 사용하여 관광지 이름과 상세 정보를 표시한다.

1. 위젯과 레이아웃

```dart
import 'package:flutter/material.dart';

void main() {
  runApp(RecipeApp());
}

class RecipeApp extends StatelessWidget {
  @override
  Widget build(BuildContext context) {
    return MaterialApp(
      title: '레시피 앱',
      theme: ThemeData(
        primarySwatch: Colors.blue,
      ),
      home: RecipeListScreen(),
    );
  }
}

class RecipeListScreen extends StatelessWidget {
  @override
  Widget build(BuildContext context) {
    return Scaffold(
      appBar: AppBar(
        title: Text('레시피 목록'),
      ),
      body: ListView.builder(
        itemCount: recipes.length,
        itemBuilder: (context, index) {
          final recipe = recipes[index];
          return ListTile(
            leading: CircleAvatar(
              backgroundImage: AssetImage(recipe.imageUrl),
            ),
            title: Text(recipe.title),
            onTap: () {
              Navigator.push(
                context,
                MaterialPageRoute(
```

```
            builder: (context) => RecipeDetailScreen(recipe: recipe),
          ),
        );
      },
    );
  },
    ),
  );
  }
}

class RecipeDetailScreen extends StatelessWidget {
  final Recipe recipe;

  const RecipeDetailScreen({required this.recipe});

  @override
  Widget build(BuildContext context) {
    return Scaffold(
      appBar: AppBar(
        title: Text(recipe.title),
      ),
      body: Column(
        children: [
          Image.asset(recipe.imageUrl),
          SizedBox(height: 16.0),
          Text(
            '재료',
            style: TextStyle(fontSize: 20.0, fontWeight: FontWeight.bold),
          ),
          SizedBox(height: 8.0),
          ListView.builder(
            itemCount: recipe.ingredients.length,
            shrinkWrap: true,
            physics: NeverScrollableScrollPhysics(),
            itemBuilder: (context, index) {
              final ingredient = recipe.ingredients[index];
              return ListTile(
                leading: Icon(Icons.check),
                title: Text(ingredient),
              );
            },
          ),
```

```dart
                SizedBox(height: 16.0),
                Text(
                  '조리 방법',
                  style: TextStyle(fontSize: 20.0, fontWeight: FontWeight.bold),
                ),
                SizedBox(height: 8.0),
                Expanded(
                  child: ListView.builder(
                    itemCount: recipe.instructions.length,
                    itemBuilder: (context, index) {
                      final instruction = recipe.instructions[index];
                      return ListTile(
                        leading: CircleAvatar(
                          child: Text('${index + 1}'),
                        ),
                        title: Text(instruction),
                      );
                    },
                  ),
                ),
              ],
            ),
          );
        }
      }

class Recipe {
  final String title;
  final String imageUrl;
  final List<String> ingredients;
  final List<String> instructions;

  Recipe({
    required this.title,
    required this.imageUrl,
    required this.ingredients,
    required this.instructions,
  });
}

List<Recipe> recipes = [
  Recipe(
    title: '떡볶이',
```

```
      imageUrl: 'assets/images/tteokbokki.jpg',
      ingredients: ['떡', '고추장', '고춧가루', '간장', '설탕', '물', '어묵', '파'],
      instructions: [
        '어묵과 파를 썰어줍니다.',
        '팬에 물, 고추장, 고춧가루, 간장, 설탕을 넣고 끓여줍니다.',
        '떡과 어묵을 넣고 약한 불에서 졸입니다.',
        '불을 센 뒤 끓어오르면 2~3분 정도 더 끓여줍니다.',
        '파를 올려 주고 떡볶이를 그릇에 담아내세요.'
      ],
  ),
  Recipe(
    title: '알리오 올리오',
    imageUrl: 'assets/images/aglioolio.jpg',
    ingredients: ['스파게티면', '올리브 오일', '마늘', '페페론치노', '후추', '파슬리'],
    instructions: [
      '스파게티면을 패키지에 적힌 대로 삶습니다.',
      '팬에 올리브 오일과 페페론치노, 마늘을 넣고 중불에서 볶아줍니다.',
      '스파게티를 넣고 버무려줍니다.',
      '후추와 다진 파슬리를 넣고 버무려줍니다.',
      '맛있게 내세요.'
    ],
  ),
  // 다른 레시피 추가...
];
```

위 코드는 RecipeApp 클래스를 통해 앱을 시작하고, RecipeListScreen에서는 요리 레시피 목
록을 나열하고 각 항목을 클릭하면 RecipeDetailScreen으로 이동한다. RecipeDetailScreen
에서는 선택한 레시피의 세부 정보와 재료 목록, 단계별 설명을 보여 준다. Recipe 클래스는 각
레시피의 속성을 정의하고, recipes 리스트에 레시피 데이터가 저장된다.

2. 상태관리

```
import 'package:flutter/material.dart';
import 'dart:async';

void main() {
  runApp(CountApp());
}

class CountApp extends StatefulWidget {
```

```
  @override
  _CountAppState createState() => _CountAppState();
}

class _CountAppState extends State<CountApp> {
  int count = 0;
  Timer? timer;
  bool isGameClear = false;

  @override
  void initState() {
    super.initState();
  }

  void incrementCounter() {
    setState(() {
      count++;
      if (count >= 100) {
        timer?.cancel();
        isGameClear = true;
      }
    });
  }

  void startCount() {
    if (timer == null) {
      timer = Timer.periodic(Duration(seconds: 1), (Timer t) {
        setState(() {
          count -= getDecrement(count);
          if (count >= 100) {
            timer?.cancel();
            isGameClear = true;
          }
        });
        print('Count: $count, Decrement: ${getDecrement(count)}');
      });
    }
  }

  void resetCount() {
    setState(() {
      count = 0;
      timer?.cancel();
```

```dart
        timer = null;
        isGameClear = false;
      });
  }

  int getDecrement(int count) {
    return (count ~/ 10) - 1;
  }

  @override
  Widget build(BuildContext context) {
    return MaterialApp(
      title: 'Count App',
      home: Scaffold(
        appBar: AppBar(
          title: Text('Count App'),
        ),
        body: Center(
          child: Column(
            mainAxisAlignment: MainAxisAlignment.center,
            children: [
              if (!isGameClear)
                Text(
                  'Count: $count',
                  style: TextStyle(fontSize: 24),
                )
              else
                Text(
                  'Game Clear!',
                  style: TextStyle(fontSize: 24),
                ),
              SizedBox(height: 16),
              if (!isGameClear)
                ElevatedButton(
                  onPressed: startCount,
                  child: Text('Start'),
                ),
              SizedBox(height: 16),
              ElevatedButton(
                onPressed: resetCount,
                child: Text('Reset'),
              ),
            ],
```

```
        ),
      ),
      floatingActionButton: isGameClear
        ? null
        : FloatingActionButton(
            onPressed: incrementCounter,
            child: Icon(Icons.add),
          ),
    ),
  );
  }
}
```

위의 코드는 카운트 앱을 구현한 예제이다. 앱은 사용자가 버튼을 누를 때마다 카운트 값을 증가
시키고, 카운트가 일정 값에 도달하면 게임 클리어를 알리는 기능을 갖추고 있다. CountApp은
StatefulWidget을 상속한 위젯이다. 상태를 관리하기 위해 _CountAppState 클래스를 생성하
고 반환한다. _CountAppState 클래스는 State를 상속한 클래스로, 앱의 상태와 동작을 관리
한다. 이렇게 구성된 코드는 StatefulWidget과 setState()를 활용하여 상태를 관리하고, 사용
자의 액션에 따라 화면을 업데이트한다.

3. 애니메이션과 모션

```
import 'package:flutter/material.dart';

void main() {
  runApp(ShoppingApp());
}

class ShoppingApp extends StatelessWidget {
  @override
  Widget build(BuildContext context) {
    return MaterialApp(
      title: '쇼핑 앱',
      theme: ThemeData(
        primarySwatch: Colors.blue,
      ),
      home: ProductListScreen(),
    );
  }
}
```

```dart
class ProductListScreen extends StatelessWidget {
  final List<Product> products = [
    Product(
      name: '아이폰 13 Pro',
      description: '최신 아이폰 모델',
      price: 1299,
      image: 'assets/images/iphone.png',
    ),
    Product(
      name: '갤럭시 S21 Ultra',
      description: '갤럭시 최고 사양',
      price: 1199,
      image: 'assets/images/galaxy.png',
    ),
    // 다른 제품 추가
  ];

  @override
  Widget build(BuildContext context) {
    return Scaffold(
      appBar: AppBar(
        title: Text('제품 목록'),
      ),
      body: ListView.builder(
        itemCount: products.length,
        itemBuilder: (context, index) {
          final product = products[index];
          return GestureDetector(
            onTap: () {
              Navigator.push(
                context,
                MaterialPageRoute(
                  builder: (context) => ProductDetailScreen(product: product),
                ),
              );
            },
            child: ProductCard(
              product: product,
            ),
          );
        },
      ),
```

```dart
      );
    }
  }

class ProductCard extends StatelessWidget {
  final Product product;

  const ProductCard({required this.product});

  @override
  Widget build(BuildContext context) {
    return Card(
      child: ListTile(
        leading: Image.asset(
          product.image,
          width: 60,
          height: 60,
        ),
        title: Text(product.name),
        subtitle: Text(product.description),
      ),
    );
  }
}

class ProductDetailScreen extends StatelessWidget {
  final Product product;

  const ProductDetailScreen({required this.product});

  @override
  Widget build(BuildContext context) {
    return Scaffold(
      appBar: AppBar(
        title: Text('제품 상세 정보'),
      ),
      body: Column(
        children: [
          Image.asset(
            product.image,
            width: 200,
            height: 200,
          ),
```

```
          SizedBox(height: 16.0),
          Text(
            product.name,
            style: TextStyle(fontSize: 20.0, fontWeight: FontWeight.bold),
          ),
          Text(
            product.description,
            style: TextStyle(fontSize: 16.0),
          ),
          Text(
            '가격: \$${product.price}',
            style: TextStyle(fontSize: 16.0),
          ),
        ],
      ),
    );
  }
}

class Product {
  final String name;
  final String description;
  final int price;
  final String image;

  Product({
    required this.name,
    required this.description,
    required this.price,
    required this.image,
  });
}
```

위의 코드는 제품 목록을 표시하고 제품을 탭하면 해당 제품의 상세 정보를 보여 주는 쇼핑 앱을 구현한 예시이다. Product 클래스는 제품의 이름, 설명, 가격, 이미지 등을 저장하는 데이터 모델이다. ProductListScreen 위젯은 제품 목록을 표시하고, ProductCard 위젯은 제품을 카드 형태로 표시한다. 제품 카드를 탭하면 ProductDetailScreen 위젯으로 화면 전환이 이루어지며 선택한 제품의 상세 정보를 보여 준다.

앱 실행 시 ProductListScreen이 시작 화면으로 표시되며, 제품 목록을 스크롤하여 볼 수 있다. 제품 카드를 탭하면 부드러운 화면 전환 애니메이션이 발생하며 ProductDetailScreen으로

이동한다. 상세 정보 화면에서는 선택한 제품의 이미지, 이름, 설명, 가격을 표시한다.

4. 네비게이션

```dart
import 'package:flutter/material.dart';

void main() {
  runApp(TravelGuideApp());
}

class TravelGuideApp extends StatelessWidget {
  @override
  Widget build(BuildContext context) {
    return MaterialApp(
      title: '여행 가이드',
      theme: ThemeData(
        primarySwatch: Colors.blue,
      ),
      initialRoute: '/',
      routes: {
        '/': (context) => HomeScreen(),
        '/city': (context) => CityDetailScreen(),
        '/attraction': (context) => AttractionDetailScreen(),
      },
    );
  }
}

class HomeScreen extends StatelessWidget {
  @override
  Widget build(BuildContext context) {
    return Scaffold(
      appBar: AppBar(
        title: Text('도시 목록'),
      ),
      body: ListView(
        children: [
          ListTile(
            title: Text('파리'),
            onTap: () {
              Navigator.pushNamed(context, '/city', arguments: '파리');
            },
```

```
        ),
        ListTile(
          title: Text('로마'),
          onTap: () {
            Navigator.pushNamed(context, '/city', arguments: '로마');
          },
        ),
        ListTile(
          title: Text('서울'),
          onTap: () {
            Navigator.pushNamed(context, '/city', arguments: '서울');
          },
        ),
      ],
    ),
  );
  }
}

class CityDetailScreen extends StatelessWidget {
  @override
  Widget build(BuildContext context) {
    final String cityName = ModalRoute.of(context)!.settings.arguments as
    String;

    return Scaffold(
      appBar: AppBar(
        title: Text(cityName),
      ),
      body: ListView(
        children: [
          ListTile(
            title: Text('에펠탑'),
            onTap: () {
              Navigator.pushNamed(context, '/attraction', arguments: '에펠탑');
            },
          ),
          ListTile(
            title: Text('루브르 박물관'),
            onTap: () {
              Navigator.pushNamed(context, '/attraction', arguments: '루브르
              박물관');
            },
```

```
          ),
        if (cityName == '서울')
          ListTile(
            title: Text('경복궁'),
            onTap: () {
              Navigator.pushNamed(context, '/attraction', arguments: '경복궁');
            },
          ),
        if (cityName == '서울')
          ListTile(
            title: Text('명동'),
            onTap: () {
              Navigator.pushNamed(context, '/attraction', arguments: '명동');
            },
          ),
        if (cityName == '서울')
          ListTile(
            title: Text('북촌 한옥마을'),
            onTap: () {
              Navigator.pushNamed(context, '/attraction', arguments: '북촌
                한옥마을');
            },
          ),
        if (cityName == '서울')
          ListTile(
            title: Text('남산 타워'),
            onTap: () {
              Navigator.pushNamed(context, '/attraction', arguments: '남산
                타워');
            },
          ),
      ],
    ),
  );
  }
}

class AttractionDetailScreen extends StatelessWidget {
  @override
  Widget build(BuildContext context) {
    final String attractionName = ModalRoute.of(context)!.settings. arguments
    as String;
```

```
    return Scaffold(
      appBar: AppBar(
        title: Text(attractionName),
      ),
      body: Center(
        child: Text('여기는 $attractionName의 상세 정보 화면입니다.'),
      ),
    );
  }
}
```

이 예시 코드를 실행하면 처음에는 홈 화면이 표시되고, 사용자는 도시 목록에서 도시를 선택할 수 있다. 도시를 선택하면 해당 도시의 상세 정보 화면으로 이동하고, 상세 정보 화면에서 관광지를 선택하면 관광지의 상세 정보 화면으로 이동한다. 이렇게 사용자는 네비게이션을 통해 여행 가이드 앱의 다양한 화면을 탐색할 수 있게 된다.

챕터 요약 정리

1. 위젯과 레이아웃

   위젯은 플러터에서 UI를 구성하는 기본 단위로, 버튼, 텍스트, 이미지 등의 요소를 나타낸다. 위젯은 계층 구조로 구성되며, 부모 위젯과 자식 위젯 간의 관계를 통해 화면을 구성한다. 레이아웃은 위젯을 배치하고 정렬하는 방법을 나타내는 것으로, 플러터에서는 다양한 레이아웃 위젯을 제공한다. 이를 통해 화면을 구성하고 UI 요소를 배치할 수 있다.

2. 상태 관리

   플러터에서는 상태 관리를 통해 앱의 동적인 상태를 관리한다. 상태 관리는 앱의 데이터 변화나 사용자 입력에 따라 UI를 업데이트하고, 데이터를 관리하는 중요한 개념이다. 플러터에서는 상태 관리를 위해 StatefulWidget을 사용하며, 상태 관리 패턴인 Provider, BLoC, MobX 등을 활용할 수 있다.

3. 애니메이션과 모션

   애니메이션과 모션은 플러터에서 화면에 동적인 효과를 부여하는 기능이다. 플러터에서는 애니메이션을 생성하고 제어하기 위해 Animation 및 AnimationController를 사용한다. 이를 활용하여 UI 요소의 이동, 크기 조정, 페이드 인/아웃 등 다양한 애니메이션 효과를 구현할 수 있다.

4. 네비게이션

   네비게이션은 플러터에서 앱 내의 다른 화면으로 이동하거나 앱 내부의 다양한 경로를 관리하는 기능이다. 플러터에서는 네비게이션을 위해 Navigator를 사용하며, Route, NavigatorState, MaterialApp 등의 클래스를 활용하여 화면 전환과 경로 관리를 구현할 수 있다. 이를 통해 다중 화면 앱의 구조를 구성하고 사용자의 이동을 관리할 수 있다.

CHAPTER

05

내 일 은 플 러 터

플러터 UI 디자인

01

플러터 UI 디자인 개요

디자인, Material Design, Cupertino Design, 테마

여기서는 무얼 배울까

플러터를 사용하여 사용자 인터페이스를 디자인하고 구축하는 기본 개념과 원칙을 익힐 수 있다. 플러터의 위젯 시스템을 활용하여 다양한 UI 요소를 만들고 배치하는 방법을 학습하고 레이아웃, 텍스트 스타일링, 이미지 삽입, 아이콘 사용 등 다양한 디자인 요소를 다루는 법을 배워, 이를 활용해 효과적이고 멋진 사용자 인터페이스를 구축할 수 있게 된다.

Material Design과 Cupertino Design의 개념

플러터에서는 Material Design과 Cupertino Design 두 가지 디자인 시스템을 사용할 수 있다. Material Design은 Google에서 개발한 디자인 시스템으로, Android, iOS, Web, Flutter 등 다양한 플랫폼에서 사용할 수 있다. Cupertino Design은 Apple에서 개발한 디자인 시스템으로, iOS에서 사용할 수 있다. Material Design과 Cupertino Design은 모두 유저에게 매력적이고 사용하기 쉬운 인터페이스를 제공하는 것을 목표로 한다. 두 디자인 시스템 모두 다양한 위젯, 컬러, 폰트, 아이콘을 제공한다. 또한 두 디자인 시스템 모두 애니메이션과 모션 디자인을 사용하여 인터페이스에 생동감을 더한다. 플러터 개발자는 자신의 앱에 맞는 디자인 시스템을 선택할 수 있다. Android와 iOS를 모두 지원하는 앱을 개발하는 경우 Material Design을 사용하는 것이 좋다. iOS 전용 앱을 개발하는 경우 Cupertino Design을 사용하는 것이 좋다.

Material Design은 Google에서 제공하는 개발한 웹 및 모바일 어플리케이션 디자인 가이드라인이다. 이 디자인은 모든 요소가 현실 세계의 종이와 잉크와 같은 물리적 재료의 특성을 가지고 구성된다는 데에서 출발한다. 머티리얼과 유연한 UI 요소, 그림자, 동작 및 전환 효과 등을 통해 현실적인 표면과 인터랙션을 모방한다. Material Design은 유저에게 직관적이고 일관된 경험을 제공하며, 아름답고 세련된 디자인을 구현하는 데 사용된다. 구글의 많은 제품들은 이 철학에 근거하여 디자인되며, 플러터에서도 Material Design의 가이드라인과 디자인 요소를 활용하여 앱의 외관과 유저 경험을 개선할 수 있다.

Cupertino Design은 Apple에서 제공하는 iOS 플랫폼을 디자인하기 위해 사용되는 Human Interface Guidelines(HIG)에 기반한 디자인 시스템이다. 이 디자인 시스템은 iOS 기기에서 익숙한 느낌과 독창적인 유저 경험을 제공하기 위해 개발되었다. Cupertino Design은 iOS의 특징적인 UI 요소와 아이콘, 애니메이션, 레이아웃 패턴 등을 포함하며 반응성 및 유저 친화적인 인터페이스를 제공하도록 설계되었으며 유저에게 편리하게 조작할 수 있는 탭 바, 전환 버튼, 슬라이더 등의 다양한 UI 구성 요소를 포함하고 있다. 플러터에서는 Cupertino Design의 가이드라인과 컴포넌트를 활용하여 iOS 스타일의 앱을 디자인하고 구현할 수 있다.

플러터를 사용하는 개발자는 Material Design과 Cupertino Design 중에서 앱의 타겟 플랫폼에 적합한 디자인 시스템을 선택하거나 혼용하여 사용할 수 있다. Material Design은 크로스 플랫폼 앱 개발에 유리하며, iOS와 안드로이드를 모두 지원하는 앱을 개발할 때 널리 사용된다. 반면에 Cupertino Design은 iOS에 최적화된 디자인을 제공하므로, iOS 플랫폼에 초점을 맞춘 앱을 개발할 때 유용하다. 개발자는 자신의 앱의 목적과 대상 유저를 고려하여 적합한 디자인 시스템을 선택할 수 있다.

MaterialApp과 CupertinoApp의 사용

플러터에는 MaterialApp과 CupertinoApp이라는 두 가지 앱 위젯이 있다. MaterialApp은 Material Design 스타일의 어플리케이션을 만들 때 사용되며, CupertinoApp은 iOS 스타일의 Material Design 스타일의 어플리케이션을 만들기 위해 사용된다.

손으로 익히는 코딩

```
import 'package:flutter/material.dart';
import 'package:flutter/cupertino.dart';

void main() {
  runApp(MyApp());
}

class MyApp extends StatelessWidget {
  @override
  Widget build(BuildContext context) {
    return MaterialApp(
```

```
      title: 'Material App',
      theme: ThemeData(
        primarySwatch: Colors.blue,
      ),
      home: MaterialHomePage(),
    );
  }
}

class MaterialHomePage extends StatelessWidget {
  @override
  Widget build(BuildContext context) {
    return Scaffold(
      appBar: AppBar(
        title: Text('Material App Home'),
      ),
      body: Center(
        child: Text('Welcome to the Material App'),
      ),
    );
  }
}


class CupertinoHomePage extends StatelessWidget {
  @override
  Widget build(BuildContext context) {
    return CupertinoPageScaffold(
      navigationBar: CupertinoNavigationBar(
        middle: Text('Cupertino App Home'),
      ),
      child: Center(
        child: Text('Welcome to the Cupertino App'),
      ),
    );
  }
}
```

이 예제에서는 MyApp 클래스에서 MaterialApp을 사용하여 Material Design을 따르는 앱을
생성한다. 그리고 MaterialHomePage 클래스에서는 Scaffold 위젯을 사용하여 Material
Design의 홈 페이지를 구성한다.

만약 iOS의 Cupertino 스타일을 따르는 앱을 개발하고 싶다면, MaterialApp 대신 CupertinoApp을 사용하고 CupertinoHomePage 클래스를 구성하여 CupertinoPageScaffold를 사용하면 된다. 각각의 위젯과 테마는 해당 플랫폼의 스타일과 디자인을 따르게 된다. 이렇게 플랫폼별 스타일 선택 통해 개발자들은 간편하게 더욱 유저에게 친숙한 어플리케이션을 만들 수 있으며 이는 플러터의 UI 디자인 유연성을 높이는 데 기여한다.

에러에서 배우기

- 누락된 패키지 또는 잘못된 패키지 버전 에러
  Material Design과 Cupertino Design을 사용하기 위해 필요한 패키지가 누락되었거나 올바른 버전이 아닌 경우, 해당 디자인 시스템을 사용하는 위젯과 속성을 인식하지 못하거나 컴파일 에러가 발생할 수 있다. 따라서 필요한 패키지를 정확하게 설치하고, 버전 충돌을 방지하기 위해 패키지 의존성을 관리해야 한다.

- 테마 충돌 에러
  Material Design과 Cupertino Design은 각각 고유한 테마를 가지고 있는데, 두 디자인 시스템을 혼합하여 사용하면 테마 충돌이 발생할 수 있다. 예를 들어, Material Design 테마에서 정의된 색상이 Cupertino Design 테마와 충돌하면 UI가 예상대로 나타나지 않을 수 있다. 따라서 테마를 일관되게 유지하고, 필요한 경우 테마를 재정의하여 충돌을 방지해야 한다.

- 플랫폼 종속성 에러
  Material Design은 안드로이드 플랫폼을 기반으로 하고, Cupertino Design은 iOS 플랫폼을 기반으로 한다. 따라서 특정 플랫폼에서만 지원되는 위젯이나 속성을 사용할 때, 다른 플랫폼에서 실행하면 호환성 문제가 발생할 수 있다. 그러므로 플랫폼 종속적인 기능을 사용할 때는 해당 플랫폼에서 실행되는지 확인해야 한다.

디자인 시스템 처리

플러터의 ThemeData를 사용하면, iOS와 Android 디바이스 모두에서 동일한 디자인 스타일을 적용할 수 있다. 또한 TargetPlatform을 사용하여 특정 플랫폼의 스타일을 선택적으로 적용할 수 있다. 예를 들어, 아래와 같은 코드로 플랫폼별로 디자인 스타일을 변경할 수 있다.

```dart
import 'package:flutter/material.dart';
import 'package:flutter/cupertino.dart';
import 'dart:io';

void main() {
  runApp(MyApp());
}

class MyApp extends StatelessWidget {
  @override
  Widget build(BuildContext context) {
    return MaterialApp(
      theme: ThemeData(
        primarySwatch: Colors.blue,
        visualDensity: VisualDensity.adaptivePlatformDensity,
      ),
      home: MyHomePage(title: 'Flutter Platform Styles'),
    );
  }
}

class MyHomePage extends StatelessWidget {
  final String title;

  MyHomePage({required this.title});

  @override
  Widget build(BuildContext context) {
    return Scaffold(
      appBar: AppBar(
        title: Text(title),
      ),
      body: Center(
        child: Platform.isAndroid ? AndroidStyleWidget() : iOSStyleWidget(),
      ),
    );
  }
}

class AndroidStyleWidget extends StatelessWidget {
```

```dart
  @override
  Widget build(BuildContext context) {
    return Container(
      child: Text(
        'Android Style',
        style: Theme.of(context).textTheme.bodyText2?.copyWith(
          fontSize: 20,
          fontWeight: FontWeight.bold,
        ),
      ),
    );
  }
}

class iOSStyleWidget extends StatelessWidget {
  @override
  Widget build(BuildContext context) {
    return Container(
      child: Text(
        'iOS Style',
        style: CupertinoTheme.of(context).textTheme.navLargeTitleTextStyle,
      ),
    );
  }
}
```

visualDensity는 Flutter의 테마에서 사용되는 속성 중 하나다. adaptivePlatformDensity는 visualDensity의 하위 속성으로, 장치의 플랫폼에 따라 밀도(농도)를 조정하는 값을 나타낸다. 플랫폼에 맞게 위젯의 크기와 간격을 조정하여 일관된 유저 인터페이스(UI) 경험을 제공할 수 있게 된다. 일반적으로 안드로이드와 iOS는 서로 다른 디바이스 픽셀 밀도를 가지고 있다. visualDensity를 adaptivePlatformDensity로 설정하면 앱이 실행되는 플랫폼의 픽셀 밀도에 따라 위젯과 요소들의 크기와 간격이 자동으로 조정된다. 이렇게 함으로써 앱이 각 플랫폼에 더 일관된 모습으로 나타나도록 할 수 있다. Platform.isAndroid을 사용하여 현재 플랫폼이 Android인지 확인한다. Platform.isAndroid가 true인 경우 AndroidStyleWidget을 표시하고, false인 경우 iOSStyleWidget을 표시한다. AndroidStyleWidget과 iOSStyleWidget은 각각 Android와 iOS 스타일을 나타내는 위젯이다. 각 스타일은 플랫폼에 맞는 테마와 스타일을 사용하여 구성된다.

이 코드를 실행하면 앱이 Android 장치에서는 Android 스타일을, iOS 장치에서는 iOS 스타일을 보여 준다. 플랫폼에 따라 디자인 스타일을 변경하고자 할 때, 조건문을 사용하여 해당 플랫폼에 맞는 위젯을 선택적으로 표시할 수 있다.

에러에서 배우기

- Platform 클래스 사용 에러
  Platform.isAndroid는 dart:io 패키지의 Platform 클래스를 사용하는데, 이 클래스는 모바일 디바이스에서만 사용 가능하다. 따라서 이 코드는 안드로이드 또는 iOS 디바이스에서 실행할 때에만 동작한다. 웹이나 데스크톱 플랫폼에서는 Platform 클래스를 사용할 수 없으므로 이 코드는 작동하지 않을 수 있으며 이 경우에는 웹 플랫폼 또는 데스크톱 플랫폼에서도 동작할 수 있는 대체 방법을 사용해야 한다.

- 테마 및 위젯 호환성 에러
  AndroidStyleWidget과 iOSStyleWidget은 각각 Material Design과 Cupertino Design의 스타일을 따르는 위젯이다. 여기에선 테마 및 위젯 호환성 문제가 발생할 수 있는데, 예를 들어, 특정 테마가 적용되지 않거나 특정 위젯이 플랫폼에서 지원되지 않는 경우 문제가 발생할 수 있다. 따라서 호환성을 확인하고 해당 플랫폼에서 정상적으로 작동하는지 테스트해야 한다.

02

텍스트와 폰트

폰트, 텍스트, 폰트 스타일링, 커스텀 폰트

여기서는 무얼 배울까

텍스트를 스타일링 하는 방법과 텍스트 디자인 및 어플리케이션의 폰트를 설정하는 방법을 익히고 이를 활용하여 앱의 품질과 유저 경험을 향상시키는 법을 배운다.

텍스트 스타일링

플러터에서는 텍스트를 스타일링하여 앱의 디자인과 가독성을 향상시킬 수 있다. 다양한 텍스트 스타일링 옵션을 사용하여 텍스트의 폰트, 크기, 색상, 정렬 등을 조정할 수 있다.

● 폰트 설정: 플러터에서는 다양한 폰트를 사용할 수 있으며, 기본적으로 제공되는 폰트뿐만 아니라 유저가 직접 커스텀 폰트를 추가할 수도 있다. 텍스트에 사용할 폰트를 선택하고 설정함으로써 앱의 분위기나 브랜드에 맞는 텍스트 스타일을 구현할 수 있다.
  - font-family: 텍스트의 글꼴을 지정한다.

● 텍스트 스타일: 플러터에서는 다양한 텍스트 스타일을 지원한다. 텍스트의 크기, 굵기, 이탤릭체 등을 조정하여 다양한 텍스트 효과를 만들 수 있다. 예를 들어, 제목에는 큰 크기와 굵은 폰트를 사용하고, 본문에는 보통 크기와 일반 폰트를 사용하여 텍스트를 구분할 수 있다.
  - font-size: 텍스트의 크기를 지정한다.
  - font-weight: 텍스트의 굵기를 지정한다.
  - font-style: 텍스트의 이탤릭체 여부를 지정한다.

● 텍스트 색상: 텍스트의 색상은 앱의 전반적인 디자인에 영향을 준다. 플러터에서는 텍스트의 색상을 지정하여 텍스트를 강조하거나 일반 텍스트와 구분할 수 있다. 유저에게 중요한 정보를 전달하기 위해 강조된 색상을 사용하거나, 앱의 색상 테마에 맞춰 일관성 있는 색상을 설정할 수 있다.
  - color: 텍스트의 색상을 지정한다.

● 텍스트 정렬: 텍스트의 정렬은 텍스트 블록의 가독성과 디자인적 효과를 결정짓는 중요한 요소다. 플러터에서는 텍스트를 왼쪽, 오른쪽, 가운데, 양쪽 정렬 등 다양한 정렬 방식으로 조정할 수 있다. 텍스트 정렬을 적절하게 사용하여 앱의 레이아웃과 일관성을 유지하고, 유저에게 편안한 읽기 경험을 제공할 수 있다.

  - text-align: 텍스트의 정렬을 지정한다.
  - line-height: 텍스트의 줄 간격을 지정한다.
  - letter-spacing: 텍스트의 글자 간격을 지정한다.

손으로 익히는 코딩

```dart
import 'package:flutter/material.dart';

void main() {
  runApp(MyApp());
}

class MyApp extends StatelessWidget {
  @override
  Widget build(BuildContext context) {
    return MaterialApp(
      title: 'Text Style Example',
      home: TextPage(),
    );
  }
}

class TextPage extends StatelessWidget {
  @override
  Widget build(BuildContext context) {
    return Scaffold(
      appBar: AppBar(
        title: Text('Text Style Example'),
      ),
      body: Center(
        child: Column(
          mainAxisAlignment: MainAxisAlignment.center,
          children: [
            Text(
              'Hello, Flutter!',
```

```
          style: TextStyle(
            fontSize: 24.0,
            fontWeight: FontWeight.bold,
            fontStyle: FontStyle.italic,
            height: 1.5,
            letterSpacing: 1.2,
          ),
          textAlign: TextAlign.center,
        ),
        SizedBox(height: 20.0),
        Text(
          'Welcome to the UI of Flutter',
          style: TextStyle(
            fontSize: 18.0,
            color: Colors.blue,
            fontStyle: FontStyle.normal,
            height: 1.8,
            letterSpacing: 1.0,
          ),
          textAlign: TextAlign.center,
        ),
      ],
    ),
  ),
);
}
}
```

위의 코드에서 TextPage 클래스에서는 Scaffold 위젯을 사용하여 페이지를 구성하고, 텍스트 위젯을 사용하여 텍스트 스타일, 텍스트 색상, 텍스트 정렬을 설정한다. 첫 번째 Text 위젯에서는 style 속성을 사용하여 텍스트 스타일을 설정한다. 'Hello, Flutter!' 텍스트에 대해 fontStyle: FontStyle.italic로 이탤릭체를 적용하

Quick Tip

플러터는 다양한 텍스트 스타일링 옵션을 제공하여 유저가 텍스트의 외관과 레이아웃을 세부적으로 조정할 수 있도록 지원합니다. 텍스트 스타일링을 적절하게 활용하여 앱의 품질과 유저 경험을 향상시킬 수 있습니다.

고, height: 1.5로 줄 간격을 조절하며, letterSpacing: 1.2로 글자 간격을 조절하였다. 두 번째 Text 위젯에서는 style 속성을 사용하여 텍스트 스타일을 설정하고, 'Welcome to the world of Flutter' 텍스트에 대해 fontStyle: FontStyle.normal로 기본 스타일을 적용하고, height: 1.8로 줄 간격을 조절하며, letterSpacing: 1.0으로 글자 간격을 조절하였다. 또한 textAlign

속성을 사용하여 텍스트 정렬을 설정할 수 있다. 위 코드에서는 TextAlign.center를 사용하여 텍스트를 가운데 정렬했다.

실행 결과로는 화면에 두 개의 텍스트가 표시된다. 첫 번째 텍스트는 두 번째 텍스트보다 크고 굵게 표시되며, 두 번째 텍스트는 파란색으로 가운데 정렬되어 표시된다.

에러에서 배우기

- 잘못된 속성 사용
  TextStyle 객체의 속성을 잘못 사용하거나 잘못된 값을 할당하는 경우 에러가 발생할 수 있다. 예를 들어, 폰트 크기를 음수로 지정하는 경우, 부적절한 폰트 굵기 값을 사용하는 경우 등이 있다.

- 텍스트 오버플로우
  텍스트가 부모 위젯의 경계를 벗어나는 경우, 오버플로우 문제가 발생할 수 있다. 이를 방지하기 위해 적절한 텍스트 자르기, 줄 바꿈 또는 확장 가능한 텍스트 위젯을 사용해야 한다.

- 디바이스 크기에 따른 스타일 변경
  다양한 디바이스 크기와 해상도를 고려하여 일관된 텍스트 스타일링을 유지해야 한다. 텍스트가 작은 디바이스에서 읽기 어렵거나 큰 디바이스에서 불필요하게 크게 보일 수 있으므로, 이를 고려하여 디바이스 크기에 따라 텍스트 스타일을 조정함으로써 사용자 경험을 향상시킬 수 있다.

폰트 사용

플러터에서는 다양한 폰트를 사용하여 앱의 텍스트를 스타일링할 수 있다. 폰트는 유저에게 정보를 전달하고, 유저의 관심을 끌고, 유저의 경험과 가독성을 향상시키는 데 사용된다.

기본 폰트 사용

플러터는 기본적으로 Roboto라는 폰트를 사용한다. 이 폰트는 안드로이드 플랫폼에서 사용되는 표준 폰트이며, 플러터 앱에서 기본 폰트로 자동으로 설정된다. 따라서 특별한 설정을 하지 않아도 기본 폰트로 Roboto가 사용된다. iOS에서는 San Francisco(SF) 폰트가 기본으로 사용된다. 기본 폰트를 사용하기 위해서는 별도의 설정 없이 아래와 같이 Text 위젯으로 바로 사용할 수 있다.

코·드·소·개

```
Text('Hello, Flutter!')
```

폰트 패키지 추가

플러터에서는 다른 폰트를 사용하기 위해 폰트 패키지를 추가할 수 있다. 폰트 패키지는 플러터 패키지 관리자인 Pub.dev에서 제공되며, 해당 패키지를 앱에 추가하여 원하는 폰트를 사용할 수 있다. 폰트 패키지는 플러터 앱의 pubspec.yaml 파일에 추가하여 의존성을 관리한다.

폰트 적용

폰트를 적용하기 위해서는 다음과 같은 단계를 거친다.

① 폰트 패키지 추가

pubspec.yaml 파일을 열어서 dependencies 섹션에 폰트 패키지의 의존성을 추가한다. 예를 들어, Google Fonts에서 제공하는 폰트 패키지 중 하나인 google_fonts를 사용하고 싶다면, 다음과 같이 의존성을 추가한다.

코·드·소·개

```
dependencies:
  flutter:
    sdk: flutter
  google_fonts: ^2.0.0
```

여기서 ^2.0.0은 google_fonts 패키지의 버전을 나타내며, 필요에 따라 다른 버전을 지정할 수 있다. pubspec.yaml 파일을 저장한 뒤, 패키지 매니저를 사용하여 패키지를 다운로드한다. 터미널에서 프로젝트 디렉토리로 이동한 후, 다음 명령어를 실행한다.

터미널 명령

```
flutter pub get
```

② 폰트 로딩

main() 함수에서 폰트를 로딩하고 사용할 준비를 한다. main() 함수 내에서 runApp() 전에 폰트를 로딩하는 작업을 수행한다. 이를 위해 WidgetsFlutterBinding.ensureInitialized()를 호출한 후, runApp()을 호출한다. 로딩할 폰트를 지정하고, 폰트를 로드하여 캐시에 저장하는 작업을 수행한다. GoogleFonts 패키지를 사용한다면, 다음과 같이 폰트를 로딩할 수 있다.

```dart
import 'package:flutter/material.dart';
import 'package:google_fonts/google_fonts.dart';

Future<void> main() async {
  WidgetsFlutterBinding.ensureInitialized();
  await GoogleFonts.loadFont(
    GoogleFonts.roboto(),
  );
  runApp(MyApp());
}

class MyApp extends StatelessWidget {
  @override
  Widget build(BuildContext context) {
    return MaterialApp(
      title: 'Text Style Example',
      theme: ThemeData(
        textTheme: GoogleFonts.robotoTextTheme(), // Google Fonts를 테마의
        textTheme으로 설정
      ),
      home: TextPage(),
    );
  }
}
```

위의 코드에서 Future⟨void⟩는 main 함수가 비동기로 실행됨을 나타낸다. await 키워드와 함께 사용하여 GoogleFonts.loadFont 함수가 완료될 때까지 기다린다. loadFont 함수는 폰트를 비동기적으로 로드하고, 작업이 완료되면 반환된 Future가 완료된다. 따라서 main 함수의 await GoogleFonts.loadFont(…) 구문은 폰트 로드가 완료될 때까지 기다리고, 그 후에 runApp(MyApp())을 호출하여 앱을 실행한다. 이를 통해 폰트 로드가 완료된 후 앱이 시작되도록 구성할 수 있다.

> 🗨 **더 알아보기**
>
> **Future**
> Future는 비동기 작업의 결과를 나타내는 객체다. 비동기 작업은 작업이 완료될 때까지 기다리지 않고 다른 작업을 수행할 수 있도록 해 준다. Future는 작업이 성공적으로 완료되었을 때 또는 에러가 발생했을 때 해당 결과나 에러를 반환한다.

③ 텍스트 스타일에 폰트 적용

폰트를 적용하려는 텍스트 위젯을 생성하고, TextStyle 객체를 사용하여 폰트 스타일을 정의한다. TextStyle 객체에서 fontFamily 속성을 사용하여 적용할 폰트 패밀리를 지정한다. 예를 들어, 로딩한 Roboto 폰트를 사용하고 싶다면, 다음과 같이 TextStyle 객체를 생성한다.

```
TextStyle(
  fontFamily: 'Roboto',
  fontSize: 18,
)
```

생성한 TextStyle 객체를 Text 위젯의 style 속성에 할당하여 텍스트에 폰트를 적용한다. 예를 들어, 다음과 같이 텍스트를 생성한다.

```
Text(
  'Hello, World!',
  style: TextStyle(
    fontFamily: 'Roboto',
    fontSize: 18,
  ),
)
```

이렇게 하면 원하는 폰트를 적용할 수 있다. 필요한 폰트 패키지를 추가하고, 폰트를 로딩한 뒤, TextStyle 객체를 사용하여 텍스트에 폰트를 적용하면 된다.

> **Quick Tip**
>
> 폰트는 플러터 앱의 텍스트 스타일링에 중요한 역할을 합니다. 올바른 폰트의 선택과 적절한 스타일링을 통해 앱의 텍스트를 더욱 독특하고 매력적으로 만들 수 있습니다.

커스텀 폰트 사용

플러터에서는 커스텀 폰트를 사용하여 앱의 텍스트를 스타일링할 수 있다. 커스텀 폰트는 유저가 직접 추가한 폰트 파일을 의미한다. 이를 통해 앱에 특별한 개성과 분위기를 부여할 수 있다. 커스텀 폰트 사용을 위해서는 몇 가지 단계를 거쳐야 한다.

폰트 파일 추가

앱의 프로젝트 폴더에 커스텀 폰트 파일(.ttf 또는 .otf)을 추가한다. 일반적으로 'assets/fonts' 와 같은 폴더에 폰트 파일을 저장한다. 만약 해당 폴더가 없다면 직접 생성해 주면 된다. 폰트 파일은 앱의 assets에 포함되어야 하므로, pubspec.yaml 파일에 assets 설정이 필요하다. 아래는 pubspec.yaml 파일에서 assets 설정을 하는 코드다.

코·드·소·개

```
flutter:
  assets:
    - assets/fonts/
```

폰트 로딩

앱이 시작될 때 폰트를 로딩하고 사용할 준비를 한다. 이를 위해 앱의 시작 지점에서 폰트를 로드해야 한다. 대부분의 경우, main() 함수 내에서 이 작업을 수행한다. 폰트를 로드하기 위해 flutter/services.dart 패키지의 rootBundle을 사용한다. 폰트 파일의 경로와 이름을 정확하게 지정해야 한다. 아래는 main() 함수에서 폰트를 로딩하는 코드다.

```
import 'package:flutter/material.dart';
import 'package:flutter/services.dart' show rootBundle;

Future<void> main() async {
  WidgetsFlutterBinding.ensureInitialized();
  await loadFonts();
  runApp(MyApp());
}

Future<void> loadFonts() async {
  await rootBundle.load("assets/fonts/CustomFont.ttf");
}
```

loadFonts() 함수 내에서 rootBundle.load()을 사용하여 폰트 파일을 로드한다. 로드한 폰트는 앱에서 사용 가능한 상태로 준비된다.

텍스트 스타일에 폰트 적용

TextStyle 객체를 사용하여 커스텀 폰트를 적용한 텍스트를 생성한다. TextStyle의 fontFamily
속성을 사용하여 적용할 폰트 패밀리를 지정한다. 여기서 'CustomFont'는 폰트의 이름이다. 아
래는 TextStyle에 커스텀 폰트를 적용하는 코드다.

```
Text(
  'Hello, World!',
  style: TextStyle(
    fontFamily: 'CustomFont',
    fontSize: 18,
  ),
)
```

위의 코드에서는 'CustomFont'라는 이름의 폰트를 사용하여 텍스트를 스타일링한다. 커스텀
폰트 사용 시 주의해야 할 점은 다음과 같다.

● 폰트 파일의 경로와 이름을 정확히 지정해야 한다. 앱의 프로젝트 구조와 폰트 파일의 위치를
  확인하여 올바른 경로를 사용해야 한다.

● 폰트 파일을 앱의 assets에 추가하고, pubspec.yaml 파일에 assets 설정을 추가해야 한다.
  이를 통해 앱이 폰트 파일을 찾을 수 있다.

● 폰트 파일을 로딩하여 사용 가능한 상태로 만들어야 한다. 폰트 로딩은 주로 앱이 시작될 때
  수행된다.

손으로 익히는 코딩

```
flutter:
  fonts:
    - family: MyCustomFont
      fonts:
        - asset: assets/fonts/my_custom_font.ttf
```

먼저, pubspec.yaml 파일에 커스텀 폰트 파일(.ttf 또는 .otf)을 추가해야 한다. 예를 들어, 폰
트 파일이 assets/fonts/my_custom_font.ttf에 위치한다고 가정하겠다. pubspec.yaml 파
일에 다음과 같이 폰트를 추가한다.

```dart
import 'package:flutter/material.dart';
import 'package:google_fonts/google_fonts.dart';

void main() {
  runApp(MyApp());
}

class MyApp extends StatelessWidget {
  @override
  Widget build(BuildContext context) {
    return MaterialApp(
      title: 'Custom Font Example',
      theme: ThemeData(
        textTheme: GoogleFonts.notoSansTextTheme(), // Google Fonts를 테마의
        textTheme으로 설정
      ),
      home: CustomFontExample(),
    );
  }
}

class CustomFontExample extends StatelessWidget {
  @override
  Widget build(BuildContext context) {
    return Scaffold(
      appBar: AppBar(
        title: Text('Custom Font Example'),
      ),
      body: Center(
        child: Text(
          'Hello, Flutter!',
          style: GoogleFonts.getFont(
            'YourCustomFont',
            fontSize: 24,
            fontWeight: FontWeight.bold,
          ),
        ),
      ),
    );
  }
}
```

위의 코드를 실행하면 GoogleFonts를 사용하여 커스텀 폰트를 적용한 코드를 확인할 수 있다. GoogleFonts.getFont를 사용하여 폰트 이름을 지정하고, fontSize 및 fontWeight 등의 속성을 설정할 수 있다. YourCustomFont 부분을 사용하려는 실제 폰트 이름으로 변경해야 한다.

에러에서 배우기

- 폰트 누락

  사용하려는 커스텀 폰트가 시스템에 설치되어 있지 않는 경우, 폰트를 찾을 수 없다는 에러가 발생할 수 있다. 이 경우, 폰트 파일을 다운로드하고 프로젝트에 추가한 뒤, 폰트 파일 경로를 올바르게 지정해야 한다.

- 폰트 이름 오타

  GoogleFonts.getFont() 메서드에 사용할 커스텀 폰트의 이름을 제공해야 한다. 폰트 이름을 오타로 잘못 입력하면 폰트를 찾을 수 없다는 에러가 발생할 수 있으므로 폰트의 정확한 이름을 확인하고 올바르게 입력해야 한다.

- 폰트 파일 경로 오류

  폰트 파일을 프로젝트에 추가한 경우, 폰트 파일의 경로를 정확하게 지정하지 않으면 오류가 발생할 수 있으므로 폰트 파일의 상대 경로나 절대 경로를 올바르게 지정해야 한다.

03

이미지와 아이콘

이미지 스타일링, 아이콘 스타일링, 이미지 로딩 및 최적화, 커스텀 아이콘

여기서는 무얼 배울까

이미지를 스타일링하여 크기, 모양, 색상 등을 조정하는 방법과 앱에서 사용되는 이미지를 최적화하여 앱의 로딩 속도를 향상시키는 방법에 대해 학습한다. 또한 플러터는 다양한 아이콘 세트를 제공하는데, 이러한 세트 및 아이콘이나 커스텀 아이콘을 활용하여 앱의 버튼, 메뉴 등에 시각적인 요소를 추가하는 법을 배운다.

이미지 삽입과 표시

플러터에서 이미지를 삽입하고 표시하는 것은 앱의 시각적 요소를 풍부하게 만드는 데 중요한 역할을 한다.

이미지를 삽입하고 표시하기

① 이미지 파일 추가

앱의 프로젝트 폴더에 이미지 파일을 추가한다. 일반적으로 이미지 파일은 'assets/images'와 같은 폴더에 저장된다. 이미지 파일은 앱의 assets에 포함되어야 하며, pubspec.yaml 파일에 assets 설정이 필요하다.

② AssetImage 사용

AssetImage 클래스를 사용하여 이미지를 로드한다. AssetImage는 앱의 assets에 있는 이미지 파일을 나타낸다. AssetImage('assets/images/image_name.png')와 같이 이미지 파일의 경로를 지정한다.

```
Image.asset('assets/images/your_image.png')
```

③ Image 위젯 사용

Image 위젯을 사용하여 이미지를 표시한다. Image 위젯은 플러터에서 이미지를 효과적으로 표시하기 위해 사용되는 위젯이다. Image 위젯의 속성으로 이미지 파일의 경로를 지정하여 이미지를 표시할 수 있다. 다음과 같이 Image 위젯을 사용하여 이미지를 삽입하고 표시할 수 있다.

```
Image(
  image: AssetImage('assets/images/image_name.png'),
)
```

위의 코드에서 'image_name.png'는 앱의 assets 폴더에 있는 이미지 파일의 이름을 나타낸다. 이미지 파일의 경로와 이름을 정확하게 지정해야 한다. 또한 Image 위젯은 이미지의 크기 조정, 반복, 필터링 등 다양한 속성을 제공한다. 이를 통해 이미지를 원하는 대로 스타일링하고 조작할 수 있다.

이미지 크기 조정

fit 속성을 사용하여 이미지의 크기를 조정할 수 있다. fit 속성은 BoxFit 열거형 값을 받으며, 이미지를 어떻게 조정할지를 결정한다.

BoxFit.contain	이미지의 가로와 세로 비율을 유지하며, 이미지가 화면에 완전히 들어가도록 조정된다.
BoxFit.cover	이미지의 가로와 세로 비율을 유지하며, 이미지가 화면을 가득 채울 수 있도록 조정된다. 이미지의 일부가 잘릴 수 있다.
BoxFit.fill	이미지의 가로와 세로 비율을 유지하지 않고, 이미지가 화면을 가득 채울 수 있도록 늘어난다. 이미지가 왜곡될 수 있다.
BoxFit.fitWidth	이미지의 가로 비율을 유지하며, 이미지의 가로 길이가 화면에 맞도록 조정된다.
BoxFit.fitHeight	이미지의 세로 비율을 유지하며, 이미지의 세로 길이가 화면에 맞도록 조정된다.

아래는 fit 속성을 사용하여 이미지의 크기를 조정하는 코드다.

```
Image(
  image: AssetImage('assets/images/my_image.png'),
  fit: BoxFit.cover,
)
```

이미지 반복

repeat 속성을 사용하여 이미지를 반복하여 나타낼 수 있다. 이는 텍스처나 패턴 이미지를 만들 때 유용하다. repeat 속성은 ImageRepeat 열거형 값을 받는다.

ImageRepeat.repeat	이미지를 가로와 세로로 반복하여 나타낸다.
ImageRepeat.repeatX	이미지를 가로로만 반복하여 나타낸다.
ImageRepeat.repeatY	이미지를 세로로만 반복하여 나타낸다.
ImageRepeat.noRepeat	이미지를 반복하지 않고 한 번만 나타낸다.

아래는 repeat 속성을 사용하여 이미지를 반복하는 코드다.

```
Image(
  image: AssetImage('assets/images/my_image.png'),
  repeat: ImageRepeat.repeat,
)
```

이미지 필터링

color 및 colorBlendMode 속성을 사용하여 이미지에 필터링 효과를 적용할 수 있다. color 속성은 이미지 위에 색상을 적용하는 데 사용되며, Color 값을 받는다. colorBlendMode 속성은 BlendMode 열거형 값을 받으며, 색상과 이미지의 블렌딩 모드를 결정한다. 아래는 이미지에 필터링 효과를 적용하는 코드다.

```
Image(
  image: AssetImage('assets/images/my_image.png'),
  color: Colors.red, // 적용할 색상
  colorBlendMode: BlendMode.colorBurn, // 블렌딩 모드
)
```

alignment 속성

alignment 속성은 Alignment 클래스의 인스턴스를 받으며, 이미지를 정렬할 위치를 지정한다. Alignment 클래스는 −1.0부터 1.0까지의 범위에서 가로 및 세로 위치를 정의한다. 예를 들어, Alignment(−1.0, −1.0)은 좌측 상단을 나타내고, Alignment(1.0, 1.0)은 우측 하단을 나타낸다.

Alignment.topLeft	좌측 상단
Alignment.topCenter	상단 중앙
Alignment.topRight	우측 상단
Alignment.centerLeft	좌측 중앙
Alignment.center	중앙
Alignment.centerRight	우측 중앙
Alignment.bottomLeft	좌측 하단
Alignment.bottomCenter	하단 중앙
Alignment.bottomRight	우측 하단

alignment 속성은 FractionalOffset 클래스의 인스턴스도 받을 수 있다. FractionalOffset은 Alignment과 유사한 기능을 제공하지만, 좌표를 0.0부터 1.0까지의 비율로 표현한다. 아래는 alignment 속성을 사용하여 이미지를 정렬하는 코드다.

```
Image(
  image: AssetImage('assets/images/my_image.png'),
  alignment: Alignment.center, // 이미지를 화면 중앙에 정렬
)
```

```dart
import 'package:flutter/material.dart';

void main() {
  runApp(MyApp());
}

class MyApp extends StatelessWidget {
  @override
  Widget build(BuildContext context) {
    return MaterialApp(
      title: 'Image App Example',
      theme: ThemeData(
        primarySwatch: Colors.blue,
      ),
      home: ImageApp(),
    );
  }
}

class ImageApp extends StatefulWidget {
  @override
  _ImageAppState createState() => _ImageAppState();
}

class _ImageAppState extends State<ImageApp> {
  List<String> images = [
    'assets/images/image1.jpg',
    'assets/images/image2.jpg',
    'assets/images/image3.jpg',
  ];
  int currentImageIndex = 0;

  void changeImage() {
    setState(() {
      currentImageIndex = (currentImageIndex + 1) % images.length;
    });
  }

  @override
  Widget build(BuildContext context) {
```

```
    return Scaffold(
      appBar: AppBar(
        title: Text('Image App'),
      ),
      body: Center(
        child: GestureDetector(
          onTap: changeImage,
          child: Image.asset(
            images[currentImageIndex],
            width: 300,
            height: 300,
            fit: BoxFit.cover,
          ),
        ),
      ),
    );
  }
}
```

위의 코드는 ImageApp 클래스가 상태를 관리하고, 이미지를 변경하는 changeImage 메서드를 정의한다. currentImageIndex 변수를 사용하여 현재 표시되고 있는 이미지의 인덱스를 추적하고, changeImage 메서드를 호출할 때마다 다음 이미지로 변경한다. Image.asset 위젯을 사용하여 이미지를 표시하고, GestureDetector

Quick Tip

이미지를 삽입하고 표시하는 것은 앱의 시각적인 측면을 향상시키는 중요한 요소입니다. 올바른 이미지 파일의 경로를 설정하고 Image 위젯을 사용하여 이미지를 표시함으로써 앱의 디자인을 보다 풍부하게 만들 수 있습니다.

위젯으로 이미지를 감싸 클릭 이벤트를 처리한다. 이미지를 클릭할 때마다 changeImage 메서드가 호출되어 이미지가 변경된다.

🗄 에러에서 배우기

- 이미지 형식 오류
  이미지 파일의 형식이 유효하지 않거나 지원되지 않는 형식인 경우 이미지를 표시할 수 없다는 에러가 발생할 수 있다. 따라서 이미지 파일이 유효한 형식인지 확인하고, Flutter가 지원하는 이미지 형식인지도 확인해야 한다.

- 패키지 누락
  코드에서 사용하는 flutter/material.dart 패키지가 pubspec.yaml 파일에 추가되어 있어야 한다. 패키지를 누락한 경우 해당 패키지를 추가해야 한다.

이미지 로딩 및 최적화

플러터에서 이미지를 로딩하고 최적화하는 것은 앱의 성능과 유저 경험에 중요한 영향을 미친다. 이미지를 효율적으로 로딩하고 최적화하기 위해 다음과 같은 방법을 고려할 수 있다.

AssetImage

AssetImage는 앱의 로컬 이미지를 로드하는 데 사용된다. 로컬 이미지는 앱의 assets 폴더에 포함되어야 한다. 다음과 같이 두 가지 방식으로 사용할 수 있다.

코·드·소·개

```
Image.asset('assets/images/example_image.png')
AssetImage('assets/images/example_image.png')
```

- Image.asset('assets/images/example_image.png'): Image.asset() 생성자를 사용하여 앱의 로컬 이미지를 로드한다. 해당 이미지는 assets/images/example_image.png와 같은 경로에 있어야 한다. 이 경로는 앱의 assets 폴더를 기준으로 상대적으로 지정된다.

- AssetImage('assets/images/example_image.png'): AssetImage 생성자를 사용하여 앱의 로컬 이미지를 로드한다. 위의 코드에서는 AssetImage를 사용하여 'assets/images/example_image.png' 경로의 이미지를 로드하고 있다. 마찬가지로 해당 이미지는 앱의 assets 폴더에 위치해야 한다.

NetworkImage

NetworkImage는 원격 서버에서 이미지를 로드하는 데 사용된다. 이미지의 URL을 지정하여 사용한다. 다음과 같이 두 가지 방식으로 사용할 수 있다.

코·드·소·개

```
Image.network('https://example.com/images/example_image.png')
NetworkImage('https://example.com/example_image.png')
```

- Image.network('https://example.com/images/example_image.png'): Image.network() 생성자를 사용하여 원격 서버에서 이미지를 로드한다. 해당 이미지는 지정된 URL인 'https://example.com/images/example_image.png'에서 가져와야 한다.

- NetworkImage('https://example.com/example_image.png'): NetworkImage 생성자를 사용하여 원격 서버에서 이미지를 로드한다. 위의 코드에서는 NetworkImage를 사용하여 'https://example.com/example_image.png' URL에서 이미지를 로드하고 있다.

이미지 캐싱

이미지 캐싱은 이미지를 한 번 로드한 후에는 재로딩 없이 캐시된 이미지를 사용하여 로딩 시간을 단축시키는 방법이다.

- pubspec.yaml 파일에 CachedNetworkImage 패키지를 추가한다. dependencies 섹션에 다음 줄을 추가한다.

코·드·소·개

```
cached_network_image: ^3.0.0
```

- 패키지를 가져올 수 있도록 Dart 파일 상단에 import 문을 추가한다.

코·드·소·개

```
import 'package:cached_network_image/cached_network_image.dart';
```

- CachedNetworkImage 위젯을 사용하여 이미지를 로드한다. 예를 들어, 네트워크에서 'https://example.com/my_image.png' URL의 이미지를 로드하고 캐싱하려면 다음과 같이 사용할 수 있다.

코·드·소·개

```
CachedNetworkImage(
  imageUrl: 'https://example.com/my_image.png',
  placeholder: (context, url) => CircularProgressIndicator(),
  errorWidget: (context, url, error) => Icon(Icons.error),
),
```

위의 코드에서 imageUrl 속성에 이미지의 URL을 지정하고, placeholder 속성에는 이미지 로딩 중에 표시할 임시 위젯을 지정한다. errorWidget 속성에는 이미지 로딩 실패 시에 표시할 위젯을 지정할 수 있다. CachedNetworkImage 패키지는 이미지를 자동으로 캐싱하고, 향후 동일한 URL을 가진 이미지를 로드할 때 캐시된 이미지를 사용한다. 이를 통해 이미지 로딩 속도를 향상시킬 수 있으며, 네트워크 비용을 줄이고 유저 경험을 향상시킬 수 있다.

이미지 최적화

앱에서 사용되는 이미지의 해상도와 크기를 최적화하여 메모리 사용을 줄일 수 있다. 플랫폼별 및 디바이스 해상도별로 최적화된 이미지를 제공하는 방법은 매우 유용하다. 일반적으로 고해상도 디바이스에서는 더 높은 해상도의 이미지를 사용하여 선명하고 고화질의 이미지를 제공한다. 다음은 최적화된 이미지를 제공하는 방법이다.

● 이미지 버전을 디바이스 해상도에 맞게 저장한다. 예를 들어, sample_image.png를 기본 해상도로 사용하고, 2배 해상도의 디바이스를 위한 이미지는 sample_image@2x.png, 3배 해상도의 디바이스를 위한 이미지는 sample_image@3x.png와 같이 저장한다. 이렇게 하면 각 디바이스에 맞는 최적화된 이미지를 사용할 수 있다.

● 압축된 이미지 파일 형식인 .jpg, .jpeg, .png 등을 사용하여 이미지 파일의 크기를 줄일 수 있다. 이미지의 크기를 줄이면 애플리케이션의 로딩 시간을 최소화하고 성능을 향상시킬 수 있다.

● 이미지 로딩 플레이스홀더를 사용하여 이미지가 로드되는 동안 대체 이미지를 보여줄 수도 있다. FadeInImage 위젯을 사용하여 이미지가 로딩되는 동안 페이드 효과와 함께 로딩 중임을 나타낼 수 있다. FadeInImage 위젯은 placeholder 이미지와 로드되는 이미지를 설정할 수 있다.

코·드·소·개

```
FadeInImage(
  placeholder: AssetImage('assets/placeholder_image.png'),
  image: NetworkImage('https://example.com/sample_image.png'),
),
```

위의 코드에서 placeholder 속성에는 로딩 중에 표시할 이미지(예, assets/placeholder_image.png)를 지정하고, image 속성에는 로드할 이미지(예, NetworkImage('https:// example.com/my_image.png'))를 지정한다. 이렇게 하면 이미지가 로드되기 전까지 placeholder 이미지가 표시되며, 로드가 완료되면 실제 이미지로 전환된다. 이미지 소스 최적화와 이미지 로딩 플레이스홀더를 함께 사용하면 앱의 성능을 향상시키고, 사용자에게 더 나은 로딩 경험을 제공할 수 있다.

스플래시 화면 최적화

앱의 스플래시 화면은 로딩 시간 동안 표시되는 첫 화면으로, 로딩 시간을 최소화하고 유저 경험을 향상시키기 위해 최적화되어야 한다. 스플래시 화면에는 가벼운 이미지를 사용하고, 이미지의 로딩과 표시를 가능한 빠르게 처리해야 한다. 스플래시 화면 최적화를 위해 다음과 같은 방법을 고려할 수 있다.

● 가벼운 이미지 사용: 스플래시 화면에는 가벼운 이미지를 사용하여 로딩 시간을 최소화해야 한다. 이미지의 파일 크기를 작게 유지하고, 고해상도 이미지보다는 필요한 최소한의 해상도로 충분한 품질을 제공할 수 있는 이미지를 선택해야 한다.

● 이미지 최적화: 스플래시 화면 이미지를 최적화하여 파일 크기를 줄일 수 있다. 이미지 최적화 도구를 사용하여 이미지를 압축하고, 필요한 품질과 해상도를 유지하면서 파일 크기를 최소화해야 한다. 이를 통해 이미지를 더 빠르게 로드할 수 있다.

● 로딩 속도 최적화: 스플래시 화면의 로딩 속도를 최적화하기 위해 필요한 초기화 작업을 최소화해야 한다. 로딩 시간을 단축하기 위해 스플래시 화면에서 필요한 최소한의 작업만 수행하고, 나머지 작업은 로딩이 완료된 후에 비동기적으로 처리하는 방식을 고려할 수 있다.

● 백그라운드 작업 분산: 스플래시 화면에서 수행해야 하는 작업이 많은 경우, 작업을 분산하여 여러 스레드 또는 비동기 작업으로 처리할 수 있다. 이를 통해 스플래시 화면의 로딩 속도를 향상시킬 수 있다.

● 로딩 상태 표시: 스플래시 화면에서는 로딩 상태를 사용자에게 명확히 표시해야 한다. 로딩 진행률 표시기나 로딩 메시지를 추가하여 사용자에게 로딩이 진행 중임을 알릴 수 있다. 이를 통해 사용자는 앱이 로딩 중임을 인식하고, 로딩이 완료될 때까지 기다릴 수 있다.

손으로 익히는 코딩

```
import 'package:flutter/material.dart';
import 'package:http/http.dart' as http;

void main() {
  runApp(MyApp());
}

class MyApp extends StatelessWidget {
```

```dart
  @override
  Widget build(BuildContext context) {
    return MaterialApp(
      title: 'Image Loading Example',
      theme: ThemeData(
        primarySwatch: Colors.blue,
      ),
      home: ImageLoadingApp(),
    );
  }
}

class ImageLoadingApp extends StatefulWidget {
  @override
  _ImageLoadingAppState createState() => _ImageLoadingAppState();
}

class _ImageLoadingAppState extends State<ImageLoadingApp> {
  String imageUrl = 'https://example.com/image.jpg';
  bool isLoading = false;
  ImageProvider? imageProvider;

  Future<void> loadImage() async {
    setState(() {
      isLoading = true;
    });

    final response = await http.get(Uri.parse(imageUrl));
    if (response.statusCode == 200) {
      setState(() {
        imageProvider = MemoryImage(response.bodyBytes);
      });
    }
    setState(() {
      isLoading = false;
    });
  }

  @override
  Widget build(BuildContext context) {
    return Scaffold(
```

```
      appBar: AppBar(
        title: Text('Image Loading App'),
      ),
      body: Center(
        child: isLoading
            ? CircularProgressIndicator()
            : imageProvider != null
                ? Image(image: imageProvider!)
                : Text('No image loaded'),
      ),
      floatingActionButton: FloatingActionButton(
        onPressed: loadImage,
        child: Icon(Icons.file_download),
      ),
    );
  }
}
```

위의 코드는 ImageLoadingApp 클래스가 상태를 관리하고, loadImage 메서드를 통해 이미지를 로딩한다. isLoading 변수는 이미지 로딩 상태를 추적하고, imageProvider 변수는 로드된 이미지를 보관한다. loadImage 메서드는 http 패키지를 사용하여 지정된 URL에서 이미지를 가져온다. 이미지를 로드할 때는 MemoryImage 클래스를 사용하여 메모리에

이미지를 저장하고, Image 위젯에서 이 이미지를 표시한다. 로딩 중일 때는 CircularProgressIndicator를 표시하고, 이미지가 로드되면 Image 위젯으로 이미지를 표시한다. 이미지 로드 버튼을 누를 때마다 loadImage 메서드가 호출되어 이미지가 로딩되고 표시된다.

response.statusCode

response.statusCode는 HTTP 응답 코드를 나타내는 속성이다. HTTP 프로토콜은 클라이언트가 서버에 요청을 보내고, 서버는 이에 대한 응답을 돌려 준다. 응답은 상태 코드로 표시되며, 클라이언트는 이를 통해 요청이 성공했는지 또는 어떤 문제가 발생했는지를 확인할 수 있다. HTTP 응답 코드는 세 자리 숫자로 이루어져 있으며, 각 코드는 특정한 상태를 의미한다.

- 200 OK: 요청이 성공적으로 처리되었음을 나타낸다.
- 201 Created: 요청이 성공적으로 처리되어 새로운 리소스가 생성되었음을 나타낸다.
- 204 No Content: 요청은 성공적으로 처리되었지만, 응답으로 내용이 없음을 나타낸다.
- 400 Bad Request: 클라이언트의 요청이 잘못되었거나 서버가 요청을 이해하지 못하는 경우를 나타낸다.
- 401 Unauthorized: 클라이언트가 인증되지 않았거나 인증이 실패했음을 나타낸다.
- 403 Forbidden: 클라이언트가 요청한 리소스에 대한 접근 권한이 없음을 나타낸다.
- 404 Not Found: 요청한 리소스가 서버에서 찾을 수 없음을 나타낸다.
- 500 Internal Server Error: 서버에서 내부적인 오류가 발생하여 요청을 처리할 수 없음을 나타낸다.

따라서 response.statusCode == 200는 서버의 응답 코드가 200인지 확인하는 조건문이다. 이를 통해 클라이언드는 서버로부터의 응답이 성공적으로 받아졌는지를 확인할 수 있고, 이에 따라 적절한 농삭을 수행할 수 있다.

에러에서 배우기

- **네트워크 연결 에러**

  loadImage 메서드에서 이미지를 로드하기 위해 HTTP 요청을 보내고 응답을 처리한다. 네트워크 연결이 없거나 잘못된 URL을 사용하는 경우 요청이 실패하고 예외가 발생할 수 있으므로 올바른 URL을 사용하고, 네트워크 연결 상태를 확인해야 한다.

- **응답 처리 에러**

  loadImage 메서드에서 HTTP 응답을 처리하는 과정에서 오류가 발생할 수 있다. 응답이 성공적으로 받아졌는지, 응답 상태 코드가 200인지 확인해야 하며 응답의 내용을 올바르게 처리하여 MemoryImage에 전달해야 한다.

- **비동기 상태 관리 에러**

  isLoading 변수와 imageProvider 변수는 상태를 나타내며, 해당 상태가 변경될 때 UI를 업데이트해야 한다. 따라서 setState 메서드를 사용하여 상태를 업데이트해야 하는데, 상태를 업데이트하지 않는 경우 UI가 예상대로 동작하지 않을 수 있다.

- **널 값 처리**

  imageProvider 변수는 초기에 null로 선언되어 있으며, 이미지가 성공적으로 로드된 후에만 값이 할당된다. 따라서 해당 변수를 사용하기 전에 null 체크를 수행해야 하며, 이를 수행하기 위해 imageProvider!와 같이 non-null 단언 연산자를 사용할 수도 있지만, 안전하게 null 체크를 수행하는 것이 좋다.

아이콘 사용법

플러터는 아이콘을 쉽게 사용할 수 있도록 다양한 아이콘 패키지와 내장 아이콘을 제공한다. 아이콘은 앱에서 시각적인 요소를 강조하고 유저에게 정보를 전달하는 데 유용하며, 다음과 같은 방법으로 아이콘을 사용할 수 있다.

Material Icons 추가

Material Icons는 구글이 제공하는 아이콘 라이브러리로, 다양한 디자인의 아이콘을 제공한다. 이 아이콘 패키지는 플러터에서 기본적으로 제공된다. pubspec.yaml 파일에서 dependencies 섹션에 flutter_icons 패키지를 추가한다.

코·드·소·개

```
dependencies:
  flutter_icons: ^1.1.0
```

터미널 또는 명령 프롬프트에서 프로젝트 디렉토리로 이동한 후, flutter pub get 명령을 실행하여 패키지를 업데이트한다. 패키지를 가져오기 위해 앱의 루트 디렉토리에 있는 main.dart 파일의 상단에 다음과 같은 코드를 추가한다.

코·드·소·개

```
import 'package:flutter_icons/flutter_icons.dart';
```

Material Icons 사용

Icon 위젯을 사용하여 Material Icons를 표시할 수 있다. 해당 아이콘의 이름을 Icons 클래스의 정적 변수로 사용하면 된다. 예를 들어, 하트 아이콘을 표시하려면 다음과 같이 작성한다.

코·드·소·개

```
Icon(Icons.favorite)
```

Icon 위젯의 속성을 사용하여 아이콘을 스타일링할 수 있다. 일반적으로 size와 color 속성을 사용하여 크기와 색상을 지정할 수 있다. 예를 들어, 아이콘의 크기를 32로, 색상을 빨간색으로 지정하려면 다음과 같이 작성한다.

```
Icon(
  Icons.favorite,
  size: 32,
  color: Colors.red,
)
```

IconButton 사용

IconButton 위젯은 아이콘 버튼을 생성하는 데 사용된다. 이 버튼은 터치 가능하며, 사용자의 상호작용을 처리할 수 있다. IconButton은 icon과 onPressed 속성을 가지며, 아이콘을 표시하고 버튼을 눌렀을 때 실행될 콜백 함수를 지정한다. 예를 들어, 아이콘 버튼을 만들고 눌렀을 때 어떤 동작을 수행하려면 다음과 같이 작성한다.

```
IconButton(
  icon: Icon(Icons.favorite),
  onPressed: () {
    // 버튼을 눌렀을 때 수행할 작업
  },
)
```

Cupertino Icons 추가

필요한 아이콘을 사용하려면 먼저 cupertino_icons 패키지를 프로젝트에 추가해야 한다. pubspec.yaml 파일의 dependencies 섹션에 다음과 같이 추가한다.

━ 코·드·소·개 ▶

```
dependencies:
  cupertino_icons: ^1.0.3
```

Cupertino Icons를 사용하려면 아래와 같은 방법으로 아이콘을 추가할 수 있다.

━ 코·드·소·개 ▶

```
import 'package:flutter/cupertino.dart';
```

```
CupertinoIcons.iconName
```

위의 iconName은 사용하려는 아이콘의 이름이다. 예를 들어, 아이콘 이름이 heart인 경우 Cupertino Icons.heart를 사용하여 해당 아이콘을 나타낼 수 있다.

```dart
import 'package:flutter/cupertino.dart';

class MyWidget extends StatelessWidget {
  @override
  Widget build(BuildContext context) {
    return CupertinoButton(
      onPressed: () {
        // 버튼이 클릭되었을 때의 동작
      },
      child: Icon(CupertinoIcons.heart),
    );
  }
}
```

위의 코드에서는 CupertinoButton 위젯을 사용하고, 버튼 내부에 Icon 위젯을 추가하여 heart 아이콘을 표시하고 있다.

손으로 익히는 코딩

```dart
import 'package:flutter/material.dart';

void main() {
  runApp(MyApp());
}

class MyApp extends StatelessWidget {
  @override
  Widget build(BuildContext context) {
    return MaterialApp(
      title: 'Icon Usage Example',
      theme: ThemeData(
        primarySwatch: Colors.blue,
      ),
```

```
      home: MemoApp(),
    );
  }
}

class MemoApp extends StatefulWidget {
  @override
  _MemoAppState createState() => _MemoAppState();
}

class _MemoAppState extends State<MemoApp> {
  List<Memo> memos = [
    Memo('Meeting', Icons.calendar_today),
    Memo('Shopping', Icons.shopping_cart),
    Memo('Task', Icons.assignment),
  ];

  @override
  Widget build(BuildContext context) {
    return Scaffold(
      appBar: AppBar(
        title: Text('Memo App'),
      ),
      body: ListView.builder(
        itemCount: memos.length,
        itemBuilder: (context, index) {
          return ListTile(
            leading: Icon(memos[index].icon),
            title: Text(memos[index].title),
          );
        },
      ),
    );
  }
}

class Memo {
  final String title;
  final IconData icon;

  Memo(this.title, this.icon);
}
```

위의 코드에서는 Memo 클래스를 정의하여 각 메모의 제목과 아이콘을 저장한다. MemoApp 클래스의 memos 리스트에 여러 메모를 추가한다. 각 메모는 카테고리를 나타내는 아이콘과 함께 표시된다. ListView.builder 위젯을 사용하여 메모 목록을 표시한다. 각 메모는 ListTile 위젯으로 표시되며, leading 속성에는 아이콘을 지정하고, title 속성에는 메모 제목을 표시한다. 이

코드에서는 Icons 클래스를 사용하여 다양한 아이콘을 제공한다. Flutter는 다양한 아이콘을 내장하고 있으며, Icons 클래스를 통해 이러한 아이콘들을 사용할 수 있다.

에러에서 배우기

아이콘 데이터 에러

코드에서 사용하는 Icons.calendar_today, Icons.shopping_cart, Icons.assignment과 같은 아이콘 데이터는 flutter/material.dart 패키지에 정의되어 있어야 한다. 이러한 아이콘 데이터가 정의되지 않은 경우, 해당 패키지를 최신 버전으로 업데이트하거나, 필요한 아이콘을 사용할 수 있는 다른 패키지를 찾아 추가해야 한다.

커스텀 아이콘 생성 및 적용

플러터에서는 커스텀 아이콘을 생성하고 사용할 수 있다. 커스텀 아이콘은 이미지 또는 아이콘 디자인 도구를 사용하여 원하는 아이콘을 디자인하고, 해당 이미지를 앱에 추가한 다음 플러터에서 사용할 수 있다. 아래는 커스텀 아이콘을 생성하고 적용하는 방법이다.

이미지 디자인

원하는 아이콘을 디자인하기 위해 이미지 편집 도구를 사용한다. 이 도구로 아이콘의 모양, 색상, 크기 등을 조정하여 원하는 디자인을 만들 수 있다. 디자인을 마친 후, 이미지 파일로 저장한다. 이를 위해 일러스트레이터나 그래픽 디자인 도구를 사용하여 원하는 모양과 스타일의 아이콘을 그린다. 아이콘은 벡터 형식(.svg, .ai 등)으로 디자인하는 것이 좋다.

이미지 추가

디자인한 커스텀 아이콘을 Flutter 프로젝트에 추가해야 한다. 일반적으로 assets 폴더를 생성하고, 그 안에 아이콘 파일을 저장한다. 예를 들어, assets/icons/custom_icon.svg와 같은 경로에 아이콘 파일을 저장할 수 있다. 커스텀 아이콘을 프로젝트에서 사용하기 위해 pubspec.yaml 파일에 해당 아이콘 파일을 추가해야 한다. 아래와 같이 pubspec.yaml 파일의 flutter 섹션에 assets 설정을 추가한다.

코 · 드 · 소 · 개

```
flutter:
  assets:
    - assets/icons/
```

위의 코드에서는 assets/icons/ 폴더가 아이콘 파일을 포함하고 있으므로, 해당 경로를 추가하였다.

커스텀 아이콘 사용

이미지를 앱에 추가한 후, 커스텀 아이콘을 사용할 수 있다. Image 위젯 또는 AssetImage을 사용하여 이미지를 로드하고, Icon 위젯에 Image 위젯을 포함시켜 커스텀 아이콘으로 표시할 수 있다. 예를 들어, 이미지 파일의 경로가 assets/images/icon.png이라면, 아래와 같이 커스텀 아이콘을 생성할 수 있다.

코 · 드 · 소 · 개

```
Image customIcon = Image.asset('assets/images/icon.png');
Icon(customIcon);
```

```
import 'package:flutter/material.dart';
import 'package:flutter_svg/flutter_svg.dart';

class MyWidget extends StatelessWidget {
  @override
  Widget build(BuildContext context) {
    return SvgPicture.asset(
      'assets/icons/custom_icon.svg',
```

```
      width: 24,
      height: 24,
      color: Colors.red,
    );
  }
}
```

위의 코드에서는 Icon 위젯을 사용하여 커스텀 아이콘을 나타내고 있다. AssetImage를 사용하여 아이콘 파일을 로드하고, size 속성을 사용하여 아이콘의 크기를 지정하고, color 속성을 사용하여 아이콘의 색상을 설정한다.

손으로 익히는 코딩

```
import 'package:flutter/material.dart';

void main() {
  runApp(MyApp());
}

class MyApp extends StatelessWidget {
  @override
  Widget build(BuildContext context) {
    return MaterialApp(
      title: 'Custom Icon Example',
      theme: ThemeData(
        primarySwatch: Colors.blue,
      ),
      home: MusicPlayerApp(),
    );
  }
}
```

```dart
class MusicPlayerApp extends StatefulWidget {
  @override
  _MusicPlayerAppState createState() => _MusicPlayerAppState();
}

class _MusicPlayerAppState extends State<MusicPlayerApp> {
  bool isPlaying = false;

  @override
  Widget build(BuildContext context) {
    return Scaffold(
      appBar: AppBar(
        title: Text('Music Player'),
      ),
      body: Center(
        child: IconButton(
          icon: Icon(
            isPlaying ? CustomIcons.pause : CustomIcons.play,
            size: 48,
          ),
          onPressed: () {
            setState(() {
              isPlaying = !isPlaying;
            });
          },
        ),
      ),
    );
  }
}

class CustomIcons {
  static const IconData play = IconData(0xe800, fontFamily: 'CustomIcons');
  static const IconData pause = IconData(0xe801, fontFamily: 'CustomIcons');
}
```

위의 코드에서는 CustomIcons 클래스를 정의하여 커스텀 아이콘을 생성한다. play와 pause 아이콘은 해당 클래스에서 IconData로 생성되고, fontFamily를 설정하여 해당 아이콘을 사용한다. MusicPlayerApp 클래스는 플레이어 화면을 구성한다. isPlaying 변수를 사용하여 현재 재생 상태를 저장하고, 이에 따라 플레이어 아이콘을 변경한다. IconButton 위젯을 사용하여 플레

이어 아이콘을 표시하고, onPressed 콜백을 통해 재생 상태를 전환한다. 클릭 시 setState 메서드를 호출하여 상태를 업데이트하고, 재생 중인지 일시 정지 중인지를 나타내는 아이콘을 토글한다.

● 더 알아보기

codePoint

codePoint는 유니코드 코드 포인트를 나타내는 정수 값이다. 유니코드는 전 세계의 문자를 표현하기 위해 사용되는 표준이며, 각 문자에는 고유한 코드 포인트가 할당된다. 유니코드 코드 포인트에는 다양한 범위와 의미를 갖는 값들이 있다. 일부 일반적인 코드 포인트의 예는 다음과 같다.

- 숫자와 기본적인 ASCII 문자: ASCII 문자는 0부터 127까지의 코드 포인트를 갖는다. 이 범위에는 알파벳 대소문자, 숫자, 특수 문자 등이 포함된다.
- 한글: 한글은 유니코드의 한 분류로, 가(0xAC00)부터 핳(0xD7A3)까지의 범위에 해당하는 코드 포인트를 사용한다. 이 범위에는 초성, 중성, 종성 등으로 구성된 한글 문자들이 포함된다.
- 이모티콘: 이모티콘은 다양한 감정, 개체, 심볼 등을 나타내는 그래픽적인 아이콘이다. 이모티콘은 다양한 범위의 코드 포인트를 사용하며, 예를 들면 웃는 얼굴 ☺(0x1F600)부터 심장 ♥(0x1F496)까지 다양한 이모티콘이 있다.
- 특수 기호 및 기타 언어 문자: 유니코드는 다양한 언어의 문자와 특수 기호를 포함한다. 예를 들어, 일본어의 가나 문자, 중국어의 한자, 아랍어의 알파벳 등이 해당된다. 이러한 문자들은 각각 특정한 코드 포인트 범위에 속한다.

각 언어 및 문자 체계에 따라 다양한 코드 포인트가 할당되어 있으며, 유니코드는 이러한 다양성을 표현하기 위한 표준이 된다. 이를 통해 다양한 언어와 문자 체계를 지원하고, 특수 기호와 아이콘을 포함한 다양한 그래픽 요소를 표현할 수 있다. 위의 코드에서 0xe800과 0xe801은 유니코드 코드 포인트를 나타내며, 해당 코드 포인트는 커스텀 아이콘의 식별자로 사용된다. IconData 클래스는 이 코드 포인트를 기반으로 아이콘을 생성하고 표시하는 데 사용된다.

04

버튼과 인풋 폼

✓ 핵심 키워드
버튼 디자인, 상호작용, 폼(Form), 필드(Field)

여기서는 무얼 배울까
플러터에서 버튼을 생성하고 다양한 스타일을 적용하는 방법을 학습한다. 버튼의 크기, 색상, 텍스트 스타일 등을 조정하여 원하는 디자인의 버튼을 만들고, 만든 버튼을 터치 또는 클릭할 때 발생하는 이벤트를 처리하는 방법을 배우게 된다. 또한 플러터에서 입력 폼을 생성하는 방법을 익힘으로 텍스트 입력, 체크박스, 라디오 버튼 등 다양한 폼 요소들과 조합해 어플리케이션을 만드는 법을 배워본다.

버튼 디자인과 상호작용

버튼 디자인과 상호작용은 사용자 인터페이스(UI)를 개발할 때 중요한 요소다. 사용자는 버튼을 통해 애플리케이션의 기능을 실행하고 상호작용할 수 있다. 이러한 이유로 버튼은 직관적이고 매력적인 디자인을 가져야 하며, 사용자가 버튼을 누를 때 피드백을 제공해야 한다.

버튼 디자인

버튼을 디자인할 때는 다음과 같은 사항을 고려해야 한다.

● 버튼의 크기와 모양은 사용자가 쉽게 클릭할 수 있어야 한다.

● 버튼의 색상은 눈에 잘 띄어야 한다.

● 버튼의 텍스트는 명확하고 간결해야 한다.

● 버튼의 위치는 사용자가 쉽게 찾을 수 있어야 한다.

버튼 디자인의 특징은 다음과 같다. 첫째, 주로 직사각형 모양을 가지며, 텍스트 또는 아이콘으로 구성된다. 시각적으로 사용자의 주의를 끌어야 하므로, 명확하고 의미 있는 레이블 또는 아이콘을 가질 수 있다. 둘째, 활성 상태와 비활성 상태를 가질 수 있다. 활성 상태에서는 사용자가 버튼을 클릭하거나 상호작용할 수 있다. 반면 비활성 상태에서는 버튼이 비활성화되어 사용자의 클릭이나 상호작용을 받지 않는다. 셋째, 주로 배경색, 텍스트 색상, 테두리 스타일 등의 속성을 가지고 있어 시각적인 디자인을 구성할 수 있다. 이러한 속성은 버튼의 외관을 조정하여 사용자에게 의미를 전달하거나 주요 액션을 강조하는 데 사용된다. 각각의 위젯은 다른 디자인과 스타일을 가지며, 애플리케이션의 디자인 가이드 라인에 따라 선택할 수 있다. 버튼의 디자인 요소로는 배경색, 텍스트 스타일, 아이콘 등이 포함될 수 있다. 이러한 요소들은 위젯의 속성을 설정하여 조정할 수 있다. 버튼의 크기와 모양도 중요한 디자인 요소다. 플러터에서는 버튼의 크기와 모양을 조정하기 위해 ButtonStyle과 ButtonTheme을 활용할 수 있다. 다음은 ElevatedButton 디자인을 이용한 코드다.

코 · 드 · 소 · 개

```
ElevatedButton(
  style: ButtonStyle(
    // 버튼 스타일 설정
    // 여기에 필요한 속성들을 추가하면 된다.
  ),
)
```

버튼의 디자인은 style 속성을 사용하여 설정할 수 있다. ButtonStyle 객체를 생성하고 여기에 필요한 속성들을 추가하면 된다.

버튼 상호작용

버튼 상호작용을 선택할 때는 다음과 같은 사항을 고려해야 한다.

- 버튼을 클릭하면 사용자가 원하는 작업이 수행되어야 한다.
- 버튼을 클릭하면 버튼이 활성화되어야 한다.
- 버튼을 클릭하면 버튼이 비활성화되어야 한다.

버튼 상호작용의 특징은 다음과 같다. 첫째, 버튼은 사용자와 상호작용하여 액션을 수행하는 데 사용된다. 버튼을 클릭하거나 터치할 때, 미리 정의된 동작 또는 사용자가 지정한 동작을 수행할 수 있다. 버튼에는 클릭 이벤트 핸들러를 등록하여 버튼이 클릭되었을 때 수행할 동작을 정의할 수 있다. 이벤트 핸들러는 사용자가 버튼을 클릭할 때 실행되는 함수 또는 메서드로, 버튼이 수행할 액션을 처리하는 로직을 구현한다. 둘째, 일반적으로 사용자에게 시각적 피드백을 제공한다. 버튼을 클릭하면 클릭된 상태를 시각적으로 나타내는 방식으로 사용자에게 액션의 결과를 전달한다. 이를 통해 사용자는 버튼의 상태 변화를 인지하고, 액션이 성공적으로 수행되었는지를 파악할 수 있다. 셋째, 사용자와 상호작용하기 위해 터치 이벤트를 처리해야 한다. 플러터에서는 버튼 위젯에 onPressed 속성을 설정하여 버튼을 눌렀을 때 실행되는 콜백 함수를 지정할 수 있다. 넷째, 버튼을 누르거나 놓을 때 피드백을 제공해야 한다. 이를 위해 플러터에서는 onPressed 이벤트 핸들러 외에도 onHighlightChanged, onLongPress, onHover 등의 이벤트 핸들러를 제공한다. 이러한 핸들러를 사용하여 버튼의 상태에 따른 피드백을 구현할 수 있다.

코·드·소·개

```
ElevatedButton(
  onPressed: () {
    // 버튼 클릭 시 실행될 동작
  },
)
```

버튼이 클릭되었을 때 실행될 동작은 onPressed 콜백 함수로 지정한다.

```
import 'package:flutter/material.dart';

class MyButton extends StatelessWidget {
  final String text;
  final Function onPressed;

  MyButton({required this.text, required this.onPressed});

  @override
  Widget build(BuildContext context) {
    return ElevatedButton(
      onPressed: () => onPressed(),
      child: Text(text),
    );
  }
}
```

이 코드에서는 MyButton이라는 위젯을 정의하고, text와 onPressed라는 두 개의 매개변수를 받는다. text는 버튼에 표시될 텍스트이고, onPressed는 버튼이 클릭되었을 때 실행될 함수다.

build 메서드에서는 ElevatedButton 위젯을 반환한다. 이 위젯은 Material 디자인에 기반한 버튼을 생성한다. onPressed 콜백 함수를 버튼의 onPressed 속성에 할당하고, 버튼에 표시될 텍스트는 Text 위젯을 사용하여 설정한다.

```
MyButton(
  text: 'Click Me',
  onPressed: () {
    // 버튼이 클릭되었을 때 실행될 동작
    print('Button Clicked');
  },
)
```

이 코드에서는 'Click Me'라는 텍스트를 가진 버튼을 생성하고, 버튼이 클릭되었을 때 콘솔에 'Button Clicked'라는 메시지가 출력된다. 이와 같이 버튼을 사용자 인터페이스(UI)에 적용하고 상호작용을 구현할 수 있다.

손으로 익히는 코딩

```
ElevatedButton(
  onPressed: () {
    // 버튼 클릭 시 실행될 동작
    print('버튼이 클릭되었습니다!');
  },
  child: Text('클릭해 보세요'),
  style: ButtonStyle(
    backgroundColor: MaterialStateProperty.all<Color>(Colors.blue),
    foregroundColor: MaterialStateProperty.all<Color>(Colors.white),
    padding: MaterialStateProperty.all<EdgeInsets>(EdgeInsets.all(16)),
    shape: MaterialStateProperty.all<RoundedRectangleBorder>(
      RoundedRectangleBorder(
        borderRadius: BorderRadius.circular(20),
      ),
    ),
  ),
)
```

위의 코드에서는 파란색 배경에 흰색 텍스트를 가진 버튼을 생성한다. 버튼을 클릭하면 "버튼이 클릭되었습니다!"라는 메시지가 콘솔에 출력된다. 버튼의 디자인을 변경하기 위해 ButtonStyle 객체를 사용하였다. 배경색은 backgroundColor 속성으로 설정하고, 텍스트 색상은 foregroundColor 속성으로 설정한다. 버튼의 패딩은 padding 속성으로 조정하고, 모서리를 둥글게 만들기 위해 shape 속성에 RoundedRectangleBorder를 설정한다.

다양한 버튼 위젯

버튼은 사용자 인터페이스(UI)에서 매우 중요한 요소로, 사용자가 애플리케이션의 기능을 실행하고 상호작용할 수 있도록 도와준다. 플러터(Flutter)에서는 다양한 버튼 위젯을 제공하여 디자인과 기능을 다양하게 구현할 수 있다. 아래에서는 플러터에서 제공하는 주요 버튼 위젯에 대해 자세히 설명한다. 버튼 위젯을 선택할 때는 버튼의 모양, 크기, 색상, 텍스트, 위치, 상호 작용을 고려해야 한다.

ElevatedButton

ElevatedButton은 일반적으로 다른 위젯보다 더 두껍고 높은 느낌을 주는 버튼이다. 이 버튼은 Material Design의 일부로, 눈에 띄는 표면과 함께 사용자의 주목을 끌어 준다. 클릭 가능한 버튼을 만들기 위해 사용된다. ElevatedButton 위젯은 style 속성을 통해 버튼의 스타일을 설정할 수 있다. 배경색, 텍스트 스타일, 그림자 등을 커스터마이즈할 수 있다.

코·드·소·개

```
ElevatedButton(
  onPressed: () {
    // 버튼 클릭 시 실행될 동작
  },
  child: Text('ElevatedButton'),
)
```

TextButton

TextButton은 텍스트로만 이루어진 버튼으로, 일반적으로 보조적인 동작이나 링크로 사용된다. 클릭 시 시각적 효과가 있는 텍스트를 제공한다. TextButton 위젯은 style 속성을 통해 버튼의 스타일을 설정할 수 있다. 텍스트 스타일, 텍스트 색상, 누를 때 텍스트 스타일 변경 등을 지정할 수 있다.

코·드·소·개

```
TextButton(
  onPressed: () {
    // 버튼 클릭 시 실행될 동작
  },
  child: Text('TextButton'),
)
```

OutlinedButton

OutlinedButton은 경계선이 있는 버튼으로, 일반적으로 보조 동작을 나타내거나 선택 가능한 영역을 강조할 때 사용된다. OutlinedButton 위젯은 style 속성을 통해 버튼의 스타일을 설정할 수 있다. 테두리 색상, 텍스트 스타일, 텍스트 색상 등을 지정할 수 있다.

코·드·소·개

```
OutlinedButton(
  onPressed: () {
    // 버튼 클릭 시 실행될 동작
  },
  child: Text('OutlinedButton'),
)
```

IconButton

IconButton은 아이콘으로 구성된 버튼으로, 주로 작은 크기의 아이콘 버튼을 만들 때 사용된다. 클릭 가능한 아이콘을 제공하여 특정 동작을 수행하도록 할 수 있다. IconButton 위젯은 icon 속성을 통해 버튼에 표시할 아이콘을 설정한다.

코·드·소·개

```
IconButton(
 onPressed: () {
   print("아이콘 클릭");
 },
 icon: Icon(Icons.search),
)
```

FloatingActionButton

FloatingActionButton은 화면 위에 떠있는 원형 버튼으로, 일반적으로 앱의 주요 동작을 나타내기 위해 사용된다. 주로 앱의 기본 작업에 대한 바로 가기 버튼으로 사용된다.

```
FloatingActionButton(
  onPressed: () {
    // 버튼 클릭 시 실행될 동작
  },
  child: Icon(Icons.add),
)
```

Clear Comment

플러터에서는 위의 위젯 외에도 다양한 버튼 관련 위젯을 제공합니다. 각 위젯은 고유한 디자인과 상호작용을 제공하므로, 애플리케이션의 요구에 맞게 적절한 버튼 위젯을 선택하여 사용할 수 있습니다.

손으로 익히는 코딩

```
import 'package:flutter/material.dart';

class MusicPlayerPage extends StatefulWidget {
  @override
  _MusicPlayerPageState createState() => _MusicPlayerPageState();
}

class _MusicPlayerPageState extends State<MusicPlayerPage> {
  bool isPlaying = false; // 음악 재생 상태를 나타내는 변수

  @override
  Widget build(BuildContext context) {
    return Scaffold(
      appBar: AppBar(
        title: Text('Music Player'),
      ),
      body: Center(
        child: Column(
          mainAxisAlignment: MainAxisAlignment.center,
          children: [
```

```
            Text(
              isPlaying ? 'Music is playing' : 'Music is paused',
              style: TextStyle(fontSize: 20),
            ),
            SizedBox(height: 20),
            IconButton(
              onPressed: () {
                setState(() {
                  isPlaying = !isPlaying; // 음악 재생 상태 변경
                });

                if (isPlaying) {
                  // 음악 재생 로직
                  print('Music is now playing');
                } else {
                  // 음악 일시정지 로직
                  print('Music is now paused');
                }
              },
              icon: Icon(
                isPlaying ? Icons.pause : Icons.play_arrow,
                size: 40,
              ),
            ),
          ],
        ),
      ),
    );
  }
}

void main() {
  runApp(MaterialApp(
    home: MusicPlayerPage(),
  ));
}
```

위의 코드는 플레이어 라이브러리나 실제 음악 파일 없이 음악 재생 상태를 토글하는 기능을 구현한 것이다. onPressed 콜백 함수에서는 isPlaying 변수를 변경하고, 상태에 따라 적절한 메시지를 출력한다.

인풋 폼 구성 요소

인풋 폼은 사용자로부터 데이터를 입력받는데 사용되는 요소들의 그룹이다. 사용자가 텍스트, 숫자, 비밀번호 등 다양한 종류의 데이터를 입력할 수 있도록 도와준다. 플러터(Flutter)에서는 다양한 인풋 폼 구성 요소를 제공하여 사용자의 입력을 처리하고 유효성 검사를 수행할 수 있다. 아래에서는 플러디에서 제공하는 일반적인 인풋 폼 구성 요소에 대해 자세히 설명한다. 인풋 폼 구성 요소를 선택할 때는 모양, 크기, 색상, 텍스트, 위치, 상호 작용을 고려해야 한다.

텍스트 필드(Text Field)

TextField는 사용자로부터 텍스트를 입력받을 수 있는 위젯이다. 사용자는 필드에 텍스트를 입력하거나 편집할 수 있다. 일반적으로 단일 행 또는 여러 줄로 텍스트를 입력받을 수 있다. TextField 위젯은 controller 속성을 통해 입력된 텍스트를 제어하고 접근할 수 있는 컨트롤러를 지정한다. 또한 decoration 속성을 통해 텍스트 필드의 스타일과 힌트 텍스트를 설정할 수 있다. 사용자의 입력에 대한 이벤트를 처리하기 위해 onChanged 콜백 함수를 등록할 수 있다.

코·드·소·개

```
TextField(
  decoration: InputDecoration(
    labelText: '이름', // 필드 레이블 텍스트
    hintText: '이름을 입력하세요', // 힌트 텍스트
    prefixIcon: Icon(Icons.person), // 왼쪽에 아이콘 추가
  ),
  onChanged: (value) {
    //..
  },
)
```

onChanged

텍스트가 변경될 때마다 호출되는 콜백 함수이다. 입력된 텍스트는 value 변수에 저장된다. 여기서 필요한 로직을 수행하거나 상태를 업데이트할 수 있다.

패스워드 필드(Password Field)

사용자가 비밀번호를 입력할 수 있는 텍스트 필드다. 일반 텍스트 필드와는 달리, 입력한 비밀번호가 화면에 가려져 표시되어야 한다. 이는 보안상의 이유로, 다른 사람이 비밀번호를 몰래 엿들을 수 없도록 하는 것을 목적으로 한다. 사용자가 입력한 비밀번호는 가려져 표시되므로, 실제로 어떤 문자가 입력되었는지는 사용자만 알 수 있다. 패스워드 필드는 주로 로그인 폼이나 회원가입 폼 등에서 사용되며, Flutter에서는 TextFormField 위젯을 사용하여 패스워드 필드를 생성할 수 있다. TextFormField는 TextField의 확장 버전으로, 텍스트 입력을 위한 폼 필드를 제공한다. 주로 복잡한 유효성 검사와 입력 제한을 위해 사용된다. TextFormField 위젯은 controller 속성과 decoration 속성을 TextField와 동일하게 사용할 수 있다. 추가적으로 validator 속성을 통해 입력값의 유효성을 검사하고 에러 메시지를 표시할 수 있다.

코 · 드 · 소 · 개

```
TextFormField(
  obscureText: true, // 입력한 텍스트를 가려서 표시
  decoration: InputDecoration(
    labelText: '비밀번호', // 필드 레이블 텍스트
    hintText: '비밀번호를 입력하세요', // 힌트 텍스트
    prefixIcon: Icon(Icons.lock), // 왼쪽에 아이콘 추가
  ),
)
```

드롭다운 메뉴(Dropdown Menu)

사용자가 선택할 수 있는 항목들을 드롭다운 목록으로 제공하는 위젯이다. 주로 선택할 수 있는 옵션들을 제공하고 사용자의 선택을 처리한다. DropdownButton 위젯은 items 속성을 통해 선택 가능한 항목들을 지정하고, value 속성을 통해 현재 선택된 항목을 설정할 수 있다. 사용자의 선택에 대한 이벤트를 처리하기 위해 onChanged 콜백 함수를 등록할 수 있다.

```
String selectedOption = '옵션 1'; // 선택된 옵션을 저장할 변수

DropdownButton<String>(
  value: selectedOption, // 선택된 값
  onChanged: (newValue) {
    // 옵션 선택이 변경될 때 호출되는 콜백 함수
    // 선택된 옵션은 newValue 변수에 저장된다.
    // 여기서 필요한 로직을 수행하거나 상태를 업데이트할 수 있다.
    setState(() {
      selectedOption = newValue!; // 선택된 옵션 업데이트
    });
  },
  items: [
    DropdownMenuItem(value: '옵션 1', child: Text('옵션 1')),
    DropdownMenuItem(value: '옵션 2', child: Text('옵션 2')),
    DropdownMenuItem(value: '옵션 3', child: Text('옵션 3')),
  ],
)
```

체크박스(Checkbox)

Checkbox는 사용자가 선택할 수 있는 단일 항목에 대한 체크박스를 제공하는 위젯이다. 주로 사용자의 동의나 선택 여부를 처리한다. Checkbox 위젯은 value 속성을 통해 체크 여부를 설정하고, 사용자의 선택에 대한 이벤트를 처리하기 위해 onChanged 콜백 함수를 등록할 수 있다.

```
bool isChecked = false; // 체크 여부를 저장할 변수

Checkbox(
  value: isChecked,
  onChanged: (value) {
    setState(() {
      isChecked = value!; // 체크 여부 업데이트
    });
  },
)
```

라디오 버튼(Radio Button)

Radio는 사용자가 여러 옵션 중 하나를 선택할 수 있는 라디오 버튼을 제공하는 위젯이다. 여러 개의 라디오 버튼을 그룹으로 묶어 선택지를 제공한다. Radio 위젯은 groupValue 속성을 통해 그룹 내에서 현재 선택된 항목을 설정하고, value 속성을 통해 각 라디오 버튼의 고유한 값들을 지정한다. 사용자의 선택에 대한 이벤트를 처리하기 위해 onChanged 콜백 함수를 등록할 수 있다.

코·드·소·개

```
RadioListTile(
  title: Text('옵션 1'),
  value: 1,
  groupValue: _selectedOption,
  onChanged: (value) {
    setState(() {
      _selectedOption = value;
    });
  },
),
RadioListTile(
  title: Text('옵션 2'),
  value: 2,
  groupValue: _selectedOption,
  onChanged: (value) {
    setState(() {
      _selectedOption = value;
    });
  },
),
```

슬라이더(Slider)

사용자로부터 숫자나 범위 값을 선택할 수 있는 위젯이다. 일반적으로 수평 방향으로 이동하면서 값을 선택할 수 있다. 슬라이더는 일정한 범위 내에서 사용자가 원하는 값을 선택할 수 있도록 하며, 선택된 값은 슬라이더 위에 표시된다. 슬라이더는 주로 설정 화면이나 조절 가능한 값이 있는 기능에서 사용된다. Flutter에서는 Slider 위젯을 사용하여 슬라이더를 생성할 수 있다.

```
Slider(
  value: _sliderValue, // 현재 선택된 값
  min: 0, // 최소값
  max: 100, // 최대값
  divisions: 10, // 슬라이더의 구간 수
  onChanged: (value) {
    setState(() {
      _sliderValue = value; // 슬라이더 값이 변경될 때마다 상태 업데이트
    });
  },
)
```

더 알아보기

_sliderValue

_sliderValue 변수를 사용하기 위해서는 변수 선언을 미리 해 주어야 한다. 또한, Slider 위젯이 value 매개변수로 double 값을 요구하기 때문에 double 타입으로 선언해야 한다.

위 코드에서 _sliderValue는 현재 선택된 값이 저장되는 변수다. min과 max는 슬라이더의 최소값과 최대값을 설정하며, divisions는 슬라이더의 구간 수를 설정한다. onChanged 콜백은 슬라이더의 값이 변경될 때 호출되며, 여기서는 상태를 업데이트하여 슬라이더의 선택된 값을 반영한다.

손으로 익히는 코딩

```
import 'package:flutter/material.dart';

void main() {
  runApp(MyApp());
}

class MyApp extends StatefulWidget {
  @override
  _MyAppState createState() => _MyAppState();
}

class _MyAppState extends State<MyApp> {
  int selectedOption = 1;
  String selectedCity = '도시 1';
```

```dart
  bool isChecked = false;

  @override
  Widget build(BuildContext context) {
    return MaterialApp(
      home: Scaffold(
        appBar: AppBar(
          title: Text('버튼과 인풋 폼 예제'),
        ),
        body: Column(
          children: [
            Text('라디오 버튼:'),
            RadioListTile(
              title: Text('옵션 1'),
              value: 1,
              groupValue: selectedOption,
              onChanged: (value) {
                setState(() {
                  selectedOption = value!;
                });
              },
            ),
            RadioListTile(
              title: Text('옵션 2'),
              value: 2,
              groupValue: selectedOption,
              onChanged: (value) {
                setState(() {
                  selectedOption = value!;
                });
              },
            ),
            SizedBox(height: 20),
            Text('텍스트 필드:'),
            TextField(
              decoration: InputDecoration(
                hintText: '이름을 입력하세요',
              ),
            ),
            SizedBox(height: 20),
            Text('드롭다운 메뉴:'),
```

```dart
                DropdownButton<String>(
                  value: selectedCity,
                  onChanged: (value) {
                    setState(() {
                      selectedCity = value!;
                    });
                  },
                  items: [
                    DropdownMenuItem(
                      value: '도시 1',
                      child: Text('도시 1'),
                    ),
                    DropdownMenuItem(
                      value: '도시 2',
                      child: Text('도시 2'),
                    ),
                    DropdownMenuItem(
                      value: '도시 3',
                      child: Text('도시 3'),
                    ),
                  ],
                ),
                SizedBox(height: 20),
                Text('체크박스:'),
                CheckboxListTile(
                  title: Text('약관에 동의합니다'),
                  value: isChecked,
                  onChanged: (value) {
                    setState(() {
                      isChecked = value!;
                    });
                  },
                ),
              ],
            ),
          ),
        );
  }
}
```

위의 코드는 StatefulWidget를 사용하고, _MyAppState 클래스에서 상태를 관리하며 setState 메서드를 호출하여 상태를 업데이트한다.

Quick Tip

인풋 폼 구성 요소들은 사용자로부터 데이터를 입력받고, 애플리케이션에서 이를 처리하고 활용하는 데 유용합니다. 각 요소들은 속성을 통해 사용자 정의가 가능하며, 이벤트 처리를 통해 사용자의 입력에 반응할 수 있습니다. 따라서 플러터에서 제공하는 인풋 폼 구성 요소들을 적절히 조합하여 사용자와의 상호작용을 구현할 수 있습니다.

에러에서 배우기

- 라디오 버튼 그룹 값 에러

  라디오 버튼 그룹에서는 groupValue에 현재 선택된 값을 지정해야 한다. 코드에서 selectedOption 변수를 groupValue에 할당하고 있으므로, selectedOption의 값이 value와 일치하지 않으면 에러가 발생한다. groupValue는 value와 같은 값을 가져야 올바르게 동작한다.

- 드롭다운 메뉴 에러

  드롭다운 메뉴에서 DropdownButton 위젯의 value 속성은 선택된 값을 지정해야 한다. 코드에서는 selectedCity 변수를 value에 할당하고 있으므로, selectedCity의 값과 메뉴 아이템의 값이 일치하지 않으면 에러가 발생한다. value는 선택된 값과 일치하는 값을 가져야 올바르게 동작한다.

- 체크박스 에러

  체크박스는 선택 상태를 표시하기 위해 value 속성을 사용한다. 코드에서는 isChecked 변수를 value에 할당하고 있으므로, isChecked 값과 체크박스의 선택 상태가 일치하지 않으면 에러가 발생한다. value는 선택 상태와 일치하는 값을 가져야 올바르게 동작한다.

폼 밸리데이션 및 제출

폼(Form)은 여러 인풋 필드로 구성된 데이터 입력 영역을 의미한다. 사용자로부터 데이터를 입력받을 때, 데이터의 유효성을 검사하고 제출할 때 유용한 기능들을 제공한다. 플러터(Flutter)에서는 폼의 유효성 검사와 제출 처리를 위해 Form 위젯과 GlobalKey를 사용할 수 있다. 아래에서는 책에서 설명하는 폼 밸리데이션 및 제출에 대해 자세히 설명한다.

폼 밸리데이션(Validation)

폼 밸리데이션은 사용자의 입력 데이터가 원하는 조건을 충족하는지 검사하는 과정이다. 예를 들어, 필수 입력 필드가 비어있는지, 이메일 주소 형식이 올바른지, 비밀번호가 일치하는지 등

의 조건을 확인할 수 있다. 폼 밸리데이션은 Form 위젯 내부에 위치한 각 인풋 필드의
validator 속성을 사용하여 구현할 수 있다. validator 속성은 입력된 데이터를 인자로 받아 유
효성 검사를 수행하고, 올바르지 않은 경우 에러 메시지를 반환한다.

```
코·드·소·개

TextFormField(
  decoration: InputDecoration(
    labelText: '이름',
  ),
  validator: (value) {
    if (value!.isEmpty) {
      return '이름을 입력해 주세요.';
    }
    return null;
  },
)
```

위 코드는 이름 입력 필드를 나타낸다. TextFormField 위젯을 사용하여 입력 필드를 생성하
고, validator 속성에 함수를 등록하여 입력값의 유효성을 검사한다. 입력값이 비어 있을 경우 '
이름을 입력해 주세요.'라는 에러 메시지를 반환하고, 그렇지 않은 경우 null을 반환한다.

제출 처리(Submit Handling)

폼의 제출 처리는 사용자가 데이터를 입력하고 제출 버튼을 눌렀을 때, 입력된 데이터를 처리하
는 과정을 의미한다. 예를 들어, 입력된 데이터를 서버에 전송하거나 앱의 다른 부분에서 활용할
수 있다. 폼의 제출 처리는 Form 위젯의 onFormSubmitted 콜백 함수를 사용하여 구현할 수
있다. onFormSubmitted 함수는 폼이 제출될 때 호출되며, 폼 내부의 각 인풋 필드의 데이터를
접근하여 필요한 처리를 수행할 수 있다.

```
코·드·소·개

ElevatedButton(
  onPressed: () {
    if (_formKey.currentState!.validate()) {
      _formKey.currentState!.save();
      // 데이터 처리 로직 작성
    }
  },
  child: Text('제출'),
)
```

위 코드는 제출 버튼을 나타낸다. 버튼을 클릭할 때 _formKey.currentState.validate()를 호출하여 폼 데이터의 유효성을 검사한다. 유효성 검사를 통과한 경우 _formKey.currentState.save()를 호출하여 데이터를 저장하고, 이후에는 데이터 처리 로직을 작성할 수 있다.

GlobalKey

GlobalKey는 플러터에서 위젯을 고유하게 식별하는 역할을 한다. 폼의 제출 처리를 위해 GlobalKey를 사용하여 폼을 식별하고 제어할 수 있다.

> 🔍 **더 알아보기**
>
> GlobalKey
>
> GlobalKey는 여러 개의 위젯을 서로 구별하기 위해 제공하는 고유 키이다. 변수처럼 변수 명이 없는 위젯을 위한 구별 대응 방법이라고 생각하면 된다.

① GlobalKey 생성

폼의 상태를 가져오기 위해 Key⟨FormState⟩를 생성한다. GlobalKey는 폼 위젯과 함께 사용되며, Form 위젯의 key 속성에 할당된다. 이를 통해 폼을 식별하고 폼의 상태를 관리하며, 제출 처리를 수행할 수 있다.

코·드·소·개

```
final GlobalKey<FormState> _formKey = GlobalKey<FormState>();
```

② Form 위젯에 GlobalKey 지정

_formKey를 Form 위젯의 key 속성에 할당한다.

코·드·소·개

```
Form(
  key: _formKey,
  ...
)
```

```
import 'package:flutter/material.dart';

void main() {
  runApp(MyApp());
}

class MyApp extends StatefulWidget {
  @override
  _MyAppState createState() => _MyAppState();
}

class _MyAppState extends State<MyApp> with SingleTickerProviderStateMixin {
  final _formKey = GlobalKey<FormState>();
  late AnimationController _animationController;
  late Animation<double> _animation;

  @override
  void initState() {
    super.initState();
    _animationController = AnimationController(
      duration: const Duration(seconds: 1),
      vsync: this,
    );
    _animation = Tween<double>(begin: 0.0, end: 1.0).animate (_animationController);
  }

  @override
  void dispose() {
    _animationController.dispose();
    super.dispose();
  }

  @override
  Widget build(BuildContext context) {
    return MaterialApp(
      home: Scaffold(
        appBar: AppBar(
          title: const Text('GlobalKey 예제'),
        ),
        body: Padding(
```

```
        padding: const EdgeInsets.all(16.0),
        child: Form(
          key: _formKey,
          child: Column(
            mainAxisAlignment: MainAxisAlignment.center,
            children: [
              FadeTransition(
                opacity: _animation,
                child: TextFormField(
                  decoration: InputDecoration(
                    labelText: '이름',
                  ),
                  validator: (value) {
                    if (value!.isEmpty) {
                      return '이름을 입력해 주세요.';
                    }
                    return null;
                  },
                ),
              ),
              const SizedBox(height: 16.0),
              ElevatedButton(
                onPressed: () {
                  if (_formKey.currentState!.validate()) {
                    _startAnimation();
                  }
                },
                child: const Text('제출'),
              ),
            ],
          ),
        ),
      ),
    ),
  );
}

void _startAnimation() {
  if (_animationController.isAnimating) {
    return;
  }
```

```
    _animationController.reset();
    _animationController.forward();
  }
}
```

위 코드에서는 GlobalKey를 사용하여 폼의 상태를 제어하고 있다. 폼에 입력 필드가 있으며, 사용자가 이름을 입력하지 않았을 경우 에러 메시지를 표시한다. 제출 버튼을 누르면 _formKey. currentState.validate()를 호출하여 폼의 유효성을 검사하고, 유효한 경우 _startAnimation() 메서드를 호출하여 애니메이션을 시작한다. _startAnimation() 메서드에서는 FadeTransition 위젯을 사용하여 입력 필드를 서서히 나타나게 하고 있다. 애니메이션은 AnimationController 를 사용하여 제어되며, 애니메이션 컨트롤러가 시작되면 입력 필드가 서서히 나타나는 효과를 제공한다.

위의 내용을 종합적으로 이해하면, 폼 밸리데이션과 제출 처리는 사용자로부터 데이터를 안전하게 수집하고 검증하는 중요한 기능이다. 플러터에서는 Form 위젯과 GlobalKey를 적절히 활용하여 폼의 유효성을 검사하고 데이터를 제출할 수 있다.

에러에서 배우기

• Validator 에러
  _formKey.currentState!.validate()에서 validate 메서드는 폼의 각 폼 필드에 설정된 validator 함수를 호출하여 유효성 검사를 수행한다. 하지만 현재 코드에서는 validator 함수가 값을 검증하지만 오류 메시지를 반환하지 않는 경우도 null 을 반환하도록 구현되어 있다. 이 경우 유효성 검사가 항상 통과되어 오류가 발생하지 않지만, 오류 메시지가 표시되지 않는다. 그러므로 validator 함수를 수정하여 빈 문자열이 아닌 오류 메시지를 반환하도록 해야 한다.

• 애니메이션 중복 에러
  _startAnimation 메서드에서 애니메이션 컨트롤러의 상태를 확인하지 않고, reset 및 forward 메서드를 호출한다. 그러므로 이미 애니메이션이 진행 중인 경우에도 애니메이션이 중복으로 시작될 수 있다. 따라서 애니메이션 컨트롤러의 상태를 확인하여 이미 애니메이션이 진행 중인 경우에는 추가 애니메이션을 시작하지 않도록 수정할 수 있다.

리스트와 그리드

✓ 핵심 키워드

리스트 디자인, 스크롤, 그리드, 아이템

여기서는 무얼 배울까

간단한 리스트 아이템을 만들고, 아이콘, 텍스트 등을 포함하여 사용자 인터페이스를 구성하는 방법을 배우고, 스크롤 가능한 목록을 만들고, 다양한 리스트 아이템을 추가하는 방법을 활용하여 스타일링해 보도록 한다. 또한 리스트나 그리드의 항목을 선택하거나 상호작용을 추가하여 사용자와의 인터랙션을 구현할 수 있는데, 이를 활용해 많은 양의 데이터를 활용할 수 있는 어플리케이션을 만들어 보자.

리스트 디자인과 데이터 표시

리스트 디자인과 데이터 표시는 애플리케이션에서 많은 데이터를 사용자에게 효과적으로 보여주는 핵심 요소다. 다양한 방식으로 리스트를 디자인하고 데이터를 표시할 수 있으며, 이는 사용자 경험과 애플리케이션의 시각적인 측면에 큰 영향을 미친다. 리스트 디자인을 선택할 때는 다음과 같은 요소를 고려해야 한다.

● 리스트의 목적

● 리스트의 대상 사용자

● 리스트의 데이터 양

● 리스트의 디자인 스타일

리스트 디자인

리스트는 수직 또는 수평으로 스크롤 가능한 항목들의 집합으로 구성된다. 각 항목은 일반적으로 동일한 구성 요소를 가지고 있지만, 다양한 디자인을 적용할 수 있다. 리스트의 디자인은 ListView 또는 GridView와 같은 위젯을 사용하여 구현할 수 있다. ListView는 수직으로 스크롤되는 리스트를 생성하고, GridView는 그리드 형태의 리스트를 생성한다. 각각의 리스트 아이템은 특정 데이터를 나타내는 데 사용되며, 이를 시각적으로 표현하는 디자인이 필요하다. 리스트 아이템의 디자인은 텍스트, 이미지, 아이콘 등 다양한 요소를 포함할 수 있으며, 사용자에게 명확하고 간결한 정보 전달을 위해 디자인해야 한다.

```dart
// 리스트 아이템 디자인
class ListItemWidget extends StatelessWidget {
  final String title;
  final String subtitle;

  const ListItemWidget({required this.title, required this.subtitle});

  @override
  Widget build(BuildContext context) {
    return ListTile(
      title: Text(title),
      subtitle: Text(subtitle),
      leading: Icon(Icons.circle),
    );
  }
}

// 리스트 뷰
ListView(
  children: [
    ListItemWidget(title: '아이템 1', subtitle: '부제목 1'),
    ListItemWidget(title: '아이템 2', subtitle: '부제목 2'),
    ListItemWidget(title: '아이템 3', subtitle: '부제목 3'),
  ],
)
```

위의 코드는 리스트 아이템 디자인을 구성하는 ListItemWidget 클래스와 해당 위젯을 리스트로 보여 주는 ListView를 구현한다. 해당 코드를 실행하면 ListView 위젯에 세 개의 ListItemWidget이 표시되는 리스트가 생성된다. 각 항목은 제목과 부제목이 있으며, 왼쪽에는 작은 원형 아이콘이 표시된다.

데이터 바인딩

리스트 뷰에서 표시되는 데이터와 실제 데이터 소스를 연결하는 기능이다. 데이터 바인딩을 통해 리스트 아이템에 데이터를 동적으로 연결할 수 있으며, 데이터의 변경에 따라 자동으로 업데이트된다. 데이터를 리스트에 표시하기 위해 ListView.builder나 GridView.builder를 사용할수 있다. 이들은 동적으로 리스트 항목을 생성하고, 필요한 만큼만 생성하여 메모리를 효율적으로 관리한다. 데이터를 리스트에 표시할 때, builder 메서드 내에서 각 항목에 대한 위젯을 생성하고 데이터를 바인딩한다. 이를 통해 대량의 데이터를 효율적으로 처리할 수 있다.

```dart
// 리스트 아이템 데이터 바인딩
class ListItemWidget extends StatelessWidget {
  final Item item;

  const ListItemWidget({required this.item});

  @override
  Widget build(BuildContext context) {
    return ListTile(
      title: Text(item.title),
      subtitle: Text(item.subtitle),
      leading: Icon(item.icon),
    );
  }
}

// 데이터 소스
class Item {
  final String title;
  final String subtitle;
  final IconData icon;

  const Item({required this.title, required this.subtitle, required this.icon});
}

// 리스트 뷰
ListView(
  children: [
    ListItemWidget(item: Item(title: '아이템 1', subtitle: '부제목 1', icon:
    Icons.circle)),
    ListItemWidget(item: Item(title: '아이템 2', subtitle: '부제목 2', icon:
    Icons.circle)),
```

```
    ListItemWidget(item: Item(title: '아이템 3', subtitle: '부제목 3', icon:
    Icons.circle)),
  ],
)
```

위의 코드는 리스트 아이템의 데이터 바인딩을 구현한다. 해당 코드를 실행하면 ListView 위젯에 세 개의 ListItemWidget이 표시되는 리스트가 생성된다. 각 항목은 Item 객체에 저장된 데이터를 통해 제목, 부제목, 아이콘을 표시한다.

리스트 상호작용

리스트는 사용자와 상호작용하는 기능을 제공할 수 있다. 이는 아이템을 선택하거나 터치할 때 발생하는 이벤트 처리를 포함한다. 예를 들어, 아이템을 클릭하면 해당 아이템의 세부 정보를 표시하거나, 아이템을 드래그하여 순서를 변경할 수 있도록 하는 등의 상호작용을 구현할 수 있다. 리스트의 항목을 탭하는 경우, GestureDetector나 InkWell과 같은 위젯을 사용하여 탭 이벤트를 처리할 수 있다. 이를 통해 항목 선택 및 상세 정보 표시 등의 동작을 구현할 수 있다. 리스트의 항목을 스와이프하는 경우, Dismissible 위젯을 사용하여 스와이프 동작을 처리하고 삭제 또는 추가 동작을 수행할 수 있다.

```
// 리스트 아이템 상호작용
class ListItemWidget extends StatelessWidget {
  final Item item;
  final VoidCallback onTap;

  const ListItemWidget({required this.item, required this.onTap});

  @override
  Widget build(BuildContext context) {
    return ListTile(
      title: Text(item.title),
      subtitle: Text(item.subtitle),
      leading: Icon(item.icon),
      onTap: onTap,
    );
  }
}

// 리스트 뷰
```

```
ListView(
  children: [
    ListItemWidget(item: Item(title: '아이템 1', subtitle: '부제목 1', icon:
    Icons.circle), onTap: () {
      // 아이템 1을 클릭할 때 실행되는 코드
    }),
    ListItemWidget(item: Item(title: '아이템 2', subtitle: '부제목 2', icon:
    Icons.circle), onTap: () {
      // 아이템 2를 클릭할 때 실행되는 코드
    }),
    ListItemWidget(item: Item(title: '아이템 3', subtitle: '부제목 3', icon:
    Icons.circle), onTap: () {
      // 아이템 3을 클릭할 때 실행되는 코드
    }),
  ],
)
```

위의 코드는 리스트 아이템의 상호작용을 구현한다. 해당 코드를 실행하면 ListView 위젯에 세 개의 ListItemWidget이 표시되는 리스트가 생성된다. 각 항목은 Item 객체에 저장된 데이터를 통해 제목, 부제목, 아이콘을 표시하며, 클릭 시 해당하는 onTap 콜백 함수가 실행된다. 각 아이템의 onTap 콜백 함수는 클릭 시 실행될 코드를 설정하는 부분으로, 각 아이템을 클릭할 때마다 해당하는 코드가 실행된다.

손으로 익히는 코딩

```
import 'package:flutter/material.dart';

class Item {
  final String title;
  final String subtitle;
  final IconData icon;
  bool isSelected;

  Item({
    required this.title,
    required this.subtitle,
    required this.icon,
    this.isSelected = false,
```

```dart
    });
  }

class MyListItem extends StatelessWidget {
  final Item item;
  final VoidCallback onTap;
  final ValueChanged<bool?> onSelectionChanged;

  const MyListItem({
    required this.item,
    required this.onTap,
    required this.onSelectionChanged,
  });

  @override
  Widget build(BuildContext context) {
    return ListTile(
      title: Text(item.title),
      subtitle: Text(item.subtitle),
      leading: Icon(item.icon),
      onTap: onTap,
      trailing: Checkbox(
        value: item.isSelected,
        onChanged: onSelectionChanged,
      ),
    );
  }
}

class MyListPage extends StatefulWidget {
  @override
  _MyListPageState createState() => _MyListPageState();
}

class _MyListPageState extends State<MyListPage> {
  List<Item> items = [
    Item(title: 'Item 1', subtitle: 'Subtitle 1', icon: Icons.circle),
    Item(title: 'Item 2', subtitle: 'Subtitle 2', icon: Icons.circle),
    Item(title: 'Item 3', subtitle: 'Subtitle 3', icon: Icons.circle),
  ];
```

```
    @override
    Widget build(BuildContext context) {
      return Scaffold(
        appBar: AppBar(
          title: Text('My List'),
        ),
        body: ListView.builder(
          itemCount: items.length,
          itemBuilder: (context, index) {
            final item = items[index];
            return MyListItem(
              item: item,
              onTap: () {
                // 아이템 클릭 시 실행될 코드
                print('Item ${item.title} is clicked!');
              },
              onSelectionChanged: (value) {
                setState(() {
                  item.isSelected = value ?? false;
                });
              },
            );
          },
        ),
      );
    }
  }

void main() {
  runApp(MaterialApp(
    home: MyListPage(),
  ));
}
```

위 코드는 MyListItem 위젯을 사용하여 리스트 아이템을 구성한다. 각 아이템은 제목, 부제목, 아이콘, 선택 여부를 나타내는 데이터를 가지고 있다. MyListPage는 ListView.builder를 사용하여 MyListItem을 동적으로 생성하고, 아이템을 클릭하거나 체크박스의 선택

Quick Tip

리스트 디자인과 데이터 표시는 플러터 앱에서 핵심적인 요소로 사용되며, 다양한 방식으로 활용할 수 있습니다. 플러터에서는 위에서 언급한 위젯들을 조합하여 다양한 리스트 디자인과 데이터 표시를 구현할 수 있습니다.

여부가 변경되는 상호작용을 처리한다. 클릭 시 실행될 코드와 체크박스의 선택 여부 변경을 통해 아이템의 데이터를 업데이트하고, 선택된 아이템은 다른 스타일로 표시된다.

에러에서 배우기

- **콜백 함수 에러**
  MyListItem 위젯의 onTap 콜백과 onSelectionChanged 콜백은 외부에서 전달되어야 한다. MyListPage 위젯에서 MyListItem 위젯을 사용할 때, 적절한 콜백 함수들을 전달해야 한다.

- **ListView.builder 에러**
  ListView.builder 위젯은 itemCount와 itemBuilder 매개변수를 필요로 한다. itemBuilder 함수 내부에서 items 리스트를 벗어난 인덱스를 참조하려고 시도하면 에러가 발생할 수 있으므로, 인덱스를 체크하고 적절한 처리를 수행해야 한다.

- **setState 에러**
  _MyListPageState 클래스는 StatefulWidget을 상속하고 있으므로, 상태 변경 시 setState 메서드를 호출해야 한다. onSelectionChanged 콜백에서 setState를 호출한다면 item.isSelected 값을 변경할 때 setState를 사용하는 것이 좋다.

리스트 뷰 위젯

리스트 뷰(ListView)는 플러터(Flutter)에서 많이 사용되는 위젯으로, 수직으로 스크롤 가능한 리스트를 생성하는 데 사용된다. 여러 개의 위젯을 세로 방향으로 배치하고 스크롤 기능을 제공하여 많은 양의 데이터를 효과적으로 표시할 수 있다. 리스트 뷰를 사용하기 위해서는 다음과 같은 요소가 필요하다.

데이터 소스	리스트 뷰에 표시할 데이터를 제공한다. 데이터는 일반적으로 리스트 형태의 컬렉션(배열, 리스트 등)이거나 데이터베이스에서 가져온 결과일 수 있다.
아이템 빌더 (Item Builder)	데이터 소스로부터 각 아이템을 만들기 위한 위젯을 정의한다. 아이템 빌더는 데이터 소스의 개수에 따라 동적으로 호출되어 각 아이템을 생성하고 반환한다.
리스트 뷰 위젯	리스트 뷰 위젯은 데이터 소스와 아이템 빌더를 사용하여 실제로 목록을 표시한다. 리스트 뷰는 스크롤 가능한 영역을 제공하며, 아이템 빌더를 통해 각 아이템을 동적으로 생성하고 배치한다.

기본적인 리스트 뷰

ListView 위젯을 사용하여 기본적인 리스트 뷰를 생성할 수 있다. ListView는 자식 위젯들을 수직으로 배열하고 스크롤이 가능한 리스트를 만든다. 자식 위젯들을 명시적으로 정의하거나, children 속성을 사용하여 리스트 아이템을 지정할 수 있다.

```
ListView(
  children: <Widget>[
    ListTile(title: Text('항목 1')),
    ListTile(title: Text('항목 2')),
    ListTile(title: Text('항목 3')),
  ],
)
```

위 코드에서는 ListView 위젯을 사용하여 세 개의 ListTile 위젯을 포함하는 리스트 뷰를 생성한다. 각 ListTile은 title 속성을 통해 텍스트를 표시한다. 리스트 뷰는 스크롤 가능한 영역을 제공하며, 아이템들이 세로로 배치된다.

동적인 리스트 뷰

ListView.builder를 사용하여 동적인 리스트 뷰를 생성할 수 있다. ListView.builder는 필요한 만큼의 리스트 아이템을 동적으로 생성하고, 스크롤 시에만 위젯을 렌더링하여 성능을 최적화한다. itemCount 속성을 통해 리스트 아이템의 개수를 지정하고, itemBuilder 속성에서 각 아이템의 위젯을 생성한다.

```
ListView.builder(
  itemCount: itemList.length,
  itemBuilder: (context, index) {
    return ListTile(title: Text(itemList[index]));
  },
)
```

위 코드에서는 itemList이라는 데이터 소스를 사용하여 리스트를 생성한다. itemCount 속성은 itemList.length로 설정되어 데이터 소스의 길이에 따라 아이템이 생성된다. itemBuilder 콜백 함수는 index에 해당하는 위치의 아이템을 생성하고 반환한다. 각 아이템은 ListTile 위젯으로 생성되며, 해당 위치의 데이터가 아이템의 텍스트로 표시된다.

```dart
import 'package:flutter/material.dart';

class Todo {
  final String title;
  bool isDone;

  Todo({
    required this.title,
    this.isDone = false,
  });
}

class TodoListApp extends StatefulWidget {
  @override
  _TodoListAppState createState() => _TodoListAppState();
}

class _TodoListAppState extends State<TodoListApp> {
  List<Todo> todos = [];

  void addTodo() {
    showDialog(
      context: context,
      builder: (BuildContext context) {
        String newTodoTitle = '';
        return AlertDialog(
          title: Text('Add Todo'),
          content: TextField(
            onChanged: (value) {
              newTodoTitle = value;
            },
          ),
          actions: [
            TextButton(
              onPressed: () {
                setState(() {
                  todos.add(Todo(title: newTodoTitle));
                });
                Navigator.pop(context);
              },
```

```
                  child: Text('Add'),
                ),
              ],
            );
          },
        );
      }

  @override
  Widget build(BuildContext context) {
    return Scaffold(
      appBar: AppBar(
        title: Text('Todo List'),
      ),
      body: ListView.builder(
        itemCount: todos.length,
        itemBuilder: (BuildContext context, int index) {
          return ListTile(
            title: Text(todos[index].title),
            leading: Checkbox(
              value: todos[index].isDone,
              onChanged: (value) {
                setState(() {
                  todos[index].isDone = value!;
                });
              },
            ),
          );
        },
      ),
      floatingActionButton: FloatingActionButton(
        onPressed: addTodo,
        child: Icon(Icons.add),
      ),
    );
  }
}

void main() {
  runApp(MaterialApp(
    home: TodoListApp(),
```

```
    ));
  }
```

이 코드에서는 Todo라는 모델 클래스를 정의하고, 사용자
가 추가한 할 일은 todos 리스트에 저장된다. ListView.
builder를 사용하여 todos 리스트의 길이에 따라 동적으
로 아이템을 생성하고, ListTile과 Checkbox 위젯을 사
용하여 할 일을 표시하고 체크 여부를 관리한다. 사용자
는 FloatingActionButton을 통해 새로운 할 일을 추가

할 수 있다. 이렇게 동적인 리스트 뷰를 사용하면 사용자가 추가, 수정, 삭제 등의 작업을 수행할 수
있는 다양한 앱을 구현할 수 있다.

그리드 레이아웃과 아이템 배치

그리드 레이아웃(Grid Layout)은 플러터(Flutter)에서 다양한 위젯을 격자 형태로 배치하는 레
이아웃 방식이다. 각 요소는 동일한 크기를 가지며, 행과 열로 구성된 격자 내에 위치한다. 그리
드 레이아웃은 다양한 종류의 데이터를 시각적으로 표현하고 복수의 아이템을 보기 좋게 정렬할
수 있는 유용한 방법이다. Flutter에서 그리드 레이아웃을 구현하기 위해 GridView 위젯을 사
용한다. GridView는 GridView.count나 GridView.builder와 같은 여러 가지 생성자를 제공
하여 다양한 그리드 레이아웃을 구성할 수 있다.

GridView.count를 사용한 정적인 그리드

GridView.count를 사용하여 정적인 그리드를 생성할 수 있다. crossAxisCount 속성을 사용
하여 격자의 열의 수를 지정한다. 자식 위젯들을 children 속성으로 명시적으로 정의하거나,
childAspectRatio 속성을 사용하여 아이템의 가로 세로 비율을 조정할 수 있다.

코·드·소·개

```
GridView.count(
  crossAxisCount: 2, // 열의 개수
  children: <Widget>[
    Container(color: Colors.red),
    Container(color: Colors.green),
```

```
      Container(color: Colors.blue),
      Container(color: Colors.yellow),
    ],
  )
```

위의 코드는 열의 개수가 2인 그리드 레이아웃을 생성하는 코드다. children 속성에는 각각의 그리드 아이템을 나타내는 위젯들이 포함된다. 이 코드에서는 Container 위젯을 사용하여 그리드 아이템을 표현하고 각각의 아이템은 다른 색상으로 설정되어 있다.

GridView.builder를 사용한 동적인 그리드

GridView.builder를 사용하여 동적인 그리드를 생성할 수 있다. itemCount 속성을 통해 아이템의 개수를 지정하고, itemBuilder 속성에서 각 아이템의 위젯을 동적으로 생성한다. crossAxisCount를 활용하여 열의 수를 조절할 수 있다.

코 ·드 ·소 ·개

```
GridView.builder(
  itemCount: itemList.length,
  gridDelegate: SliverGridDelegateWithFixedCrossAxisCount(
    crossAxisCount: 2,
  ),
  itemBuilder: (context, index) {
    return Container(color: Colors.purple);
  },
)
```

위의 코드는 열의 개수가 3인 그리드 레이아웃을 생성하는 코드다. gridDelegate 속성에는 SliverGridDelegateWithFixedCrossAxisCount를 사용하여 그리드 레이아웃의 세부 설정을 지정한다. itemBuilder 콜백 함수를 통해 그리드 아이템을 동적으로 생성한다. 이 코드에서는 인덱스에 따라 다른 색상의 컨테이너를 생성하고 그리드 아이템으로 사용한다. 이 코드를 실행하면 itemList에 포함된 아이템들이 그리드 형태로 표시되며, 각 아이템은 보라색 배경색을 가진다.

더 알아보기

GridView.builder

주어진 코드에서는 다음과 같은 기능을 가진 GridView.builder가 사용되었다.

- itemCount: 그리드에 표시할 아이템의 개수를 설정한다. 여기서 itemList.length는 아이템 리스트의 길이를 나타낸다.
- gridDelegate: 그리드의 레이아웃을 정의하는 SliverGridDelegateWithFixedCrossAxisCount를 설정한다. crossAxisCount를 통해 가로 방향에 표시할 열의 개수를 설정할 수 있다. 여기서는 2로 설정되어 두 개의 열로 구성된 그리드가 생성된다.
- itemBuilder: 각 아이템을 생성하는 콜백 함수이다. context와 index 매개변수를 받으며, 해당 인덱스에 해당하는 아이템을 반환하는 위젯을 구현한다. 주어진 예제에서는 단순히 Container 위젯을 반환하며, 해당 컨테이너의 배경색이 보라색(Colors.purple)으로 지정되었다.

다양한 아이템 배치

그리드 레이아웃에서는 아이템의 배치를 조정할 수 있다. gridDelegate 속성을 사용하여 아이템의 크기, 간격 등을 설정할 수 있다. SliverGridDelegateWithFixedCrossAxisCount, SliverGridDelegateWithMaxCrossAxisExtent 등의 데코레이터를 사용하여 그리드 레이아웃을 세부적으로 제어할 수 있다.

코·드·소·개

```
GridView.builder(
  gridDelegate: SliverGridDelegateWithFixedCrossAxisCount(
    crossAxisCount: 3,
    mainAxisSpacing: 10.0,
    crossAxisSpacing: 10.0,
  ),
  itemBuilder: (context, index) {
    return Container(color: Colors.orange);
  },
)
```

위의 코드는 열의 개수가 3인 그리드 레이아웃을 생성하는 코드다. 각 그리드 아이템은 오렌지색의 컨테이너로 구성된다. 각 아이템 사이에는 메인 축 간격과 교차 축 간격이 10.0으로 설정되어 있다.

```dart
import 'package:flutter/material.dart';

void main() {
  runApp(MyApp());
}

class MyApp extends StatelessWidget {
  @override
  Widget build(BuildContext context) {
    return MaterialApp(
      home: Scaffold(
        appBar: AppBar(
          title: Text('Color Grid View'),
        ),
        body: ColorGridView(),
      ),
    );
  }
}

class ColorGridItem extends StatefulWidget {
 @override
 _ColorGridItemState createState() => _ColorGridItemState();
}

class _ColorGridItemState extends State<ColorGridItem> {
 List<Color> colors = [
   Colors.red,
   Colors.orange,
   Colors.yellow,
   Colors.green,
   Colors.blue,
   Colors.indigo,
   Colors.purple,
 ];
 int currentIndex = 0;

 void changeColor() {
   setState(() {
     currentIndex = (currentIndex + 1) % colors.length;
```

```
      });
  }

  @override
  Widget build(BuildContext context) {
    return GestureDetector(
      onTap: changeColor,
      child: Container(
        color: colors[currentIndex],
      ),
    );
  }
}

class ColorGridView extends StatelessWidget {
  @override
  Widget build(BuildContext context) {
    return GridView.builder(
      gridDelegate: SliverGridDelegateWithFixedCrossAxisCount(
        crossAxisCount: 2,
        mainAxisSpacing: 10.0,
        crossAxisSpacing: 10.0),
      itemCount: 7,
      itemBuilder: (context, index) {
        return ColorGridItem();
      },
    );
  }
}
```

위의 코드는 ColorGridItem 위젯을 생성하여 그리드 아이템으로 사용한다. ColorGridItem은 colors 리스트에서 색상을 가져와 배경색으로 설정하며, 클릭할 때마다 현재 인덱스를 변경하여 순환하도록 구현된다. 그리드 레이아웃에는 6개의 ColorGridItem 위젯이 생성되며, 클릭할 때마다 각 아이템의 배경색이 순환하게 변한다.

Quick Tip

그리드 레이아웃을 사용하면 다양한 위젯을 격자 형태로 배치하여 화면을 구성할 수 있습니다. 열의 수, 아이템의 배치 방식, 아이템의 크기 등을 조정하여 다양한 디자인을 구현할 수 있습니다.

그리드 뷰 위젯

그리드 뷰(Grid View)는 플러터(Flutter)에서 리스트 형태의 데이터를 그리드 형태로 표시하기 위해 사용되는 위젯이다. 그리드 뷰를 구성하는 주요 요소와 사용 방법은 다음과 같다.

GridView 위젯

GridView 위젯은 그리드 뷰를 생성하기 위해 사용된다. children 속성을 사용하여 그리드 뷰에 표시될 위젯들을 정의한다.

코·드·소·개

```
GridView(
  children: <Widget>[
    Container(color: Colors.red),
    Container(color: Colors.green),
    Container(color: Colors.blue),
    Container(color: Colors.yellow),
  ],
)
```

그리드 뷰 레이아웃 설정

그리드 뷰의 레이아웃을 설정하기 위해 gridDelegate 속성을 사용한다. SliverGridDelegate WithFixedCrossAxisCount나 SliverGridDelegateWithMaxCrossAxisExtent 등의 데코레이터를 활용하여 열의 수, 아이템의 크기 등을 설정할 수 있다.

코·드·소·개

```
GridView(
  gridDelegate: SliverGridDelegateWithFixedCrossAxisCount(
    crossAxisCount: 2, // 그리드 열의 개수 설정
    mainAxisSpacing: 10, // 주 축(수평 방향) 아이템 간격 설정
    crossAxisSpacing: 10, // 교차 축(수직 방향) 아이템 간격 설정
    childAspectRatio: 1, // 아이템의 가로 세로 비율 설정
  ),
  children: [
    // 그리드 아이템들
  ],
)
```

동적인 그리드 뷰

그리드 뷰를 동적으로 생성하기 위해 GridView.builder를 사용할 수 있다. itemCount 속성을 통해 아이템의 개수를 지정하고, itemBuilder 속성에서 각 아이템의 위젯을 동적으로 생성한다.

```
GridView.builder(
  itemCount: itemList.length,
  gridDelegate: SliverGridDelegateWithFixedCrossAxisCount(
    crossAxisCount: 2,
  ),
  itemBuilder: (context, index) {
    return Container(color: Colors.purple);
  },
)
```

```
import 'package:flutter/material.dart';

void main() {
  runApp(MyApp());
}

class MyApp extends StatelessWidget {
  @override
  Widget build(BuildContext context) {
    return MaterialApp(
      title: 'Grid View Demo',
      theme: ThemeData(primarySwatch: Colors.blue),
      home: GridViewDemo(),
    );
  }
}

class GridViewDemo extends StatefulWidget {
  @override
  _GridViewDemoState createState() => _GridViewDemoState();
}
```

```
class _GridViewDemoState extends State<GridViewDemo> {
  List<String> _imagePaths = [
    'assets/images/image1.jpg',
    'assets/images/image2.jpg',
    'assets/images/image3.jpg',
    'assets/images/image4.jpg',
    'assets/images/image5.jpg',
    'assets/images/image6.jpg',
  ];
  int _currentIndex = 0;

  @override
  Widget build(BuildContext context) {
    return Scaffold(
      appBar: AppBar(
        title: Text('Grid View Demo'),
      ),
      body: GridView.builder(
        itemCount: _imagePaths.length,
        gridDelegate: SliverGridDelegateWithFixedCrossAxisCount(
          crossAxisCount: 2,
        ),
        itemBuilder: (context, index) {
          return GestureDetector(
            onTap: () {
              setState(() {
                _currentIndex = index;
              });
            },
            child: Container(
              margin: EdgeInsets.all(8),
              decoration: BoxDecoration(
                borderRadius: BorderRadius.circular(8),
                image: DecorationImage(
                  image: AssetImage(_imagePaths[_currentIndex]),
                  fit: BoxFit.cover,
                ),
              ),
            ),
          );
        },
```

```
      ),
    );
  }
}
```

더 알아보기

GestureDetector

GestureDetector는 플러터에서 사용자의 터치 및 제스처 이벤트를 감지하기 위해 사용되는 위젯이다. 사용자가 화면을 터치하거나 특정 동작을 수행할 때 GestureDetector를 사용하여 해당 이벤트를 감지하고 처리할 수 있다. GestureDetector는 다양한 종류의 제스처를 감지할 수 있으며, 일반적으로 다음과 같은 기능을 제공한다.

- onTap: 사용자가 위젯을 탭할 때 발생하는 이벤트를 처리한다.
- onDoubleTap: 사용자가 위젯을 더블 탭할 때 발생하는 이벤트를 처리한다.
- onLongPress: 사용자가 위젯을 길게 누를 때 발생하는 이벤트를 처리한다.
- onPan: 사용자가 위젯을 드래그할 때 발생하는 이벤트를 처리한다.
- onScale: 사용자가 위젯을 확대/축소할 때 발생하는 이벤트를 처리한다.
- onVerticalDrag, onHorizontalDrag: 사용자가 위젯을 수직/수평으로 드래그할 때 발생하는 이벤트를 처리한다.

GestureDetector 위젯은 자체적으로 어떤 위젯을 감싸거나 자식 위젯으로 사용하여 해당 위젯에 대한 제스처 이벤트를 감지할 수 있다. 제스처 이벤트가 발생하면 지정된 콜백 함수가 호출되어 해당 이벤트를 처리할 수 있다.

06

애니메이션과 모션 디자인

✓ 핵심 키워드

시각적 효과, 모션 디자인, 트랜지션, 인터렉션, 플로우

여기서는 무얼 배울까

플러터 앱의 UI 요소를 더욱 흥미롭고 생동감 있게 만들기 위한 디자인 애니메이션과 모션에 초점을 맞추어 기본개념 챕터에서 다룬 애니메이션을 활용하는 법을 자세하게 배운다. 플러터의 UI 요소들을 부드럽게 움직이고 변형시키는 방법, 실제 앱에서 사용할 수 있는 다양한 모션 효과를 구현하는 방법 등을 다루게 된다. 애니메이션과 모션 디자인을 통해 부드럽고 깔끔한 애니메이션을 추가해 보자.

지난 챕터에서 다뤘던 애니메이션, 모션과 다르게 여기서는 플러터 앱의 UI 요소를 더욱 흥미롭고 생동감 있게 만들기 위한 디자인 애니메이션과 모션에 초점을 맞춘다. 플러터의 UI 요소들을 부드럽게 움직이고 변형시키는 방법, 실제 앱에서 사용할 수 있는 다양한 모션 효과를 구현하는 방법 등을 다루고자 한다.

모션 디자인 원칙과 구현

모션 디자인은 애니메이션을 활용하여 사용자 인터페이스(UI)에 생동감과 유기적인 움직임을 제공하는 것을 의미한다. 이는 사용자 경험을 향상시키고 앱 또는 웹사이트를 더욱 매력적이고 직관적으로 만드는 데 도움이 된다.

- 물리적 신뢰성: 모션은 현실 세계의 물리적 움직임에 부합해야 한다. 사용자는 물리 법칙에 익숙하므로, 모션을 통해 예측 가능하고 자연스러운 움직임을 제공해야 한다.

- 유기성: 모션은 유기적이고 부드러운 움직임을 가져야 한다. 갑작스러운 이동이나 급격한 변화는 사용자에게 혼란을 줄 수 있으므로, 모션은 서서히 시작하고 끝나는 등 부드럽게 전환되어야 한다.

- 의미 전달: 모션은 사용자에게 명확한 의미를 전달해야 한다. 예를 들어, 버튼을 눌렀을 때 확대/축소 애니메이션을 적용하면 버튼이 선택된 상태임을 시각적으로 나타낼 수 있다.

- 일관성: 모션은 일관성을 유지해야 한다. 유사한 상황에서 동일한 모션을 사용하거나, 동일한 요소에 대해 일관된 모션을 적용함으로써 사용자가 익숙하고 예측 가능한 환경을 경험할 수 있다.

- 단순성: 모션은 간결하고 단순해야 한다. 너무 복잡하거나 과도한 모션은 사용자에게 혼란을 줄 수 있으므로, 필요한 정보를 전달하는 데 집중해야 한다.

- 사용자 인터랙션과 연결: 모션은 사용자 인터랙션과 함께 조화롭게 작동해야 한다. 사용자의 입력에 대응하여 모션을 적용하거나, 모션을 통해 사용자에게 피드백을 제공하는 등 상호작용을 강조할 수 있다.

모션 디자인을 구현하기 위해 다양한 방법과 기술이 있다. 일반적으로 애니메이션 효과를 위해 CSS, JavaScript, 애니메이션 라이브러리 등을 사용한다. 적절한 타이밍, 이질감 없는 움직임, 효과적인 이동 경로, 그리고 재미와 흥미로움을 주는 요소 등을 고려하여 모션을 디자인해야 한다. 또한 UI/UX 디자이너와 개발자 간의 협업이 중요하다. 디자이너는 모션 디자인을 시각적으로 설계하고 애니메이션 효과를 제안하며, 개발자는 이를 코드로 구현하여 앱 또는 웹사이트에 적용한다. 이러한 협업을 통해 모션 디자인이 원활하게 이루어질 수 있다. 마지막으로, 사용자의 피드백과 테스트를 통해 모션 디자인을 개선하는 것이 중요하다. 사용자의 반응과 행동을 관찰하고, 모션의 효과를 평가하여 사용자 경험을 개선하는 데 기여할 수 있다.

모션 디자인은 앱 또는 웹사이트의 사용자 경험을 향상시키는 강력한 도구다. 위의 모션 디자인 원칙을 기반으로 하여 사용자에게 자연스럽고 매력적인 모션을 제공하는 것이 중요하다.

시각적 효과 구현

시각적 효과는 플러터 UI 디자인에서 애니메이션과 모션 디자인을 통해 사용자에게 더욱 흥미로운 경험을 제공하는 데 도움을 준다. 시각적 효과는 UI 요소의 모양, 색상, 그림자, 반짝임 등을 조절하여 동적이고 매력적인 시각적 효과를 구현하는 것을 의미한다.

그림자 및 광원 효과

그림자 효과는 요소가 화면 위로 떠오르거나 눌렸을 때 아래로 가라앉는 효과를 주는 데 사용될 수 있다. 플러터에서는 BoxDecoration 클래스를 사용하여 그림자 효과를 추가할 수 있다. boxShadow 속성을 설정하여 그림자의 색상, 위치, 흐림 정도, 확산 정도 등을 조절할 수 있다.

```
Container(
  width: 100,
  height: 100,
  decoration: BoxDecoration(
    color: Colors.red,
    boxShadow: [
      BoxShadow(
        color: Colors.black.withOpacity(0.2),
        offset: Offset(0, 4),
        blurRadius: 8,
        spreadRadius: 2,
      ),
    ],
  ),
)
```

위의 코드는 그림자 효과를 가진 빨간색의 정사각형 컨테이너를 생성한다.

- boxShadow: 그림자 효과를 설정하는 속성이다. BoxShadow 클래스의 인스턴스를 리스트로 만들어 여러 개의 그림자 효과를 지정할 수 있다. 이 코드에서는 하나의 그림자만 사용했다.

- color: 그림자의 색상을 설정한다. 여기서는 검은색을 사용하고, withOpacity 메서드를 사용하여 투명도를 0.2로 설정하였다.

- offset: 그림자의 위치를 설정한다. Offset 클래스를 사용하여 x, y 좌표를 지정한다. 여기서는 (0, 4)로 설정하여 그림자를 아래로 4만큼 이동시켰다.

- blurRadius: 그림자의 흐림 정도를 설정한다. 값이 클수록 더 흐릿한 그림자가 생성된다. 이 코드에서는 8로 설정했다.

- spreadRadius: 그림자의 확산 정도를 설정한다. 양수 값일 경우 그림자가 퍼지는 정도를 나타내며, 음수 값일 경우 그림자가 수축하는 정도를 나타낸다. 이 코드에서는 2로 설정하여 약간의 확산 효과를 줬다.

투명도 효과

투명도는 UI 요소를 부분적으로 투명하게 만들어 다른 요소들과의 상호작용을 강조할 수 있다. 플러터에서는 Opacity 위젯을 사용하여 요소의 투명도를 조절할 수 있다. opacity 속성을 조절하여 0.0부터 1.0까지의 값을 설정할 수 있다.

```
Opacity(
  opacity: 0.5,
  child: Container(
    width: 100,
    height: 100,
    color: Colors.blue,
  ),
)
```

위의 코드는 투명도 효과를 가진 파란색 정사각형 컨테이너를 생성한다.

- Opacity: 자식 위젯의 투명도를 설정하는 위젯이다. opacity 속성을 사용하여 0.0부터 1.0 까지의 값을 설정할 수 있다. 이 코드에서는 0.5로 설정하여 자식 위젯이 반투명한 효과를 가지게 한다.

- child: 투명도 효과를 적용할 자식 위젯을 설정한다. 이 코드에서는 Container 위젯을 자식으로 사용하였다.

색상 및 그라데이션 변화

애니메이션 동안 요소의 색상을 변화시켜 시각적인 흥미를 더할 수 있다. 플러터에서는 Tween과 AnimationController를 사용하여 애니메이션을 제어할 수 있다. 색상을 변화시키기 위해 ColorTween을 사용하거나 그라데이션 효과를 적용하기 위해 LinearGradient나 RadialGradient 를 사용할 수 있다.

```
AnimatedContainer(
  duration: Duration(seconds: 2),
  decoration: BoxDecoration(
    gradient: LinearGradient(
      colors: [Colors.red, Colors.blue],
      begin: Alignment.topLeft,
      end: Alignment.bottomRight,
    ),
  ),
)
```

위의 코드는 애니메이션과 함께 그래디언트* 효과를 가진 컨테이너를 생성한다.

- AnimatedContainer: 애니메이션 효과를 가진 컨테이너 위젯이다. duration 속성을 사용하여 애니메이션의 지속 시간을 2초로 설정했다.

- decoration: 컨테이너의 장식을 설정하는 속성이다. gradient 속성을 사용하여 그래디언트 효과를 추가했다.

- LinearGradient: 선형 그래디언트를 생성하는 클래스다. colors 속성을 사용하여 그래디언트에 사용할 색상을 설정했다. 이 코드에서는 빨간색(Colors.red)에서 파란색(Colors.blue)으로 색상이 서서히 변화하는 그래디언트를 생성한다.

- begin과 end: 그래디언트의 시작과 끝 지점을 설정하는 속성이다. Alignment 클래스를 사용하여 지점을 지정한다. 왼쪽 상단(Alignment.topLeft)에서 오른쪽 하단(Alignment.bottomRight)으로 그래디언트가 적용된다.

크기 및 비율 변화

요소의 크기나 비율을 애니메이션 동안 변경함으로써 동적인 효과를 줄 수 있다. 플러터에서는 Tween과 AnimationController를 사용하여 애니메이션을 제어할 수 있다. 크기나 비율 변화를 위해 SizeTween이나 ScaleTransition을 사용할 수 있다.

```
AnimatedContainer(
  duration: Duration(seconds: 2),
  width: _expanded ? 200 : 100,
  height: _expanded ? 200 : 100,
  child: FlutterLogo(),
)
```

해당 코드는 애니메이션과 함께 크기가 변하는 컨테이너를 생성한다.

- AnimatedContainer: 애니메이션 효과를 가진 컨테이너 위젯이다. duration 속성을 사용하여 애니메이션의 지속 시간을 2초로 설정했다.

기초 용어 정리

* 그래디언트(Gradient): 플러터에서 배경이나 그래픽 요소에 부드러운 색상 전환을 제공한다. 그래디언트는 두 개 이상의 색상을 부드럽게 혼합하여 색상 그라데이션을 만들어 준다.

- width와 height: 컨테이너의 너비와 높이를 설정하는 속성이다. 이 코드에서는 _expanded 라는 상태 변수에 따라 컨테이너의 크기가 조절된다. _expanded가 true일 경우에는 너비와 높이가 200으로 설정되고, false일 경우에는 100으로 설정된다.

- child: 컨테이너 내부에 표시되는 자식 위젯이다. 이 코드에서는 FlutterLogo 위젯을 사용하여 플러터 로고를 표시한다.

변형 및 왜곡 효과

요소의 변형이나 왜곡을 통해 독특한 효과를 줄 수 있다. 플러터에서는 Transform 위젯을 사용하여 요소를 확대, 축소, 회전, 비틀기 등의 변형을 줄 수 있다.

```
Transform.rotate(
  angle: _rotationAngle,
  child: Container(
    width: 100,
    height: 100,
    color: Colors.green,
  ),
)
```

해당 코드는 회전 애니메이션을 적용한 컨테이너를 생성한다.

- Transform.rotate: 회전 변환을 적용하는 위젯이다. angle 속성을 사용하여 _rotationAngle 이라는 변수에 저장된 각도만큼 컨테이너가 회전한다.

- angle: 회전할 각도를 지정하는 속성이다. 이 코드에서는 _rotationAngle 변수에 저장된 값을 사용한다.

- child: 회전 변환을 적용할 컨테이너를 정의하는 자식 위젯이다.

입자 및 입체 효과

입자 효과를 사용하여 요소 주위에 작은 입자들이 떠다니거나 날아다니는 효과를 줄 수 있다. 입체 효과를 주기 위해 플러터에서는 3D 변환 효과를 적용할 수 있다.

```
Stack(
  children: [
    Positioned(
      top: _particleY,
      left: _particleX,
      child: Container(
        width: 10,
        height: 10,
        decoration: BoxDecoration(
          shape: BoxShape.circle,
          color: Colors.yellow,
        ),
      ),
    ),
    // 다른 요소들...
  ],
)
```

위의 코드는 Stack 위젯을 사용하여 여러 개의 위젯을 겹쳐서 배치한다.

- Stack: 위젯들을 겹쳐서 배치하는 컨테이너이다. children 속성에 여러 개의 위젯을 포함시킬 수 있다.

- children: Stack에 포함될 위젯들을 정의하는 리스트다. 이 코드에서는 하나의 Positioned 위젯을 포함하고 있다.

- Positioned: 위치를 지정하여 위젯을 배치하는 위젯이다. top과 left 속성을 사용하여 _particleY와 _particleX라는 변수에 저장된 값에 따라 컨테이너가 위치한다.

- top과 left: 컨테이너의 상단과 좌측에서부터의 위치를 지정하는 속성이다. 이 코드에서는 _particleY와 _particleX 변수에 저장된 값을 사용한다.

손으로 익히는 코딩

```dart
import 'package:flutter/material.dart';
import 'dart:math';

void main() {
  runApp(MyApp());
}

class MyApp extends StatelessWidget {
  @override
  Widget build(BuildContext context) {
    return MaterialApp(
      title: 'Visual Effects Demo',
      theme: ThemeData(primarySwatch: Colors.blue),
      home: VisualEffectsDemo(),
    );
  }
}

class VisualEffectsDemo extends StatefulWidget {
  @override
  _VisualEffectsDemoState createState() => _VisualEffectsDemoState();
}

class _VisualEffectsDemoState extends State<VisualEffectsDemo> {
  double _particleX = 0.0;
  double _particleY = 0.0;
  double _containerOpacity = 1.0;

  void _updateParticlePosition(PointerEvent event) {
    setState(() {
      _particleX = event.position.dx;
      _particleY = event.position.dy;
    });
  }

  void _toggleContainerOpacity() {
    setState(() {
      _containerOpacity = _containerOpacity == 1.0 ? 0.5 : 1.0;
    });
  }
```

```dart
@override
  Widget build(BuildContext context) {
    return Scaffold(
      appBar: AppBar(
        title: Text('Visual Effects Demo'),
      ),
      body: Listener(
        onPointerMove: _updateParticlePosition,
        child: Stack(
          children: [
            Positioned(
              top: _particleY - 5,
              left: _particleX - 5,
              child: Container(
                width: 10,
                height: 10,
                decoration: BoxDecoration(
                  shape: BoxShape.circle,
                  color: Colors.yellow,
                ),
              ),
            ),
            Align(
              alignment: Alignment.center,
              child: GestureDetector(
                onTap: _toggleContainerOpacity,
                child: AnimatedOpacity(
                  duration: Duration(milliseconds: 500),
                  opacity: _containerOpacity,
                  child: Container(
                    width: 200,
                    height: 200,
                    decoration: BoxDecoration(
                      color: Colors.blue,
                      boxShadow: [
                        BoxShadow(
                          color: Colors.black.withOpacity(0.2),
                          offset: Offset(0, 4),
                          blurRadius: 8,
                          spreadRadius: 2,
                        ),
```

```
                ],
              ),
            ),
           ),
          ),
         ),
        ],
      ),
     ),
    ),
   );
  }
 }
```

이 코드는 사용자와의 상호작용을 통해 시각저인 변화를 구현하는 데에 활용할 수 있다. 사용자가 터치할 때마다 컨테이너의 투명도가 토글되고, 터치 위치에 작은 입자가 따라다니며, 입체감을 갖는 그림자 효과가 적용되므로 다양한 시각적 효과를 경험할 수 있다. 시각적 효과를 구현하는 방법은 다양하며, 주로 CSS*, JavaScript**, 애니메이션 라이브러리 등을 활용한다. 선택한 플랫폼과 도구에 따라 구현 방법이 달라질 수 있으며, 필요에 따라 커스텀 애니메이션을 개발할 수도 있다. 디자인적인 요소와 기술적인 요소를 조합하여 원하는 시각적 효과를 구현해 보자.

인터렉션 및 트랜지션 애니메이션

Hover 애니메이션

요소에 마우스 커서를 가져가면 변화가 일어나는 애니메이션이다. 예를 들어, 버튼 위로 마우스를 올리면 배경색이 변경되거나 텍스트가 나타나는 등의 효과를 줄 수 있다. 이는 사용자의 상호작용을 시각적으로 강조하고 사용성을 향상시킨다.

기초 용어 정리
* CSS(Cascading Style Sheets): 웹 페이지의 스타일과 레이아웃을 정의하기 위한 스타일 시트 언어다.
** JavaScript: 동적인 웹 페이지를 구현하기 위한 스크립트 언어다.

```
Container(
  width: 100,
  height: 100,
  decoration: BoxDecoration(
    color: Colors.red,
  ),
  // 마우스를 가져갔을 때 적용할 애니메이션 효과
  // 호버 상태에서 배경색이 변경된다.
  // 코드에서는 빨간색에서 파란색으로 변경된다.
  // 이외에도 텍스트가 나타나거나 크기가 변경되는 등의 효과도 가능하다.
  hoverColor: Colors.blue,
)
```

위의 코드는 요소에 마우스 커서를 가져가면 배경색이 변경된다.

클릭 애니메이션

요소를 클릭했을 때 변화가 일어나는 애니메이션이다. 클릭한 요소가 확대되거나 색상이 변경되는 등의 효과를 줄 수 있다. 이는 사용자의 액션에 대한 피드백을 제공하여 사용자 경험을 향상시킨다.

```
InkWell(
  onTap:() {
    // 버튼이 클릭됐을 때 적용할 애니메이션 효과
    // 코드에서는 버튼의 크기가 변경된다.
    setState(() {
      buttonSize = 120.0;
    });
  },
  child: AnimatedContainer(
    width: buttonSize,
    height: buttonSize,
    color: Colors.blue,
    duration: Duration(milliseconds: 500),
  ),
)
```

위의 코드는 버튼을 클릭했을 때 크기가 변경된다.

페이지 전환 애니메이션

페이지 간의 전환 시에 부드럽고 시각적으로 매끄러운 애니메이션을 적용하는 것이다. 페이지가 서서히 나타나거나 사라지는 페이드 효과, 슬라이딩 효과, 회전 효과 등을 사용하여 전환 과정을 자연스럽게 만들 수 있다.

```
PageRouteBuilder(
  transitionDuration: Duration(seconds: 1),
  transitionsBuilder: (context, animation, secondaryAnimation, child) {
    return FadeTransition(
      opacity: animation,
      child: child,
    );
  },
  // 다음 페이지로 이동하는 버튼
  child: ElevatedButton(
    onPressed: () {
      Navigator.push(context,   MaterialPageRoute(builder:   (context)   =>
NextPage()));
    },
    child: Text('Next Page'),
  ),
)
```

위의 코드는 페이지 전환 시 서서히 나타난다.

요소 간의 트랜지션 애니메이션

요소 사이의 상태 변화를 부드럽게 처리하는 애니메이션이다. 예를 들어, 메뉴 항목을 클릭하면 하위 메뉴가 부드럽게 나타나는 애니메이션으로, 캐러셀 슬라이더*에서 슬라이드가 자연스럽게 이동하는 애니메이션 등을 구현할 수 있다.

```
AnimatedSwitcher(
  duration: Duration(milliseconds: 500),
  child: showSubMenu
      ? Column(
          children: [
```

기초 용어 정리
* 캐러셀 슬라이더(Carousel Slider): 이미지나 콘텐츠를 좌우로 슬라이드하여 보여 주는 UI 요소다.

```
            Text('Submenu Item 1'),
            Text('Submenu Item 2'),
            Text('Submenu Item 3'),
          ],
        )
      : Container(),
  )


// 클릭 이벤트 처리 후 showSubMenu 값을 변경하여 트랜지션 애니메이션을 통해 요소의 변화
를 구현한다.
// 요소 간의 트랜지션 애니메이션은 AnimatedSwitcher 위젯을 사용한다.
// duration: 애니메이션의 지속 시간을 설정한다.
// showSubMenu 값에 따라 다른 위젯이 나타나고 사라진다.
```

위의 코드는 버튼 클릭 시 하위 메뉴가 나타난다.

스크롤 애니메이션

사용자가 페이지를 스크롤할 때 발생하는 애니메이션이다. 요소가 화면에 나타나거나 사라지거
나, 요소 내용이 나타나는 등의 애니메이션을 스크롤과 함께 발생시킬 수 있다. 이는 사용자의
스크롤 동작을 시각적으로 흥미롭게 만들어 준다.

```
ListView.builder(
  itemCount: items.length,
  itemBuilder: (context, index) {
    return FadeInAnimation(
      delay: Duration(milliseconds: 200 * index),
      child: ListTile(
        title: Text(items[index]),
      ),
    );
  },
)


// 스크롤 애니메이션은 사용자가 페이지를 스크롤할 때 발생하는 애니메이션이다.
// 위 코드는 ListView.builder를 사용하여 여러 개의 ListTile이 스크롤과 함께 나타나는
애니메이션을 구현한 것이다.
// FadeInAnimation은 커스텀 위젯으로, ListTile이 서서히 나타나는 페이드 인 애니메이
션을 적용한다.
// delay 값을 조절하여 각 ListTile이 차례대로 나타날 수 있도록 한다.
```

해당 코드는 스크롤 시 요소가 나타나는 스크롤 애니메이션이다.

인터렉션 및 트랜지션 애니메이션

인터렉션 및 트랜지션 애니메이션을 구현하기 위해서는 주로 CSS, JavaScript, 애니메이션 라이브러리 등을 사용한다. CSS의 transition 및 animation 속성을 활용하여 요소의 상태 변화를 부드럽게 처리하고, JavaScript를 사용하여 상호작용에 대한 이벤트 처리와 애니메이션 제어를 할 수 있다. 애니메이션 라이브러리는 미리 구현된 다양한 애니메이션 효과를 제공하고, 사용자가 간편하게 적용할 수 있도록 도와준다.

손으로 익히는 코딩

```dart
import 'package:flutter/material.dart';

void main() {
  runApp(MyApp());
}

class MyApp extends StatelessWidget {
  @override
  Widget build(BuildContext context) {
    return MaterialApp(
      title: 'Animation Example',
      theme: ThemeData(
        primarySwatch: Colors.blue,
      ),
      home: HomePage(),
    );
  }
}

class HomePage extends StatelessWidget {
  @override
  Widget build(BuildContext context) {
    return Scaffold(
      appBar: AppBar(
        title: Text('Home'),
      ),
      body: Center(
```

```dart
          child: ElevatedButton(
            onPressed: () {
              Navigator.push(
                context,
                MaterialPageRoute(builder: (context) => NextPage()),
              );
            },
            child: Text('Go to Next Page'),
          ),
        ),
      );
    }
  }

class NextPage extends StatelessWidget {
  @override
  Widget build(BuildContext context) {
    return Scaffold(
      appBar: AppBar(
        title: Text('Next Page'),
      ),
      body: ListView.builder(
        itemCount: 10,
        itemBuilder: (context, index) {
          return AnimatedListItem(
            delay: Duration(milliseconds: 200 * index),
            child: ListTile(
              title: Text('Item $index'),
            ),
          );
        },
      ),
    );
  }
}

class AnimatedListItem extends StatefulWidget {
  final Widget child;
  final Duration delay;

  AnimatedListItem({required this.child, required this.delay});
```

```dart
  @override
  _AnimatedListItemState createState() => _AnimatedListItemState();
}

class _AnimatedListItemState extends State<AnimatedListItem>
    with SingleTickerProviderStateMixin {
  late AnimationController _controller;
  late Animation<double> _opacityAnimation;
  late Animation<Offset> _slideAnimation;

  @override
  void initState() {
    super.initState();
    _controller = AnimationController(
      vsync: this,
      duration: Duration(milliseconds: 500),
    );
    _opacityAnimation = Tween<double>(begin: 0.0, end: 1.0).animate(
      CurvedAnimation(parent: _controller, curve: Curves.easeInOut),
    );

    _slideAnimation = Tween<Offset>(
      begin: Offset(0.0, 0.5),
      end: Offset.zero,
    ).animate(
      CurvedAnimation(parent: _controller, curve: Curves.easeInOut),
    );

    Future.delayed(widget.delay, () {
      _controller.forward();
    });
  }

  @override
  void dispose() {
    _controller.dispose();
    super.dispose();
  }

  @override
```

```
Widget build(BuildContext context) {
  return AnimatedBuilder(
    animation: _controller,
    builder: (context, child) {
      return FadeTransition(
        opacity: _opacityAnimation,
        child: SlideTransition(
          position: _slideAnimation,
          child: child,
        ),
      );
    },
    child: widget.child,
  );
  }
}
```

위의 코드는 앱의 홈 화면에서 버튼을 클릭하면 NextPage로 이동하며, NextPage에서는 ListView.builder를 사용하여 애니메이션을 적용한 ListTile들이 스크롤 애니메이션과 함께 나타난다. AnimatedListItem은 각 ListTile에 애니메이션을 적용하기 위한 커스텀 위젯이다. ListView.builder에서 사용자의 스크롤 동작에 따라 AnimatedListItem이 서서히 나타나는 페이드 인 애니메이션과 슬라이딩 애니메이션을 구현했다.

> **Clear Comment**
> 인터렉션 및 트랜지션 애니메이션은 사용자 경험을 향상시키고 앱 또는 웹사이트의 시각적 매력을 높이는 데에 중요한 역할을 합니다. 따라서 애니메이션 원칙과 구현 방법을 학습하고, 적절하게 활용하여 사용자에게 멋진 경험을 제공해 봅시다.

빌트인 애니메이션 위젯 활용 및 커스터마이징

플러터는 다양한 빌트인 애니메이션 위젯을 제공하여 앱에 동적이고 매력적인 요소를 추가할 수 있다. 이러한 빌트인 애니메이션 위젯은 간단하게 적용할 수 있으며, 필요에 따라 커스터마이징하여 원하는 애니메이션 효과를 구현할 수도 있다. 빌트인 애니메이션 위젯은 'flutter/widgets.dart' 패키지에서 제공된다. 아래는 몇 가지 주요한 빌트인 애니메이션 위젯과 간단한 설명이다.

AnimatedContainer

애니메이션을 적용할 수 있는 컨테이너 위젯이다. 기존의 Container와 달리 속성이 변경되었을 때 자동으로 애니메이션 효과를 적용하여 부드러운 전환 효과를 만들어 준다. Animated Container는 다양한 속성을 애니메이션화할 수 있다. 예를 들어, 크기(width, height), 위치 (margin, padding), 색상(color), 테두리(border), 그림자(boxShadow), 도형(shape), 투명 도(opacity) 등의 속성을 애니메이션화할 수 있다. 이 속성들의 변화를 지정된 지속 시간 (duration) 동안 부드럽게 전환할 수 있다. AnimatedContainer를 사용하기 위해서는 애니메이션 컨트롤러(AnimationController)와 애니메이션(Animation)이 필요하다. 애니메이션 컨트롤러는 애니메이션을 제어하고 진행 상태를 관리하는 역할을 한다. AnimationController 클래스로 생성되며, 주어진 지속 시간(duration)과 틱(ticks) 수를 기반으로 애니메이션을 제어한다. Animation 클래스는 애니메이션의 값과 상태를 제공한다.

AnimatedContainer의 속성은 애니메이션 컨트롤러와 연결된 Animation 값을 참조한다. 애니메이션 값에 따라 속성이 변경되며, 이에 따라 위젯이 애니메이션화된다. 예를 들어, 애니메이션 컨트롤러의 값에 따라 width가 변경되면 애니메이션화된 컨테이너의 너비가 부드럽게 변화한다.

코·드·소·개

```
AnimatedContainer(
  duration: Duration(milliseconds: 500),
  curve: Curves.easeInOut,
  width: _containerWidth,
  height: _containerHeight,
  color: _containerColor,
  child: Text('Animated Container'),
)
```

- AnimatedContainer: 컨테이너의 속성을 애니메이션화하는 위젯이다.

- duration: 애니메이션의 지속 시간을 설정한다.

- curve: 애니메이션의 타이밍 함수를 설정한다. Curves 클래스에서 제공되는 다양한 곡선을 선택할 수 있다.

- width, height: 컨테이너의 너비와 높이를 애니메이션화한다.

- color: 컨테이너의 배경색을 애니메이션화한다.

- child: AnimatedContainer 내에 표시될 자식 위젯을 지정한다.

AnimatedOpacity

애니메이션을 적용하여 위젯의 투명도를 부드럽게 변경할 수 있는 위젯이다. 투명도 속성 (opacity)을 애니메이션화하여 투명도의 변화를 자연스럽게 조절할 수 있다. AnimatedOpacity 는 주로 위젯의 나타남과 사라짐을 페이드(fade) 효과로 구현할 때 사용된다. 애니메이션 컨트롤러(AnimationController)와 애니메이션(Animation)을 사용하여 투명도 값을 조정하면, 위젯이 서서히 나타나거나 사라지는 페이드 효과를 구현할 수 있다. AnimatedOpacity를 사용하기 위해서는 애니메이션 컨트롤러와 연결된 Animation 값이 필요하다. 애니메이션 컨트롤러는 애니메이션을 제어하고 진행 상태를 관리하는 역할을 한다. AnimationController 클래스로 생성되며, 주어진 지속 시간(duration)과 틱(ticks) 수를 기반으로 애니메이션을 제어한다. Animation 클래스는 애니메이션의 값과 상태를 제공한다.

AnimatedOpacity의 속성은 애니메이션 컨트롤러와 연결된 Animation 값을 참조한다. 애니메이션 값에 따라 투명도가 변경되면, 위젯이 부드럽게 나타나거나 사라진다. 예를 들어, 애니메이션 컨트롤러의 값에 따라 opacity가 변화하면 위젯의 투명도가 서서히 조정된다.

코·드·소·개

```
AnimatedOpacity(
  opacity: _opacityValue,
  duration: Duration(milliseconds: 500),
  child: Text('Animated Opacity'),
)
```

● AnimatedOpacity: 위젯의 투명도를 애니메이션화하는 위젯이다.

● opacity: 투명도 값으로, 0.0부터 1.0 사이의 값을 가진다. 0.0은 완전히 투명, 1.0은 완전히 불투명을 의미한다.

● duration: 애니메이션의 지속 시간을 설정한다.

● child: AnimatedOpacity 내에 표시될 자식 위젯을 지정한다.

AnimatedPositioned

위젯의 위치를 애니메이션화하는 데 사용되는 위젯이다. 기존의 Positioned와 달리 속성이 변경되었을 때 자동으로 애니메이션 효과를 적용하여 부드러운 위치 전환 효과를 만들어 준다. AnimatedPositioned를 사용하면 위젯의 위치를 애니메이션화할 수 있으며, left, top, right, bottom 속성을 애니메이션화할 수 있다. 이 속성들의 변화를 지정된 지속 시간(duration) 동안 부드럽게 전환할 수 있다. AnimatedPositioned를 사용하기 위해서는 애니메이션 컨트롤러 (AnimationController)와 애니메이션(Animation)이 필요하다. 애니메이션 컨트롤러는 애니메이션을 제어하고 진행 상태를 관리하는 역할을 한다. AnimationController 클래스로 생성되며, 주어진 지속 시간(duration)과 틱(ticks) 수를 기반으로 애니메이션을 제어한다. Animation 클래스는 애니메이션의 값과 상태를 제공한다.

AnimatedPositioned의 속성은 애니메이션 컨트롤러와 연결된 Animation 값을 참조한다. 애니메이션 값에 따라 속성이 변경되면, 이에 따라 위젯의 위치가 애니메이션화된다. 예를 들어, 애니메이션 컨트롤러의 값에 따라 top 속성이 변경되면 애니메이션화된 위젯이 부드럽게 위로 이동한다.

코·드·소·개

```
Stack(
  children: [
    AnimatedPositioned(
      duration: Duration(milliseconds: 500),
      curve: Curves.easeInOut,
      left: _positionLeft,
      top: _positionTop,
      child: Container(
        width: 100,
        height: 100,
        color: Colors.blue,
      ),
    ),
  ],
)
```

● AnimatedPositioned: 위젯의 위치를 애니메이션화하는 위젯이다.

● duration: 애니메이션의 지속 시간을 설정한다.

● curve: 애니메이션의 타이밍 함수를 설정한다.

- left, top: 위젯의 왼쪽과 위쪽 위치를 애니메이션화한다.

- child: AnimatedPositioned 내에 표시될 자식 위젯을 지정한다.

AnimatedDefaultTextStyle

위젯의 텍스트 스타일을 애니메이션화하는 데 사용되는 위젯이다. 기존의 DefaultTextStyle와 달리 속성이 변경되었을 때 자동으로 애니메이션 효과를 적용하여 부드러운 스타일 전환 효과를 만들어 준다. AnimatedDefaultTextStyle를 사용하면 위젯의 텍스트 스타일을 애니메이션화할 수 있으며, TextStyle 속성들을 애니메이션화할 수 있다. 예를 들어, 폰트 크기(fontSize), 폰트 가중치(fontWeight), 색상(color), 텍스트 스타일(fontStyle) 등의 속성을 애니메이션화할 수 있다. 이 속성들의 변화를 지정된 지속 시간(duration) 동안 부드럽게 전환할 수 있다. AnimatedDefaultTextStyle를 사용하기 위해서는 애니메이션 컨트롤러(AnimationController)와 애니메이션(Animation)이 필요하다. 애니메이션 컨트롤러는 애니메이션을 제어하고 진행 상태를 관리하는 역할을 한다. AnimationController 클래스로 생성되며, 주어진 지속 시간(duration)과 틱(ticks) 수를 기반으로 애니메이션을 제어한다. Animation 클래스는 애니메이션의 값과 상태를 제공한다.

AnimatedDefaultTextStyle의 속성은 애니메이션 컨트롤러와 연결된 Animation 값을 참조한다. 애니메이션 값에 따라 TextStyle 속성들이 변경되면, 이에 따라 위젯의 텍스트 스타일이 애니메이션화된다. 예를 들어, 애니메이션 컨트롤러의 값에 따라 폰트 크기(fontSize) 속성이 변경되면 애니메이션화된 위젯의 텍스트 크기가 부드럽게 조정된다.

코·드·소·개

```
AnimatedDefaultTextStyle(
  duration: Duration(milliseconds: 500),
  style: _isBold ? TextStyle(fontWeight: FontWeight.bold) : TextStyle
  (fontWeight: FontWeight.normal),
  child: Text('Animated Default Text Style'),
)
```

- AnimatedDefaultTextStyle: 텍스트 스타일을 애니메이션화하는 위젯이다.

- duration: 애니메이션의 지속 시간을 설정한다.

- style: 애니메이션화할 텍스트 스타일을 지정한다. 애니메이션의 상태에 따라 텍스트 스타일이 변경된다.

- child: AnimatedDefaultTextStyle 내에 표시될 자식 위젯을 지정한다.

AnimatedCrossFade

두 개의 위젯 사이의 페이드 효과를 제공하는 위젯이다. 시작과 끝 위젯을 정의하고, 애니메이션의 상태에 따라 위젯 사이의 페이드 인/아웃 효과를 부여한다. 보통 시작 위젯과 끝 위젯은 같은 크기와 위치를 가지며, 애니메이션 동안 서로 페이드인과 페이드아웃이 이루어진다.

AnimatedCrossFade는 crossFadeState 매개변수를 사용하여 현재 애니메이션 상태를 지정한다. crossFadeState는 두 가지 값 중 하나를 가질 수 있다. 첫 번째 값은 페이드인되는 위젯을 의미하는 CrossFadeState.showFirst이고, 두 번째 값은 페이드아웃되는 위젯을 의미하는 CrossFadeState.showSecond이다. crossFadeState를 변경하면 애니메이션 상태에 따라 위젯이 자연스럽게 전환된다.

AnimatedCrossFade는 duration, firstCurve, secondCurve 등의 애니메이션 속성을 설정할 수 있다. 이를 통해 애니메이션의 지속 시간과 곡선을 조정할 수 있다. 또한, 첫 번째 위젯과 두 번째 위젯 간의 크기와 위치의 차이가 있다면, layoutBuilder 매개변수를 사용하여 원하는 방식으로 레이아웃을 제어할 수도 있다.

코·드·소·개

```
AnimatedCrossFade(
  duration: Duration(milliseconds: 500),
  crossFadeState: _isShowingFirst
      ? CrossFadeState.showFirst
      : CrossFadeState.showSecond,
  firstChild: Container(
    width: 100,
    height: 100,
    color: Colors.red,
  ),
  secondChild: Container(
    width: 100,
    height: 100,
    color: Colors.blue,
  ),
)
```

● AnimatedCrossFade: 두 개의 자식 위젯 사이의 전환을 애니메이션화하는 위젯이다.

● duration: 애니메이션의 지속 시간을 설정한다.

● crossFadeState: 애니메이션의 상태를 나타낸다. showFirst는 첫 번째 자식을 표시하고,

showSecond는 두 번째 자식을 표시한다.

● firstChild, secondChild: AnimatedCrossFade 내에 표시될 두 개의 자식 위젯을 지정한다.

Hero

Hero는 한 화면에서 다른 화면으로 전환될 때 위젯의 애니메이션을 부드럽게 처리하는 위젯이다. 주로 이미지나 텍스트와 같은 요소를 전환할 때 사용되며, 사용자에게 요소가 연결되어 있다는 시각적인 힌트를 제공한다. Hero를 사용하려면 동일한 heroTag를 가진 두 개의 위젯을 생성해야 한다. 첫 번째 위젯은 출발지 화면에서 표시되고, 두 번째 위젯은 목적지 화면에서 표시된다. 두 위젯은 크기와 위치가 일치해야 하며, heroTag는 동일해야 한다. 화면 전환 시, 출발지 화면에서 목적지 화면으로 전환되는 동안 Hero 위젯은 애니메이션을 실행한다. 출발지 위젯은 목적지 위젯으로 부드럽게 확대되거나 이동하며, 목적지 위젯이 표시된다. 이를 통해 전환 과정이 부드럽고 자연스럽게 이루어진다. Hero는 애니메이션의 지속 시간과 곡선을 조정할 수 있는 매개변수인 flightShuttleBuilder, transitionOnUserGestures 등을 제공한다. 또한, Hero 위젯을 커스터마이징하여 개별 위젯에 대한 추가적인 애니메이션 효과를 구현할 수도 있다.

코·드·소·개

```
Hero(
  tag: 'imageTag',
  child: GestureDetector(
    onTap: () {
      Navigator.push(context, MaterialPageRoute(builder: (_) => SecondPage()));
    },
    child: Image.asset('image.jpg'),
  ),
)
```

● Hero: 두 개의 화면 사이에서 이미지 등의 전환을 애니메이션화하는 위젯이다.

● tag: Hero 애니메이션을 공유할 고유한 태그를 지정한다. 전환되는 두 개의 화면에서 동일한 태그를 사용해야 한다.

● child: Hero 애니메이션을 적용할 자식 위젯을 지정한다. 여기에서는 이미지 위젯이 사용되었다.

● GestureDetector: 사용자의 탭 동작을 처리하고, 탭 시 두 번째 페이지로 이동하도록 설정되었다.

AnimatedBuilder

애니메이션을 구성하는 데 사용되는 위젯이다. AnimatedBuilder를 사용하면 특정 애니메이션의 값을 직접 조작하고, 해당 값에 따라 위젯을 업데이트할 수 있다. 이를 통해 더 세밀한 애니메이션 효과를 구현할 수 있다.

AnimatedBuilder는 builder 콜백 함수를 통해 애니메이션 값을 받아 위젯을 구성한다. builder 함수는 주어진 애니메이션 값을 사용하여 위젯을 반환하는 함수다. 일반적으로 builder 함수 내에서 애니메이션 값을 이용하여 위젯의 속성을 조정하거나 애니메이션 효과를 구현한다.

AnimatedBuilder를 사용하기 위해서는 애니메이션 컨트롤러(AnimationController)와 애니메이션(Animation)이 필요하다. 애니메이션 컨트롤러는 애니메이션을 제어하고 진행 상태를 관리하는 역할을 한다. 애니메이션 컨트롤러는 AnimationController 클래스로 생성되며, 주어진 지속 시간(duration)과 틱(ticks) 수를 기반으로 애니메이션을 제어한다. Animation 클래스는 애니메이션의 값과 상태를 제공한다.

AnimatedBuilder의 builder 함수는 애니메이션 값을 인수로 받는다. 이 값을 사용하여 위젯을 구성하고 반환한다. 애니메이션 값을 이용하여 위젯의 속성을 변경하거나 애니메이션 효과를 구현할 수 있다. 예를 들어, 애니메이션 값에 따라 위젯의 위치, 크기, 투명도 등을 조정할 수 있다.

AnimatedBuilder는 주로 Custom Animation을 구현할 때 사용되며, 복잡한 애니메이션 효과를 구현할 수 있도록 유연성을 제공한다. AnimatedContainer, AnimatedOpacity 등의 빌트인 애니메이션 위젯과 함께 사용되면 강력한 애니메이션 효과를 구현할 수 있다.

```
AnimatedBuilder(
  animation: _animationController,
  builder: (BuildContext context, Widget? child) {
    return Transform.scale(
      scale: _animationController.value,
      child: Container(
        width: 100,
        height: 100,
        color: Colors.green,
      ),
    );
  },
)
```

● AnimatedBuilder: 커스텀 애니메이션을 구현하기 위한 위젯이다.

● animation: 애니메이션 컨트롤러와 연결된 Animation 객체를 지정한다.

● builder: 애니메이션 값이 변경될 때마다 호출되어 위젯을 빌드한다. 여기에서는 Transform.scale 을 사용하여 컨테이너의 크기를 애니메이션화했다.

이 외에도 플러터에서는 다양한 빌트인 애니메이션 위젯을 제공하고 있으며, 필요에 따라 검색하여 사용할 수 있다.

Clear Comment

커스터마이징은 빌트인 애니메이션 위젯을 활용하여 원하는 애니메이션 효과를 구현하는 과정입니다. 애니메이션 컨트롤러를 사용하여 애니메이션의 진행 상태를 제어하고, 애니메이션의 시작 값과 종료 값, 지속 시간 등을 조정하여 원하는 애니메이션을 만들 수 있습니다. 또한, 커스텀 위젯을 사용하여 애니메이션을 포함한 재사용 가능한 컴포넌트를 만들 수도 있습니다.
애니메이션 커스터마이징은 플러터의 Animation 및 AnimationController 클래스를 활용하여 구현할 수 있습니다. 이 클래스들은 애니메이션의 제어와 상태 관리를 위한 다양한 기능을 제공합니다. 애니메이션의 시작, 종료, 재생, 정지 등을 제어하고, 애니메이션의 값에 따라 위젯을 업데이트하는 등의 작업을 수행할 수 있습니다.

```dart
import 'package:flutter/material.dart';

class LoadingAnimationExample extends StatefulWidget {
  @override
  _LoadingAnimationExampleState createState() => _LoadingAnimationExampleState();
}

class _LoadingAnimationExampleState extends State<LoadingAnimationExample>
    with SingleTickerProviderStateMixin {
  late AnimationController _controller;
  late Animation<double> _animation;

  @override
  void initState() {
    super.initState();

    _controller = AnimationController(
      duration: Duration(seconds: 1),
      vsync: this,
    );

    _animation = Tween(begin: 0.0, end: 1.0).animate(
      CurvedAnimation(
        parent: _controller,
        curve: Curves.linear,
      ),
    );

    _controller.repeat();
  }

  @override
  void dispose() {
    _controller.dispose();
    super.dispose();
  }

  @override
  Widget build(BuildContext context) {
    return Scaffold(
```

```
      appBar: AppBar(
        title: Text('Loading Animation Example'),
      ),
      body: Center(
        child: AnimatedBuilder(
          animation: _animation,
          builder: (context, child) {
            return Transform.rotate(
              angle: _animation.value * 2.0 * 3.14159, // 2π radians
              child: Container(
                width: 50,
                height: 50,
                decoration: BoxDecoration(
                  shape: BoxShape.rectangle,
                  color: Colors.blue,
                ),
              ),
            );
          },
        ),
      ),
    );
  }
}
```

위의 코드에서는 Transform.rotate 위젯을 사용하여 회전 애니메이션을 구현했다. AnimatedBuilder 의 animation 속성으로 전달된 _animation을 사용하여 애니메이션 값에 따라 회전 각도를 변경하도록 설정한다. _animation.value를 angle 속성에 곱함으로써 원이 회전하는 효과를 구현한다. 이러한 방식으로 AnimatedBuilder를 사용하여 커스텀 애니메이션을 구현할 수 있다. animation 속성으로 전달된 애니메이션 값에 따라 위젯의 속성이나 변환을 변경하여 다양한 애니메이션 효과를 만들 수 있다.

> **Clear Comment**
>
> 커스터마이징된 애니메이션은 앱의 디자인 및 사용자 경험을 개선하는 데 중요한 역할을 합니다. 애니메이션을 적절하게 활용하고 커스터마이징하여 사용자에게 보다 매력적이고 상호작용적인 환경을 제공해 보도록 합시다.

성능 최적화 및 애니메이션 플로우 제어

애니메이션과 모션 디자인은 앱의 시각적인 요소를 향상시키는 데 중요한 역할을 한다. 그러나 동시에 많은 애니메이션을 처리하면 앱의 성능에 영향을 줄 수 있다. 따라서 애니메이션의 성능을 최적화하고 애니메이션 플로우를 제어하는 것은 중요하다. 앱의 성능을 최적화하고 부드러운 애니메이션 효과를 제공하기 위해 다음과 같은 방법을 고려해야 한다.

애니메이션 최적화

① 빌트인 애니메이션 위젯 활용

플러터는 AnimatedContainer, AnimatedOpacity, AnimatedPositioned와 같은 빌트인 애니메이션 위젯을 제공한다. 이러한 위젯을 활용하여 속성의 변화를 애니메이션화할 수 있다. 이는 간단하고 효율적인 방법이다.

② 애니메이션 간격 조정

애니메이션의 간격을 조절하여 부하를 줄일 수 있다. 프레임 속도를 조정하거나 일부 프레임을 건너뛰는 등의 방법을 사용할 수 있다. 이는 애니메이션의 부드러움과 성능 간의 균형을 조절하는 데 도움이 된다.

③ 캐싱 활용

애니메이션의 중간 결과를 캐싱하여 계산을 최소화할 수 있다. 애니메이션 중간 결과를 캐싱하고 필요할 때마다 사용하여 성능을 향상시킬 수 있다.

> 코·드·소·개

```
AnimatedContainer(
  duration: Duration(milliseconds: 500),
  width: _expanded ? 200 : 100,
  height: _expanded ? 200 : 100,
  child: FlutterLogo(),
)
```

- duration: 애니메이션의 지속 시간을 나타낸다. 이 코드에서는 0.5초 동안 애니메이션이 진행된다.

- width와 height: 애니메이션 중에 변경되는 속성이다. _expanded 변수의 값에 따라 컨테이너의 크기가 변경된다. 이렇게 변경되는 속성이 있는 위젯은 AnimatedContainer로 감싸주면 해당 속성이 애니메이션과 함께 부드럽게 변경된다.

- AnimatedContainer: 내부적으로 애니메이션 효과를 적용하기 위해 필요한 최적화를 수행하여 성능을 향상시킨다.

상태 관리와 애니메이션 플로우 제어

① AnimationController와 Animation 클래스 활용

애니메이션을 제어하기 위해 AnimationController와 Animation 클래스를 사용한다. Animation Controller는 애니메이션의 제어를 담당하고, Animation 클래스는 애니메이션의 상태와 값을 제공한다. 이를 활용하여 애니메이션의 시작, 일시정지, 정지 등을 제어할 수 있다.

② 상호작용 기반 제어

사용자의 입력이나 이벤트에 따라 애니메이션을 제어하는 것도 중요하다. 예를 들어, 버튼 클릭 시 애니메이션 시작, 스크롤 이벤트에 따른 애니메이션 효과 등을 구현할 수 있다.

③ 애니메이션 상태 변화 콜백 활용

애니메이션의 상태 변화에 따른 콜백 함수를 활용하여 애니메이션의 시작, 종료, 중지 등의 동작을 수행할 수 있다. 이를 통해 애니메이션 흐름을 정확하게 제어할 수 있다.

┌─ 코·드·소·개 ─

```
GestureDetector(
  onTap: () {
    setState(() {
      _isAnimating = !_isAnimating;
    });
    if (_isAnimating) {
      _animationController.forward();
    } else {
      _animationController.reverse();
    }
  },
  child: AnimatedBuilder(
    animation: _animationController,
```

```
    builder: (BuildContext context, Widget? child) {
      return Container(
        width: _animation.value,
        height: _animation.value,
        color: Colors.blue,
      );
    },
  ),
)
```

- onTap: 콜백에서 setState를 호출하여 _isAnimating 변수를 토글한다. 이 변수는 애니메이션을 실행할지 정지할지를 나타낸다.

- _isAnimating: 변수에 따라 AnimationController의 forward 또는 reverse 메서드를 호출하여 애니메이션을 시작하거나 중지한다.

- width와 height: 애니메이션의 값에 따라 컨테이너의 크기가 변경되는데, 이는 _animation.value로 접근할 수 있다.

Offscreen 애니메이션 최적화

화면에 보이지 않는 영역에서 발생하는 애니메이션은 성능에 부담을 줄 수 있다. 따라서 화면에 보이지 않는 요소들의 애니메이션을 비활성화하거나, 화면에 나타날 때까지 애니메이션을 지연시키는 등의 방법을 사용하여 성능을 최적화할 수 있다. Visibility 위젯을 사용하여 화면에 보이지 않는 요소들을 제어할 수 있다. 화면에 나타날 때만 애니메이션이 시작되도록 설정할 수 있다. 화면 스크롤과 같은 이벤트에 따라 요소의 가시성을 동적으로 관리하고, 화면에 나타날 때 애니메이션을 시작하도록 조정할 수 있다.

성능 최적화와 애니메이션 플로우 제어는 앱의 사용자 경험을 향상시키는 데 매우 중요하다. 플러터는 애니메이션과 관련된 다양한 기능을 제공하므로, 이러한 기능을 적절하게 활용하여 성능을 최적화하고 애니메이션 흐름을 제어하는 것이 좋다.

```
Offstage(
  offstage: !_isVisible,
  child: AnimatedOpacity(
    duration: Duration(milliseconds: 500),
    opacity: _isVisible ? 1.0 : 0.0,
    child: FlutterLogo(),
  ),
)
```

offstage 속성은 위젯이 화면에서 보이는지를 나타낸다. _isVisible 변수에 따라 위젯의 가시성을 조정한다. 위의 코드에서는 _isVisible 변수에 따라 Offstage와 AnimatedOpacity를 조절하여 위젯이 화면에 표시되거나 숨겨지도록 한다.

손으로 익히는 코딩

```
import 'package:flutter/material.dart';

class AnimatedListExample extends StatefulWidget {
  @override
  _AnimatedListExampleState createState() => _AnimatedListExampleState();
}

class _AnimatedListExampleState extends State<AnimatedListExample> {
  List<String> items = List.generate(1000, (index) => 'Item $index');
  Set<int> selectedItems = {};

  @override
  Widget build(BuildContext context) {
    return Scaffold(
      appBar: AppBar(
        title: Text('Animated List Example'),
      ),
      body: ListView.builder(
        itemCount: items.length,
        itemBuilder: (context, index) {
          final item = items[index];
          final isSelected = selectedItems.contains(index);
```

```
        return ListTile(
          title: Text(item),
          tileColor: isSelected ? Colors.blue : Colors.white,
          onTap: () {
            setState(() {
              if (isSelected) {
                selectedItems.remove(index);
              } else {
                selectedItems.add(index);
              }
            });
          },
        );
      },
    ),
  );
}
}
```

위의 코드는 ListView.builder를 사용하여 1,000개의 항목을 생성한다. 항목을 탭하면 해당 항목이 선택되고 배경색이 변경된다. 선택된 항목은 selectedItems 집합에 저장된다. 이 코드에서 성능 최적화는 ListView.builder를 사용하여 필요한 항목만 렌더링하고, 애니메이션 플로우 제어는 setState 메서드를 사용하여 선택 상태를 변경하는 것으로 구현되었다. 이를 통해 필요한 항목만 업데이트되고 애니메이션 효과가 부드럽게 적용된다.

이 코드는 리스트 형태의 UI를 다루는 경우에 유용한 성능 최적화 및 애니메이션 플로우 제어의 일부 방법을 보여 주고 있다. 실제 앱에서는 해당 기법을 조합하고 세부적인 최적화를 수행하여 더 효과적인 성능을 얻을 수 있다.

🔍 더 알아보기

generate

List.generate() 함수는 주어진 길이와 생성 로직에 따라 요소를 생성하여 새로운 리스트를 생성하는 플러터의 함수다. 생성할 요소의 개수를 나타내는 정수와 각 요소를 생성하기 위한 함수를 매개변수로 가진다.

연습문제

1. 플러터 UI 디자인 개요

사용자가 간단한 메모를 작성하고 저장할 수 있는 메모 앱을 개발해 보자. Material Design의 카드 형식의 UI를 사용하여 메모 목록을 표시하고, Cupertino Design의 스타일을 적용하여 iOS에서도 멋진 UI를 구성하자.

● MemoApp 클래스를 생성하고 MaterialApp을 반환한다. 이 클래스는 앱의 전체 구조를 정의하고 앱의 테마를 설정한다.

● MemoListScreen 클래스를 생성하고 StatefulWidget을 상속받는다. 이 클래스는 메모 목록을 표시하고 관리하는 화면을 구성한다.

● MemoListScreen 클래스 내에서 memos라는 List〈String〉을 생성하여 메모를 저장한다.

● MemoListScreen 클래스 내에서 _addMemo 함수를 정의한다. 이 함수는 새로운 메모를 추가하고 상태를 업데이트한다.

● MemoListScreen 클래스 내에서 _deleteMemo 함수를 정의한다. 이 함수는 메모를 삭제하고 상태를 업데이트한다.

● MemoListScreen 클래스 내의 build 메서드에서 Scaffold를 반환한다. 이 Scaffold에는 앱바, 메모 목록을 표시하는 ListView.builder, 그리고 새로운 메모를 추가하는 Floating ActionButton이 포함된다.

● AddMemoScreen 클래스를 생성하고 StatefulWidget을 상속받는다. 이 클래스는 새로운 메모를 작성하고 추가하는 화면을 구성한다.

● AddMemoScreen 클래스의 생성자에서 addMemo라는 콜백 함수를 받아 온다. 이 함수는 새로운 메모를 MemoListScreen으로 전달한다.

- AddMemoScreen 클래스 내에서 TextEditingController를 생성하여 메모를 입력받는 TextField와 함께 사용한다.

- AddMemoScreen 클래스의 build 메서드에서 Scaffold를 반환한다. 이 Scaffold에는 앱 바, 메모 입력 필드, 그리고 메모를 저장하는 ElevatedButton이 포함된다.

2. 텍스트와 폰트

앞에서 제작한 메모 앱에서 메모를 작성할 때 폰트 스타일, 텍스트 정렬 및 글자 크기를 설정할 수 있게 만들어 보자.

- Memo 클래스의 속성 추가: 코드에서 제공한 Memo 클래스에 text, fontFamily, fontSize, fontWeight, textAlign 속성을 추가한다. 각 속성은 생성자 매개변수로 전달받아 초기화한다.

- 메모 작성 화면 UI 수정: Memo 작성 화면인 MemoEditScreen 위젯에서 텍스트, 폰트 관련 설정을 위한 UI 요소를 추가한다. 예를 들어, 폰트 패밀리를 선택하는 드롭다운, 글자 크기를 조절하는 슬라이더, 폰트 굵기를 선택하는 드롭다운 등을 추가할 수 있다. 이러한 UI 요소를 통해 사용자가 텍스트와 관련된 설정을 직접 조정할 수 있게 된다.

- Memo 객체 업데이트: MemoEditScreen에서 사용자가 설정한 텍스트와 폰트 관련 설정 값을 받아 와서 Memo 객체를 업데이트한다. 사용자가 입력한 텍스트를 Memo 객체의 text 속성에 할당하고, 선택한 폰트 패밀리, 글자 크기, 폰트 굵기, 텍스트 정렬 값을 각각의 속성에 할당한다.

- 메모 상세 화면 UI 수정: MemoDetailScreen 위젯에서 메모 내용을 표시하는 텍스트 위젯에 Memo 객체의 fontFamily, fontSize, fontWeight, textAlign 속성을 적용한다. 이를 통해 사용자가 설정한 폰트와 관련된 정보가 메모 상세 화면에서 반영된다.

3. 이미지와 아이콘

어플리케이션 내부에서 프로필을 구현해 보자. 사용자가 자신의 프로필 사진과 프로필 아이콘을 선택할 수 있는 기능을 구현한다.

- ProfileGeneratorApp 클래스: MaterialApp을 반환하는 build() 메서드를 구현한다. 이 클래스는 앱의 전체적인 테마와 홈 화면을 설정한다.

- ProfileScreen 클래스: StatefulWidget을 상속하고 ProfileScreenState를 반환하는 createState() 메서드를 구현한다. 이 클래스는 프로필 화면을 나타내는 위젯이며, 사용자의 상호작용에 따라 상태가 변경된다.

- _ProfileScreenState 클래스: State 클래스를 상속하고 위젯의 상태를 관리한다. profile Image와 profileIcon 변수는 사용자가 선택한 이미지와 아이콘을 저장하는 데 사용된다.

- selectImage() 메서드: 이미지 선택 버튼을 눌렀을 때 호출되는 메서드이다. 이 메서드에서는 이미지 선택 기능을 구현해야 한다. 이 부분은 현재 비어 있으므로 TODO로 표시되어 있다.

- selectIcon() 메서드: 아이콘 선택 버튼을 눌렀을 때 호출되는 메서드이다. 이 메서드에서는 아이콘 선택 기능을 구현해야 한다. 이 부분도 현재는 TODO로 표시되어 있다.

- build() 메서드: 프로필 생성기 앱의 UI를 구성한다. Scaffold 위젯을 사용하여 앱의 기본 구조를 생성하고, AppBar로 상단 바를 추가한다. Center 위젯 안에 Column을 사용하여 화면 중앙에 위젯들을 배열한다.

- 프로필 이미지 부분: Container 위젯을 사용하여 프로필 이미지를 감싸고, decoration 속성을 통해 원형의 박스를 생성한다. profileImage 변수가 null이 아닐 경우 ClipOval을 사용하여 이미지를 원형으로 표시하고, null인 경우 기본적인 아이콘을 표시한다.

- 이미지 선택 버튼: ElevatedButton을 사용하여 이미지 선택 버튼을 생성한다. onPressed 콜백에서는 selectImage() 메서드를 호출한다.

- 프로필 아이콘 부분: profileIcon 변수가 null이 아닐 경우 선택한 아이콘을 표시하고, null인 경우 기본 아이콘을 표시한다.

- 아이콘 선택 버튼: ElevatedButton을 사용하여 아이콘 선택 버튼을 생성한다. onPressed 콜백에서는 selectIcon() 메서드를 호출한다.

4. 버튼과 인풋 폼

앞에서 제작한 프로필을 활용하여 프로필 생성기 앱을 구현해봅시다. 사용자가 이름과 이메일을 입력할 수 있는 인풋 폼을 구현하고 해당 데이터를 저장하거나 출력가능하도록 해 보자.

- 이름 입력 필드: TextField 위젯을 사용하여 이름을 입력받는 필드를 생성한다. controller 속성에 nameController를 할당하여 입력된 값을 관리한다.

- 이메일 입력 필드: TextField 위젯을 사용하여 이메일을 입력받는 필드를 생성한다. controller

속성에 emailController를 할당하여 입력된 값을 관리한다.

● 프로필 생성 버튼: ElevatedButton 위젯을 사용하여 프로필 생성 버튼을 생성한다. onPressed 속성에는 generateProfile() 메서드를 할당하여 버튼을 눌렀을 때 프로필 생성 기능을 수행하도록 한다.

● dispose() 메서드: 위젯이 소멸될 때 호출되는 메서드로, 컨트롤러들을 해제한다.

5. 리스트와 그리드

사용자들의 이름과 프로필 사진을 나열하는 리스트 형태로 사용자 목록 앱을 만들어 보자. 사용자를 선택하면 해당 사용자의 상세 정보를 볼 수 있는 화면으로 이동한다.

● User 클래스 정의: 사용자의 이름과 프로필 이미지를 저장하는 User 클래스를 정의한다.

● UserListApp 클래스 정의: 앱의 진입점인 main함수에서 UserListApp 위젯을 실행하도록 설정한다. 이 클래스는 MaterialApp 위젯을 반환하며, 앱의 기본 테마와 홈 화면을 설정한다.

● UserListScreen 클래스 정의: 사용자 목록을 표시하는 홈 화면인 UserListScreen을 정의한다. 이 클래스는 Scaffold 위젯을 반환하며, 앱의 상단에는 AppBar를 표시하고, 중앙에는 사용자 목록을 표시하는 ListView.builder를 배치한다.

● 사용자 목록 데이터 정의: UserListScreen 클래스 내에 users리스트를 정의하여 사용자 데이터를 저장한다. 각 사용자는 User 클래스의 인스턴스로 생성되며, 이름과 프로필 이미지 경로를 설정한다.

● 사용자 목록 표시: ListView.builder 위젯을 사용하여 users리스트의 각 사용자를 나타내는 ListTile 위젯을 동적으로 생성한다. 각 ListTile에는 사용자의 프로필 이미지와 이름이 표시되며, 사용자를 탭하면 해당 사용자의 상세 프로필을 보여 주는 UserProfileScreen으로 이동한다.

● UserProfileScreen 클래스 정의: 선택된 사용자의 상세 프로필을 표시하는 UserProfileScreen을 정의한다. 이 클래스는 선택된 사용자를 인자로 받으며, Scaffold 위젯을 반환한다. UserProfileScreen에서는 사용자의 프로필 사진과 이름을 CircleAvatar와 Text 위젯을 사용하여 표시한다.

6. 애니메이션과 모션 디자인

앞에서 제작한 프로필 생성기 앱과 사용자 목록 앱을 합쳐 보자. 그리고 애니메이션과 모션 디자인을 적용해 보도록 하자.

● ProfileGeneratorApp 클래스: MaterialApp을 상속받은 클래스로, 앱의 기본 구조를 정의한다. 앱의 제목은 '프로필 생성기'이고, 파란색 테마를 사용한다. 홈 화면으로 ProfileScreen 위젯을 설정한다.

● ProfileScreen 클래스: StatefulWidget를 상속받은 클래스로, 상태를 가지는 위젯이다. ProfileScreen의 상태는 _ProfileScreenState 클래스에서 관리된다.

● _ProfileScreenState 클래스: SingleTickerProviderStateMixin을 사용하여 애니메이션 컨트롤러를 생성할 수 있게 해 주는 클래스이다. _ProfileScreenState는 _ProfileScreenState를 생성하는 createState 메서드를 구현해야 한다.

● _ProfileScreenState 클래스의 initState 메서드: 애니메이션 컨트롤러와 애니메이션을 초기화한다. _controller는 AnimationController를 사용하여 애니메이션의 지속시간을 500밀리초로 설정한다. _animation은 _controller와 Curves.easeInOut커브를 사용하여 0.0부터 1.0까지의 트윈 애니메이션을 정의한다.

● _ProfileScreenState 클래스의 dispose 메서드: 애니메이션 컨트롤러와 텍스트 컨트롤러를 정리한다.

● _ProfileScreenState 클래스의 selectImage 메서드: 이미지 선택 기능을 구현해야 하는 부분이다. 현재는 주석 처리되어 있다. 이미지 선택 기능을 구현하려면 ImagePicker를 사용하여 갤러리에서 이미지를 선택하고, 선택된 이미지를 profileImage변수에 저장해야 한다.

● _ProfileScreenState 클래스의 selectIcon 메서드: 아이콘 선택 기능을 구현해야 하는 부분이다. 현재는 주석 처리되어 있다. 아이콘 선택 기능을 구현하려면 다이얼로그 또는 아이콘 선택 UI를 표시하고, 선택된 아이콘을 profileIcon 변수에 저장해야 한다.

● _ProfileScreenState 클래스의 generateProfile 메서드: 프로필 생성 기능을 구현해야 하는 부분이다. 현재는 이름과 이메일을 가져와서 콘솔에 출력하는 코드로 되어 있다. 실제로 프로필을 생성하려면 사용자가 입력한 정보를 가지고 프로필을 생성하는 로직을 구현해야 한다.

● _ProfileScreenState 클래스의 _playAnimation 메서드: 프로필 이미지를 클릭할 때 애니메이션을 재생하거나 멈추는 기능을 구현한다. _controller의 상태에 따라 애니메이션을 전

환한다.

● _ProfileScreenState 클래스의 build 메서드: 화면을 구성하는 UI를 생성한다. Scaffold 위젯을 사용하여 앱의 기본 구조를 생성하고, AppBar를 설정한다. 중앙에 Padding과 Column을 사용하여 위젯을 정렬한다.

● build 메서드 내부에서 AnimatedBuilder를 사용하여 애니메이션을 적용한다. Transform. scale을 사용하여 이미지의 크기를 애니메이션화한다. GestureDetector를 사용하여 프로 필 이미지를 클릭했을 때 애니메이션을 재생하는 기능을 추가한다. Container를 사용하여 프로필 이미지를 감싸고, 선택된 이미지가 있는 경우 ClipOval을 사용하여 원형 이미지를 표 시하고, 선택된 이미지가 없는 경우 Icons.person아이콘을 표시한다.

● 이미지 선택 버튼과 아이콘 선택 버튼을 추가한다. 버튼을 클릭하면 각각 selectImage와 selectIcon 메서드가 호출되도록 한다.

● 이름과 이메일을 입력받는 TextField 위젯을 추가한다.

● generateProfile버튼을 추가한다. 버튼을 클릭하면 generateProfile 메서드가 호출되도록 한다.

1. 플러터 UI 디자인 개요

```dart
import 'package:flutter/material.dart';
import 'package:flutter/cupertino.dart';

void main() {
  runApp(MemoApp());
}

class MemoApp extends StatelessWidget {
  @override
  Widget build(BuildContext context) {
    return MaterialApp(
      title: '메모 앱',
      theme: ThemeData(
        primarySwatch: Colors.blue,
      ),
      home: MemoListScreen(),
    );
  }
}

class MemoListScreen extends StatefulWidget {
  @override
  _MemoListScreenState createState() => _MemoListScreenState();
}

class _MemoListScreenState extends State<MemoListScreen> {
  List<String> memos = [];

  void _addMemo(String memo) {
    setState(() {
      memos.add(memo);
    });
  }

  void _deleteMemo(int index) {
    setState(() {
      memos.removeAt(index);
    });
  }
```

```dart
      @override
      Widget build(BuildContext context) {
        return Scaffold(
          appBar: AppBar(
            title: Text('메모 목록'),
          ),
          body: ListView.builder(
            itemCount: memos.length,
            itemBuilder: (context, index) {
              return Card(
                child: ListTile(
                  title: Text(memos[index]),
                  trailing: IconButton(
                    icon: Icon(Icons.delete),
                    onPressed: () {
                      _deleteMemo(index);
                    },
                  ),
                ),
              );
            },
          ),
          floatingActionButton: FloatingActionButton(
            onPressed: () {
              Navigator.push(
                context,
                MaterialPageRoute(builder: (context) => AddMemoScreen(addMemo:
                _addMemo)),
              );
            },
            child: Icon(Icons.add),
          ),
        );
      }
    }

    class AddMemoScreen extends StatefulWidget {
      final Function(String) addMemo;

      AddMemoScreen({required this.addMemo});

      @override
      _AddMemoScreenState createState() => _AddMemoScreenState();
```

```
}

class _AddMemoScreenState extends State<AddMemoScreen> {
  final TextEditingController _memoController = TextEditingController();

  @override
  void dispose() {
    _memoController.dispose();
    super.dispose();
  }

  @override
  Widget build(BuildContext context) {
    return Scaffold(
      appBar: AppBar(
        title: Text('메모 추가'),
      ),
      body: Padding(
        padding: EdgeInsets.all(16.0),
        child: Column(
          crossAxisAlignment: CrossAxisAlignment.stretch,
          children: [
            TextField(
              controller: _memoController,
              decoration: InputDecoration(
                labelText: '메모',
              ),
            ),
            SizedBox(height: 16.0),
            ElevatedButton(
              onPressed: () {
                String memo = _memoController.text;
                if (memo.isNotEmpty) {
                  widget.addMemo(memo);
                  Navigator.pop(context);
                }
              },
              child: Text('저장'),
            ),
          ],
        ),
      ),
    );
```

```
    }
  }
```

위의 코드는 MemoApp이라는 메인 앱을 생성하고, MemoListScreen에서 메모 목록을 표시한다. 사용자는 AddMemoScreen으로 이동하여 새로운 메모를 작성하고 저장할 수 있다. Memo ListScreen에서는 ListView.builder를 사용하여 메모 목록을 동적으로 표시하며, 각 메모 카드에는 삭제 아이콘 버튼이 포함되어 있다. 해당 앱은 Material Design의 카드 형식을 사용하여 메모 목록을 표시하고, Cupertino Design의 스타일을 적용하여 iOS에서도 멋진 UI를 구성한다. 필요에 따라 코드를 수정하고 UI를 추가로 디자인하여 원하는 모습으로 개발할 수 있다.

2. 텍스트와 폰트

```dart
import 'package:flutter/material.dart';

void main() {
  runApp(MemoApp());
}

class MemoApp extends StatelessWidget {
  @override
  Widget build(BuildContext context) {
    return MaterialApp(
      title: '메모 앱',
      theme: ThemeData(
        primarySwatch: Colors.blue,
      ),
      home: MemoListScreen(),
    );
  }
}

class MemoListScreen extends StatefulWidget {
  @override
  _MemoListScreenState createState() => _MemoListScreenState();
}

class _MemoListScreenState extends State<MemoListScreen> {
  final List<Memo> memos = [];
```

```dart
  void _addMemo(Memo memo) {
    setState(() {
      memos.add(memo);
    });
    Navigator.pop(context);
  }

  void _navigateToAddMemoScreen() {
    Navigator.push(
      context,
      MaterialPageRoute(
        builder: (context) => AddMemoScreen(addMemo: _addMemo),
      ),
    );
  }

  @override
  Widget build(BuildContext context) {
    return Scaffold(
      appBar: AppBar(
        title: Text('메모 목록'),
      ),
      body: ListView.builder(
        itemCount: memos.length,
        itemBuilder: (context, index) {
          final memo = memos[index];
          return MemoCard(memo: memo);
        },
      ),
      floatingActionButton: FloatingActionButton(
        onPressed: _navigateToAddMemoScreen,
        child: Icon(Icons.add),
      ),
    );
  }
}

class AddMemoScreen extends StatefulWidget {
  final Function(Memo) addMemo;
  AddMemoScreen({required this.addMemo});

  @override
  _AddMemoScreenState createState() => _AddMemoScreenState();
```

```dart
}

class _AddMemoScreenState extends State<AddMemoScreen> {
  String _text = '';
  String _fontFamily = 'Roboto';
  double _fontSize = 16.0;
  FontWeight _fontWeight = FontWeight.normal;
  TextAlign _textAlign = TextAlign.left;

  void _saveMemo() {
    final memo = Memo(
      text: _text,
      fontFamily: _fontFamily,
      fontSize: _fontSize,
      fontWeight: _fontWeight,
      textAlign: _textAlign,
    );
    widget.addMemo(memo);
  }

  @override
  Widget build(BuildContext context) {
    return Scaffold(
      appBar: AppBar(
        title: Text('새 메모 작성'),
      ),
      body: Padding(
        padding: EdgeInsets.all(16.0),
        child: Column(
          crossAxisAlignment: CrossAxisAlignment.start,
          children: [
            TextField(
              onChanged: (value) {
                setState(() {
                  _text = value;
                });
              },
              decoration: InputDecoration(
                labelText: '메모',
              ),
            ),
            SizedBox(height: 16.0),
            Text('폰트 스타일'),
```

```
      ToggleButtons(
        isSelected: [
          _fontWeight == FontWeight.normal,
          _fontWeight == FontWeight.bold,
        ],
        onPressed: (index) {
          setState(() {
            _fontWeight = index == 0 ? FontWeight.normal : FontWeight.bold;
          });
        },
        children: [
          Icon(Icons.format_bold),
          Icon(Icons.format_italic),
        ],
      ),
      SizedBox(height: 16.0),
      Text('텍스트 정렬'),
      Row(
        mainAxisAlignment: MainAxisAlignment.center,
        children: [
          Radio<TextAlign>(
            value: TextAlign.left,
            groupValue: _textAlign,
            onChanged: (value) {
              setState(() {
                _textAlign = value!;
              });
            },
          ),
          Text('왼쪽'),
          Radio<TextAlign>(
            value: TextAlign.center,
            groupValue: _textAlign,
            onChanged: (value) {
              setState(() {
                _textAlign = value!;
              });
            },
          ),
          Text('가운데'),
          Radio<TextAlign>(
            value: TextAlign.right,
            groupValue: _textAlign,
```

```dart
                onChanged: (value) {
                  setState(() {
                    _textAlign = value!;
                  });
                },
              ),
              Text('오른쪽'),
            ],
          ),
          SizedBox(height: 16.0),
          Text('글자 크기'),
          Slider(
            value: _fontSize,
            min: 12.0,
            max: 36.0,
            onChanged: (value) {
              setState(() {
                _fontSize = value;
              });
            },
          ),
        ],
      ),
    ),
    floatingActionButton: FloatingActionButton(
      onPressed: _saveMemo,
      child: Icon(Icons.save),
    ),
  );
  }
}

class Memo {
  String text;
  String fontFamily;
  double fontSize;
  FontWeight fontWeight;
  TextAlign textAlign;

  Memo({
    required this.text,
    required this.fontFamily,
    required this.fontSize,
```

```dart
    required this.fontWeight,
    required this.textAlign,
  });
}

class MemoCard extends StatelessWidget {
  final Memo memo;

  MemoCard({required this.memo});

  @override
  Widget build(BuildContext context) {
    return Card(
      child: Padding(
        padding: EdgeInsets.all(16.0),
        child: Column(
          crossAxisAlignment: CrossAxisAlignment.start,
          children: [
            Text(
              memo.text,
              style: TextStyle(
                fontFamily: memo.fontFamily,
                fontSize: memo.fontSize,
                fontWeight: memo.fontWeight,
              ),
              textAlign: memo.textAlign,
            ),
            SizedBox(height: 8.0),
            Text(
              '폰트: ${memo.fontFamily}, 크기: ${memo.fontSize.toStringAsFixed(1)}, '
              '정렬: ${_getTextAlignLabel(memo.textAlign)}',
              style: TextStyle(
                fontSize: 12.0,
                color: Colors.grey,
              ),
            ),
          ],
        ),
      ),
    );
  }

  String _getTextAlignLabel(TextAlign align) {
```

```
  switch (align) {
    case TextAlign.left:
      return '왼쪽';
    case TextAlign.center:
      return '가운데';
    case TextAlign.right:
      return '오른쪽';
    default:
      return '';
  }
 }
}
```

1번 문제에서 추가된 부분은 AddMemoScreen 클래스이다. 해당 클래스에서는 사용자가 텍스트와 관련된 설정을 조정할 수 있도록 다음과 같은 기능이 추가되었다.

- Memo 클래스 추가: text, fontFamily, fontSize, fontWeight, textAlign과 같은 속성들이 추가되어 메모 앱의 다양한 기능과 설정을 지원한다.

- 폰트 스타일 설정: ToggleButtons 위젯을 사용하여 폰트 스타일을 선택할 수 있다. 선택된 스타일은 isSelected 속성을 통해 표시된다. 사용자가 버튼을 누를 때마다 onPressed 콜백 함수가 호출되어 _fontWeight 값을 변경한다. 선택된 스타일은 _fontWeight 값에 따라 Text 위젯에 적용된다.

- 텍스트 정렬 설정: Row와 Radio 위젯을 사용하여 텍스트 정렬을 선택할 수 있다. 사용자가 라디오 버튼을 선택할 때마다 _textAlign 값을 변경하고, 선택된 정렬은 Text 위젯의 textAlign 속성을 통해 적용된다.

- 글자 크기 설정: Slider 위젯을 사용하여 글자 크기를 조정할 수 있다. 사용자가 슬라이더를 움직일 때마다 _fontSize 값을 변경하고, 변경된 크기는 Text 위젯의 style 속성에서 적용된다.

- 저장 버튼: FloatingActionButton을 사용하여 저장 버튼을 추가했다. 사용자가 저장 버튼을 누르면 _saveMemo 함수가 호출되고, 현재 설정된 텍스트와 관련된 값을 Memo 객체에 저장한다. 그리고 addMemo 함수를 호출하여 메모 목록에 새로운 메모를 추가한다.

3. 이미지와 아이콘

```dart
import 'package:flutter/material.dart';

void main() {
  runApp(ProfileGeneratorApp());
}

class ProfileGeneratorApp extends StatelessWidget {
  @override
  Widget build(BuildContext context) {
    return MaterialApp(
      title: '프로필 생성기',
      theme: ThemeData(
        primarySwatch: Colors.blue,
      ),
      home: ProfileScreen(),
    );
  }
}

class ProfileScreen extends StatefulWidget {
  @override
  _ProfileScreenState createState() => _ProfileScreenState();
}

class _ProfileScreenState extends State<ProfileScreen> {
  Image? profileImage;
  IconData? profileIcon;

  void selectImage() {
    // TODO: 이미지 선택 기능 구현
  }

  void selectIcon() {
    // TODO: 아이콘 선택 기능 구현
  }

  @override
  Widget build(BuildContext context) {
    return Scaffold(
      appBar: AppBar(
        title: Text('프로필 생성기'),
      ),
      body: Center(
```

```
        child: Column(
          mainAxisAlignment: MainAxisAlignment.center,
          children: [
            // 프로필 이미지
            Container(
              width: 120,
              height: 120,
              decoration: BoxDecoration(
                shape: BoxShape.circle,
                color: Colors.grey[300],
              ),
              child: profileImage != null
                  ? ClipOval(
                      child: profileImage!,
                    )
                  : Icon(
                      Icons.person,
                      size: 80,
                      color: Colors.grey[500],
                    ),
            ),
            SizedBox(height: 20),
            ElevatedButton(
              onPressed: selectImage,
              child: Text('이미지 선택'),
            ),
            SizedBox(height: 20),
            // 프로필 아이콘
            profileIcon != null
                ? Icon(
                    profileIcon!,
                    size: 80,
                  )
                : Icon(
                    Icons.image,
                    size: 80,
                    color: Colors.grey[500],
                  ),
            SizedBox(height: 20),
            ElevatedButton(
              onPressed: selectIcon,
              child: Text('아이콘 선택'),
            ),
```

```
          ],
        ),
      ),
    );
  }
}
```

위 코드는 프로필 생성기 앱의 기본 구조와 이미지, 아이콘을 표시하는 부분을 구현한 예시이다. profileImage 변수는 선택된 이미지를 저장하고, profileIcon 변수는 선택된 아이콘을 저장한다. 두 변수는 초기 값으로 null을 가지고 있다. 프로필 이미지 부분은 Container 위젯을 사용하여 동그란 형태로 표현하고, 선택된 이미지가 있다면 ClipOval 위젯을 사용하여 원형으로 잘라내어 표시한다. 선택된 이미지가 없을 경우에는 Icons.person 아이콘을 기본으로 표시한다. 프로필 아이콘 부분은 선택된 아이콘이 있다면 해당 아이콘을 표시하고, 선택된 아이콘이 없을 경우 Icons.image 아이콘을 기본으로 표시한다. 버튼을 누를 때 해당 기능을 구현하도록 selectImage와 selectIcon 메서드를 추가할 수 있다. 이 부분은 추후에 이미지 선택 기능과 아이콘 선택 기능을 구현할 때 완성하면 된다.

4. 버튼과 인풋 폼

```dart
import 'package:flutter/material.dart';

void main() {
  runApp(ProfileGeneratorApp());
}

class ProfileGeneratorApp extends StatelessWidget {
  @override
  Widget build(BuildContext context) {
    return MaterialApp(
      title: '프로필 생성기',
      theme: ThemeData(
        primarySwatch: Colors.blue,
      ),
      home: ProfileScreen(),
    );
  }
}
```

```dart
class ProfileScreen extends StatefulWidget {
  @override
  _ProfileScreenState createState() => _ProfileScreenState();
}

class _ProfileScreenState extends State<ProfileScreen> {
  Image? profileImage;
  IconData? profileIcon;
  TextEditingController nameController = TextEditingController();
  TextEditingController emailController = TextEditingController();

  void selectImage() {
    // TODO: 이미지 선택 기능 구현
  }

  void selectIcon() {
    // TODO: 아이콘 선택 기능 구현
  }

  void generateProfile() {
    // TODO: 프로필 생성 기능 구현
    String name = nameController.text;
    String email = emailController.text;
    print('이름: $name, 이메일: $email');
  }

  @override
  void dispose() {
    nameController.dispose();
    emailController.dispose();
    super.dispose();
  }

  @override
  Widget build(BuildContext context) {
    return Scaffold(
      appBar: AppBar(
        title: Text('프로필 생성기'),
      ),
      body: Center(
        child: Padding(
          padding: EdgeInsets.all(20),
          child: Column(
```

```
mainAxisAlignment: MainAxisAlignment.center,
children: [
  // 프로필 이미지
  Container(
    width: 120,
    height: 120,
    decoration: BoxDecoration(
      shape: BoxShape.circle,
      color: Colors.grey[300],
    ),
    child: profileImage != null
        ? ClipOval(
            child: profileImage!,
          )
        : Icon(
            Icons.person,
            size: 80,
            color: Colors.grey[500],
          ),
  ),
  SizedBox(height: 20),
  ElevatedButton(
    onPressed: selectImage,
    child: Text('이미지 선택'),
  ),
  SizedBox(height: 20),
  // 프로필 아이콘
  profileIcon != null
      ? Icon(
          profileIcon!,
          size: 80,
        )
      : Icon(
          Icons.image,
          size: 80,
          color: Colors.grey[500],
        ),
  SizedBox(height: 20),
  ElevatedButton(
    onPressed: selectIcon,
    child: Text('아이콘 선택'),
  ),
  SizedBox(height: 20),
```

```dart
          // 이름 입력 필드
          TextField(
            controller: nameController,
            decoration: InputDecoration(
              labelText: '이름',
            ),
          ),
          SizedBox(height: 20),
          // 이메일 입력 필드
          TextField(
            controller: emailController,
            decoration: InputDecoration(
              labelText: '이메일',
            ),
          ),
          SizedBox(height: 20),
          ElevatedButton(
            onPressed: generateProfile,
            child: Text('프로필 생성'),
          ),
        ],
      ),
    ),
  ),
);
  }
}
```

위 코드에서는 버튼과 인풋 폼을 추가하여 프로필 생성기 앱을 완성했다. generateProfile 메서드는 이름과 이메일을 가져와서 프로필 생성을 처리하도록 구현되어 있다. 이 부분은 실제로 프로필을 생성하는 기능으로 변경해야 한다. 또한 selectImage와 selectIcon 메서드는 이미지 선택과 아이콘 선택 기능을 구현해야 한다. 현재는 빈 메서드로 구현되어 있다. 이 부분도 필요에 따라 원하는 기능으로 변경하면 된다.

5. 리스트와 그리드

```dart
import 'package:flutter/material.dart';

void main() {
```

```
    runApp(UserListApp());
}

class UserListApp extends StatelessWidget {
  @override
  Widget build(BuildContext context) {
    return MaterialApp(
      title: '사용자 목록',
      theme: ThemeData(
        primarySwatch: Colors.blue,
      ),
      home: UserListScreen(),
    );
  }
}

class UserListScreen extends StatelessWidget {
  final List<User> users = [
    User(name: 'John', profileImage: 'assets/images/john.jpg'),
    User(name: 'Emma', profileImage: 'assets/images/emma.jpg'),
    User(name: 'Daniel', profileImage: 'assets/images/daniel.jpg'),
    // 추가적인 사용자들...
  ];

  @override
  Widget build(BuildContext context) {
    return Scaffold(
      appBar: AppBar(
        title: Text('사용자 목록'),
      ),
      body: ListView.builder(
        itemCount: users.length,
        itemBuilder: (context, index) {
          final user = users[index];
          return ListTile(
            leading: CircleAvatar(
              backgroundImage: AssetImage(user.profileImage),
            ),
            title: Text(user.name),
            onTap: () {
              Navigator.push(
                context,
                MaterialPageRoute(
```

```dart
            builder: (context) => UserProfileScreen(user: user),
          ),
        );
      },
    );
  },
),
    );
  }
}

class UserProfileScreen extends StatelessWidget {
  final User user;

  const UserProfileScreen({required this.user});

  @override
  Widget build(BuildContext context) {
    return Scaffold(
      appBar: AppBar(
        title: Text(user.name),
      ),
      body: Center(
        child: Column(
          mainAxisAlignment: MainAxisAlignment.center,
          children: [
            CircleAvatar(
              radius: 80,
              backgroundImage: AssetImage(user.profileImage),
            ),
            SizedBox(height: 20),
            Text(
              user.name,
              style: TextStyle(fontSize: 24, fontWeight: FontWeight.bold),
            ),
          ],
        ),
      ),
    );
  }
}
class User {
  final String name;
```

```
  final String profileImage;

  User({required this.name, required this.profileImage});
}
```

위의 코드에서는 UserListApp과 UserListScreen 클래스가 사용자 목록 앱을 담당한다. User 클래스는 각 사용자의 이름과 프로필 이미지를 저장하는 데 사용된다. UserListScreen에서는 ListView.builder를 사용하여 사용자 목록을 리스트 형태로 표시한다. 각 사용자는 ListTile 위젯으로 나타내고, CircleAvatar를 사용하여 프로필 사진을 표시한다. 사용자를 탭하면 해당 사용자의 상세 프로필을 보여 주는 UserProfileScreen으로 이동한다. UserProfileScreen에 서는 선택된 사용자의 프로필 사진과 이름을 나타낸다.

6. 애니메이션과 모션 디자인

```
import 'package:flutter/material.dart';

void main() {
  runApp(ProfileGeneratorApp());
}

class ProfileGeneratorApp extends StatelessWidget {
  @override
  Widget build(BuildContext context) {
    return MaterialApp(
      title: '프로필 생성기',
      theme: ThemeData(
        primarySwatch: Colors.blue,
      ),
      home: ProfileScreen(),
    );
  }
}

class ProfileScreen extends StatefulWidget {
  @override
  _ProfileScreenState createState() => _ProfileScreenState();
}

class _ProfileScreenState extends State<ProfileScreen>
```

```dart
    with SingleTickerProviderStateMixin {
  AnimationController? _controller;
  Animation<double>? _animation;
  Image? profileImage;
  IconData? profileIcon;
  TextEditingController nameController = TextEditingController();
  TextEditingController emailController = TextEditingController();

  @override
  void initState() {
    super.initState();
    _controller = AnimationController(
      vsync: this,
      duration: Duration(milliseconds: 500),
    );
    _animation = Tween<double>(begin: 0.0, end: 1.0).animate(
      CurvedAnimation(parent: _controller!, curve: Curves.easeInOut),
    );
  }

  @override
  void dispose() {
    _controller?.dispose();
    nameController.dispose();
    emailController.dispose();
    super.dispose();
  }

  void selectImage() {
    // TODO: 이미지 선택 기능 구현
  }

  void selectIcon() {
    // TODO: 아이콘 선택 기능 구현
  }

  void generateProfile() {
    String name = nameController.text;
    String email = emailController.text;
    print('이름: $name, 이메일: $email');
  }

  void _playAnimation() {
```

```dart
    if (_controller?.status == AnimationStatus.completed) {
      _controller?.reverse();
    } else {
      _controller?.forward();
    }
  }

  @override
  Widget build(BuildContext context) {
    return Scaffold(
      appBar: AppBar(
        title: Text('프로필 생성기'),
      ),
      body: Center(
        child: Padding(
          padding: EdgeInsets.all(20),
          child: Column(
            mainAxisAlignment: MainAxisAlignment.center,
            children: [
              AnimatedBuilder(
                animation: _animation!,
                builder: (BuildContext context, Widget? child) {
                  return Transform.scale(
                    scale: _animation!.value,
                    child: GestureDetector(
                      onTap: _playAnimation,
                      child: Container(
                        width: 120,
                        height: 120,
                        decoration: BoxDecoration(
                          shape: BoxShape.circle,
                          color: Colors.grey[300],
                        ),
                        child: profileImage != null
                            ? ClipOval(
                                child: profileImage!,
                              )
                            : Icon(
                                Icons.person,
                                size: 80,
                                color: Colors.grey[500],
                              ),
                      ),
                    ),
```

```dart
          ),
        );
      },
    ),
    SizedBox(height: 20),
    ElevatedButton(
      onPressed: selectImage,
      child: Text('이미지 선택'),
    ),
    SizedBox(height: 20),
    // 프로필 아이콘
    profileIcon != null
        ? Icon(
            profileIcon!,
            size: 80,
          )
        : GestureDetector(
            onTap: selectIcon,
            child: AnimatedContainer(
              duration: Duration(milliseconds: 300),
              height: 80,
              width: 80,
              decoration: BoxDecoration(
                borderRadius: BorderRadius.circular(40),
                color: Colors.blue,
              ),
              child: Icon(
                Icons.image,
                size: 40,
                color: Colors.white,
              ),
            ),
          ),
    SizedBox(height: 20),
    ElevatedButton(
      onPressed: selectIcon,
      child: Text('아이콘 선택'),
    ),
    SizedBox(height: 20),
    // 이름 입력 필드
    TextField(
      controller: nameController,
      decoration: InputDecoration(
```

```
              labelText: '이름',
            ),
          ),
          SizedBox(height: 20),
          // 이메일 입력 필드
          TextField(
            controller: emailController,
            decoration: InputDecoration(
              labelText: '이메일',
            ),
          ),
          SizedBox(height: 20),
          ElevatedButton(
            onPressed: generateProfile,
            child: Text('프로필 생성'),
          ),
        ],
      ),
    ),
  ),
);
  }
}
```

_ProfileScreenState 클래스는 SingleTickerProviderStateMixin을 사용하여 애니메이션 컨
트롤러를 생성할 수 있게 해 주는 클래스이다. _ProfileScreenState는 _ProfileScreenState
를 생성하는 createState 메서드를 구현해야 한다. initState 메서드를 활용하여 애니메이션 컨
트롤러와 애니메이션을 초기화한다. _controller는 AnimationController를 사용하여 애니메
이션의 지속시간을 500밀리초로 설정한다. _animation은 _controller와 Curves.easeInOut
커브를 사용하여 0.0부터 1.0까지의 트윈 애니메이션을 정의한다. 또한 AnimatedBuilder를
사용하여 애니메이션을 적용한다. 프로필 이미지를 클릭할 때 애니메이션을 재생하는 기능을
추가한다. 이 코드는 프로필 생성기 앱의 기본적인 구조와 애니메이션을 구현한 템플릿이다. 필
요에 따라 주석 처리된 부분을 구현하여 앱을 완성시킬 수 있다.

1. 플러터 UI 디자인 개요

   플러터의 UI 디자인은 위젯을 조합하고 구성하여 사용자 인터페이스를 만드는 과정을 포함한다.

2. 텍스트와 폰트

   텍스트 스타일링, 폰트 사용, 텍스트 정렬 등을 학습하여 텍스트 기반의 UI 요소를 디자인할 수 있다.

3. 이미지와 아이콘

   이미지 리소스를 로드하고 표시하는 방법, 아이콘을 사용하는 방법 등을 학습하여 앱의 시각적인 요소를 개선할 수 있다.

4. 버튼과 인풋 폼

   사용자 입력을 처리하고 액션을 수행하기 위해 버튼과 폼 필드를 만들고 스타일링하는 방법을 학습할 수 있다.

5. 리스트와 그리드

   리스트와 그리드 레이아웃을 생성하고 데이터를 표시하는 방법, 항목을 선택하고 상호작용하는 방법 등을 학습하여 다양한 목록 기반 인터페이스를 구현할 수 있다.

6. 애니메이션과 모션 디자인

   위젯의 애니메이션을 제어하고 화면 전환 및 요소 이동과 같은 모션 효과를 구현하는 방법을 학습할 수 있다. 사용자 경험을 향상시키기 위한 다양한 애니메이션 효과를 적용할 수 있다.

내일은

김현석 지음

플러터 Flutter

응용 실전편 ||||||||||||||||||||||||||||

김앤북
KIM&BOOK

CONTENTS

더 멋진 내일(Tomorrow)을 위한 내일(My Career)
내일은플러터

플러터 어플리케이션 개발

01

예외 처리

예외, 오류, try-catch, throw, finally

여기서는 무얼 배울까

이 챕터에서는 플러터 어플리케이션에서 예외의 종류, 예외 상황을 처리하는 방법과 그 중요성을 이해하고 try-catch 문을 사용하여 예외를 처리하는 방법을 배우게 된다. 예외 처리는 프로그램 실행 중에 발생할 수 있는 오류나 예외 상황에 대처하기 위한 기술이며 예외 처리를 통해 애플리케이션의 안정성을 높이고, 오류에 대한 적절한 대응을 할 수 있게 된다.

예외 처리 개요

프로그래밍에서 예외(Exception)란 프로그램의 실행 중 예상치 못한 상황이 발생하여 프로그램이 동작하지 않는 경우를 의미한다. 이러한 예외 상황은 파일을 찾을 수 없거나, 메모리 할당에 실패할 때 발생할 수 있으며, 개발자가 의도치 않은 오류가 발생하거나 올바르지 않은 값을 사용하려는 경우 등이 해당된다.

예외 처리(Exception Handling)란 예상치 못한 상황이 발생했을 때 프로그램이 비정상적으로 종료되는 것을 방지하기 위한 것이다. 예외 처리는 예외 발생 시 어떻게 대처할지 미리 정의하여 해당 상황에서 프로그램이 예외 처리를 통해 정상적으로 동작할 수 있도록 한다. 이를 통해 프로그램의 안정성을 높이고, 사용자에게 보다 안정적인 서비스를 제공할 수 있다. 예외 처리의 목표는 다음과 같다.

● 프로그램의 비정상적인 종료 방지: 예외 처리를 통해 예외 상황이 발생했을 때 프로그램이 강제 종료되지 않도록 할 수 있다. 대신 예외에 대한 처리를 수행하여 정상적인 실행 흐름을 유지할 수 있다.

● 오류 정보 제공: 예외 처리는 예외 상황이 발생한 원인과 관련된 정보를 제공한다. 이를 통해 프로그래머는 문제를 식별하고 디버깅할 수 있다. 예외 정보는 오류 메시지, 예외 유형, 스택 트레이스 등으로 구성된다.

- 예외 처리 흐름 제어: 예외 처리를 통해 예외 상황이 발생한 부분에서 예외 처리 블록으로 제어 흐름을 전달할 수 있다. 이를 통해 예외 상황을 적절하게 처리하고 대응할 수 있다.

- 사용자에게 보다 나은 경험 제공: 예외 처리를 통해 예외 상황이 발생했을 때 프로그램이 비정상적으로 종료되지 않도록 함으로써, 사용자는 프로그램이 중단되는 경험을 겪지 않게 된다. 이는 사용자의 만족도를 높이고, 프로그램의 신뢰도를 높일 수 있다.

예외 처리는 프로그램의 안정성과 예외 상황에 대한 적절한 대응을 위해 반드시 고려해야 할 중요한 요소다. 이를 통해 예외 상황을 적절하게 처리하여 프로그램의 실행을 계속할 수 있고, 오류에 대한 정보를 얻어 개선할 수 있다.

예외 발생과 throw

프로그램에서 예외를 발생시키는 것은 예외 상황을 명시적으로 표현하는 방법이다. 예외를 발생시키기 위해 사용되는 키워드 중 하나는 "throw"이다. throw 문은 프로그램의 특정 부분에서 예외를 명시적으로 발생시키는 역할을 한다. throw 문은 다음과 같은 구문으로 사용된다.

코·드·소·개

```
throw Exception("예외 메시지");
```

위의 코드는 "Exception"이라는 예외 객체를 생성하고 해당 예외에 대한 메시지를 지정하여 예외를 발생시키는 예시다. 예외 객체는 일반적으로 프로그래머가 예외에 대한 추가 정보를 제공하기 위해 사용된다. 예외 메시지는 해당 예외에 대한 설명이나 발생 원인을 나타내는 텍스트다. 예를 들어, 다음은 숫자를 나누는 함수에서 예외를 발생시키는 예시다.

```
double divideNumbers(double a, double b) {
  if (b == 0) {
    throw Exception("0으로 나눌 수 없습니다.");
  }
  return a / b;
}
```

위의 코드에서는 b가 0인 경우, 예외를 발생시키고 "0으로 나눌 수 없습니다."라는 메시지를 예외에 포함시킨다. 이를 통해 함수를 호출한 곳에서 예외를 적절히 처리하도록 유도할 수 있다. 예외를 발생시키면 해당 예외를 처리할 수 있는 부모 블록인 try-catch 문에서 예외를 잡아 처리할 수 있다. try-catch 문에 대한 자세한 설명은 이후 섹션에서 다룰 예정이다. 예외를 처리하지 않으면 예외는 상위 호출 스택으로 전파되어 프로그램의 실행이 중단된다.

```
void main() {
  print(calculateDivision(10, 0));
}

double calculateDivision(double a, double b) {
  if (b == 0) {
    throw Exception('Divide by zero error');
  }

  return a / b;
}
```

위 코드에서 calculateDivision 함수는 인자로 전달받은 a와 b를 나눈 결과를 반환한다. 하지만 b가 0인 경우 예외를 발생시킨다. throw 문을 사용하여 Exception 객체를 생성하고 예외 메시지를 설정한 후, 해당 예외를 발생시킨다. 예외를 발생시키는 것은 예외 상황을 명확하게 표현하고, 예외에 대한 적절한 처리를 유도하는 데에 중요한 역할을 한다. 따라서 예외를 사용하여 예외 상황을 효과적으로 관리하고 처리하는 것은 좋은 프로그래밍 관행 중 하나다.

try-catch 문

try-catch 문은 예외 처리를 위해 사용되는 구문이다. try-catch 문은 예외가 발생할 수 있는 코드 영역을 감싸고, 예외가 발생한 경우 해당 예외를 캐치하여 처리하는 역할을 한다. 이를 통해 프로그램이 예외 상황을 감지하고 적절하게 대응할 수 있다. try-catch 문은 다음과 같은 구조를 가지고 있다.

코·드·소·개

```
try {
  // 예외가 발생할 수 있는 코드 영역
} catch (exception) {
  // 예외를 처리하는 코드 영역
}
```

위의 코드에서 try 블록은 예외가 발생할 수 있는 코드 영역을 나타낸다. catch 블록은 예외가 발생한 경우 해당 예외를 처리하는 코드 영역을 나타낸다. catch 블록은 발생한 예외의 정보를 담고 있는 예외 객체를 매개변수로 받아 처리한다. 매개변수 이름은 일반적으로 "exception"이나 "e"와 같은 이름을 사용한다. 또한 다양한 종류의 예외를 다루기 위해 여러 개의 catch 블록을 사용할 수 있다. 다음은 try-catch 문을 사용하여 예외를 처리하는 간단한 예시다.

```
void main() {
  try {
    int result = 10 ~/ 0; // 0으로 나누기 예외 발생
    print("결과: $result");
  } catch (e) {
    print("예외가 발생했습니다. $e");
  }
}
```

위의 코드에서 10을 0으로 나누기 연산을 수행하면 "IntegerDivisionByZeroException"이라는 예외가 발생한다. try 블록 내에서 예외가 발생하면 catch 블록으로 제어가 이동하고, 해당 예외를 캐치하여 처리한다. 이 경우 catch 블록은 예외 객체를 "e"라는 매개변수로 받아서 처리하고, 예외 메시지를 출력한다. catch 블록은 예외를 처리하는 부분이므로, 예외가 발생한 후 프로그램이 정상적으로 계속 실행될 수 있도록 대응하는 코드를 작성해야 한다. 이를 통해 예외 상황을 적절하게 관리하고 프로그램의 안정성을 높일 수 있다.

손으로 익히는 코딩

```
import 'dart:io';

void main() {
  print('Enter two numbers to divide:');
  try {
    double num1 = double.parse(stdin.readLineSync()!);
    double num2 = double.parse(stdin.readLineSync()!);

    double result = divideNumbers(num1, num2);
    print('Result: $result');
  } catch (e) {
    print('An error occurred: $e');
  }
```

```
  }

  double divideNumbers(double a, double b) {
    if (b == 0) {
      throw Exception('Divide by zero error');
    }

    return a / b;
  }
```

위 코드에서 main 함수에서 사용자로부터 두 개의 숫자를 입력받는다. 입력값은 double.parse 함수를 사용하여 double 타입으로 변환된다. try 블록 내에서 divideNumbers 함수를 호출하여 나눗셈을 수행한다. 만약 입력값이 유효하지 않거나 나누는 수가 0인 경우, divideNumbers 함수에서 예외가 발생한다. 이때 throw 문을 사용하여 예외를 발생시키고, catch 블록에서 해당 예외를 처리한다. 예외 메시지는 $e를 통해 출력된다.

finally 블록

finally 블록은 try-catch 문에서 선택적으로 사용되는 블록으로서, 예외의 발생 여부와 관계없이 항상 실행되는 코드 영역이다. finally 블록은 try-catch 문의 가장 마지막에 위치하며, 예외 처리 이후에 항상 실행되어야 하는 코드를 포함할 수 있다. finally 블록은 다음과 같은 구조를 가지고 있다.

코·드·소·개

```
try {
  // 예외가 발생할 수 있는 코드 영역
} catch (exception) {
  // 예외를 처리하는 코드 영역
} finally {
  // 항상 실행되어야 하는 코드 영역
}
```

finally 블록은 try 블록과 catch 블록 이후에 위치하며, 예외 발생 여부와 관계없이 항상 실행되어야 하는 코드를 포함한다. 이는 예외가 발생하더라도 리소스의 정리나 마무리 작업 등을 수행할 수 있는 기회를 제공한다. 다음은 finally 블록을 사용하여 파일을 닫는 예시다.

```dart
import 'dart:io';

void main() {
  File file = File('example.txt');

  try {
    // 파일 열기
    file.openSync(mode: FileMode.read);
    // 파일 읽기 작업 수행
  } catch (e) {
    print("예외가 발생했습니다. $e");
  } finally {
    // 파일 닫기
    file.closeSync();
  }
}
```

위의 코드에서 try 블록은 파일을 열고 읽기 작업을 수행하는 영역이다. catch 블록은 예외가 발생한 경우 해당 예외를 처리하는 코드를 담고 있다. finally 블록은 예외 발생 여부와 관계없이 항상 실행되어야 하는 코드인 파일 닫기 작업을 수행한다. 이를 통해 파일을 사용한 후에 항상 리소스를 해제하고 정리할 수 있다. finally 블록은 선택적으로 사용될 수 있다. 예외 발생 여부와 관계없이 항상 실행되어야 하는 코드가 없다면 finally 블록은 생략할 수 있다. 하지만 리소스의 해제나 정리와 같은 중요한 작업을 수행해야 한다면 finally 블록을 사용하여 이를 보장할 수 있다.

```dart
class User {
  String username;
  String password;

  User(this.username, this.password);
}

class SignUpService {
  List<User> users = [];

  void signUp(String username, String password) {
    if (username.isEmpty || password.isEmpty) {
      throw Exception('아이디 또는 패스워드를 입력하세요.');
    }

    if (isUsernameTaken(username)) {
      throw Exception('이미 등록된 이름입니다.');
    }

    users.add(User(username, password));
    print('회원가입이 완료되었습니다.');
  }

  bool isUsernameTaken(String username) {
    return users.any((user) => user.username == username);
  }
}

void main() {
  SignUpService signUpService = SignUpService();

  try {
    signUpService.signUp('john123', 'password123');
    signUpService.signUp('jane456', ''); // 예외 발생
    signUpService.signUp('john123', 'newpassword'); // 예외 발생
  } catch (e) {
    print('에러 발생 : $e');
  } finally {
    print('예외 처리가 완료되었습니다.'); // 예외 발생 여부에 상관없이 항상 실행된다.
  }
}
```

● 더 알아보기

any

any()는 Iterable에서 주어진 조건을 만족하는 요소가 있는지 확인하는 메서드다. any() 메서드는 Iterable의 각 요소에 대해 주어진 조건 함수를 적용하고, 조건을 만족하는 요소가 하나라도 존재하면 true를 반환하고 요소가 하나도 없으면 false를 반환한다.

위 코드에서는 User 클래스로 사용자 정보를 저장하고, SignUpService 클래스로 회원가입 서비스를 제공한다. SignUpService 클래스는 signUp 메서드를 통해 회원가입을 처리하며, 중복된 사용자명이나 빈 사용자명 또는 비밀번호를 처리할 때 예외를 던진다.

main 함수에서는 SignUpService 인스턴스를 생성한 후 signUp 메서드를 호출한다. 첫 번째 호출에서는 정상적으로 회원가입이 처리되어 "회원가입이 완료되었습니다." 메시지가 출력된다. 그러나 두 번째 호출에서는 빈 비밀번호로 회원가입을 시도하므로 예외가 발생하

Quick Tip

finally 블록은 예외 처리 이후에 항상 실행되어야 하는 코드를 포함하기 위한 유용한 구문으로, 프로그램의 안정성과 예외 처리 능력을 향상시키는 데에 활용될 수 있습니다.

고, 예외 처리 부분에서 "에러 발생 : ..." 메시지가 출력된다. 마지막 호출에서는 중복된 사용자명으로 회원가입을 시도하므로 다시 예외가 발생하고, 예외 처리 부분에서도 마찬가지로 메시지가 출력된다.

사용자 정의 예외

Dart에서는 기본 예외 클래스 외에도 사용자가 직접 예외 클래스를 정의할 수 있다. 이미 Dart에서 제공하는 예외 클래스를 사용할 수는 있지만, 어플리케이션에 맞는 예외 클래스를 정의하여 사용하면 가독성이 좋아진다는 장점이 있다. 이를 통해 프로그램의 특정 상황에 맞는 예외를 생성하고 처리할 수 있다. 사용자 정의 예외 클래스는 기본 예외 클래스를 확장하여 구현된다. 사용자 정의 예외 클래스를 만들기 위해서는 Exception 클래스를 상속받아야 한다. 필요에 따라 예외에 대한 추가적인 속성이나 메서드를 정의한다. 아래는 사용자 정의 예외 클래스를 생성하는 예시다.

```
class MyException extends Exception {
  @override
  String errorMessage() {
    return "사용자 정의 예외가 발생했습니다.";
  }
}
```

위의 코드에서 MyException 클래스는 Exception 클래스를 상속하고 있다. 이를 통해 MyException 클래스는 예외 클래스로 사용될 수 있다. 사용자 정의 예외 클래스에는 예외에 대한 추가적인 속성이나 메서드를 정의할 수 있다. 위의 예시에서는 errorMessage() 메서드를 추가하여 예외 메시지를 반환하는 기능을 구현하였다. 이는 예외 객체가 발생할 때 호출될 수 있는 메서드다. 사용자 정의 예외를 발생시키기 위해서는 throw 키워드를 사용한다. 예외 객체를 생성하고 throw 키워드와 함께 해당 예외 객체를 전달하는 것으로 예외를 발생시킬 수 있다. 다음은 사용자 정의 예외를 발생시키는 예시다.

```
void main() {
  try {
    // 예외 상황이 발생할 수 있는 코드 영역
    throw MyException();
  } catch (e) {
    // 예외 처리 코드 영역
    print(e.errorMessage());
  }
}
```

위의 코드에서 throw MyException() 구문을 통해 MyException 클래스의 예외 객체를 생성하여 예외를 발생시킨다. 이후 catch 블록에서 해당 예외를 처리하는 코드를 작성할 수 있다. 위의 예시에서는 errorMessage() 메서드를 호출하여 예외 메시지를 출력하고 있다.

```
class OrderException implements Exception {
  String message;

  OrderException(this.message);

  @override
  String toString() {
    return '주문 예외: $message';
  }
}

class Order {
  String orderId;
  bool isPaymentComplete;
  bool isStockAvailable;

  Order(this.orderId, this.isPaymentComplete, this.isStockAvailable);

  void processOrder() {
    if (!isPaymentComplete) {
      throw OrderException('결제가 완료되지 않았습니다.');
    }

    if (!isStockAvailable) {
      throw OrderException('재고가 없습니다.');
    }

    // 주문 처리 로직
    print('$orderId 주문이 성공적으로 처리되었습니다.');
  }
}

void main() {
  Order order1 = Order('123456', true, true);
  Order order2 = Order('789012', false, true);
  Order order3 = Order('345678', true, false);

  try {
    order1.processOrder();
    order2.processOrder();
```

```
      order3.processOrder();
  } catch (e) {
    print('주문 처리 중 오류 발생: $e');
  }
}
```

위 코드는 주문 처리 서비스를 예로 들어 작성한다. OrderException은 주문 처리 시 발생할 수 있는 예외를 나타내기 위해 사용자 정의 예외 클래스다. Order 클래스는 주문 정보를 담고 주문을 처리하는 메서드인 processOrder를 가지고 있다. processOrder 메서드

에서는 결제 완료 여부(isPaymentComplete)와 재고 가능 여부(isStockAvailable)를 체크한다. 결제가 완료되지 않았을 경우 OrderException을 던지고, 재고가 없을 경우에도 OrderException을 던진다. main 함수에서는 세 개의 주문(Order) 인스턴스를 생성한 후 processOrder 메서드를 호출한다. 각 주문에 대해 주문 처리를 시도하며, 예외가 발생할 경우 예외 처리 부분에서 해당 예외 정보를 출력한다.

02

라이브러리 및 패키지

라이브러리, 패키지, 의존성, pub.dev, 버전

여기서는 무얼 배울까

라이브러리와 패키지는 플러터 개발을 더욱 쉽고 효율적으로 할 수 있도록 도와주는데, 이를 활용하기 위해 플러터 프로젝트에서 사용할 패키지를 pubspec.yaml 파일에 추가하거나 업데이트 및 제거하여 의존성을 관리하는 방법을 배운다. 이 과정을 통해 플러터 개발에 필요한 기능들을 효율적으로 관리하고 사용할 수 있다.

라이브러리 및 패키지 소개

라이브러리와 패키지는 소프트웨어 개발에서 재사용 가능한 코드와 기능을 모듈화하여 제공하는 도구다. 라이브러리와 패키지의 사용법과 목적을 이해한다면 개발자들은 더 효율적이고, 유지 보수가 수월한 코드를 작성할 수 있다. 라이브러리와 패키지는 프로그래밍 언어나 프레임워크에 따라 다르게 부를 수도 있다.

라이브러리

여러 개의 함수, 클래스, 상수 및 기타 구성 요소로 구성된 코드의 집합이다. 라이브러리는 특정 기능을 수행하거나 작업을 간소화하기 위해 재사용 가능한 코드 조각을 제공한다. 라이브러리는 프로젝트에 직접 포함되어 사용되거나 외부로부터 가져와서 사용할 수 있다. 라이브러리의 특징은 다음과 같다.

- 재사용: 라이브러리는 프로젝트 간에 사용자 지정 코드를 쉽게 공유하고 재사용할 수 있게 한다.
- 효율성: 라이브러리는 알려진 문제들에 대한 표준 솔루션을 제공하여 코드의 이식성과 효율성을 향상시킨다.
- 유지 보수: 코드 수정 시, 라이브러리의 업데이트 버전이나 최적화된 구현 방식을 쉽게 반영할 수 있다.

패키지

여러 개의 라이브러리와 관련 파일들을 묶어서 배포하기 위한 형식이다. 패키지는 일반적으로 프로젝트의 종속성을 관리하고 외부 라이브러리를 쉽게 가져올 수 있도록 도와준다. 패키지는 코드 라이브러리뿐만 아니라 리소스 파일, 설정 파일, 문서 등의 추가적인 자원을 포함할 수도 있다. 패키지의 특징은 다음과 같다.

● 모듈화: 패키지는 라이브러리 간의 작업을 독립적으로 수행할 수 있게 하여 모듈화를 도모한다.

● 버전 관리: 패키지는 서로 다른 버전의 라이브러리를 관리함으로써 배포 과정에서 여러 프로젝트에서만 호환되는 버전으로 구성한다.

● 의존성 관리: 패키지는 각각의 라이브러리가 필요로 하는 다른 라이브러리(의존성)를 결정하고 관리한다.

패키지 관리자는 패키지의 설치, 업데이트, 의존성 관리 등을 자동화하는 도구다. 대표적인 패키지 관리자로는 JavaScript의 npm, Python의 pip, Java의 Maven, Ruby의 Bundler 등이 있다. 이러한 패키지 관리자는 개발자가 손쉽게 원하는 라이브러리나 패키지를 프로젝트에 추가하고 관리할 수 있도록 도와준다.

손으로 익히는 코딩

```
import 'package:flutter/material.dart';

void main() {
  runApp(MyApp());
}

class MyApp extends StatelessWidget {
  @override
  Widget build(BuildContext context) {
    return MaterialApp(
      title: '기념일 앱',
      theme: ThemeData(
        primarySwatch: Colors.blue,
      ),
      home: AnniversaryPage(),
```

```
    );
  }
}

class AnniversaryPage extends StatefulWidget {
  @override
  _AnniversaryPageState createState() => _AnniversaryPageState();
}

class _AnniversaryPageState extends State<AnniversaryPage> {
  List<DateTime> anniversaries = []; // 기념일 목록

  @override
  Widget build(BuildContext context) {
    return Scaffold(
      appBar: AppBar(
        title: const Text('기념일 앱'),
      ),
      body: ListView.builder(
        itemCount: anniversaries.length,
        itemBuilder: (context, index) {
          DateTime anniversary = anniversaries[index];
          return ListTile(
            title: Text('기념일 ${index + 1}'),
            subtitle: Text('${anniversary.year}.${anniversary.month}.${anniversary.day}'),
          );
        },
      ),
      floatingActionButton: FloatingActionButton(
        child: const Icon(Icons.add),
        onPressed: () {
          // 기념일 추가 다이얼로그 표시
          showDialog(
            context: context,
            builder: (context) => AddAnniversaryDialog(
              onAnniversaryAdded: (anniversary) {
                setState(() {
                  anniversaries.add(anniversary);
                });
                Navigator.pop(context); // 다이얼로그 닫기
              },
```

```dart
        ),
      );
    },
  ),
);
  }
}

class AddAnniversaryDialog extends StatefulWidget {
  final Function(DateTime) onAnniversaryAdded;

  const AddAnniversaryDialog({required this.onAnniversaryAdded});

  @override
  _AddAnniversaryDialogState createState() => _AddAnniversaryDialogState();
}

class _AddAnniversaryDialogState extends State<AddAnniversaryDialog> {
  late DateTime selectedDate;

  @override
  void initState() {
    super.initState();
    selectedDate = DateTime.now();
  }

  @override
  Widget build(BuildContext context) {
    return AlertDialog(
      title: const Text('기념일 추가'),
      content: Column(
        mainAxisSize: MainAxisSize.min,
        children: [
          ElevatedButton(
            child: const Text('날짜 선택'),
            onPressed: () async {
              // 날짜 선택 다이얼로그 표시
              DateTime? date = await showDatePicker(
                context: context,
                initialDate: selectedDate,
                firstDate: DateTime(2000),
```

```
                lastDate: DateTime(2100),
              );
              if (date != null) {
                setState(() {
                  selectedDate = date;
                });
              }
            },
          ),
          const SizedBox(height: 16),
          Text('선택된 날짜: ${selectedDate.year}.${selectedDate.month}.${selectedDate.day}'),
        ],
      ),
      actions: [
        TextButton(
          child: const Text('취소'),
          onPressed: () {
            Navigator.pop(context); // 다이얼로그 닫기
          },
        ),
        ElevatedButton(
          child: const Text('추가'),
          onPressed: () {
            widget.onAnniversaryAdded(selectedDate);
          },
        ),
      ],
    );
  }
}
```

위 코드는 Flutter를 사용하여 기념일을 관리하는 간단한 애플리케이션이다. 앱은 Anniversary Page 위젯으로 시작하며, ListView.builder를 사용하여 기념일 목록을 표시한다. 사용자는 추가 버튼을 눌러 기념일을 추가할 수 있으며, AddAnniversaryDialog 다이얼로그에서 날짜를 선택하여 새로운 기념일을 추가할 수 있다. 위 코드는 Dart와 Flutter를 함께 사용하여 개발되었으며, DateTime 클래스를 사용하여 날짜 및 시간을 다루고, StatefulWidget과 다이얼로그를 사용하여 사용자 인터페이스를 구성한다.

에러에서 배우기

- 알림 다이얼로그 관련 에러

  AddAnniversaryDialog 위젯을 보여주기 전에 BuildContext를 올바르게 가져와야 한다. showDialog 함수를 호출할 때, context 파라미터가 유효하지 않은 경우 에러가 발생할 수 있다.

- 함수 타입 관련 에러

  Function(DateTime) 타입은 함수를 의미하며, 해당 함수는 DateTime을 파라미터로 받아서 아무런 반환값이 없어야 한다. 또한 widget.onAnniversaryAdded 함수는 selectedDate를 파라미터로 전달받으며, 반환값이 없는 함수여야 한다.

패키지 관리 및 의존성 주입

패키지 관리는 소프트웨어 개발 프로세스에서 필요한 라이브러리와 패키지를 관리하는 작업이다. 패키지 관리자는 패키지의 설치, 업데이트, 의존성 관리 등을 자동화하여 개발자가 효율적으로 필요한 라이브러리를 관리할 수 있도록 도와준다.

패키지 관리

패키지 관리는 소프트웨어 개발 프로세스를 단순화하고 효율화하는 데 도움이 된다. 패키지 관리를 사용하면 라이브러리와 프레임워크를 쉽게 설치, 업데이트, 제거할 수 있다. 또한 패키지 관리를 사용하면 컴포넌트가 필요한 라이브러리와 프레임워크를 정확하게 가져올 수 있다. 패키지 관리자가 제공하는 기능들은 다음과 같다.

- 설치: 패키지를 프로젝트에 설치한다.

- 업데이트: 설치된 패키지의 최신 버전으로 업그레이드한다.

- 제거: 더 이상 필요하지 않은 패키지를 프로젝트에서 제거한다.

- 의존성 해결: 필요한 의존성을 자동으로 찾아 설치하고, 버전 충돌을 해결한다.

의존성 주입

의존성 주입은 컴포넌트의 테스트를 단순화하고 효율화하는 데 도움이 된다. 의존성 주입을 사용하면 컴포넌트가 필요한 라이브러리와 프레임워크를 외부에서 제공받기 때문에 컴포넌트의 테스트를 독립적으로 수행할 수 있다. 의존성 주입의 특징은 다음과 같다.

- 모듈화: 의존 관계를 직접 명시하지 않고 관리하기 때문에, 코드를 모듈화할 수 있다.

- 유연성: 구현을 쉽게 교체하여 구성 요소의 외부 요소에 따라 동작을 수정할 수 있다.

- 재사용성 및 테스트 용이성: 의존성이 주입되는 개체를 재사용할 수 있으며, 가짜 객체나 다른 구현을 주입하여 단위 테스트가 쉽고 효과적으로 진행된다.

일반적으로 프레임워크나 라이브러리를 사용하여 구현되며, 의존성 주입 컨테이너가 의존성을 관리하고 필요한 객체에 주입해 준다. 의존성 주입은 코드의 결합도를 낮추고 유지보수성을 높이는 장점을 가지며, 대규모 프로젝트에서 특히 유용하게 사용된다. 또한 다양한 방식으로 구현될 수 있으며, 일반적으로 생성자 주입, setter 주입, 인터페이스 주입 등의 형태가 있다. 주로 사용되는 프레임워크로는 Spring Framework, Dagger, Guice 등이 있다.

pubspec.yaml 파일 작성 방법

pubspec.yaml 파일은 Flutter 프로젝트에서 사용하는 패키지와 프로젝트 설정을 정의하는 파일이다. 이 파일은 프로젝트 루트 디렉토리에 위치하며, 프로젝트의 의존성 관리와 패키지 버전 관리를 위해 사용되며 프로젝트의 이름, 버전, 설명, 라이브러리 및 패키지 의존성 등을 명시한다. pubspec.yaml 파일을 작성하는 방법은 다음과 같다.

① 파일 생성

먼저 프로젝트의 루트 디렉토리에 pubspec.yaml 파일을 생성한다. 일반적으로 Flutter 프로젝트를 생성하면 기본적으로 pubspec.yaml 파일이 생성되어 있을 수 있다.

② 프로젝트 정보 설정

pubspec.yaml 파일의 맨 위에는 프로젝트의 이름, 설명, 버전, 저작권 정보 등의 프로젝트 정보를 설정한다. 아래는 일반적인 pubspec.yaml 파일의 시작 부분이다.

```
name: my_project
description: A new Flutter project.
version: 1.0.0
author: John Doe
```

③ 의존성 설정

dependencies 섹션 아래에 필요한 패키지들의 의존성을 설정한다. 각 패키지는 패키지 이름과 버전 제약 조건으로 지정된다. 버전 제약 조건은 패키지의 버전을 지정하는 데 사용되며, 특정 버전, 범위, Git 리포지토리 등으로 지정할 수 있다.

```
dependencies:
  flutter:
    sdk: flutter
  http: ^X.X.X
  provider: ^X.X.X
```

여기서 ^X.X.X은 http 패키지와 provider 패키지의 버전을 나타내며, https://pub.dev/packages/http 와 https://pub.dev/packages/provider에서 최신 버전을 사용하여야 한다.

위 예시에서는 Flutter SDK에 대한 의존성은 기본적으로 제공되는 flutter 패키지를 사용하고 있으며, http 패키지와 provider 패키지를 사용하기 위해 버전 제약 조건을 설정하고 있다.

④ 개발 의존성 설정

dev_dependencies 섹션 아래에 개발, 테스트, 빌드 중에만 필요한 패키지들의 의존성을 설정할 수 있다.

```
dev_dependencies:
  flutter_test:
    sdk: flutter
  mockito: ^5.0.0
```

여기서 ^X.X.X은 mockito 패키지의 버전을 나타내며, https://pub.dev/packages/mockito 에서 최신 버전을 사용하여야 한다. 위 예시에서는 flutter_test 패키지와 mockito 패키지를 개발 의존성으로 설정하고 있다.

⑤ 추가 설정

pubspec.yaml 파일에는 다양한 설정 옵션들을 추가할 수 있다. 예를 들어, 앱의 아이콘, 앱 버전 관리, 리소스 폴더 설정 등을 지정할 수 있다.

```
flutter:
  uses-material-design: true
  assets:
    - images/
  fonts:
    - family: Raleway
      fonts:
        - asset: fonts/Raleway-Regular.ttf
        - asset: fonts/Raleway-Bold.ttf
          weight: 700
```

위 예시에서는 앱 아이콘, 이미지, 폰트 등 리소스(Assets) 관리를 나타내며 프로젝트에서 사용하는 이미지, 아이콘, 폰트 등의 리소스를 지정하고 있다.

⑥ 패키지 의존성 업데이트

pubspec.yaml 파일을 수정한 후, 터미널에서 flutter pub get 명령어를 실행하여 패키지 의존성을 업데이트한다. 이 명령어를 실행하면 설정한 패키지들을 다운로드하고 프로젝트에 적용한다. 위와 같은 방식으로 pubspec.yaml 파일을 작성하여 패키지 의존성과 프로젝트 설정을 관리할 수 있다. pubspec.yaml 파일을 작성하고 관리하는 것은 프로젝트의 안정성과 유지보수성을 보장하고, 여러 개발자들이 동일한 환경에서 작업할 수 있게 한다.

외부 라이브러리 사용 방법

외부 라이브러리를 사용하는 것은 프로젝트의 개발 속도를 높이고 재사용 가능한 코드를 활용하여 유지보수성과 확장성을 향상시킬 수 있다. 다음 단계별로 외부 라이브러리를 사용하는 방법을 설명하겠다. Flutter에서 외부 라이브러리를 사용하기 위해서는 다음 단계를 따라야 한다.

① 패키지 선택

사용하고자 하는 기능이나 기능 세트에 맞는 적절한 패키지를 선택한다. Flutter 패키지는 pub.dev와 같은 패키지 저장소에서 확인할 수 있다. 원하는 패키지를 선택하고 해당 패키지의 문서를 읽어 보는 것이 좋다. 이를 통해 라이브러리가 프로젝트 요구사항에 맞는 기능과 호환성을 제공하는지 확인할 수 있다.

② pubspec.yaml 파일 수정

프로젝트의 pubspec.yaml 파일을 열어 dependencies 섹션에 선택한 패키지를 추가한다. 예를 들어, cupertino_icons 라이브러리를 사용하려면 다음과 같이 pubspec.yaml 파일을 작성한다.

```
dependencies:
  cupertino_icons: ^X.X.X
```

여기서 ^X.X.X은 cupertino_icons 패키지의 버전을 나타내며, https://pub.dev/packages/cupertino_icons에서 최신 버전을 사용하여야 한다. 버전은 패키지의 문서를 확인하여 적절한 버전을 선택하거나, 패키지의 최신 안정 버전을 사용할 수 있다.

③ 패키지 의존성 업데이트

pubspec.yaml 파일을 수정한 후, 터미널에서 프로젝트 루트 디렉토리로 이동한 뒤 flutter packages get 또는 flutter pub get 명령어를 실행하여 패키지 의존성을 업데이트한다. 이 명령어를 실행하면 설정한 패키지를 다운로드하고 프로젝트에 적용한다.

터미널 명령
```
flutter pub get
```

④ 패키지 import

외부 패키지를 사용하기 위해서는 해당 패키지를 import해야 한다. 사용하고자 하는 파일의 상단에 다음과 같이 패키지를 import한다.

```
import 'package:cupertino_icons/cupertino_icons.dart';
```

이제 해당 패키지의 클래스와 기능을 사용할 수 있다.

```
import 'package:cupertino_icons/cupertino_icons.dart';

void main() {
  // ...
  Icon icon = Icon(CupertinoIcons.add);
  // ...
}
```

손으로 익히는 코딩

```
dependencies:
  flutter:
    sdk: flutter
  geolocator: ^X.X.X
  google_maps_flutter: ^X.X.X
```

여기서 ^X.X.X은 geolocator 패키지와 google_maps_flutter 패키지의 버전을 나타내며, https://pub.dev/packages/geolocator와 https://pub.dev/packages/google_maps_flutter 에서 최신 버전을 사용하여야 한다.

```dart
import 'package:flutter/material.dart';
import 'package:geolocator/geolocator.dart';
import 'package:google_maps_flutter/google_maps_flutter.dart';

void main() {
  runApp(MyApp());
}

class MyApp extends StatefulWidget {
  @override
  _MyAppState createState() => _MyAppState();
}

class _MyAppState extends State<MyApp> {
  late Position _currentPosition;
  late GoogleMapController _mapController;
  Set<Marker> _markers = {};

  @override
  void initState() {
    super.initState();
    _getCurrentLocation();
  }

  void _getCurrentLocation() async {
    bool serviceEnabled;
    LocationPermission permission;

    serviceEnabled = await Geolocator.isLocationServiceEnabled();
    if (!serviceEnabled) {
      // 위치 서비스가 비활성화된 경우
      return;
    }

    permission = await Geolocator.checkPermission();
    if (permission == LocationPermission.denied) {
      // 위치 권한이 거부된 경우
      permission = await Geolocator.requestPermission();
      if (permission == LocationPermission.denied) {
        // 위치 권한이 다시 기부된 경우
        return;
```

```
      }
    }
    if (permission == LocationPermission.deniedForever) {
      // 위치 권한이 영구적으로 거부된 경우
      return;
    }

    // 현재 위치 가져오기
    Position position = await Geolocator.getCurrentPosition(
      desiredAccuracy: LocationAccuracy.high,
    );

    setState(() {
      _currentPosition = position;
      _markers.add(
        Marker(
          markerId: MarkerId('current_location'),
          position: LatLng(_currentPosition.latitude, _currentPosition.longitude),
          infoWindow: InfoWindow(title: '현재 위치'),
        ),
      );
    });
  }

  @override
  Widget build(BuildContext context) {
    return MaterialApp(
      home: Scaffold(
        appBar: AppBar(
          title: const Text('위치 정보 확인 예제'),
        ),
        body: Column(
          children: [
            Container(
              height: 300,
              child: GoogleMap(
                onMapCreated: (controller) {
                  _mapController = controller;
                },
                initialCameraPosition: CameraPosition(
                  target: LatLng(_currentPosition.latitude, _currentPosition.longitude),
                  zoom: 15,
                ),
```

```
          markers: _markers,
        ),
      ),
      const SizedBox(height: 16),
      Text(
        '현재 위치: ${_currentPosition?.latitude ?? ''}, ${_currentPosition?.
        longitude ?? ''}',
        style: TextStyle(fontSize: 16),
      ),
    ],
  ),
),
);
}
}
```

이 코드는 앱을 실행하면 현재 위치를 가져와서 Google 지도에 표시하고, 아래에 현재 위치의 위도와 경도를 텍스트로 표시한다. 위치 권한이 필요하므로 앱을 실행하면 위치 권한을 요청할 수도 있다. 위치 정보를 가져올 때에는 Geolocator 패키지의 getCurrentPosition 메서드를 사용하며, Google 지도를 표시하기 위해 google_maps_flutter 패키지를 사용한다. 앱이 실행되면 initState에서 _getCurrentLocation 함수를 호출하여 위치 권한을 확인하고 현재 위치를 가져온다. 그리고 _currentPosition에 해당 위치를 저장하고, _markers에 현재 위치를 표시하기 위한 마커를 추가한다. Google 지도는 GoogleMap 위젯을 사용하여 표시되며, 현재 위치 주변을 확대하기 위해 initialCameraPosition을 설정한다. 또한, 현재 위치 좌표를 텍스트로 표시하기 위해 Text 위젯을 사용하고, 위치 정보를 표시하는 공간과 지도 사이에 간격을 주기 위해 SizedBox 위젯을 추가하였다.

에러에서 배우기

- 위치 권한 에러

  위치 서비스가 비활성화되어 있는 경우, Geolocator.isLocationServiceEnabled() 메서드가 false를 반환하므로 해당 상황에 대한 처리를 해 주어야 한다. 위치 권한을 설정해야 에러 없이 작동된다.

- Google Maps API 에러

  Google Maps API를 사용하기 위해서는 API 키를 발급받은 후, android/app/src/main/AndroidManifest.xml 파일과 ios/Runner/Info.plist 파일에 API 키를 추가해야 한다.

03

데이터베이스 연동

✓ 핵심 키워드

데이터베이스, SQLite, CRUD, 업데이트

여기서는 무얼 배울까

데이터베이스 연동은 플러터 앱에서 데이터를 저장하고 관리하기 위한 중요한 주제다. 플러터 앱과 SQLite 데이터베이스를 연결하여 데이터를 처리하는 방법을 배운다. 이를 통해 데이터베이스에 대한 CRUD(Create, Read, Update, Delete) 작업을 효율적으로 처리할 수 있으며, 데이터베이스 마이그레이션*을 통해 앱의 버전 업데이트나 데이터베이스 스키마** 변경 시에 데이터 일관성과 호환성을 유지할 수 있다.

SQLite 개요

SQLite는 단일 파일 기반의 경량 관계형 데이터베이스 관리 시스템(RDBMS)이다. 경량이면서도 내장형 데이터베이스 엔진으로, 오픈 소스로 되어 있는 공개 도메인 소프트웨어다. SQLite는 별도의 서버 프로세스 없이 직접 파일 시스템에 저장되는 데이터베이스를 제공한다. 이는 애플리케이션 내에서 데이터를 저장하고 조회하기 위한 간단하고 효율적인 솔루션으로 많이 사용된다.

SQLite는 크로스 플랫폼 지원을 제공하며, 다양한 프로그래밍 언어에서 사용할 수 있다. Flutter에서도 SQLite를 사용하여 영구적인 데이터 저장 및 관리에 사용된다. SQLite는 경량성, 속도, 안정성, 효율성 등의 특징을 가지고 있으며, 작은 규모의 애플리케이션부터 대규모 애플리케이션까지 다양한 분야에서 활용된다.

Flutter에서 SQLite를 사용하기 위해 SQFlite 패키지를 이용할 수 있다. SQFlite 패키지는 SQLite 데이터베이스에 접근하고 관리하기 위한 API를 제공한다. 이 패키지를 사용하면 Flutter

---

기초 용어 정리

* 마이그레이션(Migration): 소프트웨어 시스템의 변경 사항을 관리하는 과정을 말한다. 보통 소프트웨어 시스템이 업데이트되거나 개선되는 경우, 이전 버전에서 새로운 버전으로의 전환을 위해 데이터의 이동, 구조의 변경, 코드의 수정 등이 필요할 수 있다. 이러한 변경 작업을 마이그레이션 과정을 통해 수행한다.

** 스키마(Schema): 데이터베이스에서 데이터 구조와 제약 조건을 정의하는 데 사용되는 구조다. 데이터베이스의 스키마는 데이터베이스 시스템에 의해 관리되며, 테이블, 열, 데이터 타입, 관계 등을 포함한다.

애플리케이션에서 데이터베이스 생성, 테이블 생성, 데이터 삽입, 수정, 삭제, 조회 등의 작업을 수행할 수 있다. SQLite를 사용하는 이유는 다음과 같다.

- 경량성: SQLite는 서버 프로세스 없이 단일 파일로 데이터베이스를 관리하기 때문에 시스템 리소스를 적게 사용한다.
- 내장형: SQLite는 애플리케이션 내에서 데이터베이스를 직접 사용할 수 있으므로 외부 연결이 필요하지 않다.
- 높은 성능: SQLite는 인덱싱, 트랜잭션, 쿼리 최적화 등의 기능을 제공하여 데이터베이스 작업의 성능을 향상시킨다.
- 크로스 플랫폼: SQLite는 다양한 운영 체제에서 동작하며, 다양한 프로그래밍 언어에서 사용할 수 있다.
- 이식성 및 확장성: SQLite를 사용하면 애플리케이션의 초기 설계에서 전체 데이터베이스 관리 시스템 규모로 확장하는 것이 쉽고 안정적이다.

SQLite를 사용하여 데이터베이스를 구축하고 Flutter 애플리케이션에서 데이터를 저장, 검색 및 관리하는 것은 데이터의 지속성과 확장성을 보장하는 데 도움이 된다.

SQFlite 패키지 사용 방법

SQFlite는 Flutter에서 SQLite 데이터베이스에 접근하고 관리하기 위한 패키지다. SQFlite를 사용하여 데이터베이스를 생성하고 테이블을 생성하며, 데이터를 삽입, 수정, 삭제하고 조회하는 작업을 수행할 수 있다. 아래는 SQFlite 패키지를 사용하는 기본적인 방법을 설명한다.

패키지 가져오기

먼저, SQFlite 패키지를 프로젝트에 추가해야 한다. pubspec.yaml 파일에 다음과 같이 의존성을 추가한다.

```
dependencies:
  sqflite: ^2.0.0
```

의존성을 추가한 후, 패키지를 가져올 수 있도록 import 문을 추가한다.

```
import 'package:sqflite/sqflite.dart';
```

데이터베이스 생성

데이터베이스를 생성하려면 openDatabase 함수를 사용해야 한다. openDatabase 함수는 데이터베이스 파일의 경로와 옵션을 매개변수로 받는다. 예를 들어, 다음과 같이 데이터베이스를 생성할 수 있다.

```
Database database = await openDatabase(
  'my_database.db',
  version: 1,
  onCreate:(db, version) {
    // 데이터베이스가 생성될 때 실행되는 콜백 함수
    // 여기에서 테이블을 생성할 수 있다.
  },
);
```

테이블 생성

데이터베이스를 생성한 후에는 onCreate 콜백 함수 내에서 테이블을 생성해야 한다. 테이블을 생성하려면 execute 메서드를 사용하여 SQL 문을 실행해야 한다. 예를 들어, 다음과 같이 테이블을 생성할 수 있다.

```
await database.execute('''
  CREATE TABLE contacts (
    id INTEGER PRIMARY KEY,
    name TEXT,
    email TEXT
  )
''');
```

데이터 삽입

데이터를 삽입하려면 insert 메서드를 사용해야 한다. insert 메서드는 테이블 이름과 데이터를 매개변수로 받는다. 예를 들어, 다음과 같이 데이터를 삽입할 수 있다.

```
await database.insert('contacts', {
  'name': 'John Doe',
  'email': 'johndoe@example.com',
});
```

데이터 조회

데이터를 조회하려면 query 메서드를 사용해야 한다. query 메서드는 테이블 이름과 선택적으로 조건을 매개변수로 받는다. 예를 들어, 다음과 같이 데이터를 조회할 수 있다.

```
List<Map<String, dynamic>> result = await database.query('contacts');
result.forEach((row) {
  print('Name: ${row['name']}, Email: ${row['email']}');
});
```

데이터 수정

데이터를 수정하려면 update 메서드를 사용해야 한다. update 메서드는 테이블 이름, 수정할 데이터, 그리고 선택적으로 조건을 매개변수로 받는다. 예를 들어, 다음과 같이 데이터를 수정할 수 있다.

```
List<Map<String, dynamic>> result = await database.query('contacts');
result.forEach((row) {
  print('Name: ${row['name']}, Email: ${row['email']}');
});
```

데이터 삭제

데이터를 삭제하려면 delete 메서드를 사용해야 한다. delete 메서드는 테이블 이름과 선택적으로 조건을 매개변수로 받는다. 예를 들어, 다음과 같이 데이터를 삭제할 수 있다.

```
await database.delete('contacts', where: 'id = ?', whereArgs: [1]);
```

위의 단계를 따라 SQFlite 패키지를 사용하여 데이터베이스를 생성하고 관리할 수 있다. 데이터베이스 작업을 수행하기 전에 항상 데이터베이스를 열고, 작업이 완료되면 닫는 것을 잊지 말아야 한다.

```dart
class Person {
  final int id;
  final String name;
  final int age;

  Person({required this.id, required this.name, required this.age});

  Map<String, dynamic> toMap() {
    return {
      'id': id,
      'name': name,
      'age': age,
    };
  }
}

Future<List<Person>> fetchPeople() async {
  final Database db = await initializeDatabase();
  final List<Map<String, dynamic>> maps = await db.query('my_table');

  return List.generate(maps.length, (i) {
    return Person(
      id: maps[i]['id'],
      name: maps[i]['name'],
      age: maps[i]['age'],
    );
  });
}

Future<void> insertPerson(Person person) async {
  final Database db = await initializeDatabase();
  await db.insert(
    'my_table',
    person.toMap(),
    conflictAlgorithm: ConflictAlgorithm.replace,
  );
}
```

```
Future<void> updatePerson(Person person) async {
  final Database db = await initializeDatabase();
  await db.update(
    'my_table',
    person.toMap(),
    where: 'id = ?',
    whereArgs: [person.id],
  );
}
Future<void> deletePerson(int id) async {
  final Database db = await initializeDatabase();
  await db.delete(
    'my_table',
    where: 'id = ?',
    whereArgs: [id],
  );
}
```

위의 코드는 데이터베이스와 상호작용하는 간단한 코드다. "Person" 클래스는 id, name, age 세 가지 속성을 가지며, toMap() 메서드를 통해 Map 형식으로 변환된다.

● fetchPeople() 함수는 데이터베이스에서 "my_table" 테이블을 쿼리하여 결과를 Person 객체의 리스트로 반환한다. maps 리스트의 각 요소를 반복하면서 Person 객체를 생성하여 리스트에 추가한다.

● insertPerson() 함수는 Person 객체를 데이터베이스의 "my_table" 테이블에 삽입한다. conflictAlgorithm은 중복된 레코드가 있을 경우 어떻게 처리할지를 결정한다.

● updatePerson() 함수는 주어진 Person 객체의 id에 해당하는 레코드를 데이터베이스에서 업데이트한다. where 절과 whereArgs를 사용하여 업데이트할 레코드를 선택한다.

● deletePerson() 함수는 주어진 id에 해당하는 레코드를 데이터베이스에서 삭제한다. where 절과 whereArgs를 사용하여 삭제할 레코드를 선택한다.

```
dependencies:
  path: ^X.X.X
```

```dart
import 'package:flutter/material.dart';
import 'package:sqflite/sqflite.dart';
import 'package:path/path.dart' as Path;

void main() {
  runApp(MyApp());
}

class MyApp extends StatelessWidget {
  @override
  Widget build(BuildContext context) {
    return MaterialApp(
      title: '할일 목록 앱',
      theme: ThemeData(
        primarySwatch: Colors.blue,
      ),
      home: TodoListPage(),
    );
  }
}

class TodoListPage extends StatefulWidget {
  @override
  _TodoListPageState createState() => _TodoListPageState();
}

class _TodoListPageState extends State<TodoListPage> {
  late Database _database;
  List<Todo> _todos = [];

  @override
  void initState() {
    super.initState();
```

```dart
  _openDatabase().then((_) {
    _loadTodos();
  });
}

Future<void> _openDatabase() async {
  String path = Path.join(await getDatabasesPath(), 'todo_database.db');
  _database = await openDatabase(
    path,
    version: 1,
    onCreate: (db, version) {
      return db.execute(
        'CREATE TABLE todos(id INTEGER PRIMARY KEY AUTOINCREMENT, title
        TEXT, completed INTEGER)',
      );
    },
  );
}

Future<void> _loadTodos() async {
  List<Map<String, dynamic>> maps = await _database.query('todos');
  setState(() {
    _todos = List.generate(maps.length, (index) {
      return Todo.fromMap(maps[index]);
    });
  });
}

Future<void> _addTodo() async {
  final title = await showDialog<String>(
    context: context,
    builder: (BuildContext context) {
      return AlertDialog(
        title: Text('할일 추가'),
        content: TextField(
          autofocus: true,
          decoration: InputDecoration(hintText: '할일을 입력하세요'),
        ),
        actions: [
          TextButton(
            child: Text('취소'),
```

```dart
              onPressed: () {
                Navigator.pop(context);
              },
            ),
            TextButton(
              child: Text('추가'),
              onPressed: () {
                Navigator.pop(context, '추가');
              },
            ),
          ],
        );
      },
    );

    if (title != null && title.isNotEmpty) {
      final todo = Todo(
        id: DateTime.now().millisecondsSinceEpoch,
        title: title,
        completed: 0,
      );
      await _insertTodoItem(todo);
      await _loadTodos();
    }
  }

  Future<void> _insertTodoItem(Todo todo) async {
    await _database.insert(
      'todos',
      todo.toMap(),
      conflictAlgorithm: ConflictAlgorithm.replace,
    );
  }

  Future<void> _toggleTodoCompletion(Todo todo) async {
    final updatedTodo = Todo(
      id: todo.id,
      title: todo.title,
      completed: todo.completed == 0 ? 1 : 0,
    );
    await _database.update(
```

```
      'todos',
      updatedTodo.toMap(),
      where: 'id = ?',
      whereArgs: [updatedTodo.id],
    );
    await _loadTodos();
  }

  Future<void> _deleteTodoItem(Todo todo) async {
    await _database.delete(
      'todos',
      where: 'id = ?',
      whereArgs: [todo.id],
    );
    await _loadTodos();
  }

  @override
  Widget build(BuildContext context) {
    return Scaffold(
      appBar: AppBar(
        title: Text('할일 목록'),
      ),
      body: ListView.builder(
        itemCount: _todos.length,
        itemBuilder: (context, index) {
          final todo = _todos[index];
          return ListTile(
            title: Text(todo.title),
            trailing: Checkbox(
              value: todo.completed == 1,
              onChanged: (_) {
                _toggleTodoCompletion(todo);
              },
            ),
            onLongPress: () {
              _deleteTodoItem(todo);
            },
          );
        },
      ),
```

```
      floatingActionButton: FloatingActionButton(
        child: Icon(Icons.add),
        onPressed: () {
          _addTodo();
        },
      ),
    );
  }
}

class Todo {
  final int id;
  final String title;
  final int completed;

  Todo({
    required this.id,
    required this.title,
    required this.completed,
  });

  Map<String, dynamic> toMap() {
    return {
      'id': id,
      'title': title,
      'completed': completed,
    };
  }

  factory Todo.fromMap(Map<String, dynamic> map) {
    return Todo(
      id: map['id'],
      title: map['title'],
      completed: map['completed'],
    );
  }
}
```

이 코드는 Flutter와 SQLite 데이터베이스를 사용하여 구현된 할일 목록 앱이다. 앱을 실행하면 할일을 추가하고, 목록을 조회하며, 완료 여부를 토글하고, 할일을 삭제할 수 있는 기능을 제공한다.

- 앱 실행 시 _TodoListPageState의 initState 함수가 호출되어 데이터베이스를 열고 할일 목록을 로드한다.

- _openDatabase 함수는 SQLite 데이터베이스를 열고, 필요한 경우 데이터베이스 테이블을 생성한다.

- _loadTodos 함수는 데이터베이스에서 할일 목록을 조회하여 _todos 리스트에 저장하고, 화면을 업데이트한다.

- _addTodo 함수는 다이얼로그를 통해 사용자로부터 할일 제목을 입력받고, 입력된 제목으로 새로운 할일을 추가한다.

- _insertTodoItem 함수는 데이터베이스에 새로운 할일을 추가한다.

- _toggleTodoCompletion 함수는 완료 여부를 토글한다. 선택된 할일의 완료 여부를 업데이트하고, 변경된 목록을 다시 로드하여 화면을 업데이트한다.

- _deleteTodoItem 함수는 선택된 할일을 삭제한다. 데이터베이스에서 해당 할일을 삭제하고, 변경된 목록을 다시 로드하여 화면을 업데이트한다.

- build 함수에서는 할일 목록을 리스트 형태로 보여 준다. 각 할일 항목은 제목과 완료 여부를 표시하며, 체크박스를 통해 완료 여부를 토글할 수 있다. 할일 항목을 길게 누르면 삭제된다.

- floatingActionButton을 통해 새로운 할일을 추가할 수 있는 버튼이 제공된다.

이 코드를 실행하면 할일 목록 앱이 생성되고, 데이터베이스를 통해 할일 항목을 관리할 수 있다.

에러에서 배우기

- Database Query 에러
  _database.query('todos')를 사용하여 'todos' 테이블에서 데이터를 가져오고 있다. 하지만 'todos' 테이블이 존재하지 않는 경우, 이 부분에서 에러가 발생할 수 있다.

- 동일한 이름 충돌 에러
  해당 코드에서 import 'package:path/path.dart'를 사용하면 동일한 이름을 사용하여 에러가 난다. 에러를 해결하기 위해 Path라는 별칭(alias)을 부여해야 한다.

04
API* 연동

√핵심 키워드

API, HTTP, REST, 데이터 요청, 응답처리, API 키, 액세스 토큰

여기서는 무얼 배울까

API 연동은 외부 서버의 데이터와 통신하여 플러터 앱에 필요한 정보를 가져오는 것을 의미한다. 주된 내용으로 HTTP 클라이언트 라이브러리를 사용하여 API 요청을 보내고, 응답을 처리하는 방법을 배우게 되며, 또한 API 키 인증과 같은 인증 방법, 쿠키 및 세션 관리, 파일 업로드 등 고급적인 기능에 대해서도 알아본다. 이를 통하여 다양한 기능과 데이터를 활용해 보자.

RESTful API 개요

REST(Representational State Transfer)는 웹 서비스의 아키텍처** 스타일 중 하나로, 네트워크를 통해 자원(Resource)을 주고받기 위한 방법을 정의한다. RESTful API는 이러한 REST 아키텍처 스타일을 따르는 API를 의미한다. RESTful API는 자원을 고유한 식별자(URI)를 통해 표현하고, HTTP 메서드(GET, POST, PUT, DELETE 등)를 사용하여 해당 자원에 대한 작업을 수행하여 웹 상에서 자원을 쉽게 가져오고, 생성하고, 수정하고, 삭제할 수 있는 방법을 제공한다. RESTful API의 특징은 다음과 같다.

● 자원 지향적(Resource-Oriented): 모든 자원은 고유한 식별자(URI)를 갖고 있으며, URI를 통해 자원을 표현한다. 예를 들어, /users, /users/1, /products/42와 같은 형태로 자원을 나타낸다.

기초 용어 정리

* API: "Application Programming Interface"의 약자로, 응용 프로그램 간에 서로 통신하고 데이터를 교환하기 위한 인터페이스를 제공하는 방법이다. API는 소프트웨어 개발에서 중요한 개념으로, 다양한 시스템이나 플랫폼 간에 상호 작용하고 데이터를 공유할 수 있도록 한다.
** 아키텍처: 시스템이나 소프트웨어의 구조와 구성 요소, 그리고 이들 간의 상호 작용 방식을 설계하는 것을 의미한다. 소프트웨어 아키텍처는 소프트웨어 시스템을 구성하는 컴포넌트, 모듈, 데이터베이스, 인터페이스 등의 구조적 요소와 이들 간의 상호 작용 방식, 그리고 시스템의 동작 방식에 대한 원칙과 규칙을 정의한다.

- 상태를 전송(Stateless): 서버는 클라이언트의 상태를 관리하지 않으며, 각 요청은 모든 필요한 정보를 포함하여 완전한 요청으로 처리된다. 클라이언트는 세션 상태를 유지하지 않고, 필요한 경우 인증 토큰 등을 요청에 포함시켜 서버에 전달한다.

- 통일된 인터페이스(Uniform Interface): RESTful API는 통일된 인터페이스를 사용하여 클라이언트와 서버 간의 통신을 단순화한다. 이를 위해 HTTP 프로토콜의 메서드(GET, POST, PUT, DELETE)를 사용하여 자원에 대한 작업을 수행하고, URI를 통해 자원을 식별한다.

- 자체 표현적(Self-descriptive): RESTful API는 자원에 대한 정보를 명확하게 전달하기 위해 적절한 미디어 타입(예, JSON, XML)을 사용한다. 이를 통해 클라이언트가 자원의 내용과 활용 방법을 이해할 수 있다.

- HATEOAS(Hypermedia as the Engine of Application State): RESTful API는 클라이언트가 서버의 상태를 전이하며 상호 작용할 수 있는 링크를 제공한다. 이를 통해 클라이언트는 동적으로 리소스 간의 상호 작용을 탐색할 수 있다.

RESTful API는 웹 서비스와 모바일 애플리케이션 등 다양한 클라이언트와의 통신을 위해 널리 사용된다. 개발자는 RESTful API를 통해 자원을 조회, 생성, 수정, 삭제하는 등의 작업을 수행하여 애플리케이션과 서버 간의 데이터 흐름을 관리할 수 있다.

HTTP 패키지 사용 방법

HTTP 패키지는 Dart에서 HTTP 요청을 보내고 응답을 처리하는 데 사용되는 패키지다. 이를 통해 RESTful API와의 통신을 쉽게 구현할 수 있다. 아래는 HTTP 패키지의 사용 방법에 대한 간단한 코드다.

① HTTP 패키지 가져오기

먼저, HTTP 패키지를 프로젝트에 추가해야 한다. pubspec.yaml 파일에 아래와 같이 의존성을 추가한다.

```
dependencies:
  http: ^0.13.4
```

그리고 패키지를 가져오기 위해 다음을 import 한다.

```
import 'package:http/http.dart' as http;
```

② GET 요청 보내기

GET 요청을 보내어 서버로부터 데이터를 가져오는 방법은 다음과 같다.

```dart
Future<void> fetchData() async {
  var url = Uri.parse('https://api.example.com/data');
  var response = await http.get(url);

  if (response.statusCode == 200) {
    // 요청이 성공하면 데이터를 사용한다.
    var data = response.body;
    // TODO: 데이터 처리 로직 추가
  } else {
    // 요청이 실패하면 오류 처리를 한다.
    print('Request failed with status: ${response.statusCode}');
  }
}
```

위의 코드에서는 http.get() 메서드를 사용하여 GET 요청을 보내고, 응답을 response 변수에 저장한다. response.statusCode를 통해 요청의 성공 여부를 확인하고, response.body에서 반환된 데이터를 사용할 수 있다.

③ POST 요청 보내기

POST 요청을 통해 서버에 데이터를 전송하는 방법은 다음과 같다.

```dart
Future<void> sendData() async {
  var url = Uri.parse('https://api.example.com/data');
  var response = await http.post(
    url,
    body: {'name': 'John', 'email': 'john@example.com'},
  );

  if (response.statusCode == 201) {
```

```
    // 요청이 성공하면 추가 작업을 수행한다.
    print('Data sent successfully');
  } else {
    // 요청이 실패하면 오류 처리를 한다.
    print('Request failed with status: ${response.statusCode}');
  }
}
```

위의 코드에서는 http.post() 메서드를 사용하여 POST 요청을 보내고, body 매개변수를 통해 전송할 데이터를 지정한다.

④ 기타 HTTP 메서드 사용하기

HTTP 패키지는 GET과 POST 외에도 다양한 HTTP 메서드를 지원한다. 예를 들어, PUT, DELETE, PATCH 등을 사용할 수 있다. 각 메서드에 대한 사용 방법은 비슷하며, http.put(), http.delete(), http.patch() 등의 메서드를 사용하여 요청을 보낼 수 있다.

```
// PUT 요청 보내기
var response = await http.put(url, body: {'name': 'John'});

// DELETE 요청 보내기
var response = await http.delete(url);

// PATCH 요청 보내기
var response = await http.patch(url, body: {'email': 'john@example.com'});
```

위의 코드는 HTTP 패키지를 사용하여 RESTful API와 통신하는 기본적인 방법을 보여 준다. 필요에 따라 요청 헤더, 쿼리 매개변수 등을 추가하고, 응답 데이터를 원하는 형식으로 파싱하는 로직을 추가할 수 있다.

데이터 요청 및 응답 처리 방법

API 연동

API 연동에서는 데이터를 요청하고 응답을 처리해야 한다. 이를 위해서는 먼저 API의 URL을 알아야 하고, HTTP 요청을 보내고 응답을 받아와야 한다. 아래는 데이터 요청 및 응답 처리 방법에 대한 설명이다.

① 데이터 요청

데이터를 요청하기 위해서는 API의 엔드포인트(Endpoint)와 요청 메서드(HTTP 메서드)를 알아야 한다. 엔드포인트는 API에서 제공하는 특정 리소스를 가리키는 URL이다. HTTP 메서드는 요청의 목적에 맞는 GET, POST, PUT, DELETE 등을 선택한다.

② 요청 매개변수

요청 시 필요한 경우 매개변수를 전달해야 할 수도 있다. 이는 쿼리 매개변수(Query Parameters)나 요청 본문(Request Body)에 포함될 수 있다. 쿼리 매개변수는 URL의 일부로 전달되고, 요청 본문은 주로 POST 또는 PUT 메서드에서 사용된다.

③ 요청 헤더

요청에 대한 추가 정보를 담은 헤더(Header)를 설정할 수도 있다. 예를 들어, 인증 토큰, 요청 데이터의 형식(Content-Type) 등을 설정할 수 있다.

④ 데이터 응답 처리

HTTP 요청에 대한 응답은 일반적으로 상태 코드, 헤더 및 응답 본문으로 구성된다. 상태 코드는 요청의 성공 여부를 나타내며, 2xx는 성공, 4xx는 클라이언트 오류, 5xx는 서버 오류를 의미한다. 헤더는 추가 정보를 담고 있을 수 있으며, 응답 본문에는 요청한 데이터가 포함된다.

⑤ 응답 데이터 처리

응답으로 받은 데이터를 적절히 처리해야 한다. 이는 데이터 형식에 따라 다를 수 있으며, 일반적으로 JSON 형식을 사용한다. JSON 데이터를 Dart에서 사용하기 위해서는 JSON 디코딩을 수행하여 Dart 객체로 변환해야 한다. 응답받은 각 상태별 코드 의미는 다음과 같다.

- 200 OK: 성공적으로 요청이 처리됨

- 201 Created: 리소스가 성공적으로 생성됨

- 400 Bad Request: 클라이언트의 잘못된 요청

- 401 Unauthorized: 인증에 실패

- 403 Forbidden: 접근 권한 없음

- 404 Not Found: 요청한 리소스를 찾을 수 없음

- 500 Internal Server Error: 서버에 오류 발생

응답 처리가 완료되면, response.json() 함수를 사용하여 JSON 데이터를 파싱하고 사용 가능한 형태로 변환한다. 이렇게 변환된 데이터를 사용하여 원하는 작업을 수행할 수 있다. 각 도메인과 목적에 맞게 요청 URI, 메서드, 헤더, 쿼리 파라미터 등을 변경하여 데이터를 요청하고 처리할 수 있다.

HTTP 패키지를 사용하여 데이터 요청과 응답 처리를 구현할 수 있다. 요청에 필요한 URL, 메서드, 매개변수, 헤더를 설정하고, 응답을 받아 처리하는 로직을 작성해야 한다. 이때 비동기 처리를 위해 async 및 await 키워드를 사용하는 것이 좋다. 소셜 미디어 플랫폼의 API를 사용하여 사용자의 타임라인, 게시물, 프로필 정보 등을 가져오는 앱을 만들 수 있다.

Twitter API 사용

Twitter API를 사용하기 위해 API 키와 액세스 토큰을 가져와야 한다. 아래 단계를 따라 Twitter 개발자 포털에서 API 키와 사용자 인증 정보를 가져올 수 있다.

① Twitter 개발자 계정 만들기

- Twitter 개발자 포털(https://developer.twitter.com)에 접속하여 개발자 계정을 만든다.

- 이미 계정이 있는 경우 로그인한다.

② 애플리케이션 생성

- 개발자 대시보드로 이동하여 "애플리케이션 관리"를 선택한다.

- "프로젝트를 시작하려면 여기를 클릭하세요"를 클릭하여 새 프로젝트를 생성한다.

③ 애플리케이션 세부 정보 설정

- 애플리케이션 이름, 설명 및 웹사이트 URL을 입력한다.

- "애플리케이션 사용 목적"을 선택하고 적절한 옵션을 선택한다.

- "애플리케이션 퍼블리시"를 선택하고 "개발자 계정에 게시"를 클릭한다.

④ API 키 및 액세스 토큰 생성

- "Keys and tokens" 탭으로 이동한다.

- "Consumer API keys" 섹션에서 API 키 및 API 비밀키를 찾을 수 있다. 이것이 Twitter API를 사용할 때 필요한 API 키다.

- "Access token & access token secret" 섹션에서 "Create"를 클릭하여 액세스 토큰 및 액세스 토큰 비밀을 생성한다. 이는 Twitter API를 사용자 인증에 사용할 때 필요한 정보다.

⑤ API 키와 액세스 토큰 사용

- 생성한 API 키, API 비밀키, 액세스 토큰 및 액세스 토큰 비밀을 안전한 곳에 보관한다.

- Flutter 앱 코드에서 해당 정보를 사용하여 Twitter API에 요청을 보낼 수 있다. API 호출 시 필요한 헤더에는 API 키와 액세스 토큰을 포함해야 한다.

API 키와 액세스 토큰은 개인 정보이므로 공개된 저장소나 공용으로 액세스 가능한 곳에 저장하지 않도록 주의해야 한다.

손으로 익히는 코딩

```dart
import 'package:flutter/material.dart';
import 'package:http/http.dart' as http;
import 'dart:convert';
import 'package:oauth1/oauth1.dart';

void main() {
  runApp(MyApp());
}

class MyApp extends StatelessWidget {
  final String consumerKey = 'YOUR_TWITTER_CONSUMER_KEY';
```

```dart
    final String consumerSecret = 'YOUR_TWITTER_CONSUMER_SECRET';
    final String accessToken = 'YOUR_TWITTER_ACCESS_TOKEN';
    final String accessTokenSecret = 'YOUR_TWITTER_ACCESS_TOKEN_SECRET';

    Future<List<Tweet>> fetchTimeline() async {
      var platform = new Platform(
        "https://api.twitter.com/oauth/request_token",
        "https://api.twitter.com/oauth/authorize",
        "https://api.twitter.com/oauth/access_token",
        SignatureMethods.hmacSha1,
      );

      var clientCredentials = new ClientCredentials(consumerKey, consumerSecret);

      var userCredentials = new Credentials(accessToken, accessTokenSecret);

      // Create AuthClient
      var authClient =
          Client(platform.signatureMethod, clientCredentials, userCredentials);

      http.Response response;

      try {
        response = await authClient.get(

    Uri.parse("https://api.twitter.com/1.1/statuses/home_timeline.json"));

        if (response.statusCode == 200) {
          List<dynamic> data = jsonDecode(response.body);
          return data.map((json) => Tweet.fromJson(json)).toList();
        } else {
          throw Exception(
              "Failed to fetch timeline. Error code: ${response.statusCode}");
        }
      } finally {
        authClient.close();
      }
    }

    @override
    Widget build(BuildContext context) {
```

```dart
    return MaterialApp(
      title: 'Social Media App',
      theme: ThemeData(
        primarySwatch: Colors.blue,
      ),
      home: Scaffold(
        appBar: AppBar(
          title: const Text('Social Media App'),
        ),
        body: FutureBuilder<List<Tweet>>(
          future: fetchTimeline(),
          builder: (context, snapshot) {
            if (snapshot.connectionState == ConnectionState.waiting) {
              return const Center(child: CircularProgressIndicator());
            } else if (snapshot.hasError) {
              return Center(child: Text('Error: ${snapshot.error}'));
            } else {
              final List<Tweet> tweets = snapshot.data!;
              return ListView.builder(
                itemCount: tweets.length,
                itemBuilder: (context, index) {
                  final Tweet tweet = tweets[index];
                  return ListTile(
                    title: Text(tweet.text),
                    subtitle: Text(tweet.username),
                  );
                },
              );
            }
          },
        ),
      ),
    );
  }
}

class Tweet {
  final String text;
  final String username;
  Tweet({
    required this.text,
```

```
      required this.username,
  });
  factory Tweet.fromJson(Map<String, dynamic> json) {
    return Tweet(
      text: json['text'],
      username: json['user']['screen_name'],
    );
  }
}
```

이 코드는 Twitter API를 사용하여 홈 타임라인의 트윗을 가져와 표시하는 간단한 소셜 미디어 앱이다. 앱 실행 시 fetchTimeline() 함수가 호출되어 Twitter API를 통해 트윗 데이터를 가져 온다.

Clear Comment

앱을 실행하려면 다음 단계를 수행해야 합니다.

① Twitter 개발자 포털(https://developer.twitter.com/en/apps)에 가서 애플리케이션을 등록하고 API 키와 액세스 토큰을 받아야 한다.

② 코드에서 YOUR_TWITTER_CONSUMER_KEY, YOUR_TWITTER_CONSUMER_SECRET, YOUR_TWITTER_ACCESS_TOKEN, YOUR_TWITTER_ACCESS_TOKEN_SECRET를 해당하는 값으로 대체해야 한다.

③ 필요한 패키지(예, http, flutter/material)를 가져 온다. 필요한 경우 pubspec.yaml 파일에 패키지 종속성을 추가해야 한다.

더 멋진 내일(Tomorrow)을 위한 내일(My Career) **내일은 플러터**

알림

여기서는 무얼 배울까

플러터에서 알림을 구현하는 방법과 주요 기능을 다룬다. 알림은 사용자에게 중요한 정보를 전달하고 앱의 상호작용을 강화하는 목적으로 사용되는데, 이러한 알림을 설정하고 표시하기 위해 필요한 패키지, 클래스와 사용자에게 알림을 보내고 처리하는 방법에 대해 배워 본다.

푸시 알림 개요

푸시 알림은 데스크탑 브라우저, 모바일 홈 화면, 모바일 앱의 디바이스 알림 센터에서 사용자에게 다양한 정보, 이벤트, 업데이트 등을 실시간으로 전달하는 기술을 의미한다. 일반적으로 푸시 알림은 옵트인 방식의 알림이며, 사용자가 어떤 행동을 할 수 있도록 텍스트 및 리치 미디어(이미지, 버튼 등)를 표시한다. 푸시 알림을 사용하면 앱을 실행하지 않은 상태에서도 사용자에게 메시지를 보낼 수 있으며, 사용자는 알림을 받으면 해당 앱으로 이동하여 알림에 대한 추가적인 작업을 수행할 수 있다. 푸시 알림의 주요 개념과 구성 요소는 다음과 같다.

● 푸시 알림 서비스: 각 모바일 플랫폼(OS)에서 제공하는 푸시 알림 서비스를 사용하여 알림을 전송한다. 예를 들어, Apple Push Notification Service(APNs)는 iOS에서, Firebase Cloud Messaging(FCM)는 Android와 iOS에서 사용할 수 있는 푸시 알림 서비스다.

● 푸시 알림 메시지: 알림 서비스로 전송되는 메시지로, 알림의 내용과 설정 등을 포함한다. 일반적으로 제목, 내용, 이미지, 액션 등의 정보가 포함될 수 있다.

● 기기 등록: 각 사용자의 기기를 푸시 알림 서비스에 등록해야 한다. 이를 통해 알림을 수신할 대상을 식별한다. 기기 등록은 앱 설치 시 또는 사용자가 앱에 로그인할 때 수행된다.

● 푸시 알림 수신: 등록된 기기에 푸시 알림이 도착하면 알림이 표시된다. 사용자는 알림을 터치하여 앱으로 이동하거나 알림에 대한 추가 작업을 수행할 수 있다.

푸시 알림 구현에는 푸시 알림 서비스의 설정과 푸시 알림 메시지의 생성 및 전송이 필요하다. 푸시 알림 서비스의 설정은 각 플랫폼에 따라 다르며, 앱에서 푸시 알림을 전송하기 위해 필요한 인증 정보를 구성해야 한다. 푸시 알림 메시지의 생성은 푸시 알림의 내용과 설정을 정의하고, 알림을 수신할 대상인 기기를 식별하는 등의 작업을 포함한다.

푸시 알림은 알림 서비스와 앱 간의 통신이 필요하므로 해당 플랫폼에서 제공하는 푸시 알림 관련 라이브러리 또는 SDK를 사용하여 구현할 수 있다. 예를 들어, Firebase Cloud Messaging (FCM)를 사용하는 경우 Firebase SDK를 사용하여 푸시 알림을 구현할 수 있다.

푸시 알림은 사용자가 앱을 사용하지 않더라도 전송되기 때문에, 사용자의 관심을 끌고 앱 사용을 유도하는 데 효과적이다. 또한, 푸시 알림을 통해 사용자에게 새로운 콘텐츠나 업데이트를 알릴 수 있으며, 사용자와의 소통을 강화하는 데에도 도움이 된다.

FCM(Firebase Cloud Messaging)

Firebase Cloud Messaging(FCM)은 Google의 클라우드 기반 메시징 서비스로, 모바일 및 웹 애플리케이션에 대한 푸시 알림을 전송할 수 있도록 지원한다. FCM을 사용하려면 Firebase 프로젝트를 설정하고, 해당 프로젝트와 애플리케이션을 연동해야 한다. 아래는 FCM 연동을 위한 주요 단계다.

Firebase 프로젝트 생성

Firebase 콘솔(https://console.firebase.google.com)에 접속하여 새 프로젝트를 생성한다. 프로젝트 이름을 지정하고, 애플리케이션의 패키지 이름(Android) 또는 번들 식별자(iOS)를 입력한다. 프로젝트 생성 후, Firebase 콘솔에서 프로젝트 설정을 관리할 수 있다.

애플리케이션과 Firebase 연동

Android 앱의 경우, Firebase 콘솔에서 제공하는 google-services.json 파일을 다운로드하여 앱 모듈의 'app' 폴더에 추가한다. iOS 앱의 경우, Firebase 콘솔에서 제공하는 GoogleService-Info.plist 파일을 다운로드하여 Xcode 프로젝트에 추가한다.

FCM 라이브러리 설정

Android 앱의 경우, 앱 수준의 build.gradle 파일에 FCM에 대한 의존성을 추가한다

```
dependencies {
  // ...
  implementation 'com.google.firebase:firebase-messaging:<latest-version>'
}
```

iOS 앱의 경우, Podfile에 FCM에 대한 의존성을 추가하고, pod install 명령을 실행한다.

```
target 'YourAppName' do
  # ...
  pod 'FirebaseMessaging'
end
```

앱 서버 구축 및 인증 키 취득

FCM 서버 API를 사용하려면 앱 서버에서 'Authorization' 헤더에 사용할 Firebase Cloud Messaging 인증 키를 취득해야 한다. Firebase 콘솔에서 '프로젝트 설정 → 클라우드 메시징 → 서버 키'를 확인하고 사용한다. 서버 설정이 완료되면 이를 통해 FCM 서버와 통신할 수 있게 된다.

기기 토큰 관리

푸시 알림을 전송할 때, 알림을 수신 사용자의 기기를 식별하기 위해 '기기 토큰'을 사용한다. 앱이 바로 기기 토큰을 FCM에 등록하고, 앱 서버에 토큰을 전송한다. 앱 알림이 도착했을 때 실행할 수 있는 작업을 정의하고, 알림의 디자인 및 동작을 설정할 수 있다.

푸시 알림 메시지 전송

Firebase 콘솔이나 FCM 서버 API를 사용하여 푸시 알림 메시지를 전송할 수 있다. Firebase 콘솔에서는 알림 메시지의 내용과 설정을 구성하고, 대상 앱을 선택하여 푸시 알림을 전송할 수 있다. FCM 서버 API를 사용하려면, HTTP 요청을 통해 푸시 알림을 전송할 수 있다.

푸시 알림 수신

Android 앱의 경우, FirebaseMessagingService를 상속받는 클래스에서 onMessageReceived() 메서드를 구현하여 푸시 알림을 수신하고 처리할 수 있다. iOS 앱의 경우, AppDelegate 파일에서 application:didReceiveRemoteNotification:fetchCompletionHandler 메서드를 사용하여 푸시 알림을 수신하고 처리할 수 있다.

위의 단계를 따라 진행하면 앱과 Firebase Cloud Messaging을 연동하여 푸시 알림을 전송하고 수신할 수 있다. FCM은 앱 간의 통신, 사용자 알림, 데이터 업데이트 등 다양한 용도로 활용될 수 있으며, 개발자들에게 유용한 기능과 편의성을 제공한다.

Local Notification 패키지 사용 방법

로컬 알림(Local Notification)은 스마트폰 기기에서 직접 생성되고 처리되는 알림으로, 서버를 거치지 않고도 일정 시간이나 특정 조건에 따라 알림을 표시할 수 있다. 로컬 알림은 시간 관리 앱, 할 일 목록 앱 등과 같은 앱에서 주로 사용된다. 예를 들어, Flutter를 사용하는 경우 'flutter_local_notifications' 패키지를 사용하여 로컬 알림을 구현할 수 있다. 이를 적용하기 위해 다음과 같은 단계를 따라야 한다.

패키지 추가

pubspec.yaml 파일에 flutter_local_notifications 패키지를 추가한다.

```
dependencies:
  flutter_local_notifications: <latest-version>
```

앱에서 로컬 알림 사용 설정(Android, iOS 설정)

Android는 안드로이드 앱 매니페스트 파일인 AndroidManifest.xml에서 설정을 추가해야 한다. iOS는 iOS 앱 사용자가 알림 권한을 부여한 다음에 알림을 받을 수 있는지 확인해야 한다.

초기화

앱 시작 시에 Local Notification을 초기화해야 한다. 'FlutterLocalNotificationsPlugin' 클래스의 인스턴스를 생성하여 초기화하고 알림 설정을 완료한다.

```
import 'package:flutter_local_notifications/flutter_local_notifications.dart';

Future<void> main() async {
  WidgetsFlutterBinding.ensureInitialized();
  final FlutterLocalNotificationsPlugin flutterLocalNotificationsPlugin =
      FlutterLocalNotificationsPlugin();
  // 초기화 설정
```

```
  const AndroidInitializationSettings initializationSettingsAndroid =
      AndroidInitializationSettings('@mipmap/ic_launcher');
  final InitializationSettings initializationSettings =
      InitializationSettings(android: initializationSettingsAndroid);
  await flutterLocalNotificationsPlugin.initialize(initializationSettings);

  runApp(MyApp());
}
```

알림 생성

알림을 생성하기 위해 NotificationDetails를 설정한다. 제목, 내용, 아이콘 등 알림에 필요한 정보를 설정할 수 있다.

```
Future<void> showNotification() async {
  const AndroidNotificationDetails androidPlatformChannelSpecifics =
      AndroidNotificationDetails(
    'channel_id',
    'channel_name',
    'channel_description',
    importance: Importance.max,
    priority: Priority.high,
  );
  const NotificationDetails platformChannelSpecifics =
      NotificationDetails(android: androidPlatformChannelSpecifics);

  await flutterLocalNotificationsPlugin.show(
    0, // 알림 고유 ID
    'Notification Title', // 알림 제목
    'Notification Body', // 알림 내용
    platformChannelSpecifics, // 플랫폼별 설정
  );
}
```

알림 스케줄링

알림을 특정 시간에 스케줄링하려면 schedule() 메서드를 사용한다. 스케줄링에는 DateTime 또는 TimeOfDay를 사용할 수 있다.

```
Future<void> scheduleNotification() async {
  const AndroidNotificationDetails androidPlatformChannelSpecifics =
      AndroidNotificationDetails(
    'channel_id',
    'channel_name',
    'channel_description',
    importance: Importance.max,
    priority: Priority.high,
  );
  const NotificationDetails platformChannelSpecifics =
      NotificationDetails(android: androidPlatformChannelSpecifics);

  final DateTime scheduledTime = DateTime.now().add(Duration(hours: 1)); //
1시간 뒤에 알림 스케줄링
  await flutterLocalNotificationsPlugin.schedule(
    0, // 알림 고유 ID
    'Scheduled Notification Title', // 알림 제목
    'Scheduled Notification Body', // 알림 내용
    scheduledTime,
    platformChannelSpecifics, // 플랫폼별 설정
  );
}
```

위의 코드를 참고하여 Local Notification 패키지를 사용하여 알림을 생성하고 스케줄링할 수
있다. 패키지의 문서 및 코드를 통해 더 자세한 설정과 기능을 확인할 수 있다.

푸시 알림 설정 및 등록

Firebase SDK 설정

Flutter 앱에서 Firebase SDK를 사용하기 위해 firebase_core 및 firebase_messaging 패키
지를 추가한다. pubspec.yaml 파일에 다음과 같이 의존성을 추가한다.

```
dependencies:
  firebase_core: <latest-version>
  firebase_messaging: <latest-version>
```

Firebase 프로젝트 연동

Android 앱의 경우, google-services.json 파일을 Firebase 콘솔에서 다운로드하여 프로젝트의 android/app 디렉토리에 추가한다. iOS 앱의 경우, GoogleService-Info.plist 파일을 Firebase 콘솔에서 다운로드하여 프로젝트의 ios/Runner 디렉토리에 추가한다.

푸시 알림 서비스 등록

Android 앱의 경우, Firebase 콘솔에서 FCM 서비스 등록을 진행한다. 등록 시에는 Firebase에서 제공하는 서비스 토큰을 발급받게 된다. iOS 앱의 경우, 애플 개발자 계정과 프로비저닝 프로파일을 설정하여 APNs 인증서를 생성하고 Firebase 콘솔에 등록한다.

푸시 알림 설정 및 처리

Flutter 앱에서 Firebase Messaging을 초기화하고 푸시 알림을 처리할 수 있는 코드를 작성한다. 예를 들어, 앱 시작 시에 Firebase Messaging을 초기화하고 푸시 알림을 처리하는 코드를 작성한다.

```
import 'package:firebase_core/firebase_core.dart';
import 'package:firebase_messaging/firebase_messaging.dart';

Future<void> main() async {
  WidgetsFlutterBinding.ensureInitialized();
  await Firebase.initializeApp();

  FirebaseMessaging.onBackgroundMessage(_firebaseMessagingBackgroundHandler);

  runApp(MyApp());
}

Future<void> _firebaseMessagingBackgroundHandler(RemoteMessage message) async {
  print('Handling a background message: ${message.messageId}');
}
```

위의 예시 코드에서는 앱 시작 시 Firebase를 초기화하고, 백그라운드에서 동작하는 푸시 알림 메시지를 처리하는 _firebaseMessagingBackgroundHandler 함수를 등록하였다.

> **Quick Tip**
>
> 푸시 알림 설정 및 등록은 Firebase와 각 플랫폼의 푸시 알림 서비스를 연동하고 필요한 설정을 완료하는 과정입니다. 자세한 내용은 Firebase 공식 문서 및 플랫폼별 가이드를 참고하는 것이 좋습니다.

알림 표시하기

Flutter 앱에서 푸시 알림을 받은 후 사용자에게 알림을 표시하려면 다음과 같은 단계를 따른다.

푸시 알림 수신 처리

Firebase Messaging 패키지를 사용하여 푸시 알림을 수신한다. 수신된 푸시 알림은 앱이 백그라운드에서 실행 중이거나 종료된 상태에서도 처리할 수 있어야 한다. firebase_messaging 패키지를 사용하여 푸시 알림 수신을 처리하는 코드를 작성한다. 이는 이전에 main 함수에서 등록한 _firebaseMessagingBackgroundHandler와 같은 콜백 함수를 활용할 수 있다.

알림 표시

푸시 알림을 받으면 해당 알림을 사용자에게 표시해야 한다. Flutter에서는 flutter_local_ notifications 패키지를 사용하여 알림을 표시할 수 있다. flutter_local_notifications 패키지를 프로젝트에 추가하기 위해 pubspec.yaml 파일에 의존성을 추가한다. 알림을 표시하기 위한 설정 및 콜백 함수를 구현한다.

```dart
import 'package:flutter_local_notifications/flutter_local_notifications.dart';

FlutterLocalNotificationsPlugin flutterLocalNotificationsPlugin =
FlutterLocalNotificationsPlugin();

Future<void> main() async {
  // Firebase 초기화 코드

  const AndroidInitializationSettings initializationSettingsAndroid =
AndroidInitializationSettings('app_icon');
  final InitializationSettings initializationSettings =
InitializationSettings(android: initializationSettingsAndroid);
  await flutterLocalNotificationsPlugin.initialize(initializationSettings,
      onSelectNotification: onSelectNotification);

  runApp(MyApp());
}

Future<void> onSelectNotification(String? payload) async {
  if (payload != null) {
    print('Notification payload: $payload');
  }
```

```
}

Future<void> showNotification() async {
  const AndroidNotificationDetails androidPlatformChannelSpecifics = Android
  NotificationDetails(
    'your_channel_id',
    'your_channel_name',
    'your_channel_description',
    importance: Importance.max,
    priority: Priority.high,
  );
  const NotificationDetails platformChannelSpecifics = Notification Details
  (android: androidPlatformChannelSpecifics);
  await flutterLocalNotificationsPlugin.show(
    0,
    'Notification title',
    'Notification body',
    platformChannelSpecifics,
    payload: 'item x',
  );
}
```

알림 표시를 위해 flutter_local_notifications 패키지를 초기화하고, showNotification 함수를 사용하여 알림을 표시한다. onSelectNotification 함수는 알림을 탭했을 때 실행되는 콜백 함수로, 필요한 처리를 수행할 수 있다.

알림 표시 시점 결정

푸시 알림이 도착했을 때 앱이 백그라운드에 있거나 종료된 경우, 푸시 알림을 수신한 후에도 알림을 즉시 표시할지 또는 특정 시점에 표시할지를 결정해야 한다. 이를 위해 Firebase Cloud Messaging에서는 알림 페이로드의 click_action 속성을 사용하여 푸시 알림을 탭했을 때 앱의 특정 화면으로 이동하도록 할 수 있다. 앱이 실행 중인 상태에서 푸시 알림을 수신한 경우, onSelectNotification 콜백 함수 내에서 특정 화면으로 이동하거나 특정 동작을 수행할 수 있다. 이렇게 하면 Flutter 앱에서 푸시 알림을 수신하고 표시하는 과정을 구현할 수 있다. 자세한 내용은 flutter_local_notifications 패키지의 문서를 참고하면 도움이 될 것이다.

```
dependencies:
  flutter:
    sdk: flutter
  intl: ^X.X.X
  flutter_local_notifications: ^X.X.X
  timezone: ^X.X.X
```

```
import 'package:flutter/material.dart';
import 'package:flutter_local_notifications/flutter_local_notifications.dart';
import 'package:timezone/data/latest.dart' as tz;
import 'package:timezone/timezone.dart' as tz;

void main() async {
  WidgetsFlutterBinding.ensureInitialized();

  tz.initializeTimeZones();

  final FlutterLocalNotificationsPlugin flutterLocalNotificationsPlugin =
      FlutterLocalNotificationsPlugin();

  const AndroidInitializationSettings initializationSettingsAndroid =
      AndroidInitializationSettings('@mipmap/ic_launcher');

  final InitializationSettings initializationSettings = InitializationSettings(
    android: initializationSettingsAndroid,
  );

  await flutterLocalNotificationsPlugin.initialize(initializationSettings);

  runApp(MyApp(flutterLocalNotificationsPlugin));
}

class MyApp extends StatelessWidget {
  final FlutterLocalNotificationsPlugin flutterLocalNotificationsPlugin;

  MyApp(this.flutterLocalNotificationsPlugin);
```

```dart
  @override
  Widget build(BuildContext context) {
    return MaterialApp(
      title: 'Reservation App',
      theme: ThemeData(
        primarySwatch: Colors.blue,
      ),
      home: MyHomePage(flutterLocalNotificationsPlugin),
    );
  }
}

class MyHomePage extends StatefulWidget {
  final FlutterLocalNotificationsPlugin flutterLocalNotificationsPlugin;

  MyHomePage(this.flutterLocalNotificationsPlugin);

  @override
  _MyHomePageState createState() => _MyHomePageState();
}

class _MyHomePageState extends State<MyHomePage> {
  Future<void> scheduleNotification(DateTime dateTime) async {
    const AndroidNotificationDetails androidPlatformChannelSpecifics =
        AndroidNotificationDetails('channel_id', 'channel_name',
            importance: Importance.max,
            priority: Priority.high,
            ticker: 'ticker');
    const NotificationDetails platformChannelSpecifics =
        NotificationDetails(android: androidPlatformChannelSpecifics);
    await widget.flutterLocalNotificationsPlugin.zonedSchedule(
      0,
      '예약 알림',
      '예약된 이벤트가 시작됩니다.',
      tz.TZDateTime(tz.local, dateTime.year, dateTime.month, dateTime.day,
          dateTime.hour, dateTime.minute),
      platformChannelSpecifics,
      androidAllowWhileIdle: true,
      uiLocalNotificationDateInterpretation:
          UILocalNotificationDateInterpretation.absoluteTime,
    );
```

```
    showDialog(
      context: context,
      builder: (BuildContext context) {
        return AlertDialog(
          title: Text('예약 알림'),
          content: Text('알림이 예약되었습니다.'),
          actions: [
            TextButton(
              onPressed: () => Navigator.of(context).pop(),
              child: Text('닫기'),
            ),
          ],
        );
      },
    );
  }
@override
  Widget build(BuildContext context) {
    return Scaffold(
      appBar: AppBar(title: Text("Reservation App")),
      body: Center(
        child: ElevatedButton(
          onPressed: () async {
            final DateTime reservationTime =
                DateTime.now().add(Duration(minutes: 5));
            await scheduleNotification(reservationTime);
          },
          child: Text('알림 예약'),
        ),
      ),
    );
  }
}
```

위의 코드는 Flutter에서 flutter_local_notifications 패키지를 사용하여 예약 알림을 설정한
다. 앱을 실행하고 "알림 예약" 버튼을 누르면 현재 시간으로부터 5분 후에 알림이 예약된다. 예
약 시간은 scheduleNotification 함수에서 설정된다. 알림은 예약 시간에 도달하면 장치에 표시
된다. 위의 코드에서는 간단한 다이얼로그를 표시하여 알림이 예약되었음을 사용자에게 알린다.

로컬 저장소와 파일 시스템

▽ **핵심 키워드**

로컬 저장소, Shared Preferences, 파일 시스템, Path Provider

여기서는 무얼 배울까

로컬 저장소와 파일 시스템은 플러터 애플리케이션에서 데이터를 저장하고 관리하는 방법을 제공하는데, 이 로컬 파일 시스템에 접근하여 파일을 생성, 수정, 삭제하고 파일 경로를 관리하는 방법과 더불어 앱 설정 정보나 간단한 데이터를 키-값 형태로 저장하고 조회하는 방법을 배운다.

로컬 저장소 개요

로컬 저장소는 앱이 사용자의 기기에 데이터를 영구적으로 저장하고 검색할 수 있는 저장 공간이다. Flutter에서는 로컬 저장소를 사용하여 앱 데이터를 관리할 수 있다. 로컬 저장소를 활용하면 사용자의 설정, 프로필, 캐시, 오프라인 데이터 등을 유지하고 읽고 쓸 수 있다. Flutter에서 로컬 저장소에 데이터를 저장하고 검색하는 방법에는 여러 가지가 있다. 가장 일반적으로 사용되는 방법은 다음과 같다.

Shared Preferences

shared_preferences 패키지를 사용하여 키-값 형태의 데이터를 로컬 저장소에 저장한다. 이 방법은 작은 데이터 세트에 적합하며, 사용자의 환경 설정, 테마, 로그인 상태 등의 데이터를 저장하는 데 유용하다. shared_preferences 패키지는 기기의 간단한 키-값 저장소인 Shared Preferences를 사용한다.

파일 시스템

path_provider 패키지를 사용하여 기기의 파일 시스템 경로를 확인하고, dart:io 패키지를 사용하여 파일을 생성, 읽기, 쓰기 등의 작업을 수행한다. 이 방법은 대용량 데이터, 이미지, 동영상 등의 파일을 다룰 때 유용하다. path_provider 패키지는 기기의 파일 시스템 경로를 찾기 위한 간단한 API를 제공한다.

SQLite 데이터베이스

SQFlite 패키지를 사용하여 SQLite 데이터베이스를 로컬에 생성하고 데이터를 저장, 조회, 수정, 삭제하는 작업을 수행할 수 있다. 이 방법은 구조화된 데이터를 지속적으로 관리하고 검색해야 할 때 유용하다. SQFlite 패키지는 Flutter 앱에서 SQLite 데이터베이스를 사용하기 위한 편리한 API를 제공한다.

로컬 저장소를 활용하여 앱 데이터를 영구적으로 저장하고 검색하는 방법은 앱의 요구사항에 따라 다를 수 있다. 데이터의 크기, 구조, 액세스 방식 등을 고려하여 적절한 방법을 선택해야 한다. 각 방법에 대한 자세한 사용법은 해당 패키지의 문서를 참고하면 된다.

Shared Preferences 패키지 사용 방법

Shared Preferences는 Flutter 앱에서 Key-Value 형태의 데이터를 로컬 저장소에 저장하기 위한 패키지다. 사용자의 환경 설정, 테마, 로그인 상태 등과 같은 작은 데이터 세트를 관리하는 데 유용하다. Shared Preferences를 사용하려면 shared_preferences 패키지를 프로젝트에 추가해야 한다.

패키지 추가하기

pubspec.yaml 파일의 dependencies 섹션에 다음과 같이 shared_preferences 패키지를 추가한다.

```
dependencies:
  shared_preferences: ^2.0.0
```

패키지를 추가한 후, 터미널에서 flutter pub get 명령을 실행하여 패키지를 가져온다.

Shared Preferences 사용하기

Shared Preferences 인스턴스를 얻기 위해 Shared Preferences.getInstance() 메서드를 호출한다.

```
SharedPreferences prefs = await SharedPreferences.getInstance();
```

데이터 저장하기

Shared Preferences 인스턴스의 set 메서드를 사용하여 데이터를 저장한다.

```
prefs.setString('username', 'John');
prefs.setInt('age', 25);
prefs.setBool('isLogged', true);
```

데이터 조회하기

Shared Preferences 인스턴스의 get 메서드를 사용하여 데이터를 조회한다.

```
String? username = prefs.getString('username');
int? age = prefs.getInt('age');
bool? isLogged = prefs.getBool('isLogged');
```

데이터 수정하기

Shared Preferences 인스턴스의 set 메서드를 사용하여 데이터를 수정한다. 이미 저장된 키에 대해 값을 변경하면 된다.

```
prefs.setInt('age', 26);
```

데이터 삭제하기

Shared Preferences 인스턴스의 remove 메서드를 사용하여 데이터를 삭제한다.

```
prefs.remove('age');
```

모든 데이터 삭제하기

Shared Preferences 인스턴스의 clear 메서드를 사용하여 저장된 모든 데이터를 삭제한다.

```
prefs.clear();
```

Shared Preferences 패키지는 Android 애플리케이션에서 사용자의 설정 및 기타 데이터를 저장하는 데 유용한 도구다. Shared Preferences 패키지를 사용하면 데이터를 쉽게 저장하고 가져올 수 있으며, 데이터는 암호화되어 저장되므로 보안이 뛰어나다. Shared Preferences를 사용하여 간단한 키-값 형태의 데이터를 로컬 저장소에 저장하고 검색할 수 있다. 자세한 내용과 다양한 사용 코드는 shared preferences 패키지의 문서를 참고하기 바란다.

> **Clear Comment**
>
> Shared Preferences는 단순한 데이터 저장과 검색에 적합하며, 대용량 데이터나 구조화된 데이터를 저장하기에는 적합하지 않습니다. 복잡한 데이터 구조를 저장해야 할 경우에는 SQLite 데이터베이스나 외부 서버와의 통신을 고려해야 합니다.

```
dependencies:
  shared_preferences: ^X.X.X
```

여기서 ^X.X.X는 사용하고자 하는 패키지의 실제 버전 번호로 바꿔서 사용해야 한다.

> **손으로 익히는 코딩**

```dart
import 'package:flutter/material.dart';
import 'package:shared_preferences/shared_preferences.dart';

void main() {
  runApp(MyApp());
}

class MyApp extends StatefulWidget {
  @override
  _MyAppState createState() => _MyAppState();
}
```

```dart
class _MyAppState extends State<MyApp> {
  final TextEditingController _nameController = TextEditingController();
  late SharedPreferences _preferences;
  String _userName = '';

  @override
  void initState() {
    super.initState();
    _loadUserName();
  }

  Future<void> _loadUserName() async {
    _preferences = await SharedPreferences.getInstance();
    setState(() {
      _userName = _preferences.getString('user_name') ?? '';
    });
  }

  Future<void> _saveUserName() async {
    final String userName = _nameController.text;
    _preferences = await SharedPreferences.getInstance();
    await _preferences.setString('user_name', userName);
    setState(() {
      _userName = userName;
    });
    _nameController.clear();
  }

  @override
  Widget build(BuildContext context) {
    return MaterialApp(
      title: 'Shared Preferences App',
      theme: ThemeData(
        primarySwatch: Colors.blue,
      ),
      home: Scaffold(
        appBar: AppBar(
          title: Text('Shared Preferences App'),
        ),
        body: Padding(
          padding: const EdgeInsets.all(16.0),
```

```
        child: Column(
          crossAxisAlignment: CrossAxisAlignment.start,
          children: [
            Text(
              '안녕하세요, $_userName님!',
              style: TextStyle(fontSize: 24),
            ),
            SizedBox(height: 16),
            Text('이름을 입력하세요:'),
            TextField(
              controller: _nameController,
            ),
            SizedBox(height: 16),
            ElevatedButton(
              onPressed: _saveUserName,
              child: Text('저장'),
            ),
          ],
        ),
      ),
    ),
  );
  }
}
```

위의 코드는 Flutter에서 shared_preferences 패키지를 사용하여 사용자의 이름을 저장하고 표시하는 간단한 앱의 코드다. 앱을 실행하면 이름을 입력할 수 있는 텍스트 필드와 저장 버튼이 표시된다. 이름을 입력하고 저장 버튼을 누르면 이름이 저장되고 화면에 표시된다. 앱이 종료된 후에도 Shared Preferences는 로컬에 저장된 데이터를 유지한다. 다음번에 앱을 실행하면 이전에 저장한 이름이 표시된다.

파일 시스템 다루기

Flutter에서는 dart:io 패키지를 사용하여 파일 시스템을 다룰 수 있다. 파일 시스템을 사용하여 파일을 생성, 읽기, 쓰기, 삭제 등의 작업을 수행할 수 있다. 아래는 파일 시스템 다루기에 대한 자세한 설명이다.

파일 생성

dart:io 패키지의 File 클래스를 사용하여 파일을 생성할 수 있다.

```
File file = File('path/to/file.txt');
```

파일 쓰기

writeAsString 메서드를 사용하여 파일에 문자열을 쓴다.

```
file.writeAsString('Hello, World!');
```

파일 읽기

readAsString 메서드를 사용하여 파일에서 문자열을 읽는다.

```
String contents = await file.readAsString();
```

파일 삭제

delete 메서드를 사용하여 파일을 삭제한다.

```
await file.delete();
```

디렉토리 생성

Directory 클래스를 사용하여 디렉토리를 생성할 수 있다.

```
Directory directory = Directory('path/to/directory');
```

디렉토리 내의 파일 목록 가져오기

list 메서드를 사용하여 디렉토리 내의 파일 및 하위 디렉토리 목록을 가져온다.

```
List<FileSystemEntity> files = directory.listSync();
```

디렉토리 삭제

delete 메서드를 사용하여 디렉토리를 삭제한다. recursive 매개변수를 true로 설정하면 하위 디렉토리 및 파일도 함께 삭제된다.

```
await directory.delete(recursive: true);
```

파일 및 디렉토리 존재 여부 확인

exists 메서드를 사용하여 파일이나 디렉토리의 존재 여부를 확인할 수 있다.

```
bool fileExists = await file.exists();
bool directoryExists = await directory.exists();
```

Path Provider 패키지 사용 방법

Path Provider는 Flutter에서 로컬 파일 시스템 경로를 가져오는 기능을 제공하는 패키지다. 다양한 플랫폼에서 일관된 방식으로 파일 시스템 경로를 얻을 수 있어 유용하다. 아래는 Path Provider 패키지의 사용 방법에 대한 설명이다.

패키지 추가

pubspec.yaml 파일에 Path Provider 패키지를 추가한다.

```
dependencies:
  path_provider: ^2.2.2
```

패키지 가져오기

파일의 상단에 다음과 같이 Path Provider 패키지를 가져온다.

```
import 'package:path_provider/path_provider.dart';
```

디렉토리 경로 얻기

다음 메서드를 사용하여 특정 유형의 디렉토리 경로를 얻을 수 있다.

● getApplicationDocumentsDirectory(): 애플리케이션의 문서 디렉토리 경로

● getApplicationSupportDirectory(): 애플리케이션의 지원 디렉토리 경로

● getExternalStorageDirectory(): 외부 저장소(공유 저장소) 디렉토리 경로

● getExternalCacheDirectories(): 외부 캐시 디렉토리 경로 목록

● getTemporaryDirectory(): 일시적으로 사용하는 파일을 저장하는 데 사용

```
Directory appDocDir = await getApplicationDocumentsDirectory();
String appDocPath = appDocDir.path;

Directory appSupportDir = await getApplicationSupportDirectory();
String appSupportPath = appSupportDir.path;

Directory externalStorageDir = await getExternalStorageDirectory();
String externalStoragePath = externalStorageDir.path;

List<Directory> externalCacheDirs = await getExternalCacheDirectories();
```

플랫폼별 경로 사용

얻은 경로를 사용하여 파일 및 디렉토리를 생성, 읽기, 쓰기 등의 작업을 수행할 수 있다. Path Provider 패키지는 플랫폼별로 경로를 제공하므로 플랫폼 간에 일관된 파일 시스템 작업을 수행할 수 있다. 자세한 내용은 Path Provider 패키지의 문서를 참고하기 바란다.

```
dependencies:
  path_provider: ^X.X.X
  image_picker: ^X.X.X
```

여기서 ^X.X.X는 사용하고자 하는 패키지의 실제 버전 번호로 바꿔서 사용해야 한다.

손으로 익히는 코딩

```dart
import 'dart:io';
import 'package:flutter/material.dart';
import 'package:image_picker/image_picker.dart';
import 'package:path_provider/path_provider.dart';

void main() {
  runApp(MyApp());
}

class MyApp extends StatelessWidget {
  @override
  Widget build(BuildContext context) {
    return MaterialApp(
      title: 'File System Example',
      theme: ThemeData(
        primarySwatch: Colors.blue,
      ),
      home: MyHomePage(),
    );
  }
}

class MyHomePage extends StatefulWidget {
  @override
  _MyHomePageState createState() => _MyHomePageState();
}
```

```
class _MyHomePageState extends State<MyHomePage> {
  File? _imageFile;

  Future<void> _selectImage() async {
    final picker = ImagePicker();
    final pickedFile = await picker.pickImage(source: ImageSource.gallery);

    if (pickedFile != null) {
      setState(() {
        _imageFile = File(pickedFile.path);
      });
    }
  }

  Future<String?> _saveImage() async {
    if (_imageFile == null) return null;
    final directory = await getApplicationDocumentsDirectory();
    final fileName = DateTime.now().millisecondsSinceEpoch.toString();
    final imagePath = '${directory.path}/$fileName.jpg';

    await _imageFile!.copy(imagePath);
    return imagePath;
  }

  @override
  Widget build(BuildContext context) {
    return Scaffold(
      appBar: AppBar(
        title: Text('File System Example'),
      ),
      body: Center(
        child: Column(
          mainAxisAlignment: MainAxisAlignment.center,
          children: [
            if (_imageFile != null) ...[
              Image.file(_imageFile!),
              SizedBox(height: 16),
              ElevatedButton(
                onPressed: () async {
                  final savedImagePath = await _saveImage();
                  if (savedImagePath != null) {
```

```
                    ScaffoldMessenger.of(context).showSnackBar(
                      SnackBar(content: Text('Image saved at $savedImagePath')),
                    );
                  }
                },
                child: Text('Save Image'),
              ),
            ] else ...[
              Text('No Image Selected'),
              SizedBox(height: 16),
              ElevatedButton(
                onPressed: _selectImage,
                child: Text('Select Image'),
              ),
            ],
          ],
        ),
      ),
    );
  }
}
```

위의 코드에서는 Flutter 앱에서 이미지를 선택하고 선택한 이미지를 로컬 디렉토리에 저장한다. 앱을 실행하면 "Select Image" 버튼이 표시된다. 이 버튼을 눌러 이미지를 선택하면 선택한 이미지가 화면에 표시된다. 그리고 "Save Image" 버튼을 누르면 선택한 이미지가 로컬 디렉토리에 저장되고 해당 경로가 스낵바로 표시된다. 앱이 실행될 때마다 새로운 이미지를 선택하고 저장할 수 있으며, 저장된 이미지는 앱의 로컬 디렉토리에 유지된다.

에러에서 배우기

파일 권한 설정

이미지를 선택하려면 디바이스의 파일 시스템에 액세스할 수 있는 권한이 필요하다. 따라서 앱의 AndroidManifest.xml 파일과 Info.plist 파일에 파일 액세스에 필요한 권한을 설정해야 하며, 만약 권한 설정을 누락할 시 앱이 실행 중에 오류가 발생할 수 있다.

1. 예외 처리

챕터4 연습문제에서 만들었던 제품 목록을 표시하고 제품 선택 시 상세 정보를 보여 주는 쇼핑 앱에서 제품을 추가하는 기능을 만들고, 예외처리를 추가해 보자.

● 예외 처리 부분 : AddProductDialog에서 제품 추가 버튼을 클릭하면, _AddProductDialogState 클래스의 onPressed 콜백이 호출된다. 해당 콜백에서는 입력된 제품 이름, 설명, 가격, 이미지 URL을 검증한다. 만약 어떤 항목이 비어 있다면, ScaffoldMessenger를 사용하여 오류 메세지를 표시한다. 사용자에게 빈 항목은 추가할 수 없다는 안내 메시지를 보여 준다. 제품 목록에 이미 동일한 이름의 제품이 있는지 확인한다. 이미 존재한다면 오류 다이얼로그를 표시하여 중복된 제품을 추가할 수 없다는 안내 메시지를 보여 준다.

● 제품 추가 기능 : ProductListScreen에서 floatingActionButton을 통해 제품 추가 버튼을 누를 수 있다. 이때 AddProductDialog가 나타나며, 제품 이름, 설명, 가격, 이미지 URL을 입력할 수 있는 텍스트 필드를 제공한다. 추가 버튼을 클릭하면 onAddProduct 콜백이 호출된다. 해당 콜백에서는 입력된 제품 정보를 검증하고 유효한 경우, 새로운 Product 객체를 생성하여 products 리스트에 추가한다. 추가된 제품은 화면에 반영되기 위해 setState 메서드를 호출하여 화면을 업데이트한다.

● 메시지 출력 : 예외 처리 시 ScaffoldMessenger를 사용하여 메시지를 처리할 수 있다. 상태를 관리하기 위해 GlobalKey〈ScaffoldMessengerState〉를 생성한다. 이 키는 ScaffoldMessenger의 상태에 접근할 수 있는 역할을 한다. ScaffoldMessenger를 앱의 위젯 트리에 추가하여 사용할 준비를 한다. 이 위젯은 다른 영역에서 메시지를 표시할 수 있게 해 준다.

2. 라이브러리 및 패키지

챕터4 연습문제에서 만들었던 여행 가이드 앱에 라이브러리 및 패키지를 추가해 보자. 'google_

maps_flutter' 패키지를 추가하여 앱에서 도시나 관광지의 위치를 표시하고 지도 기능을 사용해 보자. pubspec.yaml 파일에 google_maps_flutter 패키지가 올바르게 추가되었는지 확인한다. google_maps_flutter 패키지를 사용하기 위해 pubspec.yaml 파일에 다음과 같은 의존성을 추가해야 한다.

```
dependencies:
  flutter:
    sdk: flutter
  google_maps_flutter: ^x.x.x
```

AndroidManifest.xml 파일에서 Google 지도 API 키를 올바르게 설정했는지 확인한다. 다음과 같이 AndroidManifest.xml 파일에 〈meta-data〉 요소를 추가하여 Google 지도 API 키를 설정해야 한다.

```
<application>
  <!-- ... -->
  <meta-data
    android:name="com.google.android.geo.API_KEY"
    android:value="YOUR_API_KEY" />
</application>
```

YOUR_API_KEY 부분을 발급받은 Google 지도 API 키로 대체해야 한다.

3. 데이터베이스 연동

이번에는 사용자가 직접 앱에서 도시나 관광지를 추가할 수 있도록 데이터베이스 연동을 추가해 보자. SQFlite 패키지를 이용하여 로컬 데이터베이스를 만들어 본다. 도시의 관광지 목록이 표시고, 관광지를 선택하면 해당 관광지의 상세 정보 및 위치가 나타도록 해 본다. 데이터베이스를 통해 정보를 저장하여 앱을 종료하고 다시 시작해도 데이터가 유지될 수 있도록 해 본다.

4. API 연동

이번에는 관광지 정보 API와 지도 API를 활용하여 앱을 업그레이드 해 보자. Google Places API의 API 키를 입력하고, http 패키지를 사용하여 API 호출을 수행하고 JSON 데이터를 처리해야 한다. getAttractionPhoto 함수를 통해 관광지의 사진을 가져오고, Image.network 위젯을 사용하여 표시할 수 있다. 관광지를 선택하고 해당 관광지의 상세 정보와 지도가 표시되도록 만들어 본다.

- 관광지 정보 API: 사용자가 선택한 관광지의 상세 정보를 가져와 앱에 표시할 수 있다. 예를 들어, Google Places API를 사용하여 관광지의 설명, 사진, 평가 등을 가져올 수 있다.
- 지도 API: 사용자가 선택한 관광지의 위치를 지도에 표시할 수 있다. Google Maps API를 사용하여 관광지의 위치를 지도에 표시할 수 있다.

5. 알림

이번에는 관광지 알림과 할 일 알림을 추가해 보자.

- 관광지 알림: 사용자가 특정 관광지에 도착했을 때 알림을 표시한다. 사용자가 관광지의 위치에 근접하면 위치 서비스를 사용하여 알림을 트리거할 수 있다.
- 할일 알림: 사용자가 관광지를 방문하기로 계획한 날짜와 시간에 알림을 표시한다. 사용자가 관광지를 선택하고 방문 날짜와 시간을 지정할 수 있도록 앱에 해당 기능을 추가할 수 있다.

flutter_local_notifications 패키지를 추가해야 한다. pubspec.yaml 파일에 다음과 같이 패키지를 추가한다.

```
dependencies:
  flutter_local_notifications: ^X.X.X
```

6. 로컬 저장소와 파일 시스템

이번에는 파일 다운로드 및 관리와 이미지 캐싱을 추가해 보자.

- 파일 다운로드 및 관리: 관광지 사진이나 지도 이미지 등의 파일을 다운로드하고 앱에서 관리할 수 있다. http 패키지를 사용하여 파일을 다운로드하고, path_provider 패키지를 사용하여 로컬 파일 시스템의 경로를 얻을 수 있다. 이를 통해 파일을 저장하고 읽어올 수 있다.
- 이미지 캐싱: 사용자가 앱에서 표시되는 이미지를 로컬에 캐싱하여 네트워크 비용을 절감하고 빠른 이미지 로딩을 제공할 수 있다. cached_network_image 패키지를 사용하여 이미지를 캐싱하고 관리할 수 있다.

http 패키지와 path_provider 패키지를 pubspec.yaml 파일에 추가해 준다.

```
dependencies:
  flutter:
    sdk: flutter
  http: ^X.X.X
  path_provider: ^X.X.X
```

1. 예외 처리

```dart
import 'package:flutter/material.dart';

void main() {
  runApp(ShoppingApp());
}

class ShoppingApp extends StatelessWidget {
  @override
  Widget build(BuildContext context) {
    return MaterialApp(
      title: '쇼핑 앱',
      theme: ThemeData(
        primarySwatch: Colors.blue,
      ),
      home: ProductListScreen(),
    );
  }
}

class ProductListScreen extends StatefulWidget {
  @override
  _ProductListScreenState createState() => _ProductListScreenState();
}

class _ProductListScreenState extends State<ProductListScreen> {
  final GlobalKey<ScaffoldMessengerState> _scaffoldMessengerKey =
      GlobalKey<ScaffoldMessengerState>();
  final List<Product> products = [
    Product(
      name: '아이폰 13 Pro',
      description: '최신 아이폰 모델',
      price: 1299,
      image: 'assets/images/iphone.png',
    ),
    Product(
      name: '갤럭시 S21 Ultra',
      description: '갤럭시 최고 사양',
      price: 1199,
      image: 'assets/images/galaxy.png',
```

```
    ),
    // 다른 제품 추가
  ];

  void addProduct(String name, String description, double price, String image) {
    if (name.isEmpty || description.isEmpty || image.isEmpty) {
      _showError('빈 항목은 추가할 수 없습니다.');
      return;
    }

    if (products.any((product) => product.name == name)) {
      _showError('이미 쇼핑 목록에 있는 항목입니다.');
      return;
    }

    products.add(Product(
      name: name,
      description: description,
      price: price.toInt(),
      image: image,
    ));
    setState(() {});
  }

  void _showError(String message) {
    _scaffoldMessengerKey.currentState?.showSnackBar(
      SnackBar(
        content: Text(message),
      ),
    );
  }

  @override
  Widget build(BuildContext context) {
    return ScaffoldMessenger(
        key: _scaffoldMessengerKey,
        child: Scaffold(
          appBar: AppBar(
            title: Text('제품 목록'),
          ),
          body: ListView.builder(
            itemCount: products.length,
            itemBuilder: (context, index) {
```

```
              final product = products[index];
              return GestureDetector(
                onTap: () {
                  Navigator.push(
                    context,
                    MaterialPageRoute(
                      builder: (context) =>
                          ProductDetailScreen(product: product),
                    ),
                  );
                },
                child: ProductCard(
                  product: product,
                ),
              );
            },
          ),
        floatingActionButton: FloatingActionButton(
          onPressed: () {
            showDialog(
              context: context,
              builder: (_) => AddProductDialog(
                onAddProduct: addProduct,
              ),
            );
          },
          child: Icon(Icons.add),
        ),
      ));
  }
}

class ProductCard extends StatelessWidget {
  final Product product;

  const ProductCard({required this.product});

  @override
  Widget build(BuildContext context) {
    return Card(
      child: ListTile(
        leading: Image.asset(
          product.image,
```

```
              width: 60,
              height: 60,
          ),
          title: Text(product.name),
          subtitle: Text(product.description),
        ),
      );
    }
  }

  class ProductDetailScreen extends StatelessWidget {
    final Product product;

    const ProductDetailScreen({required this.product});

    @override
    Widget build(BuildContext context) {
      return Scaffold(
        appBar: AppBar(
          title: Text('제품 상세 정보'),
        ),
        body: Column(
          children: [
            Image.asset(
              product.image,
              width: 200,
              height: 200,
            ),
            SizedBox(height: 16.0),
            Text(
              product.name,
              style: TextStyle(fontSize: 20.0, fontWeight: FontWeight.bold),
            ),
            Text(
              product.description,
              style: TextStyle(fontSize: 16.0),
            ),
            Text(
              '가격: \$${product.price}',
              style: TextStyle(fontSize: 16.0),
            ),
          ],
        ),
```

```
    );
  }
}

class Product {
  final String name;
  final String description;
  final int price;
  final String image;

  Product({
    required this.name,
    required this.description,
    required this.price,
    required this.image,
  });
}

class AddProductDialog extends StatefulWidget {
  final Function(String, String, double, String) onAddProduct;

  const AddProductDialog({required this.onAddProduct});

  @override
  _AddProductDialogState createState() => _AddProductDialogState();
}

class _AddProductDialogState extends State<AddProductDialog> {
  final _nameController = TextEditingController();
  final _priceController = TextEditingController();
  final _imageController = TextEditingController();
  final _descriptionController = TextEditingController();

  @override
  Widget build(BuildContext context) {
    return AlertDialog(
      title: Text('제품 추가'),
      content: Column(
        mainAxisSize: MainAxisSize.min,
        children: [
          TextField(
            controller: _nameController,
            decoration: InputDecoration(
```

```
          labelText: '상품 이름',
        ),
      ),
      TextField(
        controller: _descriptionController,
        decoration: InputDecoration(
          labelText: '상품 설명',
        ),
      ),
      TextField(
        controller: _priceController,
        decoration: InputDecoration(
          labelText: '상품 가격',
        ),
        keyboardType: TextInputType.number,
      ),
      TextField(
        controller: _imageController,
        decoration: InputDecoration(
          labelText: '이미지 URL',
        ),
      ),
    ],
  ),
),
actions: [
  TextButton(
    onPressed: () {
      Navigator.pop(context);
    },
    child: Text('취소'),
  ),
  ElevatedButton(
    onPressed: () {
      final name = _nameController.text;
      final price = double.tryParse(_priceController.text) ?? 0.0;
      final image = _imageController.text;
      final description = _descriptionController.text;
      widget.onAddProduct(name, description, price, image);
      Navigator.pop(context);
    },
    child: Text('추가'),
  ),
],
```

```
      );
    }
  }
```

addProduct 메서드에서 두 가지 주요 예외를 처리한다.

● 빈 항목 검사: 사용자가 제품 이름, 설명 또는 이미지 필드 중 하나라도 비워 둔 경우에 대한 검사가 있다. 만약 하나라도 비워져 있으면 "빈 항목은 추가할 수 없습니다."라는 에러 메시지가 표시된다. 이를 통해 사용자는 누락된 정보 없이 제품을 추가해야 한다.

● 중복 검사: 제품 목록에 이미 동일한 이름의 제품이 있는지 확인한다. 만약 이미 동일한 이름의 제품이 있다면 "이미 쇼핑 목록에 있는 항목입니다."라는 에러 메시지가 표시된다. 이렇게 하면 중복된 제품이 목록에 추가되지 않다.

_showError 메서드는 에러 메시지를 스낵바로 표시한다. 스낵바는 화면 하단에 일시적으로 나타나는 메시지를 보여 주는 위젯이다. _scaffoldMessengerKey.currentState를 사용하여 현재 스캐폴드 메신저 상태에 접근하고, 그 상태를 사용하여 스낵바를 표시한다.

_AddProductDialogState 클래스는 제품을 추가하는 다이얼로그를 나타낸다. 이 다이얼로그에서는 사용자가 제품의 이름, 설명, 가격, 이미지 URL을 입력할 수 있다. 추가 버튼을 클릭하면 이 입력 값들이 수집되고, widget.onAddProduct 콜백을 통해 부모 위젯에 전달된다. 사용자가 가격 필드에 유효하지 않은 값을 입력하는 경우, double.tryParse를 사용하여 파싱하고, 만약 파싱에 실패하면 0.0으로 처리된다.

2. 라이브러리 및 패키지

```
import 'package:flutter/material.dart';
import 'package:google_maps_flutter/google_maps_flutter.dart';

void main() {
  runApp(TravelGuideApp());
}

class TravelGuideApp extends StatelessWidget {
  @override
  Widget build(BuildContext context) {
    return MaterialApp(
      title: '여행 가이드',
```

```
      theme: ThemeData(
        primarySwatch: Colors.blue,
      ),
      initialRoute: '/',
      routes: {
        '/': (context) => HomeScreen(),
        '/city': (context) => CityDetailScreen(),
        '/attraction': (context) => AttractionDetailScreen(),
      },
    );
  }
}

class HomeScreen extends StatelessWidget {
  @override
  Widget build(BuildContext context) {
    return Scaffold(
      appBar: AppBar(
        title: Text('도시 목록'),
      ),
      body: ListView(
        children: [
          ListTile(
            title: Text('파리'),
            onTap: () {
              Navigator.pushNamed(context, '/city', arguments: '파리');
            },
          ),
          ListTile(
            title: Text('미국'),
            onTap: () {
              Navigator.pushNamed(context, '/city', arguments: '미국');
            },
          ),
          ListTile(
            title: Text('서울'),
            onTap: () {
              Navigator.pushNamed(context, '/city', arguments: '서울');
            },
          ),
        ],
      ),
    );
```

```
    }
}

class CityDetailScreen extends StatelessWidget {
  @override
  Widget build(BuildContext context) {
    final String cityName =
        ModalRoute.of(context)!.settings.arguments as String;

    return Scaffold(
      appBar: AppBar(
        title: Text(cityName),
      ),
      body: ListView(
        children: [
          if (cityName == '파리')
            ListTile(
              title: Text('에펠탑'),
              onTap: () {
                Navigator.pushNamed(context, '/attraction', arguments: {
                  'name': '에펠탑',
                  'location': LatLng(48.8584, 2.2945), // 에펠탑의 위치 좌표
                });
              },
            ),
          if (cityName == '파리')
            ListTile(
              title: Text('루브르 박물관'),
              onTap: () {
                Navigator.pushNamed(context, '/attraction', arguments: {
                  'name': '루브르 박물관',
                  'location': LatLng(48.8606, 2.3376), // 루브르 박물관의 위치 좌표
                });
              },
            ),
          if (cityName == '미국')
            ListTile(
              title: Text('자유의 여신상'),
              onTap: () {
                Navigator.pushNamed(context, '/attraction', arguments: {
                  'name': '자유의 여신상',
                  'location': LatLng(40.6892494, -74.0445004), // 자유의 여신상의 위치 좌표
                });
```

```
      },
    ),
    if (cityName == '미국')
      ListTile(
        title: Text('센트럴 파크'),
        onTap: () {
          Navigator.pushNamed(context, '/attraction', arguments: {
            'name': '센트럴 파크',
            'location': LatLng(40.7460724, -73.9481328), // 센트럴 파크의 위치 좌표
          });
        },
      ),
    if (cityName == '서울')
      ListTile(
        title: Text('경복궁'),
        onTap: () {
          Navigator.pushNamed(context, '/attraction', arguments: {
            'name': '경복궁',
            'location': LatLng(37.5796, 126.9770), // 경복궁의 위치 좌표
          });
        },
      ),
    if (cityName == '서울')
      ListTile(
        title: Text('명동'),
        onTap: () {
          Navigator.pushNamed(context, '/attraction', arguments: {
            'name': '명동',
            'location': LatLng(37.5635, 126.9820), // 명동의 위치 좌표
          });
        },
      ),
    if (cityName == '서울')
      ListTile(
        title: Text('북촌 한옥마을'),
        onTap: () {
          Navigator.pushNamed(context, '/attraction', arguments: {
            'name': '북촌 한옥마을',
            'location': LatLng(37.5824, 126.9837), // 북촌 한옥마을의 위치 좌표
          });
        },
      ),
    if (cityName == '서울')
```

```dart
          ListTile(
            title: Text('남산 타워'),
            onTap: () {
              Navigator.pushNamed(context, '/attraction', arguments: {
                'name': '남산 타워',
                'location': LatLng(37.5516, 126.9882), // 남산 타워의 위치 좌표
              });
            },
          ),
        ],
      ),
    );
  }
}

class AttractionDetailScreen extends StatelessWidget {
  @override
  Widget build(BuildContext context) {
    final Map<String, dynamic>? attractionInfo =
        ModalRoute.of(context)!.settings.arguments as Map<String, dynamic>?;

    if (attractionInfo == null) {
      return Scaffold(
        appBar: AppBar(
          title: Text('Error'),
        ),
        body: Center(
          child: Text('Invalid attraction data'),
        ),
      );
    }

    final String attractionName = attractionInfo['name'];
    final LatLng attractionLocation = attractionInfo['location'];

    return Scaffold(
      appBar: AppBar(
        title: Text(attractionName),
      ),
      body: Column(
        children: [
          Expanded(
            child: GoogleMap(
```

```
            initialCameraPosition: CameraPosition(
              target: attractionLocation,
              zoom: 15,
            ),
            markers: {
              Marker(
                markerId: MarkerId(attractionName),
                position: attractionLocation,
              ),
            },
          ),
        ),
        Padding(
          padding: const EdgeInsets.all(8.0),
          child: Text(
            '여기는 $attractionName의 상세 정보 화면입니다.',
            style: TextStyle(fontSize: 18),
          ),
        ),
      ],
    ),
  );
  }
}
```

챕터4의 연습문제 코드에서 CityDetailScreen 위젯과 AttractionDetailScreen 위젯이 수정되었다. 관광지 선택 시 해당 관광지의 이름과 위치 좌표를 arguments 매개변수로 전달하고, AttractionDetailScreen 위젯에서 해당 정보를 받아와 Google 지도에 표시한다. 인터넷과 위치 권한을 설정하여야 앱이 정상적으로 작동된다.

3. 데이터베이스 연동

```
import 'package:flutter/material.dart';
import 'package:google_maps_flutter/google_maps_flutter.dart';
import 'package:sqflite/sqflite.dart';
import 'package:path/path.dart';

void main() async {
  WidgetsFlutterBinding.ensureInitialized();
  final database = openDatabase(
```

```dart
      join(await getDatabasesPath(), 'travel_guide.db'),
      onCreate: (db, version) {
        return db.execute(
          'CREATE TABLE locations(id INTEGER PRIMARY KEY, name TEXT,
          latitude REAL, longitude REAL)',
        );
      },
      version: 1,
  );
  runApp(TravelGuideApp(database: database));
}

class TravelGuideApp extends StatelessWidget {
  final Future<Database> database;

  TravelGuideApp({required this.database});

  @override
  Widget build(BuildContext context) {
    return MaterialApp(
      title: '여행 가이드',
      theme: ThemeData(
        primarySwatch: Colors.blue,
      ),
      initialRoute: '/',
      routes: {
        '/': (context) => HomeScreen(database: database),
        '/city': (context) => CityDetailScreen(database: database),
        '/attraction': (context) => AttractionDetailScreen(database: database),
      },
    );
  }
}

class HomeScreen extends StatelessWidget {
  final Future<Database> database;

  HomeScreen({required this.database});

  @override
  Widget build(BuildContext context) {
    return Scaffold(
      appBar: AppBar(
```

```
          title: Text('도시 목록'),
        ),
        body: FutureBuilder<List<String>>(
          future: getCities(),
          builder: (context, snapshot) {
            if (snapshot.hasData) {
              final cities = snapshot.data!;
              return ListView.builder(
                itemCount: cities.length,
                itemBuilder: (context, index) {
                  final cityName = cities[index];
                  return ListTile(
                    title: Text(cityName),
                    onTap: () {
                      Navigator.pushNamed(context, '/city', arguments: cityName);
                    },
                  );
                },
              );
            } else if (snapshot.hasError) {
              return Text('데이터 로딩 중 오류가 발생했습니다.');
            }
            return CircularProgressIndicator();
          },
        ),
      );
    }

  Future<List<String>> getCities() async {
    final db = await database;
    final cities = await db.query('locations', columns: ['name']);
    return List.generate(
        cities.length, (index) => cities[index]['name'] as String);
  }
}

class CityDetailScreen extends StatelessWidget {
  final Future<Database> database;

  CityDetailScreen({required this.database});

  @override
  Widget build(BuildContext context) {
```

```
  final String cityName =
    ModalRoute.of(context)!.settings.arguments as String;

  return Scaffold(
    appBar: AppBar(
      title: Text(cityName),
    ),
    body: FutureBuilder<List<Map<String, dynamic>>>(
      future: getAttractions(cityName),
      builder: (context, snapshot) {
        if (snapshot.hasData) {
          final attractions = snapshot.data!;
          return ListView.builder(
            itemCount: attractions.length,
            itemBuilder: (context, index) {
              final attractionInfo = attractions[index];
              return ListTile(
                title: Text(attractionInfo['name'] as String),
                onTap: () {
                  final attractionLocation = LatLng(
                    attractionInfo['latitude'] as double,
                    attractionInfo['longitude'] as double,
                  );
                  Navigator.pushNamed(context, '/attraction', arguments: {
                    'name': attractionInfo['name'],
                    'location': attractionLocation,
                  });
                },
              );
            },
          );
        } else if (snapshot.hasError) {
          return Text('데이터 로딩 중 오류가 발생했습니다.');
        }
        return CircularProgressIndicator();
      },
    ),
  );
}

Future<List<Map<String, dynamic>>> getAttractions(String cityName) async {
  final db = await database;
  final attractions = await db.query(
```

```
        'locations',
        where: 'name = ?',
        whereArgs: [cityName],
      );
      return attractions;
    }
  }

class AttractionDetailScreen extends StatelessWidget {
  final Future<Database> database;

  AttractionDetailScreen({required this.database});

  @override
  Widget build(BuildContext context) {
    final Map<String, dynamic>? attractionInfo =
        ModalRoute.of(context)!.settings.arguments as Map<String, dynamic>?;

    if (attractionInfo == null) {
      return Scaffold(
        appBar: AppBar(
          title: Text('Error'),
        ),
        body: Center(
          child: Text('Invalid attraction data'),
        ),
      );
    }

    final String attractionName = attractionInfo['name'] as String;
    final LatLng attractionLocation = attractionInfo['location'] as LatLng;

    return Scaffold(
      appBar: AppBar(
        title: Text(attractionName),
      ),
      body: Column(
        children: [
          Expanded(
            child: GoogleMap(
              initialCameraPosition: CameraPosition(
                target: attractionLocation,
                zoom: 15,
```

```
          ),
        markers: {
          Marker(
            markerId: MarkerId(attractionName),
            position: attractionLocation,
          ),
        },
      ),
    ),
    Padding(
      padding: const EdgeInsets.all(8.0),
      child: Text(
        '여기는 $attractionName의 상세 정보 화면입니다.',
        style: TextStyle(fontSize: 18),
      ),
    ),
  ],
    ),
  );
  }
}
```

. 'SQFlite' 패키지를 사용하여 로컬 데이터베이스를 설정하고 관광지 정보를 가져오는 기능이 추가되었다. 필요한 패키지를 임포트하고 앱을 실행하면 도시 목록이 표시되고, 도시를 선택하면 해당 도시의 관광지 목록이 표시된다. 관광지를 선택하면 해당 관광지의 상세 정보 및 위치가 나타난다. 초기데이터를 사용하거나 데이터 추가 기능을 넣어서 사용할 수 있다.

4. API 연동

이전 3번 문제 코드에서 다음과 같은 코드를 추가하여 작성하면 된다.

```
import 'package:http/http.dart' as http;
import 'dart:convert';

class AttractionDetailScreen extends StatefulWidget {
  final Future<Database> database;

  AttractionDetailScreen({required this.database});

  @override
  _AttractionDetailScreenState createState() => _AttractionDetailScreenState();
```

```dart
}

class _AttractionDetailScreenState extends State<AttractionDetailScreen> {
  final String apiKey = 'YOUR_API_KEY'; // API 키를 입력하세요.

  Future<Map<String, dynamic>> getAttractionDetails(String attractionId) async {
    final url = Uri.parse('https://maps.googleapis.com/maps/api/place/details/
    json?place_id=$attractionId&key=$apiKey');
    final response = await http.get(url);

    if (response.statusCode == 200) {
      final data = json.decode(response.body);
      final result = data['result'];
      return {
        'name': result['name'],
        'address': result['formatted_address'],
        'phone': result['formatted_phone_number'],
        'rating': result['rating'],
        'photoReference': result['photos'][0]['photo_reference'],
      };
    } else {
      throw Exception('Failed to load attraction details');
    }
  }

  @override
  Widget build(BuildContext context) {
    final Map<String, dynamic> attractionInfo =
        ModalRoute.of(context)!.settings.arguments as Map<String, dynamic>;
    final String attractionName = attractionInfo['name'];
    final LatLng attractionLocation = attractionInfo['location'];
    return Scaffold(
      appBar: AppBar(
        title: Text(attractionName),
      ),
      body: Column(
        children: [
          Expanded(
            child: FutureBuilder<Map<String, dynamic>>(
              future: getAttractionDetails(attractionName),
              builder: (context, snapshot) {
                if (snapshot.hasData) {
                  final attractionDetails = snapshot.data!;
```

```
return Column(
  children: [
    Expanded(
      child: GoogleMap(
        initialCameraPosition: CameraPosition(
          target: attractionLocation,
          zoom: 15,
        ),
        markers: {
          Marker(
            markerId: MarkerId(attractionName),
            position: attractionLocation,
          ),
        },
      ),
    ),
    Padding(
      padding: const EdgeInsets.all(8.0),
      child: Column(
        crossAxisAlignment: CrossAxisAlignment.start,
        children: [
          Text(
            '이름: ${attractionDetails['name']}',
            style: TextStyle(fontSize: 18),
          ),
          Text(
            '주소: ${attractionDetails['address']}',
            style: TextStyle(fontSize: 18),
          ),
          Text(
            '전화번호: ${attractionDetails['phone']}',
            style: TextStyle(fontSize: 18),
          ),
          Text(
            '평점: ${attractionDetails['rating']}',
            style: TextStyle(fontSize: 18),
          ),
          SizedBox(height: 16),
          FutureBuilder<Widget>(
            future: getAttractionPhoto(attractionDetails
            ['photoReference']),
            builder: (context, snapshot) {
              if (snapshot.hasData) {
```

```
                                return snapshot.data!;
                            } else if (snapshot.hasError) {
                                return Text('사진을 로드하는 중 오류가 발생했습니다.');
                            }
                            return CircularProgressIndicator();
                        },
                    ),
                ],
            ),
          ),
        ],
      );
    } else if (snapshot.hasError) {
        return Text('관광지 세부 정보를 로드하는 중 오류가 발생했습니다.');
    }
    return CircularProgressIndicator();
},
      ),
    ),
  ],
  ),
);
}

Future<Widget> getAttractionPhoto(String photoReference) async {
  final url = Uri.parse('https://maps.googleapis.com/maps/api/place/photo?
  maxwidth=400&photoreference=$photoReference&key=$apiKey');
  final response = await http.get(url);

  if (response.statusCode == 200) {
    return Image.network(url.toString());
  } else {
    throw Exception('관광지 사진을 로드하는 데 실패했습니다.');
  }
 }
}
```

위의 코드에서 YOUR_API_KEY 부분에 Google Places API의 API 키를 입력해야 한다. 또한 코드
에서는 http 패키지를 사용하여 API 호출을 수행하고 JSON 데이터를 처리한다. Attraction
DetailScreen 위젯에서는 관광지의 상세 정보와 관련된 데이터를 API로부터 가져온다. 상세 정보에
는 관광지의 이름, 주소, 전화번호, 평점 및 사진이 포함된다. 또한 getAttractionPhoto 함수를 통

해 관광지의 사진을 가져온다. 이 사진은 Image.network 위젯을 사용하여 표시된다. 이제 AttractionDetailScreen 위젯에 지도와 관광지 정보가 표시되는 기능이 추가되었다. API 키를 올바르게 설정하고 필요한 종속성을 가져온 뒤 앱을 실행하면 관광지를 선택하고 해당 관광지의 상세 정보와 지도가 표시된다.

5. 알림

```dart
import 'package:flutter/material.dart';
import 'package:google_maps_flutter/google_maps_flutter.dart';
import 'package:sqflite_common_ffi/sqflite_ffi.dart';
import 'package:path/path.dart';
import 'package:flutter_local_notifications/flutter_local_notifications.dart';
import 'dart:async';
import 'package:timezone/timezone.dart' as tz;

void main() async {
  WidgetsFlutterBinding.ensureInitialized();
  final FlutterLocalNotificationsPlugin flutterLocalNotificationsPlugin =
      FlutterLocalNotificationsPlugin();
  const AndroidInitializationSettings initializationSettingsAndroid =
      AndroidInitializationSettings('app_icon');
  const InitializationSettings initializationSettings =
      InitializationSettings(android: initializationSettingsAndroid);
  await flutterLocalNotificationsPlugin.initialize(initializationSettings);

  sqfliteFfiInit();
  databaseFactory = databaseFactoryFfi;
  final database = await openDatabase(
    join(await getDatabasesPath(), 'travel_guide.db'),
    onCreate: (db, version) {
      return db.execute(
        'CREATE TABLE locations(id INTEGER PRIMARY KEY, name TEXT, latitude REAL, longitude REAL)',
      );
    },
    version: 1,
  );

  final NotificationService notificationService = NotificationService();
  await notificationService.init();

  runApp(TravelGuideApp(
```

```dart
      database: database,
      notificationService: notificationService,
    ));
}

class TravelGuideApp extends StatelessWidget {
  final Database database;
  final NotificationService notificationService;

  TravelGuideApp({
    required this.database,
    required this.notificationService,
  });

  @override
  Widget build(BuildContext context) {
    return MaterialApp(
      title: '여행 가이드',
      theme: ThemeData(
        primarySwatch: Colors.blue,
      ),
      initialRoute: '/',
      routes: {
        '/': (context) => HomeScreen(
              database: database,
              notificationService: notificationService,
            ),
        '/city': (context) => CityDetailScreen(
              database: database,
              notificationService: notificationService,
            ),
        '/attraction': (context) => AttractionDetailScreen(
              database: database,
              notificationService: notificationService,
            ),
      },
    );
  }
}

class HomeScreen extends StatelessWidget {
  final Database database;
  final NotificationService notificationService;
```

```dart
HomeScreen({
  required this.database,
  required this.notificationService,
});
Future<void> selectNotification(String? payload) async {
  if (payload != null) {
    debugPrint('notification payload: $payload');
  }
}

@override
Widget build(BuildContext context) {
  return Scaffold(
    appBar: AppBar(
      title: const Text('도시 목록'),
    ),
    body: FutureBuilder<List<String>>(
      future: getCities(),
      builder: (context, snapshot) {
        if (snapshot.hasData) {
          final cities = snapshot.data!;
          return ListView.builder(
            itemCount: cities.length,
            itemBuilder: (context, index) {
              final cityName = cities[index];
              return ListTile(
                title: Text(cityName),
                onTap: () {
                  Navigator.pushNamed(context, '/city', arguments: cityName);
                },
              );
            },
          );
        } else if (snapshot.hasError) {
          return Text('데이터 로딩 중 오류가 발생했습니다.');
        }
        return const CircularProgressIndicator();
      },
    ),
  );
}
```

```dart
  Future<List<String>> getCities() async {
    final db = await database;
    final cities = await db.query('locations', columns: ['name']);
    return cities.map((city) => city['name'] as String).toList();
  }
}

class CityDetailScreen extends StatelessWidget {
  final Database database;
  final NotificationService notificationService;

  CityDetailScreen({required this.database, required this.notificationService});
  @override
  Widget build(BuildContext context) {
    final String cityName =
        ModalRoute.of(context)!.settings.arguments as String;
     return Scaffold(
      appBar: AppBar(
        title: Text(cityName),
      ),
      body: FutureBuilder<List<Map<String, dynamic>>>(
        future: getAttractions(cityName),
        builder: (context, snapshot) {
          if (snapshot.hasData) {
            final attractions = snapshot.data!;
            return ListView.builder(
              itemCount: attractions.length,
              itemBuilder: (context, index) {
                final attractionInfo = attractions[index];
                return ListTile(
                  title: Text(attractionInfo['name'] as String),
                  onTap: () async {
                    final attractionLocation = LatLng(
                      attractionInfo['latitude'] as double,
                      attractionInfo['longitude'] as double,
                    );
                    Navigator.pushNamed(context, '/attraction', arguments: {
                      'name': attractionInfo['name'],
                      'location': attractionLocation,
                    });
                    // 관광지 알림 표시
                    await notificationService.showNotification(
                      title: "도착지 알림",
```

```
                    body: "${attractionInfo['name']}에 도착했습니다.",
                  );
              },
            );
          },
        );
      } else if (snapshot.hasError) {
        return Text('데이터 로딩 중 오류가 발생했습니다.');
      }
      return const CircularProgressIndicator();
    },
  ),
  );
}

Future<List<Map<String, dynamic>>> getAttractions(String cityName) async {
  final db = await database;
  final attractions = await db.query(
    'locations',
    where: 'name = ?',
    whereArgs: [cityName],
  );
  return attractions;
}
}

class AttractionDetailScreen extends StatelessWidget {
  final Database database;
  final NotificationService notificationService;
  AttractionDetailScreen(
      {required this.database, required this.notificationService});
  @override
  Widget build(BuildContext context) {
    final Map<String, dynamic> attractionInfo =
        ModalRoute.of(context)!.settings.arguments as Map<String, dynamic>;
    final String attractionName = attractionInfo['name'];
    final LatLng attractionLocation = attractionInfo['location'];
    return Scaffold(
      appBar: AppBar(
        title: Text(attractionName),
      ),
      body: Column(
        children: [
```

```dart
        Expanded(
          child: GoogleMap(
            initialCameraPosition: CameraPosition(
              target: attractionLocation,
              zoom: 15,
            ),
            markers: {
              Marker(
                markerId: MarkerId(attractionName),
                position: attractionLocation,
              ),
            },
          ),
        ),

        Padding(
          padding: const EdgeInsets.all(8.0),
          child: Text(
            '여기는 $attractionName의 상세 정보 화면입니다.',
            style: TextStyle(fontSize: 18),
          ),
        ),
        ElevatedButton(
          onPressed: () async {
            final dateTime = DateTime.now().add(Duration(seconds: 10));
            // 할일 알림 표시
            await notificationService.scheduleNotification(
              title: "여행 계획 알림",
              body: "$attractionName 방문일이 예정되었습니다.",
              scheduledTime: dateTime,
            );
          },
          child: Text('할일 알림 추가'),
        ),
      ],
    ),
  );
  }
}

class NotificationService {
  final FlutterLocalNotificationsPlugin flutterLocalNotificationsPlugin =
      FlutterLocalNotificationsPlugin();
```

```dart
  static const String channelId = 'travel_guide_notifications';
  static const String channelName = 'Travel Guide Notifications';

  Future<void> init() async {
    final AndroidInitializationSettings initializationSettingsAndroid =
        AndroidInitializationSettings('app_icon');
    final InitializationSettings initializationSettings =
        InitializationSettings(android: initializationSettingsAndroid);
    await flutterLocalNotificationsPlugin.initialize(initializationSettings);
  }

  Future<void> showNotification(
      {required String title, required String body}) async {
    const AndroidNotificationDetails androidPlatformChannelSpecifics =
        AndroidNotificationDetails(channelId, channelName,
            importance: Importance.max, priority: Priority.high);

    const NotificationDetails platformChannelSpecifics =
        NotificationDetails(android: androidPlatformChannelSpecifics);

    await flutterLocalNotificationsPlugin
        .show(0, title, body, platformChannelSpecifics, payload: 'item x');
  }

  Future<void> scheduleNotification(
      {required String title,
      required String body,
      required DateTime scheduledTime}) async {
    var androidPlatformChannelSpecifics = AndroidNotificationDetails(
        channelId, channelName,
        importance: Importance.max, priority: Priority.high);
    var platformChannelSpecifics =
        NotificationDetails(android: androidPlatformChannelSpecifics);

    await flutterLocalNotificationsPlugin.zonedSchedule(0, title, body,
        tz.TZDateTime.from(scheduledTime, tz.local), platformChannelSpecifics,
        uiLocalNotificationDateInterpretation:
            UILocalNotificationDateInterpretation.absoluteTime,
        androidAllowWhileIdle: true);
  }
}
```

위의 코드는 flutter_local_notifications 패키지를 사용하여 알림을 표시하는 기능을 추가한 예시이다. 코드에서 알림 관련 부분은 주석으로 표시되어 있으니 참고하시기 바란다. 알림을 표시하려면 기기에서 푸시 알림을 지원하는 필요가 있다. Android에서는 FCM(Firebase Cloud Messaging)을 사용하여 알림을 보낼 수 있으며, iOS에서는 APNs(Apple Push Notification service)를 사용하여 알림을 보낼 수 있다. 해당 플랫폼에서 알림 설정을 구성해야 한다. 또한 사용자의 위치에 액세스해야 관광지 알림을 활성화할 수 있다. 위치 서비스에 액세스하기 위해 geolocator 패키지를 사용할 수 있다.

6. 로컬 저장소와 파일 시스템

```dart
import 'dart:async';
import 'dart:io';
import 'package:flutter/material.dart';
import 'package:http/http.dart' as http;
import 'package:path_provider/path_provider.dart';
import 'package:cached_network_image/cached_network_image.dart';

void main() {
  runApp(TravelGuideApp());
}

class TravelGuideApp extends StatelessWidget {
  @override
  Widget build(BuildContext context) {
    return MaterialApp(
      title: 'Travel Guide',
      theme: ThemeData(
        primarySwatch: Colors.blue,
      ),
      home: HomeScreen(),
    );
  }
}

class HomeScreen extends StatefulWidget {
  @override
  _HomeScreenState createState() => _HomeScreenState();
}

class _HomeScreenState extends State<HomeScreen> {
```

```dart
final imageUrl = 'https://example.com/images/travel_guide.png'; // 서버의 이미지 URL로 변경
File? downloadedImage;

@override
Widget build(BuildContext context) {
  return Scaffold(
    appBar: AppBar(
      title: Text('Home'),
    ),
    body: Center(
      child: Column(
        mainAxisAlignment: MainAxisAlignment.center,
        children: [
          ElevatedButton(
            onPressed: () {
              uploadImage(context);
            },
            child: Text('Upload Image'),
          ),
          SizedBox(height: 20),
          ElevatedButton(
            onPressed: () {
              downloadImage(context);
            },
            child: Text('Download Image'),
          ),
          SizedBox(height: 20),
          if (downloadedImage != null)
            Image.file(downloadedImage!, height: 200)
          else
            Icon(Icons.error),
        ],
      ),
    ),
  );
}

Future<void> uploadImage(BuildContext context) async {
  final response = await http.get(Uri.parse(imageUrl));

  final temporaryDirectory = await getTemporaryDirectory();
  final temporaryFilePath = '${temporaryDirectory.path}/travel_guide.png';
```

```
final file = File(temporaryFilePath);
await file.writeAsBytes(response.bodyBytes);

// 이미지를 서버로 업로드
final uploadUrl = 'https://example.com/upload'; // 서버의 업로드 URL로 변경
final uploadResponse = await http.post(Uri.parse(uploadUrl), body: {
  'image': await file.readAsBytes(),
});

if (uploadResponse.statusCode == 200) {
  showDialog(
    context: context,
    builder: (context) {
      return AlertDialog(
        title: Text('Image Uploaded'),
        content: Text('The image has been uploaded to the server.'),
        actions: [
          TextButton(
            onPressed: () {
              Navigator.of(context).pop();
            },
            child: Text('OK'),
          ),
        ],
      );
    },
  );
} else {
  showDialog(
    context: context,
    builder: (context) {
      return AlertDialog(
        title: Text('Upload Failed'),
        content: Text('Failed to upload the image to the server.'),
        actions: [
          TextButton(
            onPressed: () {
              Navigator.of(context).pop();
            },
            child: Text('OK'),
          ),
        ],
      );
    },
```

```
      },
    );
  }
}

Future<void> downloadImage(BuildContext context) async {
  final appDirectory = await getApplicationDocumentsDirectory();
  final permanentFilePath = '${appDirectory.path}/travel_guide.png';

  final response = await http.get(Uri.parse(imageUrl));

  final file = File(permanentFilePath);
  await file.writeAsBytes(response.bodyBytes);

  setState(() {
    downloadedImage = file;
  });

  showDialog(
    context: context,
    builder: (context) {
      return AlertDialog(
        title: Text('Image Downloaded'),
        content: Text('The image has been downloaded and saved.'),
        actions: [
          TextButton(
            onPressed: () {
              Navigator.of(context).pop();
            },
            child: Text('OK'),
          ),
        ],
      );
    },
  );
}
}
```

위의 코드에서는 http 패키지를 사용하여 이미지를 다운로드하고, path_provider 패키지를 사용하여 앱의 일시적인 디렉토리에 이미지를 저장한다. 다운로드한 이미지는 CachedNetworkImage 위젯을 사용하여 표시되며, 이미지 캐싱이 적용된다. 이미지 다운로드 버튼을 누르면 이미지가 다운로드되고 저장된 후에 다이얼로그가 표시된다.

1. 예외 처리

플러터 애플리케이션뿐만 아니라 개발에서 예외 처리는 중요한 부분이다. 예외 상황을 처리하는 메커니즘을 학습하였다. 예외 처리는 앱이 예상치 못한 상황에 대비하고 오류를 처리하고 복구하는 방법을 제공한다. 예외 처리를 통해 앱의 안정성을 향상시키고 사용자에게 더 나은 사용 경험을 제공할 수 있다.

2. 라이브러리 및 패키지

플러터 애플리케이션을 개발할 때 외부 라이브러리와 패키지를 활용할 수 있다. 다양한 라이브러리와 패키지를 가져오고 사용하는 방법을 배웠다. 외부 패키지를 활용하면 앱의 기능을 향상시킬 수 있으며, 개발 시간을 단축시킬 수도 있다.

3. 데이터베이스 연동

대부분의 애플리케이션은 데이터를 저장하고 관리해야 한다. 플러터에서는 다양한 데이터베이스와 연동할 수 있다. 데이터베이스에 데이터를 저장, 검색, 수정하는 방법을 학습하였다. 데이터베이스 연동을 통해 앱의 데이터 관리 기능을 개발할 수 있다.

4. API 연동

플러터 애플리케이션은 외부 API와 통신하여 데이터를 가져올 수 있다. RESTful API와 통신하여 데이터를 처리하는 방법을 배웠다. API 요청과 응답을 처리하는 방법을 학습하고, 외부 서비스의 데이터를 앱에서 활용할 수 있다.

5. 알림

알림은 사용자에게 중요한 정보를 전달하는 데 도움을 주는 기능이다. 플러터 앱에서 알림을 표시하고 푸시 알림을 구현하는 방법을 배웠다. 알림 기능을 추가하면 앱 사용자에게 더 좋은 상호작용과 개인화된 경험을 제공할 수 있다.

6. 로컬 저장소와 파일 시스템

플러터 앱은 로컬 저장소와 파일 시스템을 활용하여 데이터를 저장하고 관리할 수 있다. 로컬 저장소와 파일 시스템을 다루며, 파일을 읽고 쓰는 방법을 학습하였다. 로컬 저장소와 파일 시스템을 사용하면 오프라인 환경에서도 앱의 데이터를 유지하고 관리할 수 있다.

CHAPTER

07

플러터의 고급 주제

01

Provider와 BLoC 패턴

✓ 핵심 키워드

Provider, ChangeNotifier, Consumer, BLoC, Stream, Sink

여기서는 무얼 배울까

Provider 패턴은 상태 관리를 위한 효과적인 방법으로, 데이터를 제공하고 공유하는 메커니즘을 제공한다. 그리고 BLoC 패턴은 비즈니스 로직과 UI를 분리하여 애플리케이션의 상태 관리와 상호 작용을 단순화하는 패턴이다. 언급한 두 패턴을 통해 효율적이고 확장 가능한 애플리케이션 아키텍처를 구축하는 방법을 학습하게 된다.

Provider 패턴 개요

Provider 패턴은 플러터 애플리케이션에서 사용되는 상태 관리 패턴 중 하나로, 전역적으로 상태를 관리하고 위젯 갱신을 처리하는 데 도움을 준다. Provider 패턴은 앱 전역에서 데이터를 공유하고 상태 변경에 따라 위젯을 갱신하는 데 사용된다. 이 패턴은 상태 변경에 대한 관리와 위젯 갱신을 간편하게 처리할 수 있다. Provider 패턴은 주로 세 가지 주요 요소로 구성된다.

- Model 또는 State: 이는 상태를 관리하는 클래스다. 일반적으로 ChangeNotifier 클래스를 상속하고, 상태 변경을 위한 메서드를 제공한다. 이 클래스는 앱의 상태를 추적하고 필요한 변경 사항을 알려 준다.

- Provider: Provider는 Model 또는 State 클래스를 위젯 트리에 제공하는 클래스다. 이 클래스는 InheritedWidget를 확장하여 데이터를 제공하고, 다른 위젯에서 이 데이터에 접근할 수 있도록 한다. Provider를 사용하면 앱의 상태를 모든 자식 위젯에게 전파할 수 있다.

- Consumer: Consumer는 Provider로부터 데이터를 구독하고, 데이터가 변경될 때만 해당 위젯을 갱신한다. 이를 통해 필요한 위젯만 다시 렌더링되어 성능을 최적화할 수 있다. Consumer 위젯은 Provider로부터 필요한 데이터를 읽고, 데이터가 변경될 때만 해당 위젯을 다시 렌더링한다.

Provider 패턴을 사용하면 앱 전역에서 상태를 관리하고 필요한 위치에서 상태를 사용할 수 있다. 이를 통해 앱의 상태 관리가 단순화되고, 위젯 간의 데이터 흐름이 원활하게 이루어진다. Provider 패턴은 플러터의 다양한 기능과 잘 통합되어 있으며, 효율적인 상태 관리와 위젯 갱신을 가능하게 한다. 또한 BLoC(Business Logic Component) 패턴과 함께 사용되면 더욱 강력한 상태 관리와 비즈니스 로직* 분리를 구현할 수 있다. BLoC 패턴은 비즈니스 로직과 상태를 분리하여 관리하는 패턴으로, Provider 패턴과 조합하여 앱의 상태 관리와 비즈니스 로직을 모듈화하고 테스트하기 쉽게 만들어 준다.

Provider 패턴은 플러터에서 일반적으로 사용되는 상태 관리 패턴 중 하나이며, 앱의 규모와 복잡성에 따라 유연하게 적용할 수 있다. Provider 패키지는 플러터에서 제공하는 상태 관리를 위한 기본 패키지로, ChangeNotifier와 Provider 클래스를 포함하고 있다. 이를 통해 간편하게 상태 관리를 구현할 수 있으며, 앱의 성능과 유지 보수성을 향상시킬 수 있다.

Provider 패키지 사용 방법

Provider 패키지는 플러터에서 제공하는 상태 관리 패키지로, 애플리케이션의 상태를 관리하고 공유하기 위해 사용된다. Provider 패키지를 사용하려면 다음 단계를 따라야 한다.

의존성 추가

먼저 프로젝트의 pubspec.yaml 파일에 Provider 패키지의 의존성을 추가해야 한다. dependencies 섹션에 provider를 추가한다.

```
dependencies:
  flutter:
    sdk: flutter
  provider: ^X.X.X
```

여기서 ^X.X.X은 provider 패키지의 버전을 나타내며, https://pub.dev/packages/provider에서 최신 버전을 사용하여야 한다.

기초 용어 정리

* 비즈니스 로직: 애플리케이션에서 실제로 동작하는 핵심 로직을 의미한다. 이는 애플리케이션의 목적과 요구사항에 따라 다르며, 주로 데이터 처리, 상태 변환, 규칙 및 조건 처리, 외부 서비스와의 상호작용 등을 다룬다.

모델 또는 상태 클래스 생성

Provider 패턴을 사용하기 위해 모델 또는 상태 클래스를 생성해야 한다. 이 클래스는 Change Notifier 클래스를 상속하고, 애플리케이션의 상태를 관리하는 필드와 상태 변경을 위한 메서드를 포함해야 한다.

```
import 'package:flutter/foundation.dart';

class CounterModel extends ChangeNotifier {
  int _count = 0;

  int get count => _count;

  void increment() {
    _count++;
    notifyListeners();
  }

  void decrement() {
    _count--;
    notifyListeners();
  }
}
```

Provider 제공

이제 모델 또는 상태 클래스를 위젯 트리에 제공해야 한다. 이를 위해 MultiProvider나 Change NotifierProvider를 사용할 수 있다.

① MultiProvider를 사용하는 경우

```
import 'package:flutter/material.dart';
import 'package:provider/provider.dart';

void main() {
  runApp(
    MultiProvider(
      providers: [
        ChangeNotifierProvider(create: (_) => CounterModel()),
```

```dart
      // 다른 Provider를 여기에 추가할 수 있다.
    ],
    child: MyApp(),
  ),
 );
}


class MyApp extends StatelessWidget {
 @override
 Widget build(BuildContext context) {
   return MaterialApp(
     title: 'My App',
     home: MyHomePage(),
   );
 }
}
```

② ChangeNotifierProvider를 사용하는 경우

```dart
import 'package:flutter/material.dart';
import 'package:provider/provider.dart';

void main() {
 runApp(
   ChangeNotifierProvider(
     create: (_) => CounterModel(),
     child: MyApp(),
   ),
 );
}


class MyApp extends StatelessWidget {
 @override
 Widget build(BuildContext context) {
   return MaterialApp(
     title: 'My App',
     home: MyHomePage(),
   );
 }
}
```

Consumer 사용

이제 Provider로부터 상태를 읽고 갱신하기 위해 Consumer 위젯을 사용할 수 있다. Consumer 위젯은 필요한 데이터를 읽고 해당 데이터가 변경될 때만 해당 위젯을 다시 렌더링한다.

```
class MyHomePage extends StatelessWidget {
 @override
 Widget build(BuildContext context) {
   return Scaffold(
     appBar: AppBar(
       title: Text('My Home Page'),
     ),
     body: Center(
       child: Consumer<CounterModel>(
         builder: (context, counter, child) {
           return Column(
             mainAxisAlignment: MainAxisAlignment.center,
             children: [
               Text(
                 'Count: ${counter.count}',
                 style: TextStyle(fontSize: 24),
               ),
               SizedBox(height: 16),
               ElevatedButton(
                 onPressed: counter.increment,
                 child: Text('Increment'),
               ),
               ElevatedButton(
                 onPressed: counter.decrement,
                 child: Text('Decrement'),
               ),
             ],
           );
         },
       ),
     ),
   );
 }
}
```

```
dependencies:
  flutter:
    sdk: flutter
  provider: ^5.0.0
```

```dart
import 'package:flutter/material.dart';
import 'package:provider/provider.dart';

class Task {
  final String name;
  bool isCompleted;

  Task({required this.name, this.isCompleted = false});
}

class TaskList extends ChangeNotifier {
  List<Task> tasks = [];

  void addTask(Task task) {
    tasks.add(task);
    notifyListeners();
  }

  void toggleTaskCompletion(int index) {
    tasks[index].isCompleted = !tasks[index].isCompleted;
    notifyListeners();
  }
}

class TodoApp extends StatelessWidget {
  @override
  Widget build(BuildContext context) {
    return ChangeNotifierProvider(
      create: (context) => TaskList(),
      child: MaterialApp(
        home: TodoScreen(),
```

```
      ),
    );
  }
}

class TodoScreen extends StatelessWidget {
  @override
  Widget build(BuildContext context) {
    final taskList = Provider.of<TaskList>(context);

    return Scaffold(
      appBar: AppBar(
        title: Text('Todo App'),
      ),
      body: ListView.builder(
        itemCount: taskList.tasks.length,
        itemBuilder: (context, index) {
          final task = taskList.tasks[index];

          return ListTile(
            leading: Checkbox(
              value: task.isCompleted,
              onChanged: (value) {
                taskList.toggleTaskCompletion(index);
              },
            ),
            title: Text(
              task.name,
              style: TextStyle(
                decoration: task.isCompleted
                    ? TextDecoration.lineThrough
                    : TextDecoration.none,
              ),
            ),
          );
        },
      ),
      floatingActionButton: FloatingActionButton(
        onPressed: () {
          showDialog(
            context: context,
            builder: (context) {
```

```
            return AddTaskDialog();
          },
        );
      },
      child: Icon(Icons.add),
    ),
  );
}
}

class AddTaskDialog extends StatelessWidget {
  final TextEditingController _textEditingController = TextEditingController();

  @override
  Widget build(BuildContext context) {
    final taskList = Provider.of<TaskList>(context, listen: false);

    return AlertDialog(
      title: Text('Add Task'),
      content: TextField(
        controller: _textEditingController,
        decoration: InputDecoration(hintText: 'Enter task name'),
      ),
      actions: [
        TextButton(
          onPressed: () {
            Navigator.pop(context);
          },
          child: Text('Cancel'),
        ),
        TextButton(
          onPressed: () {
            final taskName = _textEditingController.text;
            taskList.addTask(Task(name: taskName));
            Navigator.pop(context);
          },
          child: Text('Add'),
        ),
      ],
    );
  }
}
```

```
}

void main() {
  runApp(TodoApp());
}
```

위의 코드는 할 일 목록 앱을 Provider 패턴으로 구현한다. Task 클래스는 할 일의 이름과 완료 여부를 저장한다. TaskList 클래스는 ChangeNotifier를 상속하고, 할 일 목록을 관리하는 메서드를 제공한다. ChangeNotifier Provider를 사용하여 TaskList의 인스턴스를 생성하고, 앱 전체에서 공유될 수 있도록 제공한다. 그리고 Provider.of를 통해 상태를 가져와 UI를 업데이트한다.

에러에서 배우기

Provider 사용 전에 MultiProvider 누락
ChangeNotifierProvider를 사용하기 위해서는 MultiProvider 위젯으로 감싸 주어야 한다. MultiProvider는 여러 개의 Provider를 한번에 제공하는 위젯인데, 이를 사용하여 여러 개의 Provider를 관리하고, 앱 전역에서 사용할 수 있다.

BLoC 패턴 개요

BLoC(Business Logic Component) 패턴은 플러터(Flutter)에서 사용되는 상태 관리 패턴 중 하나다. 이 패턴은 사용자 인터페이스(UI)와 비즈니스 로직 사이의 분리를 도와주어 코드의 가독성과 재사용성을 높이는 장점을 가지고 있다. BLoC 패턴은 다음과 같은 주요 요소로 구성된다.

비즈니스 로직 (Business Logic)	애플리케이션의 핵심 비즈니스 로직을 담당하는 클래스다. 데이터 처리, API 호출, 데이터 변환 등과 같은 작업을 수행한다.
이벤트(Event)	사용자의 액션 또는 시스템에서 발생하는 이벤트를 나타내는 객체다. 이벤트는 UI에서 생성되고 BLoC에 전달된다. 예를 들어, 버튼 클릭, 사용자 입력, API 응답 등이 이벤트로 표현될 수 있다.
상태(State)	애플리케이션의 현재 상태를 나타내는 객체다. 상태는 BLoC에서 생성되고 업데이트되며, UI에 전달되어 화면을 업데이트하는 데 사용된다. UI는 상태를 구독하고 상태의 변화에 따라 화면을 업데이트한다.

BLoC	비즈니스 로직을 처리하는 클래스다. BLoC 클래스는 이벤트를 받아서 처리하고, 새로운 상태를 생성하거나 기존 상태를 변경한다. 이를 통해 UI의 업데이트를 관리한다. BLoC는 보통 Sink와 Stream을 사용하여 이벤트를 받고 상태를 내보내는 방식으로 동작한다.
스트림(Stream)	BLoC에서 이벤트를 받고 상태를 내보내는 데 사용되는 비동기적인 데이터 흐름이다. 스트림은 이벤트와 상태의 흐름을 제어하고, BLoC 패턴의 핵심 메커니즘으로 사용된다.
UI	사용자 인터페이스를 구성하는 위젯들이다. UI는 BLoC의 상태를 구독하고, 상태의 변화에 따라 화면을 업데이트한다. UI에서 이벤트를 생성하여 BLoC로 전달하고, BLoC의 상태를 화면에 표시하기 위해 사용된다.

BLoC 패턴은 다음과 같은 특징이 있다. 첫째, UI와 비즈니스 로직 사이의 단방향 데이터 흐름을 가지고 있다. UI는 이벤트를 BLoC에게 전달하고, BLoC는 이벤트에 따라 비즈니스 로직을 실행하고 새로운 상태를 내보낸다. UI는 이 새로운 상태를 구독하고 업데이트하여 사용자에게 보여 준다. 이렇게 함으로써 UI와 비즈니스 로직이 분리되어 유연하고 효율적인 개발을 할 수 있다. 둘째, BLoC 패턴은 플러터에서 flutter_bloc 패키지와 함께 사용되는 경우가 많다. flutter_bloc 패키지는 BLoC 패턴을 구현하는 데 도움이 되는 클래스와 함수를 제공한다. 이 패키지를 사용하면 BLoC 패턴을 더욱 간편하게 구현할 수 있으며, 상태 관리와 비즈니스 로직 분리에 대한 일관성과 표준화를 유지할 수 있다. 셋째, BLoC 패턴은 플러터에서 상태 관리를 위한 강력한 도구로 사용된다. 이 패턴을 사용하면 애플리케이션의 상태 관리를 효율적으로 할 수 있으며, UI와 비즈니스 로직의 분리를 통해 코드의 유지 보수성과 재사용성을 개선할 수 있다.

BLoC 패턴 구현 방법

BLoC(Business Logic Component) 패턴을 구현하는 방법에는 몇 가지 접근 방식이 있다. 다음은 BLoC 패턴을 구현하는 일반적인 접근 방식이다.

BLoC 클래스 생성

먼저 BLoC 클래스를 생성한다. 이 클래스는 비즈니스 로직을 처리하고 상태를 관리하는 역할을 한다. BLoC 클래스는 일반적으로 bloc.dart 파일에 작성된다.

```
class CounterBloc {
  int _counter = 0;

  void increment() {
    _counter++;
  }

  void decrement() {
    _counter--;
  }

  int get counter => _counter;
}
```

CounterBloc 클래스를 생성했다. 이 클래스는 비즈니스 로직을 처리하고 상태를 관리하는 역할을 한다. CounterBloc 클래스에는 increment() 메서드와 decrement() 메서드가 있다. 이 메서드들은 UI에서 발생하는 액션 또는 이벤트를 처리하기 위해 사용된다. counter 변수는 현재 상태를 나타낸다. UI에 전달하여 화면을 업데이트하는 데 사용된다. get 키워드를 사용하여 counter 변수에 접근할 수 있도록 했다.

이벤트 정의

BLoC 클래스에서 처리할 이벤트를 정의한다. 이벤트는 사용자의 액션 또는 시스템에서 발생하는 동작을 나타내며, BLoC 클래스에서 이를 처리하고 상태를 업데이트한다. 이벤트는 보통 event.dart 파일에 정의된다.

```
class CounterEvent {}
```

CounterEvent 클래스는 이벤트를 정의하는 데 사용된다. 이 클래스는 BLoC 클래스에서 처리할 이벤트를 구체적으로 정의하는 데 사용된다. 예를 들어, 사용자가 버튼을 클릭했을 때 발생하는 이벤트를 나타낼 수 있다.

상태 정의

애플리케이션의 상태를 나타내는 클래스를 정의한다. 이 클래스는 BLoC 클래스에서 생성되고 업데이트되며, UI에 전달하여 화면을 업데이트하는 데 사용된다. 상태 클래스는 일반적으로 state.dart 파일에 정의된다.

```
class CounterState {
  final int count;

  CounterState(this.count);
}
```

CounterState 클래스는 애플리케이션의 상태를 나타낸다. 이 클래스는 BLoC 클래스에서 생성 되고 업데이트되며, UI에 전달하여 화면을 업데이트하는 데 사용된다. count라는 정수형 변수를 가지며, 이 변수는 현재 카운터의 값이다. 또한 불변성(immutable)을 가지는 데이터 클래스로 작성되었으며, 생성자에서 초기 값을 받아 초기화한다.

BLoC 메서드 구현

BLoC 클래스에는 이벤트를 처리하고 상태를 업데이트하는 메서드를 구현한다. 이 메서드는 이벤트를 받아 처리하고, 필요에 따라 비즈니스 로직을 수행하여 새로운 상태를 생성하고 내보낸다. 주로 mapEventToState 메서드를 구현하며, 이벤트를 받아 처리하고 새로운 상태를 반환하는 역할을 한다.

```
import 'event.dart';
import 'state.dart';

class CounterBloc {
  int _counter = 0;

  Stream<CounterState> mapEventToState(CounterEvent event) async* {
    if (event is IncrementEvent) {
      _counter++;
    } else if (event is DecrementEvent) {
      _counter--;
    }

    yield CounterState(_counter);
  }
}
```

CounterBloc 클래스는 비즈니스 로직을 처리하고 상태를 관리하는 역할을 한다. 이 클래스는 CounterEvent와 CounterState를 사용하여 이벤트를 처리하고 상태를 업데이트한다. UI에서 발생하는 액션 또는 이벤트를 CounterBloc 클래스로 전달하면, mapEventToState 메서드에서 이를 처리하고 새로운 상태를 생성하여 UI에 전달한다.

UI와의 연결

UI에서 BLoC 클래스를 사용하여 상태를 구독하고, 상태의 변화에 따라 화면을 업데이트한다. BLoC 클래스에서 제공하는 StreamBuilder나 BlocBuilder와 같은 위젯을 사용하여 상태 변화를 감지하고 UI를 업데이트한다. UI에서 BLoC 클래스에 접근하기 위해 BlocProvider를 사용할 수도 있다.

```dart
import 'package:flutter/material.dart';
import 'bloc.dart';

void main() {
  runApp(MyApp());
}

class MyApp extends StatelessWidget {
  final CounterBloc counterBloc = CounterBloc();

  @override
  Widget build(BuildContext context) {
    return MaterialApp(
      home: Scaffold(
        appBar: AppBar(
          title: Text('BLoC Example'),
        ),
        body: Center(
          child: Column(
            mainAxisAlignment: MainAxisAlignment.center,
            children: [
              StreamBuilder<CounterState>(
```

```
            stream: counterBloc.mapEventToState(),
            builder: (context, snapshot) {
              return Text(
                'Count: ${snapshot.data.counter}',
                style: TextStyle(fontSize: 24),
              );
            },
          ),
          SizedBox(height: 16),
          Row(
            mainAxisAlignment: MainAxisAlignment.center,
            children: [
              ElevatedButton(
                onPressed: () {
                  counterBloc.increment();
                },
                child: Text('Increment'),
              ),
              SizedBox(width: 16),
              ElevatedButton(
                onPressed: () {
                  counterBloc.decrement();
                },
                child: Text('Decrement'),
              ),
            ],
          ),
        ],
      ),
    ),
  ),
);
  }
}
```

StreamBuilder 위젯은 counterBloc의 mapEventToState 메서드를 스트림으로 받아 와서, 상태 변화를 감지하고 UI를 업데이트한다. snapshot.data.counter를 통해 현재 카운터 값을 표시한다. 버튼 위젯은 ElevatedButton을 사용하고, 각 버튼의 onPressed 콜백에는 counterBloc의 increment 및 decrement 메서드를 호출하여 이벤트를 전달한다. 이렇게 구현된 코드는 BLoC 패턴을 사용하여 상태 관리와 UI 갱신을 분리하고, 앱의 확장성과 유지보수성을 향상시킨다.

이벤트 전달

UI에서 발생하는 액션 또는 이벤트를 BLoC 클래스로 전달한다. UI에서 BLoC 클래스의 인스턴스를 얻고, 해당 인스턴스의 메서드를 호출하여 이벤트를 전달한다. 이벤트는 BLoC 클래스에서 처리되어 상태의 업데이트와 UI의 갱신을 유발한다. 위의 BLoC 패턴을 사용하여 구현된 카운터 앱의 전체 코드는 다음과 같다.

```dart
import 'package:flutter/material.dart';
import 'bloc.dart';

void main() {
  runApp(MyApp());
}

class MyApp extends StatelessWidget {
  final CounterBloc counterBloc = CounterBloc();

  @override
  Widget build(BuildContext context) {
    return MaterialApp(
      home: Scaffold(
        appBar: AppBar(
          title: Text('BLoC Example'),
        ),
        body: Center(
          child: Column(
            mainAxisAlignment: MainAxisAlignment.center,
            children: [
              StreamBuilder<CounterState>(
                stream: counterBloc.mapEventToState(),
                builder: (context, snapshot) {
                  return Text(
                    'Count: ${snapshot.data.counter}',
                    style: TextStyle(fontSize: 24),
                  );
                },
              ),
              SizedBox(height: 16),
              Row(
                mainAxisAlignment: MainAxisAlignment.center,
                children: [
                  ElevatedButton(
```

```
            onPressed: () {
              counterBloc.increment();
            },
            child: Text('Increment'),
          ),
          SizedBox(width: 16),
          ElevatedButton(
            onPressed: () {
              counterBloc.decrement();
            },
            child: Text('Decrement'),
          ),
        ],
      ),
    ],
  ),
 ),
 ),
 );
 }
}

class CounterEvent {}

class CounterState {
  final int counter;

  CounterState(this.counter);
}

class CounterBloc {
  int _counter = 0;

  Stream<CounterState> mapEventToState(CounterEvent event) async* {
    if (event is IncrementEvent) {
      _counter++;
    } else if (event is DecrementEvent) {
      _counter--;
    }

    yield CounterState(_counter);
  }
```

```
  void increment() {
    // Create and add IncrementEvent to the event stream
    // to notify the BLoC to increment the counter.
  }

  void decrement() {
    // Create and add DecrementEvent to the event stream
    // to notify the BLoC to decrement the counter.
  }
}
```

● BLoC 코드

손으로 익히는 코딩

```
dependencies:
  flutter:
    sdk: flutter
  flutter_bloc: ^8.0.0
```

손으로 익히는 코딩

```
import 'package:flutter/material.dart';
import 'package:flutter_bloc/flutter_bloc.dart';

// 이벤트
abstract class CalculatorEvent {}

class AddEvent extends CalculatorEvent {
  final int operand1;
  final int operand2;

  AddEvent(this.operand1, this.operand2);
}

// 상태
abstract class CalculatorState {}

class CalculatorInitialState extends CalculatorState {}
```

```
class CalculatorResultState extends CalculatorState {
  final int result;

  CalculatorResultState(this.result);
}

// BLoC
class CalculatorBloc extends Bloc<CalculatorEvent, CalculatorState> {
  CalculatorBloc() : super(CalculatorInitialState()) {
    on<AddEvent>((event, emit) {
      emit(CalculatorResultState(event.operand1 + event.operand2));
    });
  }
}
```

● UI 코드

```
class CalculatorApp extends StatelessWidget {
  @override
  Widget build(BuildContext context) {
    return MaterialApp(
      home: Scaffold(
        appBar: AppBar(
          title: Text('Calculator'),
        ),
        body: BlocProvider(
          create: (context) => CalculatorBloc(),
          child: CalculatorScreen(),
        ),
      ),
    );
  }
}

class CalculatorScreen extends StatelessWidget {
  final TextEditingController operand1Controller = TextEditingController();
  final TextEditingController operand2Controller = TextEditingController();
```

```dart
@override
Widget build(BuildContext context) {
  final calculatorBloc = BlocProvider.of<CalculatorBloc>(context);

  return Padding(
    padding: EdgeInsets.all(16.0),
    child: Column(
      children: [
        TextField(
          controller: operand1Controller,
          keyboardType: TextInputType.number,
          decoration: InputDecoration(labelText: 'Operand 1'),
        ),
        TextField(
          controller: operand2Controller,
          keyboardType: TextInputType.number,
          decoration: InputDecoration(labelText: 'Operand 2'),
        ),
        SizedBox(height: 16.0),
        ElevatedButton(
          onPressed: () {
            final operand1 = int.parse(operand1Controller.text);
            final operand2 = int.parse(operand2Controller.text);
            calculatorBloc.add(AddEvent(operand1, operand2));
          },
          child: Text('Add'),
        ),
        SizedBox(height: 16.0),
        BlocBuilder<CalculatorBloc, CalculatorState>(
          builder: (context, state) {
            if (state is CalculatorResultState) {
              return Text(
                'Result: ${state.result}',
                style: TextStyle(fontSize: 24.0),
              );
            } else {
              return SizedBox.shrink();
            }
          },
        ),
      ],
```

```
        ),
      );
    }
  }

  void main() {
    runApp(CalculatorApp());
  }
```

위의 코드는 간단한 계산기 앱을 BLoC 패턴으로 구현한다. 사용자가 두 개의 숫자를 입력하고 "Add" 버튼을 누르면 BLoC이 이벤트를 처리하고 결과를 상태로 전달한다. 그리고 BlocBuilder를 통해 상태에 따라 UI가 업데이트된다.

Quick Tip

BLoC 패턴을 구현하는 데에는 다양한 방법과 라이브러리가 있습니다. flutter_bloc 패키지는 BLoC 패턴을 구현하기 위한 유용한 도구와 클래스를 제공하며, 상태 관리를 더욱 편리하게 해 줍니다. flutter_bloc 패키지를 사용하면 BLoC 패턴을 더 쉽게 구현하고, 이벤트 및 상태의 관리와 UI 업데이트를 효율적으로 처리할 수 있습니다.

에러에서 배우기

- **이벤트와 상태의 일치하지 않는 타입**
  AddEvent 클래스에서 operand1과 operand2는 int 타입으로 정의되어 있지만, 해당 이벤트를 처리하는 CalculatorBloc에서 이벤트를 받아들일 때 event.operand1과 event.operand2를 int로 사용하고 있다. 이벤트와 상태의 타입을 일치시켜야 한다.

- **BlocProvider 누락**
  BlocProvider 위젯을 사용하여 CalculatorBloc 인스턴스를 제공해야 한다. CalculatorApp 위젯에서 BlocProvider를 사용하여 CalculatorBloc을 생성하고 CalculatorScreen을 감싸야 한다. 이를 위해 flutter_bloc 패키지를 import하고, BlocProvider를 사용하여 CalculatorBloc을 생성하고 CalculatorScreen을 자식 위젯으로 지정해야 한다.

- **BlocBuilder를 사용하기 전에 BlocProvider로 CalculatorBloc을 제공하지 않은 경우**
  BlocBuilder를 사용하기 전에 BlocProvider로 CalculatorBloc의 인스턴스를 제공해야 한다. 그러므로 CalculatorScreen 위젯에서 BlocProvider.of<CalculatorBloc>(context)를 호출하여 CalculatorBloc을 가져와야 한다.

Provider와 BLoC의 조합 사용 방법

Provider를 사용하여 BLoC 클래스를 제공

Provider 패키지를 사용하여 BLoC 클래스를 앱 전역에서 제공한다. 이를 위해 Provider 클래스를 사용하여 BLoC 클래스를 위젯 트리에 제공한다. Provider 클래스는 InheritedWidget를 확장하고, BLoC 클래스의 인스턴스를 제공한다.

```dart
import 'package:flutter/material.dart';
import 'package:provider/provider.dart';

void main() {
  runApp(MyApp());
}

class MyApp extends StatelessWidget {
  @override
  Widget build(BuildContext context) {
    return ChangeNotifierProvider(
      create: (_) => CounterBloc(), // CounterBloc의 인스턴스를 제공한다.
      child: MaterialApp(
        home: HomeScreen(),
      ),
    );
  }
}
```

- ChangeNotifierProvider*를 사용하여 BLoC 클래스(여기서는 CounterBloc)의 인스턴스를 제공한다.

- create 속성을 사용하여 BLoC 클래스의 인스턴스를 생성하고 제공한다.

- 위젯 트리에서 ChangeNotifierProvider를 사용하여 Provider를 설정한다.

- MyApp은 앱의 진입점으로, ChangeNotifierProvider를 앱의 최상위 위젯으로 설정한다.

기초 용어 정리

* ChangeNotifierProvider: provider 패키지에서 제공하는 위젯이다. 이 위젯은 ChangeNotifier 클래스를 사용하여 상태 관리를 수행할 때 사용된다.

Consumer를 사용하여 BLoC 클래스 구독

Consumer 위젯을 사용하여 BLoC 클래스를 구독하고, BLoC의 상태 변경에 따라 UI를 업데이트한다. Consumer 위젯은 Provider로부터 제공된 BLoC 클래스의 인스턴스를 읽고, 상태가 변경될 때만 해당 위젯을 다시 렌더링한다.

```
import 'package:flutter/material.dart';
import 'package:provider/provider.dart';

class HomeScreen extends StatelessWidget {
  @override
  Widget build(BuildContext context) {
    final counterBloc = Provider.of<CounterBloc>(context);

    return Scaffold(
      appBar: AppBar(
        title: Text('BLoC Example'),
      ),
      body: Center(
        child: Consumer<CounterBloc>(
          builder: (context, counterBloc, _) {
            return Text(
              'Count: ${counterBloc.counter}',
              style: TextStyle(fontSize: 24),
            );
          },
        ),
      ),
    );
  }
}
```

● Provider.of 메서드를 사용하여 CounterBloc의 인스턴스를 가져온다.

● Consumer 위젯을 사용하여 BLoC 클래스(여기서는 CounterBloc)를 구독한다.

● builder 콜백 함수를 사용하여 BLoC 클래스의 인스턴스를 읽고 UI를 생성한다.

● Consumer 위젯은 BLoC 클래스의 상태가 변경될 때만 해당 UI를 다시 렌더링한다.

BLoC 클래스에서 데이터 제공

BLoC 클래스 내부에서 데이터를 관리하고, 필요한 상태를 제공한다. BLoC 클래스는 ChangeNotifier를 상속하고, 데이터의 변경을 위한 메서드를 구현한다. 변경된 데이터는 Provider 클래스를 통해 위젯 트리로 전달된다.

```
import 'package:flutter/foundation.dart';

class CounterBloc with ChangeNotifier {
  int _counter = 0;

  int get counter => _counter;

  void increment() {
    _counter++;
    notifyListeners(); // 상태 변경을 알린다.
  }

  void decrement() {
    _counter--;
    notifyListeners(); // 상태 변경을 알린다.
  }
}
```

- ChangeNotifier를 상속한 CounterBloc 클래스를 정의한다.

- counter getter를 사용하여 _counter 값을 외부로 제공한다.

- increment와 decrement 메서드를 사용하여 _counter 값을 변경하고, notifyListeners() 를 호출하여 상태 변경을 알린다.

BLoC 클래스와 UI 간의 상호 작용

UI에서 사용자 액션 또는 이벤트를 생성하고, 해당 이벤트를 BLoC 클래스로 전달한다. BLoC 클래스는 이벤트를 처리하고 상태를 업데이트하며, 변경된 상태는 Provider를 통해 UI로 다시 전달된다.

```dart
import 'package:flutter/material.dart';
import 'package:provider/provider.dart';

// 이벤트 클래스 정의
class IncrementEvent {}

class DecrementEvent {}

// BLoC 클래스 정의
class CounterBloc with ChangeNotifier {
  int _counter = 0;

  int get counter => _counter;

  void increment() {
    _counter++;
    notifyListeners();
  }

  void decrement() {
    _counter--;
    notifyListeners();
  }
}

void main() {
  runApp(
    ChangeNotifierProvider(
      create: (_) => CounterBloc(),
      child: MyApp(),
    ),
  );
}

class MyApp extends StatelessWidget {
  @override
  Widget build(BuildContext context) {
    // BLoC 인스턴스 가져오기
    final counterBloc = Provider.of<CounterBloc>(context);

    return MaterialApp(
      home: Scaffold(
        appBar: AppBar(
```

```dart
        title: Text('BLoC Example'),
      ),
      body: Center(
        child: Column(
          mainAxisAlignment: MainAxisAlignment.center,
          children: [
            Consumer<CounterBloc>(
              builder: (context, counterBloc, _) {
                return Text(
                  'Count: ${counterBloc.counter}',
                  style: TextStyle(fontSize: 24),
                );
              },
            ),
            SizedBox(height: 16),
            Row(
              mainAxisAlignment: MainAxisAlignment.center,
              children: [
                ElevatedButton(
                  onPressed: () {
                    // IncrementEvent 생성 및 BLoC 클래스로 전달
                    counterBloc.increment();
                  },
                  child: Text('Increment'),
                ),
                SizedBox(width: 16),
                ElevatedButton(
                  onPressed: () {
                    // DecrementEvent 생성 및 BLoC 클래스로 전달
                    counterBloc.decrement();
                  },
                  child: Text('Decrement'),
                ),
              ],
            ),
          ],
        ),
      ),
    );
  }
}
```

위의 코드에서는 IncrementEvent와 DecrementEvent라는 이벤트 클래스를 정의하고, CounterBloc 클래스에서 이벤트를 처리하고 상태를 업데이트한다. UI에서는 Provider.of〈CounterBloc〉(context) 를 사용하여 BLoC 클래스의 인스턴스를 가져와서 사용한다. 사용자가 "Increment" 또는 "Decrement" 버튼을 누를 때 해당 이벤트를 생성하고 BLoC 클래스로 전달한다. BLoC 클래스는 이벤트를 받아서 상 태를 업데이트하고, 변경된 상태는 notifyListeners()를 통해 UI로 다시 전달된다. UI는 변경된 상태를 구독하고, 상태가 업데이트될 때마다 자동으로 업데이트된다. 이를 통해 UI와 BLoC 클래스 간의 상호 작용이 이루어지고, 상태 변화에 따라 UI가 업데이트된다.

비즈니스 로직 분리

BLoC 클래스는 비즈니스 로직을 담당하고, 데이터의 변화와 UI 업데이트를 관리한다. Provider 를 사용하여 BLoC 클래스를 제공하므로, 비즈니스 로직과 UI는 분리되어 관리될 수 있다.

```dart
import 'package:flutter/material.dart';
import 'package:provider/provider.dart';

// BLoC 클래스 정의
class CounterBloc with ChangeNotifier {
  int _counter = 0;

  int get counter => _counter;

  void increment() {
    _counter++;
    notifyListeners();
  }

  void decrement() {
    _counter--;
    notifyListeners();
  }
}

void main() {
  runApp(
    ChangeNotifierProvider(
      create: (_) => CounterBloc(),
      child: MyApp(),
    ),
  );
```

```dart
}

class MyApp extends StatelessWidget {
  @override
  Widget build(BuildContext context) {
    return MaterialApp(
      home: Scaffold(
        appBar: AppBar(
          title: Text('BLoC Example'),
        ),
        body: Center(
          child: Column(
            mainAxisAlignment: MainAxisAlignment.center,
            children: [
              Consumer<CounterBloc>(
                builder: (context, counterBloc, _) {
                  return Text(
                    'Count: ${counterBloc.counter}',
                    style: TextStyle(fontSize: 24),
                  );
                },
              ),
              SizedBox(height: 16),
              Row(
                mainAxisAlignment: MainAxisAlignment.center,
                children: [
                  ElevatedButton(
                    onPressed: () {
                      // BLoC 클래스의 increment 메서드 호출
                      Provider.of<CounterBloc>(context, listen: false).increment();
                    },
                    child: Text('Increment'),
                  ),
                  SizedBox(width: 16),
                  ElevatedButton(
                    onPressed: () {
                      // BLoC 클래스의 decrement 메서드 호출
                      Provider.of<CounterBloc>(context, listen: false).decrement();
                    },
                    child: Text('Decrement'),
                  ),
                ],
              ),
```

```
        ],
      ),
    ),
  );
  }
}
```

위의 코드에서는 CounterBloc 클래스가 비즈니스 로직을 담당하고, 데이터의 변화와 UI 업데이트를 관리한다. UI에서는 Provider.of⟨CounterBloc⟩(context, listen: false)를 사용하여 BLoC 클래스의 인스턴스를 가져와서 비즈니스 로직을 호출한다. UI는 BLoC 클래스의 상태를 구독하여 UI를 업데이트하지 않기 때문에 listen: false를 사용하여 변경 알림을 받지 않도록 설정한다. 이렇게 함으로써 비즈니스 로직은 BLoC 클래스에서 독립적으로 관리되며, UI는 단순히 BLoC 클래스의 메서드를 호출하여 비즈니스 로직을 실행할 수 있다. 이는 비즈니스 로직과 UI의 분리를 실현하며, 코드의 재사용성과 유지 보수성을 향상시킨다.

참고로, provider 패키지와 flutter_bloc 패키지를 함께 사용하여 Provider와 BLoC 패턴을 구현할 수 있다. provider 패키지는 상태 관리를 위한 Provider 패턴을, flutter_bloc 패키지는 BLoC 패턴을 구현하는 데 도움을 준다. 그럼 provider 패키지와 flutter_bloc 패키지를 함께 사용해 보자. 먼저, pubspec.yaml 파일에서 필요한 패키지를 추가해야 한다. 아래는 필요한 패키지의 코드다.

```
dependencies:
  flutter:
    sdk: flutter
  provider: ^6.0.0
  flutter_bloc: ^7.0.0
```

```
import 'package:flutter/material.dart';
import 'package:flutter_bloc/flutter_bloc.dart';
import 'package:provider/provider.dart';

abstract class CounterEvent {}
class IncrementEvent extends CounterEvent {}
class DecrementEvent extends CounterEvent {}

class CounterState {
```

```dart
  final int count;

  CounterState(this.count);
}

class CounterBloc extends Bloc<CounterEvent, CounterState> {
  CounterBloc() : super(CounterState(0));

  @override
  Stream<CounterState> mapEventToState(CounterEvent event) async* {
    if (event is IncrementEvent) {
      yield CounterState(state.count + 1);
    } else if (event is DecrementEvent) {
      yield CounterState(state.count - 1);
    }
  }
}

void main() {
  runApp(
    MultiProvider(
      providers: [
        BlocProvider<CounterBloc>(
          create: (_) => CounterBloc(),
        ),
      ],
      child: MyApp(),
    ),
  );
}

class MyApp extends StatelessWidget {
  @override
  Widget build(BuildContext context) {
    return MaterialApp(
      home: Scaffold(
        appBar: AppBar(
          title: Text('Provider + BLoC Example'),
        ),
        body: Center(
          child: Column(
            mainAxisAlignment: MainAxisAlignment.center,
            children: [
```

```
    BlocBuilder<CounterBloc, CounterState>(
      builder: (context, state) {
        return Text(
          'Count: ${state.count}',
          style: TextStyle(fontSize: 24),
        );
      },
    ),
    SizedBox(height: 16),
    Row(
      mainAxisAlignment: MainAxisAlignment.center,
      children: [
        ElevatedButton(
          onPressed: () {
            // IncrementEvent를 전송하여 BLoC 클래스에 이벤트 전달
            context.read<CounterBloc>().add(IncrementEvent());
          },
          child: Text('Increment'),
        ),
        SizedBox(width: 16),
        ElevatedButton(
          onPressed: () {
            // DecrementEvent를 전송하여 BLoC 클래스에 이벤트 전달
            context.read<CounterBloc>().add(DecrementEvent());
          },
          child: Text('Decrement'),
        ),
      ],
    ),
  ],
    ),
   ),
  ),
 );
 }
}
```

위의 코드에서는 provider 패키지와 flutter_bloc 패키지를 함께 사용하여 Provider와 BLoC 패턴을 구현한다. MultiProvider 위젯을 사용하여 CounterBloc 클래스를 제공하고, BlocProvider를 사용하여 BLoC 인스턴스를 생성한다. UI는 BlocBuilder를 사용하여 BLoC 상태를 구독하고, 이벤트를 전송하기 위해 context.read〈CounterBloc〉()를 사용한다. 이렇게 함으로써

Provider 패턴을 사용하여 BLoC 클래스를 제공하고, flutter_bloc 패키지를 사용하여 BLoC 패턴을 구현할 수 있다. 이는 상태 관리와 비즈니스 로직을 효과적으로 분리하여 관리할 수 있는 방법이다.

● BLoC 코드

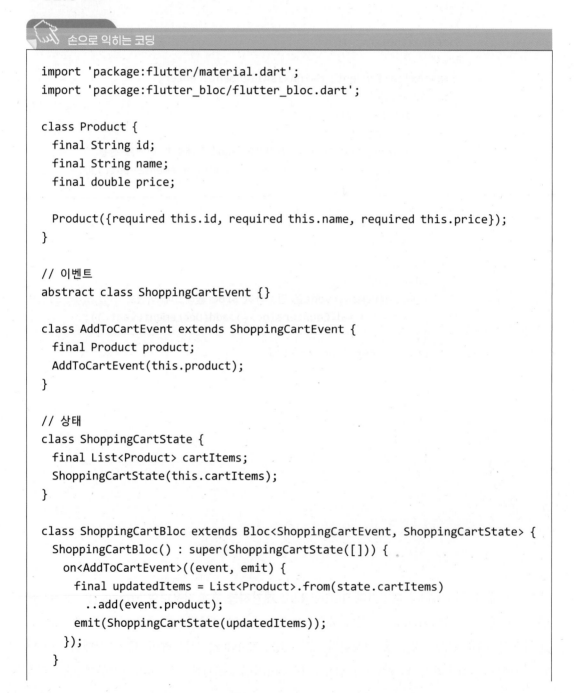

```dart
import 'package:flutter/material.dart';
import 'package:flutter_bloc/flutter_bloc.dart';

class Product {
  final String id;
  final String name;
  final double price;

  Product({required this.id, required this.name, required this.price});
}

// 이벤트
abstract class ShoppingCartEvent {}

class AddToCartEvent extends ShoppingCartEvent {
  final Product product;
  AddToCartEvent(this.product);
}

// 상태
class ShoppingCartState {
  final List<Product> cartItems;
  ShoppingCartState(this.cartItems);
}

class ShoppingCartBloc extends Bloc<ShoppingCartEvent, ShoppingCartState> {
  ShoppingCartBloc() : super(ShoppingCartState([])) {
    on<AddToCartEvent>((event, emit) {
      final updatedItems = List<Product>.from(state.cartItems)
        ..add(event.product);
      emit(ShoppingCartState(updatedItems));
    });
  }
```

```
}

void main() {
  runApp(ShoppingApp());
}
```

● UI 코드

```
class ShoppingApp extends StatelessWidget {
  @override
  Widget build(BuildContext context) {
    return BlocProvider(
      create: (_) => ShoppingCartBloc(),
      child: MaterialApp(
        home: ProductListScreen(),
      ),
    );
  }
}

class ProductListScreen extends StatelessWidget {
  @override
  Widget build(BuildContext context) {
    final shoppingCartBloc = BlocProvider.of<ShoppingCartBloc>(context);
    return Scaffold(
      appBar: AppBar(
        title: Text('Shopping App'),
        actions: [
          IconButton(
            icon: Icon(Icons.shopping_cart),
            onPressed: () => Navigator.push(
                context, MaterialPageRoute(builder: (_) => CartScreen())),
          ),
        ],
      ),
      body: ListView(
        children: [
          ListTile(
```

```
                        title: Text('Product 1'),
                        trailing: Text('\$9.99'),
                        onTap: () {
                          final product = Product(id: '1', name: 'Product 1', price: 9.99);
                          shoppingCartBloc.add(AddToCartEvent(product));
                        },
                      ),
                      ListTile(
                        title: Text('Product 2'),
                        trailing: Text('\$19.99'),
                        onTap: () {
                          final product = Product(id: '2', name: 'Product 2', price: 19.99);
                          shoppingCartBloc.add(AddToCartEvent(product));

},
                    ),
                  ],
                ),
              );
  }
}

class CartScreen extends StatelessWidget {
  @override
  Widget build(BuildContext context) {
    return Scaffold(
        appBar: AppBar(title: Text('Your Cart')),
        body: BlocBuilder<ShoppingCartBloc, ShoppingCartState>(
          builder: (context, state) {
            if (state.cartItems.isEmpty) {
              return Center(child: Text('Your cart is empty'));
            } else {
              return ListView.builder(
                itemCount: state.cartItems.length,
                itemBuilder: (context, index) {
                  final item = state.cartItems[index];
                  return ListTile(
                    title: Text(item.name),
                    trailing: Text('\$${item.price.toStringAsFixed(2)}'),
                  );
                },
```

```
                );
            }
        },
    ));
  }
}
```

위 코드에서는 ShoppingApp 위젯에서 MultiProvider를 사용하여 ShoppingCartBloc을 제공한다. 이때 Shopping CartBloc은 Provider를 통해 생성 및 관리된다. Product ListScreen 위젯에서는 BlocProvider를 사용하여 Shopping CartBloc을 제공하고, 해당 BLoC을 사용하여 장바구니에 상품을 추가하는 이벤트를 처리한다.

위 코드는 쇼핑 앱에서 상품 목록을 표시하고 장바구니에 상품을 추가하는 간단한 기능을 구현한 것이다. Provider를 사용하여 BLoC를 관리하고, BLoC을 사용하여 상태를 업데이트하고 UI를 갱신하는 방식을 보여 준다. 이를 기반으로 더 복잡한 쇼핑 앱을 구성하고 다양한 기능을 추가할 수 있다.

02

테스트와 디버깅

단위 테스트, 통합 테스트, 위젯 테스트, 디버깅

여기서는 무얼 배울까

테스트는 개발된 소프트웨어가 예상대로 작동하는지 확인하고, 오류를 발견하고 수정하기 위해 실행되는 과정이다. 단위 테스트, 통합 테스트, 위젯 테스트 등의 다양한 테스트 방법과 효율적인 테스트 전략을 활용하는 법을 알아보고, 테스트와 디버깅에 대한 기본 개념과 실용적인 기술을 습득하여 안정성과 품질 및 성능을 높인 효과적인 앱 개발 방법에 대해 배워본다.

플러터 앱의 테스트 종류

플러터 앱의 테스트 종류는 크게 단위 테스트(Unit Test), 위젯 테스트(Widget Test), 통합 테스트(Integration Test), 그리고 UI 테스트(UI Test)로 나눌 수 있다.

단위 테스트 (Unit Test)	단위 테스트는 앱의 가장 작은 단위인 함수, 메서드, 또는 클래스 등의 개별적인 단위를 테스트하는 방법이다. 특정 함수나 메서드의 입력과 출력에 대한 동작을 검증하고, 예상한 결과가 나오는지 확인한다. 플러터에서는 flutter_test 패키지를 사용하여 단위 테스트를 작성할 수 있다.
위젯 테스트 (Widget Test)	위젯 테스트는 플러터 앱의 위젯들을 테스트하는 방법이다. 위젯 테스트를 사용하여 위젯이 예상대로 동작하는지, 상태 변화에 따라 UI가 업데이트되는지 등을 확인할 수 있다. flutter_test 패키지를 사용하여 위젯 테스트를 작성할 수 있다.
통합 테스트 (Integration Test)	통합 테스트는 앱의 여러 컴포넌트나 모듈들이 상호 작용하는 방식을 테스트하는 방법이다. 앱의 다양한 기능이 올바르게 동작하고, 다른 컴포넌트와의 통합에 문제가 없는지를 검증한다. flutter_test 패키지와 flutter_driver 패키지를 사용하여 통합 테스트를 작성할 수 있다.
UI 테스트 (UI Test)	UI 테스트는 사용자 인터페이스를 테스트하는 방법이다. 앱의 실제 화면을 렌더링하고, 사용자의 입력을 시뮬레이션하여 앱이 예상대로 동작하는지 확인한다. flutter_test 패키지와 flutter_driver 패키지를 사용하여 UI 테스트를 작성할 수 있다.

플러터는 위와 같은 다양한 테스트 종류를 지원하여 앱의 품질과 안정성을 보장할 수 있도록 도와준다. 테스트를 통해 버그를 발견하고 수정하거나, 새로운 기능을 추가할 때 안정성을 확보할 수 있다.

Widget 테스트 작성 방법

위젯 테스트는 플러터 앱의 UI 요소를 테스트하는 방법이다. 이를 통해 위젯이 예상한 대로 동작하고, 상태 변화에 따라 UI가 올바르게 업데이트되는지 확인할 수 있다. 다음은 위젯 테스트를 작성하는 방법이다.

flutter_test 패키지 추가

테스트를 작성하기 위해 flutter_test 패키지를 앱의 pubspec.yaml 파일에 추가해야 한다. 패키지를 추가한 후에는 flutter packages get 명령을 실행하여 패키지를 가져와야 한다.

```
dev_dependencies:
  flutter_test:
    sdk: flutter
```

테스트 함수 작성

test 폴더에 새로운 Dart 파일을 생성하고, test 파일에서 테스트 함수를 작성한다. 테스트 함수는 testWidgets 함수를 사용하여 작성하며, WidgetTester 객체를 인자로 받는다. WidgetTester 객체를 사용하여 위젯을 빌드하고 테스트를 수행한다.

```
import 'package:flutter_test/flutter_test.dart';

void main() {
  testWidgets('MyWidget 테스트', (WidgetTester tester) async {
    // 테스트 코드 작성
  });
}
```

testWidgets

testWidgets는 flutter_test 패키지에서 제공하는 함수로, 위젯 테스트를 작성할 때 사용된다. 이 함수는 테스트를 그룹화하고, 각 테스트를 실행하며 예상 결과와 실제 결과를 비교한다.

testWidgets 함수의 첫 번째 매개변수는 테스트 설명(테스트 이름)을 나타내는 문자열이다. 이 설명은 테스트 결과 보고서에서 테스트를 식별하는 데 사용된다. 'MyWidget 테스트'라는 이름은 해당 테스트가 "MyWidget" 위젯에 대한 테스트임을 나타낸다. 일반적으로 테스트 설명은 테스트하는 대상을 명확히 식별할 수 있는 이름으로 작성하는 것이 좋다.

testWidgets 함수의 두 번째 매개변수는 콜백 함수이다. 이 콜백 함수는 테스트 코드를 포함하고 있으며, 테스트를 실제로 실행한다. 콜백 함수는 WidgetTester 객체를 매개변수로 받으며, 이를 사용하여 위젯을 빌드하고 상호작용하는 등의 작업을 수행한다.

WidgetTester 객체는 위젯 테스트를 위한 다양한 동작을 수행할 수 있는 메서드를 제공한다. 예를 들어, pumpWidget 메서드를 사용하여 위젯을 빌드하고 화면에 렌더링할 수 있으며, pump 메서드를 사용하여 애니메이션 및 비동기 동작을 진행시킬 수 있다. 또한, tap, enterText, scroll, waitFor, expect 등의 메서드를 사용하여 위젯과 상호작용하고 예상 결과를 검증할 수 있다.

따라서 testWidgets 함수의 콜백 함수 내에서 WidgetTester 객체를 사용하여 원하는 동작을 수행하고, 예상 결과와 실제 결과를 비교하여 테스트를 검증할 수 있다.

위젯 빌드 및 검증

WidgetTester 객체를 사용하여 위젯을 빌드하고, 검증하고자 하는 기능을 테스트한다. 예를 들어, 위젯의 텍스트나 속성을 확인하거나, 특정 위젯 이벤트를 시뮬레이션하여 동작을 검증할 수 있다.

```dart
import 'package:flutter/material.dart';
import 'package:flutter_test/flutter_test.dart';

void main() {
  testWidgets('MyWidget 테스트', (WidgetTester tester) async {
    // 테스트용 위젯 생성
    await tester.pumpWidget(MyWidget());

    // 위젯의 텍스트 검증
    expect(find.text('Hello'), findsOneWidget);

    // 위젯의 속성 검증
    final widget = find.byType(MyWidget).evaluate().first.widget as MyWidget;
    expect(widget.someProperty, equals(42));

    // 특정 이벤트 시뮬레이션 후 동작 검증
```

```dart
    await tester.tap(find.byType(Button));
    expect(widget.someValue, equals(true));
  });
}

class MyWidget extends StatelessWidget {
  final int someProperty;

  MyWidget({this.someProperty});

  bool someValue = false;

  @override
  Widget build(BuildContext context) {
    return Column(
      children: [
        Text('Hello'),
        Button(
          onPressed: () {
            someValue = true;
          },
        ),
      ],
    );
  }
}

class Button extends StatelessWidget {
  final VoidCallback onPressed;

  Button({this.onPressed});

  @override
  Widget build(BuildContext context) {
    return RaisedButton(
      onPressed: onPressed,
      child: Text('Button'),
    );
  }
}
```

실행 및 결과 확인

테스트 파일을 실행하여 위젯 테스트를 수행한다. 실행 결과와 통과 여부를 확인하고, 필요한 경우 수정이나 보완을 진행한다.

```
flutter test test/my_widget_test.dart
```

위의 단계를 따라가면서 위젯 테스트를 작성하고 실행하면 플러터 앱의 UI 요소를 자동으로 테스트할 수 있다. 이를 통해 위젯이 예상한 대로 동작하고, 예외 상황에 대한 처리가 올바르게 이루어지는지 등을 확인할 수 있다. 위젯 테스트를 통해 앱의 안정성과 품질을 보장할 수 있다.

● 위젯 코드

```
import 'package:flutter/material.dart';

class CounterApp extends StatefulWidget {
  @override
  _CounterAppState createState() => _CounterAppState();
}

class _CounterAppState extends State<CounterApp> {
  int _counter = 0;

  void _incrementCounter() {
    setState(() {
      _counter++;
    });
  }

  void _decrementCounter() {
    setState(() {
      _counter--;
    });
  }

  @override
  Widget build(BuildContext context) {
    return MaterialApp(
```

```
      title: 'Counter App',
      theme: ThemeData(
        primarySwatch: Colors.blue,
      ),
      home: Scaffold(
        appBar: AppBar(
          title: Text('Counter App'),
        ),
        body: Center(
          child: Column(
            mainAxisAlignment: MainAxisAlignment.center,
            children: [
              Text(
                'Counter Value:',
                style: TextStyle(fontSize: 20),
              ),
              Text(
                '$_counter',
                style: TextStyle(fontSize: 40, fontWeight: FontWeight.bold),
              ),
              SizedBox(height: 20),
              Row(
                mainAxisAlignment: MainAxisAlignment.center,
                children: [
                  FloatingActionButton(
                    onPressed: _incrementCounter,
                    child: Icon(Icons.add),
                  ),
                  SizedBox(width: 20),
                  FloatingActionButton(
                    onPressed: _decrementCounter,
                    child: Icon(Icons.remove),
                  ),
                ],
              ),
            ],
          ),
        ),
      ),
    );
  }
}
```

● 위젯 테스트 코드

```
import 'package:flutter_test/flutter_test.dart';

void main() {
  testWidgets('CounterApp increments and decrements counter', (WidgetTester
  tester) async {
    await tester.pumpWidget(MaterialApp(home: CounterApp()));

    expect(find.text('0'), findsOneWidget);

    await tester.tap(find.byIcon(Icons.add));
    await tester.pump();

    expect(find.text('1'), findsOneWidget);

    await tester.tap(find.byIcon(Icons.remove));
    await tester.pump();

    expect(find.text('0'), findsOneWidget);
  });
}
```

위 테스트 코드는 CounterApp 위젯을 테스트하고, 증가 버튼과 감소 버튼이 제대로 동작하는지 확인한다. tester.tap을 사용하여 버튼을 누르고, tester.pump을 사용하여 앱의 상태를 갱신한다. 그리고 expect를 사용하여 예상한 결과와 실제 결과가 일치하는지 확인한다.

에러에서 배우기

• 위젯 검증
expect(find.text('0'), findsOneWidget);와 같은 검증 코드를 작성할 때, 위젯을 찾지 못해서 실패하는 경우가 있을 수 있다. 따라서 위젯이 정확히 일치하는지 확인하고, 존재하는지 검증하는 코드를 작성해야 한다.

• 펌핑
await tester.pump(); 코드를 적절한 위치에 작성하지 않으면, 위젯 트리가 업데이트되지 않고 예상한 동작이 발생하지 않을 수 있다. 따라서 터치 이벤트 후에 필요한 시간만큼 pump을 호출하여 위젯 트리를 업데이트해야 한다.

- 검증 결과

  expect(find.text('1'), findsOneWidget);와 같은 검증 결과를 작성할 때, 예상한 결과와 일치하지 않으면 테스트가 실패한다. 그러므로 정확한 검증 결과를 작성하고, 예상한 동작이 올바르게 수행되는지 확인해야 한다.

- 테스트 범위

  테스트 케이스를 작성할 때, 충분한 범위를 고려하지 않으면 예상치 못한 동작이 발생할 수 있다. 따라서 모든 상황을 고려하여 테스트 케이스를 작성해야 한다. 예를 들어, 카운터 값을 음수로 감소시키는 테스트 케이스를 추가할 수 있다.

유닛 테스트 작성 방법

유닛 테스트는 플러터 앱의 작은 단위인 함수 또는 메서드를 개별적으로 테스트하는 방법이다. 이를 통해 각각의 함수가 예상한 대로 동작하는지 검증하고, 코드의 정확성과 안정성을 확인할 수 있다. 다음은 유닛 테스트를 작성하는 방법이다.

flutter_test 패키지 추가

유닛 테스트를 작성하기 위해 flutter_test 패키지를 앱의 pubspec.yaml 파일에 추가해야 한다. 패키지를 추가한 후에는 flutter packages get 명령을 실행하여 패키지를 가져와야 한다.

```
dev_dependencies:
  flutter_test:
    sdk: flutter
```

테스트 파일 생성

test 폴더에 새로운 Dart 파일을 생성하고, 유닛 테스트를 작성할 준비를 한다.

```
import 'package:flutter_test/flutter_test.dart';

void main() {
  // 테스트 함수 작성
  test('MyFunction 테스트', () {
    // 테스트 코드 작성
  });
}
```

테스트 함수 작성

test 폴더에 새로운 Dart 파일을 생성하고, 유닛 테스트를 작성할 준비를 한다. test 파일에서 테스트 함수를 작성한다. 테스트 함수는 test 함수를 사용하여 작성하며, 테스트할 함수 또는 메서드를 호출하여 예상 결과를 검증한다.

```dart
import 'package:flutter_test/flutter_test.dart';

void main() {
  test('MyFunction 테스트', () {
    // 테스트 코드 작성
  });
}
```

검증 및 비교

테스트 함수 내에서 예상 결과와 실제 결과를 비교하여 검증한다. 예를 들어, 특정 함수의 반환 값이 예상한 값과 일치하는지, 예외가 발생하는지 등을 확인할 수 있다.

```dart
void main() {
  test('MyFunction 테스트', () {
    // 테스트할 함수 호출
    int result = myFunction(2, 3);

    // 예상 결과와 비교하여 검증
    expect(result, equals(5));
  });
}

// 테스트할 함수
int myFunction(int a, int b) {
  return a + b;
}
```

실행 및 결과 확인

테스트 파일을 실행하여 유닛 테스트를 수행한다. 실행 결과와 통과 여부를 확인하고, 필요한 경우 수정이나 보완을 진행한다.

```
flutter test test/my_function_test.dart
```

위의 단계를 따라가면서 유닛 테스트를 작성하고 실행하면 플러터 앱의 함수나 메서드의 정확성과 안정성을 검증할 수 있다. 유닛 테스트는 개별적인 기능을 격리하여 테스트하기 때문에 테스트 작성이 간편하고 실행 시간도 빠르다. 이를 통해 앱의 코드 품질을 향상시키고 버그를 최소화할 수 있다.

● reverse_string.dart

손으로 익히는 코딩

```dart
String reverseString(String input) {
  return input.split('').reversed.join('');
}
```

● main.dart

손으로 익히는 코딩

```dart
import 'package:flutter_test/flutter_test.dart';
import 'package:my_app/reverse_string.dart';

void main() {
  test('Test reverseString function', () {
    // Case 1: 입력된 문자열이 비어있는 경우
    String emptyString = '';
    expect(reverseString(emptyString), '');

    // Case 2: 입력된 문자열이 단일 문자인 경우
    String singleCharacter = 'A';
    expect(reverseString(singleCharacter), 'A');
```

```
    // Case 3: 입력된 문자열이 여러 문자로 이루어진 경우
    String inputString = 'Hello World!';
    expect(reverseString(inputString), '!dlroW olleH');
  });
}
```

이제 해당 테스트를 실행하기 위해 터미널에서 flutter test 명령어를 실행한다. 테스트 결과가
터미널에 출력된다. 테스트 결과는 성공적으로 실행되었는지 또는 실패한 테스트 케이스가 있
는지를 나타낸다.

통합 테스트 작성 방법

통합 테스트는 플러터 앱의 다양한 컴포넌트 및 기능들이 상호작용하여 예상대로 동작하는지를
테스트하는 방법이다. 이를 통해 앱의 전체적인 흐름과 기능들 간의 상호작용을 검증할 수 있다.
다음은 통합 테스트를 작성하는 방법이다.

flutter_test 패키지 추가

통합 테스트를 작성하기 위해 flutter_test 패키지를 앱의 pubspec.yaml 파일에 추가해야 한
다. 패키지를 추가한 후에는 flutter packages get 명령을 실행하여 패키지를 가져와야 한다.

```
dev_dependencies:
  flutter_test:
    sdk: flutter
```

test 폴더에 테스트 파일 생성

test 폴더에 새로운 Dart 파일을 생성하고, 통합 테스트를 작성할 준비를 한다.

테스트 시나리오 작성

테스트 파일에서 테스트 시나리오를 작성한다. 시나리오는 앱의 다양한 화면이나 기능을 재현하며, 사용자의 상호작용이나 앱의 상태 변화를 시뮬레이션한다. 예를 들어, 사용자가 로그인 화면에서 아이디와 비밀번호를 입력하고 로그인 버튼을 누르는 시나리오를 작성할 수 있다.

● login_screen.dart

```dart
import 'package:flutter/material.dart';

class LoginScreen extends StatelessWidget {
  @override
  Widget build(BuildContext context) {
    return Scaffold(
      appBar: AppBar(
        title: Text('Login'),
      ),
      body: Center(
        child: Column(
          mainAxisAlignment: MainAxisAlignment.center,
          children: [
            TextField(
              key: Key('idTextField'),
              decoration: InputDecoration(labelText: 'Username'),
            ),
            TextField(
              key: Key('passwordTextField'),
              decoration: InputDecoration(labelText: 'Password'),
              obscureText: true,
            ),
            SizedBox(height: 16),
            ElevatedButton(
              key: Key('loginButton'),
              onPressed: () {
                // 로그인 버튼 클릭 시 처리할 로직 작성
              },
              child: Text('Login'),
            ),
          ],
        ),
      ),
```

```
      );
    }
}
```

● main_screen.dart

```dart
import 'package:flutter/material.dart';

class MainScreen extends StatelessWidget {
  @override
  Widget build(BuildContext context) {
    return Scaffold(
      appBar: AppBar(
        title: Text('Main Screen'),
      ),
      body: Center(
        child: Text('Welcome to the Main Screen!'),
      ),
    );
  }
}
```

● main.dart

```dart
import 'package:flutter_test/flutter_test.dart';
import 'package:my_app/login_screen.dart';
import 'package:my_app/main_screen.dart';

void main() {
  testWidgets('로그인 성공 시 메인 화면으로 이동', (WidgetTester tester) async {
    // 로그인 화면을 빌드
    await tester.pumpWidget(LoginScreen());

    // 아이디와 비밀번호 입력
    await tester.enterText(find.byKey(Key('idTextField')), 'my_username');
    await tester.enterText(find.byKey(Key('passwordTextField')), 'my_password');

    // 로그인 버튼 탭
    await tester.tap(find.byKey(Key('loginButton')));

    // 로그인 요청을 처리하는 시간 대기 (비동기 작업 완료까지)
```

```
  await tester.pumpAndSettle();

  // 메인 화면으로 이동했는지 확인
  expect(find.byType(MainScreen), findsOneWidget);
});
}
```

검증 및 비교

테스트 시나리오를 실행하고 예상 결과와 실제 결과를 비교하여 검증한다. 예를 들어, 로그인 성공 시 메인 화면으로 이동하는지, 로그인 실패 시 오류 메시지가 올바르게 표시되는지 등을 expect 함수를 사용하여 확인할 수 있다.

```
// 로그인 성공 후 홈 화면이 표시되는지 확인
expect(await driver.getText(find.byValueKey('home_screen_title')), 'Welcome,
User!');
```

위의 코드에서 expect 함수는 await driver.getText(find.byValueKey('home_screen_title'))를 통해 실제로 표시된 홈 화면의 제목을 가져온다. 그리고 이 값을 'Welcome, User!'와 비교하여 예상 결과와 일치하는지를 확인한다. 일치한다면 테스트는 성공으로 간주되고, 일치하지 않는다면 테스트는 실패로 간주된다.

실행 및 결과 확인

테스트 파일을 실행하여 통합 테스트를 수행한다. 터미널에서 flutter test 명령을 실행하면 테스트 파일이 실행되고, 실행 결과와 통과 여부를 확인할 수 있다. 실행 결과와 통과 여부를 확인하고, 필요한 경우 수정이나 보완을 진행한다. 통합 테스트 결과는 콘솔에 출력되며, 테스트가 성공적으로 완료되면 통과된 테스트 케이스의 개수와 걸린 시간이 표시된다. 다음은 로그인 화면과 메인 화면 간의 통합 테스트 시나리오의 코드다.

```
import 'package:flutter_test/flutter_test.dart';
import 'package:my_app/login_screen.dart';
import 'package:my_app/main_screen.dart';

void main() {
  testWidgets('로그인 성공 시 메인 화면으로 이동', (WidgetTester tester) async {
```

```
    // 로그인 화면을 빌드
    await tester.pumpWidget(LoginScreen());

    // 아이디와 비밀번호 입력
    await tester.enterText(find.byKey(Key('idTextField')), 'my_username');
    await tester.enterText(find.byKey(Key('passwordTextField')), 'my_password');

    // 로그인 버튼 탭
    await tester.tap(find.byKey(Key('loginButton')));

    // 로그인 요청을 처리하는 시간 대기 (비동기 작업 완료까지)
    await tester.pumpAndSettle();

    // 메인 화면으로 이동했는지 확인
    expect(find.byType(MainScreen), findsOneWidget);
  });

  testWidgets('로그인 실패 시 오류 메시지 표시', (WidgetTester tester) async {
    // 로그인 화면을 빌드
    await tester.pumpWidget(LoginScreen());

    // 아이디와 비밀번호 입력 (잘못된 정보)
    await tester.enterText(find.byKey(Key('idTextField')), 'wrong_username');
    await tester.enterText(find.byKey(Key('passwordTextField')), 'wrong_password');

    // 로그인 버튼 탭
    await tester.tap(find.byKey(Key('loginButton')));

    // 로그인 요청을 처리하는 시간 대기 (비동기 작업 완료까지)
    await tester.pumpAndSettle();

    // 오류 메시지가 표시되는지 확인
    expect(find.text('잘못된 아이디나 비밀번호입니다.'), findsOneWidget);
  });
}
```

위의 코드에서는 두 개의 테스트 시나리오를 작성하였다. 첫 번째 시나리오에서는 로그인 성공 시 메인 화면으로 이동하는 것을 검증하고 있고, 두 번째 시나리오에서는 로그인 실패 시 오류 메시지가 올바르게 표시되는지를 검증하고 있다. 각 시나리오에서는 테스트를 위해 해당 화면 을 빌드하고, 사용자 상호작용을 시뮬레이션하며, 예상 결과와 실제 결과를 비교하여 검증한다.

```
dev_dependencies:
  flutter_test:
    sdk: flutter
  flutter_driver:
    sdk: flutter
  test: any
```

```
import 'package:flutter_driver/flutter_driver.dart';
import 'package:test/test.dart';

void main() {
  late FlutterDriver driver;

  setUpAll(() async {
    // 테스트 실행 전에 앱을 시작한다.
    driver = await FlutterDriver.connect();
  });

  tearDownAll(() async {
    // 테스트가 완료된 후에 앱을 종료한다.
    if (driver != null) {
      driver.close();
    }
  });

  test('Test login functionality', () async {
    // 로그인 페이지로 이동
    await driver.tap(find.byValueKey('login_button'));

    // 이메일과 패스워드 입력
    await driver.tap(find.byValueKey('email_field'));
    await driver.enterText('test@example.com');
    await driver.tap(find.byValueKey('password_field'));
    await driver.enterText('password123');

    // 로그인 버튼 클릭
```

```
    await driver.tap(find.byValueKey('login_button'));

    // 로그인 성공 후 홈 화면이 표시되는지 확인
    expect(await driver.getText(find.byValueKey('home_screen_title')), 'Welcome,
    User!');
  });
}
```

위의 코드는 앱의 로그인 페이지에서 이메일과 패스워드를 입력하고, 로그인 버튼을 누른 후 홈 화면이 정상적으로 표시되는지를 테스트한다. 테스트를 실행하기 전에 앱을 시작하고, 테스트가 완료된 후에 앱을 종료한다. 테스트가 실행되면 앱이 자동으로 열리고, 테스트가 진행된다. 테스트 결과는 터미널에 표시된다.

Quick Tip

통합 테스트를 실행하려면 flutter drive 명령어를 사용합니다. 예를 들어, 터미널에서 다음과 같이 명령어를 실행할 수 있습니다.
flutter drive —target=test_driver/app.dart

통합 테스트는 앱의 다양한 기능들이 상호작용하여 예상대로 동작하는지를 검증하는 중요한 단계다. 이를 통해 앱의 전반적인 품질과 안정성을 확인할 수 있으며, 사용자 경험을 개선하는 데 도움이 된다. 통합 테스트는 여러 컴포넌트와 기능들 간의 상호작용을 테스트하므로, 조금 더 복잡한 설정이 필요할 수 있다. 하지만 앱의 전반적인 동작을 확인할 수 있는 가치있는 테스트 방법이다.

에러에서 배우기

• Flutter Driver 설정
setUpAll 함수에서 await FlutterDriver.connect()를 호출하지 않는 경우, 테스트 실행 중에 앱과 연결할 수 없어서 실패할 수 있다. 그러므로 setUpAll 함수에서 FlutterDriver.connect()를 호출하여 앱과 연결하고, tearDownAll 함수에서 연결을 종료해야 한다.

• 위젯 검색
find 함수를 사용하여 위젯을 검색할 때, 적절한 by 메서드와 매치되어야 한다. 예를 들어, byValueKey를 사용하여 위젯을 찾을 때 해당 위젯에 설정된 key 값을 사용해야 한다.

디버깅 도구 사용 방법

디버깅은 앱의 코드를 실행 중에 문제를 찾고 수정하는 과정을 의미한다. 플러터는 다양한 디버깅 도구를 제공하여 앱의 동작을 분석하고 문제를 해결할 수 있도록 도와준다. 다음은 플러터에서 제공하는 디버깅 도구와 사용 방법에 대한 설명이다.

● 디버깅 모드 실행: 디버깅을 위해 앱을 디버그 모드로 실행해야 한다. 터미널에서 flutter run 명령을 실행하면 디버그 모드로 앱이 실행된다. 디버그 모드에서는 앱의 코드를 수정하고 재실행할 수 있다.

● 디버거: 플러터는 외부 디버깅 도구를 지원한다. 일반적으로 플러터 개발에는 Visual Studio Code, IntelliJ IDEA, Android Studio 등의 IDE를 사용하며, 이러한 IDE에서 디버거를 제공한다. IDE에서는 중단점을 설정하고 코드를 실행하며 디버깅을 진행할 수 있다.

● 디버깅 로그: 앱 실행 중에 발생하는 로그 메시지를 통해 디버깅 정보를 확인할 수 있다. print() 함수를 사용하여 원하는 위치에서 로그를 출력하고, 터미널에서 출력된 로그를 확인할 수 있다. 로그는 앱의 상태나 변수 값 등을 추적하는 데 유용하다.

● 디버깅 스텝: 코드 실행 중에 스텝별로 디버깅을 진행하여 문제의 원인을 찾을 수 있다. 디버깅 스텝은 코드를 한 줄씩 실행하며, 변수의 값이나 조건문의 결과를 확인할 수 있다.

● 플러터 디버그 도구: 플러터는 다양한 디버그 도구를 제공하여 앱의 동작을 분석하고 문제를 해결할 수 있도록 도와준다. flutter doctor 명령을 실행하면 설치된 도구의 상태를 확인할 수 있으며, flutter analyze 명령을 실행하면 코드의 정적 분석을 수행하여 잠재적인 오류를 찾을 수 있다.

디버깅 도구를 적절하게 활용하면 앱의 코드 실행 중에 발생하는 문제를 신속하게 파악하고 해결할 수 있다. 디버깅은 플러터 개발에서 필수적인 작업으로, 문제의 원인을 찾아내는 데 도움을 준다.

03

애니메이션과 모션 커스터마이징

모션 커스터마이징, 애니메이션 커스터마이징, 제스처, Hero, Staggered

여기서는 무얼 배울까

모션 커스터마이징은 애니메이션에 독특하고 개성 있는 효과를 적용하여 사용자 인터페이스를 더욱 흥미롭고 시각적으로 매력적이도록 만드는 기술이다. 플러터에서 모션 커스터마이징을 수행하는 방법과 관련된 다양한 기법과 패턴을 배우고 이를 통해 사용자에게 동적이고 생동감 있는 경험을 제공하는 방법을 알아본다.

애니메이션과 모션 커스터마이징 개요

애니메이션과 모션 커스터마이징은 플러터에서 제공하는 기능을 사용하여 앱의 사용자 경험을 향상시키는 중요한 요소다. 이 기능을 활용하면 앱 내의 위젯이나 요소들이 부드럽게 움직이고 변화하는 다이나믹한 애니메이션 효과를 구현할 수 있다. 애니메이션은 UI 요소들의 시각적인 변화를 의미하며, 모션은 사용자 입력 또는 앱의 상태 변화에 따라 발생하는 움직임을 의미한다. 애니메이션과 모션을 커스터마이징하면 앱의 시각적인 효과를 개인화하고 사용자와의 상호작용을 강화할 수 있다.

플러터에서 애니메이션과 모션 커스터마이징을 구현하기 위해 다양한 클래스와 기능이 제공된다. 주요한 개념으로는 "애니메이션 컨트롤러"와 "애니메이션 제작"이 있다. 애니메이션 컨트롤러는 애니메이션의 실행, 중지, 일시정지 등을 제어하는 데 사용되며, 애니메이션 제작은 시작, 종료, 중간 상태 등을 컨트롤하여 원하는 애니메이션 효과를 구현하는 것을 의미한다.

애니메이션과 모션 커스터마이징에는 사용자 제스처 처리와 관련된 기능도 포함된다. 사용자의 터치 제스처나 드래그 제스처를 감지하고 애니메이션과 연동하여 상호작용성을 높이는 방법을 학습할 수 있다. 이러한 애니메이션과 모션 커스터마이징은 앱의 전반적인 사용자 경험을 향상시키고, 앱을 독특하게 만들어 주는 요소다. 따라서 플러터를 사용하는 개발자들은 애니메이션과 모션을 다룰 수 있는 기술과 개념에 익숙해지는 것이 중요하다.

애니메이션 Curve

애니메이션 커스터마이징

애니메이션 커스터마이징은 플러터에서 제공하는 애니메이션 클래스와 기능을 사용하여 애니메이션의 세부 동작을 조정하고 사용자의 요구에 맞게 개인화하는 과정이다. 이를 통해 표준 애니메이션을 커스텀하게 변경하거나 새로운 애니메이션 효과를 만들 수 있다. 플러터에서는 애니메이션을 다루기 위한 여러 클래스와 기능을 제공한다. 앞 챕터에서 다루지 않은 주요한 클래스로는 Curve, Gesture 등이 있다. 각 클래스는 애니메이션의 속성과 동작을 제어하기 위해 사용된다.

Curve

애니메이션의 시간 경과에 따라 속도를 조절하는 클래스로, 애니메이션의 가속도 및 감속도를 설정한다. 플러터에서는 다양한 사전 정의된 커브(Curves)를 제공하며, 사용자 정의 커브를 생성하여 애니메이션의 시간-속도 곡선을 조정할 수 있다. 애니메이션 커스터마이징을 위해 다음과 같은 단계를 따를 수 있다.

① 애니메이션 컨트롤러 생성

AnimationController 클래스를 사용하여 애니메이션의 진행 상태와 시간을 제어하는 컨트롤러를 생성한다.

```
AnimationController _controller;

@override
void initState() {
  super.initState();
  _controller = AnimationController(
    duration: Duration(seconds: 2), // 애니메이션의 진행 시간 설정
    vsync: this,
  );
}
```

애니메이션 컨트롤러는 AnimationController 클래스의 인스턴스를 생성하여 사용한다. 생성자의 duration 매개변수를 통해 애니메이션의 진행 시간을 설정할 수 있다. vsync 매개변수에는 TickerProvider를 전달하는데, 보통 State 객체가 TickerProvider를 구현한 경우 this를 사용하여 전달한다.

② Tween 정의

Tween 클래스를 사용하여 애니메이션의 시작 값과 끝 값을 정의한다. 이를 통해 애니메이션 동안 속성의 보간을 설정한다.

```
Animation<double> _animation;
Tween<double> _tween = Tween<double>(begin: 0.0, end: 1.0); // 시작 값과 끝
값을 정의

@override
void initState() {
  super.initState();
  // 애니메이션 컨트롤러와 Tween을 연결하여 Animation 객체 생성
  _animation = _tween.animate(_controller);
}
```

Tween은 애니메이션의 시작 값과 끝 값을 정의하는 클래스다. 코드에서는 Tween〈double〉을 사용하여 시작 값과 끝 값을 0.0부터 1.0까지로 정의하였다. 이렇게 정의된 Tween은 애니메이션 동안 속성의 보간(interpolation)을 담당한다.

Animation 객체는 Tween과 AnimationController를 연결하여 애니메이션을 생성하는데 사용된다. 코드에서는 _tween.animate(_controller)를 통해 Animation 객체를 생성하였다. 이렇게 생성된 Animation 객체는 애니메이션의 현재 값을 추적하고, 애니메이션의 상태 변화에 따라 알림을 제공한다.

③ Curve 설정

Curve 클래스를 사용하여 애니메이션의 시간 경과에 따른 속도 곡선을 설정한다. 플러터에서는 사전 정의된 커브를 사용하거나, 사용자 정의 커브를 생성하여 애니메이션의 가속도와 감속도를 조절할 수 있다.

```
Animation<double> _animation;
Tween<double> _tween = Tween<double>(begin: 0.0, end: 1.0);
Curve _curve = Curves.easeInOut; // Curves 클래스에서 사전 정의된 커브 사용 가능

@override
void initState() {
  super.initState();
  _animation = _tween.animate(
```

```
      CurvedAnimation(parent: _controller, curve: _curve), // 커브 적용
  );
}
```

Curves 클래스는 플러터에서 사전 정의된 다양한 커브를 제공한다. 코드에서는 Curves.easeInOut 커브를 사용하였다. 이 커브는 애니메이션의 시간 경과에 따라 속도를 조절하여 처음에는 가속도를 적용하고, 나중에는 감속도를 적용하는 효과를 가지고 있다. CurvedAnimation은 애니메이션 객체에 커브를 적용하는 데 사용된다. 코드에서는 _controller를 부모로 설정하고, _curve를 커브로 설정하여 CurvedAnimation을 생성하였다. 이렇게 생성된 CurvedAnimation은 Animation 객체의 값에 선택한 커브를 적용하여 애니메이션의 시간—속도 곡선을 조정한다.

④ 애니메이션과 위젯 연동

애니메이션 컨트롤러를 위젯과 연결하여 애니메이션을 실행하고 위젯의 속성을 업데이트한다. 일반적으로 AnimatedBuilder 위젯을 사용하여 애니메이션을 적용할 위젯을 빌드하고, 애니메이션 컨트롤러를 전달하여 애니메이션과 위젯을 동기화한다.

```
Animation<double> _animation;
Tween<double> _tween = Tween<double>(begin: 0.0, end: 1.0);

@override
Widget build(BuildContext context) {
  return AnimatedBuilder(
    animation: _animation,
    builder: (context, child) {
      return Container(
        width: _animation.value * 100, // 애니메이션 값에 따라 속성 업데이트
        height: _animation.value * 100,
        color: Colors.blue,
      );
    },
  );
}
```

build() 메서드 내에서 AnimatedBuilder 위젯을 반환하고, animation 속성에 _animation을 전달하여 애니메이션 값의 변경을 감지한다. 이때, builder 콜백 함수를 정의하여 애니메이션 값에 따라 위젯의 속성을 업데이트한다. 위의 코드에서는 Container 위젯의 width와

height 속성을 _animation.value * 100으로 설정하여 애니메이션 값에 따라 크기를 조정하고, color 속성을 Colors.blue로 설정하여 파란색으로 변경한다. _animation.value는 0.0에서 1.0 사이의 값으로 변화하며, 이를 이용하여 위젯의 속성을 부드럽게 애니메이션화한다.

⑤ 애니메이션 컨트롤

애니메이션 컨트롤러를 사용하여 애니메이션을 제어한다. 시작, 일시정지, 재개, 반복 등의 애니메이션 제어 메서드를 호출하여 애니메이션의 동작을 조작한다.

```
void startAnimation() {
  _controller.forward(); // 애니메이션 시작
}

void pauseAnimation() {
  _controller.stop(); // 애니메이션 일시정지
}

void resumeAnimation() {
  _controller.forward(); // 애니메이션 재개
}

void repeatAnimation() {
  _controller.repeat(reverse: true); // 애니메이션 반복 (역방향)
}
```

- startAnimation() 함수는 _controller.forward()를 호출하여 애니메이션을 시작한다. 애니메이션이 정의된 duration에 따라 설정된 시간 동안 애니메이션이 실행된다.

- pauseAnimation() 함수는 _controller.stop()을 호출하여 애니메이션을 일시정지한다. 애니메이션이 일시정지된 상태에서는 다시 시작되기 전까지 애니메이션 값이 변경되지 않는다.

- resumeAnimation() 함수는 _controller.forward()를 호출하여 애니메이션을 재개한다. 일시정지된 애니메이션이 다시 시작되며, 이전의 진행 상태로부터 애니메이션이 재개된다.

- repeatAnimation() 함수는 _controller.repeat(reverse: true)를 호출하여 애니메이션을 반복한다. reverse 매개변수를 true로 설정하여 애니메이션을 역방향으로 반복하도록 지정한다. 애니메이션이 한 번 실행된 후 반대 방향으로 되돌아가며 반복된다.

다음은 위에서 언급한 애니메이션 컨트롤 및 애니메이션 위젯을 함께 사용하는 코드다.

```dart
import 'package:flutter/material.dart';

class MyAnimatedWidget extends StatefulWidget {
  @override
  _MyAnimatedWidgetState createState() => _MyAnimatedWidgetState();
}

class _MyAnimatedWidgetState extends State<MyAnimatedWidget>
    with SingleTickerProviderStateMixin {
  AnimationController _controller;
  Animation<double> _animation;
  Tween<double> _tween = Tween<double>(begin: 0.0, end: 1.0);
  Curve _curve = Curves.easeInOut;

  @override
  void initState() {
    super.initState();
    _controller = AnimationController(
      duration: Duration(seconds: 2),
      vsync: this,
    );
    _animation = _tween.animate(
      CurvedAnimation(parent: _controller, curve: _curve),
    );
  }

  void startAnimation() {
    _controller.forward();
  }

  void pauseAnimation() {
    _controller.stop();
  }

  void resumeAnimation() {
    _controller.forward();
  }

  void repeatAnimation() {
    _controller.repeat(reverse: true);
  }
```

```dart
@override
Widget build(BuildContext context) {
  return Column(
    mainAxisAlignment: MainAxisAlignment.center,
    children: [
      AnimatedBuilder(
        animation: _animation,
        builder: (context, child) {
          return Container(
            width: _animation.value * 100,
            height: _animation.value * 100,
            color: Colors.blue,
          );
        },
      ),
      SizedBox(height: 20),
      Row(
        mainAxisAlignment: MainAxisAlignment.center,
        children: [
          RaisedButton(
            onPressed: startAnimation,
            child: Text('Start'),
          ),
          SizedBox(width: 10),
          RaisedButton(
            onPressed: pauseAnimation,
            child: Text('Pause'),
          ),
          SizedBox(width: 10),
          RaisedButton(
            onPressed: resumeAnimation,
            child: Text('Resume'),
          ),
          SizedBox(width: 10),
          RaisedButton(
            onPressed: repeatAnimation,
            child: Text('Repeat'),
          ),
        ],
      ),
    ],
  );
```

```
      }
    }

void main() {
  runApp(MaterialApp(
    home: Scaffold(
      appBar: AppBar(title: Text('Animated Widget Example')),
      body: MyAnimatedWidget(),
    ),
  ));
}
```

이 코드는 애니메이션을 적용한 컨테이너를 위젯으로 구현하고, 해당 위젯 아래에 애니메이션을 제어하는 버튼들을 추가한 형태다. 버튼을 통해 애니메이션을 시작, 일시정지, 재개, 반복할 수 있다.

```
import 'package:flutter/material.dart';

class CustomAnimationExample extends StatefulWidget {
  @override
  _CustomAnimationExampleState createState() => _CustomAnimationExampleState();
}

class _CustomAnimationExampleState extends State<CustomAnimationExample>
    with SingleTickerProviderStateMixin {
  late AnimationController _animationController;
  late Animation<double> _rotationAnimation;
  double _containerWidth = 100.0;
  double _containerHeight = 100.0;

  @override
  void initState() {
    super.initState();
    _animationController = AnimationController(
      vsync: this,
      duration: Duration(seconds: 1),
    );
```

```dart
    _rotationAnimation = Tween<double>(
      begin: 0.0,
      end: 2 * 3.14,
    ).animate(_animationController);
  }

  @override
  void dispose() {
    _animationController.dispose();
    super.dispose();
  }

  void _startAnimation() {
    setState(() {
      if (_containerWidth == 100.0) {
        _containerWidth = 200.0;
        _containerHeight = 200.0;
      } else {
        _containerWidth = 100.0;
        _containerHeight = 100.0;
      }
    });
    if (_animationController.isCompleted) {
      _animationController.reverse();
    } else {
      _animationController.forward();
    }
  }

  @override
  Widget build(BuildContext context) {
    return Scaffold(
      appBar: AppBar(
        title: Text('Custom Animation Example'),
      ),
      body: Center(
        child: GestureDetector(
          onTap: () {
            _startAnimation();
          },
```

```
        child: AnimatedBuilder(
          animation: _animationController,
          builder: (context, child) {
            return Transform.rotate(
              angle: _rotationAnimation.value,
              child: AnimatedContainer(
                width: _containerWidth,
                height: _containerHeight,
                color: Colors.blue,
                duration: Duration(milliseconds: 500),
                curve: Curves.easeInOut,
              ),
            );
          },
        ),
      ),
    ),
  );
}
}

void main() {
  runApp(MaterialApp(home: CustomAnimationExample()));
}
```

위의 코드는 CustomAnimationExample라는 StatefulWidget을 정의하고, 내부에서 Animated Container 위젯을 사용하여 크기가 변경되는 애니메이션을 구현한다. AnimatedContainer 위젯은 width, height, color 등의 속성을 애니메이션화할 수 있는 기능을 제공한다. 위의 코드에서는 _rotationAnimation 변수를 사용하여 회전 애니메이션을 정의하였다. 회전 애니메이션은 Tween을 사용하여 시작 각도와 종료 각 도를 설정하고, _animationController와 연결하여 애 니메이션을 적용한다. _startAnimation() 함수 내에서 는 애니메이션을 시작 또는 종료하는 조건에 따라 컨테 이너의 크기를 변경하고, 회전 애니메이션을 재생하거 나 역재생한다.

Quick Tip

애니메이션 커스터마이징은 플러터에서 다 양한 애니메이션 효과를 구현하는 핵심 기술 입니다. 애니메이션 컨트롤러, Tween, Curve 등의 클래스와 위젯을 연동하여 부드럽고 동 적인 애니메이션 효과를 구현할 수 있습니다. 개발자는 이러한 기능을 활용하여 앱의 사용 자 경험을 향상시키고, 창의적이고 독창적인 애니메이션 효과를 구현할 수 있습니다.

애니메이션 커브 및 지속 시간 설정
AnimatedContainer 위젯에서 애니메이션 커브(curve)와 지속 시간(duration)을 설정하지 않은 경우, 애니메이션 효과가 부드럽게 나타나지 않을 수 있습니다. 따라서 적절한 애니메이션 커브와 지속 시간을 설정해야 합니다.

애니메이션 제스처 처리

애니메이션 제스처 처리는 사용자의 터치 및 제스처 동작에 반응하여 애니메이션을 제어하고 상호작용을 가능하게 하는 기술이다. 플러터는 제스처 동작을 감지하고 처리하기 위한 다양한 클래스와 기능을 제공한다. 이를 활용하여 사용자와의 상호작용에 따라 애니메이션을 변경하거나 새로운 애니메이션 효과를 부여할 수 있다. 다만, 주의할 점은 GestureDetector를 사용하여 제스처 동작을 감지하는 위젯은 애니메이션을 직접 제어하는 것이 아니라 제스처 동작을 감지하고 해당 동작에 대한 콜백 메서드를 호출할 뿐이다. 따라서 콜백 메서드 내에서 애니메이션 컨트롤러를 조작하여 애니메이션을 시작, 일시정지, 재개, 반복하는 등의 동작을 수행해야 한다.

코드에는 애니메이션 제스처 처리를 위한 GestureDetector를 포함시키지 않았는데, 해당 코드에 GestureDetector를 추가하여 사용자의 터치 및 제스처 동작을 감지하고 애니메이션을 제어할 수 있다. 예를 들어, GestureDetector의 onTap, onDoubleTap, onLongPress 등의 콜백 메서드를 정의하여 특정 동작에 맞게 애니메이션을 제어하면 된다.

주요한 애니메이션 제스처 처리 클래스와 기능

GestureDetector*는 다양한 제스처 이벤트를 처리하고, 해당 이벤트에 대한 콜백 메서드를 제공한다. 예를 들어, onTap, onDoubleTap, onLongPress 등의 제스처 이벤트에 대한 콜백을 정의하여 특정 동작에 애니메이션을 적용할 수 있다.

기초 용어 정리
* GestureDetector: 사용자의 터치 및 제스처 동작을 감지하기 위한 위젯이다.

GestureDetector의 일부 제스처 이벤트와 해당 이벤트에 대한 콜백 메서드의 예시

① onTap

사용자가 위젯을 탭할 때 호출되는 콜백 메서드다.

```
GestureDetector(
  onTap: () {
    // 탭 이벤트에 대한 동작을 구현한다.
    // 애니메이션을 시작하거나 다른 작업을 수행할 수 있다.
  },
  child: Container(
    width: 200,
    height: 200,
    color: Colors.blue,
  ),
),
```

② onDoubleTap

사용자가 위젯을 더블 탭할 때 호출되는 콜백 메서드다.

```
GestureDetector(
  onDoubleTap: () {
    // 더블 탭 이벤트에 대한 동작을 구현한다.
    // 애니메이션을 멈추거나 다른 작업을 수행할 수 있다.
  },
  child: Container(
    width: 200,
    height: 200,
    color: Colors.blue,
  ),
),
```

③ onLongPress

사용자가 위젯을 길게 누르고 있을 때 호출되는 콜백 메서드다.

```
GestureDetector(
  onLongPress: () {
    // 길게 누르기 이벤트에 대한 동작을 구현한다.
    // 애니메이션을 일시정지하거나 다른 작업을 수행할 수 있다.
  },
  child: Container(
    width: 200,
    height: 200,
    color: Colors.blue,
  ),
),
```

이 외에도 GestureDetector는 다른 제스처 이벤트를 처리하는 메서드들을 제공한다. 예를 들어, onVerticalDragStart, onHorizontalDragUpdate, onScaleUpdate 등을 사용하여 사용자의 수직 드래그, 수평 드래그, 스케일링 동작에 대한 콜백을 정의할 수 있다. 이렇게 정의한 콜백 메서드 내에서 애니메이션을 조작하거나 다른 작업을 수행할 수 있다.

애니메이션 제스처 처리를 위해 GestureDetector의 콜백 메서드를 활용

콜백 메서드를 통해 사용자의 동작에 맞게 애니메이션을 제어할 수 있다.

① Draggable

드래그 제스처를 처리하기 위한 위젯이다. 사용자가 위젯을 드래그할 때 발생하는 이벤트를 처리하고, 드래그 동작에 따라 애니메이션을 적용할 수 있다. Draggable 위젯은 드래그를 시작할 때와 종료할 때의 콜백 메서드를 제공하여 애니메이션을 시작 및 정지하는 등의 동작을 수행할 수 있다. 아래는 Draggable 위젯을 사용하여 드래그 제스처를 처리하고 애니메이션을 적용하는 코드다.

```
Draggable(
  feedback: Container(
    width: 200,
    height: 200,
    color: Colors.blue,
  ),
  child: Container(
    width: 200,
    height: 200,
```

```
      color: Colors.red,
    ),
    onDragStarted: () {
      // 드래그 시작 시 호출되는 콜백 메서드다.
      // 애니메이션을 시작하거나 다른 작업을 수행할 수 있다.
    },
    onDragEnd: (DraggableDetails details) {
      // 드래그 종료 시 호출되는 콜백 메서드다.
      // 애니메이션을 정지하거나 다른 작업을 수행할 수 있다.
    },
),
```

위 코드에서 child는 드래그할 때 움직이는 위젯이고, feedback은 실제 드래그 동작을 시각적으로 나타내는 위젯이다. onDragStarted 콜백 메서드는 드래그가 시작될 때 호출되며, 여기에서 애니메이션을 시작하거나 다른 작업을 수행할 수 있다. onDragEnd 콜백 메서드는 드래그가 종료될 때 호출되며, 여기에서 애니메이션을 정지하거나 다른 작업을 수행할 수 있다.

Draggable 위젯은 다양한 드래그 이벤트를 처리하는 메서드들을 제공한다. 예를 들어, onDrag Update 메서드를 사용하여 드래그 동작에 따라 애니메이션을 조작하거나 상태를 업데이트할 수 있다. 드래그 제스처를 처리하고 애니메이션을 적용하기 위해 Draggable 위젯을 사용하면 사용자와의 상호작용에 따라 원하는 애니메이션 효과를 구현할 수 있다.

② Dismissible

스와이프 제스처를 처리하기 위한 위젯이다. 사용자가 위젯을 스와이프할 때 발생하는 이벤트를 처리하고, 스와이프 동작에 따라 애니메이션을 적용할 수 있다. Dismissible 위젯은 스와이프를 시작할 때와 종료할 때의 콜백 메서드를 제공하여 애니메이션을 시작 및 정지하는 등의 동작을 수행할 수 있다. 아래는 Dismissible 위젯을 사용하여 스와이프 제스처를 처리하고 애니메이션을 적용하는 코드다.

```
Dismissible(
  key: Key('itemKey'),
  direction: DismissDirection.horizontal,
  background: Container(
    color: Colors.green,
    child: Icon(Icons.check),
    alignment: Alignment.centerLeft,
  ),
  secondaryBackground: Container(
```

```
      color: Colors.red,
      child: Icon(Icons.delete),
      alignment: Alignment.centerRight,
    ),
    child: ListTile(
      title: Text('Swipe me'),
    ),
    onDismissed: (DismissDirection direction) {
      // 스와이프 동작이 완료될 때 호출되는 콜백 메서드다.
      // 애니메이션을 시작하거나 다른 작업을 수행할 수 있다.
    },
  ),
```

위 코드에서 background는 스와이프 동작을 완료할 때 왼쪽에 나타나는 배경 위젯이고,
secondaryBackground는 스와이프 동작을 완료할 때 오른쪽에 나타나는 배경 위젯이다.
onDismissed 콜백 메서드는 스와이프 동작이 완료될 때 호출되며, 여기에서 애니메이션을
시작하거나 다른 작업을 수행할 수 있다.

Dismissible 위젯은 direction 속성을 사용하여 스와이프 가능한 방향을 지정할 수 있다. 위
코드에서는 DismissDirection.horizontal을 사용하여 가로 방향으로 스와이프할 수 있도
록 설정했다. DismissDirection.vertical을 사용하면 세로 방향으로 스와이프할 수 있다.
스와이프 제스처를 처리하고 애니메이션을 적용하기 위해 Dismissible 위젯을 사용하면 사
용자와의 상호작용에 따라 애니메이션을 제어할 수 있다.

③ ScrollController

스크롤 제스처를 처리하기 위한 컨트롤러다. 스크롤 동작에 따라 애니메이션을 적용하거나
스크롤 위치에 따라 다른 애니메이션을 보여줄 수 있다. ScrollController는 스크롤 이벤트
를 감지하고 해당 이벤트에 대한 콜백 메서드를 제공한다. 아래는 ScrollController를 사용
하여 스크롤 이벤트를 감지하고 애니메이션을 적용하는 코드다.

```
class MyScrollPage extends StatefulWidget {
  @override
  _MyScrollPageState createState() => _MyScrollPageState();
}

class _MyScrollPageState extends State<MyScrollPage> {
  ScrollController _scrollController;
```

```
@override
void initState() {
  super.initState();
  _scrollController = ScrollController();
  _scrollController.addListener(_scrollListener);
}

@override
void dispose() {
  _scrollController.removeListener(_scrollListener);
  _scrollController.dispose();
  super.dispose();
}

void _scrollListener() {
  // 스크롤 이벤트가 발생할 때 호출되는 콜백 메서드다.
  // 스크롤 위치에 따라 애니메이션을 적용하거나 다른 작업을 수행할 수 있다.
}

@override
Widget build(BuildContext context) {
  return ListView.builder(
    controller: _scrollController,
    itemCount: 100,
    itemBuilder: (context, index) => ListTile(
      title: Text('Item $index'),
    ),
  );
}
}
```

위 코드에서는 ScrollController를 사용하여 스크롤 이벤트를 감지하고 _scrollListener 콜백 메서드가 호출되도록 설정했다. _scrollListener 메서드 내에서는 스크롤 위치에 따라 애니메이션을 적용하거나 다른 작업을 수행할 수 있다. ScrollController를 ListView나 GridView 등의 스크롤 가능한 위젯의 controller 속성에 할당하여 사용할 수 있다. 위 코드에서는 ListView.builder를 사용하고 있다.

애니메이션 제스처 처리를 위한 단계

① GestureDetector를 사용하여 제스처 동작을 감지하는 위젯 생성하기

GestureDetector를 사용하여 제스처 동작을 감지하는 위젯을 생성한다. 적절한 제스처 이벤트에 대한 콜백 메서드를 정의한다.

```
GestureDetector(
  onTap: () {
    // onTap 제스처 이벤트 처리
  },
  onDoubleTap: () {
    // onDoubleTap 제스처 이벤트 처리
  },
  onLongPress: () {
    // onLongPress 제스처 이벤트 처리
  },
  child: YourWidget(),
)
```

GestureDetector를 사용하여 제스처 동작을 감지할 수 있는 위젯을 생성한다. onTap, onDoubleTap, onLongPress와 같은 제스처 이벤트에 대한 콜백 메서드를 정의한다. 각 콜백 메서드에는 해당 제스처 이벤트가 발생했을 때 수행할 동작을 작성한다. YourWidget은 GestureDetector의 자식 위젯으로 제스처 동작을 적용할 대상 위젯이다.

② 콜백 메서드 내에서 애니메이션 컨트롤러 조작하기

콜백 메서드 내에서 애니메이션 컨트롤러를 조작하여 애니메이션을 시작, 일시정지, 재개, 반복 등의 동작을 수행한다. 애니메이션 컨트롤러의 메서드를 호출하여 애니메이션 상태를 변경하거나 애니메이션 값을 조작한다. 애니메이션 컨트롤러를 생성하고 제스처 동작에 따라 애니메이션을 시작, 일시정지, 재개, 반복 등의 동작을 수행한다. 이때, 애니메이션 컨트롤러의 메서드를 호출하여 애니메이션 상태를 변경하거나 애니메이션 값을 조작할 수 있다.

```
AnimationController _animationController;

@override
void initState() {
  super.initState();
```

```
  _animationController = AnimationController(
    vsync: this, // TickerProvider 설정
    duration: Duration(seconds: 1), // 애니메이션 지속 시간 설정
  );
}

@override
void dispose() {
  _animationController.dispose(); // 애니메이션 컨트롤러 정리
  super.dispose();
}

void _startAnimation() {
  _animationController.forward(); // 애니메이션 시작
}

void _pauseAnimation() {
  _animationController.stop(); // 애니메이션 일시정지
}

void _resumeAnimation() {
  _animationController.forward(); // 애니메이션 재개
}

void _repeatAnimation() {
  _animationController.repeat(); // 애니메이션 반복
}
```

위 코드에서는 initState()에서 AnimationController를 초기화하고 dispose()에서 정리한다.
_startAnimation(), _pauseAnimation(), _resumeAnimation(), _repeatAnimation()과
같은 메서드를 정의하여 제스처 동작에 따라 애니메이션을 제어한다.

③ 애니메이션 값을 사용하여 위젯의 속성 업데이트 및 화면에 표시하기

필요에 따라 애니메이션 값을 사용하여 위젯의 속성을 업데이트하고 다시 빌드하여 화면에
변경된 애니메이션을 표시한다. 애니메이션 값을 사용하여 위젯의 속성을 업데이트하고 변
경된 애니메이션을 화면에 표시한다. 이를 위해 AnimatedBuilder나 AnimatedWidget을
사용할 수 있다.

```
AnimatedBuilder(
  animation: _animationController,
  builder: (BuildContext context, Widget child) {
    return YourWidget(
      // 애니메이션 값을 사용하여 위젯의 속성 업데이트
      width: _animationController.value * 200,
      height: _animationController.value * 200,
      color: Colors.blue,
    );
  },
)
```

위의 코드에서는 AnimatedBuilder를 사용하여 애니메이션 값을 업데이트하고 화면에 표시할 위젯을 작성한다. _animationController를 애니메이션 객체로 설정하고, builder 함수를 사용하여 애니메이션 값을 기반으로 YourWidget의 속성을 업데이트한다. 이렇게 하면 사용자의 제스처 동작에 따라 애니메이션이 제어되고, 위젯의 속성이 업데이트되어 변경된 애니메이션을 화면에 표시할 수 있다.

아래는 애니메이션 제스처 처리 단계를 합친 전체적인 코드다.

```
import 'package:flutter/material.dart';

class YourWidget extends StatefulWidget {
  @override
  _YourWidgetState createState() => _YourWidgetState();
}

class _YourWidgetState extends State<YourWidget>
    with SingleTickerProviderStateMixin {
  AnimationController _animationController;

  @override
  void initState() {
    super.initState();

    _animationController = AnimationController(
      vsync: this, // TickerProvider 설정
      duration: Duration(seconds: 1), // 애니메이션 지속 시간 설정
    );
```

```dart
}

@override
void dispose() {
  _animationController.dispose(); // 애니메이션 컨트롤러 정리
  super.dispose();
}

void _startAnimation() {
  _animationController.forward(); // 애니메이션 시작
}

void _pauseAnimation() {
  _animationController.stop(); // 애니메이션 일시정지
}

void _resumeAnimation() {
  _animationController.forward(); // 애니메이션 재개
}

void _repeatAnimation() {
  _animationController.repeat(); // 애니메이션 반복
}

@override
Widget build(BuildContext context) {
  return GestureDetector(
    onTap: () {
      _startAnimation();
    },
    onDoubleTap: () {
      _pauseAnimation();
    },
    onLongPress: () {
      _resumeAnimation();
    },
    child: AnimatedBuilder(
      animation: _animationController,
      builder: (BuildContext context, Widget child) {
        return YourAnimatedWidget(
          width: _animationController.value * 200,
          height: _animationController.value * 200,
          color: Colors.blue,
```

```
      );
    },
   ),
  );
 }
}

class YourAnimatedWidget extends StatelessWidget {
  final double width;
  final double height;
  final Color color;

  YourAnimatedWidget({
    required this.width,
    required this.height,
    required this.color,
  });

  @override
  Widget build(BuildContext context) {
    return Container(
      width: width,
      height: height,
      color: color,
    );
  }
}

void main() {
  runApp(MaterialApp(
    home: Scaffold(
      appBar: AppBar(
        title: Text('Animation Gesture Example'),
      ),
      body: Center(
        child: YourWidget(),
      ),
    ),
  ));
}
```

위의 코드에서는 YourWidget이라는 위젯을 생성하고, 해당 위젯 내부에서 GestureDetector 와 AnimatedBuilder를 사용하여 애니메이션 제스처 처리를 구현한다.

YourWidget은 GestureDetector를 포함하고 있으며, 각각의 제스처 이벤트에 대한 콜백 메서드를 정의한다. 각 제스처 이벤트에 따라 _startAnimation(), _pauseAnimation(), _resumeAnimation() 메서드를 호출하여 애니메이션을 시작, 일시정지, 재개할 수 있다.

AnimatedBuilder는 _animationController를 애니메이션 객체로 설정하고, builder 함수를 사용하여 애니메이션 값을 기반으로 YourAnimatedWidget의 속성을 업데이트한다. YourAnimatedWidget은 애니메이션 값을 받아서 해당 속성에 따라 화면에 표시될 위젯이다.

손으로 익히는 코딩

```dart
import 'package:flutter/material.dart';

class GestureAnimationExample extends StatefulWidget {
  @override
  _GestureAnimationExampleState createState() => _GestureAnimationExampleState();
}

class _GestureAnimationExampleState extends State<GestureAnimationExample>
{
  double _x = 0.0;
  double _y = 0.0;

  @override
  Widget build(BuildContext context) {
    return Scaffold(
      appBar: AppBar(
        title: Text('Gesture Animation Example'),
      ),
      body: GestureDetector(
        onPanUpdate: (details) {
          setState(() {
            _x += details.delta.dx;
            _y += details.delta.dy;
          });
        },
        child: Stack(
          children: [
```

```
        Positioned(
          left: _x,
          top: _y,
          child: Container(
            width: 100,
            height: 100,
            color: Colors.blue,
          ),
        ),
      ],
    ),
  ),
);
}
}
```

위의 코드에서는 _x와 _y 변수를 사용하여 사각형의 위치를 추적한다. onPanUpdate 콜백 함수를 사용하여 사용자의 드래그 동작에 따라 _x와 _y 값을 업데이트한다. GestureDetector 위젯을 사용하여 제스처 인식을 처리하고, onPanUpdate 콜백을 등록한다. 사용자가

화면을 드래그할 때마다 onPanUpdate 콜백이 호출되며, details.delta.dx와 details.delta.dy 값을 사용하여 _x와 _y 값을 업데이트한다. Stack 위젯을 사용하여 사각형을 표시하고, Positioned 위젯을 사용하여 사각형의 위치를 지정한다. _x와 _y 값을 사용하여 사각형의 위치를 업데이트하고, 사용자가 드래그할 때마다 사각형이 움직이는 애니메이션을 확인할 수 있다. 위의 코드를 실행하고 화면에서 사각형을 드래그해 보면, 사각형이 사용자의 드래그 동작에 따라 움직이는 애니메이션을 확인할 수 있다.

Hero 애니메이션 사용 방법

Hero 애니메이션은 플러터에서 두 개의 화면 사이에서 원활한 전환 효과를 제공하기 위해 사용되는 애니메이션이다. 앞 챕터에서 간단하게 배운 것을 자세하게 다뤄 보자. 주로 두 개의 화면 사이에서 동일한 위젯이 서로 연결되어 전환되는 경우에 사용된다. 예를 들어, 첫 번째 화면에서 이미지를 탭하면 두 번째 화면으로 이동하면서 이미지가 확대되는 효과를 볼 수 있다. Hero 애니메이션을 사용하기 위해 다음 단계를 따른다.

1단계

두 개의 화면을 준비한다. 첫 번째 화면에는 Hero 위젯으로 애니메이션을 적용할 위젯을 포함하고, 두 번째 화면에는 동일한 Hero 위젯을 포함하되 첫 번째 화면에서의 위치와 크기와 일치하도록 설정한다.

```
// 첫 번째 화면
class FirstScreen extends StatelessWidget {
  @override
  Widget build(BuildContext context) {
    return Scaffold(
      appBar: AppBar(
        title: Text('First Screen'),
      ),
      body: Center(
        child: GestureDetector(
          onTap: () {
            Navigator.push(
              context,
              MaterialPageRoute(
                builder: (context) => SecondScreen(),
              ),
            );
          },
          child: Hero(
            tag: 'imageTag',
            child: Image.asset('path/to/image.png'),
          ),
        ),
      ),
    );
  }
}

// 두 번째 화면
class SecondScreen extends StatelessWidget {
  @override
  Widget build(BuildContext context) {
    return Scaffold(
      appBar: AppBar(
        title: Text('Second Screen'),
      ),
```

```
      body: Center(
        child: Hero(
          tag: 'imageTag',
          child: Image.asset('path/to/image.png'),
        ),
      ),
    );
  }
}
```

첫 번째 화면에서는 Hero 위젯을 사용하여 애니메이션을 적용할 이미지를 나타낸다. tag 속성은 고유한 태그를 설정하며, 두 개의 화면에서 동일한 태그를 가져야 한다. 이를 통해 플러터가 두 개의 화면 사이에서 애니메이션을 수행할 때 이미지를 서로 연결할 수 있다. 두 번째 화면에서도 동일한 Hero 위젯을 정의하고, 첫 번째 화면과 동일한 태그를 지정한다. 이렇게 함으로써 플러터가 두 번째 화면으로 전환되는 동안 애니메이션을 수행하여 원활한 전환 효과를 보여 줄 수 있다.

첫 번째 화면에서는 GestureDetector 위젯을 사용하여 탭 이벤트를 처리하고, 두 번째 화면으로 전환될 때 Navigator.push 메서드를 사용하여 전환을 수행한다. 두 번째 화면에서는 단순히 이미지를 Hero 위젯으로 감싸서 전환 효과를 보여 준다. 이렇게 코드를 작성하면 첫 번째 화면에서 이미지를 탭하면 두 번째 화면으로 전환되면서 이미지가 확대되는 효과를 볼 수 있다.

2단계

첫 번째 화면에서 Hero 위젯을 정의한다. Hero 위젯은 고유한 태그(tag)를 가지며, 이 태그는 두 개의 화면에서 동일해야 한다. 일반적으로 태그는 고유한 문자열로 지정된다.

```
Hero(
  tag: 'imageTag',
  child: Image.asset('path/to/image.png'),
)
```

3단계

두 번째 화면에서도 동일한 Hero 위젯을 정의하고, 첫 번째 화면과 동일한 태그를 지정한다. 이렇게 하면 플러터가 두 개의 화면 사이에서 애니메이션을 수행할 때 Hero 위젯을 서로 연결할 수 있다.

```
Hero(
  tag: 'imageTag',
  child: Image.asset('path/to/image.png'),
)
```

4단계

첫 번째 화면에서 두 번째 화면으로 전환하는 동작을 정의한다. 일반적으로 위젯을 탭하는 등의 이벤트 처리를 통해 전환을 수행할 수 있다. 전환 동작이 시작되면 플러터는 Hero 위젯을 알아서 애니메이션하여 두 번째 화면으로 전환하면서 화면 전환 효과를 자연스럽게 보여 준다.

```
GestureDetector(
  onTap: () {
    Navigator.push(
      context,
      MaterialPageRoute(
        builder: (context) => SecondScreen(),
      ),
    );
  },
  child: Hero(
    tag: 'imageTag',
    child: Image.asset('path/to/image.png'),
  ),
)
```

GestureDetector 위젯을 사용하여 탭 이벤트를 처리한다. 탭 이벤트가 발생하면 Navigator.push 메서드를 사용하여 두 번째 화면으로 전환한다. 전환될 때는 MaterialPageRoute를 사용하여 두 번째 화면을 생성한다.

Hero 위젯은 애니메이션을 적용할 위젯을 감싸는 역할을 한다. tag 속성은 고유한 태그를 설정하며, 이 태그는 첫 번째 화면과 두 번째 화면에서 동일해야 한다. 이를 통해 플러터가 두 개의 화면 사이에서 애니메이션을 수행할 때 위젯을 서로 연결할 수 있다. child 속성은 애니메이션을 적용할 위젯을 정의한다. 위의 코드에서는 이미지를 Image.asset을 사용하여 나타내고 있다. 하지만 Hero 위젯은 다른 종류의 위젯에도 적용할 수 있다.

위의 단계를 따라 Hero 애니메이션을 구현하면 두 개의 화면 사이에서 원활한 전환 효과를 제공할 수 있다. Hero 애니메이션은 사용자에게 흥미로운 화면 전환 경험을 제공하고 앱의 사용성을 향상시키는 데 도움이 된다.

아래는 Hero 애니메이션 사용 단계를 합친 전체적인 코드다.

```dart
// 첫 번째 화면
class FirstScreen extends StatelessWidget {
  @override
  Widget build(BuildContext context) {
    return Scaffold(
      appBar: AppBar(
        title: Text('First Screen'),
      ),
      body: Center(
        child: GestureDetector(
          onTap: () {
            Navigator.push(
              context,
              MaterialPageRoute(
                builder: (context) => SecondScreen(),
              ),
            );
          },
          child: Hero(
            tag: 'imageTag',
            child: Image.asset('path/to/image.png'),
          ),
        ),
      ),
    );
  }
}

// 두 번째 화면
class SecondScreen extends StatelessWidget {
  @override
  Widget build(BuildContext context) {
    return Scaffold(
      appBar: AppBar(
        title: Text('Second Screen'),
      ),
```

```
      body: Center(
        child: Hero(
          tag: 'imageTag',
          child: Image.asset('path/to/image.png'),
        ),
      ),
    );
  }
}
```

```
import 'package:flutter/material.dart';

class HeroAnimationExample extends StatelessWidget {
  @override
  Widget build(BuildContext context) {
    return Scaffold(
      appBar: AppBar(
        title: Text('Hero Animation Example'),
      ),
      body: Center(
        child: GestureDetector(
          onTap: () {
            Navigator.push(
              context,
              MaterialPageRoute(
                builder: (context) => DetailScreen(),
              ),
            );
          },
          child: Hero(
            tag: 'image',
            child: Container(
              width: 100,
              height: 100,
              decoration: BoxDecoration(
                shape: BoxShape.circle,
                color: Colors.blue,
              ),
            ),
```

```
          ),
        ),
      ),
    );
  }
}

class DetailScreen extends StatelessWidget {
  @override
  Widget build(BuildContext context) {
    return Scaffold(
      appBar: AppBar(
        title: Text('Detail Screen'),
      ),
      body: Center(
        child: Hero(
          tag: 'image',
          child: Container(
            width: 200,
            height: 200,
            decoration: BoxDecoration(
              shape: BoxShape.circle,
              color: Colors.blue,
            ),
          ),
        ),
      ),
    );
  }
}

void main() {
  runApp(MaterialApp(home: HeroAnimationExample()));
}
```

위의 코드에서는 Hero 위젯을 사용하여 애니메이션을 적용할 위젯을 감싸고, tag 속성을 사용하여 두 개의 위젯을 연결한다. HeroAnimationExample 위젯은 클릭 시 DetailScreen으로 이동하는 페이지를 구성한다. Hero 위젯으로 감싸진 원형의 컨테이너는 tag 속성이 'image'로 설정되어 있다. DetailScreen 위젯은 상세 정보를 표시하는 페이지로, 같은 tag 값을 가지는 Hero 위젯으로 감싸진 큰 원형의 컨테이너가 있다.

앱을 실행하고 첫 번째 페이지에서 원형의 컨테이너를 탭해 보면, 두 번째 페이지로 전환되면서 Hero 애니메이션이 적용된다. 원형의 컨테이너가 부드럽게 커져서 두 번째 페이지에서 표시되는 큰 원형의 컨테이너와 매끄럽게 전환된다.

Staggered 애니메이션 사용 방법

Staggered 애니메이션은 플러터에서 여러 위젯이 연속적으로 애니메이션되는 효과를 구현하는 방법 중 하나다. 이를 통해 각 위젯이 지연된 시간 간격으로 순차적으로 애니메이션될 수 있다. 예를 들어, 리스트의 항목들이 서서히 나타나거나 사라지는 효과를 구현할 때 많이 사용된다. Staggered 애니메이션을 사용하기 위해 다음 단계를 따른다.

1단계

애니메이션을 적용할 위젯들을 준비한다. 일반적으로 리스트나 그리드 형태의 위젯을 사용한다.

```
ListView.builder(
  itemCount: 5, // 애니메이션을 적용할 위젯의 개수
  itemBuilder: (context, index) {
    // 각 위젯에 애니메이션 효과 적용을 위한 AnimationConfiguration 사용
    return AnimationConfiguration.staggeredList(
      // ...
    );
  },
),
```

itemCount를 사용하여 애니메이션을 적용할 위젯의 개수를 설정한다. itemBuilder 함수에서 각 위젯에 애니메이션 효과를 적용하기 위해 AnimationConfiguration.staggeredList를 사용한다. position을 통해 각 위젯의 위치(index)를 설정하여 각각 다른 애니메이션 효과를 적용할 수 있다. duration을 사용하여 애니메이션의 지속 시간을 설정한다.

2단계

Staggered 애니메이션을 위해 StaggeredAnimationController를 생성한다. 이 컨트롤러는 애니메이션의 지연 시간과 지속 시간을 설정하고 애니메이션을 제어하는 데 사용된다.

```
AnimationController _controller;
```

```
@override
void initState() {
  super.initState();
  // Staggered 애니메이션을 위한 컨트롤러 초기화
  _controller = AnimationController(
    duration: Duration(milliseconds: 1000), // 애니메이션 지속 시간 설정
    vsync: this,
  );
}

@override
void dispose() {
  _controller.dispose();
  super.dispose();
}
```

initState 메서드에서는 _controller를 초기화하고, AnimationController 생성자를 사용하여 애니메이션의 지속 시간을 설정하고 vsync에 this를 전달하여 위젯의 수명주기에 동기화한다. 애니메이션의 지속 시간은 Duration을 사용하여 밀리초 단위로 설정할 수 있다. dispose 메서드에서는 _controller를 정리하여 메모리 누수를 방지한다. 애니메이션이 더 이상 필요하지 않을 때, dispose 메서드에서 컨트롤러를 해제하는 것이 중요하다. super.dispose()를 호출하여 기본 dispose 메서드를 실행해야 한다.

3단계

각 위젯에 애니메이션 효과를 적용하기 위해 StaggeredAnimation 위젯을 사용한다. 이 위젯은 StaggeredAnimationController와 연결되어 애니메이션을 제어하며, 각 위젯에 대한 애니메이션의 지연 시간과 지속 시간을 설정할 수 있다.

```
return AnimationConfiguration.staggeredList(
  position: index, // 위젯의 위치(index)를 설정하여 지연 시간을 조절
  duration: const Duration(milliseconds: 500), // 애니메이션의 지속 시간 설정
  child: SlideAnimation(
    // 위젯에 적용할 애니메이션 종류 설정
    verticalOffset: 50.0,
    child: FadeInAnimation(
      // 위젯에 적용할 애니메이션 종류 설정
```

```
    child: Container(
     // 위젯 내용
    ),
   ),
  ),
 );
```

AnimationConfiguration.staggeredList를 사용하여 각 위젯의 애니메이션을 설정한다.
position 속성은 위젯의 위치(index)를 설정하여 애니메이션의 지연 시간을 조절한다. duration
속성은 애니메이션의 지속 시간을 설정한다. SlideAnimation과 FadeInAnimation은 위젯에
적용할 애니메이션 종류를 설정하는 데 사용된다. 각 위젯의 애니메이션 종류와 설정은 개발자
의 필요에 따라 다를 수 있다.

4단계

Staggered 애니메이션을 시작하려면 controller의 forward 메서드를 호출한다.

```
floatingActionButton: FloatingActionButton(
  onPressed: () {
    // Staggered 애니메이션 시작
    _controller.forward();
  },
  child: Icon(Icons.play_arrow),
),
```

onPressed 콜백 함수에서 _controller.forward()를 호출하여 Staggered 애니메이션을 시작한다.
이는 _controller를 사용하여 애니메이션을 제어하는 메서드 중 하나다. _controller.forward()를
호출하면 애니메이션이 시작되며, 위젯들이 순차적으로 애니메이션된다.

위의 단계를 따라 Staggered 애니메이션을 구현하면 여러 위젯이 순차적으로 애니메이션되는
효과를 얻을 수 있다. 각 위젯의 애니메이션은 설정한 지연 시간에 따라 차례로 시작되며, 지속
시간에 따라 애니메이션 효과의 길이를 조절할 수 있다. Staggered 애니메이션을 적절히 활용하
면 앱의 사용자 경험을 향상시키고 동적이고 매력적인 UI를 구현할 수 있다.

아래는 Staggered 애니메이션 사용 단계를 합친 전체적인 코드다.

```dart
import 'package:flutter/material.dart';

void main() {
  runApp(MyApp());
}

class MyApp extends StatelessWidget {
  @override
  Widget build(BuildContext context) {
    return MaterialApp(
      title: 'Staggered Animation Example',
      theme: ThemeData(primarySwatch: Colors.blue),
      home: StaggeredAnimationScreen(),
    );
  }
}

class StaggeredAnimationScreen extends StatefulWidget {
  @override
  _StaggeredAnimationScreenState createState() => _StaggeredAnimationScreenState();
}

class _StaggeredAnimationScreenState extends State<StaggeredAnimationScreen>
    with SingleTickerProviderStateMixin {
  AnimationController _controller;

  @override
  void initState() {
    super.initState();
    _controller = AnimationController(
      duration: Duration(milliseconds: 1000),
      vsync: this,
    );
  }

  @override
  void dispose() {
    _controller.dispose();
    super.dispose();
  }
```

```dart
  @override
  Widget build(BuildContext context) {
    return Scaffold(
      appBar: AppBar(
        title: Text('Staggered Animation Example'),
      ),
      body: ListView.builder(
        itemCount: 5,
        itemBuilder: (context, index) {
          return AnimationConfiguration.staggeredList(
            position: index,
            duration: const Duration(milliseconds: 500),
            child: SlideAnimation(
              verticalOffset: 50.0,
              child: FadeInAnimation(
                child: Container(
                  padding: EdgeInsets.all(20),
                  margin: EdgeInsets.all(10),
                  color: Colors.blue,
                  child: Text(
                    'Widget $index',
                    style: TextStyle(
                      fontSize: 20,
                      color: Colors.white,
                    ),
                  ),
                ),
              ),
            ),
          );
        },
      ),
      floatingActionButton: FloatingActionButton(
        onPressed: () {
          _controller.forward();
        },
        child: Icon(Icons.play_arrow),
      ),
    );
  }
}
```

위의 코드는 Staggered 애니메이션을 구현한다. StaggeredAnimationScreen 위젯에서 애니메이션을 처리하고, ListView.builder를 사용하여 애니메이션을 적용할 위젯들을 구성한다.

AnimationConfiguration.staggeredList를 사용하여 각 위젯에 애니메이션 효과를 적용하고, SlideAnimation과 FadeInAnimation을 사용하여 각 위젯에 다양한 애니메이션 종류를 설정한다. 각 위젯은 Container로 감싸져 있으며, 배경색과 텍스트가 포함되어 있다.

> **더 알아보기**
>
> ### AnimationConfiguration
>
> AnimationConfiguration은 플러터(Flutter)에서 애니메이션을 구성하고 제어하기 위한 위젯이다. 이 위젯은 애니메이션의 지속 시간, 간격, 곡선 등을 설정하여 애니메이션을 조정할 수 있도록 도와준다. AnimationConfiguration 위젯의 주요 속성은 다음과 같다.
>
> - duration: 애니메이션의 지속 시간을 지정한다. Duration 객체로 표현되며, 예를 들어 Duration(seconds: 1)은 1초 동안 애니메이션이 실행됨을 의미한다.
> - delay: 애니메이션 시작 전에 대기할 시간을 지정한다. Duration 객체로 표현된다.
> - curve: 애니메이션의 시간 간격을 조절하는 곡선을 지정한다. 일반적으로 Curves 클래스의 곡선들을 사용하여 애니메이션을 부드럽게 만들 수 있다.
> - builder: 애니메이션을 실행할 위젯을 빌드하는 함수이다. 이 함수는 현재 애니메이션의 진행 상태에 따라 위젯을 조정하고 반환한다.
>
> ### SlideAnimation
>
> SlideAnimation은 플러터(Flutter)에서 사용되는 애니메이션 중 하나로, 위젯을 수평 또는 수직 방향으로 이동시키는 애니메이션을 구현하는 데 사용된다. 이 애니메이션은 주어진 시작 위치에서 목표 위치까지 위젯을 부드럽게 이동시킨다. SlideAnimation의 주요 속성은 다음과 같다.
>
> - position: 시작 위치와 목표 위치를 나타내는 Tween⟨Offset⟩ 객체이다. Offset은 수평(x) 및 수직(y) 방향으로 위젯을 이동하는 데 사용되는 값을 나타내는 클래스이다. 시작 위치와 목표 위치 사이의 애니메이션을 제어하는 데 사용된다.
>
> ### FadeInAnimation
>
> FadeInAnimation은 플러터(Flutter)에서 사용되는 애니메이션 중 하나로, 위젯의 투명도를 조정하여 부드럽게 나타나거나 사라지는 애니메이션을 구현하는 데 사용된다. 이 애니메이션은 주어진 시간 동안 위젯을 서서히 나타내거나 사라지게 한다. FadeInAnimation의 주요 속성은 다음과 같다.
>
> - opacity: 시작 투명도와 목표 투명도를 나타내는 Tween⟨double⟩ 객체이다. Tween은 애니메이션의 시작 값과 목표 값 사이의 값을 보간하는 데 사용된다. 또한 시작 투명도와 목표 투명도 사이의 애니메이션을 제어하는 데 사용된다.
>
> ### 공통적인 주요 속성
>
> - child: 애니메이션을 적용할 자식 위젯이다.

FloatingActionButton을 통해 애니메이션을 시작할 수 있다. onPressed 콜백에서 _controller.forward()를 호출하여 애니메이션을 시작한다. 이를 통해 위젯들이 순차적으로 애니메이션된다.

```dart
import 'package:flutter/material.dart';

class StaggeredAnimationExample extends StatefulWidget {
  @override
  _StaggeredAnimationExampleState createState() => _StaggeredAnimationExampleState();
}

class _StaggeredAnimationExampleState extends
State<StaggeredAnimationExample> with SingleTickerProviderStateMixin {
  late AnimationController _controller;
  late Animation<double> _animation1;
  late Animation<double> _animation2;

  @override
  void initState() {
    super.initState();
    _controller = AnimationController(
      duration: const Duration(seconds: 2),
      vsync: this,
    );

    _animation1 = Tween<double>(begin: 0, end: 1).animate(CurvedAnimation(
      parent: _controller,
      curve: Interval(0.0, 0.5, curve: Curves.easeIn),
    ));

    _animation2 = Tween<double>(begin: 0, end: 1).animate(CurvedAnimation(
      parent: _controller,
      curve: Interval(0.5, 1.0, curve: Curves.easeIn),
    ));
  }

  @override
  void dispose() {
    _controller.dispose();
    super.dispose();
  }

  @override
  Widget build(BuildContext context) {
```

```
    return Scaffold(
      appBar: AppBar(
        title: Text('Staggered Animation Example'),
      ),
      body: Center(
        child: Column(
          mainAxisAlignment: MainAxisAlignment.center,
          children: [
            AnimatedBuilder(
              animation: _controller,
              builder: (BuildContext context, Widget? child) {
                return Opacity(
                  opacity: _animation1.value,
                  child: Transform.translate(
                    offset: Offset(0.0, 100.0 * (1 - _animation1.value)),
                    child: Container(
                      width: 200,
                      height: 200,
                      color: Colors.blue,
                    ),
                  ),
                );
              },
            ),
            SizedBox(height: 50),
            AnimatedBuilder(
              animation: _controller,
              builder: (BuildContext context, Widget? child) {
                return Opacity(
                  opacity: _animation2.value,
                  child: Transform.translate(
                    offset: Offset(0.0, 100.0 * (1 - _animation2.value)),
                    child: Container(
                      width: 200,
                      height: 200,
                      color: Colors.red,
                    ),
                  ),
                );
              },
            ),
```

```
        ],
      ),
    ),
    floatingActionButton: FloatingActionButton(
      onPressed: () {
        if(_controller.status == Animationstatus.completed) {
          _controller.reverse();
        } else {
          _controller.forward();
        }
      },
      child: Icon(Icons.play_arrow),
    ),
  );
  }
}
```

위의 코드에서는 AnimationController와 CurvedAnimation을 사용하여 애니메이션을 제어한다. Interval을 사용하여 애니메이션이 어떤 구간에 적용되는지 설정하고, Tween을 사용하여 애니메이션의 시작과 끝 값을 정의한다. StaggeredAnimationExample 위젯은 클릭 시 애니메이션을 시작하는 페이지를 구성한다. AnimatedBuilder를 사용하여 위젯을 애니메이션 적용된 상태로 래핑한다. 두 개의 컨테이너가 순차적으로 애니메이션되며, 각각의 애니메이션이 적용되는 시점은 Interval에 의해 조절된다.

앱을 실행하고 플로팅 액션 버튼을 탭해 보면, 두 개의 컨테이너가 순차적으로 나타나며 애니메이션된다. 다시 한번 누르게 되면 순차적으로 사라지며 처음 상태로 돌아간다.

🛢️ 에러에서 배우기

컨트롤러 시작
floatingActionButton의 onPressed 콜백에서 _controller를 시작하지 않은 경우, 애니메이션이 동작하지 않는다. 그러므로 onPressed 콜백 내에서 _controller.forward()를 호출하여 애니메이션을 시작해야 한다.

소프트웨어 아키텍처와 디자인 패턴

✓ 핵심 키워드

MVC, MVVM, Clean 아키텍처, Singleton, Observer, Builder

여기서는 무얼 배울까

소프트웨어의 전체 구조와 구성 요소 간의 상호작용을 설계하는 방법에 대해 학습한다. 다양한 아키텍처 패턴과 그 장단점, 적용 사례 등을 이해하고, 소프트웨어 시스템을 유지 보수 가능하고 확장 가능한 구조로 설계하는 방법을 살펴보자. 소프트웨어 아키텍처가 디자인 패턴의 적용을 용이하게 하며, 디자인 패턴이 아키텍처의 목표인 유지 보수성, 확장성, 테스트 용이성 등을 달성하는 데에 어떻게 기여하는지 알아보자.

소프트웨어 아키텍처 개요

소프트웨어 아키텍처는 소프트웨어 시스템을 설계하고 구조화하는 방법을 정의하는 개념이다. 아키텍처는 시스템의 구성 요소, 구성 요소 간의 상호작용 방식, 데이터 흐름, 시스템의 전체적인 구조 등을 포함한다. 소프트웨어 아키텍처는 소프트웨어의 성능, 유지 보수성, 확장성, 안정성 등을 결정짓는 중요한 요소다.

소프트웨어 아키텍처의 목표

- 시스템을 구조화하고 모듈화하여 복잡성을 관리한다.
- 시스템의 유연성과 확장성을 향상시킨다.
- 재사용 가능한 구성 요소를 식별하고 구축한다.
- 시스템의 기능과 비기능적 요구사항을 충족시킨다.
- 시스템의 품질과 유지 보수성을 향상킨다.

소프트웨어 아키텍처의 주요 구성 요소

컴포넌트 (Component)	시스템을 구성하는 독립적인 부분으로, 특정 기능을 수행하고 관련 데이터와 동작을 캡슐화한다.
모듈 (Module)	연관된 컴포넌트의 집합으로, 논리적으로 관련된 기능을 그룹화하여 모듈화한다. 모듈 간의 인터페이스를 정의하여 상호작용을 관리한다.
아키텍처 스타일 (Architectural Style)	아키텍처 설계에 사용되는 일련의 패턴과 규칙으로, 특정한 문제 해결을 위한 구조화된 접근 방식을 제공한다. 예를 들어, 계층형 아키텍처, 마이크로서비스 아키텍처, 이벤트 기반 아키텍처 등이 있다.
데이터 흐름 (Data Flow)	시스템 내에서 데이터의 흐름을 관리하고 제어하는 방식을 정의한다. 데이터의 생성, 처리, 저장, 전달 등을 포함한다.
커뮤니케이션 (Communication)	시스템 내의 컴포넌트나 모듈 간의 상호작용 방식을 정의한다. 이는 메시지 전달, 이벤트 발행/구독, 원격 호출 등 다양한 형태로 이루어질 수 있다.
배포 (Deployment)	시스템의 구성 요소를 실제 환경에 배치하고 관리하는 방법을 정의한다. 서버, 클라이언트, 클라우드, 컨테이너 등에서 실행될 수 있다.

아키텍처 설계에 영향을 미치는 중요한 요소

● 비기능적 요구사항: 아키텍처는 시스템의 비기능적 요구사항을 충족시키기 위해 고려되어야 한다. 성능, 보안, 확장성, 가용성, 유지 보수성 등과 같은 요구사항은 아키텍처 설계에 영향을 미치는 중요한 요소다.

● 설계 원칙: 아키텍처 설계에는 다양한 설계 원칙이 적용된다. SOLID 원칙, DRY(Don't Repeat Yourself) 원칙, 최소 지식 원칙(Law of Demeter) 등은 코드의 가독성, 재사용성 및 유지 보수성을 향상시키기 위해 적용될 수 있다.

● 아키텍처 패턴: 아키텍처 패턴은 특정한 아키텍처 설계 문제를 해결하기 위한 구조화된 접근 방식을 제공한다. 대표적인 아키텍처 패턴에는 계층형 아키텍처, 마이크로서비스 아키텍처, 이벤트 기반 아키텍처, 헥사고날 아키텍처 등이 있다. 이러한 패턴은 일반적인 문제에 대한 솔루션을 제공하며, 아키텍처 설계에 활용될 수 있다.

● 중요한 소프트웨어 아키텍처 스타일: 중요한 아키텍처 스타일로는 계층형, 클라이언트-서버, 헥사고날, 이벤트 기반, 마이크로서비스 등이 있다. 각각의 스타일은 특정한 구조와 상호 작용 패턴을 가지며, 특정한 문제 해결을 위해 선택될 수 있다.

● 아키텍처 평가와 변화: 아키텍처는 시스템의 초기 설계 단계뿐만 아니라 시간이 지남에 따라 변경될 수 있다. 아키텍처는 시스템의 성장과 변화에 대응하기 위해 주기적으로 평가되고 조정되어야 한다. 이를 통해 시스템의 잠재적인 문제를 해결하고 적절한 유지 보수 및 확장성을 보장할 수 있다.

효과적인 소프트웨어 아키텍처 설계는 시스템의 유연성, 확장성, 성능, 안정성 등을 향상시키며 유지 보수성을 개선한다. 아키텍처 패턴과 설계 원칙을 활용하여 적절한 아키텍처를 선택하고 구현하는 것이 중요하다.

MVVM 아키텍처 패턴

MVVM(Mode-View-ViewModel)은 소프트웨어 아키텍처 패턴 중 하나로, 사용자 인터페이스(UI)와 비즈니스 로직을 분리하여 구조화하는 방법이다. 이 패턴은 애플리케이션의 유지 보수성과 확장성을 향상시키고 개발자 팀 간의 협업을 용이하게 한다.

MVVM 아키텍처 패턴의 주요 구성 요소

① Model

애플리케이션의 데이터 및 비즈니스 로직을 나타낸다. 모델은 독립적으로 존재하며, 사용자 인터페이스나 뷰 모델과 직접적으로 상호작용하지 않는다. 데이터의 변경 사항을 감지하고 알리는 기능을 제공할 수도 있다.

```
class UserModel {
  String name;
  int age;

  UserModel({required this.name, required this.age});
}
```

② View

사용자 인터페이스를 나타낸다. 뷰는 UI 요소들을 포함하고 사용자와의 상호작용을 처리한다. 뷰는 모델의 상태를 표시하고 사용자의 입력을 전달하여 뷰 모델에게 전달한다. 뷰는 가능한 한 단순하고 UI에 집중하는 역할을 수행한다.

```
//user_view_model.dart

import 'package:flutter/material.dart';

class User {
```

```dart
  final String name;
  final int age;

  User(this.name, this.age);
}

class UserViewModel extends ChangeNotifier {
  User _user;

  User get user => _user;

  UserViewModel() {
    // 초기 사용자 데이터 생성
    _user = User('John Doe', 30);
  }

  void updateUser(String name, int age) {
    // 사용자 정보 업데이트
    _user = User(name, age);
    notifyListeners();
  }
}

//main.dart

import 'package:flutter/material.dart';
import 'package:provider/provider.dart';
import 'user_view_model.dart';

class UserView extends StatelessWidget {
  @override
  Widget build(BuildContext context) {
    return Scaffold(
      appBar: AppBar(
        title: Text('User View'),
      ),
      body: Center(
        child: Column(
          mainAxisAlignment: MainAxisAlignment.center,
          children: [
            Consumer<UserViewModel>(
              builder: (context, userViewModel, _) {
                return Text(
```

```
                'Name: ${userViewModel.user.name}',
                style: TextStyle(fontSize: 24),
              );
            },
          ),
          Consumer<UserViewModel>(
            builder: (context, userViewModel, _) {
              return Text(
                'Age: ${userViewModel.user.age}',
                style: TextStyle(fontSize: 24),
              );
            },
          ),
        ],
      ),
    ),
  );
}
}
```

③ View Model

뷰와 모델 사이의 중간 계층으로, 뷰와 모델을 연결하고 데이터 및 비즈니스 로직을 처리한
다. 뷰 모델은 뷰로부터 입력을 받아 모델에 전달하고, 모델로부터 데이터 변경 사항을 받아
뷰에 업데이트를 알린다. 뷰 모델은 뷰에 대한 상태 및 동작을 노출하고, 뷰와의 강한 결합을
피하기 위해 데이터 바인딩과 이벤트를 통해 뷰와 통신한다.

```
import 'package:flutter/foundation.dart';
import 'package:mvvm_example/user_model.dart';

class UserViewModel extends ChangeNotifier {
  UserModel _user;

  UserViewModel({required UserModel user}) : _user = user;

  UserModel get user => _user;

  void updateUserName(String name) {
    _user.name = name;
    notifyListeners();
  }
```

```
  void updateUserAge(int age) {
    _user.age = age;
    notifyListeners();
  }
}
```

아래는 MVVM 아키텍처 패턴의 주요 구성 요소를 합친 전체적인 코드다.

```
import 'package:flutter/material.dart';
import 'package:provider/provider.dart';
import 'user_model.dart';
import 'user_view_model.dart';

class UserView extends StatelessWidget {
  @override
  Widget build(BuildContext context) {
    return Scaffold(
      appBar: AppBar(
        title: Text('User View'),
      ),
      body: Center(
        child: Column(
          mainAxisAlignment: MainAxisAlignment.center,
          children: [
            Consumer<UserViewModel>(
              builder: (context, userViewModel, _) {
                return Text(
                  'Name: ${userViewModel.user.name}',
                  style: TextStyle(fontSize: 24),
                );
              },
            ),
            Consumer<UserViewModel>(
              builder: (context, userViewModel, _) {
                return Text(
                  'Age: ${userViewModel.user.age}',
                  style: TextStyle(fontSize: 24),
                );
              },
            ),
```

```dart
          ],
        ),
      ),
    );
  }
}

class UserViewModel extends ChangeNotifier {
  UserModel _user;

  UserViewModel({required UserModel user}) : _user = user;

  UserModel get user => _user;

  void updateUserName(String name) {
    _user.name = name;
    notifyListeners();
  }

  void updateUserAge(int age) {
    _user.age = age;
    notifyListeners();
  }
}

class UserModel {
  String name;
  int age;

  UserModel({required this.name, required this.age});
}

void main() {
  UserModel userModel = UserModel(name: 'John Doe', age: 25);
  UserViewModel userViewModel = UserViewModel(user: userModel);

  runApp(
    ChangeNotifierProvider<UserViewModel>(
      create: (_) => userViewModel,
      child: MyApp(),
    ),
  );
}
```

```
class MyApp extends StatelessWidget {
  @override
  Widget build(BuildContext context) {
    return MaterialApp(
      title: 'MVVM User App',
      theme: ThemeData(primarySwatch: Colors.blue),
      home: UserView(),
    );
  }
}
```

위 코드에서 UserModel은 사용자 정보를 담는 데이터 클래스다. UserViewModel은 Change Notifier를 상속받아 상태 변경을 감지하고, 사용자 정보를 관리한다. UserView는 사용자 정보를 표시하는 뷰다. UserViewModel을 Consumer 위젯으로 감싸 사용자 정보의 변화를 구독하고, 해당 정보를 화면에 표시한다.

이 코드를 실행하면 "User View"라는 제목의 앱이 실행되며, 사용자의 이름과 나이가 텍스트로 표시된다. UserViewModel의 updateUserName과 updateUserAge 메서드를 통해 사용자 정보를 업데이트할 수 있으며, 업데이트가 발생하면 notifyListeners가 호출되어 뷰가 업데이트된다.

위 코드는 Provider 패키지를 사용하여 상태 관리를 구현한다. Provider 패키지는 의존성 주입 (Dependency Injection)을 제공하며, 애플리케이션 전역에서 상태 관리를 할 수 있도록 도와준다.

MVVM 아키텍처 패턴의 주요 특징

MVVM 아키텍처 패턴은 플러터와 같은 프레임워크에서도 잘 동작한다. 플러터에서는 Provider 나 BLoC와 같은 상태 관리 패키지를 사용하여 MVVM 아키텍처를 구현할 수 있다. 이를 통해 UI, 비즈니스 로직, 데이터 모델을 분리하여 애플리케이션의 유지 보수성과 테스트 용이성을 향상시킬 수 있다.

① 단방향 데이터 바인딩

뷰와 뷰 모델 간의 데이터 흐름은 단방향으로 이루어진다. 뷰 모델에서 뷰로 데이터를 바인딩하여 상태를 업데이트하고, 뷰에서 뷰 모델로 사용자 입력을 전달한다.

② 테스트 용이성

각 구성 요소가 독립적으로 테스트할 수 있다. 뷰 모델은 비즈니스 로직을 담당하므로 유닛 테스트를 수행하기 용이하다.

③ 재사용성

뷰와 뷰 모델은 독립적으로 재사용될 수 있다. 뷰는 다른 뷰 모델과 연결되어 재사용될 수 있고, 뷰 모델은 다른 뷰와 결합하여 다양한 UI 상황에서 재사용될 수 있다.

손으로 익히는 코딩

```dart
import 'package:flutter/material.dart';

class User {
  String name;
  String email;

  User({required this.name, required this.email});
}

class UserRepository {
  Future<void> registerUser(User user) async {
    // 사용자 등록 로직 구현
    // 데이터베이스에 사용자 정보 저장 또는 API 요청을 통해 사용자 등록
    await Future.delayed(Duration(seconds: 2)); // 가상의 딜레이
  }
}

class UserFormViewModel {
  final UserRepository repository;

  UserFormViewModel({required this.repository});

  Future<void> registerUser(User user) async {
    await repository.registerUser(user);
  }
}

class UserFormView extends StatefulWidget {
  final UserFormViewModel viewModel;
```

```dart
  UserFormView({required this.viewModel});

  @override
  _UserFormViewState createState() => _UserFormViewState();
}

class _UserFormViewState extends State<UserFormView> {
  final _formKey = GlobalKey<FormState>();
  final _nameController = TextEditingController();
  final _emailController = TextEditingController();

  @override
  void dispose() {
    _nameController.dispose();
    _emailController.dispose();
    super.dispose();
  }

  @override
  Widget build(BuildContext context) {
    return Scaffold(
      appBar: AppBar(
        title: Text('사용자 등록'),
      ),
      body: Padding(
        padding: EdgeInsets.all(16),
        child: Form(
          key: _formKey,
          child: Column(
            children: [
              TextFormField(
                controller: _nameController,
                decoration: InputDecoration(
                  labelText: '이름',
                ),
                validator: (value) {
                  if (value == null || value.isEmpty) {
                    return '이름을 입력하세요.';
                  }
                  return null;
                },
```

```dart
            ),
            SizedBox(height: 16),
            TextFormField(
              controller: _emailController,
              decoration: InputDecoration(
                labelText: '이메일',
              ),
              validator: (value) {
                if (value == null || value.isEmpty) {
                  return '이메일을 입력하세요.';
                }
                return null;
              },
            ),
            SizedBox(height: 16),
            ElevatedButton(
              onPressed: () {
                if (_formKey.currentState!.validate()) {
                  final name = _nameController.text;
                  final email = _emailController.text;
                  final user = User(name: name, email: email);

                  widget.viewModel.registerUser(user).then((_) {
                    showDialog(
                      context: context,
                      builder: (context) {
                        return AlertDialog(
                          title: Text('등록 완료'),
                          content: Text('사용자가 등록되었습니다.'),
                          actions: [
                            TextButton(
                              onPressed: () {
                                Navigator.pop(context);
                              },
                              child: Text('확인'),
                            ),
                          ],
                        );
                      },
                    );
                  });
```

```dart
              }
            },
            child: Text('등록'),
          ),
        ],
      ),
    ),
  ),
);
    }
  }

class MyApp extends StatelessWidget {
  final UserFormViewModel viewModel;

  MyApp({required this.viewModel});

  @override
  Widget build(BuildContext context) {
    return MaterialApp(
      home: UserFormView(viewModel: viewModel),
    );
  }
}

void main() {
  final userRepository = UserRepository();
  final userFormViewModel = UserFormViewModel(repository: userRepository);

  runApp(MyApp(viewModel: userFormViewModel));
}
```

이 코드에서는 User 클래스로 사용자 정보를 나타내고, UserRepository 클래스를 통해 사용자 등록 로직을 구현한다. UserFormViewModel 클래스는 사용자 등록을 위한 비즈니스 로직을 처리하고, UserFormView 위젯은 사용자 등록 양식을 표시하고 유효성 검사를 수행한다. 메인 함수에서는 UserRepository와 UserFormViewModel을 초기화하고, MyApp 위젯을 실행한다. MyApp은 UserFormView를 표시하는 단순한 앱이다. 이 코드는 사용자 등록 양식을 작성하고 등록 버튼을 누르면 사용자 정보가 등록되는 간단한 시나리오를 다룬다.

MVC 아키텍처 패턴

MVC(Model-View-Controller)는 소프트웨어 아키텍처 패턴 중 하나로, 애플리케이션의 구성 요소들을 세 가지 역할로 분리하여 구조화하는 방법이다. 각 역할은 특정한 역할과 책임을 가지며, 애플리케이션의 유지 보수성과 확장성을 향상시킨다.

MVC 아키텍처 패턴의 주요 구성 요소

① Model

애플리케이션의 데이터와 비즈니스 로직을 담당한다. 모델은 독립적으로 존재하며, 뷰나 컨트롤러와 직접적인 상호작용을 하지 않는다. 데이터의 상태를 관리하고 비즈니스 로직을 수행한다.

```
class CounterModel {
  int _count = 0;

  int get count => _count;

  void increment() {
    _count++;
  }

  void decrement() {
    _count--;
  }
}
```

② View

사용자 인터페이스를 나타낸다. 뷰는 모델의 데이터를 표시하고 사용자에게 정보를 전달한
다. 사용자 입력을 처리하는 역할도 수행한다. 뷰는 모델의 상태 변화에 대한 알림을 받아 업
데이트할 수 있다.

```
class CounterView extends StatelessWidget {
  final CounterModel model;

  CounterView({required this.model});

  @override
  Widget build(BuildContext context) {
    return Scaffold(
      appBar: AppBar(
        title: Text('MVC Counter'),
      ),
      body: Center(
        child: Column(
          mainAxisAlignment: MainAxisAlignment.center,
          children: [
            Text(
              'Count:',
              style: TextStyle(fontSize: 24),
            ),
            Text(
              '${model.count}',
              style: TextStyle(fontSize: 48, fontWeight: FontWeight.bold),
            ),
          ],
        ),
      ),
      floatingActionButton: Column(
        mainAxisAlignment: MainAxisAlignment.end,
        children: [
          FloatingActionButton(
            onPressed: model.increment,
            child: Icon(Icons.add),
          ),
          SizedBox(height: 16),
          FloatingActionButton(
            onPressed: model.decrement,
```

```
        child: Icon(Icons.remove),
      ),
    ],
  ),
);
  }
}
```

③ Controller

뷰와 모델 사이의 중개자 역할을 수행한다. 컨트롤러는 사용자 입력을 받아 모델에 전달하고, 모델의 변경 사항을 감지하여 뷰에 알린다. 또한, 애플리케이션의 비즈니스 로직을 처리하는 역할도 수행한다.

```
class CounterController {
  final CounterModel model;

  CounterController({required this.model});

  void increment() {
    model.increment();
  }

  void decrement() {
    model.decrement();
  }
}
```

아래는 MVC 아키텍처 패턴의 주요 구성 요소를 합친 전체적인 코드다.

```
import 'package:flutter/material.dart';

class CounterModel {
  int _count = 0;

  int get count => _count;

  void increment() {
    _count++;
  }
```

```dart
  void decrement() {
    _count--;
  }
}

class CounterView extends StatelessWidget {
  final CounterModel model;

  CounterView({required this.model});

  @override
  Widget build(BuildContext context) {
    return Scaffold(
      appBar: AppBar(
        title: Text('MVC Counter'),
      ),
      body: Center(
        child: Column(
          mainAxisAlignment: MainAxisAlignment.center,
          children: [
            Text(
              'Count:',
              style: TextStyle(fontSize: 24),
            ),
            Text(
              '${model.count}',
              style: TextStyle(fontSize: 48, fontWeight: FontWeight.bold),
            ),
          ],
        ),
      ),
      floatingActionButton: Column(
        mainAxisAlignment: MainAxisAlignment.end,
        children: [
          FloatingActionButton(
            onPressed: () => model.increment(),
            child: Icon(Icons.add),
          ),
          SizedBox(height: 16),
          FloatingActionButton(
            onPressed: () => model.decrement(),
            child: Icon(Icons.remove),
```

```
        ),
      ],
    ),
  );
  }
}

class CounterController {
  final CounterModel model;

  CounterController({required this.model});

  void increment() {
    model.increment();
  }

  void decrement() {
    model.decrement();
  }
}

void main() {
  CounterModel model = CounterModel();
  CounterController controller = CounterController(model: model);

  runApp(MyApp(model: model, controller: controller));
}

class MyApp extends StatelessWidget {
  final CounterModel model;
  final CounterController controller;

  MyApp({required this.model, required this.controller});

  @override
  Widget build(BuildContext context) {
    return MaterialApp(
      title: 'MVC Counter App',
      theme: ThemeData(primarySwatch: Colors.blue),
      home: CounterView(model: model),
    );
  }
}
```

위 코드에서 CounterModel은 카운터의 상태와 동작을 담당하는 모델 클래스다. CounterView는 카운터의 상태를 표시하고 사용자의 입력에 반응하는 뷰 클래스다. CounterController는 사용자 입력을 처리하고 모델의 동작을 제어하는 컨트롤러 클래스다. CounterView는 CounterModel을 생성자 파라미터로 받아 해당 모델의 상태를 표시하고, 사용자의 입력에 따라 CounterController를 호출하여 모델을 업데이트한다. CounterController는 CounterModel을 생성자 파라미터로 받아 해당 모델의 동작을 호출하여 상태를 업데이트한다. main 함수에서는 CounterModel과 CounterController를 생성하고, 이를 함께 전달하여 MyApp을 실행한다. MyApp은 Counter Model과 CounterController를 가지고 CounterView를 생성하고 앱을 실행한다.

위 코드를 실행하면 "MVC Counter"라는 제목의 앱이 실행되며, 카운터의 현재 값이 표시된다. "+"와 "−" 버튼을 눌러 카운터 값을 증가 및 감소시킬 수 있다. 사용자의 입력은 CounterView에서 처리되고, CounterController를 통해 CounterModel의 동작이 호출되어 카운터 값이 업데이트된다.

MVC 아키텍처 패턴의 주요 특징

① 분리된 역할

각 구성 요소는 역할에 맞게 분리되어 있다. 이를 통해 코드의 재사용성과 유지 보수성이 향상된다.

② 양방향 데이터 흐름

사용자 입력은 컨트롤러를 통해 모델로 전달되고, 모델의 변경 사항은 뷰에 알려져서 업데이트된다. 이는 MVC 아키텍처의 특징 중 하나로, 데이터 흐름이 양방향으로 이루어진다는 점을 명시적으로 언급해야 한다.

③ 테스트 용이성

각 구성 요소가 독립적으로 존재하므로, 개별적으로 테스트할 수 있다. 모델의 비즈니스 로직이나 뷰의 상태 변화에 대한 테스트를 수행할 수 있다.

```dart
import 'package:flutter/material.dart';
import 'package:provider/provider.dart';

class Song {
  String title;
  String artist;
  String album;

  Song({
    required this.title,
    required this.artist,
    required this.album,
  });
}

class MusicPlayerController extends ChangeNotifier {
  List<Song> playlist = [];
  int currentIndex = 0;
  bool _isPlaying = false;

  bool get isPlaying => _isPlaying;

  void addSong(Song song) {
    playlist.add(song);
    notifyListeners();
  }

  void play() {
    _isPlaying = true;
    notifyListeners();
  }

  void pause() {
    _isPlaying = false;
    notifyListeners();
  }

  void next() {
    if (currentIndex < playlist.length - 1) {
      currentIndex++;
    } else {
```

```
      currentIndex = 0;
    }
    notifyListeners();
  }

  void previous() {
    if (currentIndex > 0) {
      currentIndex--;
    } else {
      currentIndex = playlist.length - 1;
    }
    notifyListeners();
  }
}

class MusicPlayerView extends StatelessWidget {
  final MusicPlayerController controller;

  MusicPlayerView({required this.controller});

  @override
  Widget build(BuildContext context) {
    final controller = Provider.of<MusicplayerController>(context);
    final currentSong = controller.playlist[controller.currentIndex];

    return Scaffold(
      appBar: AppBar(
        title: const Text('음악 재생기'),
      ),
      body: Column(
        mainAxisAlignment: MainAxisAlignment.center,
        children: [
          CodeSnippet(text: currentSong.title, fontSize: 24),
          const SizedBox(height: 10),
          CodeSnippet(text: currentSong.artist, fontSize: 18),
          const SizedBox(height: 10),
          CodeSnippet(text: currentSong.album, fontSize: 18),
          const SizedBox(height: 30),
          Row(
            mainAxisAlignment: MainAxisAlignment.center,
            children: [
              IconButton(
```

```dart
              onPressed: controller.previous,
              icon: const Icon(Icons.skip_previous),
            ),
          IconButton(
            onPressed: () {
              if (controller.isPlaying) {
                controller.pause();
              } else {
                controller.play();
              }
            },
            icon: Icon(
              controller.isPlaying ? Icons.pause : Icons.play_arrow,
            ),
          ),
          IconButton(
            onPressed: controller.next,
            icon: const Icon(Icons.skip_next),
          ),
        ],
      ),
    ],
  ),
);
}
}

class CodeSnippet extends StatelessWidget {
  final String text;
  final double fontSize;

  const CodeSnippet({required this.text, required this.fontSize});

  @override
  Widget build(BuildContext context) {
    return Text(
      text,
      style: TextStyle(
        fontSize: fontSize,
        fontFamily: 'Courier',
        fontWeight: FontWeight.bold,
        color: Colors.blue,
```

```dart
      ),
    );
  }
}

void main() {
  final musicPlayerController = MusicPlayerController();

  musicPlayerController.addSong(Song(
    title: 'Dance Monkey',
    artist: 'Tones and I',
    album: 'The Kids Are Coming',
  ));
  musicPlayerController.addSong(Song(
    title: 'Blinding Lights',
    artist: 'The Weeknd',
    album: 'After Hours',
  ));
  musicPlayerController.addSong(Song(
    title: 'Shape of You',
    artist: 'Ed Sheeran',
    album: '÷',
  ));

  runApp(MyApp(controller: musicPlayerController));
}

class MyApp extends StatelessWidget {
  final MusicPlayerController controller;

  const MyApp({required this.controller});

  @override
  Widget build(BuildContext context) {
    return ChangeNotifierProvider<MusicPlayerController>.value(
      value: controller,
      child: MaterialApp(
        home: MusicPlayerView(controller: controller),
      ),
    );
  }
}
```

이 코드에서는 Song 클래스로 음악을 나타내고, Music Player Controller 클래스를 통해 음악 재생기를 관리한다. MusicPlayerView 위젯은 현재 재생 중인 음악의 제목, 아티스트, 앨범을 표시하고, 이전 음악, 재생/일시정지, 다음 음악을 제어할 수 있는 기능을 제공한다. 메인 함수에서는 MusicPlayerController를 초기

Quick Tip

플러터에서는 Provider나 BLoC와 같은 상태 관리 패키지를 활용하여 MVC 아키텍처를 구현할 수 있습니다. 이를 통해 UI, 비즈니스 로직, 데이터 모델을 분리하여 애플리케이션의 유지보수성과 확장성을 향상시킬 수 있습니다.

화하고, MyApp 위젯을 실행한다. MyApp은 MusicPlayerView를 표시하는 단순한 앱이다. 오디오 재생 기능을 추가하면 노래를 재생하는 것도 구현이 가능하다.

Clean 아키텍처 패턴

Clean 아키텍처는 로버트 C. 마틴(Robert C. Martin)이 제안한 소프트웨어 아키텍처 패턴이다. 이 아키텍처 패턴은 소프트웨어를 독립적인 계층으로 분리하여 의존성을 최소화하고 유지보수성을 향상시키는 목표를 가지고 있다.

Clean 아키텍처의 계층

① 엔티티(Entity) 계층

가장 안쪽에 위치하며, 비즈니스 로직과 도메인 객체를 포함한다. 엔티티는 독립적으로 존재하며 외부 요소에 의존하지 않는다.

```
class User {
  final String id;
  final String name;
  final int age;

  User({required this.id, required this.name, required this.age});

  // 비즈니스 로직을 포함하는 메서드
  void greet() {
    print('Hello, $name!');
  }
}
```

② 유스케이스(Use Case) 계층

엔티티 계층을 사용하여 실제 비즈니스 로직을 구현하는 부분이다. 유스케이스는 특정한 사용자 요청이나 시스템 이벤트에 대한 처리를 담당한다.

```
class UserUseCase {
  UserRepository _userRepository;

  UserUseCase({required UserRepository userRepository}) : _userRepository
  = userRepository;

  // 사용자 정보 가져오기
  Future<User> getUser(String userId) {
    return _userRepository.getUser(userId);
  }

  // 사용자 정보 업데이트하기
  Future<void> updateUser(User user) {
    return _userRepository.updateUser(user);
  }
}
```

③ 인터페이스(Interface) 계층

사용자 인터페이스(UI)와 데이터베이스, 외부 서비스 등과의 상호작용을 담당한다. 인터페이스 계층은 유스케이스 계층과의 상호작용을 중개한다.

```
// UserRepository 인터페이스
abstract class UserRepository {
  Future<User> getUser(String userId);
  Future<void> updateUser(User user);
}

// UserRepository의 구현체 (예: FirebaseUserRepository)
class FirebaseUserRepository implements UserRepository {
  @override
  Future<User> getUser(String userId) {
    // Firebase에서 사용자 정보를 가져와서 User 객체로 변환
    // ...
  }
```

```
  @override
  Future<void> updateUser(User user) {
    // Firebase에 사용자 정보를 업데이트
    // ...
  }
}
```

④ 프레임워크 및 드라이버 계층

가장 바깥쪽에 위치하며, 프레임워크나 데이터베이스, 웹 서버와 같은 외부 도구 및 라이브러리와의 통합을 담당한다.

```
// 플러터 프레임워크와의 통합 (예: FlutterUserView)
class FlutterUserView extends StatelessWidget {
  final UserUseCase _userUseCase;

  FlutterUserView({required UserUseCase userUseCase}) : _userUseCase = userUseCase;

  // UI 빌드
  @override
  Widget build(BuildContext context) {
    return Scaffold(
      appBar: AppBar(
        title: Text('User Profile'),
      ),
      body: Center(
        child: FutureBuilder<User>(
          future: _userUseCase.getUser('userId'),
          builder: (context, snapshot) {
            if (snapshot.hasData) {
              final user = snapshot.data!;
              return Column(
                mainAxisAlignment: MainAxisAlignment.center,
                children: [
                  Text('Name: ${user.name}'),
                  Text('Age: ${user.age}'),
                  ElevatedButton(
                    onPressed: () {
                      user.greet();
                      user.age += 1;
                      _userUseCase.updateUser(user);
```

```
          },
          child: Text('Update Age'),
        ),
      ],
    );
  } else if (snapshot.hasError) {
    return Text('Error: ${snapshot.error}');
  } else {
    return CircularProgressIndicator();
  }
        },
      ),
    ),
  );
  }
}
```

아래는 Clean 아키텍처의 계층을 합친 전체적인 코드다.

```
// 엔티티 계층
class User {
  final String id;
  final String name;
  int age;

  User({required this.id, required this.name, required this.age});

  void greet() {
    print('Hello, $name!');
  }
}

// 유스케이스 계층
class UserUseCase {
  UserRepository _userRepository;

  UserUseCase({required UserRepository userRepository})
      : _userRepository = userRepository;

  Future<User> getUser(String userId) {
    return _userRepository.getUser(userId);
  }
```

```dart
  Future<void> updateUser(User user) {
    return _userRepository.updateUser(user);
  }
}

// 인터페이스 계층
abstract class UserRepository {
  Future<User> getUser(String userId);
  Future<void> updateUser(User user);
}

class FirebaseUserRepository implements UserRepository {
  @override
  Future<User> getUser(String userId) {
    // Firebase에서 사용자 정보를 가져와서 User 객체로 변환
    // ...
  }

  @override
  Future<void> updateUser(User user) {
    // Firebase에 사용자 정보를 업데이트
    // ...
  }
}

// 프레임워크 및 드라이버 계층
class FlutterUserView extends StatelessWidget {
  final UserUseCase _userUseCase;

  FlutterUserView({required UserUseCase userUseCase})
      : _userUseCase = userUseCase;

  @override
  Widget build(BuildContext context) {
    return Scaffold(
      appBar: AppBar(
        title: Text('User Profile'),
      ),
      body: Center(
        child: FutureBuilder<User>(
          future: _userUseCase.getUser('userId'),
          builder: (context, snapshot) {
```

```
          if (snapshot.hasData) {
            final user = snapshot.data!;
            return Column(
              mainAxisAlignment: MainAxisAlignment.center,
              children: [
                Text('Name: ${user.name}'),
                Text('Age: ${user.age}'),
                ElevatedButton(
                  onPressed: () {
                    user.greet();
                    user.age += 1;
                    _userUseCase.updateUser(user);
                  },
                  child: Text('Update Age'),
                ),
              ],
            );
          } else if (snapshot.hasError) {
            return Text('Error: ${snapshot.error}');
          } else {
            return CircularProgressIndicator();
          }
        },
      ),
    ),
  );
  }
}
```

위의 코드에서는 엔티티 계층에 User 클래스가 있고, 유스케이스 계층에 UserUseCase 클래스가 있다. 인터페이스 계층에는 UserRepository 인터페이스와 그 구현체인 FirebaseUserRepository 클래스가 있다. 마지막으로, 프레임워크 및 드라이버 계층에는 FlutterUserView 위젯이 있다. 이 코드는 Clean 아키텍처의 구성을 하나로 합쳐서 보여 주고 있다.

Clean 아키텍처의 핵심 원칙

Clean 아키텍처의 핵심 원칙은 의존성의 방향이다. 내부 계층은 외부 계층에 의존하지 않으면서 외부 계층은 내부 계층에 의존한다. 이를 통해 변경에 대한 영향을 최소화하고 각 계층을 독립적으로 테스트하고 유지 보수할 수 있다.

Clean 아키텍처의 이점

① 유연성과 확장성

각 계층이 독립적으로 존재하기 때문에 한 계층의 변경이 다른 계층에 미치는 영향이 적다. 새로운 요구사항이나 변경에 대해 해당 계층만 수정하면 되므로 유지 보수와 확장이 용이하다.

② 테스트 용이성

각 계층은 독립적으로 테스트할 수 있다. 특히 비즈니스 로직을 담당하는 유스케이스 계층은 외부 요소 없이 테스트할 수 있어 테스트의 안정성과 신뢰성을 높일 수 있다.

③ 의존성 관리

외부 의존성을 내부로부터 격리하여 역전 제어(Inversion of Control) 원칙을 따르게 된다. 이를 통해 외부 의존성의 변경이 내부에 영향을 주지 않고, 외부 의존성의 구현을 유연하게 변경할 수 있다.

Clean 아키텍처는 플러터 애플리케이션에서도 적용될 수 있다. 예를 들어, 엔티티 계층은 도메인 모델과 비즈니스 로직을 포함하고, 유스케이스 계층은 Provider나 BLoC을 사용하여 비즈니스 로직을 구현할 수 있다. 인터페이스 계층은 UI와의 상호작용을 처리하며, 프레임워크 계층은 플러터 프레임워크와의 통합을 담당한다.

손으로 익히는 코딩

```dart
// 데이터 계층
class UserRepository {
  // 사용자 데이터를 가져오는 메서드
  Future<User> getUserData() async {
    // 실제로는 데이터베이스나 API와 통신하여 사용자 데이터를 가져온다.
    await Future.delayed(Duration(seconds: 2));

    // 가상의 사용자 데이터 반환
    return User(id: 1, name: "John Doe", email: "johndoe@example.com");
  }
}
```

```dart
// 도메인 계층
class User {
  final int id;
  final String name;
  final String email;

  User({required this.id, required this.name, required this.email});
}

class GetUserUseCase {
  final UserRepository userRepository;

  GetUserUseCase({required this.userRepository});

  Future<User> execute() async {
    return await userRepository.getUserData();
  }
}

// 프레젠테이션 계층
class UserPresenter {
  final GetUserUseCase getUserUseCase;

  UserPresenter({required this.getUserUseCase});

  void getUserData() async {
    try {
      final user = await getUserUseCase.execute();
      // 사용자 데이터를 화면에 표시하는 로직
      print("User Data: ${user.name}, ${user.email}");
    } catch (e) {
      // 오류 처리 로직
      print("Error: $e");
    }
  }
}

void main() {
  // 의존성 주입
  final userRepository = UserRepository();
  final getUserUseCase = GetUserUseCase(userRepository: userRepository);
```

```
  final userPresenter = UserPresenter(getUserUseCase: getUserUseCase);

  // 사용자 데이터 가져오기
  userPresenter.getUserData();
}
```

위의 코드는 Clean 아키텍처의 각 계층이 독립적으로 존재하며, 의존성 주입을 통해 상호작용한다. 이렇게 구성된 Clean 아키텍처는 각 계층의 역할과 책임이 분리되어 유지보수성과 테스트 용이성을 높이는 장점을 가지고 있다.

> **더 알아보기**
>
> 위의 코드에서는 Clean 아키텍처의 세 가지 주요 계층인 데이터 계층, 도메인 계층, 프레젠테이션 계층을 보여 준다.
>
> - 데이터 계층: UserRepository 클래스는 실제로는 데이터베이스나 API와 통신하여 사용자 데이터를 가져온다. 이 코드에서는 단순화를 위해 가상의 데이터를 반환하는 메서드를 사용하였다.
> - 도메인 계층: User 클래스는 사용자 데이터를 모델링하는 클래스이다. GetUserUseCase 클래스는 사용자 데이터를 가져오는 도메인 로직을 담당한다. 이 코드에서는 UserRepository를 주입받아 사용자 데이터를 가져오는 execute 메서드를 제공한다.
> - 프레젠테이션 계층: UserPresenter 클래스는 사용자 데이터를 화면에 표시하는 프레젠테이션 로직을 담당한다. GetUserUseCase를 주입받아 getUserData 메서드를 통해 사용자 데이터를 가져오고, 결과를 화면에 출력한다.

디자인 패턴 개요

디자인 패턴은 소프트웨어 개발에서 자주 발생하는 문제를 해결하기 위해 반복적으로 사용되는 해결책이다. 이러한 패턴은 공식화되고 검증된 설계 아이디어와 구조를 제공하여 코드의 재사용성, 확장성, 유지 보수성을 향상시킬 수 있다. 디자인 패턴은 개발자들 간의 의사소통을 원활하게 하고, 코드의 가독성을 높이며, 소프트웨어 시스템의 안정성과 품질을 향상시킨다. 디자인 패턴은 다음과 같이 세 가지 범주로 분류된다.

생성 (Creational)	객체의 생성과 초기화를 다루는 패턴이다. 이러한 패턴은 객체 생성을 추상화하고, 객체 간의 종속성을 줄여 유연성과 확장성을 향상시킨다. 대표적인 생성 패턴으로는 싱글톤(Singleton), 팩토리(Factory), 추상 팩토리(Abstract Factory) 등이 있다.
구조 (Structural)	클래스나 객체들의 구성과 관련된 패턴이다. 이러한 패턴은 객체들 간의 관계와 구조를 정의하여 유연하고 효율적인 구조를 구현한다. 대표적인 구조 패턴으로는 어댑터(Adapter), 데코레이터(Decorator), 컴퍼지트(Composite) 등이 있다.
행위 (Behavioral)	객체들 간의 상호작용과 책임 분배에 관련된 패턴이다. 이러한 패턴은 객체들 간의 알고리즘을 캡슐화하고, 객체들 간의 행위를 조정하여 유연한 상호작용을 가능하게 한다. 대표적인 행위 패턴으로는 옵저버(Observer), 스트래티지(Strategy), 커맨드(Command) 등이 있다.

디자인 패턴은 개별적으로 사용되기도 하지만, 종종 여러 패턴이 조합되어 복잡한 소프트웨어 아키텍처를 구성하는 데 활용된다. 이러한 패턴들은 잘 정의된 구조와 규칙을 제공하여 팀 내 개발자들 사이의 일관성을 유지하고, 유지 보수성을 향상시키며, 코드의 재사용성을 높일 수 있다. 디자인 패턴을 이해하고 적용하기 위해서는 적절한 문제 상황에서 패턴을 식별하고, 해당 패턴이 어떤 문제를 해결하는지 이해해야 한다. 또한, 디자인 패턴을 적용할 때는 문제의 복잡성과 요구 사항을 고려하여 적절한 패턴을 선택해야 한다. 디자인 패턴은 개발자들 간의 공통된 언어와 개발 철학을 형성하며, 소프트웨어 시스템의 품질과 유지 보수성을 향상시키는 강력한 도구다.

Singleton 디자인 패턴

Singleton은 생성 패턴 중 하나로, 클래스의 인스턴스가 오직 하나만 생성되도록 보장하는 패턴이다. 이 패턴은 전역 변수를 사용하지 않고 객체를 공유하고 접근하는 방법을 제공한다. Singleton 패턴은 다음과 같은 특징을 가지고 있다.

- 단일 인스턴스: Singleton 클래스는 오직 하나의 인스턴스만을 가진다. 이 인스턴스는 전역적으로 접근 가능한 static 멤버 변수로 선언된다.
- 전역 접근점: Singleton 인스턴스는 어디서든지 접근 가능하다. 이를 통해 다른 객체들은 Singleton 인스턴스를 사용하여 데이터를 공유하고 상태를 유지할 수 있다.

Singleton 패턴을 구현하기 위해서는 일반적으로 다음과 같은 단계를 따른다.

① 생성자 접근 제한

Singleton 클래스의 생성자를 private으로 선언하여 외부에서 직접 객체를 생성하는 것을 막는다.

```
public class Singleton {
    private static Singleton instance;

    private Singleton() {
        // 외부에서 객체 생성을 막기 위해 private 생성자를 선언
    }
}
```

② 정적 메서드 제공

Singleton 클래스는 자체적으로 생성된 인스턴스를 반환하는 정적 메서드를 제공한다. 일반적으로 이 메서드는 "getInstance()"와 같은 이름으로 사용된다.

```
public static Singleton getInstance() {
    if (instance == null) {
        instance = new Singleton();
    }
    return instance;
}
```

위의 코드에서는 instance 변수가 null일 경우에만 인스턴스를 생성하고 반환한다. 이렇게 함으로써 처음으로 getInstance() 메서드가 호출될 때만 인스턴스를 생성하게 되고, 이후 호출되는 경우에는 기존에 생성된 인스턴스를 반환한다.

③ 지연 초기화

Singleton 인스턴스는 처음으로 접근되는 시점에 생성된다. 이를 통해 리소스 낭비를 방지하고 필요한 시점에 인스턴스를 생성할 수 있다. 이는 위의 getInstance() 메서드에서 이미 구현되어 있다.

④ 스레드 안전성

멀티스레드 환경에서 Singleton 인스턴스에 동시에 접근하는 상황을 처리해야 한다. 이를 위해 동기화 메커니즘을 구현하거나, 더블 체크(locking) 기법을 사용하여 스레드 안전성을 보장할 수 있다.

```
public static Singleton getInstance() {
    if (instance == null) {
        synchronized (Singleton.class) {
            if (instance == null) {
                instance = new Singleton();
            }
        }
    }
    return instance;
}
```

위의 코드에서는 더블 체크(locking) 기법을 사용하여 스레드 안전성을 구현하였다. synchronized 블록을 사용하여 동시에 접근하는 상황을 제어한다. 처음에 instance 변수가 null인지 확인한 후, 동기화된 블록 내에서 다시 한 번 null인지 확인하고 인스턴스를 생성한다. 이렇게 함으로써 스레드가 동시에 getInstance() 메서드에 접근할 경우에도 단일 인스턴스를 생성하도록 보장한다.

⑤ 직렬화(Serialization)* 문제

직렬화 문제는 Singleton 클래스를 직렬화할 때 발생할 수 있다. 직렬화된 Singleton 객체를 역직렬화하면 새로운 인스턴스가 생성되는데, 이는 Singleton 패턴의 의도와는 다르다. 결과적으로 직렬화와 역직렬화를 통해 여러 개의 Singleton 인스턴스가 생성될 수 있다. Singleton 클래스가 Serializable 인터페이스를 구현하도록 지정하고, 역직렬화 시에도 동일한 인스턴스를 유지하기 위해 readResolve() 메서드를 구현할 수 있다. 이를 통해 직렬화와 역직렬화 과정에서 싱글톤의 일관성을 유지할 수 있다.

```
import java.io.Serializable;

public class Singleton implements Serializable {
    // ... 이전 코드 생략 ...

    protected Object readResolve() {
        return instance;
    }
}
```

기초 용어 정리

* 직렬화(Serialization): 객체나 데이터 구조를 일련의 바이트로 변환하는 과정을 말한다. 직렬화된 데이터는 파일이나 네트워크를 통해 전송하거나 저장할 수 있다.

위의 코드에서는 readResolve() 메서드를 오버라이딩하여 역직렬화 시에도 동일한 인스턴스를 유지하도록 구현하였다. 이를 통해 직렬화와 역직렬화 과정에서 싱글톤의 일관성을 유지할 수 있다.

아래는 Singleton 패턴의 단계를 합친 전체적인 코드다.

```java
import java.io.Serializable;

public class Singleton implements Serializable {
    private static Singleton instance;

    private Singleton() {
        // 외부에서 객체 생성을 막기 위해 private 생성자를 선언
    }

    public static Singleton getInstance() {
        if (instance == null) {
            synchronized (Singleton.class) {
                if (instance == null) {
                    instance = new Singleton();
                }
            }
        }
        return instance;
    }

    protected Object readResolve() {
        return instance;
    }

    // 기타 기능 메서드들...
}
```

이렇게 단계별로 코드를 구현하면 Singleton 패턴을 적용한 클래스를 사용할 수 있다. 해당 클래스의 인스턴스는 오직 하나만 생성되며, 전역적으로 접근 가능하고 객체를 공유할 수 있다.

```
class Database {
  // 싱글톤 인스턴스 변수
  static Database? _instance;

  // 프라이빗 생성자
  Database._();

  // 싱글톤 인스턴스 반환 메서드
  static Database getInstance() {
    if (_instance == null) {
      // 인스턴스가 없을 경우에만 생성
      _instance = Database._();
    }
    return _instance!;
  }

  // 데이터베이스 작업 메서드
  void query(String sql) {
    print("Executing query: $sql");
    // 실제 데이터베이스 작업 로직
  }
}

void main() {
  // Singleton 인스턴스 사용
  final database = Database.getInstance();
  database.query("SELECT * FROM users");

  // 같은 인스턴스를 반환
  final database2 = Database.getInstance();
  database2.query("INSERT INTO products VALUES ('Product A')");
}
```

위의 코드에서는 Singleton 디자인 패턴을 사용하여 데이터베이스 클래스를 구현하였다.

● Database 클래스: Singleton 패턴을 적용하기 위해 생성자를 프라이빗으로 선언하고, 싱글톤 인스턴스 변수 _instance를 사용하여 인스턴스를 저장한다. getInstance 메서드를 통해 싱글톤 인스턴스를 반환한다. 데이터베이스 작업을 수행하는 query 메서드를 가지고 있다.

- main 함수: Database 클래스의 인스턴스를 생성하여 사용하는 코드다. 먼저 Database. getInstance()를 호출하여 인스턴스를 얻고, query 메서드를 호출하여 데이터베이스 작업을 수행한다. 이후 다시 Database.getInstance()를 호출해도 동일한 인스턴스가 반환된다.

Singleton 디자인 패턴을 사용하면 하나의 인스턴스만 생성되고, 어디서든 전역적으로 접근할 수 있다. 이를 통해 여러 곳에서 동일한 인스턴스를 사용하고 데이터 무결성을 유지할 수 있다.

Observer 디자인 패턴

Observer 디자인 패턴은 객체 간의 일대다 의존 관계에서 한 객체의 상태 변화를 다른 객체들에게 자동으로 알리는 패턴이다. 이 패턴은 주로 이벤트 처리, 상태 관찰, 데이터 갱신 등에서 활용된다. Observer 패턴은 다음과 같은 구성 요소로 구성된다.

Subject (주체)	주체 객체는 상태가 변할 때 관찰자들에게 알림을 보내는 역할을 한다. 주체 객체는 관찰자들을 등록하고, 상태 변경 시에는 등록된 관찰자들에게 알림을 보낸다.
Observer (관찰자)	관찰자 객체는 주체 객체의 상태 변화를 감지하고, 필요한 동작을 수행한다. 관찰자 객체는 주체 객체에 등록되어야 하며, 상태 변경 시 주체 객체로부터 알림을 받는다.

Observer 패턴은 다음과 같은 이점을 제공한다.

- 느슨한 결합(Coupling): 주체 객체와 관찰자 객체 간의 의존성을 최소화하면서 상호 작용할 수 있다. 주체 객체는 관찰자 인터페이스를 통해 관찰자를 알지만, 구체적인 관찰자 클래스에 대한 정보는 알지 못한다.
- 확장성과 유연성: 새로운 관찰자를 추가하거나 기존 관찰자를 제거하는 것이 쉽다. 새로운 관찰자를 추가하기 위해서는 주체 객체에 등록만 하면 되며, 관찰자 객체를 삭제하기 위해서는 주체 객체로부터 등록 해제만 하면 된다.

Observer 패턴은 주로 이벤트 기반 시스템에서 사용된다. 예를 들어, 사용자 인터페이스에서 발생하는 이벤트(버튼 클릭, 키 입력 등)를 처리하고, 상태 변화에 따라 다른 객체들이 이벤트를 수신하여 적절한 동작을 수행할 수 있도록 구현할 때 Observer 패턴을 활용할 수 있다. Observer 패턴을 구현하기 위해 다음과 같은 단계를 따른다.

① 주체 인터페이스 정의

주체 객체가 구현해야 하는 인터페이스를 정의한다. 이 인터페이스는 주체 객체가 관찰자들을 등록하고 알림을 보내는 메서드를 포함한다.

```python
from abc import ABC, abstractmethod

class Subject(ABC):
    @abstractmethod
    def register_observer(self, observer):
        pass

    @abstractmethod
    def remove_observer(self, observer):
        pass

    @abstractmethod
    def notify_observers(self):
        pass
```

② 주체 클래스 구현

주체 인터페이스를 구현하는 클래스를 작성한다. 주체 클래스는 관찰자들을 등록하고 상태가 변할 때 알림을 보내는 역할을 한다.

```python
class ConcreteSubject(Subject):
    def __init__(self):
        self.observers = []
        self.state = None

    def register_observer(self, observer):
        self.observers.append(observer)

    def remove_observer(self, observer):
        self.observers.remove(observer)

    def notify_observers(self):
        for observer in self.observers:
            observer.update(self.state)

    def set_state(self, state):
```

```
            self.state = state
            self.notify_observers()
```

③ 관찰자 인터페이스 정의

관찰자 객체가 구현해야 하는 인터페이스를 정의한다. 이 인터페이스는 주체 객체로부터 상태 변경 알림을 받는 메서드를 포함한다.

```
from abc import ABC, abstractmethod

class Observer(ABC):
    @abstractmethod
    def update(self, state):
        pass
```

④ 관찰자 클래스 구현

관찰자 인터페이스를 구현하는 클래스를 작성한다. 관찰자 클래스는 주체 객체의 상태 변화를 감지하고 필요한 동작을 수행한다.

```
class ConcreteObserver(Observer):
    def __init__(self, name):
        self.name = name

    def update(self, state):
        print(f"{self.name} received the update. New state: {state}")
```

⑤ 주체 객체와 관찰자 객체 연결

주체 객체에 관찰자 객체를 등록하여 연결한다. 이를 통해 주체 객체의 상태 변화에 따라 관찰자 객체들이 알림을 받을 수 있다.

```
subject = ConcreteSubject()

observer1 = ConcreteObserver("Observer 1")
observer2 = ConcreteObserver("Observer 2")
```

```
subject.register_observer(observer1)
subject.register_observer(observer2)

subject.set_state("New State")
```

아래는 Observer 패턴의 단계을 합친 전체적인 코드다.

```python
from abc import ABC, abstractmethod

class Subject(ABC):
    @abstractmethod
    def register_observer(self, observer):
        pass

    @abstractmethod
    def remove_observer(self, observer):
        pass

    @abstractmethod
    def notify_observers(self):
        pass


class ConcreteSubject(Subject):
    def __init__(self):
        self.observers = []
        self.state = None

    def register_observer(self, observer):
        self.observers.append(observer)

    def remove_observer(self, observer):
        self.observers.remove(observer)

    def notify_observers(self):
        for observer in self.observers:
            observer.update(self.state)

    def set_state(self, state):
        self.state = state
        self.notify_observers()
```

```
class Observer(ABC):
    @abstractmethod
    def update(self, state):
        pass

class ConcreteObserver(Observer):
    def __init__(self, name):
        self.name = name

    def update(self, state):
        print(f"{self.name} received the update. New state: {state}")

subject = ConcreteSubject()

observer1 = ConcreteObserver("Observer 1")
observer2 = ConcreteObserver("Observer 2")

subject.register_observer(observer1)
subject.register_observer(observer2)

subject.set_state("New State")
```

이 코드에서는 주체 인터페이스 Subject와 주체 클래스 ConcreteSubject, 관찰자 인터페이스 Observer와 관찰자 클래스 ConcreteObserver를 구현하고 있다. 주체 객체는 상태 변화 시 등록된 관찰자들에게 알림을 보내고, 관찰자 객체들은 주체 객체의 상태 변화를 받아 처리한다. 결과는 다음과 같다.

실행 결과

```
Observer 1 received the update. New state: New State
Observer 2 received the update. New state: New State
```

주체 객체의 set_state 메서드를 통해 상태를 변경하면, 등록된 관찰자 객체들이 알림을 받고 각자의 업데이트를 수행한다. 이를 통해 Observer 패턴이 객체 간 느슨한 결합과 상태 변화에 따른 알림을 가능하게 한다.

Quick Tip

Observer 패턴은 프레임워크 자체에서 제공하는 여러 클래스와 인터페이스를 활용하여 구현할 수 있습니다. 이를 통해 플러터 애플리케이션의 상태 변화에 따라 UI 업데이트, 데이터 동기화 등을 처리할 수 있습니다.

```dart
// Observer 인터페이스
abstract class Observer {
  void update(String message);
}

// Subject 클래스
class Subject {
  List<Observer> _observers = [];

  void attach(Observer observer) {
    _observers.add(observer);
  }

  void detach(Observer observer) {
    _observers.remove(observer);
  }

  void notify(String message) {
    for (var observer in _observers) {
      observer.update(message);
    }
  }
}

// 구체적인 Observer 클래스
class ConcreteObserver implements Observer {
  final String _name;

  ConcreteObserver(this._name);

  @override
  void update(String message) {
    print("$_name received message: $message");
  }
}

void main() {
  // Subject 생성
  final subject = Subject();
```

```
// Observer 생성
final observer1 = ConcreteObserver("Observer 1");
final observer2 = ConcreteObserver("Observer 2");
final observer3 = ConcreteObserver("Observer 3");

// Observer를 Subject에 연결
subject.attach(observer1);
subject.attach(observer2);
subject.attach(observer3);

// Subject에서 메시지를 전송
subject.notify("Hello Observers!");

// Observer를 Subject에서 분리
subject.detach(observer2);

// 다시 메시지 전송
subject.notify("Observer 2 detached!");
}
```

실행 결과

```
Observer 1 received message: Hello Observers!
Observer 2 received message: Hello Observers!
Observer 3 received message: Hello Observers!
Observer 1 received message: Observer 2 detached!
Observer 3 received message: Observer 2 detached!
```

더 알아보기

위의 코드에서는 Observer 디자인 패턴을 사용하여 Subject와 Observer 사이의 관계를 구현하였다.

- Observer 인터페이스: Observer 객체들이 구현해야 할 메서드인 update를 정의한다.
- Subject 클래스: Observer 객체들의 목록을 관리하고, attach 메서드를 통해 Observer를 추가하고 detach 메서드를 통해 Observer를 제거한다. notify 메서드를 호출하여 Observer들에게 상태 변경을 알린다.
- ConcreteObserver 클래스: Observer 인터페이스를 구현한 구체적인 Observer 클래스이다. 생성 시 이름을 가지고 있으며, update 메서드를 통해 Subject로부터 전달받은 메시지를 출력한다.
- main 함수: Subject를 생성하고 Observer들을 생성한 후, attach 메서드를 사용하여 Observer들을 Subject에 연결한다. notify 메서드를 호출하여 Observer들에게 메시지를 전송한다. 그 후 detach 메서드를 사용하여 Observer2를 Subject에서 분리하고 다시 notify 메서드를 호출하여 Observer들에게 메시지를 전송한다.

Observer 디자인 패턴을 사용하면 객체 사이의 느슨한 결합을 유지하면서 상태 변화를 관찰하고 처리할 수 있다. Subject와 Observer는 독립적으로 확장되고 재사용할 수 있으며, 유연한 설계를 가능하게 한다.

Builder 디자인 패턴

Builder 디자인 패턴은 복잡한 객체의 생성 과정을 단순화하고, 유연성을 제공하는 패턴이다. 이 패턴은 객체의 생성 과정과 표현을 분리시켜 객체의 내부 표현을 독립적으로 다양하게 만들 수 있게 한다. Builder 패턴은 다음과 같은 구성 요소로 구성된다.

① Builder(빌더)

빌더 인터페이스는 객체의 생성 과정을 정의한다. 빌더 인터페이스에는 객체를 생성하기 위한 메서드들이 포함되어 있다. 이 메서드들은 객체의 부분적인 상태를 설정하고, 최종 객체를 반환하는 역할을 한다.

```python
class Builder:
    def set_property1(self, value):
        pass

    def set_property2(self, value):
        pass

    def build(self):
        pass
```

빌더 인터페이스는 객체의 생성 과정을 정의하는 메서드들을 포함한다. 위 코드에서는 set_property1과 set_property2 메서드로 객체의 부분적인 상태를 설정하고, build 메서드로 최종 객체를 반환하는 역할을 한다.

② ConcreteBuilder(구체적인 빌더)

구체적인 빌더 클래스는 빌더 인터페이스를 구현한 클래스다. 구체적인 빌더 클래스는 객체를 생성하고, 객체의 부분적인 상태를 설정하는 메서드들을 구현한다.

```python
class ConcreteBuilder(Builder):
    def __init__(self):
        self.product = Product()

    def set_property1(self, value):
        self.product.property1 = value

    def set_property2(self, value):
        self.product.property2 = value

    def build(self):
        return self.product
```

구체적인 빌더 클래스는 빌더 인터페이스를 구현한다. 위 코드에서는 ConcreteBuilder 클래스가 Builder 인터페이스를 상속받고, 해당 메서드들을 구현한다. set_property1과 set_property2 메서드는 객체의 부분적인 상태를 설정하고, build 메서드는 최종 객체를 반환한다.

③ Director(감독자)

감독자는 객체 생성 과정을 조정하고, 구체적인 빌더를 사용하여 객체를 생성한다. 감독자는 빌더를 사용하여 객체를 생성하기 위한 단계들을 순서대로 호출한다.

```python
class Director:
    def __init__(self, builder):
        self.builder = builder

    def construct(self):
        self.builder.set_property1("value1")
        self.builder.set_property2("value2")
        return self.builder.build()
```

감독자 클래스는 객체 생성 과정을 조정하고, 구체적인 빌더를 사용하여 객체를 생성한다. 위 코드에서는 Director 클래스가 builder라는 구체적인 빌더를 받아 온 후, construct 메서드를 호출하여 객체의 생성 과정을 단계별로 처리한다.

아래는 Builder 패턴의 구성요소를 합친 전체적인 코드다.

```python
// Builder 인터페이스
class Builder:
    def set_property1(self, value):
        pass

    def set_property2(self, value):
        pass

    def build(self):
        pass


// 구체적인 빌더 클래스
class ConcreteBuilder(Builder):
    def __init__(self):
        self.product = Product()

    def set_property1(self, value):
        self.product.property1 = value

    def set_property2(self, value):
        self.product.property2 = value

    def build(self):
        return self.product


// 감독자 클래스
class Director:
    def __init__(self, builder):
        self.builder = builder

    def construct(self):
        self.builder.set_property1("value1")
        self.builder.set_property2("value2")
        return self.builder.build()


// 생성된 객체 클래스
class Product:
    def __init__(self):
```

```
        self.property1 = None
        self.property2 = None

// 사용 예시
builder = ConcreteBuilder()
director = Director(builder)
product = director.construct()
print(product.property1)
print(product.property2)
```

위 코드에서 Builder 인터페이스는 set_property1, set_property2, build 메서드를 정의하고 있다. ConcreteBuilder 클래스는 Builder 인터페이스를 구현하며, set_property1, set_property2, build 메서드를 구체적으로 구현한다. Director 클래스는 객체 생성 과정을 조정하고, ConcreteBuilder를 사용하여 객체를 생성한다. Product 클래스는 생성된 객체를 나타내며, property1과 property2라는 속성을 가지고 있다. 위의 코드를 실행하면 director.construct() 메서드를 호출하여 객체의 생성 과정이 진행되고, 최종 객체가 생성된다.

```
value1
value2
```

이렇게 Builder 패턴을 사용하면 객체의 생성 과정을 단순화하고, 객체의 내부 표현을 다양화할 수 있다. Builder 패턴은 다음과 같은 이점을 제공한다.

● 객체의 생성 과정을 단순화: 복잡한 객체의 생성 과정을 단계별로 처리하고, 객체의 부분적인 상태를 설정할 수 있다. 이를 통해 객체의 생성 과정을 단순화하고, 객체의 내부 표현을 유연하게 다양화할 수 있다.

● 객체의 재사용성: 같은 빌더를 사용하여 다른 표현의 객체를 생성할 수 있다. 객체의 내부 표현을 변경하거나 확장할 때, 기존의 빌더를 재사용하여 새로운 객체를 생성할 수 있다.

● 생성자 매개변수의 복잡성 회피: 객체 생성 시 생성자에 매개변수를 너무 많이 전달하는 것을 회피할 수 있다. 대신 빌더 패턴을 사용하여 필요한 속성과 설정을 단계적으로 설정할 수 있다.

Builder 패턴은 플러터(Flutter)에서 많이 사용되는 패턴 중 하나다. 플러터에서 위젯 트리를 구성하고 UI 요소를 생성하는 데 Builder 패턴을 활용할 수 있다. 예를 들어, MaterialApp, Scaffold, Container 등의 위젯은 다양한 속성과 설정을 가지며, Builder 패턴을 사용하여 위젯을 구성하고 조합할 수 있다.

```dart
// Product 클래스
class Product {
  late String _name;
  late String _type;
  late int _price;

  void setName(String name) {
    _name = name;
  }

  void setType(String type) {
    _type = type;
  }

  void setPrice(int price) {
    _price = price;
  }

  String getInfo() {
    return "Name: $_name, Type: $_type, Price: $_price";
  }
}

// Builder 인터페이스
abstract class Builder {
  void setName(String name);
  void setType(String type);
  void setPrice(int price);
  Product getResult();
}

// ConcreteBuilder 클래스
class ConcreteBuilder implements Builder {
  Product _product = Product();

  @override
  void setName(String name) {
    _product.setName(name);
  }
```

```dart
  @override
  void setType(String type) {
    _product.setType(type);
  }

  @override
  void setPrice(int price) {
    _product.setPrice(price);
  }

  @override
  Product getResult() {
    return _product;
  }
}

// Director 클래스
class Director {
  Builder _builder;

  Director(this._builder);

  Product construct() {
    _builder.setName("Example Product");
    _builder.setType("Example Type");
    _builder.setPrice(100);

    return _builder.getResult();
  }
}

void main() {
  // Builder 생성
  final builder = ConcreteBuilder();

  // Director 생성
  final director = Director(builder);

  // 제품 생성
  final product = director.construct();
```

```
  // 제품 정보 출력
  print(product.getInfo());
}
```

```
Name: Example Product, Type: Example Type, Price: 100
```

위의 코드에서는 Builder 디자인 패턴을 사용하여 Product 객체를 생성하는 하는 것을 보여 준다.

- Product 클래스: 생성될 객체인 Product의 속성을 정의하고, 값을 설정하는 메서드(setName, setType, setPrice)와 정보를 반환하는 메서드(getInfo)를 가지고 있다.

- Builder 인터페이스: Product 객체의 생성을 위한 메서드를 정의하는 인터페이스이다.

- ConcreteBuilder 클래스: Builder 인터페이스를 구현한 구체적인 빌더 클래스이다. Product 객체의 속성을 설정하는 메서드들을 구현하고, getResult 메서드를 통해 생성된 Product 객체를 반환한다.

- Director 클래스: Builder를 사용하여 객체 생성 과정을 조정하는 클래스이다. 필요한 단계별 작업을 순서대로 호출하고, 최종적으로 생성된 Product 객체를 반환한다.

- main 함수: ConcreteBuilder를 생성하고, Director를 생성할 때 해당 Builder를 전달한다. Director를 사용하여 Product 객체를 생성하고, 생성된 객체의 정보를 출력한다.

Builder 패턴은 객체의 생성 과정을 추상화하여 유연성과 확장성을 제공하므로, 코드의 가독성과 유지 보수성을 향상시킬 수 있다. 이 패턴을 사용하면 객체의 생성 과정을 단순화하고, 객체의 내부 표현을 다양화하면서도 일관성을 유지할 수 있다.

연습문제

1. Provider와 BLoC 패턴

챕터 7에서 만들었던 쇼핑앱에서 효율적인 상태관리를 위해 Provider와 BLoC 패턴을 추가해보자. 또한 장바구니 기능도 추가해 보자.

- ProductListBloc 클래스 구현 : ProductListBloc 클래스를 정의하여 ChangeNotifier를 상속한다. ProductListBloc 클래스 내에서 상품 목록과 장바구니에 담긴 상품 리스트를 관리한다. getProducts() 메서드를 통해 더미 데이터를 사용하여 상품 목록을 가져오는 기능을 구현한다. addProduct(), addToCart(), removeFromCart() 등의 메서드를 통해 상품을 추가하고 장바구니에 상품을 추가 또는 제거하는 기능을 구현한다.

- CartBloc 클래스 구현: CartBloc 클래스를 정의하여 ChangeNotifier를 상속한다. CartBloc 클래스 내에서 장바구니에 담긴 상품 리스트를 관리한다. addToCart()와 removeFromCart() 메서드를 통해 장바구니에 상품을 추가 또는 제거하는 기능을 구현한다.

- ProductListScreen, ProductCard, ProductDetailScreen, CartScreen, AddProductDialog 위젯 구현: ProductListScreen은 상품 목록을 보여 주는 화면이다. ProductListBloc과 CartBloc의 상태를 읽어 와서 화면에 표시한다. ProductCard는 각 상품을 나타내는 위젯으로, 제품 정보와 장바구니에 추가 또는 제거하는 기능을 제공한다. ProductDetailScreen은 제품 상세 정보를 보여 주는 화면이다. 해당 상품을 장바구니에 추가할 수 있는 버튼이 있다. CartScreen은 장바구니에 담긴 상품 목록을 보여 주는 화면이다. AddProductDialog는 새로운 상품을 추가하는 다이얼로그 창이다.

- MultiProvider로 상태 관리 설정: ProductListBloc과 CartBloc을 MultiProvider로 제공하여 위젯 트리에서 상태 관리를 할 수 있도록 한다.

- 상품 목록 및 장바구니 연동 : ProductListScreen에서 상품 목록을 FutureBuilder를 사용

하여 가져오고, ProductCard 위젯을 이용해 각 상품을 표시한다. CartScreen에서 장바구니에 담긴 상품 목록을 CartBloc을 통해 가져오고, 각 상품을 ListTile로 표시한다.

● 장바구니 추가/제거 기능 구현 : ProductCard 위젯에서 상품 추가 또는 제거 버튼을 누르면 CartBloc을 통해 해당 기능을 처리한다.

pubspec.yaml 파일을 열고, dependencies 섹션에 다음 라인을 추가한다.

```
provider: ^X.X.X
```

2. 테스트와 디버깅

이번에는 테스트 코드를 추가하고, 디버깅용 툴을 활용해 보자.

● 테스트 코드 추가: 테스트 코드를 작성하여 앱의 기능을 자동화된 방식으로 테스트할 수 있다. flutter_test 패키지를 사용하여 유닛 테스트, 통합 테스트, 위젯 테스트 등을 작성할 수 있다. 각 기능의 동작을 검증하고 예외 상황을 처리하는 테스트 케이스를 작성하여 코드의 품질과 안정성을 개선할 수 있다.

● 테스트 케이스 작성: 먼저 ProductListBloc 클래스의 기능들을 단위 테스트할 수 있는 테스트 케이스를 작성한다. testWidgets 함수를 사용하여 위젯 테스트를 수행하고, test 함수를 사용하여 비동기 및 동기 함수의 단위 테스트를 작성한다.

● Mock 클래스 정의: HTTP 클라이언트 동작을 가짜(Mock) 객체로 대체하기 위해 Mock Response와 MockHttp 클래스를 정의한다. MockHttp 클래스는 http.Client를 상속받은 Mock 클래스로, get 메서드에 대한 유효한 구현을 제공한다. 이를 통해 실제 HTTP 요청을 보내지 않고도 모의 응답을 사용하여 테스트할 수 있다.

● 테스트 실행 및 실패 확인: 작성된 테스트 케이스들을 실행하여 현재 시점에서는 실패하도록 한다. 이때, 테스트 실패는 정상적인 상황이다. 테스트 케이스를 실행하면 실제 코드가 아직 구현되지 않았기 때문에 예상한 결과를 얻을 수 없다.

● 테스트 통과를 위한 코드 작성: 테스트를 통과하기 위해 최소한의 코드를 작성한다. 모의 객체(Mock)를 사용하여 테스트를 수행하며, 실제 기능을 구현하지 않고도 테스트를 통과시킬 수 있다. 이 단계에서는 실제 기능 구현은 이루어지지 않는다.

● 실제 기능 구현: 모든 테스트 케이스가 통과한 후에는 실제 HTTP 클라이언트를 사용하여 실제 기능을 구현한다. 이때, 테스트 케이스들은 개발한 코드가 기대한 대로 동작하는지 확인

하는 데 도움을 준다.

● 테스트 실행 및 유지 보수: 기능을 구현한 후에도 테스트 케이스들을 실행하여 기존 기능들이 여전히 정상적으로 동작하는지 확인한다. 또한 새로운 기능을 추가하거나 수정한 경우, 테스트 케이스들이 새로운 기능들에 영향을 미치는지 확인하는 데에도 사용된다.

ProductListBloc 클래스에 productList과 removeProduct 멤버 변수 및 메서드를 추가한다.

```
class ProductListBloc with ChangeNotifier {
  // productList 멤버 변수와 getter 추가
  List<Product> get productList => _products;

  // removeProduct 메서드 추가
  void removeProduct(String name) {
    _products.removeWhere((product) => product.name == name);
    _productListController.add(_products.toList());
    notifyListeners();
  }
  // 나머지 코드는 그대로 유지
  // ...
}
```

ProductListBloc 클래스에 updateBudget와 budget 멤버 변수 및 메서드를 추가한다.

```
class ProductListBloc with ChangeNotifier {
  double _budget = 0.0;

  // budget 멤버 변수와 getter 추가
  double get budget => _budget;

  // updateBudget 메서드 추가
  void updateBudget(double newBudget) {
    if (newBudget >= 0) {
      _budget = newBudget;
      notifyListeners();
    }
  }
  // 나머지 코드는 그대로 유지
  // ...
}
```

ProductListBloc 클래스에 httpClient와 performNetworkRequest 멤버 변수 및 메서드를 추가한다.

```
class ProductListBloc with ChangeNotifier {
  // 기존 코드와 멤버 변수들...

  http.Client? _httpClient;

  http.Client get httpClient => _httpClient ?? http.Client();

  set httpClient(http.Client client) {
    _httpClient = client;
  }

  Future<void> performNetworkRequest() async {
    try {
      final response = await httpClient.get(Uri.parse('http://example.com/api/data'));
      // 네트워크 요청 성공 시 처리...
    } catch (e) {
      // 네트워크 예외 처리...
    }
  }
}
```

● 디버깅용 툴 활용: 플러터 개발을 위한 디버깅용 툴을 사용하여 앱의 동작을 분석할 수 있다. Flutter DevTools는 앱의 성능 프로파일링, 레이아웃 디버깅, 네트워크 요청 분석 등 다양한 디버깅 기능을 제공하는 도구이다.

아래는 Flutter DevTools를 사용하여 디버깅하는 방법의 간략한 예시이다.

● 터미널에서 flutter pub global activate devtools 명령을 실행하여 Flutter DevTools를 활성화한다.

● 앱을 실행하고 터미널에서 flutter pub global run devtools 명령을 실행한다.

● 웹 브라우저에서 http://localhost:9100으로 접속하여 DevTools를 연다.

● DevTools의 다양한 탭을 사용하여 앱의 성능 프로파일링, 레이아웃 분석, 네트워크 요청 확인 등을 수행한다.

Chapter 07. 플러터의 고급 주세 • **255**

- Flutter DevTools를 사용하면 앱의 동작을 실시간으로 분석하고, 성능 이슈나 버그를 식별하여 해결할 수 있다.

3. 애니메이션과 모션 커스터마이징

이번에는 애니메이션과 모션 커스터마이징을 추가해 보자. AnimatedContainer, AnimatedOpacity, Hero 애니메이션, AnimatedIcon을 사용해 본다.

- AnimatedContainer: _ShoppingAppState 클래스를 사용하여, 애니메이션과 모션 커스터마이징을 추가해 보자. AnimatedContainer를 사용하여 컨테이너의 높이와 배경색을 애니메이션화한다. ElevatedButton 위젯은 버튼을 누를 때마다 컨테이너가 부드럽게 확장하거나 축소될 수 있도록 해 본다.

- AnimatedOpacity: AnimatedOpacity를 통해 위젯의 투명도를 애니메이션화하여 보이기/숨기기 효과를 추가해 보자. 버튼을 누를 때마다 컨테이너가 서서히 나타나거나 사라지도록 해 본다.

- Hero 애니메이션: ProductDetailsScreen 클래스를 사용하여 선택한 상품의 세부 정보를 표시하는 화면을 만들고, Navigator.push를 사용하여 새로운 route로 이동해 보자. tag: 'product-${product.name}'을 사용하여 각 상품마다 고유한 태그를 생성하고, 상품 이름을 표시한다. onTap 핸들러를 추가하여 선택한 상품의 product를 _navigateToProductDetails 메서드에 전달하여 상품 상세 정보 화면으로 이동하도록 해 본다.

- AnimatedIcon: 앱 바의 leading 부분에 AnimatedIcon 위젯을 추가하고, _isMenuOpen 변수를 사용하여 아이콘의 애니메이션 상태를 제어해 보자. 우선, 메뉴의 열림/닫힘 상태를 전환하고, UI를 업데이트한다. 앱 바의 leading에는 AnimatedIcon 위젯이 사용하고, _animationController.view과 _animationController.reverse()를 사용한다. floatingActionButton을 통해 메뉴의 열림/닫힘 상태를 전환한다.

4. 소프트웨어 아키텍처와 디자인 패턴

이번에는 소프트웨어 아키텍처와 디자인 패턴을 추가해 보자. MVC 아키텍처, Observer 패턴, Builder 디자인 패턴을 사용해 본다.

- MVC (Model-View-Controller) 아키텍처: MVC 아키텍처를 적용하기 위해 각 요소를 분리하고, 상태 관리와 비즈니스 로직을 올바른 클래스에 위임하도록 한다. 또한 ChangeNotifier

와 StreamController를 사용하는 대신 Provider 패턴을 이용하여 상태를 관리한다.

먼저, Model에 해당하는 ProductListBloc 클래스에 비즈니스 로직과 데이터를 옮겨넣고, CartBloc 클래스를 Model에서 따로 분리하여 장바구니 관련 로직과 데이터를 담당하도록 수정한다. 뷰를 담당하는 화면 위젯들은 기존과 동일하며, ShoppingApp 클래스를 컨트롤러 역할로 변경하고, 필요한 데이터와 메서드를 ProductListBloc 클래스에서 가져와 사용하도록 수정한다.

getProducts() 메서드를 사용하려면 다음과 같은 코드를 추가한다.

```
class ProductListBloc with ChangeNotifier {
  // ... 이전 코드 ...

  Future<List<Product>> getProducts() async {
    // 여기에 실제로 제품 목록을 가져오는 로직을 구현해야 한다.
    // 예시로 기존에 있는 _products를 반환하도록 하겠다.
    return _products.toList();
  }

  // ... 이후 코드 ...
}
```

● Observer 패턴: 옵저버 패턴은 Subject(Subject 클래스에서는 ProductListBloc와 CartBloc가 해당)와 Observer(Observer 인터페이스를 구현한 ProductListScreen과 CartScreen) 간의 데이터 변경 알림 기능을 구현하는 패턴이다. ProductListBloc와 CartBloc에서 데이터가 변경될 때마다 등록된 옵저버들에게 알림을 보내는 기능을 갖고 있다.

ProductListScreen과 CartScreen 클래스에서 Observer 인터페이스를 구현하여 옵저버로 등록하고, 해당 클래스들이 데이터 변경 알림을 받을 때 onDataChanged 메서드를 호출한다. 이를 통해 데이터 변경 시 화면을 갱신하는 기능을 구현할 수 있다.

```
class ProductListScreen extends StatelessWidget implements Observer {
  final BuildContext context;

  ProductListScreen(this.context);

  // ... 기존 코드 ...
```

```dart
  @override
  void onDataChanged() {
    final productListBloc =
        Provider.of<ProductListBloc>(context, listen: false);
    productListBloc.getProducts();
  }
}

class CartScreen extends StatelessWidget implements Observer {
  final BuildContext context;

  CartScreen(this.context);

  // ... 기존 코드 ...

  @override
  void onDataChanged() {
    final cartBloc = Provider.of<CartBloc>(context, listen: false);
    cartBloc.cartItems;
  }
}
```

ProductListScreen과 CartScreen 위젯을 생성할 때 해당 클래스들을 옵저버로 등록한다.

```dart
class ProductListScreen extends StatelessWidget implements Observer {
  // ... 기존 코드 ...

  @override
  Widget build(BuildContext context) {
    // 이 위젯을 옵저버로 등록
    final productListBloc = Provider.of<ProductListBloc>(context);
    productListBloc.addObserver(this);

    // ... 기존 코드 ...
  }

  // ... 기존 코드 ...
}

class CartScreen extends StatelessWidget implements Observer {
  // ... 기존 코드 ...
```

```
  @override
  Widget build(BuildContext context) {
    // 이 위젯을 옵저버로 등록
    final cartBloc = context.read<CartBloc>();
    cartBloc.addObserver(this);

    // ... 기존 코드 ...
  }

  // ... 기존 코드 ...
}
```

● Builder 디자인 패턴: 기존 코드에서 ProductListScreen과 ProductDetailScreen 클래스가 위젯과 비즈니스 로직을 혼합하고 있다. 이를 분리하여 ProductListBloc 클래스와 ProductBuilder 클래스를 사용하여 코드를 재구성해 본다.

ProductListScreen와 ProductDetailScreen에서 ProductBuilder 사용하는 방법은 다음과 같다.

```
class ProductListScreen extends StatelessWidget {
  @override
  Widget build(BuildContext context) {
    // ... 기존 코드 ...

    return ListView.builder(
      itemCount: productList.length,
      itemBuilder: (context, index) {
        final product = productList[index];
        return GestureDetector(
          onTap: () {
            Navigator.push(
              context,
              MaterialPageRoute(
                builder: (context) => ProductDetailScreen(
                  product: product,
                ),
              ),
            );
          },
```

```dart
          child: ProductCard(
            product: product,
          ),
        );
      },
    );
  }
}

class ProductDetailScreen extends StatelessWidget {
  final Product product;

  const ProductDetailScreen({required this.product});

  @override
  Widget build(BuildContext context) {
    // ... 기존 코드 ...

    ElevatedButton(
      onPressed: () {
        context.read<CartBloc>().addToCart(product);
      },
      child: Text('장바구니에 추가'),
    ),
  }
}
```

1. Provider와 BLoC 패턴

```
import 'dart:async';
import 'package:flutter/material.dart';
import 'package:provider/provider.dart';

void main() {
  runApp(ShoppingApp());
}

class ShoppingApp extends StatelessWidget {
  @override
  Widget build(BuildContext context) {
    return MultiProvider(
      providers: [
        ChangeNotifierProvider(
          create: (context) {
            final productListBloc = ProductListBloc();
            productListBloc.addProduct(
              '아이폰 13 Pro',
              '최신 아이폰 모델',
              1299,
              'assets/images/iphone.png',
            );
            productListBloc.addProduct(
              '갤럭시 S21 Ultra',
              '갤럭시 최고 사양',
              1199,
              'assets/images/galaxy.png',
            );
            // 다른 제품 추가

            return productListBloc;
          },
        ),
        ChangeNotifierProvider(create: (context) => CartBloc()),
      ],
      child: MaterialApp(
        title: '쇼핑 앱',
        theme: ThemeData(
          primarySwatch: Colors.blue,
```

```
      ),
      home: ProductListScreen(),
    ),
  );
  }
}
class ProductListScreen extends StatelessWidget {
  @override
  Widget build(BuildContext context) {
    return ScaffoldMessenger(
      key: context.read<ProductListBloc>().scaffoldMessengerKey,
      child: Scaffold(
        appBar: AppBar(
          title: Text('제품 목록'),
          actions: [
            IconButton(
              onPressed: () {
                Navigator.push(
                  context,
                  MaterialPageRoute(
                    builder: (context) => CartScreen(),
                  ),
                );
              },
              icon: Icon(Icons.shopping_cart),
            ),
          ],
        ),
        body: FutureBuilder<List<Product>>(
          future: context.read<ProductListBloc>().getProducts(),
          builder: (context, snapshot) {
            if (snapshot.connectionState == ConnectionState.waiting) {
              return Center(child: CircularProgressIndicator());
            } else if (snapshot.hasError) {
              return Center(child: Text('Error: ${snapshot.error}'));
            } else {
              final productList = snapshot.data ?? [];
              return ListView.builder(
                itemCount: productList.length,
                itemBuilder: (context, index) {
                  final product = productList[index];
                  return GestureDetector(
                    onTap: () {
```

```
                    Navigator.push(
                      context,
                      MaterialPageRoute(
                        builder: (context) =>
                            ProductDetailScreen(product: product),
                      ),
                    );
                  },
                  child: ProductCard(
                    product: product,
                  ),
                );
              },
            );
          }
        },
      ),
      floatingActionButton: FloatingActionButton(
        onPressed: () {
          showDialog(
            context: context,
            builder: (_) => AddProductDialog(
              onAddProduct: (name, description, price, image) {
                context.read<ProductListBloc>().addProduct(
                      name,
                      description,
                      price,
                      image,
                    );
              },
            ),
          );
        },
        child: Icon(Icons.add),
      ),
    ),
  );
  }
}

class ProductCard extends StatelessWidget {
  final Product product;
```

```dart
  const ProductCard({
    required this.product,
  });

  @override
  Widget build(BuildContext context) {
    final cartItems = context.watch<CartBloc>().cartItems;
    final isInCart = cartItems.contains(product);
    return Card(
      child: ListTile(
        leading: Image.asset(
          product.image,
          width: 60,
          height: 60,
        ),
        title: Text(product.name),
        subtitle: Text(product.description),
        trailing: IconButton(
          icon: isInCart
              ? Icon(Icons.remove_shopping_cart)
              : Icon(Icons.add_shopping_cart),
          onPressed: isInCart
              ? () => context.read<CartBloc>().removeFromCart(product)
              : () => context.read<CartBloc>().addToCart(product),
        ),
      ),
    );
  }
}

class ProductListScreen extends StatelessWidget {
  @override
  Widget build(BuildContext context) {
    return ScaffoldMessenger(
      key: context.read<ProductListBloc>().scaffoldMessengerKey,
      child: Scaffold(
        appBar: AppBar(
          title: Text('제품 목록'),
          actions: [
            IconButton(
              onPressed: () {
                Navigator.push(
                  context,
```

```
              MaterialPageRoute(
                builder: (context) => CartScreen(),
              ),
            );
          },
          icon: Icon(Icons.shopping_cart),
        ),
      ],
    ),
    body: Consumer<ProductListBloc>(
      builder: (context, productListBloc, _) {
        final productList = productListBloc.products;
        return ListView.builder(
          itemCount: productList.length,
          itemBuilder: (context, index) {
            final product = productList[index];
            return GestureDetector(
              onTap: () {
                Navigator.push(
                  context,
                  MaterialPageRoute(
                  builder: (context) => ProductDetailScreen(product: product),
                  ),
                );
              },
              child: ProductCard(
                product: product,
              ),
            );
          },
        );
      },
    ),
    floatingActionButton: FloatingActionButton(
      onPressed: () {
        showDialog(
          context: context,
          builder: (_) => AddProductDialog(
            onAddProduct: (name, description, price, image) {
              context.read<ProductListBloc>().addProduct(
                name,
                description,
                price,
```

```
                        image,
                  );
              },
            ),
          );
        },
        child: Icon(Icons.add),
      ),
    ),
  );
 }
}


class CartScreen extends StatelessWidget {
 @override
 Widget build(BuildContext context) {
   final cartItems = context.watch<CartBloc>().cartItems;

   return Scaffold(
     appBar: AppBar(
       title: Text('장바구니'),
     ),
     body: cartItems.isEmpty
         ? Center(
             child: Text('장바구니가 비어 있습니다.'),
           )
         : ListView.builder(
             itemCount: cartItems.length,
             itemBuilder: (context, index) {
               final product = cartItems[index];
               return ListTile(
                 leading: Image.asset(
                   product.image,
                   width: 60,
                   height: 60,
                 ),
                 title: Text(product.name),
                 subtitle: Text(product.description),
                 trailing: IconButton(
                   icon: Icon(Icons.remove_shopping_cart),
                   onPressed: () {
                     context.read<CartBloc>().removeFromCart(product);
```

```
              },
            ),
          );
        },
      ),
    );
  }
}

class Product {
  final String name;
  final String description;
  final int price;
  final String image;

  Product({
    required this.name,
    required this.description,
    required this.price,
    required this.image,
  });
}

class ProductListBloc with ChangeNotifier {
  final List<Product> _products = [];
  final List<Product> _cartItems = [];

  final GlobalKey<ScaffoldMessengerState> scaffoldMessengerKey =
      GlobalKey<ScaffoldMessengerState>();

  final _productListController = StreamController<List<Product>>.broadcast();

  Stream<List<Product>> get productListStream => _productListController.stream;

  ProductListBloc() {
    _productListController.add(_products.toList());
  }

  List<Product> get cartItems => _cartItems;
  List<Product> get products => _products.toList();

  Future<List<Product>> getProducts() async {
    await Future.delayed(Duration(seconds: 2));
```

```dart
  if (_products.isEmpty) {
    throw Exception('Failed to fetch products');
  }

  return _products.toList();
}

void addProduct(
    String name, String description, int price, String image) async {
  if (name.isEmpty || description.isEmpty || image.isEmpty) {
    _showError('빈 항목은 추가할 수 없습니다.');
    return;
  }

  if (_products.any((product) => product.name == name)) {
    _showError('이미 쇼핑 목록에 있는 항목입니다.');
    return;
  }

  final newProduct = Product(
    name: name,
    description: description,
    price: price,
    image: image,
  );
  _products.add(newProduct);
  _productListController.add(_products.toList());

  await Future.delayed(Duration.zero);
  notifyListeners();
}

void addToCart(Product product) {
  _cartItems.add(product);
  notifyListeners();
}

void removeFromCart(Product product) {
  _cartItems.remove(product);
  notifyListeners();
}
```

```dart
  void _showError(String message) {
    scaffoldMessengerKey.currentState?.showSnackBar(
      SnackBar(
        content: Text(message),
      ),
    );
  }

  @override
  void dispose() {
    _productListController.close();
    super.dispose();
  }
}

class CartBloc with ChangeNotifier {
  final List<Product> _cartItems = [];

  final _cartItemsController = StreamController<List<Product>>.broadcast();

  Stream<List<Product>> get cartItemsStream => _cartItemsController.stream;

  List<Product> get cartItems => _cartItems;

  void addToCart(Product product) {
    _cartItems.add(product);
    _cartItemsController.add(_cartItems);
    notifyListeners();
  }

  void removeFromCart(Product product) {
    _cartItems.remove(product);
    _cartItemsController.add(_cartItems);
    notifyListeners();
  }

  @override
  void dispose() {
    _cartItemsController.close();
    super.dispose();
  }
}
```

```
class AddProductDialog extends StatefulWidget {
  final Function(String, String, int, String) onAddProduct;

  const AddProductDialog({required this.onAddProduct});

  @override
  _AddProductDialogState createState() => _AddProductDialogState();
}

class _AddProductDialogState extends State<AddProductDialog> {
  final _nameController = TextEditingController();
  final _priceController = TextEditingController();
  final _imageController = TextEditingController();
  final _descriptionController = TextEditingController();

  @override
  Widget build(BuildContext context) {
    return AlertDialog(
      title: Text('제품 추가'),
      content: Column(
        mainAxisSize: MainAxisSize.min,
        children: [
          TextField(
            controller: _nameController,
            decoration: InputDecoration(
              labelText: '상품 이름',
            ),
          ),
          TextField(
            controller: _descriptionController,
            decoration: InputDecoration(
              labelText: '상품 설명',
            ),
          ),
          TextField(
            controller: _priceController,
            decoration: InputDecoration(
              labelText: '상품 가격',
            ),
            keyboardType: TextInputType.number,
          ),
          TextField(
            controller: _imageController,
```

```
            decoration: InputDecoration(
              labelText: '이미지 URL',
            ),
          ),
        ],
      ),
      actions: [
        TextButton(
          onPressed: () {
            Navigator.pop(context);
          },
          child: Text('취소'),
        ),
        ElevatedButton(
          onPressed: () {
            final name = _nameController.text;
            final price = int.tryParse(_priceController.text) ?? 0;
            final image = _imageController.text;
            final description = _descriptionController.text;
            widget.onAddProduct(name, description, price, image);
            Navigator.pop(context);
          },
          child: Text('추가'),
        ),
      ],
    );
  }
}
```

위의 코드는 Provider 패키지를 사용하여 상품 목록과 장바구니를 관리한다. ProductList 클래스는 ChangeNotifier를 상속하여 addProduct 메서드를 통해 상품을 추가하고, Cart 클래스는 ChangeNotifier를 상속하여 addToCart 및 removeFromCart 메서드를 통해 장바구니에 상품을 추가하거나 제거한다. ProductCard 위젯은 상품을 표시하고, 장바구니에 추가 또는 제거할 수 있는 기능을 제공한다.

2. 테스트와 디버깅

```
import 'package:flutter_test/flutter_test.dart';
import 'package:mockito/mockito.dart';
```

```dart
import 'package:http/http.dart' as http;
import '../lib/main.dart';

// MockResponse 클래스 정의
class MockResponse extends http.Response {
  MockResponse({int statusCode = 200, String body = ''})
      : super(body, statusCode);
}

// MockHttp 클래스 정의
class MockHttp extends Mock implements http.Client {
  // get 메서드에 대한 유효한 구현을 제공합니다.
  @override
  Future<http.Response> get(Uri url, {Map<String, String>? headers}) async {
    return super.noSuchMethod(
      Invocation.method(#get, [url], {#headers: headers}),
      returnValue: Future.value(
          MockResponse(statusCode: 200, body: '{"data": "dummy"}')),
    );
  }
}

void main() {
  group('ProductListBloc', () {
    testWidgets('Adding product with valid input', (WidgetTester tester) async {
      final productListBloc = ProductListBloc();

      // Add a product with valid inputs
      productListBloc.addProduct(
        'Test Product',
        'Test Description',
        10,
        'test/image.png',
      );

      // Wait for the UI to be built
      await tester.pumpAndSettle();

      // Verify the product is added to the list
      expect(productListBloc.productList.length, 1);
    });

    testWidgets('Adding product with empty name', (WidgetTester tester) async {
```

```dart
  final productListBloc = ProductListBloc();

  // Add a product with an empty name
  productListBloc.addProduct(
    '',
    'Test Description',
    10,
    'test/image.png',
  );

  // Wait for the UI to be built
  await tester.pumpAndSettle();

  // Verify that the product list is still empty
  expect(productListBloc.productList.length, 0);
});

test('Removing product', () {
  final productListBloc = ProductListBloc();
  productListBloc.addProduct(
    'Test Product',
    'Test Description',
    10,
    'test/image.png',
  );
  productListBloc.removeProduct('Test Product');
  expect(productListBloc.productList.length, 0);
});

test('Updating budget', () {
  final productListBloc = ProductListBloc();
  productListBloc.updateBudget(200.0);
  expect(productListBloc.budget, 200.0);
});

test('Empty product name validation', () {
  final productListBloc = ProductListBloc();
  productListBloc.addProduct('', 'Test Description', 10, 'test/image.png');
  expect(productListBloc.productList.length, 0);
});

test('Duplicate product name validation', () {
  final productListBloc = ProductListBloc();
```

```dart
  productListBloc.addProduct(
    'Test Product',
    'Test Description',
    10,
    'test/image.png',
  );
  productListBloc.addProduct(
    'Test Product',
    'Test Description',
    20,
    'test/image.png',
  );
  expect(productListBloc.productList.length, 1);
});

test('Showing product details', () {
  final productListBloc = ProductListBloc();
  productListBloc.addProduct(
    'Test Product',
    'Test Description',
    10,
    'test/image.png',
  );
  final product = productListBloc.productList.first;
  // ProductDetailScreen을 테스트하는 대신 product의 정보를 확인합니다.
  expect(product.name, 'Test Product');
  expect(product.description, 'Test Description');
  expect(product.price, 10.0);
  expect(product.image, 'test/image.png');
});

test('Updating budget with negative value', () {
  final productListBloc = ProductListBloc();
  productListBloc.updateBudget(-100.0);
  expect(productListBloc.budget, 0.0);
});

testWidgets('Performing network request with successful response',
    (WidgetTester tester) async {
  final productListBloc = ProductListBloc();
  final mockClient = MockHttp();
  final mockUri = Uri.parse('https://example.com/api/data');
```

```
    // 모의 응답을 가정하여 테스트합니다.
    when(mockClient.get(mockUri)).thenAnswer((_) => Future.value(
        MockResponse(statusCode: 200, body: '{"data": "dummy"}')));

    productListBloc.httpClient = mockClient;
    await productListBloc.performNetworkRequest();
    // 특정 동작 또는 상태 변화를 검증할 수 있습니다.
  });

  test('Performing network request with error response', () async {
    final productListBloc = ProductListBloc();
    final mockClient = MockHttp();
    final mockUri = Uri.parse('https://example.com/api/data');

    when(mockClient.get(mockUri)).thenAnswer((_) => Future.value(
        MockResponse(statusCode: 500, body: '{"error": "Server Error"}')));

    productListBloc.httpClient = mockClient;
    await productListBloc.performNetworkRequest();
    // 오류 응답에 대한 처리를 검증할 수 있습니다.
  });

  test('Performing network request with exception', () async {
    final productListBloc = ProductListBloc();
    final mockClient = MockHttp();
    final mockUri = Uri.parse('https://example.com/api/data');

    when(mockClient.get(mockUri)).thenThrow(Exception('Network Error'));

    productListBloc.httpClient = mockClient;
    await productListBloc.performNetworkRequest();
    // 네트워크 예외 처리를 검증할 수 있습니다.
  });
 });
}
```

위의 코드에서는 flutter_test 패키지를 사용하여 테스트 코드를 작성하였고, mockito 패키지를 사용하여 HTTP 클라이언트의 동작을 가짜(Mock) 객체로 대체하였다. 이를 통해 테스트 시에 실제 네트워크 요청을 보내지 않고도 모의 응답을 사용하여 테스트할 수 있다. 또 테스트 케이스를 작성하고 flutter test 명령을 사용하여 테스트를 실행할 수 있다. 이를 통해 각 기능과 예외 상황에 대한 동작을 검증하고 앱의 안정성을 개선할 수 있다.

3. 애니메이션과 모션 커스터마이징

(1) AnimatedContainer 위젯

```
class ProductCard extends StatefulWidget {
  final Product product;

  const ProductCard({
    required this.product,
  });

  @override
  _ProductCardState createState() => _ProductCardState();
}

class _ProductCardState extends State<ProductCard> {
  bool _isInCart = false;

  @override
  Widget build(BuildContext context) {
    final cartBloc = context.watch<CartBloc>();
    final cartItems = cartBloc.cartItems;

    _isInCart = cartItems.contains(widget.product);

    return Card(
      child: ListTile(
        leading: Image.asset(
          widget.product.image,
          width: 60,
          height: 60,
        ),
        title: Text(widget.product.name),
        subtitle: Text(widget.product.description),
        trailing: AnimatedContainer(
          duration: Duration(milliseconds: 300),
          width: _isInCart ? 40 : 24,
          height: _isInCart ? 40 : 24,
          decoration: BoxDecoration(
            shape: BoxShape.circle,
            color: _isInCart ? Colors.red : Colors.green,
          ),
          child: IconButton(
```

```
            icon: _isInCart
                ? Icon(Icons.remove_shopping_cart)
                : Icon(Icons.add_shopping_cart),
            onPressed: () {
              setState(() {
                _isInCart = !_isInCart;
              });
              if (_isInCart) {
                cartBloc.addToCart(widget.product);
              } else {
                cartBloc.removeFromCart(widget.product);
              }
            },
          ),
        ),
      ),
    );
  }
}
```

위의 코드에서 ProductCard 위젯의 _isInCart 변수를 사용하여 해당 제품이 장바구니에 있는지 여부를 추적한다. _isInCart 변수에 따라 AnimatedContainer의 크기와 색상이 변경되도록 하여 애니메이션 효과를 만들었다. 위의 코드를 적용하면 제품이 장바구니에 추가 또는 삭제될 때 아이콘 크기가 부드럽게 변경되고, 색상도 부드럽게 변경되면서 사용자가 애니메이션 효과를 시각적으로 확인할 수 있다.

(2) AnimatedOpacity 위젯

```
class ProductCard extends StatelessWidget {
  final Product product;

  const ProductCard({
    required this.product,
  });

  @override
  Widget build(BuildContext context) {
    final cartBloc = context.watch<CartBloc>();
    final cartItems = cartBloc.cartItems;
```

```
    final isInCart = cartItems.contains(product);

    return AnimatedOpacity(
      duration: Duration(milliseconds: 300),
      opacity: isInCart ? 0.5 : 1.0,
      child: Card(
        child: ListTile(
          leading: Image.asset(
            product.image,
            width: 60,
            height: 60,
          ),
          title: Text(product.name),
          subtitle: Text(product.description),
          trailing: IconButton(
            icon: isInCart
                ? Icon(Icons.remove_shopping_cart)
                : Icon(Icons.add_shopping_cart),
            onPressed: () {
              if (isInCart) {
                cartBloc.removeFromCart(product);
              } else {
                cartBloc.addToCart(product);
              }
            },
          ),
        ),
      ),
    );
  }
}
```

위의 코드에서 ProductCard 위젯을 AnimatedOpacity로 감싸고 있다. AnimatedOpacity 위
젯의 opacity 속성을 _isInCart 변수에 따라 0.5 또는 1.0으로 설정하여, 제품이 장바구니에 있
는 경우에는 투명도를 줄이고, 장바구니에 없는 경우에는 투명도를 원래대로 유지하도록 설정
하였다. 이렇게 하면 제품이 장바구니에 추가 또는 삭제될 때 해당 제품이 리스트에서 투명하게
표시되면서 다른 상태를 시각적으로 확인할 수 있다. 투명도를 부드럽게 변경함으로써 사용자
에게 부드러운 애니메이션 효과를 제공할 수 있다.

(3) Hero 위젯

먼저, ProductCard 위젯에서 제품 이미지를 Hero 위젯을 사용하여 수정한다.

```
class ProductCard extends StatelessWidget {
  final Product product;

  const ProductCard({
    required this.product,
  });

  @override
  Widget build(BuildContext context) {
    final cartBloc = context.watch<CartBloc>();
    final cartItems = cartBloc.cartItems;
    final isInCart = cartItems.contains(product);

    return Card(
      child: ListTile(
        leading: Hero(
          tag: 'product_image_${product.name}', // 고유한 태그를 부여해야 합니다.
          child: Image.asset(
            product.image,
            width: 60,
            height: 60,
          ),
        ),
        title: Text(product.name),
        subtitle: Text(product.description),
        trailing: IconButton(
          icon: isInCart
              ? Icon(Icons.remove_shopping_cart)
              : Icon(Icons.add_shopping_cart),
          onPressed: () {
            if (isInCart) {
              cartBloc.removeFromCart(product);
            } else {
              cartBloc.addToCart(product);
            }
          },
        ),
      ),
    );
```

```
      }
    }
```

그리고 ProductDetailScreen에서도 같은 태그를 가진 Hero 위젯으로 이미지를 수정한다.

```
class ProductDetailScreen extends StatelessWidget {
  final Product product;

  const ProductDetailScreen({required this.product});

  @override
  Widget build(BuildContext context) {
    return Scaffold(
      appBar: AppBar(
        title: Text('제품 상세 정보'),
      ),
      body: Column(
        children: [
          Hero(
            tag: 'product_image_${product.name}', // 동일한 태그를 사용해야 합니다.
            child: Image.asset(
              product.image,
              width: 200,
              height: 200,
            ),
          ),
          SizedBox(height: 16.0),
          Text(
            product.name,
            style: TextStyle(fontSize: 20.0, fontWeight: FontWeight.bold),
          ),
          Text(
            product.description,
            style: TextStyle(fontSize: 16.0),
          ),
          Text(
            '가격: \$${product.price}',
            style: TextStyle(fontSize: 16.0),
          ),
          ElevatedButton(
            onPressed: () {
              context.read<CartBloc>().addToCart(product);
```

```
        },
        child: Text('장바구니에 추가'),
      ),
    ],
  ),
  );
  }
}
```

위의 코드에서 ProductCard의 제품 이미지를 Hero 위젯으로 감싸고, tag 속성에 동일한 태그
를 부여했다. 그리고 ProductDetailScreen에서도 동일한 태그를 가진 Hero 위젯으로 제품 이
미지를 감싸면, 화면 전환 시에 자연스럽고 부드러운 애니메이션을 적용할 수 있다. 이제 화면
전환 시에 두 위젯 사이에서 이미지가 부드럽게 이동하는 Hero 애니메이션을 확인할 수 있다.

(4) AnimatedIcon 위젯

```
class ProductDetailScreen extends StatefulWidget {
  final Product product;

  const ProductDetailScreen({required this.product});

  @override
  _ProductDetailScreenState createState() => _ProductDetailScreenState();
}

class _ProductDetailScreenState extends State<ProductDetailScreen>
    with SingleTickerProviderStateMixin {
  late AnimationController _animationController;

  @override
  void initState() {
    super.initState();
    _animationController = AnimationController(
      vsync: this,
      duration: Duration(milliseconds: 300),
    );
  }

  @override
  void dispose() {
```

```dart
    _animationController.dispose();
    super.dispose();
}

@override
Widget build(BuildContext context) {
  return Scaffold(
    appBar: AppBar(
      title: Text('제품 상세 정보'),
    ),
    body: Column(
      children: [
        Image.asset(
          widget.product.image,
          width: 200,
          height: 200,
        ),
        SizedBox(height: 16.0),
        Text(
          widget.product.name,
          style: TextStyle(fontSize: 20.0, fontWeight: FontWeight.bold),
        ),
        Text(
          widget.product.description,
          style: TextStyle(fontSize: 16.0),
        ),
        Text(
          '가격: \$${widget.product.price}',
          style: TextStyle(fontSize: 16.0),
        ),
        ElevatedButton(
          onPressed: () {
            if (_animationController.isCompleted) {
              _animationController.reverse();
            } else {
              _animationController.forward();
            }
            context.read<CartBloc>().addToCart(widget.product);
            ScaffoldMessenger.of(context).showSnackBar(
            SnackBar(content: Text('${widget.product.name}이(가) 장바구니에 추가되었습니다.')),
            );
          },
          child: AnimatedIcon(
```

```
            icon: AnimatedIcons.add_event,
            progress: _animationController,
          ),
        ),
      ],
    ),
  );
  }
}
```

위의 코드에서 ProductDetailScreen 위젯의 State 클래스인 _ProductDetailScreenState에서 AnimationController를 선언하고 초기화하였다. initState 메서드에서 AnimationController를 초기화하고, dispose 메서드에서 정리하는 것을 확인할 수 있다. 또한 ElevatedButton 위젯 내부에 AnimatedIcon을 포함시켰다. AnimatedIcon의 progress 속성에 AnimationController를 전달하여 애니메이션을 적용하였다. onPressed 콜백에서 AnimationController를 제어하여 애니메이션을 시작하거나 멈출 수 있도록 하였다. 버튼을 누를 때마다 AnimationController의 상태를 확인하여 애니메이션을 시작하거나 멈추게 된다.

4. 소프트웨어 아키텍처와 디자인 패턴

(1) MVC (Model-View-Controller) 아키텍처

① Model

```
class ProductListBloc with ChangeNotifier {
  final List<Product> _products = [];

  // 기존 코드에서 이 부분을 삭제합니다.
  // final List<Product> _cartItems = [];
  // double _budget = 0.0;
  // ...

  // ... 기존 코드에서 사용하던 변수들과 관련된 코드를 삭제하고, _products 변수와 관련된 로직만 남깁니다.

  final GlobalKey<ScaffoldMessengerState> scaffoldMessengerKey =
      GlobalKey<ScaffoldMessengerState>();

  final _productListController = StreamController<List<Product>>.broadcast();
```

```dart
  Stream<List<Product>> get productListStream => _productListController.stream;

  ProductListBloc() {
    // 기존 코드에서 _productListController.add(_products.toList());를 제거합니다.
  }

  double get budget => _budget;
  List<Product> get productList => _products;
  // List<Product> get cartItems => _cartItems;

  // 기존 코드에서 addToCart, removeFromCart 메서드와 관련된 로직을 삭제합니다.

  // ... 기존 코드에서 사용하던 나머지 메서드들과 관련된 로직을 삭제합니다.

  // 기존 코드에서 HttpClient와 관련된 로직을 삭제합니다.

  @override
  void dispose() {
    _productListController.close();
    super.dispose();
  }
}
```

② Controller

```dart
class ShoppingApp extends StatelessWidget {
  @override
  Widget build(BuildContext context) {
    return MultiProvider(
      providers: [
        ChangeNotifierProvider(
          create: (context) {
          return ProductListBloc(); // ProductListBloc 클래스만 반환하도록 수정합니다.
          },
        ),
        ChangeNotifierProvider(create: (context) => CartBloc()),
      ],
      child: MaterialApp(
        title: '쇼핑 앱',
        theme: ThemeData(
          primarySwatch: Colors.blue,
        ),
```

```
      home: ProductListScreen(),
    ),
  );
  }
}
```

위의 코드는 MVC (Model-View-Controller) 아키텍처의 예시이다. 간단히 설명하면 다음과 같다.

- Model: ProductListBloc 클래스에 데이터와 비즈니스 로직을 구현한다.

- View: 뷰를 담당하는 화면 위젯들은 기존과 동일한다.

- Controller: ShoppingApp 클래스를 컨트롤러 역할로 변경하고, 필요한 데이터와 메서드를 ProductListBloc 클래스에서 가져와 사용하도록 수정한다.

(2) Observer 패턴

```
// 옵저버 인터페이스
abstract class Observer {
  void onDataChanged();
}

class ProductListBloc with ChangeNotifier {
  // ... 기존 코드 ...

  // 옵저버 리스트
  final List<Observer> _observers = [];

  void addObserver(Observer observer) {
    _observers.add(observer);
  }

  void removeObserver(Observer observer) {
    _observers.remove(observer);
  }

  // 데이터 변경 시 옵저버들에게 알림
  void notifyObservers() {
    for (final observer in _observers) {
```

```
        observer.onDataChanged();
    }
  }
}

class CartBloc with ChangeNotifier {
  // ... 기존 코드 ...

  // 옵저버 리스트
  final List<Observer> _observers = [];

  void addObserver(Observer observer) {
    _observers.add(observer);
  }

  void removeObserver(Observer observer) {
    _observers.remove(observer);
  }
  // 데이터 변경 시 옵저버들에게 알림
  void notifyObservers() {
    for (final observer in _observers) {
      observer.onDataChanged();
    }
  }
}
```

위의 코드는 Observer 인터페이스를 생성하고, ProductListBloc과 CartBloc 클래스가 옵저버 패턴을 구현하도록 수정되었다. ProductListScreen과 CartScreen 클래스는 옵저버로 등록되고, 데이터가 변경될 때 onDataChanged 메서드를 구현하여 UI를 업데이트하도록 변경되었다. 데이터 변경 시, ProductListScreen과 CartScreen 위젯은 자동으로 리빌드되어 UI가 적절하게 업데이트되도록 보장된다.

(3) Builder 디자인 패턴

```
class ProductBuilder {
  String name = '';
  String description = '';
  int price = 0;
  String image = '';
```

```
ProductBuilder();

ProductBuilder withName(String name) {
  this.name = name;
  return this;
}

ProductBuilder withDescription(String description) {
  this.description = description;
  return this;
}

ProductBuilder withPrice(int price) {
  this.price = price;
  return this;
}

ProductBuilder withImage(String image) {
  this.image = image;
  return this;
}

Product build() {
  return Product(
    name: name,
    description: description,
    price: price,
    image: image,
  );
}
}
```

위의 코드는 빌더(Builder) 패턴을 사용하여 Product 객체를 생성하는 예시이다. 이제 ProductListScreen과 ProductDetailScreen에서 ProductBuilder를 사용하여 코드를 작성할 수 있다. 이렇게 하면 ProductBuilder를 통해 상품을 생성하는 로직과 상품 목록을 표시하는 UI 코드를 명확하게 분리할 수 있다. 코드가 더 깔끔해지고 유지보수가 쉬워진다.

1. Provider와 BLoC 패턴

   Provider와 BLoC 패턴을 활용하면 애플리케이션의 상태 관리와 데이터 흐름을 효율적으로 구성할 수 있다.

2. 테스트와 디버깅

   단위 테스트, 통합 테스트, 위젯 테스트 등 다양한 테스트 방법과 디버깅 도구를 사용하여 앱의 오류를 찾고 수정하는 기술을 학습할 수 있다.

3. 애니메이션과 모션 커스터마이징

   다양한 애니메이션 효과와 전환 효과를 구현하고, 사용자 정의 애니메이션을 만들어 앱의 사용자 경험을 향상시키는 기술을 학습할 수 있다.

4. 소프트웨어 아키텍처와 디자인 패턴

   MVC(Model–View–Controller), MVVM(Model–View–ViewModel), Clean Architecture 등의 아키텍처와 Singleton, Repository, Observer 등의 디자인 패턴을 학습하여 앱의 유지보수성과 확장성을 개선할 수 있다.

내 일 은 플 러 터

플러터의 활용

01

플러터를 활용한 크로스 플랫폼 개발

크로스 플랫폼, 네이티브, 아키텍처, Hot Reload, Channels

여기서는 무얼 배울까

플러터를 사용하여 크로스 플랫폼 및 안정적이고 확장 가능한 앱을 개발을 하는 법을 알아본다. 플러터를 통해서 개발의 효율성과 생산성을 높일 수 있는 이점을 이해하여 코드 수정 후 실시간으로 앱을 업데이트하는 방법을 익히고, 네이티브 기능을 활용하는 방법을 배운다.

플러터의 크로스 플랫폼 개발

크로스 플랫폼 개발의 장점

다음의 장점들을 통해 플러터는 크로스 플랫폼 개발에 효과적인 도구로 사용될 수 있다.

① 단일 코드베이스

플러터는 단일 코드베이스로 안드로이드와 iOS 애플리케이션을 개발할 수 있다. 즉, 애플리케이션의 로직과 UI를 한 번 작성하면 여러 플랫폼에서 동작할 수 있다. 이는 개발 시간과 비용을 절감할 수 있는 장점으로 작용한다. 또한, 플러터의 핫 리로딩 기능은 UI 수정과 코드 변경을 빠르게 확인할 수 있도록 도와준다.

② 네이티브 성능

플러터는 네이티브 코드로 컴파일되므로 네이티브 애플리케이션과 동일한 성능을 제공한다. 플러터의 프레임워크인 Dart는 AOT(Ahead of Time) 컴파일*을 사용하여 빠른 실행 속도

기초 용어 정리

* AOT(Ahead of Time) 컴파일: 프로그래밍 언어로 작성된 코드를 기계어로 변환하는 컴파일 방식 중 하나다. 일반적인 컴파일 방식은 코드를 실행하기 전에 코드를 기계어로 변환하는 Just-in-Time(JIT) 컴파일이다. 하지만 AOT 컴파일은 코드를 사전에 기계어로 변환하여 실행 파일을 생성하는 방식이다.

와 반응성을 제공하며, 네이티브 컴포넌트와 직접 상호작용하여 부드러운 애니메이션과 인터랙션*을 구현할 수 있다.

③ 풍부한 UI 라이브러리

플러터는 다양한 UI 라이브러리와 위젯을 제공하여 다양한 디자인 요구사항을 충족할 수 있다. Material Design과 Cupertino 스타일의 위젯을 포함한 플러터 위젯 라이브러리는 사용자 인터페이스를 빠르게 구축하고 일관된 모습을 유지하는 데 도움을 준다. 또한, 위젯의 속성을 커스터마이징하고 애니메이션, 터치 효과 등을 적용할 수 있어 애플리케이션의 디자인을 자유롭게 구성할 수 있다.

④ 강력한 커뮤니티 및 생태계

플러터는 Google에서 지원하며, 커뮤니티와 생태계가 활발하게 운영되고 있다. 개발자들은 플러터 관련 문제를 해결하기 위해 다양한 자료, 튜토리얼, 패키지, 플러그인 등을 활용할 수 있다. 또한, 플러터의 개발 도구인 Flutter SDK, Dart 패키지 관리자인 pub.dev 등도 지원되고 있어 개발 환경을 원활하게 구축할 수 있다.

⑤ 각 플랫폼에서 동일한 사용자 경험 제공

네이티브 컴포넌트와 다른 UI를 렌더링하는 것이 아닌, 플러터 자체의 그래픽 엔진을 사용하여 각 플랫폼에서 일관된 사용자 경험을 제공할 수 있다. 플러터는 웹과 네이티브 앱의 장점을 결합한 앱을 개발할 수 있다. 웹 앱은 다양한 장치에서 사용할 수 있지만, 성능이 떨어지고 네이티브 앱만큼 사용자 경험이 좋지 않다. 네이티브 앱은 성능이 좋고 사용자 경험이 좋지만, 웹 앱만큼 다양한 장치에서 사용할 수 없다. 플러터는 웹과 네이티브 앱의 장점을 결합하여 성능이 좋고 사용자 경험이 좋은 앱을 개발할 수 있다.

크로스 플랫폼의 개발 단계

① 단일 코드베이스 생성

플러터 프로젝트를 생성하면 단일 코드베이스가 생성된다. 다음은 터미널에서 플러터 프로젝트를 생성하는 명령어다.

기초 용어 정리

＊ 인터랙션(Interaction): 사용자와 시스템 또는 요소 간의 상호작용을 의미한다. 일반적으로 사용자가 앱, 웹사이트, 소프트웨어 등과 상호작용하여 정보를 입력하고 결과를 확인하는 과정을 포함하며 사용자 경험을 개선하고 사용자와 시스템 간의 커뮤니케이션을 원활하게 만드는 역할을 한다.

```
flutter create my_app
```

② UI 작성

플러터에서는 위젯을 사용하여 UI를 작성한다. 다음은 화면에 "Hello World" 텍스트를 표시하는 간단한 위젯 작성 코드다.

```
import 'package:flutter/material.dart';

class MyApp extends StatelessWidget {
  @override
  Widget build(BuildContext context) {
    return MaterialApp(
      home: Scaffold(
        appBar: AppBar(
          title: Text('My App'),
        ),
        body: Center(
          child: Text('Hello World'),
        ),
      ),
    );
  }
}

void main() {
  runApp(MyApp());
}
```

③ 플랫폼별 설정

애플리케이션이 각 플랫폼에서 실행되도록 설정해야 한다. 다음은 안드로이드와 iOS에서 앱의 아이콘을 설정하는 부분의 코드다.

```
# pubspec.yaml 파일
flutter:
  # ...
  assets:
    - assets/my_icon.png

# AndroidManifest.xml 파일 (안드로이드)
<manifest xmlns:android="http://schemas.android.com/apk/res/android">
    <application>
        <meta-data
            android:name="io.flutter.embedding.android.NormalTheme"
            android:resource="@style/NormalTheme">
        </meta-data>
        <meta-data
            android:name="flutterEmbedding"
            android:value="2">
        </meta-data>
        <activity>
            <!-- ... -->
            <meta-data

android:name="io.flutter.embedding.android.SplashScreenDrawable"
                android:resource="@drawable/launch_background">
            </meta-data>
        </activity>
    </application>
</manifest>

// Info.plist 파일 (iOS)
<dict>
    <key>UIAppFonts</key>
    <array>
        <string>fonts/MyFont.ttf</string>
    </array>
    <!-- ... -->
    <key>FlutterMainStoryboard</key>
    <string>Main</string>
    <key>NSAppTransportSecurity</key>
    <dict>
        <!-- ... -->
    </dict>
</dict>
```

④ 빌드 및 실행

이제 플러터 코드를 각 플랫폼에 빌드하고 실행할 수 있다. 다음은 터미널에서 안드로이드와 iOS 애플리케이션을 각각 빌드하는 명령어다.

터미널 명령

```
# 안드로이드 빌드
flutter build apk

# iOS 빌드
flutter build ios
```

더 알아보기

flutter build apk 및 flutter build ios는 Flutter 프로젝트를 안드로이드 APK 및 iOS 앱 번들로 빌드하는 명령어이다. 이 명령어를 사용하면 다음과 같은 일이 발생한다.

안드로이드 빌드(flutter build apk)
- Flutter 프로젝트의 소스 코드와 에셋(이미지, 폰트 등)을 컴파일하여 안드로이드 애플리케이션 패키지(APK)로 변환한다.
- 안드로이드 앱을 빌드하기 위해 필요한 Gradle 빌드 스크립트가 실행된다.
- 필요한 경우, Flutter 엔진과 네이티브 코드가 통합된 소스 코드가 안드로이드 앱에 포함된다.
- 빌드된 APK 파일은 프로젝트 디렉토리의 build/app/outputs/apk 폴더에 생성된다.

iOS 빌드(flutter build ios)
- Flutter 프로젝트의 소스 코드와 에셋을 컴파일하여 iOS 앱 번들로 변환한다.
- iOS 앱을 빌드하기 위해 필요한 Xcode 빌드 스크립트가 실행된다.
- 필요한 경우, Flutter 엔진과 네이티브 코드가 통합된 소스 코드가 iOS 앱에 포함된다.
- 빌드된 iOS 앱 번들은 프로젝트 디렉토리의 build/ios 폴더에 생성된다.

빌드된 APK 및 iOS 앱 번들은 플랫폼별 앱 배포를 위해 사용된다. 안드로이드 APK 파일은 Android 기기에 설치되고 실행할 수 있으며, iOS 앱 번들은 Xcode를 사용하여 iOS 기기에 빌드하거나 앱 스토어(App Store)에 제출할 수 있다.

앞서 작성한 코드는 단순한 텍스트를 표시하였지만, 이와 같은 방법으로 복잡한 UI 및 애플리케이션 로직을 작성할 수 있다. 이렇게 작성된 코드는 단일 코드베이스로 안드로이드와 iOS에서 동작하며, 필요에 따라 각 플랫폼의 설정을 추가하여 사용할 수 있다.

플러터의 아키텍처와 크로스 플랫폼 개발

플러터는 Skia 2D 그래픽 엔진을 사용하여 높은 성능의 그래픽 처리를 제공한다. Skia는 플랫폼의 특성을 최대한 활용해 빠른 렌더링을 가능하게 하며, 사용자의 기기에서 직접 렌더링하는 방식으로 크로스 플랫폼 앱의 성능을 최적화한다. 플러터의 아키텍처는 크로스 플랫폼 개발을 위해 다양한 구성 요소와 도구를 제공한다. 아키텍처의 주요 구성 요소 중 하나는 상태 관리다. 상태 관리는 애플리케이션의 상태를 관리하고 UI를 업데이트하는 데 중요한 역할을 한다.

플러터에서는 다양한 상태 관리 패턴과 라이브러리를 사용할 수 있다. 주로 사용되는 상태 관리 패턴은 BLoC(Business Logic Component), Provider, Riverpod, GetX 등이 있다. 이러한 패턴과 라이브러리를 활용하여 개발자는 애플리케이션의 상태를 관리하고, UI와 비즈니스 로직 사이의 상호 작용을 효율적으로 처리할 수 있다. 또한 플러터는 플랫폼 간의 코드 공유와 재사용성을 향상시키기 위해 플러그인 아키텍처를 제공한다. 플러그인은 네이티브 코드와의 통신을 담당하며, 각 플랫폼의 고유한 기능을 활용할 수 있도록 한다. 예를 들어, 카메라, 위치 정보, 네트워크 등의 기능은 플러그인을 통해 플랫폼별로 구현되어 사용할 수 있다.

이외에도 플러터의 아키텍처는 디자인 패턴과의 결합을 통해 코드의 가독성과 유지 보수성을 높이는데 기여한다. 예를 들어, 플러터는 MVVM(Model-View-ViewModel) 아키텍처를 기반으로 크로스 플랫폼 개발을 지원한다. MVVM 아키텍처는 사용자 인터페이스(UI)와 비즈니스 로직을 분리하여 개발하는 패턴으로, 애플리케이션의 유지 보수성과 테스트 용이성을 향상시키는 데 도움을 준다. 아키텍처의 주요 구성 요소는 다음과 같다.

Model	애플리케이션의 데이터와 비즈니스 로직을 담당하는 부분이다. 데이터 소스와의 상호 작용, 데이터 가공, 비즈니스 규칙 등을 처리한다.
View	사용자 인터페이스(UI)를 표시하는 부분이다. 플러터에서는 위젯(Widget)을 사용하여 화면을 구성한다. View는 사용자 입력을 받고, ViewModel에게 상태 변경 요청을 전달한다.
ViewModel	Model과 View 사이의 매개체 역할을 한다. View의 상태를 유지하고, Model과의 상호 작용을 처리한다. ViewModel은 사용자 입력을 처리하고, Model에서 데이터를 가져와 View에 제공한다. 또한, 필요한 경우 View에게 상태 변경을 알린다.

플러터에서는 Provider, Riverpod, GetX 등의 상태 관리 라이브러리를 사용하여 MVVM 아키텍처를 구현할 수 있다. 이러한 상태 관리 라이브러리를 통해 View와 ViewModel 간의 상태 전달과 업데이트를 효율적으로 처리할 수 있다. 플러터의 아키텍처와 크로스 플랫폼 개발은 개발자가 효율적으로 애플리케이션을 구축하고 다양한 플랫폼에 배포할 수 있는 환경을 제공한다. MVVM 아키텍처와 상태 관리 라이브러리를 활용하여 코드의 가독성과 유지 보수성을 높일 수 있으며, 단일 코드베이스를 통해 개발 시간과 비용을 절약할 수 있다. 플러터의 아키텍처는 크로

스 플랫폼 개발을 지원하고 효율적으로 구현하기 위해 설계되었다. 플러터의 아키텍처는 다음과 같은 주요 구성 요소로 구성된다.

① Flutter Framework

Flutter Framework는 플러터의 핵심이며, 위젯 기반의 UI 개발을 위한 다양한 클래스와 도구를 제공한다. Flutter Framework는 모든 플랫폼에서 일관된 UI를 구현할 수 있도록 도와주며, 네이티브 컴포넌트와 상호작용할 수 있는 다양한 레이어와 서비스를 제공한다.

② Dart Programming Language

플러터 애플리케이션은 Dart 언어로 개발된다. Dart는 JIT(Just-in-Time) 컴파일러와 AOT 컴파일러를 지원하여 개발 시 빠른 반복 개발을 제공하고, 빌드 시 최적화된 네이티브 코드를 생성한다. Dart는 객체 지향 프로그래밍과 함수형 프로그래밍의 요소를 결합한 언어로, 플러터 애플리케이션의 비즈니스 로직을 구현하기에 적합하다.

③ Widget

플러터의 UI는 위젯으로 구성된다. 위젯은 사용자 인터페이스 요소를 나타내는 작은 단위로, UI의 구조와 동작을 정의하는 데 사용된다. 플러터는 다양한 종류의 위젯을 제공하며, 이러한 위젯들을 조합하여 복잡한 UI를 구성할 수 있다. 위젯은 불변성을 가지고 있어 UI 업데이트 시 효율적인 렌더링을 가능하게 한다.

④ Hot Reload

플러터의 Hot Reload 기능은 애플리케이션의 코드 변경을 실시간으로 반영하는 기능이다. 개발자가 코드를 수정하면 변경 사항이 즉시 애플리케이션에 반영되어 빠른 피드백을 제공한다. 이를 통해 개발자는 빠른 실험과 디버깅을 할 수 있으며, 개발 생산성을 크게 향상시킬 수 있다.

```dart
import 'package:flutter/material.dart';

void main() {
  runApp(MyApp());
}

class MyApp extends StatelessWidget {
  @override
  Widget build(BuildContext context) {
```

```
    return MaterialApp(
      title: 'Hot Reload Demo',
      theme: ThemeData(
        primarySwatch: Colors.blue,
      ),
      home: HomePage(),
    );
  }
}

class HomePage extends StatelessWidget {
  @override
  Widget build(BuildContext context) {
    return Scaffold(
      appBar: AppBar(
        title: Text('Hot Reload Demo'),
      ),
      body: Center(
        child: Column(
          mainAxisAlignment: MainAxisAlignment.center,
          children: [
            Text(
              'Hello, World!',
              style: TextStyle(fontSize: 24),
            ),
            RaisedButton(
              child: Text('Change Text'),
              onPressed: () {
                // 코드 변경을 위해 버튼을 누른다.
                changeText();
              },
            ),
          ],
        ),
      ),
    );
  }
}

void changeText() {
  print('Text changed!');
  // 텍스트 변경 로직
}
```

위의 코드는 간단한 앱 예제다. Hot Reload를 활용하여 앱의 UI를 빠르게 수정하고 테스트할 수 있다. 예를 들어, changeText() 함수에서 텍스트 변경 로직을 수정하면, Hot Reload를 실행하고 앱이 실시간으로 업데이트된다. 이를 통해 개발자는 앱의 동작을 빠르게 확인하고 수정할 수 있다.

실제로 코드를 변경하고 Hot Reload를 실행하려면 개발 환경에서 해당 기능을 지원해야 한다. 대부분의 통합 개발 환경(IDE)에서는 Hot Reload를 지원하며, 코드 변경 시 자동으로 앱을 업데이트하여 빠르게 피드백을 제공한다. 이를 통해 개발자는 코드 수정을 바로 반영하여 앱의 UI와 기능을 실시간으로 확인하고 디버깅할 수 있다.

⑤ Platform Channels

크로스 플랫폼 개발에서 플러터는 네이티브 기능과의 통합을 위해 플랫폼 채널을 제공한다. 플랫폼 채널은 Dart와 네이티브 코드 간의 통신을 담당하며, 플러터 애플리케이션에서 네이티브 기능을 호출하거나 네이티브 이벤트를 수신할 수 있다. 이를 통해 플러터 애플리케이션은 각 플랫폼의 고유한 기능과 호환되며, 네이티브 수준의 성능과 기능을 활용할 수 있다. 아래는 Platform Channels를 사용하는 단계별로 설명된 코드 예제다.

● Flutter 측에서 네이티브 메서드 호출하기

```
import 'package:flutter/services.dart';

// 네이티브 메서드 호출
Future<void> callNativeMethod() async {
  const platform = MethodChannel('myChannel');

  try {
    final result = await platform.invokeMethod('myMethod');
    // 결과 처리
  } on PlatformException catch (e) {
    // 오류 처리
  }
}
```

MethodChannel을 사용하여 Dart 코드에서 네이티브 쪽의 특정 채널을 지정한다. invokeMethod 메서드를 사용하여 해당 채널의 특정 메서드를 호출한다. 호출 결과는 Future 형태로 반환되며, 결과를 처리하거나 오류를 처리할 수 있다.

● 네이티브 측에서 메서드 구현하기

    – Android

```
import io.flutter.embedding.engine.FlutterEngine;
import io.flutter.embedding.engine.FlutterEngineGroup;
import io.flutter.embedding.engine.dart.DartExecutor;
import io.flutter.embedding.engine.dart.DartExecutor.DartCallback;
import io.flutter.plugin.common.MethodChannel;

public class MainActivity extends FlutterActivity {
  private static final String CHANNEL = "myChannel";

  @Override
  public void configureFlutterEngine(FlutterEngine flutterEngine) {
    super.configureFlutterEngine(flutterEngine);
    new MethodChannel(flutterEngine.getDartExecutor().getBinaryMessenger(),
    CHANNEL)
        .setMethodCallHandler((call, result) -> {
          if (call.method.equals("myMethod")) {
            // 메서드 처리
            result.success("Result from native");
          } else {
            result.notImplemented();
          }
        });
  }
}
```

configureFlutterEngine 메서드에서 MethodChannel을 생성하고, setMethodCall Handler를 사용하여 Dart에서 호출된 메서드를 처리한다. myMethod에 대한 처리를 구현하고, 결과를 result로 반환한다.

    – iOS(Objective-C)

```
#import <Flutter/Flutter.h>

@interface MyNativeClass : NSObject<FlutterPlugin>
@end

@implementation MyNativeClass
```

```objectivec
+
(void)registerWithRegistrar:(NSObject<FlutterPluginRegistrar>*)registrar
{
  FlutterMethodChannel* channel = [FlutterMethodChannel
    methodChannelWithName:@"myChannel"
          binaryMessenger:[registrar messenger]];
  MyNativeClass* instance = [[MyNativeClass alloc] init];
  [registrar addMethodCallDelegate:instance channel:channel];
}

- (void)handleMethodCall:(FlutterMethodCall*)call result:(FlutterResult)result {
  if ([call.method isEqualToString:@"myMethod"]) {
    // 메서드 처리
    result(@"Result from native");
  } else {
    result(FlutterMethodNotImplemented);
  }
}

@end

// AppDelegate.m 파일에서 다음 코드 추가
#import "MyNativeClass.h"

- (BOOL)application:(UIApplication *)application didFinishLaunchingWithOptions:
(NSDictionary *)launchOptions {
  [GeneratedPluginRegistrant registerWithRegistry:self];
  [MyNativeClass registerWithRegistrar:[self registrarForPlugin:@
  "MyNativeClass"]];
  return [super application:application didFinishLaunchingWithOptions:
  launchOptions];
}
```

Objective-C 코드에서는 FlutterPlugin 프로토콜을 채택한 클래스를 생성하고, register With Registrar 메서드를 구현한다. 해당 메서드에서는 FlutterMethodChannel을 생성하고, 메서드 호출을 처리하기 위해 handleMethodCall 메서드를 구현한다. 결과는 result 파라미터로 반환한다. AppDelegate.m 파일에는 register WithRegistry 메서드를 호출하여 등록하고, MyNativeClass의 registerWithRegistrar 메서드를 호출하여 플러그인을 등록한다.

● 네이티브에서 Flutter로 이벤트 전달하기

 － Android

```
import io.flutter.plugin.common.EventChannel;

public class MainActivity extends FlutterActivity {
  private static final String EVENT_CHANNEL = "myEventChannel";

  @Override
  public void configureFlutterEngine(FlutterEngine flutterEngine) {
    super.configureFlutterEngine(flutterEngine);
    new EventChannel(flutterEngine.getDartExecutor().getBinaryMessenger(),
    EVENT_CHANNEL)
      .setStreamHandler(new EventChannel.StreamHandler() {
        private EventChannel.EventSink eventSink;

        @Override
        public void onListen(Object arguments, EventChannel.EventSink sink) {
          eventSink = sink;
          // 이벤트 전달 시작
        }

        @Override
        public void onCancel(Object arguments) {
          eventSink = null;
          // 이벤트 전달 중단
        }
      });
  }
}
```

EventChannel을 사용하여 네이티브에서 Flutter로 이벤트를 전달할 수 있다. setStream Handler를 사용하여 이벤트를 처리하는데, onListen 메서드에서 이벤트 전달을 시작하고, onCancel 메서드에서 이벤트 전달을 중단한다.

 － iOS(Objective-C)

```
#import <Flutter/Flutter.h>

@interface MyNativeClass : NSObject<FlutterStreamHandler>
@end
```

```objc
@implementation MyNativeClass {
  FlutterEventSink _eventSink;
}


+
(void)registerWithRegistrar:(NSObject<FlutterPluginRegistrar>*)registrar
{
  FlutterEventChannel* channel = [FlutterEventChannel
      eventChannelWithName:@"myEventChannel"
          binaryMessenger:[registrar messenger]];
  MyNativeClass* instance = [[MyNativeClass alloc] init];
  [channel setStreamHandler:instance];
}

- (FlutterError* _Nullable)onListenWithArguments:(id _Nullable)arguments
                              eventSink:(FlutterEventSink)events {
  _eventSink = events;
  // 이벤트 전달 시작
  return nil;
}

- (FlutterError* _Nullable)onCancelWithArguments:(id _Nullable)arguments {
  _eventSink = nil;
  // 이벤트 전달 중단
  return nil;
}

@end

// AppDelegate.m 파일에서 다음 코드 추가
#import "MyNativeClass.h"

- (BOOL)application:(UIApplication *)application
didFinishLaunchingWithOptions:(NSDictionary *)launchOptions {
  [GeneratedPluginRegistrant registerWithRegistry:self];
  [MyNativeClass registerWithRegistrar:[self
registrarForPlugin:@"MyNativeClass"]];
  return [super application:application
didFinishLaunchingWithOptions:launchOptions];
}
```

이벤트를 전달하기 위해 FlutterStreamHandler 프로토콜을 채택한 클래스를 생성한다. registerWithRegistrar 메서드에서 FlutterEventChannel을 생성하고, setStreamHandler를 사용하여 이벤트 전달을 처리한다. onListenWithArguments 메서드에서 이벤트 전달을 시작하고, onCancelWithArguments 메서드에서 이벤트 전달을 중단한다. AppDelegate.m 파일에는 마찬가지로 플러그인을 등록한다.

위 코드는 간단한 예시이며, 플랫폼 채널을 사용하여 더 복잡한 통신 및 이벤트 처리를 구현할 수 있다. 네이티브 플러그인에서는 네이티브 코드에서 플랫폼 채널을 통해 Dart와의 통신을 처리할 수 있다.

손으로 익히는 코딩

```dart
import 'package:flutter/material.dart';
import 'package:flutter/services.dart';

void main() {
  runApp(MyApp());
}

class MyApp extends StatelessWidget {
  final platform = MethodChannel('com.example.app/text_channel');

  @override
  Widget build(BuildContext context) {
    return MaterialApp(
      home: Scaffold(
        appBar: AppBar(
          title: const Text('Text Echo App'),
        ),
        body: Center(
          child: Column(
            mainAxisAlignment: MainAxisAlignment.center,
            children: [
              const Text(
                'Enter some text:',
                style: TextStyle(fontSize: 24),
              ),
              TextField(
                onChanged: (text) {
                  platform.invokeMethod('echoText', {'text': text});
```

```dart
        },
      ),
      const SizedBox(height: 16),
      const Text(
        'Echoed text:',
        style: TextStyle(fontSize: 24),
      ),
      FutureBuilder<dynamic>(
        future: platform.invokeMethod('getEchoedText'),
        builder: (context, snapshot) {
          if (snapshot.connectionState == ConnectionState.waiting) {
            return const CircularProgressIndicator();
          } else if (snapshot.hasData) {
            return Text(
              snapshot.data.toString(),
              style: const TextStyle(fontSize: 48, fontWeight: FontWeight.bold),
            );
          } else if (snapshot.hasError) {
            return Text(
              'Error: ${snapshot.error}',
              style: const TextStyle(fontSize: 24, color: Colors.red),
            );
          } else {
            return const Text(
              'No data',
              style: TextStyle(fontSize: 24),
            );
          }
        },
      ),
    ],
  ),
  ),
  ),
  );
 }
}
```

위의 코드는 텍스트 에코 앱을 구현한 예제다. 사용자가 입력한 텍스트를 화면에 표시하고, 플랫폼에 전달하여 처리한 후 결과를 다시 받아와서 화면에 표시한다. platform 변수는 Platform Channels 를 초기화하는 데 사용되는 MethodChannel이다. 이 채널은 'com.example.app/ text_channel'

이라는 식별자를 가지고 있다. TextField 위젯은 사용자가 텍스트를 입력할 수 있는 입력란을 제공한다. 텍스트가 변경될 때마다 onChanged 콜백이 호출되어 platform. invokeMethod를 사용하여 입력한 텍스트를 플랫폼으로 전달한다. FutureBuilder는 비동기 작업의 결과를 처리하는 위젯이다. platform.invokeMethod를 사용하여 'getEchoedText' 메서드를 호출하여 플랫폼으로부터 결과를 비동기적으로 받아온다. 결과가 있으면 화면에 표시하고, 결과가 없을 때는 로딩 인디케이터를 표시한다.

크로스 플랫폼 개발을 위해 플러터는 네이티브 코드를 사용하지 않고, Dart 언어로 개발된 단일 코드베이스를 컴파일하여 각 플랫폼에 맞는 네이티브 애플리케이션으로 변환합니다. 이는 플러터의 크로스 플랫폼 개발 강점 중 하나입니다. 또한, 플러터는 각 플랫폼의 네이티브 기능에 접근할 수 있는 플러그인을 제공하여 플랫폼 특정 기능을 활용할 수 있도록 합니다.

◐ 더 알아보기

snapshot

snapshot은 FutureBuilder 위젯에서 사용되는 객체로, 현재 비동기 작업의 상태와 결과에 대한 정보를 제공한다. snapshot 객체에는 connectionState, data, error 등의 속성이 있다.

- connectionState: 비동기 작업의 현재 상태를 나타내는 ConnectionState 열거형이다. ConnectionState는 다음과 같은 값들을 가질 수 있다.
- none: 아직 아무 작업도 수행되지 않은 초기 상태이다.
- waiting: 비동기 작업이 진행 중인 상태이다.
- active: 비동기 작업이 활성화된 상태이다.
- done: 비동기 작업이 완료된 상태이다.
- data: 비동기 작업의 결과 데이터이다. 작업이 완료되고 데이터가 제공된 경우에만 유효하다.
- error: 비동기 작업 중에 발생한 오류를 나타내는 객체이다. 오류가 발생하지 않았거나 아직 작업이 완료되지 않았을 경우에는 null이다.

FutureBuilder의 builder 함수에서 snapshot 객체를 사용하여 UI를 업데이트하고 현재 작업 상태에 따라 적절한 위젯을 표시할 수 있다. 예를 들어, 데이터가 로드되지 않았을 때 로딩 스피너를 표시하거나, 데이터가 있을 때 해당 데이터를 표시하고, 오류가 발생했을 때 오류 메시지를 표시할 수 있다.

🗄️ 에러에서 배우기

- MethodChannel 생성 시 채널 이름 오류
  코드에서 MethodChannel을 생성할 때 com.example.app/text_channel을 사용하고 있다. 이 채널 이름은 앱의 패키지 이름에 따라 변경되어야 하며, 만약 패키지 이름이 com.example.app이 아니라면 해당 부분을 수정해야 한다.

- AndroidManifest.xml에 필요한 권한 및 메타데이터 추가

  코드에서는 안드로이드 플랫폼에서 MethodChannel을 사용하고 있다. 따라서 Android 앱의 AndroidManifest.xml 파일에 해당 플랫폼에서 요구하는 권한 및 메타데이터가 정확히 추가되어야 한다. 예를 들어, INTERNET 권한과 meta-data 요소가 필요한 경우 이를 추가해야 한다.

- 네이티브 플랫폼에서 해당 메서드를 구현하지 않은 경우

  코드에서는 invokeMethod를 통해 네이티브 플랫폼으로 메서드 호출을 하고 있다. 따라서 네이티브 측에서 해당 메서드를 구현하고 처리할 수 있어야 한다. 메서드가 구현되지 않은 경우 앱 실행 중에 에러가 발생할 수 있다.

플러터와 네이티브 기능 통합

플러터는 네이티브 기능과의 통합을 위한 다양한 플러그인을 제공하여 크로스 플랫폼 애플리케이션에서 네이티브 기능을 활용할 수 있도록 지원한다. 이를 통해 플러터 애플리케이션은 네이티브 애플리케이션과 동일한 사용자 경험과 기능을 제공할 수 있다. 플러터의 네이티브 기능 통합은 다음과 같은 방식으로 이루어진다.

- 플러그인: 플러터는 다양한 플러그인을 제공하여 네이티브 기능에 접근할 수 있도록 한다. 예를 들어, 카메라, 위치 정보, 저장소, 네트워킹 등과 같은 기능을 활용하기 위해 각각의 플러그인을 사용할 수 있다. 이러한 플러그인은 네이티브 코드와 플러터 코드 간의 인터페이스 역할을 수행하여 네이티브 기능을 플러터에서 사용할 수 있게 해 준다.

- 플랫폼 채널: 플러터는 네이티브 코드와의 통신을 위해 플랫폼 채널(Platform Channel)을 제공한다. 이를 통해 플러터 애플리케이션과 네이티브 코드 간의 메시지를 주고받을 수 있으며, 플러그인을 통해 제공되지 않는 특정한 네이티브 기능을 사용할 수 있다. 플랫폼 채널은 네이티브 코드를 작성하여 플러터와 상호 작용하는 인터페이스 역할을 수행한다.

- 메서드 채널(MethodChannel): 메서드 채널은 Dart와 네이티브 코드 간의 메서드 호출을 지원한다. 플러터에서 MethodChannel을 생성하고, 이를 통해 네이티브 함수를 호출하면, 네이티브 측에서 해당 함수를 구현하여 결과를 반환할 수 있다.

- 이벤트 채널(EventChannel): 이벤트 채널은 Dart와 네이티브 코드 간에 이벤트를 주고받는 기능을 제공한다. 이벤트는 한쪽에서 발생하면 다른 쪽에서 이를 수신하여 처리할 수 있다.

- 외부 패키지: 플러터는 외부 패키지를 통해 네이티브 기능을 활용할 수도 있다. 예를 들어, Firebase, Google Maps, Facebook SDK 등과 같은 외부 패키지를 통해 네이티브 기능을

플러터 애플리케이션에 통합할 수 있다. 이러한 외부 패키지는 각각의 네이티브 SDK와의 통신을 담당하며, 플러터에서는 해당 패키지를 사용하여 네이티브 기능을 활용할 수 있다.

다음은 플러터에서 네이티브 기능을 통합하는 코드다.

```dart
import 'package:flutter/material.dart';
import 'package:flutter/services.dart';

class NativeIntegrationExample extends StatefulWidget {
  @override
  _NativeIntegrationExampleState createState() => _NativeIntegrationExampleState();
}

class _NativeIntegrationExampleState extends State<NativeIntegrationExample> {
  static const platform = MethodChannel('example_channel');

  String _batteryLevel = 'Unknown';

  Future<void> _getBatteryLevel() async {
    String batteryLevel;
    try {
      final int result = await platform.invokeMethod('getBatteryLevel');
      batteryLevel = 'Battery level: $result%';
    } on PlatformException catch (e) {
      batteryLevel = 'Failed to get battery level: ${e.message}';
    }

    setState(() {
      _batteryLevel = batteryLevel;
    });
  }

  @override
  Widget build(BuildContext context) {
    return Scaffold(
      appBar: AppBar(
        title: Text('Native Integration Example'),
      ),
      body: Center(
        child: Column(
          mainAxisAlignment: MainAxisAlignment.center,
```

```
        children: [
          Text(_batteryLevel),
          ElevatedButton(
            onPressed: _getBatteryLevel,
            child: Text('Get Battery Level'),
          ),
        ],
      ),
    ),
  );
  }
}
```

위의 코드에서 MethodChannel을 사용하여 네이티브 코드와 통신할 수 있다. getBatteryLevel 메서드를 호출하여 네이티브 플러그인으로부터 배터리 레벨을 가져온다. 이 코드는 안드로이드 플랫폼을 기준으로 작성되었으며, iOS 플랫폼에서도 비슷한 방식으로 네이티브 기능을 통합할 수 있다. 네이티브 플러그인은 플러터 커뮤니티에서 제공되는 것들 외에도 사용자 정의 플러그 인으로 직접 개발할 수도 있다. 이를 통해 특정 플랫폼의 네이티브 기능을 플러터 애플리케이션 에 통합할 수 있다. 안드로이드와 iOS 간의 주요 차이점은 다음과 같다.

● 플러그인 등록: 안드로이드에서는 GeneratedPluginRegistrant 클래스를 사용하여 플러그인 을 등록한다. 반면에 iOS에서는 AppDelegate 클래스의 didFinishLaunchingWithOptions 메서드에서 직접 플러그인을 등록해야 한다.

● MethodChannel 생성: 안드로이드에서는 MethodChannel을 생성할 때, new MethodChannel 을 사용한다. 하지만 iOS에서는 MethodChannel을 생성할 때, MethodChannel 클래스의 initWithName 메서드를 사용하여 채널 이름을 지정해야 한다.

● 플러그인 메서드 호출: 안드로이드에서는 platform.invokeMethod('method_name')을 사용하 여 네이티브 함수를 호출한다. 하지만 iOS에서는 channel.invokeMethod('method_name')을 사용하여 네이티브 함수를 호출한다. 호출하는 방법은 조금 다르지만 기본적인 사용 방법은 동일하다.

따라서 위에서 제공한 코드에서 안드로이드와 iOS 간의 차이점은 GeneratedPluginRegistrant 의 사용, MethodChannel 생성 시 채널 이름의 지정, 그리고 플러그인 메서드 호출 시 사용하 는 방법에 있다. 이 부분을 주의하여 코드를 작성하면 된다.

```
dependencies:
  flutter:
    sdk: flutter
  camera: ^X.X.X
  vibration: ^X.X.X
```

여기서 ^X.X.X은 camera 패키지와 vibration 패키지의 버전을 나타내며, 다음 사이트 링크를 통해 최신 버전을 사용하여야 한다.

- https://pub.dev/packages/camera

- https://pub.dev/packages/vibration

```
import 'package:flutter/material.dart';
import 'package:camera/camera.dart';
import 'package:vibration/vibration.dart';

void main() async {
  WidgetsFlutterBinding.ensureInitialized();

  // 사용 가능한 카메라 목록을 가져온다.
  final cameras = await availableCameras();

  // 첫 번째 카메라를 선택한다.
  final camera = cameras.first;

  runApp(MyApp(camera: camera));
}

class MyApp extends StatefulWidget {
  final CameraDescription camera;

  const MyApp({required this.camera});

  @override
  _MyAppState createState() => _MyAppState();
```

```
    }

class _MyAppState extends State<MyApp> {
  late CameraController _controller;
  bool isRecording = false;

  @override
  void initState() {
    super.initState();
    _controller = CameraController(
      widget.camera,
      ResolutionPreset.high,
    );
    _controller.initialize().then((_) {
      if (!mounted) return;
      setState(() {});
    });
  }

  @override
  void dispose() {
    _controller.dispose();
    super.dispose();
  }

  @override
  Widget build(BuildContext context) {
    if (!_controller.value.isInitialized) {
      return Container();
    }
    return MaterialApp(
      home: Scaffold(
        appBar: AppBar(
          title: const Text('Camera and Vibration App'),
        ),
        body: Column(
          children: <Widget>[
            Expanded(
                child: AspectRatio(
                    aspectRatio: _controller.value.aspectRatio,
                    child: CameraPreview(_controller))),
```

```dart
        ElevatedButton(
          onPressed: () => _recordVideo(context),
          Child: Text(isRecording ? 'Stop Recording' : 'Start Recording),
        ),
      ],
    ),
  ),
  );
}

void _recordVideo(BuildContext context) async {
  Vibration.vibrate();

  if (_controller.value.isRecordingVideo) {
    await_controller.stopVideoRecording();
    setState(() { isRecording = false; });
    final file = await _controller.stopVideoRecording();
    final route = MaterialPageRoute(
      fullscreenDialog: true,
      builder: (_) => VideoPage(filePath: file.path),
    );
    Navigator.push(context, route);

  } else {
    // 녹화 시작
    await _controller.startVideoRecording();
  }
}
}

class VideoPage extends StatelessWidget {
  final String filePath;

  const VideoPage({required this.filePath});

  @override
  Widget build(BuildContext context) {
    return Scaffold(
      appBar: AppBar(
        title: const Text('Video Player'),
      ),
```

```
      body: Center(
        child: Text('Video Path: $filePath'),
      ),
    );
  }
}
```

위의 코드는 Flutter 앱에서 카메라를 사용하여 비디오 녹화를 시작하고 진동을 실행한 후, 녹화된 비디오 파일의 경로를 보여 주는 기능을 가지고 있다. VideoPage 위젯은 녹화된 비디오 파일의 경로를 표시하는 데 사용된다.

플러터의 네이티브 기능 통합은 크로스 플랫폼 애플리케이션 개발에 많은 장점을 제공합니다. 개발자는 단일 코드베이스에서 다양한 플랫폼을 대상으로 애플리케이션을 개발할 수 있으며, 네이티브 기능을 쉽게 활용할 수 있습니다. 또한, 애플리케이션의 유지 보수 및 업데이트도 플러터에서 중앙 집중적으로 처리할 수 있어 개발 생산성을 향상시킬 수 있습니다.

에러에서 배우기

- 권한 설정
  앱을 정상적으로 액세스하려면 사용자의 권한이 필요하다. 따라서 Android 및 iOS의 AndroidManifest.xml 및 Info.plist 파일에 카메라, 오디오 녹음, 외부 저장소 쓰기 액세스에 필요한 권한을 추가해야 하며, 권한 설정을 빼먹으면 앱이 정상적으로 작동하지 않을 수 있다.

- 디바이스 지원
  카메라 및 진동 기능은 모든 디바이스에서 지원되지 않을 수 있다. 따라서 일부 디바이스에서는 카메라 작동이나 진동이 제대로 작동하지 않을 수 있으므로, 디바이스의 호환성을 확인하고, 해당 기능을 지원하는 디바이스에서 코드를 실행해야 한다.

- 플러그인 설정 및 초기화
  camera 및 vibration 플러그인을 사용하기 위해 추가적인 설정 및 초기화 단계가 필요할 수 있다. 예를 들어, Android에서는 camera 플러그인을 사용하기 위해 카메라 관련 권한 및 특정 기기 지원을 위한 추가 설정이 필요할 수 있으므로 플러그인의 문서를 자세히 읽고 필요한 설정 및 초기화 단계를 따라야 한다.

02

플러터와 다른 기술 스택 통합

백엔드, 웹 앱, 웹 서비스, 웹 기능, 통합

여기서는 무얼 배울까

백엔드 서비스와의 데이터 통신 및 상호작용 방법을 알아보고 백엔드 서비스와의 데이터 통신 및 상호작용 방법을 배운다. 또한 플러터 앱에 웹 기능을 추가하거나 웹 서비스와의 상호작용을 통해 앱의 기능을 확장하는 '웹 서비스와의 통합' 방법과, 기존 애플리케이션과 플러터를 통합하여 기능을 추가하거나 앱을 개선하는 방법을 배우게 된다.

플러터와 백엔드 통합

플러터 애플리케이션은 백엔드와의 통합을 위해 다양한 방법을 제공한다. 백엔드 통합을 통해 플러터 애플리케이션은 서버와 데이터베이스와의 상호작용, 인증 및 사용자 관리, 데이터 저장 및 검색 등의 기능을 수행할 수 있다. 다음은 플러터와 백엔드를 통합하는 주요 방법들이다.

- RESTful API: 플러터는 HTTP 통신을 통해 RESTful API와 상호작용할 수 있다. 백엔드에서 제공하는 API를 호출하여 데이터를 주고받을 수 있으며, HTTP 패키지를 사용하여 요청을 보내고 응답을 처리할 수 있다. 이를 통해 서버와의 데이터 통신이 가능해지며, 데이터의 생성, 읽기, 업데이트, 삭제 등의 작업을 수행할 수 있다.

- 데이터베이스 연동: 플러터는 다양한 데이터베이스와의 연동을 지원한다. SQLite, MySQL, PostgreSQL 등과 같은 관계형 데이터베이스나 Firebase, MongoDB와 같은 NoSQL 데이터베이스와 통합할 수 있다. 플러터는 데이터베이스에 대한 쿼리 및 데이터 조작을 위한 ORM(Object-Relational Mapping) 패키지를 제공하여 데이터베이스와의 상호작용을 간편하게 처리할 수 있다.

- GraphQL: 데이터 질의 및 조작을 위한 쿼리 언어다. Facebook에서 개발된 GraphQL은 RESTful API의 대안으로 제시되었고, 클라이언트가 필요한 데이터를 명시적으로 요청할 수 있는 기능을 제공한다.

기존의 RESTful API는 클라이언트와 서버 간의 데이터 통신을 위해 여러 개의 엔드포인트를 사용한다. 클라이언트는 각각의 엔드포인트에서 정해진 데이터를 받아오게 된다. 이러한 방식은 클라이언트가 원하는 데이터를 모두 포함하는 엔드포인트를 만들어야 하거나, 여러 번의 요청을 통해 필요한 데이터를 받아 와야 하는 경우에는 효율성과 유연성이 떨어질 수 있다.

GraphQL은 이러한 문제를 해결하기 위해 하나의 엔드포인트를 사용하고, 클라이언트가 필요한 데이터를 직접 명시하는 방식을 채택한다. 클라이언트는 GraphQL 쿼리를 작성하여 원하는 데이터의 구조와 필드를 지정한다. 서버는 해당 쿼리를 해석하고, 필요한 데이터만을 응답으로 제공한다. 이를 통해 클라이언트는 필요한 데이터를 한 번의 요청으로 효율적으로 가져올 수 있다. 플러터에서는 graphql_flutter 패키지를 사용하여 GraphQL 요청을 보낼 수 있으며, 서버 측에서는 GraphQL을 지원하는 도구나 라이브러리를 사용하여 요청을 처리한다. 다음은 플러터에서 graphql_flutter 패키지를 사용하여 GraphQL 요청을 보내는 코드다.

```dart
import 'package:flutter/material.dart';
import 'package:graphql_flutter/graphql_flutter.dart';

void main() {
  runApp(MyApp());
}

class MyApp extends StatelessWidget {
  @override
  Widget build(BuildContext context) {
    final HttpLink httpLink = HttpLink('https://example.com/graphql');

    final ValueNotifier<GraphQLClient> client = ValueNotifier(
      GraphQLClient(
        cache: GraphQLCache(),
        link: httpLink,
      ),
    );

    return GraphQLProvider(
      client: client,
      child: MaterialApp(
        title: 'GraphQL Demo',
        theme: ThemeData(
          primarySwatch: Colors.blue,
        ),
        home: MyHomePage(),
```

```
      ),
    );
  }
}

class MyHomePage extends StatelessWidget {
  @override
  Widget build(BuildContext context) {
    return Scaffold(
      appBar: AppBar(
        title: Text('GraphQL Demo'),
      ),
      body: Query(
        options: QueryOptions(
          document: gql('''
            query {
              user {
                name
                email
              }
            }
          '''),
        ),
        builder: (QueryResult result, {VoidCallback? refetch, FetchMore?
        fetchMore}) {
          if (result.hasException) {
            return Center(
              child: Text('Error: ${result.exception.toString()}'),
            );
          }

          if (result.isLoading) {
            return Center(
              child: CircularProgressIndicator(),
            );
          }

          final user = result.data?['user'];

          return Center(
            child: Column(
              mainAxisAlignment: MainAxisAlignment.center,
              children: [
```

```
          Text(
            'Name: ${user['name']}',
            style: TextStyle(fontSize: 20),
          ),
          SizedBox(height: 10),
          Text(
            'Email: ${user['email']}',
            style: TextStyle(fontSize: 20),
          ),
        ],
      ),
    );
  },
    ),
  );
  }
}
```

이 코드는 GraphQL 서버의 엔드포인트 URL을 https://example.com/graphql로 설정하고, user 쿼리를 실행하여 사용자의 이름과 이메일을 조회한다. 결과를 화면에 표시하며, 오류가 발생한 경우에는 오류 메시지를 표시한다.

웹 소켓(WebSocket)

웹 소켓(WebSocket)은 실시간 양방향 통신을 제공하는 컴퓨터 네트워크 프로토콜이다. 기존의 HTTP 프로토콜은 클라이언트가 서버에 요청을 보내고 서버가 응답을 반환하는 단방향 통신을 지원한다. 하지만 웹 소켓은 클라이언트와 서버 간에 지속적인 연결을 유지하고 양방향으로 데이터를 주고받을 수 있다.

● 웹 소켓을 사용하면 클라이언트와 서버 간에 실시간으로 데이터를 전송하고 동기화할 수 있다. 이를 통해 실시간 채팅, 게임, 주식 시세 업데이트, 알림 등의 기능을 구현할 수 있다.

● 웹 소켓은 HTTP를 기반으로 하며, 클라이언트와 서버 간에 핸드쉐이크(handshake) 과정을 거쳐 연결을 설정한다. 핸드쉐이크가 완료되면 클라이언트와 서버는 데이터를 주고받을 수 있는 WebSocket 연결을 갖게 된다.

● 웹 소켓은 표준화된 프로토콜이며, 대부분의 최신 웹 브라우저와 서버 플랫폼에서 지원된다. 또한, 다양한 프로그래밍 언어와 프레임워크에서 웹 소켓을 사용할 수 있는 라이브러리와

API도 제공된다.

● 웹 소켓을 사용하려면 클라이언트와 서버 모두 웹 소켓을 지원해야 한다. 클라이언트는 웹 브라우저 내에서 JavaScript를 사용하여 웹 소켓을 생성하고 데이터를 전송할 수 있다. 서버는 웹 소켓 연결 요청을 받아들이고 클라이언트와의 연결을 관리하며, 데이터를 주고받을 수 있다.

● 웹 소켓을 통해 클라이언트와 서버는 실시간으로 데이터를 주고받을 수 있으며, 이를 통해 다양한 실시간 기능을 구현할 수 있다. 웹 소켓은 주로 실시간 채팅, 실시간 게임, 주식 시세 업데이트, 알림 기능 등에 활용되며, 이외에도 다양한 실시간 통신 기능을 구현하는 데 사용될 수 있다.

플러터는 웹 소켓을 통해 실시간 양방향 통신을 지원한다. 웹 소켓을 사용하면 서버로부터의 실시간 업데이트를 받거나 푸시 알림을 처리할 수 있다. 플러터는 웹 소켓을 쉽게 사용할 수 있는 패키지를 제공하며, 이를 통해 실시간 통신 기능을 구현할 수 있다. 다음은 플러터에서 web_socket_channel 패키지를 사용하여 웹 소켓 통신을 하는 코드다.

```dart
import 'package:web_socket_channel/io.dart';
import 'package:web_socket_channel/web_socket_channel.dart';

void connectToWebSocket() {
  final channel = IOWebSocketChannel.connect('wss://example.com/socket');

  channel.stream.listen(
    (message) {
      // 메시지 처리 로직
      print('Received message: $message');
    },
    onError: (error) {
      // 오류 처리 로직
      print('WebSocket error: $error');
    },
    onDone: () {
      // 연결 종료 처리 로직
      print('WebSocket connection closed');
    },
  );
}
```

인증 및 사용자 관리

플러터는 백엔드와의 사용자 인증 및 관리를 위한 패키지를 제공한다. Firebase Authentication, OAuth, JWT(JSON Web Tokens)와 같은 인증 메커니즘을 사용하여 사용자의 로그인, 회원가입, 비밀번호 재설정 등을 처리할 수 있다. 이를 통해 안전한 사용자 관리와 보안 기능을 플러터 애플리케이션에 쉽게 통합할 수 있다. 플러터에서는 firebase_core와 firebase_auth, cloud_firestore, firebase_messaging 등의 패키지를 사용하여 Firebase와 연동할 수 있다. 다음은 플러터에서 Firebase 인증을 사용하는 코드다.

```
import 'package:firebase_core/firebase_core.dart';
import 'package:firebase_auth/firebase_auth.dart';

void initializeFirebase() async {
  await Firebase.initializeApp();
}

void signInWithEmailAndPassword(String email, String password) async {
  try {
    final userCredential = await FirebaseAuth.instance.signInWithEmailAndPassword(
      email: email,
      password: password,
    );

    // 로그인 성공 처리 로직
    final user = userCredential.user;
    // ...
  } catch (e) {
    // 로그인 실패 처리 로직
    print('Failed to sign in: $e');
  }
}
```

서버리스(FaaS)

서버리스(Function as a Service, FaaS)는 애플리케이션 개발과 운영에서 서버 관리에 대한 부담을 줄이기 위한 클라우드 컴퓨팅 모델이다. 기존의 서버 기반 아키텍처에서는 서버를 프로비저닝하고 관리하는 작업이 필요했지만, 서버리스에서는 개발자가 서버 인프라를 직접 관리할 필요가 없다. 서버리스 환경에서 애플리케이션의 코드는 작은 함수(Function) 단위로 나뉘어 실행된다. 개발자는 이 함수들을 개별적으로 작성하고 클라우드 서비스 제공업체의 플랫폼에 업로드한다. 플랫폼은 함수 실행을 자동으로 관리하며 필요한 컴퓨팅 자원을 할당하고 확장한다. 함수는 특정 이벤트에 대한 반응으로 실행되며, 필요한 만큼만 컴퓨팅 리소스를 사용하여 비용 효율적인 방식으로 작동한다. 플러터는 클라우드 서비스의 서버리스 기능을 활용할 수 있다. 예를 들어, Firebase Functions, AWS Lambda와 같은 서버리스 함수를 통해 백엔드 로직을 실행하고 플러터 애플리케이션과 연동할 수 있다. 이를 통해 백엔드 기능의 확장성과 유연성을 향상시킬 수 있다.

```
exports.handler = async (event, context) => {
  return {
    statusCode: 200,
    body: 'Hello, World!'
  };
};
```

위 코드는 AWS Lambda에서 실행될 함수를 정의하는 것이다. 요청을 받으면 statusCode 200과 "Hello, World!"라는 응답을 반환한다. 이제 이 코드를 AWS Lambda에 배포하고 트리거를 설정하여 해당 함수를 실행할 수 있다. 배포 및 트리거 설정은 AWS 콘솔 또는 AWS CLI를 통해 수행할 수 있다.

```
dependencies:
  flutter:
    sdk: flutter
  graphql_flutter: ^X.X.X
```

여기서 ^X.X.X은 graphql_flutter 패키지의 버전을 나타내며, https://pub.dev/packages/graphql_ flutter에서 최신 버전을 사용하여야 한다.

손으로 익히는 코딩

```
import 'package:flutter/material.dart';
import 'package:graphql_flutter/graphql_flutter.dart';

void main() {
  runApp(MyApp());
}
```

```dart
class MyApp extends StatelessWidget {
  @override
  Widget build(BuildContext context) {
    final HttpLink httpLink = HttpLink(
      'https://api.example.com/graphql', // GraphQL 엔드포인트 URL
    );

    final WebSocketLink webSocketLink = WebSocketLink(
      'wss://api.example.com/graphql', // 웹 소켓 URL
    );

    final Link link = Link.split(
      (request) => request.isSubscription,
      webSocketLink,
      httpLink,
    );

    final ValueNotifier<GraphQLClient> client = ValueNotifier(
      GraphQLClient(
        link: link,
        cache: GraphQLCache(),
      ),
    );

    return GraphQLProvider(
      client: client,
      child: MaterialApp(
        home: Scaffold(
          appBar: AppBar(
            title: Text('Flutter GraphQL & WebSocket Integration'),
          ),
          body: Query(
            options: QueryOptions(
              document: gql('query { data }'), // 사용할 GraphQL 쿼리
            ),
            builder: (QueryResult result, {refetch, fetchMore}) {
              if (result.hasException) {
                return Text('Error: ${result.exception.toString()}');
              }
```

```
            if (result.isLoading) {
              return Text('Loading...');
            }

            final data = result.data?['data'];

            return Text('Data: $data');
          },
        ),
      ),
    ),
  );
}
}
```

위의 코드에서는 graphql_flutter 패키지를 사용하여 GraphQL 쿼리와 웹 소켓 연결을 설정한다. httpLink와 webSocketLink를 정의한 후, link를 생성하여 GraphQL 클라이언트에 연결한다. 그리고 Query 위젯을 사용하여 GraphQL 쿼리를 실행하고, 결과를 출력한다. 데이터가 로딩 중인 경우 "Loading..."을, 에러가 발생한 경우 에러 메시지를 출력한다.

에러에서 배우기

- GraphQL 엔드포인트 및 웹 소켓 URL
  코드에서 사용하는 GraphQL 엔드포인트 URL과 웹 소켓 URL이 실제로 존재하는지 확인해야 한다. 올바르지 않은 URL을 사용할 경우 연결이 실패하고 데이터를 받아올 수 없다.

- GraphQL 쿼리 작성
  코드에서 실행하는 GraphQL 쿼리(query { data })가 실제로 서버에서 지원하는 쿼리와 일치하는지 확인해야 한다. 올바르지 않은 쿼리를 사용할 경우 서버에서 예외가 발생할 수 있다.

- 인증 및 권한
  서버에 액세스하기 위해 필요한 인증 또는 권한이 있는 경우, 해당 정보를 제공해야 한다. 예를 들어, API 토큰이나 사용자 인증 정보를 설정해야 하는 경우, HttpLink 또는 WebSocketLink의 생성자에 인증 헤더 또는 토큰을 추가해야 한다.

플러터와 웹 통합

플러터와 웹의 통합은 웹 애플리케이션과 플러터 애플리케이션 간의 상호작용을 가능하게 한다. 이를 통해 플러터 애플리케이션을 웹에서 접근할 수 있고, 웹 애플리케이션에서 플러터 애플리케이션으로 데이터를 전송하거나 상호작용할 수 있다. 다음은 플러터와 웹의 통합을 위해 사용할 수 있는 주요 방법들이다.

웹뷰(Webview)

플러터는 웹뷰를 통해 웹 콘텐츠를 표시할 수 있다. 플러터의 웹뷰 패키지를 사용하여 웹 페이지를 로드하고 표시할 수 있으며, 웹뷰를 커스터마이징하여 웹과 플러터 애플리케이션 간의 상호작용을 구현할 수 있다. 이를 통해 기존의 웹 콘텐츠를 플러터 애플리케이션에 통합할 수 있다. 다음은 플러터에서 webview_flutter 패키지의 웹 뷰를 사용하여 웹 콘텐츠를 표시하는 코드다.

```dart
import 'package:webview_flutter/webview_flutter.dart';

class WebViewExample extends StatelessWidget {
  @override
  Widget build(BuildContext context) {
    return WebView(
      initialUrl: 'https://example.com',
    );
  }
}
```

플러터는 웹과 쉽게 통합할 수 있기 때문에, 다양한 플랫폼에서 동일한 사용자 경험을 제공하는 앱을 개발할 수 있다.

플러터로 웹 앱을 개발하는 방법

● 플러터 프로젝트를 생성한다.

● 프로젝트에 HTML, CSS, JavaScript 파일을 추가한다.

● HTML, CSS, JavaScript 파일을 사용하여 웹 페이지를 만든다.

● 플러터 앱에서 웹 페이지를 렌더링한다.

● 플러터로 웹 앱을 개발하는 것은 쉽고 빠르며, 다양한 플랫폼에서 동일한 사용자 경험을 제공할 수 있다.

Flutter Web SDK를 사용하여 플러터 웹 앱을 개발하는 과정

- 플러터 프로젝트를 생성한다.

- 생성된 플러터 웹 프로젝트에서 웹 애플리케이션을 개발한다. 이때, Flutter의 UI 빌딩 방식과 개발 방법을 그대로 사용할 수 있다.

- 웹용으로 빌드: flutter build web 명령을 사용하여 플러터 웹 애플리케이션을 웹용으로 빌드한다.

- 웹 호스팅: 빌드된 웹 애플리케이션 파일을 웹 호스팅 서비스에 배포하거나, 웹 서버에 직접 배포하여 웹에서 접근할 수 있도록 한다.

JavaScript 연동

플러터 웹에서는 웹 페이지의 JavaScript 코드와 상호작용이 필요한 경우, js 패키지 및 dart:js 라이브러리를 활용하여 JavaScript 코드와 상호작용할 수 있다. 이를 사용하면 플러터 웹 애플리케이션과 기존 웹 기술 및 자원 간의 연동성을 높일 수 있다. 아래는 JavaScript와 플러터 웹 애플리케이션 간 상호작용을 위해 js 패키지와 dart:js 라이브러리를 사용하는 방법을 단계별로 설명하는 코드다.

① js 패키지 추가하기

플러터 프로젝트의 pubspec.yaml 파일에 다음과 같이 js 패키지를 추가한다.

```
dependencies:
  js: ^X.X.X
```

여기서 ^X.X.X은 js 패키지의 버전을 나타내며, https://pub.dev/packages/js에서 최신 버전을 사용하여야 한다.

② JavaScript와 상호작용할 Dart 함수 작성하기

Dart 코드에서 JavaScript 함수를 호출하거나 JavaScript 함수로부터 값을 받아오려면 다음과 같이 dart:js 라이브러리를 사용하여 Dart 함수를 작성해야 한다.

```
import 'dart:js' as js;

void callJavaScriptFunction() {
```

```
  js.context.callMethod('jsFunction'); // JavaScript 함수 호출
}

void receiveValueFromJavaScript() {
  var valueFromJS = js.context['jsVariable']; // JavaScript 변수 값 가져오기
  print(valueFromJS);
}
```

③ JavaScript와 플러터 애플리케이션 간 데이터 전달하기

Dart 함수에서 JavaScript 함수를 호출하고, JavaScript 함수에서 다시 Dart 함수로 값을 전달하는 방법이다. 다음은 간단한 코드다.

● Dart에서 JavaScript 호출

```
import 'dart:js' as js;

void callJavaScriptFunction() {
  js.context.callMethod('jsFunction', ['Hello from Dart!']);
}
```

● JavaScript에서 Dart로 값 전달

```
// JavaScript 코드
function jsFunction(message) {
  var dartFunction = js.context.dartFunction;
  dartFunction.postMessage(message);
}
```

● Dart에서 JavaScript로부터 값 받기

```
import 'dart:js' as js;

void receiveValueFromJavaScript() {
  js.context['dartFunction'] = js.allowInterop((value) {
    print('Value from JavaScript: $value');
  });
}
```

JavaScript 함수 jsFunction은 dartFunction을 호출하여 값을 전달하고, Dart 함수 receiveValue FromJavaScript은 dartFunction을 등록하여 JavaScript로부터 값을 받아온다. 이렇게 작성된 Dart 코드를 플러터 웹 애플리케이션에서 사용하면 JavaScript와의 상호작용이 가능해진다. Dart에서 JavaScript 함수 호출 및 JavaScript에서 Dart 함수 호출을 통해 데이터를 주고받을 수 있다. 이를 통해 플러터 웹 애플리케이션과 기존의 웹 기술 및 자원을 효과적으로 연동할 수 있다.

PWA(Progressive Web Apps)

플러터 웹 애플리케이션을 PWA(Progressive Web Apps)로 구성할 수 있다. PWA는 웹 애플리케이션을 모바일 앱과 비슷한 경험으로 사용할 수 있게 만드는 기술이다. 오프라인 작업, 푸시 알림, 홈 화면에 추가 등의 기능을 제공하여 웹 애플리케이션을 더욱 강력하게 만들 수 있다. 플러터 웹과 PWA를 통합하면 모바일과 데스크톱에서 모두 잘 동작하는 웹 애플리케이션을 구축할 수 있다. 다음은 플러터 웹 애플리케이션을 PWA(Progressive Web Apps)로 구성하기 위해 필요한 단계와 코드다.

① Manifest 파일 추가

PWA를 구성하기 위해 웹 애플리케이션의 루트 디렉토리에 manifest.json 파일을 생성한다. 이 파일은 앱의 정보와 아이콘 등을 정의하는 데 사용된다. manifest.json 파일은 다음과 같다.

```json
{
  "name": "My Flutter Web App",
  "short_name": "Flutter App",
  "start_url": ".",
  "display": "standalone",
  "theme_color": "#ffffff",
  "background_color": "#ffffff",
  "icons": [
    {
      "src": "icons/launcher_icon.png",
      "sizes": "192x192",
      "type": "image/png"
    }
  ]
}
```

② Service Worker 등록

PWA에서는 Service Worker를 사용하여 오프라인 작업, 푸시 알림 등을 지원한다. 플러터 웹 애플리케이션에 Service Worker를 등록하기 위해 main.dart 파일에 다음 코드를 추가한다.

```dart
import 'package:flutter/foundation.dart' as foundation;
import 'package:flutter/material.dart';
import 'package:flutter_service_worker/flutter_service_worker.dart';

Future<void> main() async {
  WidgetsFlutterBinding.ensureInitialized();
  if (foundation.kIsWeb) {
    await FlutterServiceWorker().initialize();
  }
  runApp(MyApp());
}
```

③ 웹 앱 매니페스트 등록

플러터 웹 애플리케이션에서 PWA의 기능을 사용하려면 웹 페이지의 〈head〉 요소에 다음 코드를 추가하여 웹 앱 매니페스트를 등록한다.

```html
<link rel="manifest" href="manifest.json">
```

④ 홈 화면에 추가 기능

사용자가 PWA를 홈 화면에 추가할 수 있도록 하는 기능을 구현하기 위해 웹 페이지의 〈body〉 요소에 다음 코드를 추가한다.

```html
<script>
  if ('serviceWorker' in navigator) {
    window.addEventListener('load', function () {
      navigator.serviceWorker.register('flutter_service_worker.js');
    });
  }
</script>
```

위의 단계를 따라가면 플러터 웹 애플리케이션을 PWA로 구성할 수 있다. PWA로 구성된 애플리케이션은 오프라인에서도 작동하며, 사용자는 웹 앱을 홈 화면에 추가할 수 있다. 또한, Service Worker를 사용하여 오프라인 작업 및 푸시 알림과 같은 추가적인 기능을 활용할 수 있다.

웹소켓(WebSocket) 통신

플러터는 웹 소켓을 지원하여 실시간 양방향 통신을 구현할 수 있다. 웹 애플리케이션과 플러터 애플리케이션은 웹 소켓을 통해 실시간 데이터를 주고받을 수 있으며, 변경 사항을 실시간으로 업데이트할 수 있다. 웹 소켓을 활용하여 웹 애플리케이션과 플러터 애플리케이션 간의 실시간 상호작용을 구현할 수 있다. 다음은 웹 소켓(WebSocket)을 활용하여 플러터 웹 애플리케이션과 웹 애플리케이션 간의 실시간 양방향 통신을 구현하는 단계별 코드다.

① 웹 소켓 패키지 가져오기

플러터 프로젝트에 웹 소켓을 사용하기 위해 web_socket_channel 패키지를 추가한다. pubspec.yaml 파일에 아래와 같이 패키지를 추가한다.

```
dependencies:
  web_socket_channel: ^X.X.X
```

여기서 ^X.X.X은 web_socket_channel 패키지의 버전을 나타내며, https://pub.dev/packages/web_socket_channel에서 최신 버전을 사용하여야 한다.

② 웹 소켓 연결 설정

웹 소켓 연결을 설정하기 위해 WebSocketChannel 클래스를 사용한다. 연결할 웹 소켓 서버의 URL을 지정하고, 연결을 생성한다.

```
import 'package:web_socket_channel/web_socket_channel.dart';

final channel =
WebSocketChannel.connect(Uri.parse('ws://your-websocket-server-url'));
```

③ 웹 소켓 통신 수신 처리

웹 소켓으로 수신된 데이터를 처리하기 위해 StreamBuilder 위젯을 사용한다. StreamBuilder

위젯은 웹 소켓 채널로부터 전달되는 데이터를 수신하고, 변경 사항을 실시간으로 업데이트하는 역할을 한다.

```
StreamBuilder(
  stream: channel.stream,
  builder: (context, snapshot) {
    if (snapshot.hasData) {
      // 수신된 데이터 처리
      return Text(snapshot.data);
    } else if (snapshot.hasError) {
      // 에러 처리
      return Text('Error: ${snapshot.error}');
    } else {
      // 연결 중 또는 데이터 수신 전 상태 처리
      return CircularProgressIndicator();
    }
  },
)
```

④ 웹 소켓 통신 송신

웹 소켓을 통해 데이터를 송신하려면 channel.sink을 사용한다. sink은 데이터를 웹 소켓 서버로 보내는 역할을 한다.

```
channel.sink.add('Hello, WebSocket Server!');
```

⑤ 웹 소켓 연결 종료

웹 소켓 연결을 종료하려면 channel.sink.close()를 호출한다.

```
channel.sink.close();
```

위의 단계를 따라가면 웹 소켓을 사용하여 플러터 웹 애플리케이션과 웹 애플리케이션 간에 실시간 양방향 통신을 구현할 수 있다. WebSocketChannel을 통해 웹 소켓 서버와의 연결을 설정하고, StreamBuilder를 사용하여 수신된 데이터를 처리하며, channel.sink를 사용하여 데이터를 송신할 수 있다.

웹 서비스 API 활용

플러터는 HTTP 통신을 통해 웹 서비스의 API와 상호작용할 수 있다. 웹 애플리케이션에서 제공하는 API를 호출하여 데이터를 주고받을 수 있으며, HTTP 패키지를 사용하여 요청을 보내고 응답을 처리할 수 있다. 이를 통해 플러터 애플리케이션은 다양한 웹 서비스와의 통합이 가능해지며, 데이터의 전송과 수신, 상호작용 등을 구현할 수 있다.

웹소켓 통신을 통한 플러터 웹 애플리케이션

플러터는 웹 애플리케이션으로도 빌드할 수 있다. 웹 소켓 통신을 활용하여 플러터 웹 애플리케이션을 개발할 수 있으며, 웹 브라우저에서 플러터 코드를 실행하여 동일한 애플리케이션을 웹에서도 사용할 수 있다.

```
dependencies:
  flutter:
    sdk: flutter
  flutter_inappwebview: ^X.X.X
```

여기서 ^X.X.X은 flutter_inappwebview 패키지의 버전을 나타내며, https://pub.dev/packages/flutter_inappwebview에서 최신 버전을 사용하여야 한다.

손으로 익히는 코딩

```dart
import 'package:flutter/material.dart';
import 'package:flutter_inappwebview/flutter_inappwebview.dart';

void main() {
  runApp(MyApp());
}

class MyApp extends StatelessWidget {
  final String initialUrl = 'https://example.com'; // 로드할 웹 페이지 URL

  @override
  Widget build(BuildContext context) {
    return MaterialApp(
      home: Scaffold(
        appBar: AppBar(
```

```
          title: Text('Flutter Web Integration'),
        ),
        body: InAppWebView(
          initialUrlRequest: URLRequest(url: Uri.parse(initialUrl)),
          onWebViewCreated: (controller) {
            // 웹 페이지 로딩 완료 후 실행되는 콜백
            controller.addJavaScriptHandler(
              handlerName: 'getPageTitle',
              callback: (args) {
                print('Page title: ${args.first}');
              },
            );
          },
          onLoadStop: (controller, url) {
            // 웹 페이지 로딩 완료 후 실행되는 콜백
            print('Page loaded: $url');

            // 웹 페이지와 통신 예제
            controller.evaluateJavascript(source: 'window.flutter_
            inappwebview.callHandler("getPageTitle", document.title)');
          },
        ),
      ),
    );
  }
}
```

위의 코드에서는 webview_flutter 패키지를 사용하여 웹 페이지를 로드한다. WebView 위젯을 사용하여 웹 뷰를 생성하고, initialUrl에 로드할 웹 페이지의 URL을 지정한다. javascriptMode를 JavascriptMode.unrestricted로 설정하여 웹 페이지에서 JavaScript를 실행할 수 있도록 한다. onPageFinished 콜백을 사용하여 웹 페이지 로딩이 완료된 후에 실행되는 코드를 작성할 수 있다. 위 코드에서는 웹 페이지의 타이틀을 출력하는 예제를 제공한다.

플러터와 기존 애플리케이션 통합

플러터를 기존 애플리케이션과 통합하는 경우에는 다음과 같은 방법들을 활용할 수 있다.

모듈화 및 네이티브 통합

기존의 네이티브 애플리케이션과 플러터 애플리케이션을 모듈화하여 함께 사용할 수 있다. 네이티브 애플리케이션에서는 플러터를 라이브러리 형태로 사용하고, 필요한 시점에서 플러터 뷰를 호출하여 통합한다. 이를 통해 기존의 네이티브 기능과 플러터의 강력한 UI 기능을 함께 사용할 수 있다. 다음은 모듈화 및 네이티브 통합 방법의 단계별 코드다.

① 플러터 모듈 생성

먼저, 플러터 애플리케이션을 모듈화할 새로운 플러터 모듈을 생성한다. 플러터 모듈을 생성하기 위해 Flutter CLI를 사용한다. 터미널 또는 명령 프롬프트에서 다음 명령어를 실행한다.

터미널 명령

```
flutter create --template=module flutter_module
```

이 명령어는 "flutter_module"이라는 이름의 새로운 플러터 모듈을 생성한다. 필요에 따라 모듈의 이름을 변경할 수 있다.

② 네이티브 애플리케이션에 플러터 모듈 추가

생성된 플러터 모듈을 네이티브 애플리케이션 프로젝트에 추가해야 한다. 이는 각 네이티브 플랫폼의 설정 파일에서 수행된다.

● Android
Android 애플리케이션의 settings.gradle 파일을 열고 다음 내용을 추가한다.

```
include ':app'
setBinding(new Binding([gradle: this])) // 이 줄 추가
evaluate(new File(
    settingsDir.parentFile,
    'flutter_module/.android/include_flutter.groovy'
)) // 이 줄 추가
```

Android 애플리케이션의 app/build.gradle 파일의 dependencies 블록에 다음 내용을 추가한다.

```
implementation project(':flutter')
```

- iOS

  iOS 애플리케이션의 Podfile을 열고 다음 내용을 추가한다.

```
flutter_application_path = 'flutter_module'
load File.join(flutter_application_path, '.ios', 'Flutter', 'podhelper.rb')
```

터미널에서 애플리케이션 프로젝트의 폴더로 이동한 후 다음 명령어를 실행한다.

```
pod install
```

③ 플러터 모듈 호출

네이티브 애플리케이션에서는 필요한 시점에 플러터 뷰를 호출하여 통합한다. 호출하는 코드는 각 네이티브 플랫폼에 따라 다를 수 있다.

- Android

  Android 애플리케이션의 MainActivity 또는 다른 액티비티에서 플러터 뷰를 호출하는 코드를 작성한다.

```
import io.flutter.embedding.android.FlutterFragment;

// ...

FlutterFragment flutterFragment = FlutterFragment.createDefault();
getSupportFragmentManager().beginTransaction()
    .add(R.id.flutter_container, flutterFragment)
    .commit();
```

위 코드에서 R.id.flutter_container는 플러터 뷰가 표시될 컨테이너의 ID다.

- iOS
iOS 애플리케이션의 앱 델리게이트 파일에서 플러터 뷰를 호출하는 코드를 작성한다.

```
import Flutter

// ...

let flutterEngine = FlutterEngine(name: "my_flutter_engine")
flutterEngine.run()
GeneratedPluginRegistrant.register(with: flutterEngine)

let flutterViewController = FlutterViewController(engine: flutterEngine,
nibName: nil, bundle: nil)
window?.rootViewController = flutterViewController
window?.makeKeyAndVisible()
```

위 코드는 기본적으로 플러터 뷰를 앱의 루트 뷰로 설정한다. 이렇게 하면 기존의 네이티브 애플리케이션에 플러터 모듈을 모듈화하여 통합할 수 있다. 단계별 코드 설명은 일반적인 구현을 보여 주지만, 애플리케이션의 구조나 요구 사항에 따라 조정되어야 할 수 있다.

Hybrid 앱

플러터를 사용하여 Hybrid 앱을 개발할 수 있다. Hybrid 앱은 플러터로 개발된 UI 부분과 기존의 웹 기술(HTML, CSS, JavaScript)로 개발된 부분을 함께 사용하는 애플리케이션이다. 웹뷰를 활용하여 웹 기술로 개발된 부분을 표시하고, 플러터로 개발된 UI 부분과 상호작용할 수 있다. 다음은 Hybrid 앱을 개발하기 위한 단계별 코드다.

① 플러터 프로젝트 생성

먼저, 플러터 프로젝트를 생성한다. 터미널 또는 명령 프롬프트에서 다음 명령어를 실행한다.

터미널 명령

```
flutter create hybrid_app
```

이 명령어는 "hybrid_app"이라는 이름의 새로운 플러터 프로젝트를 생성한다. 필요에 따라 프로젝트의 이름을 변경할 수 있다.

② 웹 기술로 개발된 부분 추가

Hybrid 앱에는 플러터로 개발된 UI 부분과 웹 기술로 개발된 부분이 함께 사용된다. HTML, CSS, JavaScript로 작성된 웹 페이지를 애플리케이션의 assets 폴더에 추가한다.

③ 웹뷰 사용

Hybrid 앱에서 웹 기술로 개발된 부분을 표시하기 위해 웹뷰를 사용한다. 웹뷰를 구현하기 위해 webview_flutter 패키지를 사용한다. pubspec.yaml 파일을 열고, dependencies 섹션에 다음과 같이 webview_flutter 패키지를 추가한다.

```
dependencies:
  flutter:
    sdk: flutter
  webview_flutter: ^X.X.X
```

여기서 ^X.X.X은 webview_flutter 패키지의 버전을 나타내며, https://pub.dev/packages/webview_flutter에서 최신 버전을 사용하여야 한다.

④ 웹뷰와 플러터 UI 간 상호작용

Hybrid 앱에서 웹뷰와 플러터 UI 간에 상호작용을 구현할 수 있다. 예를 들어, 웹뷰에서 발생한 이벤트를 플러터로 전달하거나, 플러터에서 웹뷰의 동작을 제어할 수 있다. 웹뷰에서 플러터로 이벤트를 전달하기 위해 JavascriptChannel을 사용한다. webview_flutter 패키지의 WebView 위젯에서 JavascriptChannel을 설정할 수 있다. 다음 웹뷰에서 "message"라는 이벤트가 발생할 때 플러터로 이벤트를 전달하는 방법을 보여 주는 코드다.

```
WebView(
  ...
  javascriptChannels: Set.from([
    JavascriptChannel(
      name: 'HybridAppChannel',
      onMessageReceived: (JavascriptMessage message) {
        // 플러터로 이벤트를 전달하거나 처리한다.
        String event = message.message;
        // ...
      },
    ),
  ]),
  ...
)
```

플러터에서 웹뷰를 제어하기 위해 WebViewController를 사용한다. webview_flutter 패키지의 WebView 위젯에는 onWebViewCreated 콜백이 있다. 이 콜백에서 WebViewController를 가져올 수 있으며, 이를 사용하여 웹뷰를 제어할 수 있다. 다음은 플러터에서 웹뷰로 메시지를 전송하는 방법을 보여 주는 코드다.

```
WebView(
  ...
  onWebViewCreated: (WebViewController webViewController) {
    // 웹뷰 컨트롤러를 가져와서 플러터에서 웹뷰를 제어한다.
    webViewController.evaluateJavascript('window.dispatchEvent(new
    Event("message"));');
  },
  ...
)
```

이렇게 하면 플러터로 개발된 UI 부분과 웹 기술로 개발된 부분을 함께 사용하는 Hybrid 앱을 개발할 수 있다. 단계별 코드 설명은 일반적인 구현을 보여 주지만, 애플리케이션의 구조와 요구 사항에 따라 코드가 달라질 수 있다.

서비스 통합

기존의 애플리케이션에서 제공하는 서비스를 플러터 애플리케이션과 연동할 수 있다. 이를 위해 REST API, 웹소켓 등을 활용하여 데이터를 주고받고, 기존 애플리케이션의 기능을 플러터 애플리케이션에서 활용할 수 있다. 예를 들어, 기존 애플리케이션의 회원 가입 기능을 플러터 애플리케이션에서 사용하거나, 기존 애플리케이션의 데이터를 플러터로 시각화하여 제공할 수 있다.

마이크로서비스 아키텍처

플러터는 독립적으로 실행되는 마이크로서비스로 개발될 수 있다. 기존의 애플리케이션 아키텍처를 마이크로서비스 아키텍처로 변환하여, 플러터 마이크로서비스를 추가하고 기존 시스템과 상호작용할 수 있다. 이를 통해 기존 시스템의 일부를 플러터로 대체하거나, 새로운 기능을 플러터로 개발하여 통합할 수 있다. 마이크로서비스 아키텍처를 구현하기 위해 플러터 마이크로서비스를 추가하고 기존 시스템과 상호작용할 수 있다. 아래는 해당 과정을 단계별로 설명한 코드다.

① 플러터 마이크로서비스 개발

새로운 플러터 프로젝트를 생성한다. 터미널 또는 명령 프롬프트에서 다음 명령어를 실행한다.

터미널 명령

```
flutter create flutter_microservice
```

플러터 마이크로서비스를 개발한다. 이 단계에서는 플러터의 일반적인 개발 방법을 따른다. 예를 들어, UI를 구성하기 위해 위젯을 사용하고, 비즈니스 로직을 구현하기 위해 Dart 코드를 작성한다.

② 마이크로서비스와의 상호작용

REST API나 웹소켓을 사용하여 마이크로서비스와 통신할 수 있다. 예를 들어, 기존 시스템의 특정 기능을 플러터 마이크로서비스로 대체하는 경우, 해당 기능에 대한 REST API 엔드포인트를 제공하고 플러터 마이크로서비스에서 이를 호출하여 데이터를 주고받을 수 있다. 또는 기존 시스템과의 실시간 상호작용이 필요한 경우, 웹소켓을 사용하여 실시간 데이터 통신을 구현할 수 있다. 해당 기능과 시스템에 따라 상호작용 방법과 코드가 달라질 수 있으므로, 상세한 코드는 해당 시스템의 API 문서나 요구사항에 따라 구현되어야 한다.

위의 방법들을 활용하여 플러터와 기존 애플리케이션을 통합하면, 기존 애플리케이션의 기능과 데이터를 활용하면서 플러터의 강력한 UI와 크로스 플랫폼 개발 장점을 동시에 누릴 수 있다. 이는 기존 애플리케이션을 현대적이고 확장 가능한 방향으로 업그레이드하거나, 새로운 기능을 추가하는 데 도움이 된다. 플러터와 기존 애플리케이션 통합 기존 애플리케이션을 유지하면서 플러터의 장점을 활용하고자 하는 경우, 플러터를 기존 앱에 추가하여 공존 및 통합하는 방법을 사용할 수 있다. 이 접근 방식을 사용하면 전체 앱을 처음부터 재작성하는 대신 일부 기능을 플러터로 작성하여 점진적으로 앱을 개선할 수 있다.

Android 통합

Android 앱에서 플러터를 추가하는 것은 상대적으로 간단하다. Android Studio를 사용하여 기존 앱 코드에 플러터 모듈을 추가할 수 있다. 플러터 모듈은 일반적인 안드로이드 프로젝트의 하위 프로젝트로 분리되므로, 기존 코드와 플러터 코드가 독립적으로 작동한다. 안드로이드 앱에서 플러터 화면을 시작하기 위해 Intent를 사용하고, 필요할 때 플러터와 안드로이드 코드 간의 값을 주고받을 수 있다. 다음은 안드로이드 코드와 플러터 코드 간에 값을 주고받는 방법을 단계별로 설명한 코드다.

① Android Studio에서 플러터 모듈 추가

기존의 안드로이드 프로젝트에 플러터 모듈을 추가한다. 이를 위해 다음 명령어를 실행하거나 Android Studio의 메뉴를 사용한다.

터미널 명령

```
flutter create -t module flutter_module
```

② 안드로이드 앱에서 플러터 화면 시작

플러터 화면을 시작하기 위해 FlutterActivity를 사용한다. 안드로이드 앱의 원하는 화면에서 FlutterActivity를 호출하는 코드를 추가한다. 먼저, 플러터 코드에서 MethodChannel을 초기화하고 안드로이드 앱과의 통신을 설정한다.

```
button.setOnClickListener(new View.OnClickListener() {
    @Override
    public void onClick(View v) {
        Intent flutterIntent = FlutterActivity.createDefaultIntent(context);
        startActivity(flutterIntent);
    }
});
```

③ 값 주고받기

플러터 화면과 안드로이드 코드 간에 값을 주고받기 위해 MethodChannel을 사용한다. MethodChannel을 통해 메서드 호출과 결과를 주고받을 수 있다. 먼저, 플러터 코드에서 MethodChannel을 초기화하고 안드로이드 앱과의 통신을 설정한다.

```
final MethodChannel methodChannel = MethodChannel('com.example.channel');
```

안드로이드 코드에서도 동일한 채널을 사용하여 플러터와 통신한다.

```
MethodChannel methodChannel = new
MethodChannel(flutterEngine.getDartExecutor().getBinaryMessenger(),
"com.example.channel");
```

이제 안드로이드 코드에서 메서드를 호출하고, 플러터 코드에서 이를 수신하여 처리할 수 있다.

```
methodChannel.invokeMethod("methodName", arguments, new
MethodChannel.Result() {
    @Override
    public void success(Object result) {
        // 결과 처리
    }

    @Override
    public void error(String errorCode, String errorMessage, Object errorDetails) {
        // 에러 처리
    }

    @Override
    public void notImplemented() {
        // 구현되지 않은 메서드 처리
    }
});
```

플러터 코드에서는 MethodChannel을 수신하여 메서드를 처리한다.

```
methodChannel.setMethodCallHandler((call) async {
    if (call.method == "methodName") {
        // 인자 처리
        dynamic arguments = call.arguments;

        // 결과 반환
        return "result";
    }
    return null;
});
```

iOS 통합

기존 iOS 앱에서 플러터를 활용하려면, iOS 프로젝트에 플러터 프레임워크를 추가해야 한다. CocoaPods를 사용하여 프레임워크를 추가한 다음, 기존 앱과 통신하기 위해 FlutterViewController를 사용하여 플러터 모듈을 불러올 수 있다. 이를 통해 기존 앱에 플러터 모듈이 동작하며, 프로젝트가 공존하고 통합된다. 다음은 iOS 앱에 플러터를 통합하는 과정을 단계별로 설명하는 코드다.

① CocoaPods를 사용하여 플러터 프레임워크 추가

iOS 프로젝트의 Podfile에 다음과 같이 플러터 프레임워크를 추가한다.

```
platform :ios, '9.0'

target 'YourAppTarget' do
 # 기존 설정과 다른 팟들...
 # ...

 # Flutter 추가
 flutter_application_path = '../flutter_module' # 플러터 모듈 경로
 eval(File.read(File.join(flutter_application_path, '.ios', 'Flutter', 'podhelper.rb')))
end
```

터미널에서 iOS 프로젝트의 디렉토리로 이동한 후, 다음 명령어를 실행하여 CocoaPods를 설치하고 종속성을 업데이트한다.

터미널 명령
```
pod install
```

② FlutterViewController를 사용하여 플러터 모듈 불러오기

iOS 앱에서 플러터 모듈을 불러오기 위해 FlutterViewController를 사용한다. 원하는 시점에서 해당 뷰 컨트롤러를 호출하는 코드를 추가한다. 다음은 버튼 클릭 시 플러터 모듈을 호출하는 코드다.

```
import Flutter

@IBAction func buttonTapped(_ sender: UIButton) {
    let flutterEngine = FlutterEngine(name: "my_flutter_engine") // 플러터
```

```
    엔진 이름
    flutterEngine.run()

    let flutterViewController = FlutterViewController(engine:
flutterEngine, nibName: nil, bundle: nil)
    present(flutterViewController, animated: true, completion: nil)
}
```

③ 값 주고받기

iOS 앱과 플러터 모듈 간에 값을 주고받기 위해 FlutterMethodChannel을 사용한다. 메서드 호출과 결과를 주고받을 수 있다. 먼저, 플러터 코드에서 MethodChannel을 초기화하고 iOS 앱과의 통신을 설정한다.

```
final MethodChannel methodChannel = MethodChannel('com.example.channel');
```

iOS 앱에서도 동일한 채널을 사용하여 플러터와 통신한다.

```
let methodChannel = FlutterMethodChannel(name: "com.example.channel",
binaryMessenger: flutterViewController.binaryMessenger)
```

이제 iOS 앱에서 메서드를 호출하고, 플러터 코드에서 이를 수신하여 처리할 수 있다.

```
methodChannel.invokeMethod("methodName", arguments: arguments) { (result,
error) in
    if let error = error {
        // 에러 처리
    } else if let result = result {
        // 결과 처리
    }
}
```

플러터 코드에서는 MethodChannel을 수신하여 메서드를 처리한다.

```
methodChannel.setMethodCallHandler((call) async {
    switch (call.method) {
        case "methodName":
            // 메서드 처리 로직
```

```
        break;
      // 다른 메서드들 처리
    }
  });
```

데이터 및 상태 공유

플러터와 기존 앱 간에 데이터를 주고받고 상태를 공유할 필요가 있는 경우, 플랫폼 채널을 사용하여 Dart와 네이티브 코드 사이에서 데이터를 전송할 수 있다. 이를 통해 기존 애플리케이션과 플러터 사이에서 원활한 연동이 가능해진다.

```dart
import 'package:flutter/material.dart';
import 'package:flutter/services.dart';
import 'dart:io';

void main() {
  runApp(MyApp());
}

class MyApp extends StatelessWidget {
  void _sendMessageToNativeApp() {
    if (Platform.isAndroid) {
      // 안드로이드 플랫폼인 경우
      const platform = MethodChannel('your_channel_name');
      platform.invokeMethod('sendMessageToNativeApp',
      {'message': 'message_from_flutter'});
    } else if (Platform.isIOS) {
      // iOS 플랫폼인 경우
      const platform = MethodChannel('your_channel_name');
      platform.invokeMethod('sendMessageToNativeApp',
      {'message': 'message_from_flutter'});
    }
  }

  @override
  Widget build(BuildContext context) {
    return MaterialApp(
      home: Scaffold(
```

```
      appBar: AppBar(
        title: Text('Flutter Native Integration'),
      ),
      body: Center(
        child: ElevatedButton(
          onPressed: _sendMessageToNativeApp,
          child: Text('Send Message to Native App'),
        ),
      ),
    );
  }
}
```

위의 코드에서는 flutter/platform 패키지를 사용하여 기존 애플리케이션과 통신한다. Platform 클래스를 사용하여 플랫폼에 따른 코드를 실행할 수 있다. 한편 _sendMessage ToNativeApp 메서드를 통해 기존 애플리케이션으로 메시지를 보내는 기능을 제공한다. 안드로이드 플랫폼인 경우 Platform.dispatchToNative를 사용하고, iOS 플랫폼인 경우 Platform.invokeMethod를 사용하여 통신한다.

플러터를 기존 애플리케이션과 함께 사용하면 앱의 특정 부분을 개선하거나 새로운 기능을 추가할 때 플러터의 장점을 활용할 수 있습니다. 이렇게 점진적으로 플러터 모듈을 추가해 나갈 수 있어 전체 앱을 처음부터 다시 작성할 필요가 없으며, 앱 개발 효율성과 사용자 경험을 높일 수 있습니다.

기존 애플리케이션 측에서는 플러터 앱으로부터 메시지를 받아 처리하는 코드를 작성해야 한다. 한편 안드로이드와 iOS 각각의 플랫폼에서는 해당 플랫폼에 맞는 방식으로 메시지를 수신하여 처리하는 코드를 작성해야 한다.

에러에서 배우기

Platform 검사

플랫폼에 따라 다른 동작을 수행하기 위해 Platform.isAndroid와 Platform.isIOS를 사용하고 있다. 그러나 import 'dart:io' 구문을 사용하고 있으므로, 이 코드는 Android 및 iOS에서만 작동한다. 그러므로 다른 플랫폼(웹 등)을 지원하려면 해당 플랫폼에서 사용 가능한 API를 사용해야 한다.

02

연습문제

1. 플러터를 활용한 크로스 플랫폼 개발

플러터를 사용하여 크로스 플랫폼 개발을 할 때 flutter_audio_recorder와 url_launcher 플러그인을 사용하여 음성 녹음 및 녹음된 파일 재생 앱을 만들어 보자. 사용자는 음성을 녹음하고, 녹음된 파일을 저장하고 재생할 수 있어야 한다.

Quick Tip

flutter_audio_recorder 문서
https://pub.dev/packages/flutter_audio
_recorder

url_launcher 문서
https://pub.dev/packages/url_launcher

- 음성 녹음 버튼과 녹음된 파일 재생 버튼을 포함한 UI를 구성한다.

- flutter_audio_recorder 플러그인을 사용하여 음성 녹음 기능을 구현한다. 녹음된 파일은 임시 디렉토리에 저장된다.

- 녹음된 파일을 재생하기 위해 url_launcher 플러그인을 사용한다. 파일 재생 버튼을 누르면 해당 파일이 외부 앱 또는 기본 오디오 플레이어에서 재생되어야 한다.

- 녹음된 파일은 앱을 종료하거나 재시작해도 유지되어야 한다.

2. 플러터와 다른 기술 스택 통합

YouTube 동영상 검색 및 재생 앱을 만들어 보자. Flutter Web SDK와 YouTube API를 활용하여 검색어를 입력하고 해당 검색어에 대한 YouTube 동영상을 검색하고 재생할 수 있는 웹 앱을 개발한다.

Quick Tip

Flutter Web SDK 공식 문서
https://flutter.dev/docs/get-started/web

YouTube Data API 문서
https://developers.google.com/youtube
/v3

- Flutter Web SDK를 설치하고 프로젝트를 생성한다.

- YouTube Data API를 사용하기 위해 Google Cloud Console에서 프로젝트를 생성하고 YouTube Data API를 활성화한다.

- Flutter 앱에서 HTTP 통신을 위해 http 패키지를 사용하여 YouTube API에 요청을 보내고 응답을 받는다.

- 사용자 인터페이스를 구성하여 검색어를 입력받고, 검색 버튼을 클릭하면 YouTube API를 통해 동영상 검색 결과를 가져와서 화면에 표시한다.

- 선택한 동영상을 클릭하면 재생되는 기능을 구현한다.

1. 플러터를 활용한 크로스 플랫폼 개발

```dart
import 'dart:async';
import 'package:flutter/material.dart';
import 'package:flutter_sound/flutter_sound.dart';
import 'package:path_provider/path_provider.dart';
import 'dart:io';

void main() {
  WidgetsFlutterBinding.ensureInitialized();
  runApp(MyApp());
}

class MyApp extends StatelessWidget {
  @override
  Widget build(BuildContext context) {
    return MaterialApp(
      title: 'My App',
      home: RecorderPage(),
    );
  }
}

class RecorderPage extends StatefulWidget {
  @override
  _RecorderPageState createState() => _RecorderPageState();
}

class _RecorderPageState extends State<RecorderPage> {
  late FlutterSoundRecorder _recorder;
  String? _currentRecordingPath;
  bool _isRecording = false;
  final FlutterSoundPlayer _player = FlutterSoundPlayer();

  @override
  void initState() {
    super.initState();
    _initRecorder();
  }

  Future<void> _initRecorder() async {
```

```dart
  _recorder = FlutterSoundRecorder();
  try {
    await _recorder.openRecorder();
  } catch (e) {
    print('Error initializing recorder: $e');
  }
}

Future<void> _startRecording() async {
  try {
    // 녹음기가 이미 열려 있지 않은 경우에만 녹음 시작
    if (!_recorder.isRecording) {
      String customPath = '/audio';
      Directory appDocDirectory = await getApplicationDocumentsDirectory();
      String appDocPath = appDocDirectory.path;
      String filePath =
        '$appDocPath$customPath/${DateTime.now().millisecondsSinceEpoch}.aac';

      await _recorder.startRecorder(toFile: filePath, codec: Codec.aacMP4);

      setState(() {
        _isRecording = true;
        _currentRecordingPath = filePath; // 녹음 파일 경로 저장
      });
    }
  } catch (e) {
    print('Error starting recording: $e');
  }
}

Future<void> _stopRecording() async {
  try {
    await _recorder.stopRecorder();
    setState(() {
      _isRecording = false;
    });
  } catch (e) {
    print('Error stopping recording: $e');
  }
}

Future<void> _playRecording() async {
  if (_currentRecordingPath != null) {
```

```
      await _player.startPlayer(fromURI: _currentRecordingPath!);
  }
}

Future<void> _stopPlaying() async {
  await _player.stopPlayer();
}

Future<void> _deleteRecording() async {
  if (_currentRecordingPath != null) {
    final file = File(_currentRecordingPath!);
    if (await file.exists()) {
      await file.delete();
      setState(() {
        _currentRecordingPath =
            null; // Set _currentRecordingPath to null after deletion
      });
    }
  }
}

@override
Widget build(BuildContext context) {
  return Scaffold(
    appBar: AppBar(
      title: Text('Audio Recorder'),
    ),
    body: Center(
      child: Column(
        mainAxisAlignment: MainAxisAlignment.center,
        children: [
          Text(
            _isRecording ? 'Recording...' : 'Not Recording',
            style: TextStyle(fontSize: 20),
          ),
          SizedBox(height: 20),
          ElevatedButton(
            child: Text(_isRecording ? 'Stop Recording' : 'Start Recording'),
            onPressed: _isRecording ? _stopRecording : _startRecording,
          ),
          SizedBox(height: 20),
          ElevatedButton(
            child: Text('Play Recording'),
```

```
            onPressed: _playRecording,
          ),
          SizedBox(height: 20),
          ElevatedButton(
            child: Text('Stop Playing'),
            onPressed: _stopPlaying,
          ),
          SizedBox(height: 20),
          ElevatedButton(
            child: Text('Delete Recording'),
            onPressed: _deleteRecording,
          ),
        ],
      ),
    ),
  );
  }
}
```

위의 코드는 RecorderPage라는 StatefulWidget을 가진 예제이다. 이 예제에서는 _initRecorder 메서드를 통해 녹음기를 초기화하고 _startRecording 메서드를 통해 녹음을 시작한다. _stopRecording 메서드를 사용하여 녹음을 중지하고 _playRecording 메서드를 통해 저장된 파일을 재생한다.

2. 플러터와 다른 기술 스택 통합

```
import 'dart:convert';
import 'package:flutter/material.dart';
import 'package:http/http.dart' as http;
import 'package:youtube_player_flutter/youtube_player_flutter.dart';

void main() {
  runApp(MyApp());
}

class MyApp extends StatelessWidget {
  @override
  Widget build(BuildContext context) {
    return MaterialApp(
```

```
      title: 'YouTube Search',
      theme: ThemeData(
        primarySwatch: Colors.blue,
      ),
      home: MyHomePage(),
    );
  }
}


class MyHomePage extends StatefulWidget {
  @override
  _MyHomePageState createState() => _MyHomePageState();
}


class _MyHomePageState extends State<MyHomePage> {
  TextEditingController _searchController = TextEditingController();
  List<VideoItem> _searchResults = [];

  YoutubePlayerController? _controller;

  @override
  void dispose() {
    if (_controller != null) {
      _controller!.dispose();
    }
    super.dispose();
  }


  Future<void> searchVideos() async {
    String query = _searchController.text;
    String apiKey = 'YOUR_YOUTUBE_API_KEY';
    String apiUrl = 'https://www.googleapis.com/youtube/v3/search?part=snippet&q=$query&key=$apiKey';

    var response = await http.get(Uri.parse(apiUrl));
    if (response.statusCode == 200) {
      var data = json.decode(response.body);
      setState(() {
        _searchResults = (data['items'] as List)
            .map((item) => VideoItem.fromJson(item))
            .toList();
      });
    }
  }
```

Chapter 08. 플러터의 활용 • **349**

```dart
void playVideo(String videoId) {
  _controller?.dispose(); // Dispose previous controller if any

  _controller = YoutubePlayerController(
    initialVideoId: videoId,
    flags: YoutubePlayerFlags(autoPlay: true),
  );

  showDialog(
    context: context,
    builder: (context) => AlertDialog(
      contentPadding: const EdgeInsets.all(0), // Set content padding to zero
      content: YoutubePlayer(controller: _controller!),
      actions: [
        ElevatedButton(
          child: Text("Close"),
          onPressed: () {
            Navigator.of(context).pop();
          },
        ),
      ],
    ),
  );
}

@override
Widget build(BuildContext context) {
  return Scaffold(
    appBar: AppBar(
      title: Text('YouTube Search'),
    ),
    body: Column(
      children: [
        TextField(
          controller: _searchController,
          decoration: InputDecoration(
            labelText: 'Search',
          ),
        ),
        ElevatedButton(
          onPressed: () {
            searchVideos();
```

```
          },
          child: Text('Search'),
        ),
        Expanded(
          child: ListView.builder(
            itemCount: _searchResults.length,
            itemBuilder: (context, index) {
              return ListTile(
                title: Text(_searchResults[index].title),
                onTap: () {
                  playVideo(_searchResults[index].videoId);
                },
              );
            },
          ),
        ),
      ],
    ),
  );
 }
}

class VideoItem {
  final String videoId;
  final String title;

  VideoItem({required this.videoId, required this.title});

  factory VideoItem.fromJson(Map<String, dynamic> json) {
    return VideoItem(
      videoId: json['id']['videoId'],
      title: json['snippet']['title'],
    );
  }
}
```

위의 코드는 YouTube API를 호출하여 동영상 검색 결과를 가져와서 화면에 표시하고, 사용자
가 동영상을 선택하면 해당 동영상을 재생할 수 있도록 구현되어 있다. 코드 내에 YOUR_
YOUTUBE_API_KEY 부분을 자신의 YouTube API 키로 대체해야 한다. 또한 Android
Manifest.xml 파일에 인터넷 권한을 추가해야 한다.

1. 플러터를 활용한 크로스 플랫폼 개발

   플러터의 주요 장점 중 하나인 크로스 플랫폼 개발에 대해 배웠다. 플러터는 단일 코드베이스로 안드로이드와 iOS 애플리케이션을 개발할 수 있게 해 준다. 이를 통해 개발자는 동일한 코드로 두 플랫폼을 대상으로 앱을 개발할 수 있다. 플러터를 사용하여 크로스 플랫폼 앱을 개발하는 방법과 주의해야 할 사항을 학습하였다.

2. 플러터와 다른 기술 스택 통합

   플러터는 다른 기술 스택과의 통합을 지원한다. 예를 들어, 웹 서비스와의 통신을 위해 RESTful API를 사용하거나, 플러터 앱과 데이터베이스를 연동하는 등 다양한 통합 시나리오를 다루는 방법이 있다. 플러터의 다양한 플러그인과 라이브러리를 활용하여 다른 기술과의 원활한 통합을 구현할 수 있다. 이를 통해 플러터 앱의 기능과 확장성을 더욱 향상시킬 수 있다.

비전공자 & 입문자를 위한 1:1 과외

족집게 식의
친절한
코멘트 & 팁

+

코딩이
손에 익을 수 있는
구성과 연습문제

+

입문자가
흔히 하는 실수를
분석한 에러 정리

+

코딩을 처음부터
끝까지 진행해 볼 수
있는 프로젝트

문과 출신 직장인이 이 책을 통해 사이드프로젝트로 앱 개발을 진행할 수 있었다. 플러터를 기초부터 실전까지 책 한 권으로 습득하여 앱을 만들어 볼 수 있어서 만족스러웠다. 간단한 앱 개발에 관심 있는 사람이라면 큰 도움이 될 것이다.
직장인 / 사이드프로젝트 / 경영학과 김O회

인터넷에 있는 지식을 나열한 것이 아니라, 자신의 교육 경험을 바탕으로 반드시 필요한 프로그래밍 지식을 이해할 수 있게끔 담아냈다. 저자가 보여주는 프로그래밍의 원리를 따라가다 보면 Dart 언어뿐만이 아니라 모든 프로그래밍 언어의 기초 지식을 습득할 수 있을 것이다.
사업가 / 앱 개발 공부 / 패션계열 김O환

일방적인 정보 주입이 아닌, 저자가 고안한 예제를 풀어보는 과정을 통해 실제 개발 과정에서의 어려움을 극복하는 데 도움을 주며 동시에 깊은 이해를 제공해 주는 책. 앱 개발 공부를 어떻게 시작해야 할지 막막한 사람들에게 추천하고 싶다.
취업준비생 / 취업 준비 / 생명공학과 박O훤

플러터에 대해 시중에 많은 책들이 있지만, 이 책은 A부터 Z까지 체계적으로 학습할 수 있도록 잘 정리되어 있다. Dart 언어의 문법과 기초적인 프로그래밍 지식까지 소개해 주어 플러터에서 제공하는 다양한 기능을 함께 익히며 효율적으로 학습할 수 있었다. 하이브리드 앱을 만들 수 있는 다양한 실전 예제까지 제공하니 입문하기에는 최적의 책이다.
직장인 / IT기업 / 소프트웨어학과 오O빈

처음 플러터를 공부하는 학생들에게 최고의 책이다. 플러터는 아직 계속 개발되는 프로그램이기 때문에, 최신 개정인 이 책이 가장 도움이 되었다. 정돈된 흐름과 꼼꼼한 설명이 플러터를 이해하는 데 한껏 도움이 되리라 생각한다.
사업가 / 코딩 학원 운영 / 어문계열 강O연

입문편/실전편 예제 추가 제공 | **무료 영상강의** 제공

메가스터디그룹 아이비김영의 NEW 도서 브랜드 <김앤북> 여러분의 편입 & 자격증 & IT 취업 준비에 빛이 되어 드리겠습니다.
www.kimnbook.co.kr